도마 복음 강의

도마 복음 강의

잃어버린 예수의 가르침을 찾아서

오쇼

류시화 옮김

청아출판사

The Mustard Seed
Copyright © 1975 OSHO International Foundation, Switzerland. www.osho.com/copyrights
Korean translation copyright © 2022 Chung-A Publishing Co.
This Korean edition was published by arrangement with Osho
International Foundation through Best Literary & Rights Agency, Korea.
All rights reserved.

This book is a transcript of a series of original talks *The Mustard Seed* by Osho given to a live audience. All of Osho's talks have been published in full as books, and are also available as original audio recordings. Audio recordings and the complete text archive can be found via the online OSHO Library at www.osho.com

OSHO is a registered trademark of Osho International Foundation, www.osho.com/trademarks

이 책의 한국어판 저작권은 베스트 에이전시를 통한
원 저작권자와의 독점 계약으로 청아출판사가 소유합니다.
신 저작권법에 의하여 한국 내에서 보호를 받는 저작물이므로
무단전재와 무단복제를 금합니다.

나는 모든 것들 위에 비치는 빛이다.
나는 모든 것이다.
나로부터 모든 것이 나왔고
모든 것이 나에게로 돌아온다.
나무토막을 쪼개 보라.
내가 그곳에 있다.
돌을 들추어 보라.
그러면 그곳에서 너희는 나를 발견할 것이다.

차례

신의 길 인간의 길·류시화 _8

1 하늘나라와 겨자씨 _11

2 사람의 마음에 떠오르지 않았던 것 _55

3 이 크나큰 부가 어떻게 이 가난 속에 _101

4 무엇을 입을까 걱정하지 말라 _145

5 입으로 들어가는 것과 나오는 것 _181

6 잃어버린 한 마리 양 _227

7 좀이 슬지도 않고 벌레도 먹지 않는 _267

8 둘을 하나로 만들 때 _297

9 눈 속의 티와 들보 _339

10 두 마리의 말과 두 개의 활 _377

11 눈먼 사람이 눈먼 사람을 인도하면 _411

12 세 명의 제자 _457

13 하늘나라는 어디에 있는가 _509

14 사마리아인의 어린 양 _553

15 모든 것 위에 비치는 빛 _591

16 오라, 나의 멍에는 가벼우니 _635

17 홀로인 사람은 복이 있다 _673

18 살아 있는 영 _711

19 예수의 저녁 초대 _743

20 눈앞에 살아 있는 이를 보라 _777

21 말씀을 이해한 자는 죽지 않으리라 _817

도마 복음 THE GOSPEL OF THOMAS _856

신의 길 인간의 길

누구나 사원과 신전을 찾아가고, 누구나 전지전능한 신의 발아래 엎드려 절할 때, 누구나 이 문제 많은 삶에서 해방되기 위해 신이 보내 줄 구원자를 기다릴 때, 그들 속에 한 사람이 나타났다. 광야에서 걸어온 그는 천국이 하늘나라에 있는 것이 아니라고 선언했다. 그는 안과 밖에 있는 모든 형상으로부터의 자유를 이야기했다.

그는 이방인처럼 보였다. 그는 걸인처럼 길 위에서 살았다. 그는 예언자 같아 보이기도 했지만 가족, 고향, 소유의 끈에 묶여 있지 않은 방랑자나 다름없었다. 그러면서도 그는 하느님의 나라가 지금 이 순간에 실현 가능하다고 외쳤다. 그는 우리들 각자의 내면에 존재하는 빛, 그 깨어 있는 의식을 자각함으로써 하늘나라에 이를 수 있다고 역설했다. 그는 우리 안에 빛으로 존재하는 하느님을 이야기했다.

아무도 그의 말에 귀 기울이지 않았다. 지도자들, 성직자들, 사회에 적응한 자들은 그를 부랑아 취급했다. 메시아를 기다리던 이들도 그를 부인했다. 그와 신세가 다를 바 없는 어부, 장애인, 문둥병자, 창녀 같은 아무것도 아닌 자들만이 그를 받아들이고 그와 함께 식사했다. 왜냐하면 그의 말을 따르고 그의 제자가 된다는 것은 자아의 죽음, 전적인 자기 부정을 의미하기 때문이었다. 옛 자아가 죽고 새로운 자아가 부활하지 않으면 그 나라에 이를 수 없다는 것이 그의 가르침이었다.

"당신이 신의 아들인가? 당신이 인류를 구원하러 왔는가?" 하고 묻자 그는 그렇다고 말했다. 사람들이 웅성거리자 그는 더 중요한 이야기를 했다. 그와 그들은 똑같은 근원으로부터 나왔으며, 똑같은 근원으로 돌아갈 것이고, 그 근원을 자각함으로써 누구나 구원에 이를 수 있다고. 외부의 신과 메시아에 대한 맹목적인 믿음은 궁극적인 구원을 줄 수 없으며, 저마다의 깨침만이 그 구원에 이르는 유일한 문이라고.

그가 말한 것은 이것이었다. '나를 추종하지 말고 나처럼 되라. 왜냐하면 인간은 누구나 하느님의 씨앗을 품고 있기 때문이다. 사람이 고통을 겪는 것은 죄 때문이 아니라 무지 때문이다. 진정한 자아를 아는 것이 곧 하느님을 아는 것이며, 자아와 신성은 동일하다.'

그는 마음의 길을 열어 보였다. 그는 자신이 나온 불멸의 근원에서 우리 모두가 나왔다는 이 한 가지 진리를 깨우쳐 주기 위해 3년의 세월 동안 사람들이 모인 곳을 찾아다녔다. 그러나 들을 줄 아는 귀를 가진 이가 없었다. 오히려 사람들은 그를 위험한 인물이라고 여겼다. 그가 현세적 가치를 부정했기 때문이다. 그는 체제 전복자이고 혼란을 야기하는 인물이었다. 그래서 그들은 그를 다른 도둑들과 함께 십자가에 못 박아 처형했다.

그렇게 인류의 중요한 가능성은 손실되었다. 인류는 그 순간 신의 문에 도달할 수 있는 매우 드문 기회를 놓쳤다. 그러나 그가 죽자, 사람들은 차츰 그가 진정한 메시아였음을 깨닫기 시작했다. 그의 가르침을 전하는 사람들이 생겨나고, 새로운 종교 운동이 싹텄다. 그 종교는 진정한 구원, 영적인 깨달음을 역설하는 것처럼 보였다. 하지만 처음의 자각은 오래가지 않았다. 위대한 영적 스승은 어느새 하느님의 아들로 바뀌고 그에 대한 신화가 만들어졌다. 그리고 수많은 신의 대변인들이 등장하기 시작했다. 아예 신의 대변인들을 배출하는 학교까지 생겨나고, 그들은 신의 메시지에 대한 독점권을 가졌다. 그들 외의 사람들은 이단이고 진리가 아니었다. 그들은 그 메시아를 하느님의 아들이라고 인정하는 것과 그를 구세주로 믿고 받아들이는 것만이 구원에 이르는 길이라는 교리를 확립시켰다. 그것은 애초에 그 메시아가 가르친 길과는 정반대되는 것이었다.

그로부터 2천 년의 세월이 흘러, 사막의 어느 밭에서 한 농부에 의해 그의 가르침을 담은 문서가 발견되었다. 항아리에 담겨 오랜 세월 견뎌 온 그 문서에는 기득권자들과 성직자들에 의해 가감 첨삭되지 않은, 그의 가르침의 원형들이 고스란히 담겨 있었다. 문서의 발견은 인류에게 다시 한 번 존재의 변화를 가져다줄 더없는 기회였다.

사람들은 다시 이 말씀을 분석하기 시작했다. 그들은 그것이 고대 신비주의 학파의 사상과 맥락이 일치하는 가르침이라고 풀이했다. 또 어떤 이는 이 신비의 문서에 적힌 메시지는 모든 사람들이 다 들으라고 한 것이 아니라 깊은 진리를 이해할 수 있는 몇몇 사람만을 위해 주어진 비밀의 말씀이라고 주장했다. 어떤 이는 그 문서가 발견된 곳까지 찾아가 사진을 찍고 조사를 하면서 그 가르침이 동양 사상과 일치한다는 해석을 내렸다. 그 모든 해석과 시도들은 그 가르침을 다시 땅속에 파묻는 결과가 되었다. 그 가르침의 시작은 이러했다.

'누구든지 이 말의 속뜻을 이해하는 자는 죽지 않으리라.'

류시화

1
하늘나라와 겨자씨

ⲡⲉϫⲉ ⲙⲙⲁⲑⲏⲧⲏⲥ ⲛⲓ̅ⲥ̅ ϫⲉ
ϫⲟⲟⲥ ⲉⲣⲟⲛ ϫⲉ ⲧⲙⲛ̅ⲧⲉⲣⲟ
ⲛⲙ̅ⲡⲏⲩⲉ ⲉⲥⲧⲛ̅ⲧⲱⲛ ⲉⲛⲓⲙ

예수는 내면세계의 혁명가였다. 그는 인간 내면의 왕국에 대해 말하고 있다.
예수는 하나의 씨앗이다. 그대 역시 그 씨앗을 가지고 있다.
씨앗이 죽음을 두려워한다면 그 씨앗 자체가 감옥이 되어 버린다.
씨앗이 나무가 될 것이라는 믿음을 가지고 죽을 때 나무로 자랄 수 있다.
예수는 깨달음의 나무이다. 그대가 곧 씨앗이고 하늘나라의 가능성이다.
죽을 준비를 하라. 삶을 무엇이라 부르든 그것은 서서히 퍼지는 독이다.

첫 번째 말씀

제자들이 예수께 말했다.
"하늘나라가 무엇과 같은지 우리에게 말씀해 주십시오."

예수께서 그들에게 말씀하셨다.
"하늘나라는 한 알의 겨자씨와 같다.
모든 씨앗 중에서 가장 작은 것이지만
그것이 밭에 떨어지면
한 그루의 큰 나무가 되어
하늘을 나는 새들의 보금자리가 된다."

인간관계는 많이 변했다. 그것도 나쁜 방향으로만 변했다. 모든 차원에서 깊은 인간관계는 이미 사라졌다. 그대의 아내는 이제 아내가 아니라 단순한 여자 친구에 지나지 않는다. 남편 또한 남편이 아니라 단순한 남자 친구일 뿐이다. 우정은 좋은 것이다. 그러나 그것은 깊은 만남은 아니다. 결혼은 깊은 만남 속에서 일어날 수 있는 것, 그것은 깊은 강물로 뛰어드는 일이다. 자신을 그 깊은 곳으로 내던지지 않는다면 언제나 얕은 표면에 머물러 있을 뿐이다. 깊은 곳으로 자신을 던지지 않는다면 결코 도약할 수 없다. 표면에 떠 있을 수는 있다. 그러나 깊은 곳은 그대의 것이 아니다.

물론 깊은 곳으로 들어가는 것은 위험한 일이다. 위험할 수밖에 없다. 표면에 있으면 그대는 매우 현실적이 된다. 표면에 있으면 자동인형처럼 움직일 수 있고, 전혀 깨어 있을 필요가 없다. 그러나 깊은 곳으로 더 깊이 들어갈수록 더욱더 깨어 있어야만 한다. 매순간마다 죽음이 그대를 기다리기 때문이다. 그 깊은 곳에 대한 두려움 때문에 모든 인간관계는 표면적인 것이 되었다. 유치한 것이 되어 버렸다.

 남자 친구나 여자 친구는 재미가 있을 수는 있다. 하지만 그 관계가 저마다의 내면에 감추어져 있는 가장 깊은 곳으로 들어가는 문이 되지는 못한다. 여자 친구와는 성적으로 결합할 수는 있을지 몰라도 사랑이 성숙해지지는 않는다. 사랑은 깊은 뿌리를 필요로 한다. 섹스는 표면에서도 가능하다. 하지만 그것은 단지 동물적이고 생리적인 행위일 뿐이다. 더 깊은 사랑의 한 부분일 때 섹스는 아름다울 수 있다. 깊은 사랑의 일부가 아니면 섹스는 가장 추한 행위이다. 그것은 세상에서 가장 추한 것이다. 그곳에는 영적인 교감이 없기 때문이다. 육체끼리 접촉했다가 떨어질 뿐이다. 만난 것은 육체이지 존재가 아니다. 너와 나의 만남이 아니라 몸의 만남일 뿐이다. 모든 인간관계가 그런 식이 되어 왔다.

 위대한 관계는 완전히 사라져 버렸다. 가장 위대한 관계는 영적 스승과 제자의 관계이다. 스승과 제자 사이에 존재하는 관계의 차원을 이해하지 못하면 그대는 결코 예수를 이해할 수 없다. 그러나 그러한 관계는 완전히 사라져 버렸다. 아내는 여자 친구로, 남편은 남자 친구로 대체될 수 있지만 스승과 제자 사이에 존재했던 관계는 완전히 사라져 버렸다. 이제 그것은 정신과 의사와 환자의 관계로, 정반대의 관계로 대체되고 말았다.

 정신과 의사와의 사이에는 병적일 수밖에 없는, 병리학적인 관계가 있다. 환자는 진리를 구하러 가는 것도 아니고 실제로 건강을 찾아서 가는 것도 아니기 때문이다. 이 '건강health'이란 단어는 매우 깊은 의미를 지니고 있다. 그것은 '전체성wholeness'을 의미한다. '신성holiness'을 의미하고, 존재의 깊은 치유를 의미한다. 환자는 건강을 위해 의사에게 가는 것이 아니다. 진정으로 건강을 위해서 간다면 그는 환자가 아니라 제자일 것이다. 환자는 병을 제거하기 위해 갈 뿐이다. 그의 태도는 전적으로 부정적이다. 그는 다시금 정상인이 되기 위해 어쩔 수 없이 의사에게 갈 뿐이다. 다시금 정상적인 사회인의 일원으로 일하기 위해서이다. 그는 적응할 수 없게 되었고 그래서 재조정이 필요하게 되었다. 그러면 정신과 의사는 그가 다시 정상인이 될 수 있도록 도와준다. 그러나 누구에게 적응하기 위해서인가? 이토록 완전히 병들어 있는 이 세계, 이 사회에 적응하기 위해서?

세상이 말하는 정상적인 인간이란 다름 아닌 정상적인 병, 정상적인 광기, 정상적인 정신이상을 지닌 인간일 뿐이다. 정상적인 인간 역시 미쳐 있다. 단지 사회와 문화가 허용하는 영역 안에서 미쳐 있을 뿐 미쳐 있다는 사실에는 변함이 없다. 그리고 어느 날 누군가 그 영역을 벗어나 경계선을 넘어 버린다. 그러면 그는 곧바로 병든 사람이 되고 만다. 그때 병들어 있는 바로 그 사회가 그 사람을 병들어 있다고 말하는 것이다. 그리고 정신과 의사는 그 경계선 위에 서서 그 사람이 되돌아올 수 있도록, 군중 속으로 되돌아올 수 있도록 도와주는 것이다.

정신과 의사는 영적 스승이 될 수 없다. 그 자신이 전체성을 지니고 있지 못하기 때문이다. 마찬가지로 환자는 제자가 될 수 없다. 환자는 배우기 위해 오는 것이 아니기 때문이다. 그는 혼란 속에 있고, 그러한 혼란의 상태를 원하지 않는다. 따라서 그의 노력은 교정을 위한 것일 뿐 건강을 위한 것이 아니다. 정신과 의사는 스승이 될 수 없다. 서양에서 그들은 영적 스승으로 행세하고 있다. 머지않아 동양에서도 그들은 영적 스승처럼 가장할 것이다. 그러나 그들은 스승일 수가 없다. 그들 스스로가 병들어 있는 것이다. 그들은 다른 사람들을 바로잡는 데는 도움을 줄 수 있을지 모른다. 그것은 가능한 일이다. 어떤 의미에서는 병든 자가 다른 병든 자를 도와줄 수 있다. 그러나 병든 자가 또 다른 병든 자에게 전체성을 가져다줄 수는 없다. 정신병자가 다른 정신병자에게 그 정신병을 뛰어넘을 수 있도록 도와줄 수 없는 것처럼.

프로이트(오스트리아의 신경과 의사, 정신과 의사로 인간의 마음에 무의식이 존재한다는 것을 밝혔다)나 칼 융(스위스의 정신과 의사이며 분석심리학의 창시자로, 프로이트의 성욕 중심설의 부적절함을 비판하고 독자적으로 무의식 세계를 탐구했다), 아들러(오스트리아의 내과 의사, 심리분석가로 개인심리학의 창시자) 파의 정신분석가들도 완전히 병들어 있다. 평범한 정신과 의사뿐 아니라 그들 중에서도 탁월하다는 정신분석가들조차 병리적으로는 환자에 지나지 않는다. 그대가 이해할 수 있도록 몇 가지 예를 들겠다. 프로이트는 누군가 죽음에 대해 이야기할 때마다 심하게 몸을 떨었다. 기절을 해 의자에서 굴러 떨어진 적도 두 번이나 있었다. 첫 번째는 어떤 사람이 이집트의 미라에 대해 이야기 했을 때였고, 두 번째는 칼 융이 찾아와서 죽음과 시체들에 대해 말했을 때였다. 그는 갑자기 몸을 떨기 시작하더니 자리에서 넘어진 채 의식을 잃고 말았다. 만일 프로이트에게 죽음이 그토록 공포스러운 것이었다면 그의 제자들은 어떠했겠는가? 그리고 왜 죽음이 그토록 두려움의 대상이 되는가? 깨달은 자 붓다가 죽음을 두려워하리라고 상상이나 할 수 있는가? 만일 두려워한다면 그는 더 이상 깨달은 자일 수가 없다.

칼 융은 바티칸 궁전과 특히 그곳의 도서관을 방문하기 위해 몇 번이나 로마에 가고 싶다고 말했다. 바티칸 도서관은 세계 최대의 도서관으로 지금까지 존재해 온 모든 종교의 극비 문서들을 소장하고 있는 중요한 곳이다. 그러나 기차표만 사러 갔다 하면 그는 몸을 심하게 떨기 시작했다. 단지 로마에 가는 것인데도 말이다. 그러니 깨달음의 세계로 가는 것이라면 얼마나 더 떨리겠는가! 그래서 결국 그는 기차표 사는 것을 포기하고 집으로 돌아오곤 했다. 몇 번이나 시도했지만 마침내는 "도저히 난 갈 수 없어." 하고 마음을 돌렸다.

무엇 때문에 로마로 가는 것을 두려워했던 것일까? 왜 정신분석학자인 그가 종교의 도시로 가는 것을 두려워한 것인가? 로마는 종교의 상징이고 모든 종교를 대표하기 때문이었다. 그리고 이 칼 융이라는 사람은 그의 마음에 하나의 철학의 막을 쳐 놓고 있었다. 그는 그 철학이 무너져 버릴까 두려웠던 것이다. 이것은 낙타가 히말라야에 가는 것을 두려워하는 것과 같다. 히말라야 가까이 가면 낙타는 태어나서 처음으로 자신이 아무것도 아님을 깨닫기 때문이다. 칼 융이 창조한 철학의 전부가 어리석은 것에 지나지 않는다. 인간은 그토록 광대하고 우주적인 사상 체계를 세웠지만 그 모든 체계는 이제 폐허가 되어 버렸다. 칼 융이 로마로 가는 것을 두려워한 것은 곧 과거부터 만들어져 온 위대한 사상 체계의 폐허로 가는 것을 의미했기 때문이다.

그러니 그대의 작은 사상은 어떻게 될 것인가? 그대가 닦고 치장해 온 이 작은 구석은 어떻게 될 것인가? 그대의 철학은?

한때 위대했던 사상들마저 이제는 무너져 먼지로 변해 버렸다.

로마로 가서 무슨 일이 일어났는가 보라. 아테네로 가서 무슨 일이 일어났는가 보라. 아리스토텔레스와 플라톤, 소크라테스 학파들은 어디로 갔는가? 모두 먼지 속으로 사라져 버렸다. 가장 위대했던 사상 체계도 결국에는 먼지로 화할 뿐이고, 그 어떤 생각도 마지막에는 쓸모없는 것으로 밝혀진다. 생각은 인간이 만들어 낸 것에 불과하기 때문이다.

생각이 없는 상태에서만 그대는 신을 알게 된다. 생각을 통해서는 영원을 알 수 없다. 생각은 시간에 속한 것이기 때문이다. 생각은 영원의 것이 될 수 없다. 어떤 철학도, 어떤 사고 체계도 영원한 것일 수 없다. 그것이 칼 융의 두려움이었다.

칼 융은 최소한 네다섯 번은 여행을 계획하고 또 취소했다. 그는 가장 위대한 정신분석학자 중 한 사람이었다. 그가 로마에 가기를 그토록 두려워했다면 그의 제자들은 어떠했겠는가? 그대라 해도 그만큼은 두려워하지 않았을 것이다. 그대가 칼 융보다 더 나은 사람이어서가 아니라 그대는 의식하고 있지 않기 때문이다. 칼 융은 로마에 가면 자신의 자존심이 무너지리라는 것을 자각하고 있었다. 모든 위대한 사상 체계의 폐허를 눈앞에 보는 순간 전율과 죽음에 대한 공포가 그를 붙잡으리라는 것을. "나의 사상 체계에는 무슨 일이 일어날 것인가? 나는 과연 어떻게 될 것인가?" 그는 몸을 떨면서 되돌아오고 말았다. 그는 회고록에 이렇게 적고 있다. "나는 결국 그 계획을 완전히 포기해 버렸다. 나는 로마에 가지 않기로 했다."

같은 일이 프로이트에게도 여러 번 일어났다. 이것을 단순히 하나의 우연으로 여기기는 힘든 일이다. 프로이트 역시 로마에 가려고 했었고, 또한 마찬가지 두려움에 사로잡혔다. 왜인가? 프로이트라 해도 그대와 똑같이 화를 낸다. 프로이트라 해도 그대와 마찬가지로 성욕을 느낀다. 마찬가지로 죽음을 두려워한다. 프로이트라 해도 똑같이 신경 질환 증세가 있다. 그렇다면 차이가 무엇인가? 그는 그대보다 더 지성적일지는 모른다. 어쩌면 그는 천재일지도 모르고, 다른 사람들을 조금은 도울 수 있을지 모른다. 그러나 궁극의 것에 관한 한, 존재 내부의 가장 심오한 곳, 가장 깊은 곳에 관한 한 그는 그대와 마찬가지로 장님에 불과하다.

그렇다. 정신분석은 종교가 될 수 없다. 좋은 병원이 될 수는 있어도 사원은 될 수 없다. 그것은 불가능한 일이다. 병자와 부적응자들이 존재하는 한 정신과 의사는 필요하다. 그러나 정신과 의사는 영적 스승이 아니며, 환자 또한 제자가 아니다. 환자로서 스승에게 온다면 그대는 반드시 스승을 놓칠 것이다. 스승은 정신과 의사가 아니기 때문이다.

사람들은 나에게 와서 말한다.

"나는 이러이러한 정신 불안, 신경증으로 고통 받고 있습니다."

나는 말한다.

"그런 것은 아무래도 좋다. 나는 그대의 불안을 치료할 생각이 없기 때문이다. 나는 그대 자신을 치료할 것이다. 나는 그대의 병에는 관심이 없다. 오직 그대 자신에게 관심이 있을 뿐이다. 병은 표면에 있는 것일 뿐, 그대 존재가 있는 곳에는 병이란 없다."

일단 그대가 자신이 누구인지 깨닫기만 하면 모든 병은 사라진다. 기본적으로 자신이 누구인지 알지 못하기 때문에, 자신으로부터 도망쳐 있었기 때문에 병이 그곳에 존재했다. 자신을 보고 싶지 않기 때문에 자신과의 근본적인 만남을 회피해 왔다. 왜 자신을 바라보기를 원치 않는가? 그대에게 무슨 일이 일어났는가? 자신과 얼굴을 마주할 준비가 되어 있지 않고서는 그대는 제자가 될 수 없다. 그대가 자신의 얼굴을 마주할 준비가 되어 있지 않다면 스승은 어떤 일도 할 수 없기 때문이다. 스승이 하는 일은 단지 그대가 자신과 얼굴을 마주하도록 돕는 것이기 때문이다.

왜 그토록 두려워하는가? 과거의 어딘가에서 무엇인가 잘못되었기 때문이다. 아이가 태어났을 때 그 아이는 있는 그대로 받아들여지지 않는다. 많은 것이 달라져야만 하고, 강요된다. 아이는 훈련을 받아야만 한다. 아이는 사회나 부모가 받아들일 수 없는 부분이 많으며, 따라서 그 부분은 거부되고 억압당한다. 몇 가지 부분만 받아들여지고 칭찬받을 뿐이다. 따라서 아이는 자신 속에 있는 그 부분들을 정리해야 한다. 자기 존재의 많은 조각들을 거부해야만 하고, 그 조각들을 밖으로 드러내는 것은 허용되지 않는다. 그는 자주 그것들을 부정해야만 하기 때문에 그런 것들이 자신에게 있는지조차 자각하지 못한다. 이것이 바로 억압의 의미다. 사회 전체가 이 억압 위에서 군림한다.

아이는 존재의 더 큰 부분을 억압당하고, 철저하게 어둠 속에 던져진다. 그러나 그 억압된 부분들은 언젠가는 자기를 주장하기 시작한다. 반발하고 반란을 일으킨다. 그것들은 어둠 속에서 밝은 곳으로 뛰쳐나오기를 원하며, 그대는 또다시 그것들을 억눌러야만 한다. 그리하여 그대는 자신과 대면하는 것을 두려워하게 된다. 그 억압된 부분에 무슨 일이 일어날 것인가? 그것은 다시금 얼굴을 내밀 것이고, 언제나 그곳에 존재해 있을 것이다. 그 무의식 층에 무슨 일이 일어날 것인가? 그대가 자신과 대면할 때 그 무의식 층이 그곳에 나타날 것이다. 지금까지 부정해 온 모든 것이 나타난다. 그리고 이것이 그대에게 두려움을 안겨 주는 것이다.

아이의 있는 그대로를 전부 받아들이지 않고는 그 두려움은 항상 남아 있을 수밖에 없다. 그러나 아직까지 아이의 전부를 있는 그대로 받아들이는 사회는 존재한 적이 없다. 그리고 앞으로도 아이의 존재 전체를 받아들이는 사회는 가능할 것 같지 않다. 그런 일은 거의 불가능하기 때문이다. 따라서 억압은 많든 적든 있을 수밖에 없다. 그리고 모든 사람은 언젠가는 자기 자신과 대면해야 하는 이 문제와 마주쳐야만 한다. 무엇이 좋고 무엇이 나쁜가의 구별을 완전히 잊는 그날, 무엇이 받아들여지고 무엇이 거부되는가에 대해 잊는 그날, 그대는 제자가 된다. 그대 자신에게 존재 전체를 드러내 놓을 준비가 되는 바로 그날, 그대는 비로소 한 사람의 제자가 될 수 있다.

스승은 한 사람의 산파에 불과하다. 스승은 그대가 거듭나고 새롭게 태어나는 것을 도와줄 뿐이다. 그렇다면 스승과 제자 사이, 그곳에는 어떤 관계가 존재하는가? 제자는 스승을 신뢰해야 한다. 의심해서는 안 된다. 만일 그곳에 의심이 있으면 자신을 있는 그대로 드러낼 수 없게 된다. 그대가 누군가를 의심할 때, 그때 상대방은 타인이 되고 그대는 마음의 문을 닫아 버린다. 자신의 문을 활짝 열어 놓을 수가 없다. 그 낯선 자가 그대에게 무슨 짓을 할지 모르기 때문이다. 그대는 그 사람 앞에서 무방비 상태로 있을 수 없다. 자신을 방어해야 하고 둘레에 무장된 벽을 쌓아야만 한다.

스승과 함께라면 그 무장을 완전히 벗어던져야 한다. 그 무장 해제는 완전해야만 한다. 사랑하는 사람 앞에서도 조금은 무장을 한다. 사랑하는 사람 앞에서도 그렇게까지 열어 놓을 수는 없다. 그러나 스승 앞에서의 그 열어 놓음은 완전해야만 한다. 그렇지 않으면 아무 일도 일어나지 않는다. 만일 그대 존재의 극히 일부분이라도 닫아 놓는다면 그곳에 관계는 있을 수 없다. 완전한 신뢰가 필요하다. 오직 그때만 비밀이 공개될 수 있다. 오직 그때만 비밀의 열쇠가 그대에게 주어질 수 있다. 그러나 만일 자신을 감춘다면, 그것은 곧 그대가 스승과 싸움을 하고 있다는 의미이고, 그때는 어떤 것도 이룰 수 없다.

싸움은 스승과 함께 하기 위한 열쇠가 아니다. 완전한 받아들임이 열쇠이다. 그러나 이제 세상에는 완전한 받아들임은 존재하지 않는다. 많은 것들이 그렇게 되도록 조장되어 왔다. 지난 3, 4세기 동안 인간은 개인적이고 이기적으로 되도록 배워 왔다. 받아들임이 아니라 투쟁을, 순종이 아니라 저항을, 신뢰가 아니라 의심을 배워 왔다. 그것에는 이유가 있었다. 과학은 의심을 통해 발전하기 때문이다. 과학은 깊은 의심에 바탕을 두고 있다. 그것은 신뢰를 통해서는 일할 수 없다. 과학은 논리와 논쟁과 끝없는 의심을 통해서만 성장한다. 더 많이 의심할수록 그대는 더 과학적으로 된다. 그 길은 종교의 길과는 정반대되는 길이다.

종교는 신뢰를 통해 일한다. 더 많이 신뢰할수록 그대는 더 종교적이 된다. 과학은 많은 기적을 낳았고, 그 기적들은 눈으로 볼 수 있는 것들이다. 종교는 더 큰 기적들을 낳지만 그것들은 눈으로 확인할 수 있는 것이 아니다. 설령 한 사람의 붓다가 눈앞에 있다 할지라도 그대는 무엇을 느낄 수 있을 것인가? 무엇을 볼 수 있을 것인가? 그는 눈으로 볼 수 없는 존재이다. 눈으로 보아서는 그는 단지 하나의 육체에 지나지 않을 뿐이다. 눈으로 보아서는 그 역시 그대와 마찬가지로 죽을 수밖에 없는 존재이다. 눈으로 보아서는 그 역시 나이를 먹을 것이고, 어느 날엔가는 죽음을 맞이할 것이다. 눈으로 보이는 면을 넘어서면 그는 죽지 않는 존재이며, 그에게 죽음이란 존재하지 않는다. 그러나 그대에게는 눈에 보이지 않는 것을 볼 수 있는 눈이 없다. 그대에게는 깊은 심층부에 있는 것, 그 미지의 것을 느낄 수 있는 능력이 없다. 그렇기 때문에 신뢰하는 눈만으로도 서서히 느낄 수 있고, 예민해질 수 있다. 신뢰한다는 것은 두 눈을 감는다는 것을 의미한다. 사랑이 맹목적인 것처럼 신뢰 또한 맹목적인 이유가 여기에 있다. 아니, 사랑보다 신뢰가 더 맹목적이다.

두 눈을 감을 때 무슨 일이 일어나는가? 내적인 변화가 일어난다. 이 두 눈, 외부를 향해 열려 있는 두 눈을 감을 때, 그때 눈을 통해 나가던 에너지에 무슨 일이 일어나는가? 그 에너지는 역행하기 시작한다. 눈으로부터 바깥의 대상을 향해 흐를 수 없기 때문에 그 에너지는 안으로 방향을 전환하기 시작한다. 그러고는 완전히 방향이 바뀐다. 에너지는 움직여야만 하기 때문이다. 에너지는 고정되어 있을 수 없다. 한쪽 출구를 막으면 곧바로 다른 출구를 찾아낸다. 두 눈을 닫으면 그 두 눈을 통해 움직여 나오던 에너지는 방향을 바꾸기 시작한다. 하나의 전환이 일어나는 것이다. 그리하여 그 에너지는 그대 안에 있는 제3의 눈을 건드린다. 이 제3의 눈은 육체적인 것이 아니다. 그것은 단지 외부의 대상을 향해 눈을 통해 빠져나가던 에너지가 존재의 근원을 향해 되돌아가는 것에 불과하다. 그것이 바로 제3의 눈이 되고, 세상을 바라보는 제3의 시각이 된다. 오직 그 눈을 통해서만 붓다를 볼 수 있다. 오직 그 눈으로만 예수를 볼 수 있다. 그 제3의 눈을 갖고 있지 않으면 비록 예수가 눈앞에 온다 할지라도 그를 볼 수 없다. 실제로 많은 이들이 그를 보지 못하고 놓쳐 버렸다.

예수의 고향 마을 사람들은 그를 단순히 목수 요셉의 아들이라고만 생각했다. 아무도, 단 한 사람도 그에게 어떤 일이 일어났는지 알아보지 못했다. 그는 이제 더 이상 목수의 아들이 아니고 하느님의 아들이 되었다는 것을 아무도 알아차리지 못했다. 그것은 내면적인 현상이었던 것이다. 그리고 예수가 "나는 하느님의 아들이며, 나의 아버지는 하늘에 계신다."라고 선언했을 때 사람들은 그를 비웃으며 말했다.

"이 자는 정신병자이거나 아니면 바보이다. 그것도 아니면 매우 영리한 인간이다. 도대체 어떻게 목수의 아들이 하루아침에 하느님의 아들이 될 수 있는가?"

그러나 길은 있다. 육신으로부터는 오직 육신만 태어날 뿐이다. 내면의 자아는 육신으로부터 태어나는 것이 아니다. 그것은 성령으로부터 탄생하며 신에 속한 것이다. 하지만 먼저 그대는 그것을 볼 수 있는 눈과 들을 수 있는 귀를 가져야만 한다.

예수를 이해하는 것은 매우 섬세하고 미묘한 일이다. 그대는 특별한 훈련을 거쳐야만 한다. 그것은 마치 클래식 음악을 이해하는 것과도 같다. 갑자기 클래식 음악을 듣는다면 그대는 '이것이 대체 무슨 의미인가?' 하고 느낄 것이다. 그것은 그토록 미묘한 것이기 때문에 오랜 훈련이 필요하다. 여러 해 동안 감상해야만 하고,

비로소 그때 귀가 그 미묘한 음을 붙잡을 수 있다. 그리고 그렇게 되면 클래식 음악에 견줄 만한 것은 아무것도 없다. 그때는 날마다 일상적으로 듣는 음악, 이를테면 영화음악 같은 것은 전혀 음악이 아니고 단순한 소음이거나 바보짓에 지나지 않게 된다. 그대의 귀는 전혀 훈련이 되어 있지 않기 때문에 그런 소음들과 함께 살면서 그것을 음악이라고 생각하고 있는 것이다. 클래식 음악을 듣기 위해서는 매우 섬세한 귀가 필요하다. 훈련이 필요하고, 훈련이 될수록 그 미묘함을 더 깊이 느낄 수 있다. 그러나 클래식 음악도 예수 앞에서는 아무것도 아니다. 예수는 우주적인 음악이기 때문이다. 그대는 단 한 조각의 사념도 일어나지 않을 때까지, 그대 존재 속에 단 하나의 움직임도 없을 때까지 침묵해야만 한다. 오직 그때만 예수를 들을 수 있고, 예수를 이해할 수 있다. 오직 그때만 예수를 알 수 있다.

예수는 수없이 반복해서 말하고 있다.

"들을 귀가 있는 자는 나를 이해할 것이다. 눈이 있는 자는 보라! 내가 여기에 있다!"

왜 그는 이 말을 다시 또다시 했을까?

"눈이 있는 자들은 보라! 들을 귀를 가진 자들은 들으라!"

왜? 그는 오직 제자만 알아들을 수 있는 다른 차원의 이해에 대해 말하고 있는 것이다. 아주 적은 몇몇 사람만 예수를 이해했다. 그것은 매우 당연한 일이었으며 또 그럴 수밖에 없었다. 그 극소수의 사람들, 그들은 어떤 사람이었는가? 그들은 학식 있는 자들이 아니었다. 그들은 대학교수들이 아니었다. 대학자나 철학자들이 아니었다. 그들은 평범한 사람들이었다. 어부이고 농부이며 구두

만드는 직공이고 창녀였다. 더없이 평범한 사람들, 세상의 평범한 사람들 가운데서도 가장 평범한 사람들이었다.

그런 사람들이 어떻게 예수를 이해할 수 있었을까? 평범한 사람들에게는 특별한 무엇인가가 있음에 틀림없다. 이른바 특별하다고 하는 사람들에게서는 사라져 버린 특별한 무엇인가가 평범한 사람들에게는 있다. 그것은 무엇인가? 그것은 겸허함이고 신뢰이다.

지적인 훈련을 더 많이 받을수록 신뢰의 가능성은 더 줄어든다. 지적인 훈련을 덜 받을수록 더 큰 신뢰가 가능하다. 농부는 신뢰한다. 그는 의심할 필요가 없다. 그는 들녘에 씨앗을 뿌린다. 그리고 적절한 계절이 오면 싹이 틀 것이라는 믿음을 갖고 있다. 그 씨앗들은 반드시 싹이 틀 것이다. 그는 기도하면서 기다린다. 그리하여 알맞은 계절이 오면 씨앗은 싹이 트고 열매를 맺는다. 그는 신뢰 속에 기다린다. 그는 나무와 풀과 강, 그리고 산과 더불어 산다. 전혀 의심할 필요가 없다. 나무들에게는 속임수라는 것이 없다. 나무로부터는 자신을 방어하기 위해 무장할 필요가 없다. 언덕들에게는 속임수가 없다. 언덕들은 정치인도 아니고, 범죄자도 아니다. 그대는 그것들로부터 자신을 보호하기 위해 무장할 필요가 없다. 어떤 방어 수단을 마련할 필요도 없다. 그대는 그 앞에서 자신을 열어 놓을 수 있다.

산이나 언덕에 올라갈 때면 기쁨을 느끼는 이유가 그것이다. 그 기쁨은 어느 곳으로부터 오는가? 언덕으로부터인가? 아니다. 그것은 그대가 방어하는 마음을 내려놓아도 되고 두려워하지 않아도 되기 때문에 오는 기쁨이다. 한 그루 나무에게로 다가갈 때 그대는 문득 아름다움을 느낀다. 그것은 그 나무로부터 오는 느낌이 아니다. 그 느낌은 내부로부터 온다. 나무와 더불어 있으면 그대는 자신을 방어할 필요가 없고, 마음을 열고 한가로이 노닐 수 있다. 꽃은 갑자기 그대를 습격하거나 해치지 않을 것이다. 나무는 도둑이 될 수 없으며 그대로부터 어떤 것도 훔쳐 가지 않는다. 따라서 산에 갈 때나 바다에 갈 때나 숲으로 갈 때나 나무와 함께 있을 때나 그대는 경계심을 버리고 방어하는 마음을 내려놓는다.

자연과 더불어 사는 사람들에게는 더 깊은 신뢰가 있다. 공업화나 기계화, 기술이 발전하지 않은 나라의 사람들일수록 더 많이 자연과 함께 살아가며, 더 깊이 신뢰하는 마음이 있다. 뉴욕에서 예수가 탄생하는 것이 상상만으로도 불가능한 것은 이 때문이다. 그것은 거의 불가능한 일이다. 예수를 믿는 광신자들은 나올 수 있어도 예수가 그곳에서 태어나는 것은 불가능하다. 그리고 이 광신자들은 정신병자에 지나지 않으며 예수는 단지 하나의 구실에 지나지 않는다. 그렇다, 예수가 뉴욕에서 태어나는 것은 생각조차 할 수 없는 일이다. 설령 그가 그곳에서 태어난다 해도 누구 한 사람 그의 말에 귀 기울이지 않을 것이다. 또한 그가 눈앞에 있다 해도 아무도 그를 알아보지 못할 것이다. 예수는 기술 발전이 없는 사회, 과학이 없는 시대에 태어났다. 그는 목수의 아들이었다. 그는 전 생애를 자연과 더불어 살아온 가난하고 소박한 사람들과 함께 살았다. 그들에게는 믿음과 신뢰라는 것이 있었다.

어느 날 아침 이른 시간, 예수는 호숫가로 걸어갔다. 태양은 아직 수평선 위로 떠오르지 않고 있었다. 두 사람의 어부가 그곳에서 이제 방금 그물을 던져 물고기를 잡으려 하고 있었다. 그때 예수가 다가와 말했다.

하늘나라와 겨자씨

"보라, 그대들은 어찌하여 삶을 헛된 일에 낭비하고 있는가? 나는 그대들을 사람 낚는 어부로 만들 수 있다. 그대들은 왜 물고기 낚는 일에 시간을 낭비하고 있는가? 나는 그대들을 사람 낚는 자, 사람의 어부로 만들 수 있다. 와서 나를 따르라!"

만일 그대가 사무실이나 가게에 앉아 일하고 있을 때 예수가 와서 그렇게 말한다면 그대는 이렇게 말할 것이다.

"나가 주세요! 난 바쁜 사람입니다. 내 시간을 빼앗지 말아요."

그러나 두 명의 어부는 가만히 예수를 응시했다. 어떤 의심도 없이 예수를 바라보았다. 태양이 떠오르고 있었고, 이 사람 예수는 아름다워 보였다. 그의 눈은 호수보다 더 깊었고 그의 몸에서 퍼져 나오는 빛은 태양보다 더 밝았다. 그리하여 그들은 아무 미련 없이 그물을 버리고 예수의 뒤를 따랐다.

이것이 바로 신뢰이다. 단 하나의 질문도 던지지 않았다. "낯선 이여, 당신은 누구십니까?" 하고 묻지 않았다. 그들은 예수를 알지 못했다. 그는 그 마을 사람이 아니었기 때문이다. 그들은 전에 그를 본 적도 없고 그에 대한 이야기를 들은 적도 없었다. 하지만 그것으로 충분했다. 그의 부름, 그의 초대만으로도 충분했다. 그들은 그의 부름을 듣고 그를 바라보았다. 그리고 그의 진정성을 느끼고 그를 따라갔다.

그들이 마을을 벗어나 언덕에 이르렀을 때, 한 남자가 급하게 달려와 두 어부에게 말했다.

"너희들은 도대체 어딜 가는 건가! 너희 아버지가 돌아가셨어. 빨리 돌아가."

그래서 그들은 예수에게 말했다.

"집에 가서 돌아가신 아버지를 땅에 묻고 와도 되겠습니까? 장례가 끝나면 돌아오겠습니다."

예수가 말했다.

"죽은 자의 일로 근심하지 말라. 마을에는 죽어 있는 자들이 수없이 많다. 그들이 죽은 자를 묻을 것이다. 너희는 나를 따르라. 죽은 자의 일에 신경 쓰지 말라."

그래서 두 어부는 예수를 따라갔다. 이것이 바로 믿음이다. 그들은 예수를 진정으로 듣고 진정으로 보았던 것이다.

예수가 말한 의미가 이것이다. 그리고 그는 옳았다.

"아버지가 죽었다고 해서 너희들이 할 수 있는 것이 무엇인가? 그가 죽었으면 죽은 것이다. 너희들이 돌아갈 필요는 없다. 그리고 마을에는 죽어 있는 것과 마찬가지인 사람들이 충분히 많다. 그들이 뒤처리를 할 것이다. 그들이 장례식을 치러 줄 것이고 매장을 해줄 것이다. 너희들은 나를 따르라."

그래서 그들은 예수를 따라갔으며 되돌아가지 않았다. 그들은 결코 뒤돌아보지 않았다. 신뢰는 뒤돌아보지 않음을 의미한다. 신뢰는 되돌아가지 않음을 의미한다.

의심하는 마음은 언제나 뒤돌아본다. 언제나 다른 선택을 생각하고, 자신이 가지 않은 길을 생각한다. 그리고 자신이 올바른 길을 선택했는가를 생각한다. '집으로 돌아가야 할까, 아니면 이 미친 사람의 뒤를 따라가야 할까? 누가 아는가? 이 사람은 자기가 하느님의 아들이라 말하고 있지만 누가 그것을 알겠는가? 하느님에 대해서는 아무도 알지 못한다. 게다가 이 사람은 우리와 똑같은 모습을 하고 있다.' 그러나 두 어부는 아무 의심 없이 그를 따랐다.

예수와 같은 사람을 따르면 머지않아 그에게 깊은 영향을 받게 된다. 그러나 처음에는 그대가 그를 따라야만 한다. 머지않아 그대는 그가 하느님의 아들임을 느낄 것이다. 그뿐만이 아니다. 그를 통해 그대는 그대 자신 역시 하느님의 아들임을 느끼게 될 것이다. 그러나 처음에는 신뢰해야만 한다. 처음에 의심이 있으면 문은 닫히고 만다.

스승과 제자 사이의 이러한 관계는 지난 3세기에 걸친 과학의 성공 덕분에 자취를 감추었다. 과학은 실로 놀라운 성공을 거두었다. 과학은 기적을, 물론 쓸모없는 기적을 낳았다. 왜냐하면 그 기적은 인간의 행복에 조금도 기여하지 못했기 때문이다. 행복을 늘리지 못하는 기적은 한낱 무의미한 것이 되어 버린다. 오히려 행복은 줄어들었다. 기술이 발전할수록 생활은 더 편리해진다. 그러나 행복은 줄어든다. 이것이 과학이 이루어 놓은 기적이다. 기계로 해낼 수 있는 일이 더 많아질수록 그대의 존재는 그만큼 덜 중요해진다. 그리고 그대가 덜 중요해질수록 점점 자신이 하찮고 보잘것없으며 무의미한 존재라고 느끼게 된다. 머지않아 컴퓨터가 그대를 대신하게 될 것이고, 그대는 전혀 쓸모없는 존재가 되어 버릴 것이다. 컴퓨터가 모든 일을 해줄 것이기 때문에 그대는 어디론가 가서 자살하는 일만 남아 있게 될 것이다.

행복은 누군가 그대를 필요로 할 때 찾아온다. 그대가 필요한 존재일 때 그대는 행복을 느낀다. 그때 자신의 존재가 의미를 갖고 있다고 느끼기 때문이다. 그때 자신의 삶이 의미를 갖고 있다고 느낀다. 자신이 필요하다고, 자신 없이는 모든 일이 어렵게 될 것이라고 느낀다. 그런데 이제는 그대가 없다 해도 무엇 하나 달라지는 것이 없다. 오히려 그대가 없으면 일이 더 잘 되어 간다. 기계가 그대보다 모든 일을 더 잘 처리할 것이기 때문이다. 그대는 단지 하나의 방해물, 시대에 뒤떨어진 구식일 뿐이다. 오늘날 인간은 시대에 가장 뒤떨어진 제품이 되어 버렸다. 해마다 모든 것이 새로운 모델로 생산된다. 자동차든 무엇이든 모든 것이 새롭게 개량되어 나온다. 오직 인간만이 구형으로 남아 있다. 그 수많은 신제품들 속에서 오직 그대만 낡은 채로 남아 있다.

현대인들의 마음은 끊임없이 삶의 무의미함을 느낀다. 아무도 자신을 필요로 하지 않기 때문이다. 이제는 아이들까지 그대를 필요로 하지 않을 것이다. 정부가, 복지단체가 보살펴 줄 것이기 때문이다. 늙은 부모조차 이제는 그대를 필요로 하지 않는다. 양로원, 국공립 시설들이 있어서 그들을 편안하게 모실 것이다. 누가 그대를 필요로 하겠는가? 아무도 그대를 필요로 하지 않는다는 느낌이 들 때 그대가 어떻게 행복하겠는가? 옛날에 그대는 필요한 존재였다.

유대 신비주의자 중에 힐렐(2천 년 전 바빌로니아 출생으로 주기도문을 요약해서 만든 랍비)이라는 사람이 있었다. 그는 더없이 강한 믿음의 소유자로 신앙심이 깊은 사람이었다. 그는 기도 중에 하느님에게 말했다.

"나만 당신을 필요로 한다고 생각하지 마십시오. 당신 또한 나를 필요로 하고 있습니다. 내가 없으면 당신은 아무것도 아닌 존재입니다. 나 힐렐이 없다면 누가 당신에게 기도하겠습니까? 누가 당신을 쳐다보겠습니까? 난 없어서는 안 될 존재입니다. 그러니 이것을 기억해 주십시오. 내게는 당신이 필요하지만 당신 역시 내가 필요하다는 것을."

　우주 전체가, 심지어 신까지 그대를 필요로 했을 때는 그대는 의미가 있었다. 존재 의의가, 하나의 향기가 있었다. 그러나 이제는 아무도 그대를 필요로 하지 않는다. 그대는 쉽게 방치될 수도 있다. 그대는 아무 존재도 아니다. 과학 기술이 그대를 안락하게 해 주면서 동시에 쓸모없는 인간으로 만들어 버렸다. 과학 기술은 더 좋은 집을 만들어 주기는 했지만 더 나은 인간을 만들지는 못했다. 더 나은 인간을 위해서는 다른 차원이 필요하기 때문이다. 그 차원은 기계의 차원이 아니다. 그 차원은 깨달음의 차원이지 기계적인 차원이 아니다.

　과학으로는 붓다나 예수 같은 인물들을 만들어 낼 수 없다. 오히려 과학은 붓다 같은 이들의 출현이 불가능한 사회를 만들 뿐이다. 많은 사람들이 내게 와서 왜 요즘은 깨달은 사람들이 더 이상 나타나지 않느냐고 묻는다. 왜 예수나 붓다나 티르탕카르(자이나교의 깨달은 스승들) 같은 인물들이 더 이상 나타나지 않는가? 그것은 바로 그대들 때문이다. 그대들이 단순한 사람들이 존재하기 어려운 사회, 순진한 사람들이 살기 어려운 사회를 만들어 가고 있는 것이다. 그리고 비록 그런 인물이 존재한다 해도 그대는 그를 알아보지 못할 것이다. 깨달은 이들이 존재하지 않는 것이 아니다. 그들을 발견하는 것이 어려울 뿐이지 그들은 분명히 그곳에 있다. 매일 사무실로 나가면서 그대는 그들 곁을 스쳐 지나갈지도 모른다. 그러나 그대는 그들을 알아볼 수 없다. 눈이 멀었기 때문이다.

　믿음은 사라져 버렸다. 이것을 기억하라. 예수는 믿음의 시대에, 깊은 신뢰의 시대에 살았다. 그의 모든 영광, 그의 모든 의미는 신뢰의 차원을 통해서만 이해될 수 있다.

이제 예수의 작은 이야기로 들어가자.

제자들이 예수께 말했다.
"하늘나라가 무엇과 같은지 우리에게 말씀해 주십시오."

그들은 질문자가 아니었다. 그들은 호기심 많은 사람들이 아니었다. 그들은 논쟁을 하려는 것이 아니었다. 그들의 질문은 순수한 것이었다. 질문이 순수한 것일 때만 예수는 대답할 수 있다. 질문이 순수한 경우를 아는가? 만일 그대가 이미 답을 가지고 있다면, 질문은 순수한 것이 아니다. 그대는 내게 묻는다. "신이 존재합니까?" 그러나 그대는 이미 답을 가지고 있다. "그렇다, 신은 존재한다."라고 알고 있다. 그대는 단지 그 생각을 확실히 하기 위해 나에게 온 것이다. 아니면 그는 신은 존재하지 않는다고 알고 있으면서 이 사람이 과연 알고 있는지 모르고 있는지 알아보기 위해 나에게 온 것이다. 만일 답이 이미 그곳에 있다면 그 질문은 속임수이며 순수한 것이 아니다. 그렇다면 예수의 대답은 들을 수 없다. 예수는 오직 순수한 질문에 대해서만 대답하기 때문이다.

질문을 할 때 제자의 마음속에는 답이 없다. 그는 모른다. 단순히 모르기 때문에 묻고 있는 것이다. 이것을 기억하라. 무엇인가 질문할 때, 혹시 이미 답을 갖고 있기 때문에 묻고 있는 것은 아닌지 잘 기억하라. 그대가 알고 있는 것을 통해서 묻고 있는 것은 아닌가? 그렇다면 그곳에 만남은 불가능하다. 내가 대답을 한다 해도 그 대답은 그대에게 가닿지 않을 것이다. 그대는 그 대답을 받아들일 만큼 충분히 비어 있지 않다. 답이 이미 그대에게 있는 것이다. 이미 편견에 사로잡혀 있고 물들어 있다.

질문에는 두 가지 형태가 있다. 하나는 지식으로부터 나온다. 그때 그 질문은 쓸모없는 것에 불과하다. 논쟁은 가능해도 대화는 이루어지지 않는다. 다른 하나는 무지로부터 질문하는 것이다. 모른다는 사실을 잘 알면서 묻는 질문이다. 자신이 모른다는 사실을 잘 알면서 물을 때 그대는 제자가 된다. 이제 그것은 논쟁이 되지 않는다. 그대는 단지 목이 말라서 물을 청하고 있는 것이다. 배가 고프기 때문에 먹을 것을 구하고 있는 것이다. 그대는 모른다. 그래서 묻고 있다. 그대는 받아들일 준비가 되어 있다. 제자는 자신이 모른다는 것을 잘 알면서 묻는다. 모를 때는 겸손하다. 알고 있을 때는 이기적이 되며, 예수는 이기주의자들에게는 말할 수 없다.

제자들이 예수께 말했다.

제자는 자신이 모른다는 사실을 깊이 자각하고 있는 사람을 의미한다.

"하늘나라가 무엇과 같은지 우리에게 말씀해 주십시오."

예수는 계속 하늘나라에 대해 말했고 그것은 많은 문제의 씨앗이 되었다. 용어 자체가 많은 갈등을 야기했다. 나라나 왕국이라는 말은 정치적인 말이고, 그것이 정치인들을 두렵게 만들었다. 그가 십자가에 처형된 것은 정치인들이 이렇게 생각했기 때문이다.

'이 사람은 언젠가 지상에 도래할 왕국에 대해 말하고 있다. 그리고 이 사람은 자신이 그 왕국의 왕이라고 말하고 있다. 그는 혁명을 일으키려 하고 있는 것이다. 정부를 전복시키려 하고 있는 것이다. 그는 다른 왕국을 세우려 하고 있다.'

그래서 왕과 성직자들, 총독과 관리와 세리들은 모두 이 사람을 두려워했다. 이 사람은 대단한 영향력을 갖고 있었다. 군중들은 모두 그에게 귀를 기울였다. 귀 기울일 뿐 아니라 그의 말을 들을 때마다 군중들은 변화를 일으켰다. 그들은 불꽃이 되었고 완전히 새로워졌다. 그들 내부에서 무엇인가 일어났다. 이 때문에 성직자들과 빌라도 총독, 헤롯 왕, 정치인, 온 지배층이 이 사람을 두려워했다. 그는 매우 위험한 인물로 여겨졌다. 지금까지 그토록 순수한 사람은 없었다. 하지만 위험스러워 보였다. 예수는 그렇게 오해를 받았다.

예수 같은 사람은 언제든 오해받을 가능성이 있다. 문제는 그가 세상의 언어로 말을 해야만 한다는 데 있다. 그것 말고는 다른 언어가 없기 때문이다. 무엇을 말하든 그는 그대의 언어로 말을 해야만 한다. 다른 언어는 있지도 않으며, 그 언어조차 이미 너무 물들어 버렸다. 이미 너무 많은 의미들로 오염되어 버렸다. 예수는 단순히 하느님의 왕국, 하늘나라에 대해 말했을 뿐이다. 그러나 왕국이라니? 그 말은 위험한 말이다. '왕국'이라는 용어 자체가 정치적인 것을 암시하고 있는 것이다.

예수는 이 세상의 혁명가가 아니었다. 물론 그는 틀림없는 혁명가였다. 그는 혁명의 대가였다. 그러나 그것은 내면세계의 혁명이었다. 그는 인간 내면의 왕국에 대해 말하고 있었다. 그러나 제자들조차 그가 말하는 것을 깨닫지 못했다. 그대가 스승 앞에 올 때, 차원이 다른 두 세계가 만난다. 그것은 마치 하늘과 땅의 만남과 같다. 그것은 서로의 경계선상에서의 만남이다. 신뢰가 있다면 그대는 하늘로 나아갈 수 있지만, 신뢰가 없으면 땅에 붙박이고 만다. 신뢰가 존재한다면 그대는 날개를 펴서 하늘로 날아오를 수 있지만, 신뢰가 없으면 그대는 땅에 매달리고 만다. 이 사람은 그대에게 위험을 가져다준다. 하늘나라란 무엇인가? 어떤 형태의 나라인가? 이 왕국은 이 세상의 왕국과는 정반대의, 완전히 반대쪽에 있는 나라이다. 예수는 설명에 설명을 거듭했지만 사람들을 이해시키기는 쉽지 않았다.

그는 말했다.

"하느님의 나라에서는 가장 가난한 자가 가장 부유한 자가 될 것이다. 가장 나중인 자가 가장 먼저인 자가 될 것이다."

예수는 정확히 노자처럼 말했으며, 실제로 그는 노자와 같은 인물이었다.

"나의 하느님의 나라에서는 가장 나중인 자가 가장 먼저인 자가 될 것이다."

그는 가장 겸손한 자가 가장 중요한 인물이 될 것이고, 가장 가난한 자가 가장 부유해질 것이며, 이 세상에서 인정받지 못한 자가 그곳에서는 인정받을 것이라는 사실에 대해 말하고 있었다. 완전히 반대가 될 것이라고. 그것은 그렇게 될 수밖에 없다.

그대가 강둑에 서 있다고 하자. 강은 조용히 흐르고 물결도 잔잔하다. 그대가 강물에 비친 자신의 모습을 지켜보고 있다면 그 비친 영상은 거꾸로 된 모습일 것이다. 반사된 모습은 언제나 거꾸로다.

이 세상에서 우리는 실제로 거꾸로 살고 있으며, 모든 것을 똑바로 돌려놓으려면 그것들을 뒤집어 놓아야 한다. 그러나 그렇게 하면 마치 모든 것이 거꾸로 되는 것처럼 보일 것이다. 하나의 혼돈 상태가 필요하다.

붓다는 걸인이 되었다. 이 세상에서 가장 나중인 자가 된 것이다. 그는 왕이었다. 그러나 신의 나라에서는 왕은 가장 나중인 자에 속한다. 그는 이 세상의 왕국을 떠났다. 이 세상의 왕국은 다만 쓸모없고 무의미한 짐에 불과했기 때문이다. 그대는 그것을 짊어지고 다니지만 그것은 정신적 양식이 아니다. 오히려 그것은 그대를 파괴한다. 그것은 하나의 독이다. 비록 그것이 너무도 서서히 퍼져서 그대가 느낄 수 없다 할지라도.

어떤 사람이 무엇인가를 마시고 있었다. 한 친구가 그곳을 지나가다가 말했다.

"지금 무엇을 마시고 있는 거야? 그것은 느리게 퍼지기는 하지만 독약이야."

그러자 그 사람이 말했다.

"괜찮아, 나는 급하지 않으니까."

그대가 삶을 무엇이라 부르든, 그것은 서서히 퍼지는 독이다. 왜냐하면 결국에는 죽음에 이르기 때문이다. 그것은 그대를 죽인다. 그 외에는 결코 어떤 일도 하지 않는다. 그대는 별로 급하지 않을지도 모르지만, 그것이 그대를 죽인다는 사실에는 변함이 없다. 이 세상의 왕국은 죽음에 속하지만, 하늘나라는 영원한 생명에 속한다. 그래서 예수는 말한다.

"준비된 자는 나에게 오라. 내가 넘치는 생명을 주리라."

예수가 어느 마을을 지나갈 때였다. 그는 목이 말랐고, 마침 그곳에 우물이 있었다. 한 여인이 우물에서 물을 긷고 있었다.

예수가 그녀에게 말했다.

"나는 지금 몹시 목이 마르니 물 한 잔만 주시오."

그 여인이 말했다.

"저는 아주 천한 계급에 속하므로 그런 일을 할 수 없습니다. 저는 당신에게 물을 드릴 수 없습니다."

예수가 말했다.

"걱정하지 말고 물을 달라. 그 대가로 그대에게도 나의 샘에서 물을 길어 주리라. 그대가 한번 그 물을 마시면 영원히 목마르지 않을 것이다."

제자들은 묻고 있다.

"하늘나라는 무엇과 같습니까?"

우리에게 알려지지 않은 것, 미지의 것은 오직 '무엇과 같은'이라는 표현으로밖에 달리 설명할 방법이 없기 때문이다. 여기에서 신화가 탄생한다. 신화는 그대가 모르는 것, 지금의 지식으로는 결코 알 수 없는 것을 그대가 알고 있는 용어들로 미지의 세계를 표현하려는 것이다. 그대의 현재 상태에서 그대에게 무엇인가를 이해시키려고 시도하는 것, 기존의 용어로 미지의 것을 설명하려는 노력이 곧 신화이다.

하늘나라는 직접적으로 설명할 수 없다. 그것은 불가능한 일이다. 그대가 그 안으로 들어가기 전에는 그것에 대해 설명할 길이 없다. 무엇을 말하더라도 오류를 범할 뿐이다. 진리는 말로 표현할 수 없기 때문이다. 그렇다면 예수나 노자, 붓다 같은 이들은 여러 해 동안 끊임없이 무엇을 한 것일까? 진리가 말로 설명할 수 없는 것이라면 그들은 무엇을 한 것일까? 그들은 설명할 수 없는 것을 그대가 알고 있는 어떤 상징들을 통해 그대에게 설명하려고 시도한 것이다. 이미 알고 있는 것을 통해 미지의 세계를 설명하려고 시도한 것이다. 우화, 신화, 이야기……. 이것들은 세상에서 가장 어려운 것들이다.

세상에는 신화를 분석하고 해부하려는 어리석은 사람들이 있다. 그들은 말한다. "이것은 신화이지 실화가 아니다." 그들은 분석하고 해부하고 신화에 수술을 가한다. 그러고는 말한다. "이것은 신화이지 실제 역사가 아니다." 그러나 아무도 신화가 역사라고 말하지 않는다. 또한 신화는 단순한 상징이기 때문에 해부될 수 있는 것이 아니다. 그것은 마치 '델리'(인도의 수도) 방향이라고 쓰인 화살표가 그려진 돌로 된 도로 표지판과 같다. 그대는 그 돌을 해부한다. 화살표와 페인트와 화학약품, 모든 것을 해부하고는 이렇게 말한다.

"어떤 바보 같은 녀석이 이런 짓을 했을까? 이 안에 델리는 존재하지 않아."

신화는 이정표이며, 화살표는 미지의 세계를 향해 있다. 그것은 목적지가 아니라 단지 방향 표시일 뿐이다. 제자들이 예수에게 하늘나라는 '무엇과 같은지' 말해 달라고 묻는 이유가 그것이다. 우리는 하늘나라가 무엇인가 하고 물을 수는 없다. 그 질문의 특징을 보라. 우리는 하늘나라가 무엇인지 물을 수 없다. 그것은 너무 무리다. 어느 대답도 기대할 수 없다. 우리는 다만 그것이 무엇과 '같은가' 하고만 물을 수 있을 뿐이다. 그것은 곧 이런 의미이다.

"우리가 알고 있는 것을 비유로 들어서 말씀해 주십시오. 우리가 잠깐이라도 실체를 엿볼 수 있도록 하나의 표지판을 만들어 주십시오."

그것은 장님이 "빛은 무엇과 같은가?" 하고 묻는 것과 같다. 그대가 장님일 때 어떻게 "빛은 무엇인가?" 하고 물을 수 있겠는가? 만일 그렇게 묻는다면 그 물음 자체가 답을 방해한다. 그것은 대답할 수 없는 질문이다. 빛을 아는 것, 그것에 필요한 것은 두 눈이다. 그러나 "빛은 무엇과 같은가?" 하고 묻는 것은 "장님의 언어로 그것을 설명해 주십시오."라는 것을 의미한다.

모든 우화는 눈먼 자의 언어로 표현된 진리이다. 모든 신화는 장님의 언어로 묘사된 진리이다. 그러므로 그것들을 해부하려고 하지 말라. 그곳에서 아무것도 발견하지 못할 것이다. 그것은 단지 가리키는 표지판일 뿐이다. 그리고 그대가 그것을 신뢰한다면 그 표지판은 훌륭한 것이다.

일본의 어느 절에는 불상이 하나도 놓여 있지 않다. 사람들은 절 안으로 들어가서 묻는다.

"불상은 어디에 있습니까?"

불상은 어디에도 없고, 단지 불단 위에 하늘을 가리키고 있는 손가락 하나가 있을 뿐이다. 그것이 바로 붓다이다. 그 절의 승려는 말할 것이다.

"이것이 붓다입니다."

달을 가리키는 손가락, 그 승려가 그것의 의미를 이해하고 있는지 아닌지 나는 알지 못한다. 깨달음을 얻은 자 붓다는 무엇인가? 단지 달을 가리키는 손가락일 뿐이다.

제자들은 하늘나라가 무엇과 같은가 묻고 있다.

"우리에게 말씀해 주십시오. 어린아이와 같은 우리들이 이해할 수 있는 이야기로, 우화로 설명해 주십시오. 우리는 아무것도 알지 못하며, 어떤 경험도 없습니다. 잠깐이라도 실체를 들여다볼 수 있도록 무엇인가 말씀해 주십시오."

예수께서 그들에게 말씀하셨다.
"하늘나라는 한 알의 겨자씨와 같다.
모든 씨앗 중에서 가장 작은 것이지만
그것이 밭에 떨어지면
한 그루의 큰 나무가 되어
하늘을 나는 새들의 보금자리가 된다."

예수는 겨자씨의 비유를 자주 사용했다. 여러 가지 이유가 있다. 첫째, 겨자씨는 모든 씨앗 중에서 가장 작은 씨앗이다. 신은 눈으로 볼 수 없고, 가장 작은 것보다도 더 작다. 그러니 그대가 어떻게 신을 가리켜 보일 수 있겠는가? 눈으로 볼 수 있는 경계선상에 있는 것이 겨자씨이다. 세상에서 가장 작다. 그 너머는 그대가 이해할 수 있는 영역 밖이다. 그 너머는 눈으로 보이지 않는 세계이기 때문이다. 겨자씨가 그 경계선이다. 눈으로 볼 수 있는 세계의 가장 작은 것이다. 그것을 넘어서면 극히 미세한 세계로 들어간다. 그것은 가장 작은 것보다 더 작은 세계이다. 겨자씨는 바로 그 경계선상에 존재한다.

그리고 겨자씨는 눈으로 볼 수 있는 가장 작은 것일 뿐 아니라 매우 신비한 특성을 지니고 있다. 일단 싹을 틔우면 그것은 모든 식물 중에서 가장 크게 자란다. 이것은 하나의 모순이다. 씨앗은 가장 작지만 일단 자라면 가장 큰 식물이 된다. 신은 눈에 보이지 않는 존재이며, 우주는 눈으로 볼 수 있는 가장 큰 것이다. 우주는 나무이고 식물이며, 신은 그 씨앗이다. 신은 나타나 있지 않지만 우주가 그 나타남이다.

그 씨앗을 쪼개어 본다고 해서 그곳에서 나무를 발견하지는 못한다. 씨앗을 분해할 수는 있지만 그곳에 숨어 있는 나무를 발견해 내는 것은 불가능하다. 그대는 이렇게 말할 수도 있다.

"여기 나무 같은 것은 없다. 아무것도 없는 이 씨앗 속에 커다란 나무가 숨겨져 있다고 말하다니 어리석은 자들이다."

이것이 분석가들이 늘 범하는 오류이다. "꽃이 아름답다."고 말하면 그들은 그것을 연구실로 가져가 어디에 그 아름다움이 있나 찾아내기 위해 해부할 것이다. 그래서 꽃의 화학적 성질이나 기타 여러 가지 것들과 맞부딪칠 것이다. 그들은 또 그것들을 해부하고, 분석할 것이며, 꽃의 제각기 다른 부분들을 뽑아내어 수많은 병에 넣고 표를 붙일 것이다. 그러나 어떤 시험관을 들여다보아도 그곳에 아름다움이라는 것은 없다. 그것은 불가능하다. 그들은 연구실 밖으로 나와 말할 것이다.

"당신은 꿈을 꾸고 있는 것이었다. 보라, 아름다움 같은 것은 어디에도 없다. 우리는 꽃 전체를 하나도 남김없이 해부해 보았다. 그곳에 아름다움 같은 것은 존재하지 않았다."

사물 중에는 그 전체를 보아야 알 수 있는 것이 있다. 그것을 해부해서는 알 수 없다. 전체는 각각의 부분들보다 더 위대하기 때문이다. 이것이 문제다. 진리를 구하는 사람들에게 이것은 하나의 기본적인 문제다. 진리는 부분들을 합친 것보다 더 위대하다. 그것은 단순히 부분들의 합이 아니다. 그것은 부분들 전체보다 위대하다. 멜로디는 음부호들의 합계, 소리들이 합쳐진 것이 아니다. 멜로디는 그 이상의 무엇이다. 모든 음들이 만날 때 하나의 화음이 창조된다. 각각의 음 속에는 없던 무엇인가가 하모니가 되어 나타난다. 나는 지금 그대에게 말을 하고 있다. 그대는 나의 이 말들을 분석할 수도 있고, 사전에서 그 말들을 찾아볼 수도 있다. 그러나 그대는 나를 사전에서 찾을 수는 없다. 그대는 말한다.

"모든 말들이 이 사전 속에 있다. 그러니 뭘 하러 고생하는가?"

어느 날 마크 트웨인(〈톰 소여의 모험〉, 〈허클베리 핀의 모험〉을 쓴 미국 소설가)이 친구인 목사의 설교를 들으러 갔다. 그 친구가 여러 날 동안 와 달라고 성화였기 때문이다. 그 친구는 뛰어난 연설가, 대단히 시적인 연사로 높은 평판을 얻고 있었다. 그가 설교할 때마다 교회는 초만원이었다. 마크 트웨인은 그의 설교를 들은 적이 한 번도 없었다. 그 친구가 되풀이해서 부탁했기 때문에 마크 트웨인은 하는 수 없이 "좋아, 이번 주말에 가겠네." 하고 약속했다.

그 일요일을 위해 목사는 최선의 준비를 했다. 마크 트웨인이 온다는 것 때문에 그는 마음속에 떠오르는 모든 미사여구를 총동원했다. 마크 트웨인은 맨 앞자리에 앉아 있었고 목사는 지금까지의 그 어떤 연설보다도 뛰어난 연설을 했다. 그는 한마디 한마디에 온 힘을 불어넣었으며, 그것은 실로 아름다운 설교였다. 한 편의 교향시, 하나의 교향악이었다.

그러나 그는 차츰 두려움을 느끼기 시작했다. 마크 트웨인이 시

종일관 무표정한 얼굴로 자리에 앉아 있었기 때문이다. 그의 얼굴에는 조금도 만족한 기색이 없었다. 그러나 청중은 큰 감동을 받고 힘찬 박수를 보냈다. 오직 마크 트웨인만 어떤 인상을 받았는지, 긍정적인지 부정적인지, 아무 의사표시도 없이 앉아 있었다. 그는 다만 무관심하게 앉아 있을 뿐이었다. 무관심한 태도는 부정적인 것보다 더 가혹한 것이다. 그대가 무엇인가에 반대한다면 적어도 그것에 대해 어떤 반응을 보인다. 무엇인가에 반대한다면 적어도 그것에 어떤 의미를 주고 있는 것이다. 그러나 만일 무관심하다면, 그것이 전혀 쓸모없으며 반대할 가치조차 없다고 말하고 있는 것이다.

설교가 끝난 후 마크 트웨인은 목사와 함께 같은 차를 타고 돌아왔다. 목사는 아무 질문도 할 수 없었고, 그들은 묵묵히 앉아 있었다. 차가 멈추고 마크 트웨인이 내리려고 할 때 비로소 목사가 입을 열었다.

"자네는 내 설교에 대해 한마디도 하지 않는군."

그러자 마크 트웨인이 대답했다.

"자네 설교에는 전혀 새로운 것이 없었어. 우리 집에 책 한 권이 있는데 자네는 그 책을 베꼈더군. 그 설교는 빌려 온 것에 지나지 않아. 교회에 모인 바보들을 속일 수는 있어도, 나처럼 글을 쓰고 공부하는 사람을 속일 수는 없지. 실은 우연히도 어젯밤 나는 그 책을 읽었다네."

목사는 그 말을 믿을 수 없었다. 그는 자기의 귀를 의심했다.

"자네 무슨 말을 하고 있는 건가? 난 어디에서도 설교를 베끼지 않았어. 그런 일은 있을 수도 없어!"

마크 트웨인이 말했다.

"자네가 한 말 한마디 한마디가 다 그 책 속에 있네. 내일 그 책을 보내 주겠네."

다음날 그는 큰 사전 한 권을 보내면서 이렇게 덧붙였다.

"자네가 한 말 모두가 이 책 속에 들어 있네."

이것이 분석가의 마음이다. 그는 시를 그 자리에서 죽일 수 있다. 그는 그것이 단지 단어들이 연결되어 있는 것뿐이라고 말할 수 있다. 그는 단어와 단어 사이를 보지 못한다. 그는 행간을 볼 수 없다. 시는 그곳에 있는 것이다. 아름다움은 바로 그곳에 있다. 환희와 신과 모든 중요한 의미들은 언제나 말과 말 사이, 행간에 존재한다.

겨자씨는 가장 작으면서 가장 큰 것을 그 안에 담고 있다. 그대는 신을 볼 수 없다. 신은 가장 작은 것, 겨자씨이기 때문이다. 그러나 그대는 우주를 볼 수 있다. 그리고 만일 우주가 존재한다면 그 씨앗도 틀림없이 존재해야 한다. 씨앗 없이 어떻게 나무가 존재할 수 있겠는가? 씨앗 없는 나무가 있을 수 있는가? 그대가 볼 수 있는가 아닌가는 중요하지 않다. 이 우주가 궁극의 원인 없이, 어떤 근원 없이 존재할 수 있겠는가? 갠지스 강이 흐르고 있다. 그 갠지스 강이 근원 없이 존재할 수 있겠는가? 이 광대한 우주, 그대는 그것이 원인 없이 존재할 수 있다고 생각하는가? 이 우주는 광대무변할 뿐만 아니라 그 속에는 훌륭한 조화가, 우주적인 교향악이, 위대한 우주의 질서가 있다. 우주는 혼돈이 아니다. 그 속에는 훌륭한 질서가 있어서 모든 것이 다 제자리에 놓여 있다. 그것을 잘 아는 이는 말한다.

"지금의 상태야말로 세계가 존재할 수 있는 방식 중에서 가장 최상의 것이다. 이보다 더 좋을 수는 없다."

하나의 씨앗이 있음에 틀림없다. 그러나 그 씨앗은 가장 작다. 겨자씨보다 더 작다. 겨자씨는 하나의 비유로서, 무엇인가를 가리키기 위해 사용된 것이다. 예수에게 묻고 있는 이 사람들은 어부이고, 농부이고, 소작인들이었다. 그들은 비유를 들어 말하면, 겨자씨의 비유를 들어 말하면 잘 이해할 것이었다. 예수의 이 말을 분석하면 그대는 놓치고 만다. 종교를 분석하면 놓쳐 버린다. 분석 없이 곧바로 봐야만 볼 수 있다. 그렇지 않으면 볼 수 없다.

여기 한 가지 방법이 있다. 신뢰를 사용하는 일이다. 씨앗 속에서 나무를 볼 수는 없어도 그 씨앗을 밭에 뿌릴 수는 있다. 이것이 바로 신뢰의 마음을 지닌 사람이 하는 일이다. 그는 이렇게 말할 것이다.

"좋아, 이것은 한 알의 씨앗이다. 나는 이것이 나무로 자라리라는 걸 믿는다. 들로 나가서 이 씨앗을 심을 것이다. 적절한 토양을 찾아서 이 씨앗을 심을 것이다. 그러고 나서 기다리고 기도할 것이다. 사랑을 하고 희망을 가질 것이며 꿈을 꿀 것이다."

그 밖에 그대가 무엇을 할 수 있을 것인가? 그대는 씨앗을 심고, 기다리고, 꿈을 꾸고, 희망을 갖고, 기도할 수 있다. 그 외에 무엇을 더 할 수 있겠는가? 그리고 어느 날 아침 눈을 떴을 때 그 씨앗은 새로운 것으로 변해 있다. 싹이 흙을 비집고 솟아나온 것이다. 이제 씨앗은 더 이상 한 알의 씨앗이 아니다. 그것은 나무가 되고 있는 중이다. 그것은 꽃피어나고 있다.

한 알의 씨앗이 한 그루의 나무가 될 때 무슨 일이 일어나는가?

이것 역시 그 비유의 일부이다. 씨앗은 죽어야만 한다. 오직 그때만 그것은 한 그루의 나무가 될 수 있다. 신은 죽어 이 우주가 되었다. 신은 거리를 두고 멀찌감치 떨어져 있어서는 안 된다. 그럴 수가 없다. 신은 이 우주 안에 있다. 신은 이 우주 안에서 자취를 감추어 버린다. 그대가 신을 찾지 못하는 것은 이 때문이다. 그대는 히말라야든 메카(마호메트가 태어난 회교 최대의 성지)든 카시(인도의 오래된 도시 바라나시의 다른 이름)든, 가고 싶은 곳은 어디든 갈 수 있다. 그러나 그 어느 곳에서도 그대는 신을 발견하지 못할 것이다. 신은 바로 이곳에, 모든 곳에 편재해 있기 때문이다. 마치 씨앗이 이제는 나무 전체에 존재하는 것처럼 그렇게……. 그 씨앗은 나무 속에서 죽어 나무가 되었기 때문에 그대는 그곳에서 씨앗을 발견하지 못할 것이다. 신은 이 우주 속으로, 이 실재하는 것들 속으로 들어가서 우주 그 자체가 되었다.

신은 분리되어 있는 존재가 아니다. 그는 목수처럼 무엇인가를 만들고 나서 그것과는 분리된 채로 있는 그런 존재가 아니다. 그것은 가능한 일이 아니다. 왜냐하면 그는 씨앗 같은 존재이기 때문이다. 나무는 씨앗으로부터 성장하지만 그때 씨앗은 나무 속으로 사라진다. 그대가 다시금 신을 볼 수 있는 것은 이 나무가 사라졌을 때뿐이다.

힌두교도들은 신을 볼 수 있는 것은 창조의 처음 시기나 우주의 마지막 시기라고 말하고 있다. 그 처음 때, 아직 세계가 존재하지 않을 때는 씨앗은 반드시 그곳에 있다. 그러나 신을 보아야 할 그대는 그곳에 없다. 그대 또한 그 나무의 일부이기 때문이다. 그대는 그 나무의 잎사귀이기 때문이다. 아니면 신은 세계 전체가 녹아 없어질 때, 그 나무가 늙어서 죽을 때, 결국 이 세계의 종말에 이르렀을 때 그곳에 나타날 것이다. 이런 일은 모든 나무에게서 일어난다. 나무가 늙으면 새로운 씨앗이 다시 나타난다. 수백만의 씨앗들이 다시 나타난다.

세계의 마지막, 프랄라야(창조신이 잠을 자는 시기, 우주의 휴식기)에서 그대는 다시 수백만의 신들을 발견할 수 있을 것이다. 그러나 이제는 그대가 그곳에 존재하지 않는다. 이것이 문제이다. 신을 발견할 수 있는 길은 하나밖에 없다. 즉, 지금 그리고 여기에서 신을 발견할 수 있다면, 나뭇잎 하나하나 속에서 신을 발견할 수 있다면, 그대는 신을 볼 수 있다. 만일 어떤 특별한 이미지, 크리슈나(힌두교 비슈누 신의 화신 중 하나로, 기원전 7세기경 인도의 한 부족에서 태어난 실존 인물이기도 하다)나 라마(인도의 대서사시 〈라마야나〉의 주인공. 신의 화신으로 이 땅에 태어난 그는 어린 시절부터 고난의 길을 걷다가 결국 마왕을 물리친다)를 찾고 있다면 그대는 결코 신을 보지 못할 것이다. 그들 또한 하나의 나뭇잎들이다. 더 아름답고 더 싱싱하고 더 푸르른 나뭇잎들, 그들은 신에 대해 깨달았기 때문이다. 신은 어느 곳에나 존재한다는 것을 깨달았기 때문이다.

"하늘나라는 마치 한 알의 겨자씨와 같다."고 예수가 말했을 때 그는 수많은 것들을 이야기하고 있다. 이것이 비유의 미학이다. 거의 아무것도 말하지 않고서도 수많은 것을 이야기할 수 있다. 씨앗이 죽을 때 우주가 그곳에 있다. 씨앗이 죽을 때 그곳에 나무가 있는 것이다. 그것이 바로 하느님의 나라이다. 그것이 하늘나라이다. 만일 그대가 어딘가 다른 곳에서 그것을 찾는다면 그대는 헛된 노력을 하고 있는 것이나 다름없다. 만일 하늘나라를 들여다보고 싶어 한다면 그대 또한 한 알의 씨앗이 되어 죽어야 한다. 그러면 갑자기 나무가 그곳에 존재한다. 그대는 이제 더 이상 존재하지 않고 신이 그곳에 존재한다. '그대'는 결코 신을 만나지 못할 것이다. 만일 그곳에 '그대'가 존재한다면 신은 그곳에 존재하지 않는다. 씨앗이 그곳에 존재하기 때문이다. 그대가 사라질 때 신은 그곳에 존재한다. 그러므로 실제로 만나는 일은 존재하지 않는다.

그대가 없을 때 신이 그곳에 존재한다. 그대 쪽이 비어 있을 때 그때 신은 존재한다. 그곳에 더 이상 그대가 사라지고 없을 때 신이 그곳에 있다. 또다시 모순이다. 씨앗은 그 안에 나무를 포함하고 있지만 씨앗은 또한 나무를 죽일 수도 있는 것이다. 만일 씨앗이 너무 이기적이라면, 자신으로도 충분하다고 생각한다면, 씨앗이 죽음을 두려워하게 된다면, 그때는 그 형상 자체가 하나의 감옥이 되어 버린다. 안에 들어 있는 나무를 보호하던 씨앗의 껍질 자체가 하나의 감옥이 되고, 그렇게 되면 씨앗은 흙 속으로 들어가지 못하고 나무는 그 씨앗 안에서 죽어 버린다.

그대는 감옥이 되어 버린 씨앗과 같은 사람이다. 붓다와 같은 이, 예수와 같은 이는 감옥이 아닌 씨앗이다. 그 씨앗, 그 껍질은 죽어 없어지고 바야흐로 나무가 싹트고 있는 것이다.

예수께서 그들에게 말씀하셨다.
"하늘나라는 한 알의 겨자씨와 같다.
모든 씨앗 중에서 가장 작은 것이지만
그것이 밭에 떨어지면
한 그루의 큰 나무가 되어

하늘을 나는 새들의 보금자리가 된다."

"그것이 밭에 떨어지면……." 적합한 토양이 필요하다. 단순히 씨앗이 죽는 것만으로는 안 될 것이다. 돌 위에 떨어져 죽는다면 나무가 자라나지 못할 것이고 단순히 죽음만 있을 것이다. 그대는 적합한 토양, 적합한 밭을 찾아야만 한다. 그것이 제자가 된다는 것의 의미이다. 그것은 일종의 훈련이다. 제자가 되는 것은 일종의 훈련이다. 경작되고 적합한 밭이 되기 위한 훈련이다. 씨앗은 그곳에 있다. 그러나 이제부터 적합한 밭을 찾아야만 한다. 그대는 그대 안에 나무를 가지고 있고 스승은 단지 그대에게 적합한 밭을 줄 수 있을 뿐이다. 스승은 그대를 경작할 수 있고, 잡초를 뽑아 버릴 수 있다. 스승은 그 땅에 비료를 뿌려 비옥하게 만들 수 있다. 그는 소작농인 것이다.

그대는 모든 것을 지니고 있다. 그러나 아직 그대에게는 소작농이 필요하다. 그렇지 않으면 그대는 씨앗을 아무 곳에나 뿌리고 다닐 것이다. 포장된 길 위에 떨어져서 발에 밟혀 그곳에서 죽을지도 모른다. 그대가 죽어가고 있을 때는 그대를 보호해 줄 누군가가 필요하다. 생각해 보라. 아이가 태어날 때는 산파가 필요하다. 산파가 없어도 모든 일이 잘 되어 간다고 말하는 사람은 없다. 탄생의 순간이란 매우 미묘한 것이기 때문에 산파가 필요하다. 진리가 탄생하는 순간은 어느 순간보다 위대하다. 그대 안에 신이 태어나는 그 순간은, 그 어느 순간보다 위대하다.

스승은 단지 한 사람의 산파일 뿐이다. 그렇지 않으면, 그곳에 스승이 없다면, 많은 위험한 일들이 벌어질 가능성이 있다. 유산할지도 모르고, 태어나기도 전에 아이가 죽을지도 모른다. 스승은 그대를 지키기 위해 필요한 존재이다. 새로 태어나는 싹은 연약하며 무방비 상태이기 때문이다. 어떤 일이 벌어질지도 모른다. 그것은 매우 위험한 일이다. 그러나 만일 그대가 믿는다면……. 믿음이 필요하다. 다른 방법은 없다. 왜냐하면 의심할 때 그대는 움츠러들고 씨앗은 결코 죽지 않을 것이기 때문이다. 그러나 믿음을 갖고 있다면 씨앗은 죽을 수 있다. 그 씨앗은 나무를 알 수 없다. 이것이 문제이다. 씨앗은 자기가 죽으면 나무가 될 것인지 확인하고 싶어 한다. 그러나 어떻게 씨앗을 확신하게 만들 수 있을까?

그렇기 때문에 신뢰는 부조리한 것이다. 신뢰는 확실히 부조리하다. 그대는 자신이 산야신, 곧 구도자가 될 수 있음을, 모든 것을 손에서 놓을 수 있음을, 죽을 준비가 되어 있음을 확신하고 싶어 한다. 그러나 씨앗이 그곳에 더 이상 없다고 해서 나무가 자라난다는 보장이 있는가? 누가 그대에게 보증을 설 수 있는가? 그리고 어떻게 보증을 설 수 있는가? 설령 누군가 보증을 선다 하더라도 그 보증이 씨앗에게, "네가 없어지면 나무가 태어날 것이다."라고 증명할 수 있겠는가? 어떠한 보증도 불가능하다.

여기에 신뢰의 부조리가 있다. 믿을 수 없는 것을 믿는 것이 곧 신뢰의 의미이다. 도저히 믿을 수 없는 것을 믿는 것, 믿을 방법이라고는 하나도 없는데 믿는 것이다. 깊은 믿음 속에서 씨앗은 죽고 나무가 태어난다. 그러나 경작된 밭과 적합한 토양이 필요하다. 제자가 된다는 것은 곧 그러한 경작된 밭으로 되는 것을 의미한다.

"한 그루의 큰 나무가 되어

하늘을 나는 새들의 보금자리가 된다."

나무가 진실로 자라났을 때는, 그것이 한 그루의 '깨달음의 나무'로 성장했을 때는, 길을 찾는 수많은 새들이 날아와서 그 가지에 보금자리를 튼다. 예수 밑에서 많은 하늘을 나는 새들이 보금자리를 얻었다. 붓다 밑에서 공중을 나는 수많은 새들이 둥지를 얻었다. 심원하고 깊은 것을 찾는 사람들에게는 '예수의 나무'나 '붓다의 나무'는 보금자리가 되었고, 그들은 그곳에서 심장의 고동을 느낄 수 있었다. 그곳에서 그들은 미지의 세계를 이해할 수 있었고 도약할 수 있었다.

"하늘나라는 한 알의 겨자씨와 같다."

그대가 곧 하늘나라이다. 그대는 한 알의 겨자씨와 같다. 죽을 준비를 하라. 죽음에 대한 준비를 하라. 물론 두려움과 전율과 불안이 있을 것이다. 도약은 줄곧 어렵기만 할 것이다. 수없이 그대는 후퇴할지도 모른다. 수없이 운명의 갈림길까지 갔다가 물러서고 도망칠 것이다. 그곳에 하나의 심연이 있기 때문이다. 씨앗은 다만 이 심연을 알 수 있을 뿐, 씨앗은 나무를 알지 못한다. 씨앗이 나무가 싹트는 것을 볼 수 있는 길은 없다. 씨앗은 죽어야만 하고 그 후에 일어날 일, 미지의 세계에 대해 확신을 가져야만 한다.

만일 그대가 죽을 준비가 되어 있다면 그러한 일이 일어난다. 밭으로 가서 씨앗을 뿌리라. 나무가 싹이 트면 땅을 파고 그곳에 씨앗이 있는지 찾아보라. 그것은 사라져 버렸을 것이다. 그것은 이미 그곳에 존재하지 않을 것이다. 가서 붓다를 파 보라. 가서 예수를 파 보라. 그 사람을, 그 씨앗을 발견하지 못할 것이다. 이것이 바로 예수가 더 이상 목수 요셉의 아들이 아니고 하느님의 아들이라는 말의 의미이다. 씨앗은 분명히 요셉과 마리아에게서 나왔지만 이제 그 씨앗은 사라졌기 때문이다. 껍질은 사라졌다. 이 나무는 결코 눈으로 볼 수 있는 세계로부터 온 것이 아니다. 그것은 눈으로는 볼 수 없는 세계로부터 온 것이다.

예수를 보라. 그곳에 이제 더 이상 씨앗은 없다. 오직 신만이 존재할 뿐이다. 다시 태어날 수 있도록, 거듭날 수 있도록 준비를 하라. 사념과 육체를, 에고와 자기 동일시를 떨쳐 버리라. 그때 갑자기 그대는 무엇인가 새로운 것이 그대 내부에서 자라나는 것을 깨달을 것이다. 그대는 하나의 자궁이 된 것이며, 잉태를 한 것이다. 그리고 영적 잉태야말로 창조의 정점이다. 그것을 통해 자신을 창조하는 것이기 때문이다. 그 어떤 것도 이에 비할 것은 없다. 아무리 훌륭한 조각품이나 그림을 창작했다고 해도 자신을 창조하는 것에 비할 것은 아무것도 없다.

"그것이 밭에 떨어지면……."

죽음을 준비하라. 그러나 도약할 준비를 하기 전에 먼저 경작된 밭이 되라. 제자가, 배우는 사람이 되라. 겸허해지라. 마치 그대라고 하는 것은 존재하지도 않았던 것처럼 되라. 머지않아 그대는 실제로 사라진다.

그것을 위해 준비하라. 자신이 존재하지 않은 것처럼 행동하라.

그렇게 되면,

"한 그루의 큰 나무가 되어
하늘을 나는 새들의 보금자리가 된다."

언제나 그래 왔다. 그대는 여기 이곳에 내 가까이에 있다. 나의 씨앗은 죽었다. 그렇기 때문에 그대는 여기 있을 수 있는 것이다. 그대가 여기 이곳에 있는 것은 그대 때문이 아니다. 그대가 이곳에 있는 것은 나 때문이다. 아니, 나 때문이라고 말하는 것도 정확한 것이 아니다. '나'는 존재하지 않기 때문이다. 씨앗은 사라지고 이제 나무만 존재하는 것이다. 그리고 그대가 나를 통해 자신의 가능성을 흘낏 볼 수 있다면 그것으로도 일은 다 된 것이다.

"하늘나라는 한 알의 겨자씨와 같다."

그대가 곧 씨앗이다. 그대가 그 나라의 가능성이다. 죽을 준비를 하라. 그것이 다시 태어나기 위한, 거듭나기 위한 유일한 길이다.

2
사람의 마음에 떠오르지 않았던 것

ΠΕΧΕ ΙC ΧΕ ΤΑΧΑ ΕΥΜΕΕΥΕ
ŇϬΙ ῬΡѠΜΕ ΧΕ ŇΤΑΕΙΕΙ ΕΝΟΥΧΕ
ŇΟΥΕΙΡΗΝΗ ΕΧΝ̄ ΠΚΟCΜΟC

예수는 그대 내면에 어떤 평화를 가지고 있든 그것을 파괴한다.
진정한 스승은 더 많은 혼란, 더 많은 갈등을 만든다. 그는 결코 그대를
위로하지 않는다. 모든 위안은 독약과 같다. 그는 거짓 평화를 줄 수 없다.
진정한 스승은 그대의 성장을 도울 것이다. 그 성장으로부터의 꽃피어남이야말로
진정한 평화이며 깨달음이다. 예수는 진실로 그대를 자를 검을 가지고 온다.
그럼으로써 지상의 것은 땅으로 떨어지고 신의 것은 신의 세계로 들어간다.

두 번째 말씀

예수께서 말씀하셨다.
"사람들은 내가 세상에
평화를 주러 왔다고 생각할지 모른다.
그러나 그들은 내가 이 세상에
평화 대신 분열을,
불과 검과 전쟁을 주러 왔음을
깨닫지 못한다.

만일 한 집안에 다섯 식구가 있으면
이제부터는 셋이 둘과
둘이 셋과 맞서고,
자식이 그 아비와
그 아비는 자식과 맞설 것이니
그들 모두 홀로 서 있으리라."

예수께서 말씀하셨다.
"나는 너희에게 주리라.
눈으로 결코 보지 못한 것
귀로 결코 들어 보지 못한 것
손으로 결코 만져 보지 못한 것
사람의 마음에 결코 떠오르지 않았던 것을."

　예수는 매우 모순적이다. 그러나 그만큼 의미가 깊다. 그 의미를 깨닫기 위해서는 먼저 많은 것을 이해할 필요가 있다. 첫째는 이것이다. 모든 사람이 거의 죽어 있는 것과 같을 때, 그때 평화가 가능하다. 그때 그곳에 어떤 전쟁도 갈등도 없다. 동시에 삶 또한 없을 것이다. 그것은 무덤가의 침묵과 다르지 않다. 그러나 그 정적에는 아무 가치가 없다. 그럴 바에는 차라리 전쟁이 나을 것이다. 전쟁이 일어나면 최소한 활력이 넘치고 생기로 가득 차기 때문이다.

　또 다른 형태의 평화가 있다. 완전히 다른 차원의 평화가. 그 평화는 그대가 활력이 넘치고 생기로 가득 차 있지만 자기 존재에 중심을 두고 있을 때 찾아오는 평화이다. 그대가 자기 자신을 알았을 때, 깨달음에 이르렀을 때, 불꽃이 타올라 그대가 더 이상 암흑 속에 있지 않을 때 찾아오는 평화이다. 그때 그곳에 더욱 넘치는 생명력과 더 깊은 침묵이 있다. 그러나 그 침묵은 죽음에 속한 것이 아니라 삶에 속한 것이다. 그것은 결코 무덤가의 침묵이 아니다.

사람의 마음에 떠오르지 않았던 것

그대가 이해해야만 하는 모순이 그것이다. 전쟁은 나쁘고 증오도 나쁘다. 그것들은 이 행성의 악이며, 사라져야만 한다. 병은 나쁘고, 건강은 좋다. 병은 사라져야만 한다. 그러나 죽은 자는 결코 병에 걸리지 않는다는 것을 알아야 한다. 죽은 자는 비록 부패할지언정 병에 걸리지 않는다는 것을. 따라서 이것을 이해하지 못한다면 그대의 모든 노력은 다만 죽은 세계를 만드는 것에 불과할 것이다. 질병도 없고 전쟁도 없을 테지만 더불어 삶도 사라질 것이다.

예수는 그런 평화를 좋아하지 않았다. 그런 형태의 평화는 무의미하다. 그때는 오히려 이 세상, 전쟁으로 나날을 보내는 이 세계가 더 나을 것이다. 많은 사람들이 평화를 위해 노력해 왔다. 그러나 그들의 태도는 매우 소극적이다. 그들은 '전쟁만 없어지면 모든 일이 잘 될 것이다.'라고 여긴다. 그것은 그리 간단한 일이 아니다. 이것은 보통 사람들만의 관념이 아니다. 버트런드 러셀(영국의 철학자, 역사가, 수학자이자 유명한 반전 운동가) 같은 위대한 철학자까지도 전쟁이 중지되면 모든 것이 잘 될 것이라고 생각했다. 하지만 그것은 매우 소극적인 자세이다. 문제는 전쟁이 아니라 그것을 일으키는 인간이기 때문이다. 전쟁은 외부에 있는 것이 아니라 인간 내면에 있다. 만일 자신의 내면에서 싸우지 않으면 그대는 외부세계에서 싸울 것이다. 자신의 내면에서 싸워 승리한다면 그때 외부세계에서의 전쟁은 끝이 날 것이다. 이것이 유일한 길이다.

인도에서는 마하비라(자이나교의 창시자로, 12년의 고행 끝에 깨달음에 이르렀으며 붓다와 마찬가지로 30년간 깨달은 진리를 설법하며 유랑했다)를 정복자, 위대한 승리자, 즉 '지나'라고 불렀다. '지나'란 말은 정복자를 의미한다. 하지만 그는 누구와도 싸움을 한 적이 없는데 누구를 정복했다는 것인가? 그는 결코 폭력을 믿지 않았다. 전쟁을 결코 믿지 않았다. 싸움을 믿지 않았다. 그렇다면 왜 이 사람 마하비라를 '위대한 정복자'라고 부르는가? 그것은 그의 본명이 아니다. 그의 본래 이름은 바르다만이다. 그렇다면 무슨 일이 일어난 것인가? 어떤 현상이 일어난 것인가? 이 사람은 자기 자신을 정복한 것이다. 일단 자기 자신을 정복하면 그 즉시 다른 사람과의 싸움은 중단된다. 다른 사람과의 싸움은 자기 내면의 싸움을 피하기 위한 하나의 속임수이기 때문이다. 그대 자신이 평화로운 상태가 아닐 때 길은 두 가지밖에 없다. 혼자서 그 불편함으로 고통 받든지, 아니면 그것을 다른 누군가에게 투영하는 것이다. 내면에 긴장이 고조되어 있을 때 그대는 곧바로 싸울 준비가 되어 있다. 계기는 언제 어느 것이라도 좋다. 그것은 아무래도 상관없다. 그대는 고용인이든 아내든 자식이든, 그 누구에게든 덤벼들 것이다.

그대는 어떻게 자기 내면의 갈등과 불편함을 해결하는가? 다른 사람에게 책임을 떠넘길 것이다. 그때 카타르시스를 느낀다. 그대는 지금 당장이라도 화를 낼 수 있고 폭력을 행사할 수 있다. 그것은 그대에게 해방감과 휴식을 가져다준다. 물론 일시적인 것이다. 내면은 전혀 변화하지 않았기 때문이다. 그것들은 다시 축적될 것이고, 여전히 뿌리 깊은 것으로 남아 있다. 내일이면 또다시 분노와 미움이 쌓일 것이고, 그대는 그것들을 누군가에게 투영시켜야만 할 것이다.

그대는 내면에 끊임없이 쓰레기를 쌓아올리고 있고, 또 그것들을 밖으로 내던지지 않으면 안 되기 때문에 다른 사람과 싸우는 것이다. 자신을 정복한 사람, 자아 정복자에게는 내면의 갈등이란 없다. 싸움이 멈춘 것이다. 그는 내면에서 하나이며, 그곳에 분리된 둘은 존재하지 않는다. 그러한 사람은 결코 자신의 것을 남에게 투영하지 않는다. 그러한 사람은 결코 다른 누군가와 싸우지 않는다.

따라서 내면의 갈등을 피하려고 하는 것은 마음의 속임수에 지나지 않는다. 내면의 갈등은 외부의 갈등보다 더 견디기 힘들기 때문이다. 이유는 여러 가지다. 기본적인 이유는 인간 개개인이 자기 자신에 대해 좋은 사람이라는 이미지를 갖고 있는 데 있다. 그리고 삶이 그렇기 때문에 그대가 그러한 이미지 없이 살아간다는 것은 매우 어려운 일이다.

정신분석가들은 인간이 살아가기 위해서는 환상이 필요하다고 말한다. 깨달음에 이르기 전에는 삶을 살아가기 위해 반드시 환상이 필요하다. 만일 그대가 자신이 매우 나쁘고 악마와 같다고 생각해 그 이미지가 그대 내면 깊은 곳까지 침투한다면 그대는 전혀 살아갈 수 없을 것이다. 자신감을 잃고 자기 비난에 빠질 것이며 그것으로 인해 사랑조차 할 수 없을 것이다. 정말로 움직일 수도 없을 것이고 다른 인간 존재를 바라볼 수조차 없을 것이다. 심한 열등감, 극도의 악인 의식에 사로잡혀 죽고 말 것이다. 이 느낌은 자살로까지 이어질 수 있다. 그것은 진실이다. 그렇다면 어떻게 해야 하는가?

그 진실을 변화시킬 길은 한 가지밖에 없다. 신의 인간이 되는 것이다. 악마의 인간이 아니라 신성을 갖는 것이다. 그러나 그것은 어렵고 힘들고 기나긴 길이다. 수많은 과정을 거쳐야만 비로소 악마는 신성이 된다. 악마는 신이 될 수 있다. 사실 '악마devil'라는 단어는 '신성divine'이라는 말과 어원이 같다. 악마도 신성도 모두 같은 산스크리트어 '데바deva'에서 유래했다. 악마는 신이 될 수 있다. 왜냐하면 신이 악마가 된 것이기 때문이다. 그곳에 가능성이 있다. 그것들은 같은 힘의 극과 극이다. 시고 쓴 에너지가 달콤하게 될 수 있다. 그러나 그렇게 되기 위해서는 내적인 변화가 필요하다. 내면의 연금술이 필요하다. 그것은 길고 힘든 길이다. 그리고 마음은 언제나 장애물이 가장 적은 지름길을 택한다. 따라서 마음은 말한다.

"무엇 때문에 선한 인간이 되기 위해 괴로움을 겪는가? 자신이 선한 인간이라고 믿어 버리면 간단한 일 아닌가."

아무것도 할 필요가 없기 때문에 그것은 쉬운 일이다. 그저 자신이 선하다고 생각하기만 하면 된다. 자신이 아름다우며 성스럽고 자신과 비교할 사람은 아무 데도 없다는 이미지를 만들기만 하면 된다. 그리고 그러한 환상만 가지고도 그대는 살아갈 충분한 에너지를 얻는다.

만일 환상이 그만한 에너지를 그대에게 줄 수 있다면, 진리를 깨달았을 때는 얼마나 거대한 에너지가 솟아오를지 상상할 수 있을 것이다. 자신이 선하다는 환상만으로도 움직일 힘과, 일어설 다리와, 자신감을 얻을 수 있다. 그대는 그 환상에 존재의 중심을 두게 된다. 환상 속의 그 중심이 바로 에고이다. 그대가 진정으로 중심에 뿌리내릴 때, 그것이 곧 진정한 자기 자신이다. 그러나 그것은 실체를 깨달았을 때만 얻을 수 있다. 내면의 에너지가 탈바꿈되어 낮은 것이 가장 높은 것으로, 땅의 것이 하늘의 것으로 탈바꿈되었을 때 그것이 가능하다. 악마가 신성으로 변화되었을 때, 자신의 빛으로 광채가 날 때, 씨앗이 싹텄을 때, 한 알의 겨자씨가 한 그루의 나무가 되었을 때…….

그러나 그것은 길고 긴 과정이다. 기다림의 용기가 필요하다. 지름길에 유혹되지 않을 용기가 필요하다. 삶에 지름길이란 존재하지 않는다. 삶은 힘겨운 여행이다. 힘든 싸움을 통해서만 성장이 찾아오기 때문에 그것은 결코 쉽게 다가오지 않는다. 그것을 값싸게 손에 넣을 수는 없다. 값싼 것은 성장에 도움이 되지 않는다. 고난만이 도움을 준다. 그 노력, 그 고행, 그 긴 여행만이 그대에게 예민함, 성장, 경험, 성숙을 가져다준다. 지름길을 통해 어떻게 성숙해질 수 있는가? 가능성이 있기는 하다. 현재는 동물에게만 실험하는 단계이지만 머지않아 인간에게도 시도될 것이다. 하나의 가능성이 있다. 호르몬 주사를 맞는 것이다. 열 살의 아이가 호르몬 주사를 맞아 스무 살의 젊은이가 되는 것이다. 그러나 그 젊은이가 10년의 삶을 살아야만 얻을 수 있는 똑같은 성숙함을 얻을 수 있다고 생각하는가? 갈등과 주체할 수 없는 성욕을 경험하고, 자기 억제의 필요성과 사랑에 대한 갈망을 경험하고, 자유롭게 살지만 자제하고, 자유롭지만 중심을 정하면서 살고, 다른 사람과 더불어 움직이고 사랑에 번민하면서 무엇인가 배우는 것, 그에게는 이 모든 것들이 결여되어 있을 것이다. 스무 살로 보이는 그 젊은이는 실제로는 열 살의 어린아이에 지나지 않는다. 호르몬 주사를 통해서는 육체만 부풀릴 수 있을 뿐이다.

이런 일들이 이미 동물이나 과일, 나무에게 적용되고 있다. 나무에 주사를 놓으면 자연 상태에서 3년이 지나야 꽃을 피울 나무가 1년이면 꽃을 피운다. 그러나 그렇게 해서 핀 꽃들에게는 무엇인가 결함이 있다. 그대는 꽃이 아니기 때문에 확실히 알지는 못하겠지만 그 꽃에는 무엇인가 부족함이 있다. 그 꽃은 강제로 피어났고 거쳐야 할 계절들을 거치지 못했다. 열매들도 더 일찍 맺힐 테지만 그 열매들 또한 충분히 익지 못할 것이다. 무엇인가 결여되어 있을 것이다. 그것들은 인위적인 것들이다.

자연은 서두르지 않는다. 이것을 기억하라. 마음은 언제나 서두르지만 자연은 결코 서두르는 법이 없다. 자연은 기다리고 또 기다린다. 그 기다림은 끝이 없다. 사실 서두를 필요는 조금도 없다. 삶은 언제나 진행되고 있고, 계속해서 진행되어 나간다. 그것은 영원히 계속된다. 그러나 마음에게는 시간이 짧다. 그래서 마음은 시간은 금이라고 말한다. 삶은 결코 그렇게 말하지 않는다. 삶은 "경험하라!"고 말한다. 시간이 중요한 것이 아니다. 삶은 기다리고 또 기다릴 수 있다. 마음은 기다리지 못한다. 죽음이 가까이 다가오고 있는 것이다. 삶에는 죽음이 없지만 마음에는 죽음이 존재한다.

마음은 언제나 지름길을 찾으려고 노력한다. 그리고 지름길을 찾는 데 가장 간단한 방법은 환상을 만드는 것이다. 자신이 꿈꾸던 이상형이 되었다고 생각해 보라. 그러면 그대는 정신병자가 된 것이다. 정신병원에 수감된 수많은 사람들에게 일어나고 있는 일이 그것이다. 그들은 자신이 나폴레옹이고 알렉산더 대왕이고 그 비슷한 위대한 인물이라고 생각한다. 그들은 그것을 믿고 또 그런 식으로 행동한다.

정신과 치료를 받는 한 남자가 있었다. 그는 자신이 위대한 나폴레옹이라고 믿었다. 3, 4년의 치료와 정신분석 후에 의사는 이제 그가 정상을 되찾았다고 판단했다. 의사는 그 남자에게 다 나았으니 이제 집으로 돌아가도 좋다고 말했다.

그러자 그 남자가 말했다.

"내게 감히 집이라니, '왕궁'이라고 말하시오."

그는 여전히 나폴레옹이었다. 그대가 일단 나폴레옹이 되면 매우 힘들어진다. 치료가 몹시 어렵다. 설령 치료를 받아 상태가 호전된다고 해도, 그것은 오히려 무엇인가를 잃어버리는 결과가 되어 버리기 때문이다.

한 장군이 늘 술에 취해 있는 부하장교를 발견하고는 그를 잡아들였다. 술주정꾼들은 거의 언제나 좋은 사람들이다. 그들은 매우 괜찮은 사람들이다. 단지 지름길을 택했을 뿐이다.

장군이 부하장교에게 물었다.

"자네는 좋은 사람이고 나 또한 자네를 높이 평가하고 있네. 모든 사람이 자네를 사랑하지. 그러나 자네는 자신을 낭비하고 있어. 술을 끊기만 한다면 자네는 곧 대령으로 진급할 수 있을 거야."

부하장교가 웃으며 말했다.

"대령 따위는 아무 가치가 없습니다. 술에 취해 있는 동안은 난 이미 장군인걸요. 술을 끊으면 고작 대령밖에 되지 못할 테지만, 술을 마시면 언제나 장군이 되거든요."

환상에 너무 젖어 있는 것이다. 이 사람을 어떻게 그 환상에서 벗어나게 할 수 있겠는가? 그는 너무도 쉽게 장군이 될 수 있는 것이다.

마음은 지름길을 찾고 있으며, 환영이 그 지름길이다. 마야(환영과 허구로 가득한 물질계)는 가장 간단하고 값싸게 획득할 수 있는 것 중 하나다. 현실은 어렵고 힘들다. 고통을 당하면서 불길 속을 뚫고 지나가야만 한다. 불길 속을 뚫고 지나가면 갈수록 그대는 그만큼 익는다. 더 많이 익을수록 그것은 그만큼 더 가치가 있다. 그대의 신성은 시장에서 쉽게 구입할 수 있는 싸구려가 아니다. 그대는 그것의 값을 깎을 수도 없다. 그대의 삶 전체를 지불해야만 한다. 전 생애를 걸었을 때, 오직 그때만 그것이 가능하다.

그대가 다른 사람들과 싸우는 것은 그것이 쉽기 때문이다. 그대는 자신은 선한데 상대방이 악하다고 생각한다. 그래서 싸움은 늘 외부로 향한다. 자신을 바라본다면 그때 싸움은 안으로 향할 것이다. 그대는 자신이 나쁘다는 것을 안다. 그대보다 악한 사람은 찾기 힘들 것이다. 자신의 내면을 들여다본다면 그대는 자신이 철저하게 나쁘다는 것을 알게 될 것이다. 그때 무엇인가 해야겠다고 생각할 것이다. 내면의 싸움, 내면의 전쟁이 시작되는 것이다.

기억하라. 내면의 싸움을 통과하는 것, 그것이 하나의 비법임을. 그것은 수세기에 걸쳐 행해져 온 최고의 비법이다. 내면의 싸움이 있을 때, 그대는 합일된 인간이 된다. 내면의 싸움이 있을 때, 싸움을 하고 있는 각 부분을 넘어선 새로운 관찰자가 나타난다. 내면의 싸움이 있을 때 에너지들이 서로 뒤섞이고 그대의 전 존재가 동요한다. 혼돈이 발생하고 그 혼돈으로부터 새로운 실존이 탄생한다.

새로운 탄생에는 혼돈이 필요하다. 이 우주 전체도 태초에는 혼돈 속에서 탄생했다. 그대가 진정으로 새롭게 태어날 때도 이 혼돈이 필요하다. 그것이 바로 예수가 말하는 전쟁이다. 그는 말한다.

"내가 세상에 평화를 주러 온 줄로 착각하지 말라."

그가 평화를 주러 온 것이 아니라는 말이 아니라, 그는 그대가 원하는 그런 값싼 평화는 주러 오지 않았다는 것이다.

이제, 예수의 말을 이해해 보자.

예수께서 말씀하셨다.

"사람들은 내가 세상에

평화를 주러 왔다고 생각할지 모른다.

그들은 내가 이 세상에 분열을,

불과 칼과 전쟁을 주러 왔음을 알지 못한다."

예수와 같은 스승에게 올 때는 그대는 평화를 구하러 온다. 그대는 행복하게도 자신이 사람을 잘못 찾아왔음을 전혀 깨닫지 못한다. 지금 그대의 상태로는 평화를 얻을 수 없다. 그리고 만일 누군가 평화를 준다면 그것은 곧 그대에게는 죽음을 의미한다. 지금 그대로의 상태로 평화를 얻는다면 그것은 무엇을 의미하는 것일까? 그대가 무엇인가를 얻기 전에 그 고난의 여행이 도중에서 멈춰 버리는 것을 의미할 뿐이다. 지금 그대로의 상태에서 누군가가 그대를 침묵하게 만든다면 그것은 무엇을 의미하는가? 그대는 자아를 깨닫지도 못한 채 자신의 현재 상태로 위로받을 뿐이다. 이것이 바로 거짓 스승과 진실한 스승을 구별하는 방법이다. 거짓 스승은 위안을 주고 지금 현재 상태에 평화를 준다. 그는 그대를 변화시키기 위해 고민하지 않는다. 그는 일종의 진정제 역할을 한다. 거짓 스승은 수면제와 같다. 그대가 그에게 가면 그는 그대를 위로해 줄 것이다.

하지만 만일 진정한 스승에게 간다면 다음과 같은 것이 기준이 될 것이다. 다시 말해, 그대가 내면에 어떤 평화를 가지고 있든 그는 그것을 파괴할 것이다. 그대가 어떤 방식으로 마음 편한 상태에 이르렀든 그는 그것을 무가치하게 만들어 버릴 것이다. 진정한 스승은 더 많은 혼란, 더 많은 갈등을 만든다. 그는 결코 그대를 위로하지 않을 것이다. 그는 그대의 적이 아니기 때문이다. 모든 위안은 독약과 같다. 진정한 스승은 그대의 성장을 도울 것이다. 성장은 어려운 일이다. 그대는 숱한 시련을 겪어야 할 것이다. 그대는 수없이 이 스승으로부터 도망치려고 할 것이다. 그러나 그가 유령처럼 그대를 뒤쫓아 다니기 때문에 그것은 불가능한 일이다. 위안은 목적지가 아니다. 그는 그대에게 거짓된 평화를 줄 수 없다. 그가 주는 것은 성장이다. 그리고 그 성장으로부터 어느 날 그대는 꽃을 피울 것이다. 그리고 그 꽃피어남이야말로 진정한 평화이며, 진정한 침묵이다. 위안은 가짜다.

많은 사람들이 나에게 오지만 나는 그들이 오는 방식과 그들이 들고 오는 문제들을 보면서 그들이 위안을 받으러 오는 것임을 안다. 어떤 사람은 와서 이렇게 말한다.

"나는 굉장한 어려움에 처해 있습니다. 몹시 긴장되어 마음이 평화롭지 못합니다. 제발 어떻게 좀 해주세요. 내가 평화를 얻을 수 있도록 축복해 주세요."

그러나 이것은 무슨 의미인가? 만일 이 사람이 평화를 얻는다면 그것은 무엇을 의미하는가? 그렇게 되면 이 사람은 결코 변화할 수 없을 것이다. 안 된다. 그것은 잘못된 방법이다. 설령 진정한 스승이 그대에게 위안을 준다 해도 그 위안은 고기를 낚기 위한 그물과도 같은 것이다. 그대는 그 위안의 그물에 걸릴 것이고, 그는 서서히 혼돈을 창조할 것이다.

그대는 그 혼돈 상태를 통과해야만 한다. 현재 상태에서는 전적으로 잘못되어 있기 때문이다. 그 상태에서 누군가 그대에게 위안을 준다면 그는 그대의 적이나 마찬가지다. 그와 함께하는 것은 시간만 낭비할 뿐이고, 삶과 에너지를 허비할 뿐이다. 그리고 결국 위안은 아무 도움도 되지 않을 것이다. 죽음이 찾아올 때 모든 위안은 자취를 감춰 버린다.

아들을 잃은 노인이 있었다. 그는 나에게 와서 말했다.

"나를 위로해 주세요."

내가 말했다.

"난 그렇게 할 수 없습니다. 그것은 죄를 짓는 일입니다."

그가 말했다.

"난 위안을 얻기 위해 왔습니다."

나는 그에게 말했다.

"당신은 그것 때문에 왔을지 모르지만 나는 그렇게 할 수 없습니다."

그러자 그가 말했다.

"샹카라차리아(힌두교의 종정)를 찾아갔었는데 그는 나를 위로하며 '걱정하지 마십시오. 괴로워하지 마십시오. 당신의 아들은 천국에서 다시 태어났습니다.' 하고 말하던데요."

나 역시 그 노인의 아들을 알고 있었지만 천국이라니 가당치 않은 소리였다. 그 아들은 정치인이었다. 정치인들은 모두 지옥에 떨어진다. 그들은 결코 천국에 갈 수 없다. 더구나 그는 그저 그런 정치인이 아니라 주지사를 지낸 일도 있는 성공한 정치인이었다. 정치인 특유의 교활함과 야심을 가지고 어떻게 천국으로 들어갈 수 있단 말인가. 게다가 이 노인 또한 정치인이었다. 근본적으로 이 노인은 아들의 죽음 때문에 슬퍼하고 있는 것이 아니었다. 근본적인 슬픔은 아들의 죽음과 더불어 그의 야망이 죽어 버렸다는 것이었다. 그는 아들을 통해 많은 것들을 이루고 있었다. 노인 자신은 이미 늙었고 전 생애에 걸쳐 많은 일을 해왔지만 충분히 영리하지 못하고 약간은 바보스럽고 우직한 데가 있었다. 그래서 일생을 다 바쳐 일했지만 요직에 한 번도 오르지 못했다. 노인에게는 그것이 깊은 상처가 되었다. 그래서 그는 아들을 통해 결실을 얻고자 했고 아들은 실제로 성과를 거두고 있었다. 그런 아들이 갑자기 죽었기 때문에 그의 야심이 모두 무너져 버린 것이다.

내가 그 노인에게 말했다.

"당신이 슬퍼하는 것은 그것 때문이지 아들의 죽음 때문이 아닙니다."

그는 몹시 불쾌해했다.

"나는 아들을 잃은 슬픔에 대해 위안을 받고자 왔는데, 당신은 나를 더 혼란스럽게 하는군요. 그럴지도 모르오. 내가 울고 있는 것은 아들의 죽음이 아니라 내 야심이 무너졌기 때문이라는 당신의 말이 진실일지도 모르오. 그러나 나는 지금 큰 고통 속에 있고 아들이 죽었는데 어찌 그리 심한 말을 할 수가 있소. 나는 대성인들과 샹카라차리아, 영적 스승들을 두루 만났는데 그들은 한결같이 나를 위로해 주었소. 그들은 나에게 걱정하지 말라고, 영혼은 불멸이며 누구도 죽지 않는다고, 또한 나의 아들은 보통의 영혼을 가진 것이 아니기 때문에 더 높은 천국에 가 있을 것이라고 말해 주었소."

이것이 위안이다. 그리고 만일 이 노인이 계속해서 이런 위안에 귀를 기울인다면 그는 중요한 기회를 놓치는 것이다. 그는 자신의 야심을 똑바로 들여다볼 기회를 놓치는 것이다. 그의 문제는 그 야심에 있었다. 이제 그는 모든 야심은 무의미하고 헛된 것이라는 진리를 깨달을 수도 있었다. 아무리 일하고 또 일을 해도 결국 죽음이 모든 것을 앗아가 버리기 때문이다. 그는 이런 진리 속으로 깊이 들어갈 수 있었다. 그러나 그 이후 노인은 더 이상 나를 찾아오지 않았다. 이전에는 자주 오곤 했었는데 그 일 이후로는 완전히 발길을 끊었다. 그는 달콤한 말로 자신을 위로해 줄 사람들을 찾아서 떠난 것이다.

그대 역시 위로받기 위해 이 자리에 있는가? 그렇다면 그대는 잘못 찾아왔다. 이것이 바로 예수가 말하고자 한 것이다.

그는 말한다.

> 예수께서 말씀하셨다.
> "사람들은 내가 세상에
> 평화를 주러 왔다고 생각할지 모른다.
> 그들은 내가 이 세상에 분열을,
> 불과 칼과 전쟁을 주러 왔음을 알지 못한다."

예수 같은 이가 나타나면 세상은 반드시 그를 받아들이는 자와 그에게 반대하는 자들로 분열된다. 예수에 대해 무관심한 사람은 찾아보기 힘들다. 이러한 모습, 예수와 같은 모습을 지닌 사람이 나타나면 세상은 곧바로 분열된다. 어떤 자는 그를 따르고 어떤 자는 그에게 반대한다. 무관심 상태로 있는 사람은 찾아볼 수가 없다. 예수에 대해 관심 갖지 않는 것은 불가능하다. 사람들은 한번 그의 말을 듣고 그의 모습을 보면 그 자리에서 여러 집단으로 분열된다. 예수를 사랑하는 사람이 되든가 아니면 그를 증오하는 사람이 되든가, 그와 사랑에 빠지든가 아니면 그와 적이 되든가, 그를 따르든가 아니면 그를 적으로 삼아 방해를 하든가, 어느 한 쪽을 선택하게 된다.

왜 그런 일이 일어나는가? 예수와 같은 현상은 그토록 위대한 현상이기 때문이다. 나아가 그는 이 세상의 존재가 아닌 것이다. 그는 저 너머의 세계에서 무엇인가를 이 세계로 가지고 온다. 저 너머의 세계를 두려워하는 이들은 즉시 그와 적대적인 관계가 된다. 그것이 자신들을 보호하는 유일한 방법이기 때문이다. 반면에 어딘가에 저쪽 세계에 대한 씨앗을 숨기고 저쪽 세계를 찾고 또 찾으며 갈망해 온 사람들에게는 그는 강력한 존재가 된다. 그는 자석과 같은 힘으로 끌어당기며 그들은 그와 깊은 사랑에 빠진다. 그들은 그토록 오랜 세월 동안 이 사람을 기다려 온 것이다.

순식간에 세상은 분열된다. 그대는 예수에게 반대하거나 찬성을 한다. 다른 선택의 길은 없다. 그대는 무관심할 수 없다. "나는 어느 편도 아니야." 하고 말할 수 없다. 그것은 불가능하다. 중간에 머물 수 있는 사람은 그 자신이 예수가 될 것이다. 사랑도 증오도 아닌, 중간에 서 있을 수 있는 사람은 스스로 마음을 초월해 갈 것이다. 그대는 중간에 서 있을 수 없다. 어느 편인가로 떨어질 것이다. 우익이 되든가 좌익이 되든가, 이쪽 편에 서든가 저쪽 편에 서든가 할 것이다. 예수와 같은 사람은 엄청난 혼란을 일으킨다. 그 혼란은 개인에게만 일어나는 것이 아니라 사회 차원에서도 일어난다. 이 행성에 존재하는 모든 이들이 충돌을 일으키고 큰 전쟁이 시작된다. 예수 이래로 지구에는 평화가 깃든 적이 없었다. 예수는 하나의 종교를 창조했다. 그리고 그는 모든 사람들의 마음속에 심한 분열과 갈등을 일으키는 무엇인가를 세상에 가져왔다. 그렇게 해서 그는 모든 역사의 초점이 되었다. 그렇기 때문에 우리는 '기원전Before Christ'이나 '기원후After Christ'라는 말을 쓰고 있는 것이다. 예수가 그 기준점이다.

역사와 시간은 예수에 의해 분리되었다. 그는 그 구분선 위에 서 있다. 마치 예수 이전의 시간과 예수 이후의 시간이 완전히 다른 성격을 가진 것처럼. 예수와 더불어 역사가 시작되었다. 예수의 자세, 인간 의식을 향해 접근하는 예수의 자세는 붓다나 노자와는 많은 차이가 있다. 궁극적으로 꽃피어나면 결국 같지만 예수의 접근 방식은 전적으로 다르다. 그는 매우 독특하다.

그는 무엇을 말하고 있는가? 그는 성장은 싸움을 통해서만 얻어진다고 말하고 있다. 싸움을 통해서만 내면의 합일이 이루어진다고. 전쟁을 통해서만 평화가 피어난다고. 그러나 그것을 문자 그대로 받아들여서는 안 된다. 그가 말한 것은 비유이고 우화이다. 기독교는 예수가 말한 것을 문자 그대로 받아들여 핵심을 놓쳐 버렸다. 기독교인들은 실제로 손에 검을 쥐고 불필요하게 수백만 명의 사람들을 죽였다. 그것은 결코 예수가 의미한 바가 아니었다. 그리하여 교회는, 예수의 교회는 전쟁을 하는 교회가 되고 성전을 위한 십자군이 되었다. 기독교인들은 회교도들, 힌두교도들, 심지어는 불교도들과도 전쟁을 벌였다. 그들은 어느 곳에서나 싸웠다. 그러나 그들은 핵심을 놓치고 말았다. 예수는 다른 것을 말하고 있었다. 그는 이 세상의 검을 이야기하고 있는 것이 아니었다. 그는 다른 세상의 검을 가지고 왔다. 그 검은 무엇인가? 그것은 하나의 상징이다. 그것은 곧 그대가 둘로 나누어져야 한다는 의미이다. 그대 내부에서는 끊임없이 두 가지의 것이 충돌하고 있기 때문이다. 이 세계, 즉 이 지상에서의 삶과 하늘나라가 그대 내부에서 만나고 있다. 그대의 한쪽 부분은 먼지 더미와 진흙탕에 속하며 또 한쪽 부분은 신성에 속한다. 그대는 그 둘이 만나는 하나의 접점으로서만 존재할 뿐이다. 그래서 예수는 진실로 그대를 둘로 자를 검을 가지고 온 것이다. 둘로 자름으로써 지상의 것은 땅으로 떨어지고 신의 것은 신의 세계로 들어간다.

그대는 무엇이 지상에 속하는지 구별할 수 없다. 배가 고플 때 그대는 자기 자신이 배가 고프다고 생각한다. 그렇지 않은가? 그러나 예수는 말한다.

"아니다. 나의 검을 받아 그것을 잘라 버리라."

배고픔은 육신에 속한 것이다. 그것은 육신의 요구이다. 의식에는 배고픔이란 없다. 육신에는 의식이 없기 때문에 의식이 그것을 대신 느끼는 것이다.

오래된 판차탄트라('다섯 가지 원리'라는 뜻으로, 운문과 산문으로 구성된 인도의 동물 우화집)의 다음 이야기를 읽은 적이 있을 것이다. 어느 날 커다란 숲에 우연히 불이 붙었다. 숲 속에는 두 사람이 있었는데 한 사람은 장님이고 한 사람은 앉은뱅이였다. 앉은뱅이인 사람은 걸을 수도 달릴 수도 없었지만 볼 수는 있었다. 그리고 장님은 볼 수는 없었지만 걷거나 달릴 수 있었다. 그래서 두 사람은 계약을 맺었다. 장님이 앉은뱅이를 등에 업고 도망가기로 한 것이다. 앉은뱅이는 볼 수 있고 장님은 달릴 수 있었기 때문에 그들은 한사람이 되었다. 그리하여 그들은 불타는 숲 속을 빠져나와 자신들의 목숨을 구할 수 있었다.

이것은 단순한 이야기가 아니다. 이것은 그대 내면에서 일어나는 일이다. 그대의 한 부분이 배가 고플지라도 그 부분은 눈이 없기 때문에 그 배고픔을 알 수 없다. 육체는 배고픔을 느끼고 성욕을 느끼고 갈증을 느끼며 편안함을 원한다. 이 모든 욕구들은 육체의 일이다. 그리고 의식은 단지 볼 수만 있을 뿐이다. 자아는 단순히 바라보는 자에 지나지 않는다. 그러나 둘 사이에는 하나의 계약이 있다. 의식 없이는 육체는 무엇이 필요한지 배가 고픈지 갈증을 느끼는지도 모르며, 또한 육체 없이는 의식은 걷거나 움직이거나 그 밖의 어떤 다른 일도 할 수 없기 때문이다.

예수가 말한 검의 의미는 곧 이러한 약속을 깨닫고 그 둘을 분리해야만 한다는 것이다. 땅에 속하는 것은 땅에 속하는 것이고, 그것들을 충족시키기는 하되 그것들에게 사로잡혀서는 안 된다는 뜻이다. 배고픔을 느낄 때 그것은 육체가 배고픈 것이며, 그것을 충족시키기는 하되 그것에 붙들려서는 안 된다. 그것에 사로잡히는 사람들이 너무도 많다. 그래서 그들은 먹고 또 먹고 계속해서 먹은 나머지 나중에는 계속 먹는 것에 대해 불만을 느끼고 이번에는 거꾸로 단식을 하고 또 한다. 그러나 그 두 가지 행동은 모두 그것에 사로잡힌 결과이다. 너무 많이 먹는 것과 너무 많은 단식을 하는 것은 똑같이 좋지 않은 결과를 낳는다.

균형이 필요하다. 그러나 누가 그 균형을 가져다주는가? 그대는 둘로 되어야만 한다. '이것은 지상에 속하는 것이고 나는 지상의 것이 아니다.'라는 사실을 완전하게 깨달아야만 한다. 이것이 바로 예수가 말한 검의 의미이다.

그는 말한다.

"그들은 내가 이 세상에 분열을,
불과 칼과 전쟁을 주러 왔음을 알지 못한다."

왜 '불'인가? 불은 유대교의 오래된 상징이면서 동시에 힌두교의 오래된 상징이다. 힌두교는 언제나 내면의 불에 대해 이야기한다. 그들은 이러한 내면의 불을 열을 의미하는 '탑tap'이라고 부른다. 그리고 불꽃이 내면에서 불타오르도록 그러한 내면의 불을 지피는 것을 야그나('야즈나'라고도 하며, 희생제의의 일종으로 신에게 불을 바치는 것이다)라고 부른다. 그 내면의 불을 지피는 데는 몇 가지 기술이 필요하다. 지금 그 불꽃은 재에 덮여 거의 사그라져 가고 있다. 다시 한 번 재를 휘저어 불씨를 찾아 활활 타오르게 해야 한다. 더 많은 연료가 필요하고 더 많은 연료가 주입되어야만 한다. 그 내면의 불이 완전하게 타오를 때 그대는 탈바꿈된다. 불 없이는 변형이 불가능하다. 물을 끓여서 특정한 온도, 가령 백 도까지 올리면 물은 증발해 수증기로 변한다. 전체의 질이 변화한다.

물이 수증기로 변하는 것을, 전체의 질이 변화하는 것을 관찰해 본 적이 있는가? 물일 때는 언제나 아래쪽으로 흐른다. 그것이 물의 본성이다. 위쪽으로 흐르는 것은 물의 성질상 불가능한 일이다. 그러나 백 도까지 끓으면 물은 증발하기 시작하고 본성 자체마저 탈바꿈한다. 수증기는 위쪽으로만 증발하며 결코 아래쪽으로 내려가는 법이 없다. 모든 차원이 변화하며, 그것은 열을 통해서만 가

사람의 마음에 떠오르지 않았던 것

능한 일이다.

　화학 실험실에 들어가면 가장 먼저 눈에 보이는 것이 무엇인가? 불이다. 그곳에 불이 없다면 어떤 일도 일어나지 않을 것이다. 모든 변형, 모든 새로운 탈바꿈, 모든 변화는 불을 통해 일어나기 때문이다. 불이 없다면 그대는 어떻게 될 것인가? 살아 있는 동안에 그대는 무엇을 할 것인가? 호흡을 할 때 그대는 무엇을 가지고 호흡을 하는가? 바로 산소를 가지고 한다. 산소는 불타는 데 필요한 연료에 지나지 않는다. 그대가 달리기를 할 때는 불이 더 필요하기 때문에 호흡이 빨라진다. 휴식을 할 때는 불이 적게 필요하므로 호흡도 적어진다. 산소가 별로 필요하지 않은 것이다. 산소는 불타는 데 필요한 연료이다. 사실 산소가 타는 것이므로 불은 산소 없이는 존재할 수 없다. 그대는 불이다. 매순간 쉬지 않고 음식물을 통해, 공기를 통해, 물을 통해 내부에서 불이 타오른다. 그 불이 너무 많으면 그것을 밖으로 배출해야 한다. 동물들이 성적 충동에 사로잡힐 때 영어에서는 그것을 '열기를 띤다on heat'라고 표현한다. 일리가 있는 말이다. 성적 충동은 일종의 열기이다. 필요 이상의 열을 가지고 있을 때 그것을 배출해야 하는데, 그 배출구가 바로 섹스이다.

　생각해 보라. 더운 지방 사람들이 추운 지방 사람들보다 더 성적이다. 성에 관련된 초기의 책들은 모두 무더운 나라에서 나타났다. 바츠야야나(인도 굽타 왕조 시대의 철학자)의 〈카마수트라〉, 코카 판디트(카마수트라를 바탕으로 사랑에 대한 책을 쓴 인도 카슈미르 출신의 학자)의 〈코카 샤스트라〉, 이 두 권이 섹스에 대한 최초의 책들이다. 어떤 의미에서는 동양에서 최초의 프로이트 학파가 프로이트보다 3천 년이나 일찍 나타난 것이다. 서양에서는 최근에 와서야 성이 중요해졌을 뿐이다. 추운 나라에서는 강한 성욕을 불러일으키는 데 필요한 불이 충분하지 않다. 서양에서는 고작 최근 3, 4세기 사이에 와서야 성을 중요하게 다루기 시작했다. 지역 자체는 여전히 추운 상태이지만 주택 내부가 난방으로 따뜻해져서 사람들이 그다지 추위를 느끼지 않게 되었기 때문이다. 그렇지 않으면 신체 내부의 불은 끊임없이 추위와 싸워야 한다. 동양에서 인구가 계속 증가하고 그 인구 증가를 억제하기 어려웠던 것도 바로 이 때문이다. 하지만 서양에서는 그만큼의 인구 폭발이 없었다.

언젠가 이런 이야기를 들은 적이 있다. 러시아의 우주 비행사들이 처음으로 달에 착륙했을 때였다. 그들은 너무나도 큰 감동을 느꼈다. 그런데 놀랍게도 저만치에서 중국인 세 사람이 걸어오고 있었다. 너무 놀란 비행사들은 한동안 입을 열지 못하다가 그들에게 물었다.

"당신들이 우리보다 먼저 도착하다니 도저히 믿을 수 없소. 당신네들은 이곳까지 올 기술도 과학도 그 어떤 수단도 갖고 있지 않소. 도대체 어떻게 이곳까지 온 거요? 이건 분명 기적이야. 대체 어떤 방법으로 무엇을 타고 여기까지 온 거요?"

중국인들이 대답했다.

"기적이라니, 별것도 아닌데……. 아주 간단하고 쉬운 산수 문제에 지나지 않소. 우리 국민 전체가 한 사람씩 어깨에 올라타니 이곳까지 도착하게 되었소."

그렇게 하면 중국인은 달까지 갈 수 있다. 인도인들도 마찬가지다. 아무 문제도 없다. 일단 마음을 먹으면 그들은 어디까지라도 갈 수 있다.

섹스는 하나의 열 현상, 불의 현상이다. 불이 타오를 때면 그대는 더 많은 성적인 충동을 느낀다. 불이 적게 타오를 때면 그만큼 성적인 충동을 덜 느낀다. 그대의 내면에서 일어나는 일은, 그것이 육체의 성적인 변형이든 영적인 변형이든 모두가 불에 의한 것이기 때문이다.

예수는 고대 유대교의 에세네파(다른 유대교 종파가 율법과 제사와 같은 형식과 권위에 치우친 데 반해 신과의 직접적인 합일과 금욕적인 생활을 강조한 신비주의) 공동체에서 훈련을 받았다. 매우 신비적이고 영적인 집단에서의 훈련이었다. 에세네파 사람들도 힌두교나 카발라(우주라는 거대한 그림 속에 인간이 어떤 위치에 있는가를 탐구하는 유대교의 신비주의), 수피즘(세속화되고 타락한 회교에 대해 그 순수성을 되찾고 신에 대한 직접적인 체험을 추구한 신비주의자들의 모임)과 마찬가지로 내면의 불을 창조하는 많은 방법을 알고 있었다. 따라서 그 불은 그대가 알고 있는 보통의 불이 아니다. 그 불은 그 위에 생명이 존재하는 인간 내면 깊은 곳에서 타오르는 불이다. 이 불을 일정한 높이까지 끌어올릴 수 있다면, 그때 그 변형이 일어난다. 그러나 그것이 가능하려면 일정한 높이의 온도까지 끌어올려야만 한다. 도중에 밖으로 빠져나가는 일이 없어야 한다. 바로 그것 때문에 이 불을 수행의 한 방법으로 이용하는 모든 종교가 섹스에 반대하는 것이다. 만일 그 불이 섹스를 통해 방출되어 버리면 그때는 백 도까지 올라갈 수가 없다. 배출구가 생겼기 때문이다. 그러므로 모든 배출구를 막아 버리고, 그리하여 불의 손실이 전혀 없는 상태에서 백 도인 비등점까지 도달해야만 한다. 그렇게 되면 어느 지점에 이르러 갑자기 변형이 일어난다. 영혼과 육체가 분리된다. 검이 작용을 한 것이다. 그렇게 되면 그대의 어느 부분이 지상에 속한 것이고, 어느 부분이 천상에 속한 것인지 알 수 있다. 그때 그대는 어느 것이 그대의 어머니와 아버지로부터 물려받은 것이고, 어느 것이 그 '보이지 않는 세계'로부터 온 것인지 안다.

"불과 검과 전쟁을……."

 깊은 내면의 갈등이 필요하다. 진정한 휴식이 오기 전까지는 무기력해지거나 방심해서는 안 된다. 그 진정한 휴식은 전적으로 다른 무엇이다. 그대는 싸워야 하고 갈등을 일으키고 마찰을 일으켜야만 한다. 마찰은 내면의 전쟁에 대한 아주 적절한 단어이다. 구제프(그리스계 아르메니아 인으로 티베트, 인도, 중동을 여행하면서 동양의 종교와 신비를 탐구하고, 이를 서양인에 알맞게 개조해 소개했다)는 이 마찰을 수단으로 한 수행을 했다. 그는 육체에 마찰을 일으키곤 했다. 그대는 지금은 깨닫지 못할지 모른다. 하지만 잘 기억해 두라. 어느 날엔가 그대의 육체가 수많은 에너지 층들을 가지고 있다는 사실을 깨닫게 될 것이다. 갈등상태에 있지 않으면 그대는 단지 표면적인 에너지밖에 사용할 수 없다. 많은 갈등이 일어나면 표면층은 끝이 나고 그때 두 번째 층이 기능을 발휘하기 시작한다.

 이런 방식으로 해보라. 그대가 매일 밤 10시경에 잠자리에 든다고 하자. 10시가 되면 갑자기 졸음이 쏟아지는 것을 느낄 것이다. 그러나 잠들지 말라. 수피들은 이 방법, 즉 철야 기도를 많이 사용했다. 예수 또한 그 방법을 곧잘 사용하곤 했다. 그는 밤새도록 잠을 자지 않고 앉아 있곤 했다. 황야에서 40일 동안 밤낮을 잠들지 않고 있기도 했다. 잠들지 않고 언덕 위에 홀로 서 있기도 했다. 그때 무슨 일이 일어나는가? 10시가 되어도 잠을 자지 않으면 잠시 동안은 매우 졸리고 피곤할 것이다. 점점 더 졸음이 밀려올 것이다. 그래도 졸음과 대항해서 싸우면 일종의 갈등이 일어나 그대는 둘로 나누어진다. 하나는 잠들고 싶어 하는 그대이고, 다른 하나는 잠들지 않으려 하는 그대이다. 이제 두 부분이 싸움을 하고 있다. 만일 굴복하거나 양보하지 않고 끝까지 잠을 자지 않으면 어느 순간 모든 졸음이 사라지고 아침에도 느껴 본 적이 없는 활기가 다가오는 것을 느낄 것이다. 갑자기 모든 졸음이 사라지고 상쾌한 기분을 느낄 것이다. 그때가 되면 설령 그대가 잠들려고 해도 이제는 그것이 더 어려울 것이다. 무슨 일이 일어난 것인가? 그대가 잠들든지 잠들지 않든지 두 개의 가능성만이 있는데, 그 둘 사이의 마찰을 통해 에너지가 창조된 것이다.

에너지는 언제나 마찰을 통해 창조된다. 과학은 이러한 마찰을 통해 발생하는 에너지에 의존하고 있다. 모든 발전기는 이처럼 두 개체 사이의 갈등과 싸움을 발생시키는 마찰 기법에 지나지 않는다. 그대 역시 잠들려고 하는 육체와 잠들지 않으려는 그대 사이에 하나의 전쟁을 만들어 내는 것이다. 그때 마찰이 일어나고, 강력한 에너지가 발생한다.

그대가 굴복해 버리면 나쁜 결과가 찾아온다. 굴복해 버릴 때 그 싸움에서는 육체가 승리하고 정신이 패배해 버리기 때문이다. 따라서 이 방법을 시험할 때는 결코 굴복하지 않겠다는 굳은 의지를 갖고 시작해야만 한다. 그렇지 않으면 차라리 하지 않는 편이 낫다. 마찰을 사용하는 방법은 매우 위험한 방법이다. 만일 한번 시도한다면 반드시 성공해야 한다. 성공하지 못하면 오히려 자신감만 잃을 것이다. 의식은 더 약해지고 육체는 더 강해질 것이다. 그리고 실패가 되풀이될수록 그만큼 승리할 가능성은 희박해진다.

이 마찰을 시도한다면 반드시 승리해야 한다. 그것은 패배해서는 안 될 싸움, 반드시 승리해야만 하는 싸움이다. 그리고 일단 승리하게 되면 그대는 에너지의 다른 층을 획득하게 된다. 승리하면 다른 부분에 있던 에너지가 그대에게 흡수되어 이전보다 더 강해지는 자신을 느낄 수 있을 것이다. 그렇게 되면 모든 싸움이 그대를 더 강하게 만들고, 그리하여 마침내는 에너지 전체가 그대에게 흡수되는 순간이 오게 될 것이다.

구제프는 이 마찰 수행법을 매우 깊이, 그리고 믿기 어려울 만큼 위험한 방식으로 이용했다. 세상을 떠나기 불과 몇 년 전, 그는 늙은 나이에 매우 위험한 자동차 사고를 일으켰다. 그가 스스로 일으킨 것이다. 실제로 그것은 전혀 우연한 사고가 아니었다. 구제프 같은 사람의 생애에는 우연한 사고란 있을 수 없다. 그는 깊이 깨어 있기 때문에 사고라는 것은 불가능하다. 그 스스로 사고가 일어나게 할 수는 있다. 아니면 그가 사고를 일으킬 수는 있다. 그리고 실제로 그는 사고를 만들었다.

구제프는 과속으로 운전하기는 했지만 전 생애를 통틀어 사고를 낸 적이 한 번도 없었다. 그러나 그는 아주 위험한 운전자여서 그의 차에 동승한 사람들은 언제나 매순간 삶과 죽음의 갈림길까지 가야만 했었다. 그는 거의 미치광이와 같았다. 교통질서 따위는 조금도 지키지 않았다. 그는 이 길 저 길을 최대 속력으로 질주하며 돌아다니곤 했다. 언제 어느 때 무슨 일이 일어날지 아무도 알 수 없었다. 그러나 아무 일도 일어나지 않았다.

어느 날 아침, 퐁텐블로(파리 근교에 있는 휴양지)에 있는 그의 명상 센터에서 파리로 갈 때 누군가 그에게 언제쯤 돌아올 것이냐고 물었다. 그는 대답했다.

"내가 생각한 대로 모든 일이 일어나면 저녁때쯤 돌아올 것이다. 그렇지 않으면 말하기가 어렵다."

그리고 그날 저녁 그가 차를 몰고 파리에서 돌아오던 중 사고가 일어났다. 처참한 대형 사고여서 현장에 도착한 사람들은 형편없이 산산조각으로 부서진 차를 보고 생존자가 있을 수 없다고 단정했다. 그러나 구제프는 살아서 발견되었다. 그는 전신에 60군데나 되는 골절상을 입었고 거의 죽기 직전이었다. 그는 완전히 깨어 있는 의식으로 차에서 멀리 떨어진 나무 아래 누워 있었다. 스스로 그 나무 밑까지 걸어가서 완전히 깨어 있는 의식으로 그곳에 누워 있었던 것이다. 의식 불명이거나 무의식적으로 그렇게 한 것이 아니었다. 그는 완전하게 깨어 있는 의식으로 병원까지 이송되었다. 그는 일체의 마취 주사를 거절했다. 깨어 있는 의식 상태로 있기를 원했다.

이것은 그가 자신의 육체에 가한 최대의 마찰이었다. 그의 육체는 죽음의 문턱까지 가 있었다. 그는 그 모든 상황을 만들어 내었고, 그리고 그 상황에서 완전하게 깨어 있기를 바랐다. 그는 실제로 완전하게 깨어 있었다. 그리고 그 순간, 그는 인간에게 일어날 수 있는 가장 위대한 합일을 이루었다. 그는 의식의 중심에 뿌리를 내리게 되었다. 지상에 속하는 에너지 층은 완전히 분리되어 단순한 하나의 수레, 하나의 도구가 되었다. 그것을 사용하기는 해도 그는 그것과 자신을 동일시하지 않았다.

  이것이 바로 예수가 한 말의 의미이다.

> "사람들은 내가 세상에
> 평화를 주러 왔다고 생각할지 모른다.
> 그들은 내가 이 세상에 분열을,
> 불과 칼과 전쟁을 주러 왔음을 알지 못한다.
> 만일 한 집안에 다섯 식구가 있으면
> 이제부터는 셋이 둘과
> 둘이 셋과 맞서고,
> 자식이 그 아비와
> 그 아비는 자식과 맞설 것이니
> 그들 모두 홀로 서 있을 것이다."

  "만일 한 집안에 다섯 식구가 있으면……." 이것은 하나의 비유이다. 그대의 몸에는 '다섯 식구'가, 다섯 개의 감각이, 다섯 인드리야(어원적으로는 인드라 신의 권능이고, 절대적인 힘을 가진 어떤 것을 뜻함)가 있다. 다섯 개의 감각은 나름대로 각각의 중심을 갖고 있으므로 실제로 깊은 곳에서는 그대는 다섯 개의 육체를 갖고 있는 것과 같다. 그리고 이들 감각 기관은 독자적인 지시를 내리며 그대를 조종한다. 눈은 "저 아름다움을 보라."고 말하고, 손은 "만지라. 그것은 얼마나 사랑스러운가." 하고 말한다. 눈은 촉감에는 전혀 관심이 없고, 손은 아름다운 사람이든 아름다운 육체든 아름다운 나무든 그것을 바라보는 데는 관심이 없다.

다섯 개의 감각은 모두 다섯 개로 나누어진 중심으로 존재한다. 머리는 단지 하나의 조정자에 불과하다. 다섯 개의 감각 사이의 조정 역할을 하는 것이다. 나를 바라보고 내 이야기를 들을 때 그대는 눈으로 보고 귀로 듣는다. 눈은 결코 듣지 못하고, 귀는 결코 볼 수 없다. 그렇다면 그대가 눈으로 보고 있는 사람과 귀로 듣고 있는 사람이 같은 사람이라는 것을 어떻게 결론 내릴 수 있는가? 어떻게 해서 그런 결론이 가능한가? 머리가 줄곧 조정을 하고 있는 것이다. 머리는 하나의 컴퓨터이다. 귀가 공급하는 것, 눈이 공급하는 것, 이 모두를 머리가 결합시켜 그대에게 결론을 제공한다.

구제프도 마찰의 테크닉을 사용했지만 예수 역시 마찬가지였다. 예수 생애의 깊은 비밀을 알고 있는 사람들은 예수가 십자가에 처형된 것이 아니라, 바로 구제프가 사고를 일으킨 것과 마찬가지로 예수 또한 그 스스로 십자가에 처형당하도록 만들었다고 말한다. 십자가에 처형당한 것은 그 자신이 연출한 드라마라는 것이다.

그를 십자가에 매단 사람들은 자신들이 그를 죽였다고 생각했다. 하지만 예수와 같은 사람을 강제로 죽일 수는 없다. 체포되리라는 소문이 널리 퍼져 있었기 때문에 그는 쉽게 달아날 수도 있었다. 그는 그 수도나 나라에서 멀리 도망칠 수도 있었으므로 그건 문제가 아니었다. 그러나 그는 수도로 돌아왔다. 그가 이 모든 사건을 연출했다고 말할 수 있다. 그리고 유다는 그의 적이 아니라 실제로는 그의 친구였고, 그가 체포되도록 도와준 자였다. 모든 사건은 예수 자신에 의해 계산되고 연출된 것이었다.

십자가 위에서 일어난 일은 그의 최후의 내면의 싸움이었다. 마지막이고 가장 큰 마찰이었다. 죽음에 임박해서도 그는 신성에 대한 신뢰를 잃지 않고 있었다. 그때 지상의 것은 지상으로 되돌아가고 있었다. 그때 분리는 절대적이고 완전한 것이었다. 그는 그 지상에 속한 것들과 자신을 결코 동일시하지 않았다.

구제프는 예수의 십자가 처형은 하나의 드라마였다고 말하곤 했다. 그리고 그 드라마의 연출자는 본디오 빌라도나 유대교 제사장들이 아니고 예수 자신이었다고 말하곤 했다. 예수가 너무도 아름답게 그 사건을 연출했기 때문에 오늘날에 이르러서도 무엇이 어떻게 일어났는지 정확한 사실이 밝혀지지 않고 있다.

그대 스스로 자신의 십자가형을 연출한다는 것을 그대는 상상조차 할 수 없을 것이다. 그러나 그것이 종교이다. 자신이 십자가에 처형당하도록 만드는 것이 종교이다. 십자가에 매달린다는 것은 마찰이 그 절정에 이르는 것, 죽음 바로 직전까지 가는 것을 의미한다.

예수는 말한다.

"만일 한 집안에 다섯 식구가 있으면
이제부터는 셋이 둘과
둘이 셋과 맞서고……."

마찰을 만들어야만 한다. 감각들이 싸움을 해야만 하고 또 그 싸움을 의식해야만 한다. 감각들은 끊임없이 싸우고 있지만 그 싸움은 의식적인 것이 아니다. 그대는 깊은 잠에 빠져 있고 싸움만 계속되고 있는 것이다. 눈은 끊임없이 귀와 싸우고 있고, 귀는 끊임없이 눈과 싸우고 있다. 그들은 서로 경쟁자들이기 때문이다.

눈이 먼 사람은 정상적인 사람보다 더 예민한 청각을 갖고 있다는 것을 관찰해 보았는가? 눈먼 사람이 뛰어난 음악가나 가수가 되는 것도 그 때문이다. 왜 그런 일이 일어나는가? 그들은 음이나 리듬에 대해 더 뛰어난 능력, 더 예민한 귀를 갖고 있다. 왜인가? 눈이 더 이상 경쟁 상대가 아니기 때문이다. 눈이 사용하던 에너지 전부를 이제 귀가 사용하기 때문이다. 그들은 서로 경쟁 상대인 것이다.

눈은 그대의 에너지의 80퍼센트를 사용한다. 에너지 부족을 느끼는 나머지 네 개의 감각에는 20퍼센트밖에 남지 않는다. 따라서 그들은 끊임없이 싸운다. 눈이 최고의 권위, 독재적인 힘을 갖고 있다. 그대는 눈을 통해 살며 다른 네 개의 감각은 거의 죽어 있는 것이나 다름없다. 많은 사람들이 냄새를 맡지 못한다. 그쪽 감각이 완전히 죽은 것이다. 그들은 그것을 전혀 걱정하지 않으며, 심지어 자신이 냄새를 전혀 못 맡는다는 사실조차 깨닫지 못하는 이들도 있다. 눈이 코를 몽땅 착취한 것이다. 코는 그만큼 눈 가까이 있기 때문에 착취당하기 쉽다. 아이들은 냄새 맡는 감각이 살아 있지만, 차츰 그것을 잃어간다. 눈이 줄곧 더 많은 에너지를 사용하기 때문이다. 눈은 존재의 중심이 되어 버렸다. 그것은 좋은 일이 아니다.

마찰 수행법은 감각들끼리의 대립을 이용한다. 수행자는 몇 달씩 눈을 감고 지낸다. 그러면 에너지가 움직이기 시작하고, 그 자신이 그것을 느낄 수 있다. 석 달 동안만 완전히 눈을 감고 지내면 에너지가 귀로 코로 끊임없이 움직여 가는 것을 느낄 수 있다. 후각이 되살아나는 것이다. 그는 다시금 냄새를 맡을 수가 있다. 감각 중 어느 하나를 완전히 차단함으로써 마찰을 일으키는 방법을 사용하는 수행 단체들이 여럿 있어 왔다. 귀를 석 달 동안만 막은 채 단지 바라보기만 하면, 에너지가 끊임없이 이동하는 것을 알게 될 것이다.

만일 감각들이 싸우는 것을 볼 수 있다면 그대는 그것들로부터 분리될 것이다. 그대는 하나의 지켜보는 자가 되기 때문이다. 그대는 더 이상 눈이 아니다. 더 이상 귀가 아니고, 더 이상 손이 아니다. 더 이상 육체가 아니다. 그대는 하나의 지켜보는 자, 싸움은 육체 내부에서 계속되고 있지만 그대는 하나의 구경꾼이다. 이것이 바로 예수가 말한 비유의 의미, 가장 깊은 의미이다. 하지만 그것은 또 다른 의미를 갖고 있다.

> "만일 한 집안에 다섯 식구가 있으면
>
> 이제부터는 셋이 둘과
>
> 둘이 셋과 맞서고,
>
> 자식이 그 아비와
>
> 그 아비는 자식과 맞설 것이니
>
> 그들 모두 홀로 서 있을 것이다."

다른 의미에서도 이 비유는 진실이다. 한 가정에 다섯 식구가 있으면 세 사람이 두 사람을 반대하고, 두 사람은 세 사람을 반대할 것이기 때문이다. 가족 내에 종교적인 사람이 한 사람 나타나면 마찰이 시작된다. 가족에게 있어서 종교적인 사람은 가장 위험한 존재이기 때문이다. 가족들은 다른 것은 참고 허용할 수 있다. 그러나 종교는 예외다. 왜냐하면 한번 종교적으로 되면 그는 육체와 자기 자신을 동일시하지 않을 것이기 때문이다.

가족은 육체로 연결되어 있다. 아버지는 그대 육체의 아버지이다. 자신을 하나의 육체로 생각한다면 그대는 아버지와의 관계를 유지할 수 있다. 그러나 만일 자신이 육체가 아니라는 것을 깨닫게 되면 그때 아버지는 누구인가? 그때 어떻게 그와의 관계를 맺을 것인가? 어머니는 그대의 육체를 낳아준 것이지 '그대'를 낳아준 것이 아니다. 그러나 그대는 육체와 자신을 너무나 동일시하고 있기 때문에 어머니가 자신을 탄생시켰다고 생각한다.

육체와 자기 자신을 동일시하지 않을 때, 그 육체로 자신을 확인하지 않을 때, 그때 어머니는 누구인가? 어머니가 낳아준 것은 '그대'가 아니라 언젠가는 죽을 수밖에 없는 그대의 육체이다. 그러므로 어머니는 그대에게 생명을 준 것이 아니라, 그와는 반대로 또 하나의 죽음을 준 것이다. 아버지도 생명을 준 것이 아니라 또 하나의 죽음의 가능성을 주었다. 그대가 육체와 자신을 동일시하지 않게 되면 그대는 가족으로부터 분리된다. 가족에게서 떨어져 나간다.

그러므로 가족에게는 차라리 그대가 술집 여자를 만나는 편이 더 낫다. 그것은 참을 수 있는 일이다. 아무것도 크게 잘못될 것이 없다. 오히려 그렇게 되면 그대는 점점 육체와 자신을 동일시하게 된다. 그대가 알코올 중독자가 되고 술주정꾼이 된다면, 그런 것은 좋다. 육체와 자기 자신을 점점 더 동일시하게 될 것이기 때문이다. 그것은 그다지 나쁜 일이 아니다. 그러나 만일 그대가 명상적인 사람이 된다면, 산야신, 즉 구도자가 된다면, 그것은 용납될 수 있는 일이 아니다. 그것은 허락하기 쉽지 않은 일이다. 그대는 가족으로부터 등을 돌릴 것이기 때문이다. 그렇게 되면 가족은 더 이상 그대에게 힘을 쓸 수 없다. 그렇게 되면 그대는 더 이상 가족의 일원이 아니다. 더 이상 이 세계의 일부가 아니기 때문이다.

그러므로 예수는 말한다. "아들은 아버지와 맞서고, 아버지는 아들과 맞설 것이다. 그리고 나는 나누고, 분열시키고, 갈등을 일으키고, 마찰을 만들어 내기 위해 이 세상에 왔다."

그것은 진실이다. 그대는 붓다를 숭배할 수 있다. 그러나 붓다의 아버지에게 물어보라. 그는 붓다에게 반대할 것이다. 붓다의 친척들에게 물어보라. 그들 모두 붓다에게 반대할 것이다. 그는 그들의 힘이 미치는 영역 밖으로 달아나 버렸기 때문이다. 게다가 그는 다른 사람들까지도 이 사회와 가족의 힘이 미치지 않는 곳으로 달아나도록 도와주고 있는 것이다.

가족은 사회의 가장 기본이 되는 단위이다. 사회를 초월하려면 먼저 가족을 뛰어넘어야 한다. 가족에 반대해야 한다는 의미가 아니다. 그것은 핵심이 아니다. 또한 가족과 대립해야 한다는 의미도 아니다. 그것 역시 핵심이 아니다. 그런 일들은 어쨌든 일어날 것이다. 일단 그대가 자신을 발견하기 시작하면 그때까지 존재하던 모든 것이 무너지고 혼돈이 일어날 것이다. 따라서 그대는 무엇을 해야만 하는가? 그들은 그대를 돌이키려고 애쓸 것이고, 그대를 돌아오게 하기 위해 온갖 노력을 다 할 것이다. 어떻게 해야만 하는가?

두 개의 길이 있다. 하나는 낡은 방법, 그들에게 기회를 주지 않고 그들로부터 달아나는 방법이다. 그러나 내 생각에는 그것은 더 이상 유용한 방법이 아니다. 다른 하나는 그들과 함께 사는 일이다. 하지만 하나의 연기자로서 사는 일이다. 그들에게 그대가 그들을 뛰어넘고 있다는 것을 눈치 챌 기회를 주지 않는 것이다. 앞으로 나아가라. 그러나 그것을 다만 내면의 여행으로 만들고, 외부의 모든 형식들을 지키라. 아버지와 어머니 앞에 엎드려 복종하고 뛰어난 배우가 되라.

과거의 방식은 많은 사람들이 실천할 수 없었다. 이 행성이 종교적으로 될 수 없었던 것은 그 때문이다. 과연 얼마나 많은 사람들이 사회로부터 달아날 수 있겠는가? 게다가 그들이 사회로부터 달아난다 해도 사회는 다시 그들을 돌봐 주어야만 한다. 붓다의 시대, 마하비라의 시대, 예수의 시대에 수천 명의 사람들이 그들의 가족을 떠났다. 그러나 그것은 단지 수천 명에 불과했다. 수백만 명의 사람들은 뒤에 남아 그들을 돌봐 주어야만 했다. 그리고 그것은 좋은 방법이 아니다. 보다 아름다운 방법으로 그것을 실현할 수 있다. 그 아름다운 길은 곧 뛰어난 연기자가 되는 일이다.

구도자는 훌륭한 연기자가 되어야 한다. 내가 말하는 좋은 연기자란 전혀 관계를 맺지 않고 있으면서 형식만을 채워 주는 것을 의미한다. 깊은 곳에서 그대는 근본적으로 떨어져 나왔다. 하지만 그대가 근본적으로 떨어져 나왔다는 암시조차 그들에게 주어선 안 된다. 암시를 주어서 무슨 소용이 있는가? 암시를 받으면 그들은 그대를 원위치로 되돌려 놓으려고 할 것이다. 그들에게는 어떤 기회도 주어선 안 된다. 내면의 여행으로 숨기고 외부적으로는 형식에 맞게 살아가라. 그들은 형식에 따라 살아가고 있기 때문에 매우 행복해할 것이다. 그들은 바깥에서만 살아간다. 그들은 그대 내면의 숭배 따위는 필요하지도 않다. 그대 내면의 사랑 같은 것은 필요하지도 않다. 그들에게는 단지 연극으로만 보여주면 충분하다.

그것이 바로 두 가지의 길이다. 하나는 예수나 붓다의 길이고, 다른 하나는 자나크(고대 인도 비데하 왕국의 왕. 집의 가장과 통치자로 살면서도 진아를 깨달았다)나 나의 길이다. 그대가 있는 곳에 그대로 머물라. 그대가 변화하고 있고 진실로 종교적으로 되어 가고 있다는 사실을 절대 밖으로 드러내지 말라. 그것은 싸움을 유발시킬 수도 있고, 아직 그대는 충분한 힘을 갖고 있지 못하기 때문이다. 내면의 투쟁만으로도 충분하다. 그것은 그대에게 필요한 성장과 성숙을 가져다 줄 것이다.

> "자식이 그 아비와
> 그 아비는 자식과 맞설 것이니
> 그들 모두 홀로 서 있을 것이다."

이 '홀로'라는 말을 깊이 이해해야만 한다. 종교적으로 될 때 그대는 고립된다. 그때 그대에게 맞는 사회도 없고 그대는 홀로이다. 자신이 혼자라는 것을 받아들이는 것이야말로 그대에게 일어날 수 있는 가장 큰 탈바꿈이다. 인간의 마음은 홀로 있는 것을 두려워하기 때문이다. 마음은 언제나 기댈 수 있고 매달릴 수 있는 누군가를 원한다. 홀로 있을 때 그대는 흔들리기 시작한다. 두려움이 그대를 사로잡는다. 홀로 있을 때 그대는 곧바로 사회 속으로 달려간다. 클럽이나 토론회장이나 집회, 교회 등으로 달려간다. 어딘가 군중이 있는 곳으로, 그래서 혼자가 아니라는 느낌을 받을 수 있는 곳으로. 어딘가 군중 속에서 자기 자신을 잊을 수 있는 곳으로 달려간다. 군중이 그토록 소중한 이유가 그것에 있다. 운동장이나 영화관으로 가보라. 그곳에 있는 군중들은 실제로는 자신들이 혼자가 아니라고 안심할 수 있기 때문에 그곳에 있는 것이다.

하지만 종교적인 사람은 홀로 존재한다. 그는 자신의 가장 높은 차원에 도달하기 위해 노력하고 있기 때문이다. 그는 다른 사람 속에서 자기 자신을 잃어버리는 것을 바라지 않는다. 그는 더 많이 깨어 있어야 하고 자각 상태에 있어야만 한다. 그리고 그는 진실을 받아들여야만 한다. 결국 모든 인간은 혼자라는 것, 함께함의 가능성이라고는 조금도 없다는 것, 이것이 그 진실이다. 그대는 홀로 솟아 있는 산이다. 그대는 그 산이 매우 아름다운데도 두려워하고 있다. 에베레스트가 무리를 이루어 모여 있다고 상상해 보라. 그때 모든 아름다움은 사라진다. 에베레스트가 아름답고 매혹적인 것은 그것이 홀로 우뚝 솟아 있는 봉우리이기 때문이다. 종교적인 사람은 에베레스트와 같다. 그는 홀로 우뚝 솟은 산, 혼자가 된다. 그리고 그는 그렇게 살고 그것을 즐긴다. 그러나 이것은 그가 사회 속에서 움직이지 않는다는 것을 의미하지 않는다. 오히려 반대로 오직 그만이 사랑을 할 수 있다. 오직 그만이 사회 속에서 움직일 수 있다. 오직 그만이 존재하고 있기 때문이다. 그대는 진정한 의미에서 존재하고 있는 것이 아니다. 그러니 어떻게 그대가 사랑을 할 수 있겠는가? 그는 사랑을 할 수 있지만 그의 사랑은 마약과 같은 것이 아니다. 그는 그 속에서 자기 자신을 잃지 않는다. 그는 나눌 줄 안다. 그는 그대에게 자기 자신을 주지만, 그러나 여전히 자기 자신을 잃지 않는다. 그는 그대에게 자기 자신을 주면서도 가장 깊은 곳까지 깨어 있기 때문이다. 그 내면의 성소에서 그는 홀로 머물러 있다. 아무도 그곳에 들어가지 않고, 아무도 그곳에 들어갈 수 없다.

그대 존재의 가장 깊은 곳에서 그대는 홀로 있다.

그 홀로 있음의 순수함, 그 홀로 있음의 아름다움…….

그러나 반대로 그대는 두려움을 느낀다. 그대는 사회 속에서 살아왔기 때문이다. 사회 속에서 태어났고 사회에 의해 길러졌기 때문이다. 그대는 자신이 홀로 존재할 수 있다는 사실을 완전히 망각하고 있다. 그러므로 며칠 동안 고독 속에서 살고 그대의 고독을 느껴 보라. 그것은 아름다운 일이다. 그런 다음 시장으로 가라. 그러나 그대의 그 홀로 있음을 데리고 가라. 민감하게 느끼고 깨어 있으라. 사회 속으로 움직여가고, 군중 속으로 들어가라. 그러나 홀로 남아 있으라. 원하기만 하면 군중 속에서도 홀로 있을 수 있다. 히말라야 산속에 들어가서 앉아 있을 수도 있지만, 머릿속으로 시장을 생각하고 있으면 그대는 결코 홀로 있는 것이 아니다. 군중 속에 있는 것과 다름이 없다.

수피 신비주의자 주나이드(10세기경 바그다드의 위대한 신비가)가 혼자서 자신의 스승을 만나러 갔을 때의 일이다. 스승은 사원 안에 앉아 있었다. 주나이드가 들어가자 스승은 혼자 있다가 말했다.

"주나이드, 혼자서 들어오라. 그렇게 많은 사람들을 데리고 들어오지 말라."

주나이드는 뒤돌아보았다. 누군가 그의 뒤를 따라왔나 보다고 생각했기 때문이다. 그러나 그곳에는 아무도 없었다. 스승은 웃으며 말했다.

"뒤를 돌아보지 말고 그대 내면을 들여다보라."

주나이드는 눈을 감았다. 그러고는 스승의 말이 옳다는 것을 알았다. 그는 아내를 남겨 두고 왔지만 마음은 아직 그녀에게 집착하고 있었다. 아이들과 헤어져 뒤에 남겨 두고 왔지만 그들의 모습이 여전히 머릿속을 가득 채우고 있었다. 그리고 그가 마지막으로 이별을 나눈 친구들도 그의 기억 속에 남아 있었다.

스승은 말했다.

"가라, 그리고 혼자 돌아오라. 이렇게 많은 사람들에게 내가 어떻게 이야기를 할 수 있겠는가?"

주나이드는 그 많은 사람들로부터 자유롭기 위해 사원 밖에서 1년을 기다려야 했다. 1년이 지난 어느 날 스승이 그를 불렀다.

"자, 주나이드여, 그대는 이제 준비가 되었다. 들어오라. 이제 그대는 홀로이고 나는 그대와 이야기를 나눌 수 있게 되었다."

그대는 군중을 데리고 다닐 수도 있다. 그러나 군중 속에 있으면서도 홀로 존재할 수 있다. 한번 해보라. 시장의 군중 속을 걸어가면서 고독을 느껴 보라. 그대는 실제로 홀로이다. 따라서 문제없이 그렇게 느낄 수 있다. 일단 자신이 홀로라는 것을 느낄 수 있으면, 그대는 홀로일 수 있다. 예수는 말하고 있다. 그대를 홀로인 사람으로 만들기 위해, 그대가 홀로 서 있도록 하기 위해 자신이 이곳에 왔다고.

예수께서 말씀하셨다.

"나는 너희에게 주리라.

눈으로 결코 보지 못한 것

귀로 결코 들어보지 못한 것
손으로 결코 만져보지 못한 것
사람의 마음에 결코 떠오르지 않았던 것을."

눈은 외부에 있는 것은 볼 수 있지만 내면에 있는 것은 볼 수 없다. 귀는 바깥의 소리는 들을 수 있지만 안의 소리는 듣지 못한다. 그것은 불가능하다. 모든 감각은 외부를 향해 있다. 안으로 향해 있는 감각은 하나도 없다. 따라서 모든 감각이 기능을 멈추면 갑자기 그대는 내면으로 들어가 있다. 안으로 향하는 감각은 존재하지 않는다. 예수는 말한다.

"나는 너희에게 눈으로 보지 못했던 것을 주겠다. 그러나 먼저 혼자가 되라."

그것이 바로 내가 말하는 산야신의 의미이다. 혼자가 되는 것이다. 먼저 산야신이 되라. 먼저 그대가 홀로 존재한다는 사실을 깨달으라. 그리고 그러한 홀로 있음에 대해 마음을 놓으라. 두려워하지 말라. 오히려 그것을 즐기라. 오히려 그것의 아름다움을 보라. 그 침묵, 그 순수함을 보라. 그 사원 안에는 아무도 발을 들여 놓은 적이 없기 때문에 더러운 먼지는 들어온 적이 없다. 그곳은 영원한 순수로 남아 있다. 그곳은 처녀성 그대로이다. 아무도 그곳에 들어간 적이 없다.

그대의 순결성은 그대 안에 감춰져 있다. 산야신이 되라. 혼자가 되라. 그러면, 예수는 말한다. "내가 그대에게 눈으로 보지 못했던 것을 주리라……"

혼자가 되었을 때, 완전히 홀로 되었을 때, 갑자기 그대는 눈으로는 보지 못했던 것, 귀로 결코 들어보지 못했던 것, 손으로는 결코 만져보지 못했던 것을 깨닫는다. 그대가 어떻게 그대 자신을 만질 수 있겠는가? 육체는 만질 수 있다. 그러나 그것은 그대 자신이 아니다. 손은 그 속으로 들어갈 수 없다. 손은 의식을 만질 수 없다. 그것은 불가능하다.

그리고 마지막 문장은 지상의 인간이 할 수 있는 말 중에서 가장 아름다운 말이다.

"사람의 마음에 결코 떠오르지 않았던 것을."

영혼은 마음까지도 넘어선 곳에 존재하기 때문이다. 물론 마음은 내면 깊은 곳에 존재한다. 그러나 영혼에 관한 한, 마음 역시 외부에 속한다. 그것은 내부의 것이 아니다. 손은 바깥에 있다. 눈은 바깥에 있다. 그리고 마음 또한 바깥에, 외부에 있다. 존재의 가장 깊은 곳은 마음까지도 아니다. 배고픔은 육체에서 일어나고, 사랑은 마음에서 일어난다. 그러나 기도는 아니다. 기도는 더 깊다. 마음보다도 더 깊다. 배고픔은 육체적인 필요이고, 사랑은 마음의 필요이다. 그러나 신은 저 너머의 필요이다. 마음의 필요도 아니다. 그대는 머리의 생각을 초월해야만 하지만 마음 또한 초월하지 않으면 안 된다. 외부의 모든 것들을 초월해 오직 중심만 남아 있게 해야 한다.

사람의 마음에 결코 떠오르지 않았던 것은 무엇인가? 그것은 신이다. 신이야말로 사람의 마음에 결코 떠오르지 않았던 것이다. 머리는 과학을 만들고 철학을 탄생시켰다. 마음에서는 예술이, 시가 생겨났다. 그러나 종교는 아니다. 종교는 더 깊은 층, 더 이상 들어갈 수 없는 가장 깊은 곳, 그대 존재의 중심에서 나온다. 그것은 마음보다도 더 깊은 곳에서 나온다.

"나는 너희에게 주리라.
사람의 마음에 결코 떠오르지 않았던 것을."

그것은 모든 것을 초월하고 또 초월해 존재하는 것이다. 그대는 그것을 손에 잡을 수도 없고 눈으로 볼 수도 없다. 들을 수도 없고, 그것을 느낄 수조차 없다. 여기서 예수는 마음의 길을 걷고 있는 신비주의자들까지도 초월하고 있다.

신비주의자에는 세 가지 형태가 있다. 첫 번째는 머리의 신비주의자이다. 그들은 신학과 철학의 관점에서 말한다. 그들은 신의 존재에 대한 증거들을 갖고 있다. 그러나 어떤 증거도 있을 수 없다. 아니면 모든 것이 증거이다. 신에 대한 증거 같은 것은 필요가 없다. 게다가 어떤 방법으로도 신을 증명할 수가 없다. 증명이란 온갖 논란을 불러일으킬 수 있고, 또 모든 증거는 잘못된 것으로 증명될 수 있기 때문이다. 두 번째는 마음의 신비주의자들이다. 그들은 사랑에 대해, 연인에 대해 이야기한다. 신성을 이야기한다. 그들은 노래로, 시로 말한다. 그들은 낭만적이다. 그들의 추구는 머리의 신비주의자들보다 깊다. 그러나 그것 역시 충분할 만큼 깊은 것이 아니다.

예수는 말한다. "나는 마음에 결코 떠오르지 않았던 것을 너희에게 주리라. 신학으로는 도달할 수 없는 것, 시로써도 엿볼 수 없었던 것을 너희에게 주리라. 논리도 사랑도 그곳에서는 멈춰 버린다. 나는 너희에게 주리라, 사람의 마음에 결코 떠오르지 않았던 것을."

이것은 가장 깊은, 가장 심오한 가능성이다. 예수는 그 가능성을 열어 준다. 그러나 기독교 안에서 그 가능성은 사라져 버렸다. 기독교는 그 둘레에 신학을 쌓기 시작했고, 그래서 그것은 머리의 일이 되었다. 마음의 일도 아니고 머리의 일이 되어 버린 것이다. 기독교는 위대한 신학자들을 탄생시켰다. 토마스 아퀴나스(이탈리아의 신학자로 신 중심의 입장을 유지하면서 인간의 상대적 자율을 이야기했다)의 〈신학대전〉을 보라. 수백 권에 달하는 신학 이론서이다. 그러나 그는 핵심을 놓치고 말았다. 예수는 머리의 신비주의자가 아니기 때문이다. 그리고 이러한 머리 지향적인 신학자들로 인해 그들보다 좀 더 깊이 도달한 마이스터 에크하르트(중세 독일의 신비주의 사상가로, 신과의 일치를 가르치고 마음을 비우라고 말했다)와 성 프란시스코(아씨시의 부유한 포목상의 아들로 태어나 속세에 물들어 있었으나 몇 번의 기적을 경험하며 종교에 귀의해 그리스도교 역사상 가장 존경받는 인물이 되었다) 같은 마음의 신비주의자들은 모두 교회에서 추방되었다. 그들은 바보나 미치광이, 이단으로 간주되었다. 그들은 마음에 대한 것, 사랑에 대한 것을 말하고 있었기 때문이다.

그러나 예수에 관한 한, 신학자들이나 마음의 신비주의자들이나 핵심을 놓치기는 마찬가지다. 예수는 머리 지향적도 마음 지향적도 아니기 때문이다. 그는 전혀 지향적이 아니었다. 그는 단지 모든 지향적인 성향들을 내던져 버리라고 말한다. 바깥에 있는 것들을 모두 내던지고 오직 '그대'만 존재하는 가장 깊은 내면에 이르라고. '그대'는 그곳에 도달할 수 있다. 그리고 만일 그곳에 도달할 수 있다면, 그때 모든 신비가 드러나고 모든 문이 열린다. 그러나 그 문 앞에서도 그대는 놓쳐 버릴 수 있다. 그대가 만일 머리 지향적인 채로 남아 있다면 그대는 문 앞에서 이론을 쌓고 있을 것이다. 아니면 시로 말하고 시로 노래하면서 문 앞에서 시를 짓고 서 있을 것이다.

물라 나스루딘(천재였고 바보였고 행복한 사람이었던 중동의 성자)이 정신과 의사에게 가서 말했다.

"나는 엄청난 혼란에 빠져 있는데 내 힘으론 어쩔 도리가 없습니다. 치료를 해주십시오. 매일 밤 나는 똑같은 꿈을 꿉니다. 문에 어떤 표시가 있고, 나는 그 문을 밀고 또 밀고 끝없이 밀어 댑니다. 매일 밤 땀에 흠뻑 젖어 깨어나지만 그 문은 아무리 해도 열리지가 않습니다."

의사는 나스루딘이 말하는 것을 모두 받아 적었다. 반시간 정도 대화를 나눈 뒤 의사가 물었다.

"그런데 나스루딘 씨, 그 문에 있다는 표시는 무엇입니까?"

그러자 나스루딘이 대답했다.

"아! 이제 생각하니, 그곳엔 '당기세요'라고 적혀 있었습니다."

만일 문에 당기라고 쓰여 있다면 밀어서는 안 된다. 그렇지 않으면 매일 반복해서 똑같은 꿈을 꿀 것이다. 영원히 밀어 대고 있을 것이다. 사실 문제는 없다. 단지 문에 무엇이라고 쓰여 있는지 보기만 하면 된다. 예수는 문에는 머리라고도 마음이라고도 쓰여 있지 않다고 말한다. 그 둘을 초월해 있다고…….

그러므로 이 한 가지를 하라. 초월하라. 논리나 지성에 희생되지도 말며, 감정이나 감상에 희생되지도 말라. 머리는 육체의 것이고, 마음 또한 육체의 것이다. 그것을 초월하라. 초월이란 무엇인가? 단순히 존재 그 자체로 있는 것이다. 그대는 순수하게 존재할 뿐이다.

순수 존재에는 어떤 속성도 없다. 그 '순수하게 존재함'이 바로 디얀, 즉 명상이다. 그리고 문 위에 쓰여 있는 것이 바로 그것이다.

그대가 하나의 순수 존재일 때 갑자기 그 문은 열린다. 감정도 사념도 없을 때, 그대를 둘러싼 어떤 구름도 없을 때, 구름이 걷혔을 때, 불꽃 주위에 아무 연기도 없고 순수하게 불꽃만 타오를 때, 그때 그대는 문 안으로 들어간 것이다.

"나는 너희에게 주리라.
사람의 마음에 결코 떠오르지 않았던 것을."

3
이 크나큰 부가 어떻게 이 가난 속에

ⲡⲉϫⲉ ⲓ̅ⲥ̅ ϫⲉ ⲁⲉⲓⲱϩⲉ ⲉⲣⲁⲧ
ϩⲛ̅ ⲧⲙⲏⲧⲉ ⲙ̅ⲡⲕⲟⲥⲙⲟⲥ ⲁⲩⲱ
ⲁⲉⲓⲟⲩⲱⲛϩ ⲉⲃⲟⲗ ⲛⲁⲩ ϩⲛ̅ ⲥⲁⲣⲝ

예수는 그대를 바라볼 때 아픔을 느낀다. 세상의 술에 취해
신의 술에 목말라 하지 않는 그대를 바라볼 때 슬픔을 느낀다.
허구 속에 살면서 그 허구가 진리인 양 믿고 무의미하게 모든 것을 놓치고 있는
그대를 바라볼 때 슬픔을 느낀다. 삶을 낭비하고 있는 것, 그것이야말로
가장 큰 죄다. 크나큰 부를 잊고 가난 속에 살아가고 있는 것
모든 기회와 가능성을 낭비하고 있는 것, 그것이 죄다.

세 번째 말씀

예수께서 말씀하셨다.
"나는 이 세상 한가운데 나의 거처를 정했으며
그들에게 육신으로 나 자신을 나타내었다.
나는 그들이 모두 취해 있음을 보았고
그들 가운데 누구 하나 목말라 하는 자가 없음을 보았다.
나의 영혼은 사람의 아들들로 인해 아파하였다.
그들은 마음의 눈이 멀어
자신들이 이 세상에 빈손으로 왔다가
다시 빈손으로 세상을 떠남을 알지 못하기 때문이다.
그러나 지금은 취해 있지만
저들이 술에서 깨어나면 회개하리라."

예수께서 말씀하셨다.
"만일 육체가 영혼을 위해 존재한다면
그것은 하나의 경이로움이다.
그러나 만일 영혼이 육체를 위해 존재한다면
그것은 경이로움 중의 경이로움이다.
진실로 나는 이 크나큰 부가 어떻게
이 가난 속에 거주하게 되었는지 놀라지 않을 수 없다."

　예수든 붓다든 아니면 그 누구이든, 깨달음에 이른 이는 사람들 모두가 취해 있다는 것을 발견할 것이다. 취해 있는 형태는 여러 가지이지만 취해 있다는 사실에는 차이가 없다. 그대는 눈을 뜨고 있지도 않고, 깨어 있지도 않다. 단지 자신이 눈을 뜨고 있고 깨어 있다고 생각할 따름이다. 그대는 태어나서 죽을 때까지 계속해서 잠들어 있다.
　구제프는 다음과 같은 이야기를 곧잘 하곤 했다. 수천 마리의 양 떼를 기르는 사람이 있었다. 그런데 양들이 길을 잃고 헤매다가 들짐승에게 잡아먹히곤 했으므로 걱정이 끊일 사이가 없었다. 그래서 현자를 찾아가 물어보았더니 양치기 개를 두라는 제안을 했다. 그래서 그는 양을 지킬 백 마리의 개를 기르기 시작했다. 개들은 양들이 울타리 밖으로 나가는 것을 막았으며, 만일 나가려고 하는 양이 있으면 그 양을 물어 죽이곤 했다.
　점차로 개들은 양을 죽이는 데 중독되어 나중에는 닥치는 대로 양을 죽였다. 이제는 들짐승보다 오히려 개들이 더 위험한 존재가 되고 말았다. 그래서 그 사람은 다시 현자를 찾아가 말했다.

"사태가 더 나빠졌어요. 양을 보호해야 할 개들이 이제는 양을 마구잡이로 죽이기 시작했다고요."

이런 일들이 언제나 일어난다. 정치인들을 한번 보라. 그들은 경비견이면서 보호자들이다. 그러나 일단 권력을 잡으면 그들은 죽이기 시작한다.

그러자 현자는 말했다.

"그렇다면 한 가지 방법밖에 없다. 내가 직접 가겠다."

현자는 양들이 있는 곳으로 가서 모든 양들에게 최면을 걸고는 말했다.

"너희들은 언제나 깨어 있고 방심하지도 않으며 완전히 자유롭다. 너희들은 누구의 소유물도 아니다."

그러자 양들은 이 최면 상태에 묶여 어느 곳으로도 도망치려고 하지 않았다. 양들이 도망치려고 하지 않은 것은 이제는 울타리가 그들을 가두고 있기 때문이 아니었다. 양들은 아무도 자신들을 소유하고 있지 않으며 자신들이 곧 주인이라고 믿었다. 비록 주인에게 죽임을 당하는 양이 있다 하더라도 양들은 이렇게 확신했다.

"그것은 저 양의 운명이지 나의 운명이 아니야. 그 누구도 나를 죽일 수 없어. 나에게는 불멸의 자아가 있고, 나는 자유롭기에 더 이상 도망칠 필요가 없어."

이제 경비견도 필요 없게 되었으며, 주인은 양들이 최면에 걸려 있었기 때문에 마음을 놓았다. 양들은 반수면 상태에서 살았다. 그리고 이것이 그대가 살아가고 있는 상황이다. 예수가 발견한 그대나 내가 보고 있는 그대나 똑같은 최면 상태 속에서 살아가고 있다. 그러나 다른 누군가가 최면을 건 것이 아니다. 그것은 자기 최면이다. 그대는 양에게 최면을 건 현자이며 동시에 최면에 걸린 양이다. 자기 자신에게 최면을 건 것이다.

자신에게 최면을 거는 데는 특정한 방법이 있다. 어떤 한 가지 생각을 계속해서 하면 최면에 걸린다. 한 가지 사물을 쉬지 않고 줄곧 보고 있어도 최면에 걸린다. 한 가지 일을 계속해서 골똘히 생각해도 최면에 걸린다.

한 프랑스 시인이 미국에 갔을 때의 일이다. 그가 뉴욕을 안내받으면서 관광을 하고 있을 때 안내인이 그를 엠파이어스테이트 빌딩으로 데리고 갔다. 시인은 매우 놀란 모양이었다. 그는 몇 번씩이나 고개를 들어 쳐다보다가 문득 말했다.

"이 건물은 나에게 섹스를 연상시키는군."

안내인은 당황했다. 그는 수많은 반응을 보아왔지만 이런 반응은 처음이었다. 지금까지 엠파이어스테이트 빌딩을 바라보면서 섹스가 연상된다고 한 사람은 아무도 없었다. 그래서 그는 물었다.

"실례지만 왜 이 건물이 왜 섹스를 연상시키는지 말씀해 주시겠습니까?"

그 프랑스인이 대답했다.

"모든 것이 섹스를 연상시키죠."

만일 계속해서 섹스를 생각하면 그대는 최면에 걸린다. 그때 모든 것이 성적으로 다가온다. 사원에 간다 해도 사원 역시 섹스를 연상시킨다. 어디를 가는가는 문제가 되지 않는다. 어디를 가든 그대는 그대의 마음과 함께 다니며, 그대의 마음은 그대 주위에 계속해서 하나의 세계를 투영해 내기 때문이다. 누군가는 섹스에 최면

이 걸리고, 누군가는 재산에 최면이 걸린다. 내용물은 다르지만 모두가 최면에 걸린다는 사실에는 차이가 없다. 다른 누군가가 그대에게 최면을 건 것이 아니다. 그대 자신이 스스로에게 최면을 걸어왔다. 그것은 그대가 한 일이다. 하지만 그대는 너무나 오랫동안 그렇게 해왔기 때문에 자신이 최면술사이면서 동시에 양임을 완전히 잊고 있다.

일단 인간이 "나는 최면술사이며 양이다."라고 깨닫게 되면 그때 상황은 달라지기 시작한다. 그때 내적인 변화의 최초의 불꽃이 들어오기 때문이다. 이제 그대는 결코 이전으로 다시 돌아갈 수 없다. 최면이 사라지기 시작했기 때문이다. 하나의 전환점이 다가온 것이다. 어떤 자각이 그대 안으로 들어온 것이다.

그대는 수많은 것에 최면 걸려 있을지도 모른다. 자신이 무엇에 최면 걸려 있는지 찾아내라. 무엇이 그대를 가장 유혹시키고 있는지, 무엇이 그대 존재의 초점이 되고 있는지를. 그런 다음 그것을 자세히 들여다보라. 자신이 어떻게 그것에 최면 걸렸는지 살펴보라. 반복이 최면의 방법이다. 무엇인가를 끊임없이 바라보거나 아니면 계속해서 그것에 대해 생각하는 것, 이것이 최면에 걸리는 방법이다. 그대가 최면술사에게 가면 그는 말한다.

"너는 잠에 빠진다. 너는 잠에 빠진다. 너는 잠에 빠진다……"

그는 단조로운 목소리로 같은 말을 계속해서 반복할 것이다. 그러면 그대는 스르르 잠에 빠질 것이다. 최면술사가 한 것은 단순히 어떤 것을 반복해서 말했을 뿐이다. 그 외에는 아무것도 하지 않는다. 그 말을 듣고 또 듣는 중에 그대는 금방 잠에 빠진다. 자신이 스스로에게 최면을 건 것이다.

이것을 기억하라. 그대는 끊임없이 그렇게 하고 있고, 사회 또한 그렇게 하고 있기 때문이다. 모든 정치 선전은 반복으로 이루어져 있다. 정치인들은 특정한 말을 수없이 반복한다. 그대가 그것을 듣든지 듣지 않든지 상관하지 않는다. 듣는 것은 중요한 것이 아니다. 그들이 반복해서 외치기만 하면 그대는 서서히 그것에 설득당하고 그렇다고 믿게 된다. 논리적이고 합리적으로 수긍을 하는 것이 아니다. 그들은 그대와 논쟁 같은 것은 하지 않는다. 단지 반복을 통해 그대는 최면에 걸려드는 것이다.

히틀러는 계속 되풀이해서 말했다.

"독일의 불행과 쇠락은 오직 유대인 때문이다. 유대인만 없애면 모든 문제는 사라질 것이다. 우리 독일인은 전 세계의 주인이다. 우리는 특별한 민족이다. 우리는 지배하기 위해 이 지상에 왔다. 우리야말로 인류의 주인이다."

처음에는 그의 친구들조차 그의 말을 믿으려 하지 않았다. 그리고 그 자신도 처음에는 완전히 믿고 있지는 않았다. 그것은 너무나 명백한 거짓말이었기 때문이다. 그러나 그는 그 말을 계속해서 반복했다. 점차로 사람들은 그것을 믿게 되었다. 그들은 최면에 걸린 것이다. 다른 사람이 최면에 걸리자 히틀러 자신도 그 속에 무엇인가 진실이 있다는 생각에 스스로 최면에 걸렸다. '수백만의 민중들이 그것을 믿는다면 그것에는 뭔가 진리가 담겨져 있을 것이다.' 그러다가 그의 친구들도 그것을 믿기 시작했고, 상호 최면 상태가 되어 드디어는 독일 전체가 그 속으로 휘말려 들어갔다.

가장 지적인 민족이 그토록 어리석은 행동을 했다. 왜인가? 독일인들의 정신에 어떤 일이 일어난 것인가? 바로 반복과 정치 선전 때문이다.

히틀러는 그의 자서전 〈나의 투쟁〉 속에서 거짓을 진실로 바꾸는 과정에 대해 적고 있다. 반복해서 말하기만 하면 된다는 것이다. 그는 자신의 경험을 통해 그것을 알고 있었다. 만일 어떤 일을 계속해서 반복하면, 이를테면 날마다 반복해서 담배를 피우면, 그대는 최면에 걸린다. 그때는 비록 그런 행동의 무의미함과 어리석음과 건강에 미치는 해독을 알고 있어도 소용이 없다. 이제 자기 최면에 걸려 있기 때문이다.

물라 나스루딘의 아내가 담배에 반대하는 신문기사를 그에게 읽어 주고 있었다. 그곳에는 전문가의 의견을 빌려 암이나 폐결핵 등 다른 많은 병이 담배에 의해 발생된다고 적혀 있었다. 나스루딘이 그 말을 듣고 말했다.

"그만해. 어리석은 소리야. 그것은 잠꼬대에 불과한 엉터리야. 잘 들어. 나는 죽을 때까지 담배를 피우겠어."

진절머리가 난 아내가 말했다.

"좋아요. 마음대로 해요. 그런데 죽으면 담배를 끊을 수 있으리라고 생각해요?"

그렇다, 한번 최면에 걸리면 결코 멈출 수가 없다. 죽음이 많은 차이를 가져오지 못한다. 다음 생에서도 똑같이 반복할 것이다. 이 생은 전생이 끝난 곳에서 다시 시작하기 때문이다. 그것들은 연속적이다. 그러므로 한 아이가 태어난다 해도 진정한 의미에서는 그는 아이가 아니다. 오히려 엄청나게 늙은 태곳적 인간이다. 아이는 자신의 오래된 모든 카르마를 지니고 태어난다. 모든 삼스카라(힌두교에서 말하는, 삶을 근본적으로 규정하는 주기적인 의식), 즉 자기 조건을 가지고 온다. 아이는 노인으로서 출발한다. 이미 자신의 최면을 갖고 출발하는 것이다. 이것이 바로 힌두교에서 카르마와 삼스카라라고 부르는 그것이다.

카르마란 무엇인가? 카르마 이론의 가장 깊은 의미는 무엇인가? 카르마는 일종의 자기 최면이다. 한 가지 행동을 반복할 때 최면에 걸린다. 그렇게 되면 그 카르마, 그 행위가 주인이 되고 그대는 단지 노예가 되어 버린다. 그대는 지금까지 섹스를 통해 무엇을 얻었는가? 아니면 단순히 반복하고 있을 뿐인가? 그러나 벌써 너무나 오랫동안 반복해 왔기 때문에 이제 그만하려고 하면 마치 무엇인가 잃은 듯한 느낌에 사로잡힐 것이다. 계속한다 해도 무엇 하나 얻을 것이 없다면 그것을 그만두어도 잃을 것이라고는 하나도 없다. 그런데 왜 무엇인가 잃어버린 듯한 느낌을 갖는가? 그것은 바로 오래된 습관, 삼스카라, 자기 조건, 카르마 때문이다. 그대는 셀 수도 없이 그것을 반복해 왔고 이제 그것에 의해 최면에 걸려 있는 것이다. 따라서 이제 그것을 계속 반복하지 않으면 안 된다. 그것은 하나의 강박관념이 되었고, 강압적인 것이 되었다.

아무리 억제를 해도 과식하는 사람이 있다. 그는 과식이 나쁘다는 것을 알고 있고 그것 때문에 계속 고통 받고 있다. 그러나 여전히 식사를 하려고 앉기만 하면 멈출 도리가 없다. 그것은 거의 강박적이다. 왜 그런가? 그는 그것을 너무나 오랫동안 반복해 왔기 때문에 그것에 최면이 걸려 있는 것이다. 그는 취해 있는 것이다.

어느 날 밤, 물라 나스루딘이 매우 늦게 집으로 돌아왔다. 밤이라기보다는 새벽에 가까운 3시경이었다. 문을 두드리자 아내는 매우 화가 나서 나왔다. 나스루딘은 매우 당황해서 변명을 했다.

"잠깐만 들어봐요. 내 이야기를 들어보고 당신이 시작해도 늦지 않아. 친구가 너무 위독해서 간호해 주다 보니 시간이 이렇게 늦은 걸 몰랐어."

그의 아내가 말했다.

"아주 그럴 듯한 얘기군요. 그 친구 이름이 뭐죠?"

나스루딘은 예상치 못한 질문에 온갖 생각을 다 짜내다가 의기 양양한 얼굴로 말했다.

"그 친구가 너무나 아팠기 때문에 이름을 물어볼 수가 없었지 뭐야."

취해 있으면 마음이 변명거리를 찾아내더라도 그 모든 변명은 거짓이다. 마치 "그 친구가 너무 아파서 이름을 물어볼 수가 없었어."와 같은 것이다. 그대는 섹스를 즐길 핑계와 담배를 즐길 핑계를 찾을 것이다. 권력을 잡기 위한 핑계를 찾을 것이다. 그러나 모든 핑계와 변명은 서툴 뿐이다. 실제로는 그것이 강박적인 것이 되었으며, 자신이 그것에 사로잡혀 있고 최면에 걸려 있다는 사실을 인정하고 싶지 않은 것이다.

이것이 바로 예수가 발견한 것이다. 그대는 술에 취해 깊이 잠들어 있다. 그대는 깊이 잠들어 있기 때문에 그 사실조차 알 수 없다. 잠에서 깨어나지 않는 한 그대는 주위에 무슨 일이 일어나고 있는지 알 수 없다. 지금 전 세계가 몽유병 환자처럼 움직이고 있다. 그렇기 때문에 이토록 어처구니없는 불행, 말도 안 되는 폭력, 이토록 많은 전쟁이 있는 것이다. 그것들은 그칠 줄을 모른다. 그것들은 불필요한 짓이지만 잠들고 취해 있는 사람들에게는 아무 책임감도 없기 때문에 어쩔 도리가 없다. 만일 예수에게 가서 이러한 상황을 변화시키기 위해 무엇을 해야 하는가 묻는다면 그는 대답할 것이다.

"그대들이 잠에서 깨어나지 않고서는 아무것도 할 수 없다. 그대들이 무엇을 할 수 있는가? 깊이 잠들어 있는 사람이 자신의 꿈을 바꿀 수 있는가? 그가 무엇을 할 수 있겠는가?"

구제프에게도 사람들이 똑같은 질문을 던지곤 했다. 구제프는 현대에서 예수를 가장 대표할 수 있는 인물이다. 바티칸의 교황이 아니라 구제프가 예수를 가장 대표할 수 있다. 왜냐하면 그는 예수가 사용한 것과 똑같이 마찰을 이용한 방법을 믿었고 또 그렇게 했기 때문이다. 그는 사람들이 스스로를 못박아 존재의 변혁을 꾀할 수 있도록 많은 형태의 십자가들을 고안해 내었다. 구제프는 또한 그대가 존재하지 않고서는 아무것도 할 수 없다고 말하곤 했다. 그리고 그대는 잠에서 깨어나지 않고서는 존재할 수 없다. 단지 자신이 존재하고 있다고 믿고 있을 따름이다. 그러한 믿음은 아무 도움도 되지 않는다.

이제 예수의 말씀을 보자. 이 말씀은 매우 심오하고, 깊고, 많은 의미를 담고 있으며, 그대의 길을 비추는 길잡이별이 될 수 있다. 이 말씀을 기억하라.

예수께서 말씀하셨다.
"나는 이 세상 한가운데 나의 거처를 정했으며
그들에게 육신으로 나 자신을 나타내었다.
나는 그들이 모두 취해 있음을 보았고
그들 가운데 누구 하나 목말라 하는 자가 없음을 보았다."

예수는 결코 이 세상을 거부하지 않았다. 그는 우리 모두의 한가운데 서 있었다. 그는 도피주의자가 아니었다. 그는 시장 속을 걸어 다녔고 군중들과 더불어 살았다. 그는 창녀와 막일꾼들과 어부들과 이야기를 했다. 그는 세상 바깥으로 나가지 않았다. 그는 여기 세상 사람들 가운데 머물러 있었다. 그는 세상 바깥으로 도망친 그 누구보다도 이 세상을 잘 알고 있었다.

그리스도의 메시지가 그토록 힘이 있었던 것은 놀라운 일이 아니다. 붓다의 메시지는 그렇게까지 힘 있는 것이 아니었다. 그러나 예수는 거의 세상의 절반을 개종시켰다. 무슨 까닭인가? 그는 세상 한가운데 머물러 있었기 때문이다. 그는 세상을 잘 이해하고 있었다. 세상일이 돌아가는 방식과 사람들의 마음을 잘 이해하고 있었다. 그는 그들과 함께 걸어 다녔고, 그들이 어떻게 행동하는지, 그들이 얼마나 잠들고 취해 있는지 알고 있었다. 그리고 그는 그들의 눈을 뜨게 하고 잠에서 깨울 방법을 찾기 시작했다.

예수가 붙잡힌 그 최후의 날 밤, 최후의 드라마가 연출되었던 바로 그때, 제자 한 명이 그와 함께 있었다. 예수는 그에게 말했다.

"오늘 밤은 나의 마지막 밤이다. 그래서 나는 이제부터 깊은 기도에 들어갈 것이다. 나는 기도해야만 한다. 그러니 그대는 이곳에서 불침번을 서라. 잠들지 말라. 내가 와서 보겠다. 기억하라. 오늘 밤은 나의 마지막 밤이다."

예수는 기도를 하러 갔다가 30분 후에 돌아왔다. 제자는 깊이 잠들어 있었다. 예수는 그를 깨워 말했다.

"그대는 잠들어 버렸다. 오늘 밤이 나의 마지막 밤이므로 나는 그대에게 불침번을 서라고 했는데, 그대는 잠들어 있었다. 깨어 있으라. 나는 두 번 다시 이 땅에 오지 않을 것이기 때문이다. 내가 떠나면 그대는 영원히 잠잘 수 있다. 그러나 내가 아직 이곳에 있는 동안만은, 나의 마지막 밤만은 깨어 있으라."

제자는 대답했다.

"용서해 주십시오. 너무 졸려서 참을 수가 없었습니다. 이제부터 똑바로 눈을 뜨고 있겠습니다."

예수는 다시 기도를 하러 갔다. 30분 후에 다시 돌아와 보니, 제자는 또 깊이 잠들어 있었다. 예수는 다시 그를 깨워 말했다.

"무엇을 하고 있는가? 아침이 다가오고 있다. 나는 곧 체포될 것이다."

제자는 말했다.

"죄송합니다. 용서해 주십시오. 육신은 매우 강하고 저의 의지는 매우 약합니다. 몸이 너무 무겁습니다. 그래서 저는 '조금 잔다고 해서 무엇이 나쁘겠는가? 주님이 다시 돌아오실 때가 되면 눈을 뜨면 된다.'고 생각했습니다."

예수가 세 번째 되돌아왔을 때도 제자는 깊이 잠들어 있었다. 이것이 바로 모든 제자들에게 일어나고 있는 일이다. 스승은 수없이 그대에게 간다. 그리고 그대가 깊이 잠들어 있는 것을 본다. 스승이 갈 때마다 그대는 깊이 잠들어 있다. 잠은 그대에게 제2의 본성이 되어 버렸다. 잠은 무엇을 의미하는가? 그것은 곧 그대가 자신의 존재를 자각하지 못하고 있다는 뜻이다. 그때는 무엇을 행하든 그대는 그것에 책임질 수가 없다. 그대는 미쳐 있다. 그리고 무엇을 행하든 술 취한 사람처럼 움직일 뿐이다.

물라 나스루딘이 길가에서 모르는 여자에게 키스를 했다는 이유로 체포되었다. 법정에서 풀려나온 그는 친구들에게 말했다.

"매우 힘들었어. 재판관이 처음에는 나에게 키스를 한 벌금으로 50루피를 선고했지. 그런데 내가 강제로 키스를 한 그 여자를 보고는 그때 내가 잔뜩 취해 있었던 게 틀림없다고 50루피의 벌금을 추가시켰어. 그 여자는 여자라고도 할 수 없었지. 너무나 추하게 생겨서 감각이 이상해지지 않고서는 키스할 엄두도 안 날 그런 여자였거든."

그대는 가장 추한 것에다 계속해서 키스를 해오고 있다. 그것은 오직 취해 있고 잠들어 있기 때문에 가능한 일이다. 자신이 매달리고 있는 것에 대해 생각해 본 적이 있는가? 그것들은 얼마나 추한 것들인가? 권력보다 더 추한 것을 찾아낼 수 있는가? 히틀러, 나폴레옹, 알렉산더 대왕만큼 추한 인물을 찾아볼 수 있는가? 그러나 그것이 또한 그대의 야심이기도 하다. 그대는 마음 깊은 곳에서 히틀러나 나폴레옹, 알렉산더 대왕처럼 되기를 원하고 있다. 세상에서 가장 성공적이고 가장 많은 권력을 손에 넣고 싶어 한다. 그러나 그들보다 더 추한 인물들을 본 적이 있는가?

권력이란 가장 추한 것이다. 그러나 모든 사람들이 힘과 권력을 원한다. 부의 추함을 알고 있는가? 그것은 추할 수밖에 없고 결코 아름다울 수 없다. 부는 착취에 의존하고 있기 때문이다. 그곳에 피가 있고 죽음이 있다. 많은 사람들의 생활이 박탈당하고, 그대의 은행 잔고는 바로 그 위에서 커져 가고 있다. 이보다 더 추한 것은 없다. 그러나 모든 사람이 부를 추구하고 부를 원한다.

최후의 심판일이 오면 그대는 무엇보다도 먼저 50루피의 벌금을 물어야 한다. 그런 다음 그대가 어떤 것에다 키스를 했는지 신이 알면 또다시 50루피의 벌금이 추가될 것이다. 그대가 취해 있었기 때문이다. 그렇지 않았다면 그런 일은 불가능하기 때문이다.

예수께서 말씀하셨다.
"나는 이 세상 한가운데 나의 거처를 정했으며
그들에게 육신으로 나 자신을 나타내었다."

그는 혼이 아니었다. 많은 스승들이 계속해서 혼의 상태로 그대를 찾고 있다. 붓다는 지금도 그대의 집 앞에서 문을 두드리고 있다. 영적으로. 그러나 그대가 육체를 가지고 온 사람을 볼 수도 없는데 하물며 어떻게 영적으로 오는 붓다를 알아볼 수 있겠는가?

블라바츠키(러시아의 신비사상가로 젊었을 때는 최고의 영매로서 유럽, 미국에서 활약했다. 비교종교학, 티베트 밀교, 카발라 등을 공부하고 뉴욕에 신지학회를 설립했다)가 영적으로 사람들과 함께 일하고 도와주고 있는 스승들을 발견했을 때, 아니 재발견했을 때, 아무도 그녀의 말을 믿지 않았다. 사람들은 그녀가 정신이 이상해졌다고 생각했다.

"증거를 보여 달라. 그 스승들이 어디에 있다는 건가?"

신지학이 이룩한 최대의 업적들 중 하나는 이러한 스승들의 재발견이다. 깨달음을 얻은 사람은 누구나 이 지상에 남는다. 그는 달리 갈 곳이 없기 때문이다. 그는 육신 없이 남아서 도움을 주고 있다. 그것이 깨달음을 얻은 이의 본성이기 때문이다. 그것은 그의 의무가 아니라 그들의 본성이다.

그것은 마치 빛과 같다. 빛은 언제나 존재하면서 주위의 사물들을 비추고 있다. 비록 사람이 지나다니지 않는 길이라 할지라도 빛은 빛나고 있다. 그것이 빛의 본성이기 때문이다. 누군가 길을 걸어가면 빛이 그곳에 있어 그를 인도한다. 그것이 빛이 해야 할 일이기 때문이 아니다. 그것이 빛의 본성인 것이다. 한 존재가 깨달음을 얻으면 그는 안내자가 되어 남는다. 그러나 그대가 육체를 가진 안내자조차도 알아볼 수 없다면 영적인 안내자를 알아보기란 불가능한 일이다.

예수는 말한다.

"나는 육체로 나의 모습을 그들에게 나타내었다. 나는 육체를 갖고 있었다. 그들은 나를 볼 수 있었고, 나를 만질 수도 있었으며, 나의 말을 들을 수도 있었다. 그래도 그들은 나를 알아보지 못했다. 그들이 나를 알아볼 수 없었던 것은 그들 모두가 취해 있었기 때문이다. 그들은 실제로는 전혀 존재하지 않는 것이나 마찬가지였고, 전혀 의식이 없었다. 나는 그들의 문을 두드렸지만 그들은 집에 있지 않았다."

만일 예수가 집 앞에 와서 문을 두드린다면 그대는 그곳에 있어서 문을 열고 그를 맞이할 수 있는가? 그대는 어딘가 다른 곳에 가 있을 것이다. 결코 집에 있지 않을 것이다. 그대는 집에 있지 않고 온 세상을 방황하며 돌아다닌다. 그대의 집이란 어디인가? 다름 아닌 그대의 내부, 의식의 중심이 자리 잡고 있는 곳, 그곳이 그대의 집이다. 그대는 결코 그곳에 있지 않다. 깊은 명상에 들어가 있을 때만 집에 있을 수 있기 때문이다. 그리고 깊은 명상에 들어가 있을 때만 예수를 알아볼 수 있다. 육체를 가지고 오는가 아니면 육체 없이 영적으로 오는가는 중요하지 않다. 만일 집에 있다면 문 두드리는 소리를 들을 수 있다. 하지만 집에 있지 않다면 그대가 무엇을 할 수 있겠는가? 예수가 아무리 문을 두드려도 그대는 집에 없다. 그것이 바로 '취해 있다'는 말의 의미이다. 그대는 집에 없는 것이다.

실제로 그대는 자기 자신을 잊고 싶을 때마다 술이나 마약을 찾는다. 자신을 망각하고 싶어질 때 술을 마신다. 술을 마신다는 것은 잊어버린다는 것을 의미한다. 종교의 모든 목적은 '기억을 깨우는 것'으로 이루어져 있다. 모든 종교가 술을 마시는 것에 강하게 반대하는 이유가 그것이다. 술을 마시는 그 자체가 잘못된 것이 아니다. 그대가 추구의 길을 걸어가고 있는 것이 아니라면 잘못된 것은 없다. 그러나 추구의 길을 걸어가고 있다면 그것보다 더 나쁜 것은 있을 수 없다. 왜냐하면 모든 추구의 길은 자신을 기억하는 것으로 이루어져 있는데 술은 망각 속으로 몰고 가기 때문이다.

왜 자기 자신을 잊으려고 하는가? 왜 자기 자신에 대해 그토록 싫증을 내고 있는가? 왜 자신과 더불어 살 수 없는가? 왜 자신과 더불어 깨어 있을 수 없으며 편안하지 못한가? 무엇이 문제인가? 문제는 깨어 있을 때나 홀로 있을 때면 공허감을 느낀다는 것이다. 자신이 아무것도 아닌 것처럼 느낀다. 내부에 무를 느끼고, 그 무는 하나의 깊은 심연이 된다. 그대는 두려움을 느끼고 그것으로부터 달아나기 시작한다.

내면 깊은 곳에서 그대는 하나의 심연이다. 그렇기 때문에 줄곧 달아나려 하고 있다. 붓다는 그것을 무아, 아나타라고 불렀다. 내부에는 아무도 없다. 들여다보면 그곳은 무한히 넓지만, 그곳에 아무도 없다. 단지 내면의 하늘이, 끝없는 심연이 끝도 없고 시작도 없이 존재할 따름이다. 그것을 들여다보는 순간 그대는 현기증이

나고 어지러워 달아나기 시작한다. 그 자리에서 곧바로 달아난다. 그러나 어느 곳으로 달아날 수 있을까? 어느 곳으로 가나 그 비어 있음의 세계는 그대와 함께 있을 것이다. 그것이 바로 그대 자신이기 때문이다. 그것이 그대의 도, 그대의 본성이다. 그것과 화해하지 않으면 안 된다.

명상은 자신의 그 비어 있음과 화해하는 일이다. 달아나는 것이 아니라 그것을 인식하는 것, 달아나는 것이 아니라 그것과 더불어 사는 것, 도망치는 것이 아니라 그것을 통해 존재하는 것, 그것이 명상이다. 그렇게 되면 갑자기 공허감은 삶의 충만감이 된다. 그것으로부터 달아나지 않을 때 그것은 가장 아름답고 순수한 것이 된다. 오직 비어 있음만이 순수할 수 있기 때문이다. 만일 그곳에 무엇인가가 있다면 불순물이 들어온 것이다. 만일 무엇인가 있다면 죽음이 들어온 것이다. 무엇인가 있다면 신은 그곳에 들어갈 수 없다. 신은 위대한 심연, 궁극의 심연을 의미한다. 그 심연이 그곳에 있다. 그러나 그대는 그곳을 들여다보도록 훈련을 받은 적이 한 번도 없다.

그것은 마치 산 위로 올라가서 골짜기를 내려다보는 것과 같다. 그대는 현기증을 느낀다. 그때 공포감이 그대를 움켜잡기 때문에 바라보고 싶은 마음이 없어진다. 떨어질지도 모르는 일이다. 그대 내면에 있는 골짜기에 비교한다면 어떤 골짜기도 그만큼 깊을 수 없고, 어떤 산도 그만큼 높을 수 없다. 그래서 그대 내면을 들여다볼 때면 그대는 현기증과 멀미를 느끼고 당장 달아난다. 그 즉시 눈을 감고 달리기 시작한다. 그대는 수백만 번의 생을 달아나고 있다. 그러나 아직까지 그대는 어떤 곳에도 이르지 못했다. 그것은 불가능한 일이기 때문이다.

내면의 비어 있음과 화해해야만 한다. 일단 그것과 화해하기만 하면 그 비어 있음은 갑자기 성질이 변화한다. 그것은 전체가 된다. 그때 그것은 단순한 비어 있음이 아니다. 부정적인 것이 아니다. 그것은 존재하는 것들 중에서 가장 긍정적인 것이다. 하지만 받아들임이 그곳으로 들어가는 문이다.

알코올이나 마리화나 같은 마약들에 그토록 이끌리는 이유가 바로 그것이다. 마약에도 여러 가지 종류가 있다. 물리적인 것, 화학적인 것, 정신적인 것, 부와 권력과 정치……. 이 모든 것들이 마약이다.

정치인들을 보라. 그들은 권력에 중독되어 있고, 권력에 취해 있다. 그들은 땅 위를 걷지 않는다. 부유한 자들을 보라. 그들이 땅 위를 걷고 있다고 생각하는가? 아니다. 그들의 발은 결코 땅에 닿아 있지 않다. 그들은 허공에 떠 있다. 그들에게는 많은 재산이 있는 것이다. 오직 가난한 자만 땅 위를 걸을 수 있다. 오직 걸인만이 지상 위를 걸을 수 있다. 부자들은 허공을 날아다닌다. 한 여자와 사랑에 빠질 때 그대는 갑자기 허공에 뜬다. 갑자기 다시는 땅 위를 걸을 수 없게 된다. 낭만적인 분위기가 그대를 차지한 것이다. 그때 존재 전체가 질적으로 변화한다. 취해 있는 것이다. 성은 자연이 그대에게 준 최고의 술이다.

예수는 말했다.

"나는 그들이 모두 취해 있음을 보았고
그들 가운데 누구 하나 목말라 하는 자가 없음을 보았다."

이것을 이해해야 한다. 매우 미묘한 문제이다. 만일 이 세상 안에서 취해 정신을 잃고 있다면 다른 세상에 대해 목말라 할 수 없다. 만일 어디에나 널려 있는 보통의 술에 취해 있다면 신의 술에 목말라 할 수 없다. 그것은 불가능하다. 이 세상에 취해 있지 않을 때 갈증은 일어난다. 그리고 그 갈증은 이 세상에 있는 어떤 것으로도 채워질 수 없다. 오직 미지의 것만이 그 갈증을 채워 줄 수 있다. 오직 눈에 보이지 않는 것만이 그 갈증을 풀어 줄 수 있다. 그래서 예수는 매우 모순된 말을 하고 있는 것이다.

"나는 그들이 모두 취해 있음을 보았고
그들 가운데 누구 하나 목말라 하는 자가 없음을 보았다."

아무도 목말라 하지 않았다. 그들은 자신들이 이미 열쇠를, 보물을, 왕국을 찾았다고 생각했기 때문이다. 그래서 그들은 더 이상 찾으려고 하지 않았다.

신은 다른 형태의 술 취함이다. 까비르(인도의 신비주의 시인으로 인도의 박티 사상과 수피 운동에 지대한 영향을 미쳤다)는 노래했다.

"아이시 타리 라기. 나는 이미 그 어느 것으로도 깨울 수 없는 술에 취해 있다. 이것은 영원한 술 취함이다."

오마르 카이암(페르시아의 시인, 수학자, 천문학자로 천여 편에 달하는 4행시를 썼다)에게 물어보라. 그는 알고 있다. 그는 또 다른 세상의 술에 대해 말하고 있다. 그러나 그를 서양에 번역한 피츠제랄드(영국의 시인이자 번역가로, 오마르 카이암의 〈루바이야트〉를 영역 출판해 폭발적인 인기를 누렸다)는 그를 완전히 오해했다. 오마르 카이암은 세상에서 쉽게 구할 수 있는 술에 대해 말한 것이 아니었기 때문이다. 그가 말한 것은 신의 술, 수퍼들에게 신을 상징하는 술이었다. 한번 술에 취하면 그때는 갈증 같은 것은 일어나지 않는다.

그러나 이 세상의 술은 일시적인 해방감과 일시적인 망각의 간격을 줄 뿐이다. 그 술과 신의 술은 완전히 정반대이다. 신의 술에 취한 사람은 완전하게 깨어 있고, 의식이 살아 있으며, 자신을 충분히 자각한다. 그러나 이 세상의 술에 취한 사람은 최면에 걸리고 잠들어 버린다. 잠 속에서 움직이고, 잠든 채로 살아간다. 그의 전 생애는 하나의 긴 꿈이다.

"나는 그들이 모두 취해 있음을 보았고
그들 가운데 누구 하나 목말라 하는 자가 없음을 보았다.
나의 영혼은 사람의 아들들로 인해 아파하였다.
그들은 마음의 눈이 멀어
자신들이 이 세상에 빈손으로 왔다가
다시 빈손으로 세상을 떠남을 알지 못하기 때문이다."

"나의 영혼은 슬퍼하였다……." 예수나 붓다 같은 깨달음을 얻은 이가 그대를 바라볼 때 그의 마음속에서 일어나는 고통을 그대는 이해할 수 없다. 이 세상의 술에 취해 신의 술에는 목말라 하지 않는 그대를 바라볼 때 그의 마음속에서 일어나는 슬픔을. 허구 속에서 살면서 그 허구가 진리인 양 믿고 있고, 무의미하게 모든 것을 놓치고 있는 그대를 바라볼 때 그가 느끼는 슬픔을. 그때는 아무리 사소한 것이라도 그대가 신을 찾는 데 방해물이 된다.

매우 심각한 병을 앓고 있는 사람이 있었다. 병의 증상은 항상 눈이 튀어나올 것 같고 귀에서 윙윙거리는 소리가 나는 것이었다. 그는 점차 정신이상이 되어 갔다. 하루 온종일 그 증상이 진행되었기 때문이었다. 잠을 잘 수도 없었고 일을 할 수도 없었다. 그래서 그는 의사에게 상담을 요청했다.

한 의사가 맹장을 제거하라고 제안했다. 그래서 맹장 수술을 받았지만 결과는 마찬가지였다. 또 다른 의사는 치아를 모두 뽑아 버리라고 말했다. 그래서 그는 모든 이를 다 뽑아 버렸다. 결과는 마찬가지였고, 얼굴만 노인처럼 되어 버렸을 뿐이다. 그러던 중 또 다른 의사가 편도선을 제거하는 것이 좋겠다고 제안했다. 세상에 충고자는 언제나 많다. 만일 그들이 말하는 대로 전부 따르면 그대는 죽고 말 것이다. 그래서 그는 편도선도 제거했다. 그러나 아무것도 달라지지 않았다. 그래서 그는 가장 유명한 의사에게 가서 진찰을 받았다.

의사는 진찰을 끝내고 나서 그에게 말했다.

"도저히 원인이 발견되지 않습니다. 이제는 달리 손을 쓸 방도가 없군요. 당신은 길어야 반년 정도밖에 살지 못할 겁니다. 할 수 있는 일은 모두 다 해보았으니까요. 더 이상 어떤 것도 할 수가 없습니다."

그는 병원을 나와 생각했다.

"살날이 반년밖에 남아 있지 않다면 마음껏 즐기면서 살지 않을 이유가 없지."

그때까지 그는 구두쇠로 악착같이 살아왔기 때문에 제대로 살아 보지도 못했다. 그래서 그는 우선 최고급 최신형 승용차를 주문하고 호화로운 대저택을 샀다. 30벌의 양복을 주문하고, 와이셔츠도 특별히 주문해 맞추기로 했다.

양복점에 가서 치수를 잴 때 재단사가 말했다.

"소매 36인치, 목둘레 16인치."

"아니, 15인치요, 난 언제나 15인치짜리 셔츠를 입고 다녔소."

재단사는 다시 한 번 재고 나서 말했다.

"16인치인데요."

"난 이제껏 15인치였다니까."

"그렇다면 좋으실 대로 하십시오. 그러나 미리 말씀드리지만 그렇게 작은 옷을 입으면 목이 졸려서 눈이 튀어나오고 귀가 울릴 것입니다."

이것이 바로 그 병의 모든 원인이었다. 그대 역시 크나큰 이유로 인해 신을 놓치고 있는 것이 아니다. 단지 15인치의 옷, 그것 때문에 그대의 눈이 튀어나와 볼 수가 없고 귀가 울려 들을 수가 없다. 인간의 병의 원인은 단순하다. 작은 일에 중독되어 있는 것이다.

이 세상의 일들은 매우 작은 것들이다. 그대가 비록 왕국을 얻는다 해도 그것의 가치가 무엇인가? 그것은 아주 작은 것에 지나지 않는다. 역사상 존재했던 왕국들은 지금 어디에 있는가? 바빌론은 어디에 있고 아시리아는 어디에 있는가? 모두 사라져 버렸고 남은 것은 폐허뿐이다. 그 왕국들은 거대하였으나 그것을 가져서 얻은 것이 무엇인가? 칭기즈칸은 무엇을 성취했고 알렉산더는 무엇을 이루었는가? 모든 왕국들은 하찮은 것에 지나지 않는다.

그대는 무엇을 놓치고 있는지 알지 못한다. 그대는 하느님의 왕국을 놓치고 있는 것이다. 그대가 비록 성공한다 해도 그것을 통해서 얻을 수 있는 것이 무엇인가? 그것을 통해 어느 곳에 이를 것인가? 성공한 사람들을 보고 진단해 보라. 그들은 어느 곳에 이르렀는가? 그들 역시 정신적인 평화를 갈구하고 있다. 그대보다 더 심각하다. 그들 역시 그대와 마찬가지로 죽음이 두렵고, 떨고 있다.

성공한 사람들을 자세히 보면 그들이 신처럼 떠받드는 것들 역시 진흙으로 만들어진 발을 갖고 있음을 알 수 있다. 죽음이 그것들을 데려갈 것이고, 죽음과 함께 성공도 명성도 모두 사라져 버린다. 모든 것이 헛된 꿈으로 돌아간다. 그토록 많은 노력과 그토록 많은 불행과 힘든 노력들이 모두 한낱 악몽으로 변해 버린다. 결국 아무것도 얻은 것이 없다. 결국 죽음이 다가오면 모든 것이 물거품처럼 사라져 버린다. 그리고 그 물거품들 때문에 그대는 영원한 것을 놓치고 있다.

"나의 영혼은 사람의 아들들로 인해 아파하였다.
그들은 마음의 눈이 멀어
자신들이 이 세상에 빈손으로 왔다가
다시 빈손으로 세상을 떠남을 알지 못하기 때문이다."

그대는 빈손으로 왔다. 그러나 정확히 말하면 빈손은 아니다. 욕망으로 가득 차 있는 것이다. 그대는 빈손으로 갈 것이다. 그러나 정확히 말해 빈손이 아니다. 다시금 욕망으로 가득 차서 가는 것이다. 그러나 욕망은 꿈과 같은 것, 그대는 여전히 빈손인 채로 남아 있다. 그 꿈속에는 실체라고는 하나도 없다. 그대는 빈손으로 태어나 세상을 돌아다니면서 물질을 축적하기 시작한다. 그럼으로써 그것들이 만족을 줄 것이라고 믿는다. 그러나 여전히 그대는 빈손으로 남아 있다. 죽음이 모든 것을 앗아가 버리고 그대는 다시금 빈손이 되어 무덤 속으로 들어간다.

이러한 삶은 어느 곳에 도달하는가? 어떤 의미와 결론에 도달하는가? 그것을 통해 무엇을 성취하는가? 이것이 바로 예수나 붓다 같은 이가 인간을 바라볼 때 갖는 괴로움이고 슬픔이다. 그들은 눈이 멀어 있다. 왜 눈이 멀어 있는가? 그들의 어디가 눈멀어 있는가? 그들이 어리석어서가 아니다. 그들은 오히려 필요 이상으로 영리하다. 자신들이 가진 것 이상으로, 적당한 것 이상으로 현명하다. 너무 똑똑하고 영리하다. 그들은 자신들이 지혜롭다고 생각한다. 그들이 볼 수 없는 것이 아니다. 그들은 볼 수 있다. 그러나 그들이 볼 수 있는 것은 단지 이 세상에 속한 것들뿐이다. 그들의 마음이 눈멀어 있는 것이다. 그들의 마음은 아무것도 볼 수 없다.

그대는 마음으로 볼 수 있는가? 마음으로 무엇인가를 본 적이 있는가? 그대는 이렇게 생각한 적이 수없이 많을 것이다. '태양이 떠오르고 있네. 정말 아름다운 아침이야.' 그리고 그 생각이 마음으로부터 온 것이라고 믿었을 것이다. 아니다. 단지 머리가 그렇게 말하고 있을 뿐이고, 단순히 남의 생각을 따라하고 있을 뿐이다. 진정으로 이 아침이 아름답다고 생각해 본 적이 있는가? 이 아침의 아름다움을, 이곳에서 일어나고 있는 현상의 아름다움을? 아니면 단지 남의 말을 반복하고 있을 뿐인가?

그대는 꽃에 가까이 간다. 그러나 진정으로 가까이 간 적이 있는가? 그 꽃이 가슴에 닿은 적이 있는가? 그 꽃이 그대 존재의 가장 깊은 곳까지 도달했는가? 아니면 단순히 그 꽃을 보고는, "아름답군. 좋은 향기와 멋진 모양을 한 꽃이야!" 하고 말할 뿐인가? 그것은 단지 말에 지나지 않으며, 거의 죽은 말이다. 가슴에서 흘러나온 말이 아니기 때문이다. 가슴에서는 말이 나올 수 없다. 가슴으로부터 나오는 것은 느낌이지 말이 아니다. 말은 머리로부터 나오고 느낌은 가슴으로부터 나온다. 그러나 그대는 그 마음의 눈이 멀어 있다. 왜 마음이 눈이 멀었을까? 마음은 위험한 길로 그대를 이끌고 가기 때문이다.

따라서 누구도 가슴을 가지고 사는 것이 허용되지 않는다. 그대의 부모는 가슴이 아니라 머리를 가지고 살도록 그대를 키웠다. 가슴은 그대를 이 세상에서 실패자로 전락시킬지도 모르기 때문이다. 실제로 그렇다. 그러나 이 세상에 실패하지 않고서는 다른 세상에 대해 갈증을 느끼지 않을 것이다. 머리는 이 세상에서 그대를 성공으로 이끌고 간다. 머리는 영리하고 계산적이다. 머리는 조종꾼이다. 그것은 그대를 성공으로 인도한다. 그러므로 모든 학교와 대학에서 어떻게 하면 머리 좋은 사람이 되고, 어떻게 하면 뛰어난 머리의 소유자가 될 수 있는가를 가르친다. 그리고 뛰어난 머리의 소유자들이 우등상을 탄다. 그들은 성공한 사람들이고 이 세상으로 들어갈 열쇠를 가지고 있다.

가슴을 가진 자는 실패자이다. 그는 착취할 수 없기 때문이다. 그는 정이 너무나 많기 때문에 다른 사람을 이용할 수 없다. 그는 너무나 사랑에 가득 차 있기 때문에 가는 곳마다 나누어 줄 것이다. 사람들로부터 빼앗으려는 생각 대신 자신이 가진 모든 것을 나누어 주려고 할 것이다.

그는 실패자가 될 것이다. 그는 너무 진실하기 때문에 사람들을 속이지 못할 것이다. 그는 성실하고 정직하며 거짓이 없는 인간이 될 것이다. 그러나 그렇게 되면 그는 이 세상에서는 이방인이 될 것이다. 오직 영리한 사람들만 성공하는 이 세상에서는 그는 낯선 사람이 될 것이다. 그러므로 모든 부모는 자식들이 이 험난하고 어려운 세상을 살아가기 전에 그들의 마음이 완전히 눈멀도록 교육을 시킨다. 그대는 기도할 수도 없고, 사랑할 수도 없다. 할 수 있는가? 기도를 할 수 있는가?

물론 기도할 수 있다. 일요일에 교회로 가보라. 사람들은 그곳에서 기도를 하고 있다. 그러나 모든 기도는 거짓이다. 그들의 기도까지도 머리에서 나오고 있다. 그 기도는 다른 곳에서 배운 것일 뿐 마음으로부터 나오는 것이 아니다. 그들의 가슴은 공허하고 죽어 있다. 아무것도 느낄 수 없다. 사람들은 사랑을 하고, 결혼을 해 자식을 낳는다. 그러나 진실한 사랑 때문이 아니다. 모든 것이 계산 속에서 이루어지고 타산적으로 행해진다. 사람들은 사랑을 두려워한다. 사랑이 그들을 어느 곳으로 이끌고 갈지 알 수 없기 때문이다. 가슴이 걷는 길은 아무도 알 수 없다. 그 길은 신비의 길이다. 머리와 함께라면 그 길을 알 수 있다. 그 길은 잘 닦인 고속도로와 같다. 그러나 가슴과 함께라면 그 길을 알 수 없다. 단 한 줄기의 길도 없고, 이정표도 없다. 스스로 길을 찾아내야만 한다.

가슴과 함께라면 그대는 외떨어진 섬이고, 고독한 인간이다. 머리와 함께라면 사회의 일원이 될 수 있다. 머리는 사회에 의해 훈련받아 왔고, 머리는 또한 사회의 일부분이다. 그러나 마음과 함께라면 그대는 고독해지고 아웃사이더가 된다. 그러므로 모든 사회가 마음을 없애도록 교육을 하고 있다. 그리고 예수는 말한다.

"그들은 마음의 눈이 멀어
자신들이 이 세상에 빈손으로 왔다가
다시 빈손으로 세상을 떠남을 알지 못하기 때문이다."

오직 가슴만이 그대가 얼마나 비어 있는가를 알 수 있다. 그대는 무엇을 얻었는가? 어떤 환희를 맛보았는가? 어떤 성숙과 성장이 찾아왔는가? 아직 어떤 축복도 느끼지 못하는가? 그대의 과거 전체가 하나의 썩어 버린 물건이다. 그리고 그대의 미래 또한 그 과거를 되풀이하려고 하고 있다. 그 밖의 다른 무엇을 그대가 할 수 있겠는가? 이것이 붓다와 예수가 갖는 슬픔이다. 그들은 인간들을 위해 고뇌하고 있다.

"그러나 지금은 취해 있지만
저들이 술에서 깨어나면 회개하리라."

이것은 그대 자신에 대한 일이다. '저들'의 일로 생각하지 말라. '저들'이란 바로 그대를 가리킨다. 그대가 술에서 깨어났을 때 회개할 것이라는 뜻이다. 이 '회개'라는 말은 매우 깊은 의미를 지닌 말이다. 기독교 전체가 이 회개라는 말에 의존하고 있다. 기독교를 제외하고는 회개에 이토록 의존하고 있는 종교는 없다. 만일 그대가 가슴 깊은 곳에서부터 회개를 한다면, 만일 "그렇다, 예수의 말씀이 옳다. 나는 나의 삶을 낭비해 왔다."라고 깨닫는다면 그때 회개란 진정 아름다운 것이다.

삶을 낭비하고 있는 것, 그것이야말로 가장 큰 죄다. 죄는 아담이 범한 것이 아니다. 자신의 삶을 낭비하고 있는 것, 그것이 바로 죄다. 모든 가능성들을, 자신의 깊은 곳에 내재한 능력을, 자신이 성장해 신과 같이 되고 신으로 될 수도 있는 그런 모든 기회들을 낭비하고 있는 것, 그것이 바로 죄다. 그 모든 시간들을 덧없는 것들과 쓸모없는 것들을 모으는 데 낭비하고 있는 것, 그것이 바로 그대의 죄다. 그러므로 그대가 깨어날 때 그대는 회개할 것이다. 그리고 그 회개가 가슴 깊은 곳에서 우러나온 것이라면 그대는 죄 사함을 받을 수 있다. 회개만큼 그대의 죄를 씻어 줄 수 있는 것은 없다. 그리고 이 회개야말로 기독교가 가진 것 중에서 가장 아름다운 것이다.

힌두교에는 회개에 대한 비법이 없다. 그들은 그 열쇠를 전혀 사용해 본 적이 없다. 회개는 기독교만의 독특한 것이다. 만일 그대가 전적으로 회개한다면, 만일 그 회개가 실로 가슴 깊은 곳에서부터 나오는 것이라면, 그대가 소리쳐 울고 자신의 온 존재가 신이 그대에게 부여한 모든 기회들을 낭비했음을 회개한다면, 자신이 감사한 적이 없고 잘못된 행동만을 해왔으며 자신의 존재를 스스로 학대했다는 것을 깨닫는다면, 그때 그대는 모든 죄를 절실히 느낄 것이다. 그것이 죄이다. 누군가를 죽였거나 물건을 도둑질한 것이 아니다. 그것들은 아무것도 아니다. 그것은 취해 있다는 원죄에서 파생된 작은 죄에 지나지 않는다. 만일 전적으로 회개한다면 그대는 눈을 뜰 것이고, 가슴은 뉘우침으로 가득 찰 것이며, 그대 존재 깊은 곳에서부터 하나의 외침이, 부르짖음이 터져 나올 것이다. 그곳에 말은 필요하지 않다. 그대는 신에게 "저는 회개합니다. 저의 죄를 사해 주십시오." 하고 말할 필요가 없다. 존재 전체가 이제 하나의 회개로 가득 차게 되었으므로, 그곳에 어떤 말도 필요 없다. 갑자기 그대의 모든 과거가 죄 사함을 받는다. 이것이 바로 예수가 이 세계에 가지고 온 최고의 비밀 열쇠 중 하나이다.

자이나교(힌두교와는 달리 초월적인 신의 존재를 부정하며, 해탈에 이른 인간 영혼이 신을 대신함을 믿는 인도의 독특한 종교)에서는 과거를 씻기 위해서는 길고 긴 수행을 거쳐야 한다고 말한다. 과거에 한 모든 행위는 하나하나 씻어내야 한다는 것이다. 만일 과거에 잘못을 저질렀다면 그것에 대한 수행을 해야 한다. 그러나 하나의 죄를 범했다고 해서 그것의 균형을 맞출 수 있는 수행을 해야만 한다는 것은 너무나 수학적인 계산이다.

힌두교에서는 말한다.

"그대는 너무 많은 죄를 범해 왔다. 그대는 무지하고, 그 무지로부터 수많은 행동들이 나왔으며, 죄를 저질러 온 과거가 무한히 쌓여 있으므로 그대가 그 과거로부터 자유로워지는 일은 결코 쉬운 일이 아니다. 그러므로 더 많은 수행이 필요하며, 그때만 비로소 과거를 깨끗이 씻을 수 있다."

그러나 예수는 아름다운 열쇠 하나를 주었다. 예수는 말한다.

"회개하라. 그러면 그대는 모든 죄가 사라질 것이다."

믿기 어려운 일처럼 보일 것이다. 어떻게 그런 일이 가능할 수 있는가? 그러나 이것이 바로 힌두교, 불교, 자이나교들과 기독교의 차이다. 힌두교, 자이나교, 불교에서는 회개만으로 그런 일이 가능하다는 사실을 믿지 못한다. 왜냐하면 그들은 회개가 무엇인지 모르기 때문이다. 예수는 그것을 해냈다. 그것은 가장 오래된 열쇠 중의 하나이다.

먼저 회개가 무엇인지 이해하라. 말로만 그것을 되풀이하지 말고, 반쯤만 열린 가슴으로 회개하지 말라. 그대의 존재 전체가 회개할 때, 전 존재가 흔들리고 온몸의 세포 하나하나가 죄를 범했다는 사실을 느낄 때─이 죄는 그대가 취해 있었기 때문에 저지른 것이다─그래서 이제 회개를 할 때, 갑자기 그대는 변화된다. 과거는 사라지고, 그러한 과거로부터 투영된 미래 또한 소멸되어 버린다. 그대는 지금 이 순간 속으로, 지금 여기에 곧바로 던져진다. 자신의 존재 속으로 던져진다. 그리고 그대는 처음으로 내면의 무를 느낀다. 그것은 부정적인 공허함과는 다르다. 그 무의 사원은 무한 공간처럼 광활하다. 그대는 죄 사함을 받는다. 예수는 회개하기만 하면 죄 사함을 받을 것이라고 말한다.

예수의 스승은 세례 요한이었다. 요한이 가르친 것은 다름 아닌 이것이다.

"회개하라. 심판의 날이 가까이 왔다."

그것이 그의 가르침이었다. 그는 매우 야성적인 사람이고, 위대한 혁명가였으며, 나라 안을 이 구석에서 저 끝까지 오직 이 메시지만을 들고 다니며 외쳤다.

"회개하라. 심판의 날이 아주 가까이 왔다."

기독교가 윤회의 이론을 완전히 버린 것은 이 때문이다. 예수가 윤회하는 생에 대해 깨닫지 못했기 때문이 아니다. 그는 알고 있었다. 끊임없이 윤회되는 굴레가 있다는 것을 잘 알고 있었다. 그러나 예수는 회개를 강조하기 위해 윤회의 이론을 버렸다.

수많은 생이 앞에 놓여 있고 또다시 태어날 것이라면 그대의 회개는 전적인 것이 되기 힘들다. 그대는 기다릴 수 있고, 연기할 수 있다. '이번 생에서 실패한다 해도 그다지 큰 문제는 아니다. 다음 생이 있지 않은가?' 하고 생각할 수도 있다. 힌두교도와 불교도들이 생각하고 있는 것이 바로 그것이다. 이 윤회의 사상 때문에 그들은 이 세상에서 가장 게으른 민족이 되었다. 윤회의 이론은 옳다. 그것이 문제다. 그 이유로 해서 그들은 언제나 뒤로 미루는 것이다. 서두를 필요가 없는 것이다. 서두를 이유가 없다. 그런 이유로 해서 힌두교도들은 결코 시간에 쫓기지 않는다. 그들은 결코 시계 따위를 발명한 적이 없으며, 만일 그들에게 맡겨 두었다면 시계라는 것은 지금까지도 발명되지 않았을 것이다. 힌두교의 정신으로 볼 때 시계라는 것은 정말 낯선 물건에 지나지 않는다. 힌두교도의 집에 시계가 걸려 있다는 것은 정말 어울리지 않는 일이다. 시계는 기독교의 발명품이다. 기독교도에게는 시간은 짧고, 게다가 빨리 달려가는 것으로 여겨지기 때문이다. 그것은 단순히 시계가 아니라 손에서 빠져 달아나는 짧은 삶을 가리킨다. 한번 죽으면 그것으로 마지막이다. 결코 뒤로 미룰 수 없다.

뒤로 미루는 행위를 막기 위해 예수와 그의 스승이며 예수를 신비 속으로 인도한 세례 요한은 전적으로 이 가르침에 의존했다.

"회개하라. 더 지체할 시간이 없다. 더 이상 미루지 말라. 미루면 너희는 모두 잃고 만다."

그들은 더 이상 미룰 수 없는 절박한 상황을 만들어 내었다. 만일 내가, 오늘이 최후의 날이고 내일이면 수소폭탄이 떨어질 것이라고 갑자기 말한다면, 그리고 회개하라고 말한다면, 그대의 전 존재는 긴장하고 집중하며, 지금 여기에 존재하게 될 것이다. 그리고 그때 그대 존재 깊숙한 곳에서 하나의 외침이, 하나의 원초적인 부르짖음이 터져 나올 것이다. 그것은 말로써 표현할 수 없는 것이다. 그것은 말보다 더 실존적일 것이다. 그것은 가슴속에서 터져 나온다. 그대의 두 눈만 눈물을 흘리는 것이 아니라 가슴도 눈물로 가득 찰 것이다. 그대는 이제 기회를 놓쳐 버렸기 때문에 그대의 존재 전체가 눈물로 가득 찰 것이다.

그러한 회개의 마음이 일어난다면, 그토록 강렬하게 자각한다면, 그때 모든 과거는 깨끗해진다. 그것들 모두를 하나씩 수행으로써 씻어낼 필요는 없다. 그것들은 결코 실재하는 것이 아니기 때문이다. 그것은 꿈에 불과한 것이고, 하나씩 씻어내야 할 필요가 없다. 자각하기만 하면 되는 것이다. 깨어나기만 하면 된다. 그때 잠과 함께 꿈과 악몽들은 사라진다. 그것들은 처음부터 그곳에 실제로 존재했던 것이 아니었다. 그것들은 모두 그대의 생각에 지나지 않는 것이었다. 회개에 게을러서는 안 된다. 그대는 지금까지 수많은 생을 거쳐 오면서 줄곧 뒤로 미루기만 했기 때문이다. 그대는 앞으로 또 수많은 생을 미룰 수 있다. 마음에게 뒤로 미루는 것은 매우 매력적인 것이다. 그래서 마음은 언제나 말한다. "내일 하도록 하자." 언제나 그렇게 말한다. 내일은 하나의 피난처이다. 내일은 모든 죄의 피난처이다.

어느 기독교 학교에서 있었던 일이다. 그 학교에도 기독교를 믿지 않는 학생들이 몇 명 있었지만 대부분은 의무적으로 성경을 배워야만 했다. 어느 날, 장학관이 시찰을 다니다가 눈에 띄는 한 학생에게 물었다.

"인류 최초의 남자와 여자는 누구지?"

"아담과 이브입니다."

장학관은 학생의 대답에 만족해하며 다시 물었다.

"그러면 그들의 국적은 어디지?"

그 어린 학생이 대답했다.

"물론 인도입니다."

장학관은 조금 당황했지만 그래도 이렇게 물었다.

"넌 왜 그들이 인도 국적을 가졌다고 생각하지? 무슨 근거로 그들이 인도인이란 말이니?"

그러자 그 학생이 말했다.

"간단하죠. 그들은 머리를 가려 줄 집 한 채 없었고, 입을 옷도 없었고, 게다가 둘이서 먹을 것이라고는 사과 한 알밖에 없었어요. 그런데도 그들은 그곳이 낙원이라고 믿었어요. 그러니 그들은 인도인이었음에 틀림없어요."

인도인들은 무엇에 대해서든 매우 낙천적이다. 그들은 어떤 것에 대해서도 걱정하지 않는다. 그들은 이렇게 생각하고 있는 것이다. '삶은 매우 긴 것이다. 그러니 왜 걱정을 하는가? 무슨 이유 때문에 서둘러야 하는가? 뛰어다니면서 살아갈 필요는 전혀 없다.'

기독교인들은 삶이란 단 한 번밖에 없는 것이라고 생각하기 때문에 정열적이고 밀도 있는 삶을 살려고 노력한다. 그러나 이것을 기억하라. 힌두교도들은 옳다. 그러나 윤회 사상에 대해서만 옳을 뿐이다. 이론적으로는 기독교인들은 잘못된 생각을 갖고 있다. 그러나 예수에게 있어서 이론은 문제가 아니었다. 중요한 것은 인간의 마음이고 그 마음의 변화이다. 그리고 때로 진실도 독과 같은 작용을 할 수 있다. 진실이 그들을 게으른 인간들로 만들어 버린 것이다.

도움이 될 만한 이야기가 하나 더 있다. 구제프는 인간에게는 영원히 존재하는 영혼 같은 것은 있지도 않다고 자주 말하곤 했다. 기억하라. 그대는 영혼을 획득할 수 있을 뿐, 그것을 갖고 있지는 않다. 그대는 그것을 갖지 못할 수도 있다. 그리고 만일 영혼을 획득하지 못하면 그대에게는 오직 죽음만 있을 뿐이다. 아무것도 살아남지 않을 것이다. 그리고 구제프는 영혼을 획득하는 자는 백만 명 중에서 한 명 정도밖에 없으며, 그 영혼은 계속 살아 있다고 말했다. 육체는 떠나도 영혼은 계속 존재한다. 그러나 이것은 모든 사람들에게 일어나는 일이 아니다. 영혼은 그대에게 주어지는 것이 아니다. 그것은 그대가 획득해야만 하는 하나의 결정체이다. 만일 영혼을, 영혼의 결정체를 만들어 낼 수 있다면 그대는 또 하나의 붓다, 또 하나의 예수, 또 하나의 마하비라가 되어 영원한 존재가 되는 것이다. 하지만 그대는 아니다. 구제프는 곧잘 이렇게 말하곤 했다.

"그대는 단지 채소와 같은 존재일 뿐이다."

그대는 먹혀서 흔적도 없이 녹아 없어질 것이다. 그대는 어떤 중심도 갖고 있지 않다. 그러니 누가 살아남을 것인가?

구제프는 또다시 예수가 사용한 것과 같은 전술을 이용하고 있는 것이다. 그의 말은 진실이 아니다. 인간 모두에게는 영혼이, 영원한 영혼이 존재하고 있기 때문이다. 그러나 이 이론은 위험하다. 그대 역시 영원한 영혼을 가지고 있으며 그대 자신이 곧 브라흐마(지고의 우주정신)라는 사실을 듣는 즉시 그대는 잠자러 갈 것이기 때문이다. 그 말은 수면제와 같은 역할을 할 것이다. 그대가 브라흐마이고 궁극의 실체라면 걱정할 필요가 없다고 생각하는 것이다. 사드하나(영적 수행)가 무슨 필요가 있는가? 명상할 필요가 무엇인가? "아함 브라흐마스미, 나는 이미 신이다." 그러므로 이제 그대가 해야 할 일이라곤 없기 때문에 잠자러 가는 것이다. 이론들은 그대를 죽일 수도 있다. 진실한 이론들도 그대를 죽일 수 있다. 구제프는 옳지 않았다. 그러나 그의 그 거짓말은 깊은 자비와 동정의 마음으로부터 흘러나온 것이다. 그리고 그대는 대단한 거짓말쟁이라서 그대를 도울 수 있는 것은 오직 거짓말뿐이다. 오직 거짓만이 그대를 거짓으로부터 구출할 수 있다. 마치 가시에 손가락이 찔렸을 때 그것을 빼내기 위해 다른 가시가 필요한 것과 같다.

예수는 잘 알고 있었다. 예수는 생의 윤회에 대해 너무나 잘 알고 있었다. 그 어느 누구도 그가 알았던 만큼 깊이 알 수 없다. 그러나 그는 그 진실을 간단히 내던져 버렸다. 그는 이 나라 인도에 온 적이 있었기 때문이다. 그는 인도인들의 마음속을 들여다보았다. 그리고 윤회 사상 때문에 모든 사람들이 계속 뒤로 미루고만 있는 것을 보았다. 그래서 그는 윤회 이론을 던져 버린 것이다. 구제프도 인도와 티베트에 갔었다. 구제프 역시 이미 자기 자신 안에 필요한 모든 것이 존재하고 이미 신성을 획득했다는 믿음 때문에 발생하는 온갖 난센스들을 보았다. 더 이상 무엇을 할 필요가 없는 것이다. 그리고 그러한 생각 때문에 걸인들은 구걸을 하면서도 자신을 황제로 착각하고 있다. 더 이상 걱정할 필요가 없는 것이다.

그리하여 구제프는 예수와 같은 방식으로 가르치기 시작했다. 근본적인 곡조는 같다. 그는 영혼을 이미 갖고 있는 사람은 아무도 없다고 말했다. 그대는 영혼을 획득할 기회를 놓쳐 버릴지도 모른다. 따라서 영혼을 당연한 것으로 받아들이지 말라. 그대가 수많은 노력을 기울인다면, 오직 그때만 하나의 '중심'이 탄생할 것이다. 그리고 그 중심은 영원히 살아갈 것이다. 그러나 지금의 그대는 아니다. 왜냐하면 지금의 그대는 단지 채소에 지나지 않는 존재이기 때문이다. 그리고 그렇게 '그대는 단지 채소에 지나지 않는 존재이다'라고 말하면서 그는 새로운 신화를 창조했다. 그는 말했다. "그대는 단지 달을 위한 채소, 달의 먹이이다." 그는 농담을 한 것이다. 그러나 그것은 매우 뛰어난 농담이다. 매우 깊은 의미가 그 속에 담겨 있다. 그는 이 세상에 존재하는 모든 것은 다른 것들을 위한 먹이라고 말하곤 했다. 이 동물은 저것을 먹고 저 동물은 또 다른 것을 먹는다. 모든 것은 다른 것들을 위한 먹이이다. 그러므로 인간이라고 해서 예외가 될 수는 없다. 인간 또한 다른 것들을 위한 먹이임에 틀림없다.

구제프는 말했다.

"인간은 달의 먹이이다. 달이 몹시 굶주릴 때면 지구에서 전쟁이 일어난다. 달이 먹이로 삼을 많은 인간이 필요하기 때문이다."

물론 이것은 달을 끌어들인 농담에 지나지 않는다. 진지하게 말한 것은 아니다. 그러나 어디서나 추종하는 무리들은 눈먼 장님과 다를 바 없다. 그들은 그러한 농담조차 진실로 받아들였다. 구제프를 추종하는 무리들은 이것이야말로 구제프가 발견해서 가르쳐 준 최고의 진리 중 하나라고 진지한 얼굴로 주장한다. 만일 구제프가 다시 이 세상에 온다면 그는 배꼽을 잡고 웃을 것이다.

그는 농담을 한 것이다. 그러나 이것을 기억하라. 구제프가 농담을 할 때 그는 매우 의미 깊은 농담을 하고 있다는 것을. 그가 그 농담 속에서 강조하고 주장하는 것은 지금 상태로의 그대는 단지 채소에 불과한 존재라는 사실이다. 그런 상태에서 그대가 할 수 있는 최선의 것은 단지 달에게 먹히는 일뿐이다. 달이라니, 그것보다 어리석은 이야기를 찾을 수 있는가? 아마 어려울 것이다. 우주 비행사들이 최초로 달에 착륙했을 때 그들은 자신들이 온 세계의 꿈과 시를 실현하고 있는 중이라고 생각했다. 인간은 오랜 세월 달에 이르기를 갈망해 왔다. 그러나 그들이 달에 발을 내디뎠을 때 그곳에는 아무도 없고 아무것도 없었다. 달은 단지 아무것도 아닌 것일 뿐이다. 그리고 그대는 그 아무것도 아닌 것의 먹이가 될 뿐이다. 달은 단지 죽어 있는 하나의 행성일 뿐이다. 그리고 그대는 죽은 행성을 위한 먹이일 뿐이다. 그대는 이미 죽어 있기 때문이다.

이것을 기억하라. 기독교는, 특히 예수는 윤회와 환생에 대해 너무도 잘 알고 있었다. 삶이란 끊임없이 지속되는 하나의 연속체이다. 지금의 죽음이 마지막이고 최종적인 죽음은 아니다. 그러나 한번 이러한 사실을 듣고 나면 그대의 마음은 풀어지기 시작한다. 그런데 예수의 방법은 전체적으로 마찰에 의존하고 있었다. 그러므로 마음이 풀어지거나 느슨해져서는 안 된다. 그대는 싸움을 하고 갈등을 겪어야만 한다. 마찰을 만들어 내야만 한다. 그대가 결정화될 수 있도록.

"그러나 지금은 취해 있지만
저들이 술에서 깨어나면 회개하리라."

예수께서 말씀하셨다.
"만일 육체가 영혼을 위해 존재한다면

그것은 하나의 경이로움이다.
그러나 만일 영혼이 육체를 위해 존재한다면
그것은 경이로움 중의 경이로움이다."

칼 마르크스는 그것을 놓쳐 버렸다. 만일 예수의 이와 같은 말을 들었다면 그가 무엇을 생각했을지 의심스럽다. 예수는 말한다.

"만일 육체가 영혼을 위해 존재한다면……."

모든 종교에서도 그렇게 말하고 있다. 신이 이 세계를 창조했다. 이 말의 의미는 영혼으로부터 육신이 나오고, 정신으로부터 물질이 나왔다는 것이다. 의식이 그 근원이며, 만물은 단지 부산물에 지나지 않는다는 것이다. 이에 대해 예수는 말한다.

"그것은 하나의 경이로움이다."

그것은 하나의 신비이다.

"그러나 만일 영혼이 육체를 위해 존재한다면……."

이것은 무신론자나 유물론자, 칼 마르크스나 차르바카 학파(인도의 전통 사상에 반하는 이 학파는 인간의 정신 혹은 자아 같은 부분은 존재하지 않는다는 유물론을 주장했다)의 사람들이 말하는 것이다. 의식은 단지 물질의 부산물일 뿐이라고 마르크스는 말한다. 그것은 모든 무신론자들이 한결같이 말하고 있는 것이다. 즉 세계는 정신에서 창조된 것이 아니라 오히려 정신 쪽이 물질의 '부수적인 현상'이며, 정신은 물질에서 나온 하나의 부산물에 지나지 않는다는 것이다.

그러나 예수는 말한다.

> "만일 영혼이 육체를 위해 존재한다면
> 그것은 경이로움 중의 경이로움이다."

첫 번째 것, 즉 신이 이 세계를 창조했다는 것은 단순히 '하나의 경이로움'이다. 그러나 두 번째의 것, 즉 세계가 신을 창조했다는 것은 '경이로움 중의 경이로움'이다. 첫 번째 것을 믿는 것도 어려운 일인데 두 번째의 것을 믿기란 거의 불가능한 일이다.

낮은 차원의 것이 높은 차원의 것에서 태어나는 일은 가능한 일이다. 그것은 마치 사람이 그림을 그리는 것과 같다. 그 그림은 화가의 손에서 탄생했고, 그것은 놀라운 일이며, 매우 훌륭한 그림이라고 우리는 말할 수 있다. 그러나 만일 누군가 그 화가가 그 그림으로부터 탄생했다고 말한다면 그것이야말로 기적 중의 기적인 것이다. 그것이 이미 그곳에 존재하는 것이 아니었다면 어떻게 물질로부터 정신이 탄생할 수 있는가? 만일 이미 씨앗 속에 내포되어 있지 않았다면 어떻게 그 씨앗으로부터 아름다운 꽃이 피어날 수 있는가? 하지만 어쨌든 예수는 둘 다 경이로운 일이라고 말한다. 그러나 세 번째 것이야말로 가장 경이로운 일이다.

> "진실로 나는 이 크나큰 부가 어떻게

이 가난 속에 거주하게 되었는지 놀라지 않을 수 없다."

그대는 가난하고 걸인에 지나지 않는다. 언제나 더 많은 것을 원하고 더 많이 달라고 요구하고 있기 때문이다. 원하는 것은 구걸하는 것이고, 원하는 마음은 걸인의 마음이다. 그대가 비록 황제일지라도 달라지는 것은 없다. 단지 통이 큰 걸인, 보다 규모가 큰 걸인일 뿐, 그것이 전부이다. 그대는 줄곧 더 요구하고 있는 것이다.

이슬람의 신비주의자 파리드가 델리 근처 작은 마을에 살고 있을 때였다. 당시 황제는 아크바르(무굴 왕조의 창시자 바부르의 손자이며 후마윤의 아들로 태어나 14세에 왕의 자리에 오른 가장 위대한 무굴 제국의 왕)로 그는 파리드의 추종자 중 한 사람이었다. 아크바르는 이 가난한 탁발승에게 자주 들르곤 했다. 황제가 파리드에게 자주 들른다는 사실을 안 마을 사람들이 한번은 파리드에게 몰려가 말했다.

"아크바르가 당신을 만나러 오는데, 황제에게 우리의 소원을 말해 주시오. 마을에는 적어도 한 개의 학교가 필요하고 병원도 하나쯤은 있어야 한다고 말이오. 당신의 말이라면 들어줄 것이오. 황제가 직접 당신을 찾아오니까 말이오."

그 마을 사람들은 가난했고 교육도 받지 못했다. 병원조차 없었다. 그래서 파리드는 말했다.

"좋다. 그러나 나는 부탁을 하는 데는 별로 자신 있는 사람이 아니다. 너무나 오랫동안 남에게 무엇인가를 부탁해 본 적이 없기 때문이다. 그러나 그대들이 그토록 원한다면 내가 직접 황제에게 가서 부탁을 해보겠다."

그리고 파리드는 황제에게 갔다. 아침 일찍 파리드는 궁전에 도착했다. 아크바르가 그의 추종자라는 사실을 모두가 알고 있었으므로 그는 곧바로 안으로 들어갈 수 있었다. 아크바르는 그때 기도를 드리기 위해 자신이 직접 만든 작은 사원 안에 있었다. 황제가 기도에 열중하고 있었으므로 파리드는 기도가 끝난 뒤에 부탁을 할 생각으로 뒤에 서 있었다.

아크바르는 파리드가 뒤에 서 있는 것을 알지 못했다. 그는 기도를 계속해 나갔고 기도의 마지막 부분에서 말했다.

"전능하신 신이시여, 저의 제국이 더 커지게 해주소서. 더 많은 부가 저에게로 내려오게 해주소서."

파리드는 그 말을 듣고 돌아서서 사원을 걸어나왔다. 아크바르가 기도를 마치고 뒤돌아보니 파리드가 계단을 내려가고 있었다. 아크바르는 소리쳐 그를 불렀다.

"어떻게 오셨소? 그리고 왜 그냥 돌아가는 것이오?"

파리드는 말했다.

"나는 황제를 만나러 이곳에 왔소. 그러나 내가 이곳에서 발견한 것은 또 한 사람의 걸인일 뿐이오. 그러므로 내가 부탁을 한다는 것은 전혀 쓸모없는 일이오. 당신 역시 신에게 구걸을 하고 있다면 나 또한 직접 신에게 청해야 할 것이오. 당신을 거칠 필요가 어디에 있겠소? 아크바르여, 나는 당신을 황제로 생각해 왔는데 그것이 잘못된 생각임을 지금 알았소."

아크바르는 이 이야기를 그의 자서전에 쓰면서 이렇게 말하고 있다.

"그 순간 나는 깨달았다. 무엇을 손에 넣든 별 차이가 없다. 인간의 마음이란 계속해서 더 많은 것을 요구하기 때문이다."

예수는 이것을 모든 경이로움 중의 경이로움이라고 말한다.

"이 크나큰 부가 어떻게……."

존재의 신성, 신의 신성함이라고 하는 이 위대한 재산이 어떻게…….

"이 가난 속에 거주하게 되었는지 놀라지 않을 수 없다."

취해서 정신을 잃은 사람들, 잠들어 있고, 가난하며, 전 생애를 줄곧 구걸하면서 살아가는 사람들……. 추한 것을 찾아 헤매고, 추한 것을 얻기 위해 싸우며, 병과 불안에 사로잡혀 있는 사람들……. 신은 그곳을 그의 사원으로 만들었다. 신은 그곳을 거주지로 삼았다. 신은 그대 안에 집을 짓고 사는 것이다. 예수는 이것이야말로 최대의, 있을 수 없는, 상상조차 불가능한 신비라고 말한다. 모든 경이로움 중의 경이로움! 그 이상의 경이로움은 있을 수 없다.

이것이 바로 그대를 바라보는 붓다와 예수 같은 이의 괴로움이다. 신의 나라를 안에 지니고 있는 황제인 그대가 줄곧 구걸을 하고 있는 것이다. 가치도 없는 것들을 얻기 위해 시간과 삶과 모든 에너지와 기회를 낭비하고 있는 것이다.

회개하라. 그대가 지금까지 해온 일들을 보라. 정말 어리석게 느껴질 것이다. 그대가 지금까지 그런 일들을 해오고 있었다는 사실조차 믿기 어려울 것이다. 모든 일들이 어처구니없을 것이다.

자신이 삶을 가지고 무엇을 해왔는가를, 자기 자신에게 무슨 짓을 해왔는가를 돌아보라. 그대는 하나의 폐허에 불과하고, 그 폐허는 날마다 자리를 넓혀 가고 있다. 결국 마지막에 그대는 단지 하나의 폐허, 완전한 폐허로 전락해 버릴 것이다. 그리고 그러한 그대의 구걸하는 머릿속에, 구걸하고 있는 마음속에, 바로 그곳에 '왕'이, '지고의 존재'가 살고 있다. 이것이야말로 경이로움이다.

예수 같은 이는 그것을 강하게 느낀다. 그리고 그는 너무나 슬퍼 웃을 수조차 없다. 웃는 일이 어려워서가 아니다. 그가 웃을 수 없는 것은 오직 그대 때문이다. 그는 그대가 너무 슬프고 그대에게 너무 깊은 연민의 정을 느끼기 때문에 그대의 문을 열 방법을 생각하고 열쇠를 고안해 낸다. 이미 그대 안에 있는 것을 그대가 깨닫게 하기 위해.

예수의 이 말씀 속으로 깊이 들어가라. 그리고 핵심이 되는 이 말 "회개하라."를 기억하라. 만일 회개가 열쇠라는 것을 깨달을 수 있다면, 그것은 그대의 모든 관계를 씻어 줄 것이다. 다시금 그대는 새로워지고 순결해질 것이다.

그대가 새롭고 신선할 때, 신이 그곳에 있다. 왜냐하면 신은 그대의 신선함, 순결함이며 그 외에 아무것도 아니기 때문이다.

4
무엇을 입을까 걱정하지 말라

ΠΕΞΕ ΤΈ ΜÑЧΙ ΡΟΟΓΨ ΧΙΝ
ΣΤΟΟΓΕ ΨΑ ΡΟΓΣΕ ΑΓW ΧΙΝ
ΣΙΡΟΓΣΕ ΨΑ ΣΤΟΟΓΕ ΞΕ ΟΓ

자신을 사랑하지 못하는 것이 모든 거짓된 얼굴의 기초이다.
자신에게 입혀 온 모든 허위를 던져 버릴 때
바깥에서 빌려온 모든 가면을 벗어 던질 때
예수를 볼 수 있다. 예수는 그대의 본래 얼굴 이외에는 아무것도 아니다.
그대 내면에 있는 예수를 인식할 때 밖에 있는 예수를 인식할 수 있다.
허위와 속임수를 버리고 알몸이 되었을 때 예수가 그대 안에 모습을 드러낸다.

네 번째 말씀

예수께서 말씀하셨다.
"너희는 무엇을 입을까에 대해
아침부터 저녁까지 그리고 저녁부터 아침까지
걱정하지 말라."

제자들이 예수께 물었다.
"주님께서는 언제 우리에게 나타나십니까?
언제 우리가 주님을 보게 됩니까?"

예수께서 말씀하셨다.
"너희가 부끄러워하지 않고 너희의 옷을 벗고
어린아이들이 하듯이 너희의 옷을 들어
너희의 발밑에 놓고 그것을 밟는다면
그때 너희는 살아 있는 이의 아들을 보리라.
그때 너희는 두려워하지 않게 되리라."

　인간은 있는 그대로의 모습으로 살지 않고 자신이 원하는 모습으로 살아간다. 자신의 본래 얼굴로 살아가는 것이 아니라 색칠한 가짜 얼굴로 살아간다. 그것에 모든 문제가 있다. 태어났을 때 그대는 자신의 얼굴을 가지고 있었다. 누구도 그것을 방해하지 않았고, 누구도 그 얼굴을 바꾸려고 하지 않았다. 그러나 얼마 가지 않아 이 사회가 그 얼굴에 영향을 미치기 시작한다. 사회는 그대가 태어나면서부터 가지고 온 본래의 자연스러운 얼굴 모습을 숨기게 하고, 다양한 경우들에 적응할 수 있도록 많은 얼굴들을 그대에게 준다. 하나의 얼굴로는 부족하기 때문이다.

　상황은 수없이 변하게 마련이므로 그대에게는 수많은 거짓된 얼굴, 수많은 가면이 필요하다. 아침부터 밤까지 그리고 밤부터 아침까지 수백 가지의 얼굴이 사용된다. 권력을 가진 자가 그대에게 다가올 때 그대는 재빨리 가면을 바꾼다. 걸인이 그대에게 접근해 올 때 가면은 또 다른 것으로 바뀐다. 순간순간, 매시간마다 그 얼굴에 끊임없는 변화가 있다.

그것에 대해 깨어 있어야 한다. 그 변화는 너무나 기계적이기 때문에 그대가 의식하지 않아도 저절로 변화하기 때문이다. 그대에게 고용된 사람이 방안으로 들어오면 그대는 그를 바라보지도 않는다. 마치 그가 사람도 아닌 것처럼, 마치 그가 존재하지도 않는 것처럼, 마치 아무도 들어오지 않은 것처럼 행동한다. 그러나 상관이 방에 들어올 때는 그대는 재빨리 일어나고, 얼굴에는 미소를 띠고, 마치 신이라도 자신의 방에 내려온 것처럼 그를 맞아들인다.

자신의 얼굴을 관찰해 보라. 끊임없이 일어나는 얼굴의 변화를. 거울을 들여다보면서 자신이 바꿀 수 있는 수많은 얼굴들에 대해 생각해 보라. 거울을 들여다보면서 그대가 아내에게 다가갈 때의 얼굴을 지어 보라. 사랑하는 연인에게 가까이 갈 때의 얼굴을 지어 보라. 욕심 많은 얼굴, 화난 얼굴을 지어 보라. 성욕을 느낄 때의 얼굴을 지어 보라. 불만스럽고 절망에 찬 얼굴을 지어 보라. 그리고 거울 속을 관찰해 보라. 그때 자신이 한 인간이 아니라 군중과도 같다는 사실을 발견할 것이다. 그리고 때로는 이 모든 얼굴들이 그대에게 속한 것이라는 사실을 인식하는 것조차 어려울 것이다. 거울은 커다란 축복이다. 그대는 거울을 통해 명상을 할 수 있다. 자신의 얼굴 표정을 바꾸면서 그 얼굴들을 들여다보라. 그것은 그대의 삶 전체가 얼마나 허위로 가득 차 있는가를 엿보게 해줄 것이다. 그리고 그 많은 얼굴들 중 어느 하나도 그대가 아니다.

선에서는 그대 본래의 얼굴을 찾는 것, 이 세상에 나오기 전부터 갖고 있었던 얼굴을 찾는 것이 가장 깊은 명상의 하나로 이어져 내려오고 있다. 그 얼굴은 이 세상을 떠날 때 더불어 가지고 갈 단 하나의 얼굴이다. 그대는 죽을 때 그 수많은 얼굴을 다 가지고 갈 수는 없다. 그 수많은 얼굴들은 단지 다른 사람들을 속여 자기 자신을 지키기 위한 일종의 속임수이며 가면에 지나지 않는다. 자기 주위에 만들어 놓은 방어벽에 지나지 않는다. 그 얼굴들은 모두 사라져야 한다. 오직 그때만 그대는 예수를 볼 수 있다. 그대 본래의 얼굴을 볼 때 그것은 곧 예수를 본 것이기 때문이다.

예수는 누구인가? 예수는 그대 본래의 얼굴, 그 이외의 아무것도 아니다. 붓다는 누구인가? 붓다는 그대 본래의 얼굴, 그 이외의 아무것도 아니다. 붓다는 그대의 밖에 있지 않으며, 예수도 마찬가지다. 모든 기만과 속임수를 버리고 알몸이 되었을 때, 어떤 변화도 수정도 없는 본래 모습으로 돌아왔을 때, 그때 그대는 예수가 된다. 절대적인 영광의 존재로서 예수가 그대 안에 모습을 나타낸다. 목수 요셉의 아들 예수가 그대 안에 나타나는 것이 아니라, 그대 자신이 갑자기 예수가 되는 것이다. 그리고 같은 존재만이 같은 존재를 알아본다. 이 법칙을 언제나 기억하라. 예수와 같은 사람이 되었을 때만 그대는 비로소 예수를 알아볼 수 있다. 그렇지 않으면, 예수가 되지 않으면, 예수를 인식할 수 있는 다른 방법이란 없다. 자기 내면의 존재를 느낄 때, 그때 그대는 비로소 다른 누군가의 내적 존재를 인식할 수 있다.

빛은 빛을 인식할 수 있다. 빛은 어둠을 인식할 수 없다. 그리고 어둠이 어떻게 빛을 인식할 수 있겠는가? 그대가 허위에 가득 찬 인간이라면 결코 진실한 사람을 알아볼 수 없다. 예수는 세상에서 가장 진실한 인간이다. 그 누구도 그처럼 진실할 수는 없다. 그는 허구의 인간이 아니다. 그는 진정한 인간이다. 만일 그대가 삶을 살아가면서 끊임없이 허구를 만들어 내고 있다면, 그대의 언어와

몸짓과 웃음, 그 모든 것이 가짜라면, 어떻게 예수를 알아볼 수 있겠는가? 그것은 불가능한 일이다. 완전히 벌거벗고 본래의 얼굴로 돌아갔을 때만 예수를, 그대 내면의 예수를 인식할 수 있다. 또한 그때 비로소 밖에 있는 예수를 인식할 수 있다. 먼저 안에 있는 예수를 인식해야 한다. 왜냐하면 그 인식은 그대 존재의 가장 깊은 근원에서만 일어날 수 있기 때문이다. 다른 길은 존재하지 않는다.

유대인들의 가장 오래된 격언 중 하나는 "먼저 하느님을 발견한 다음에 비로소 하느님을 찾기 시작하라."고 말하고 있다. 모순처럼 들릴 것이다. 그러나 절대적으로 옳은 말이다. 그대 내면에서 신을 찾지 못했다면, 그대 안에서 신을 깨닫지 못했다면, 어떻게 신을 찾기 시작할 수 있겠는가? 먼저 그대 안에서 신을 발견하라. 오직 그때만 신을 찾기 시작할 수 있다. 그리고 사실 그때는 찾을 필요가 없어진다. 찾기 시작하자마자 동시에 그 일은 끝날 것이다. 찾는 첫걸음이 곧 마지막 걸음이 될 것이다.

그대와 신 사이에는 단 한 걸음만 존재한다. 두 걸음도 존재하지 않는다. 길이 따로 있는 것이 아니기 때문이다. 오직 단 한 걸음만 필요하다. 그대가 자신에게 입혀 온 모든 허위를 던져 버리는 것이다. 바깥에서 빌려 온 모든 가면을 벗어던지는 것이다.

하지만 우리는 왜 수많은 얼굴들을 가지고 있는가? 그 필요가 무엇이며, 그 가면들을 벗어던지지 못하는 두려움은 어디서 오는가? 이 모든 메커니즘을 이해해야만 한다. 오직 그때만 예수의 이 말들이 그대에게 명확해진다.

첫째는 이것이다. 그대는 지금까지 자신을 사랑한 적이 없다. 사랑을 했다면 더 이상 가면은 필요 없었을 것이다. 그대는 자신을 미워한다. 그리고 자신을 미워할 때 그대는 자신의 얼굴을 숨길 것이다. 그대 자신도 그것을 미워하고 바라보고 싶어 하지 않는데, 어떻게 그 얼굴을 남에게 드러낼 수 있겠는가? 자신을 미워하는 것은 왜 일어나는가? 사회는 그대를 조건 지어진 인간으로 만들 때 그대 안에 자신에 대한 미움, 자기 비난, 죄의식을 심어 놓는다. 수많은 종교들이 존재해 왔고, 수많은 성직자들과 사회가 존재해 왔다. 모든 형태의 착취는 그대가 자신을 미워한다고 하는 이 기본적인 씨앗 위에 존재한다.

만일 자신을 혐오하지 않는다면 무엇 때문에 성직자에게 갈 것인가? 그럴 필요가 무엇인가? 자기 자신 속에 미움이 있을 때 죄의식을 느낀다. 자기 자신 속에 미움이 있을 때 어떤 변화가 필요하다고 느끼고, 누군가의 도움이 필요하다고 느낀다. 그대를 변화시켜 줄 누군가가 필요하다. 그대를 사랑할 만한 인간으로, 사랑할 가치가 있는 인간으로 만들어 줄 누군가가. 부모는 그대에게 말한다. "넌 잘못되었어. 이건 잘못된 거야. 저것도 잘못된 거야." 그들은 끊임없이 말한다. "이렇게 해선 안 돼. 그렇게 해서도 안 돼."

한 남자아이가 해변에서 모래 장난을 하고 싶어 하자 아이의 어머니가 말했다.

"안 돼. 축축한 모래를 갖고 놀면 옷을 다 버려."

그래서 아이가 그냥 물가로 걸어가려고 하자, 아이의 어머니가 소리쳤다.

"안 돼. 그런 짓을 해선 안 돼. 그러다가 미끄러져서 빠지면 어쩌려고 그래?"

아이는 하는 수 없이 그냥 뛰어다니며 놀려고 했다. 그러자 어머니가 또 말했다.

"그렇게 하면 안 돼. 그러다가 길을 잃어버리면 큰일이야."

그래서 아이는 근처에 아이스크림 가게가 있는 것을 보고 아이스크림을 사달라고 했다.

"안 돼. 그런 걸 먹으면 목에 병이 생기고 건강에 해로워."

그러면서 아이의 어머니는 옆에 서 있는 사람을 돌아보며 말하는 것이었다.

"정말 이렇게 노는 데 강박관념이 걸린 아이가 또 있을까요?"

그 아이는 강박관념에 걸린 것이 아니다. 오히려 그녀 쪽이 강박관념에 걸려 있는 것이다. 모래 위에서 노는 것은 강박관념이 아니며, 물가에 다가가는 것이나 달음박질치며 돌아다니는 것 또한 강박관념이 아니다. 강박관념에 걸린 마음만이 언제나 "안 돼!" 하고 말한다. 강박관념에 걸린 마음은 "좋아!" 하고 말할 수 없다. 강박관념에 걸린 사람은 자기 자신에게 자유를 허용할 수 없기 때문이다. 그러니 자신에게 허용할 수 없는 것을 어떻게 다른 사람에게 허용할 수 있겠는가? 이 어머니뿐만 아니라 대부분의 어머니가 그렇다. 아버지도 마찬가지이다. 기억하라. 그대가 어머니나 아버지가 되면 그렇게 된다. 자유는 억압되고, 아이는 차츰 자신이 정신적으로 이상하고 잘못되어 있다고 생각하게 된다. 그 어떤 것을 하고 싶다고 말해도 돌아오는 대답은 언제나 안 된다는 것뿐이다.

이런 이야기가 있다. 처음으로 학교에 간 아이가 집에 돌아오자 어머니가 물었다.

"넌 학교에서 무엇을 배웠니?"

아이가 대답했다.

"태어나서 처음으로 내 이름이 '안 돼'가 아니라는 것을 배웠어요. 지금까지는 내 이름이 정말 '안 돼'인 줄만 알았어요. '그건 안 돼. 그쪽으로 가면 안 돼. 그렇게 하면 안 돼.' 그래서 내 이름이 '안 돼'인 걸로 생각했어요. 그런데 오늘 학교에서 그것이 내 이름이 아니라는 것을 배웠어요."

만일 그대가 강박관념에 걸려 있으면, 사회 전체가 강박관념에 걸려 있으면, 그때 그 강박관념의 연쇄 반응이 일어나 한 세대에서 다음 세대로 이어져 간다. 그것이 계속해서 이어져 간다. 그리고 지금까지 강박관념에 걸리지 않았던 시대, 강박관념에 걸리지 않았던 사회는 존재하지 않았다. 다만 때때로 몇몇 개인만이 그 감옥으로부터 벗어날 수 있었을 뿐이다. 그러나 그러한 일조차 매우 드물게 일어나는 일에 불과하다. 그 감옥이 너무나 거대하고 튼튼한 토대를 갖추고 있기 때문이다. 그 체제는 오랜 역사를 지니고 있으며 인류의 과거 전체가 그 체제를 뒷받침하고 있다. 따라서 한 아이가 태어났을 때 강박관념에 걸리지 않고 건강하게 살아간다는 것은 생각조차 할 수 없는 일이다.

그러한 일은 거의 불가능한 것이다. 그 아이의 주변에 있는 사람들이 모두 미쳐 있으며 또한 저마다 아이를 자신들과 똑같은 상태로 만들려고 노력하기 때문이다. 그들은 아이의 자유를 파괴하고, 아이에게 잘못되었다는 느낌을, 언제나 잘못하고 있다는 느낌을 갖게 만든다. 그것은 자기 비난을 낳는다. 아이는 자신을 미워하기 시작한다. 그리고 기억하라, 만일 그대가 그대 자신을 미워한다면, 그대는 다른 누군가를 사랑할 수 없다. 그것은 불가능한 일이다. 자기 자신을 미워하면서 어떻게 남을 사랑할 수 있겠는가? 가장 근본이 되는 것에 독이 들어 있다면 그것은 그대의 관계 전체를 독으로 물들인다. 따라서 그대는 결코 누구도 사랑할 수 없게 된다.

첫 번째 것의 당연한 결론이지만, 이 두 번째 것을 기억하라. 자신을 미워하면서 어떻게 다른 사람을 사랑할 수 있는가? 그리고 만일 그대가 자신을 미워하고 있다면 어떻게 다른 사람이 그대를 사랑할 수 있는가? 그대가 자신을 사랑하지도 못하는데 누가 그대를 사랑하겠는가? 따라서 그대는 알고 있다. 설령 누군가 그대를 사랑하려고 해도 그대는 믿지 못할 것이다. 그대는 상대방이 그대를 속이고 있다고 계속 의심을 할 것이다. 그대는 자신을 사랑할 수 없다. 그러므로 누군가 그대를 사랑한다 해도 그대는 깊은 곳에서부터 의심을 하고 믿으려 하지 않는다. 그대는 신뢰할 수 없으며, 상대방이 자신을 속이려고 한다는 온갖 증거를 모을 것이다. 그리고 그것이 증명되었을 때 비로소 안심한다.

이러한 자기혐오가 모든 거짓된 얼굴들의 기초이다. 그대는 숨기기 시작하는 것이다. 옷은 계절이나 날씨 때문에 존재하는 것이 아니다. 계절이나 날씨는 아주 작은 이유에 지나지 않는다. 옷은 육체를, 성을 감추기 위해 있는 것이다. 그대 자신 속에 있는 동물을 감추기 위해 옷은 존재한다. 그러나 그 동물이야말로 생명이다. 그대 안에 살아 있는 모든 것은 동물적이다. 머리 외에는 모든 것이 다 동물적이다. 따라서 머리를 제외한 모든 것이 감추어져야 하는 것이다. 오직 머리만이, 생각만이 동물적이지 않기 때문에, 그것만 허용되는 것이다. 그대의 몸 전체를 잘라 버리고 오직 머리만 남아 있을 때 사회는 매우 행복해할 것이다.

사람들은 실제로 그렇게 하려고 노력하고 있으며, 그 실험은 지금까지 성공적이었다. 신체 전부를 잘라내고도 머리가 계속 기능하게 하는 일이 가능하다. 기계적인 도움을 받아서도 두뇌는 계속 기능한다. 인공 심장이 펌프질을 하고, 기계가 혈액을 순환시켜 뇌로 피를 흘려보내는 것이다. 신체가 없어도 뇌는 존재할 수 있다. 과학자들은 여러 가지 실험을 계속해 오고 있으며, 뇌가 과연 무엇을 생각하고 있을까에 대해 혼란스러워하고 있다. 신체가 더 이상 존재하지 않기 때문이다. 뇌는 어쩌면 꿈을 꾸고 있을지도 모르며, 어떤 생각을 하거나 무슨 학설을 세우고 있는지도 모를 일이다.

과학자들은 최근 몇 년 동안에 그러한 실험에 겨우 성공하기 시작했을 따름이지만, 사회는 이미 오래 전부터 똑같은 실험을 다른 방식으로 성공리에 진행해 왔다. 육체 전체를 의식으로부터 잘라 버리고, 오직 머리만을 인정하는 방식이다. 만일 갑자기 머리가 없는 자신의 육체와 마주친다면 그것이 자신의 육체라는 것을 알아볼 수 있을 것인가? 그대는 자신의 육체를 한 번도 본 적이 없다. 목욕탕 안에서도 자신의 몸을 마주본 적이 없다. 너무나 많은 옷을 입어 온 것이다. 옷은 단순히 육체만을 가리는 것이 아니다. 그것은 마음까지도 가려 버린다.

어린 학생 둘이서 높은 담 옆을 지나가고 있었다. 그들은 문득 담 너머에서 무슨 일이 일어나고 있는지 궁금해졌다. 둘은 작은 구멍 하나를 찾아내었다. 그런데 그 구멍은 너무 높이 있었기 때문에 한 사람이 다른 사람의 어깨 위로 올라가 구멍 너머를 들여다보기로 했다. 위에 올라간 아이가 말했다.

"굉장하군. 수많은 사람들이 모여서 놀고 있는데 모두들 옷을 벗었어. 누드 클럽인가 봐."

밑에 있던 아이가 흥분해서 물었다.

"자세히 좀 말해 봐. 그 사람들이 여자야, 남자야?"

어깨 위에 올라간 아이가 말했다.

"그걸 알 수가 없어. 모두가 옷을 전혀 입지 않았거든."

남자는 옷차림으로 그가 남자임을 알 수 있고, 여자 또한 옷차림으로 그녀가 여자라는 것을 알 수 있다. 아이의 말이 옳다. 옷을 입고 있지 않는데 어떻게 구분한단 말인가? 옷이 그들 존재에 대한 증명이다. 그래서 왕은 신하들이 자기와 똑같은 옷을 입는 것을 허락하지 않는 것이다. 그런 일이란 결코 있을 수 없다. 만일 평민이 왕과 똑같은 옷을 입는다면 왕은 어떻게 되겠는가? 왕은 특별한 존재여야 하므로 누구도 왕과 똑같은 옷을 입어서는 안 된다.

옷이 바로 존재에 대한 증명이다. 그리고 옷이 너무나 무겁게 그대를 내리누르고 있기 때문에 그대는 꿈속에서조차 알몸이 아니다. 언제나 옷을 입고 있는 자신만을 볼 뿐이다. 이것은 무엇인가를 말해 준다. 옷에 대한 의식이 너무나 깊이 그대 내면에 침투해 있다. 꿈은 무의식의 현상이며, 적어도 꿈속에서는 본래의 자기 모습이 나타나야 하는데 꿈속에서조차 본래의 그대가 아닌, 가면을 쓴 많은 얼굴들로 등장한다.

이 모든 허위가 존재하는 것은, 이 가짜 인격체가 존재하는 것은, 밑바닥에서 그대가 자신을 미워하고 있기 때문이다. 자신을 감추고 싶어 하고, 그 어느 누구에게도 그대의 진짜 모습을 보여주는 것을 원하지 않는다. 그대의 진짜 모습을 알게 되면 누가 그것을 참을 수 있을 것인가? 그들이 어떻게 그 모습을 사랑할 수 있을 것인가? 어떻게 그 모습을 보고 좋아할 것인가? 그래서 그대는 배우가 된다. 이것이 예수가 하고 있는 말의 근본 의미이다.

>예수께서 말씀하셨다.
>"너희는 무엇을 입을까에 대해
>아침부터 저녁까지 그리고 저녁부터 아침까지
>걱정하지 말라."

얼굴에 대해, 입을 것에 대해, 그리고 거짓으로 꾸미는 것에 대해 생각하지 말라. 있는 그대로 드러내라. 있는 그대로의 자신을 받아들이라. 어려운 일일 것이다. 매우 힘든 일이다. 있는 그대로의 자신의 모습을 떠올리기만 해도 갑자기 불안해지기 때문이다.

이러한 불안은 어디로부터 오는가? 교사들이 그대에게 가르친 것들 때문이다. 교사들은 삶의 가장 해로운 독이다. 그들은 교사가 아니라 차라리 적이다. 그들은 가르쳐 왔다. "이것은 동물이나 하는 짓이고, 저것도 동물이나 하는 짓이다. 너희들은 인간이 아닌가?" 그들은 무엇을 말하고 있는 것인가? 그들은 이렇게 말하고 있는 것이다. "너희들 안의 동물적인 것은 무엇이든 거부하라."

그러나 나는 말한다. 인간과 동물은 대립되는 존재가 아니다. 인간은 가장 지고의 동물이다. 동물과 대립되는 존재가 아니라, 그 최고의 형태이며, 가장 높은 봉우리이다. 인간 속의 동물성을 부정한다면 그것은 그대 생명의 원천 그 자체를 부정하는 것이다. 그리고 그때 그대는 언제나 허위로 가득 찰 것이다.

이성과 성행위를 할 때 동물성을 부정한다면 그대는 무엇을 할 것인가? 이 때문에 수많은 사람들이 거의 사랑을 하지 못하고 있다. 놀라겠지만 동양에서는 여성들의 99퍼센트가 오르가슴을 느껴 본 적이 없다. 서양에서도 마찬가지이지만 상황은 변해 가고 있다. 여성의 99퍼센트가 성적 환희를 느껴 본 적이 없는 것이다. 그것이 결코 허용되지 않았기 때문이다. 남성들은 조금 동물적이라 해도 허용되지만 여성의 경우는 아니다. 여성은 성행위를 하는 동안 싸늘하게 굳어서 죽은 것처럼 행동해야 하는 것이다. 감정을 표현해서도 안 되고, 섹스를 즐기고 있음을 나타내서도 안 된다. 왜냐하면 음탕한 여자들만 섹스를 즐기기 때문이다. 매춘부는 섹스를 즐겨도 좋지만 아내는 안 된다. 만일 아내가 섹스를 즐기고 성적 황홀경에 이르면 남편은 상처를 입고 이렇게 생각한다. '이 여자는 천사처럼 행동해야 하는데 동물처럼 천박하게 굴다니……' 그러니 그녀는 훌륭한 여자라고 할 수 없다. 그러나 천사가 아닌데 천사처럼 행동하면 거짓을 낳을 수밖에 없다. 그 여성은 죽은 듯이 시체처럼, 일체의 감정을 드러내지 않고 누워 있을 뿐이다.

'감정emotion'이라는 단어를 살펴본 적이 있는가? 그것은 '운동movement', '움직임motion'과 같은 어원을 가지고 있다. 감정을 느끼고 있을 때는 몸 전체가 움직인다. 몸이 떨리고, 두근거리고, 활기를 띤다. 야성적이 되는 것이다. 그러나 여성은 결코 야성적이어서는 안 된다. 활기에 차서도 안 된다. 죽은 사람처럼 무기력해야 하고, 그때야 비로소 좋은 여성이고 훌륭한 여자가 된다. 그래야만 동물성을 초월한 존재가 되는 것이다. 따라서 만일 섹스를 부정하고 그것을 동물적인 것이라고 단정해 버린다면 그대는 그것을 숨기지 않을 수 없게 된다.

서너 해 전 미국에서 일어난 일이다. 어떤 장난감 제조업자가 한 사건에 휘말렸고, 최고 재판소까지 올라가 법정 투쟁을 벌이게 되었다. 그 사건은 이런 것이었다. 이 업자는 실물과 똑같은 크기의 인형을 제작했고, 성기가 있는 인형을 몇 개 만들었다. 인형에 여자 얼굴이 붙어 있다면 당연히 여성의 성기가 붙어 있어야 하고, 인형에 남자 얼굴이 붙어 있다면 당연히 남성의 성기가 붙어 있어야 한다. 성기를 가진 인형이라니! 그 제조업자는 뜻하지 않게 문제에 휘말렸고, 결국에는 인형의 제작을 중지하는 수밖에 없었다. 그는 아름다운 일을 했지만, 법정은 그것을 허용하지 않았다. 사회가 그것을 허용하지 않았다.

인형은 다른 모든 것은 갖추고 있는데 왜 성기만 없는가? 아이들에게 사실을 감추고 싶어서인가? 그렇다면 허위에 찬 얼굴을 만들어 내고 있는 것이다. 왜 사람들은 한낱 인형과 같은 사소한 문제에 그토록 민감하게 반응하는가? 인형은 인형이지 않은가? 그러나 성직자와 종교인들, 이른바 선하다는 사람들은 흥분을 했고, 그 업자는 법정으로 끌려갔다. 그러나 그는 아름다운 일을 한 것이고, 역사적인 일을 한 것이다. 아이들은 육체의 전부를 알아야만 한다. 육체의 전부가 아름다운 것이다. 왜 그것을 숨기는가? 왜 그것을 잘라 버려야 하는가? 두려움, 동물성에 대한 두려움 때문이다. 하지만 그대는 동물이다. 그것은 하나의 사실이다. 그 상태를 초월할 수는 있어도 그것을 파괴할 수는 없다. 파괴의 의미는 단 한 가지이다. 사실을 파괴할 때, 거짓된 얼굴을 갖게 된다는 것이다. 그대의 가면은 허위로 가득 찬 것이 될 것이며, 그대의 성스러움 또한 단지 가면에 지나지 않을 것이다.

만일 그대가 그대 안의 동물성을 초월한다면, 그때 그대의 성스러움은 진실한 것이 될 것이다. 초월은 받아들임을 의미한다. 그 속에 자신을 잃어버리지 않고 깨어 있는 의식으로 그 속을 통과해 지나가는 것이다. 그것을 통과해 그 위에 서는 것이다. 부정하는 것은 곧 그 속으로 들어가지 않음을 의미한다. 그 안을 지나 통과해 가지 않고 옆길로 우회해 간다는 것이다. 삶에 있어서는 우회하는 길은 불가능하다. 만일 우회해서 간다면 언제까지나 미성숙하고 유치한 상태로 머물러 있을 것이며 결코 성장하지 못할 것이다. 삶은 살아 내야만 한다. 오직 그때만 성장할 수 있다. 그대가 성을 초월하는 순간이 올 것이다. 그러나 그 초월은 앎으로부터 오고 경험을 통해 온다. 그 순간은 그대의 의식과 사랑이 깊어질 때 온다. 부정을 통해서나 감정의 억압을 통해서가 아니라.

예수께서 말씀하셨다.
"너희는 무엇을 입을까에 대해
아침부터 저녁까지 그리고 저녁부터 아침까지
걱정하지 말라."

아무것도 입지 말라. 나체가 되어 거리를 돌아다니라고 말하는 것이 아니다. 그 어떤 옷도 걸치지 말라. 다만 그대 자신이 되라. 삶이 그대를 어떻게 만들었더라도 그것을 받아들이고 그것을 즐기라. 그것을 환영하고, 그것을 찬양하라. 신에 대해, 그대가 어떤 존재이든 그러한 자신을 만들어 준 것에 대해 감사하라. 거부하거나 부정하지 말라. 그대가 그대 안에 있는 그 어떤 것을 부정할 때, 그것은 곧 신을 부정하는 것이다. 왜냐하면 신이 창조주이며, 신이 그대를 이러한 방식으로 창조했기 때문이다.

당연히 신은 그대보다 더 많이 안다. 그대가 자신 속의 그 무엇을 부정하든, 그것은 곧 창조주를 부정하는 것과 같다. 이 우주와 존재 자체 안에서 어떤 결함을 찾아내고 있는 것이다. 그것은 실로 어리석고 바보 같은 짓이다. 그럼에도 불구하고 그런 사람들이 높은 존경을 받고 있다.

예수는 말한다. 무엇을 몸에 걸칠까 생각하지 말고, 삶 속에서 자연스럽게 움직여 나가라고. 삶에 반응하라. 그러나 그대와 삶의 흐름 사이에 어떤 가식도 들여놓지 말라.

생각으로 판단하지 말고 순간에서 순간으로 살아가라. 생각이란 가장 깊은 곳에 있는 가면이기 때문이다. 여자를 만날 때면 그대는 그녀에게 말할 내용을 연습해 놓는다. 당신을 사랑한다든가, 당신 같은 여자는 이 세상에 존재하지 않는다고. 예행연습을 하고 있다면 그대는 사랑하고 있는 것이 아니다. 진정으로 사랑하고 있다면 그럴 필요가 전혀 없다. 사랑 스스로가 말할 것이고, 사랑 스스로 흘러갈 것이다. 어떤 예행연습도 필요 없이 일들이 저절로 일어날 것이다. 꽃들은 저절로 피어난다. 어떤 예행연습도 필요 없이.

한번은 마크 트웨인이 훌륭한 연설을 마치고 강연장에서 걸어나오고 있을 때였다. 그의 친구가 질문을 던졌다.

"어떤가? 자네 스스로도 오늘 연설이 마음에 들었나?"

마크 트웨인이 대답했다.

"어떤 연설을 말하는 건가? 내가 준비한 이야기 말인가? 아니면 실제로 내가 행한 연설 말인가? 그것도 아니면 내가 말하고 싶었던 이야기인가? 이 중에 어떤 연설을 물어보는 건가?"

이것이 바로 그대의 삶이다. 그대는 무엇인가를 준비하고 실제로는 다른 것을 이야기한다. 그리고 마음속에서는 또 전혀 다른 어떤 것을 말하고 싶어 한다. 왜 이런 일이 일어나는가? 그 분열은 어디에서 오는가? 자연스럽게 살지 못하기 때문이다. 자연스럽게 살아가는 사람은 한 가지만을 필요로 한다. 깨어 있는 마음이 그것이다. 그 밖에는 아무것도 필요하지 않다. 그는 그 깨어 있는 마음으로부터 반응한다. 그대는 깨어 있지 않기 때문에, 마음이 잠들어 있기 때문에 미리 준비하는 것이다. 어떤 상황이 펼쳐질지 모르기 때문에 두려워하고 겁을 먹는다. '내가 그 상황에 잘 적응할 수 있을까?' 얼마나 두려운가! 그때 그대는 허위로 가득 차게 된다. 그러나 예수는 말한다. "무엇을 입을까에 대해 생각하지 말라."

제자들이 예수께 물었다.
"주님께서는 언제 우리에게 나타나십니까?
언제 우리가 주님을 보게 됩니까?"

예수께서 말씀하셨다.
"너희가 부끄러워하지 않고 너희의 옷을 벗고
어린아이들이 하듯이 너희의 옷을 들어
너희의 발밑에 놓고 그것을 밟는다면
그때 너희는 살아 있는 이의 아들을 보리라.
그때 너희는 두려워하지 않게 되리라."

단어 하나하나를 이해하도록 노력하라. 제자들이 물었다.

"주님께서는 언제 우리에게 나타나십니까?"

예수는 그곳에 있다. 영광 속에 모습을 드러내고 있다. 그는 제자들 앞에 나타나 있다. 그런데 그들은 예수 자신에게 묻고 있다. "당신은 언제 우리에게 나타나십니까?" 그들은 마치 예수가 모습을 감추고 있는 것처럼 묻고 있다.

붓다도 질문을 받은 적이 있다. 그가 숲을 지나가고 있을 때였다. 나뭇가지들에서는 잎사귀들이 떨어져 내리고 길 위에 마른 잎이 쌓여 바람이 불 때마다 바삭거리는 소리를 내었다. 그때 아난다가 붓다에게 물었다. 주위에는 아무도 없었다. 제자들 중 몇 사람은 훨씬 앞서서 걸어가고 있었고, 또 나머지는 뒤처져서 오고 있었다. 붓다 가까이에는 아난다 한 사람뿐이었다. 아난다는 물었다.

"오래전부터 이것을 물어보고 싶었습니다. 대답해 주십시오. 당신께서는 당신이 가진 모든 것을 우리에게 드러내 보여 주셨습니까? 아니면 무엇인가 우리에게 감추고 있는 것이 있습니까?"

붓다가 말했다.

"내 손은 펼쳐져 있다. 깨달은 자는 주먹을 쥐고 있지 않는다. 이 숲을 보라. 모든 것이 드러나 있고, 아무것도 숨겨져 있지 않다. 나는 이 숲처럼 열려 있다. 깨달은 자에게 주먹은 없다."

그런 다음 붓다는 마른 잎 두세 장을 집어 손 안에 넣고 주먹을 쥐고서 말했다.

"보라, 이 주먹은 쥐어져 있다. 넌 이 속의 잎사귀를 볼 수 없다."

지식에 욕심이 많은 사람들, 지식을 혼자서 차지하고 나누어 주려고 하지 않는 사람들은 주먹을 쥐고 있는 것과 같다. 붓다가 손을 폈다. 그러자 잎들이 떨어져 내렸다. 붓다는 말했다.

"깨달은 자의 손은 주먹이 아니다. 그는 펼쳐져 있다. 나는 모든 것을 나타내어 보여 주었다. 만일 무엇인가가 아직 감추어져 있다고 느낀다면 그것은 그대 자신 때문이지 나 때문이 아니다."

예수는 그곳에 나타나 있었다. 그런데 제자들은 묻고 있다.

"주님께서는 언제 우리에게 나타나십니까?"

그는 이미 나타나 있지 않은가!

"언제 우리가 주님을 보게 됩니까?"

그들은 마치 예수가 자신을 숨기고 있는 것처럼 생각하고 있다. 아니다. 예수는 숨어 있지 않다. 오히려 제자들 쪽이 열려 있지 않은 것이다. 제자들 쪽이 닫혀 있는 것이다. 그들의 눈이 감겨져 있다. 예수가 아니라 제자들 쪽이 숨어 있는 것이다.

진리는 숨겨져 있지 않다. 그대가 닫혀 있는 것이다. 진리는 모든 곳, 모든 순간에 드러나 있다. 진리는 그 자체의 본성상 숨겨질 수가 없다. 거짓만이 그 자신을 숨긴다. 진리는 아니다. 오직 거짓만이 비밀을 갖고 있다. 진리는 열려 있는 손과 같다. 진리는 결코 주먹을 쥔 손이 아니다. 그런데 그대가 닫혀 있는 것이다.

예수는, 문제는 그대에게 있다고 말한다.

"너희가 부끄러워하지 않고 너희의 옷을 벗고……."

옷을 벗을 수는 있어도 부끄러움을 느낀다면, 그때의 알몸은 진정한 알몸이 아니다. 그 알몸은 순진무구한 알몸이 아니다. 부끄러움은 영리한 마음에서 나온다.

기독교에서 원죄는 바로 부끄러움이다. 그대도 아담과 이브에게 일어난 이야기를 들었을 것이다. 어느 시점에서 원죄가 발생했는가? 원죄라고 하는 것이 정확히 어느 시점에서 발생했는지 알기 위해 많은 연구가 진행되어 왔다. 지식의 나무 열매를 따먹는 것이 금지되어 있었고, 그들은 따먹고 싶은 유혹에 넘어갔다. 그것은 자연스러운 일이다. 무엇인가 금지되어 있을 때 그것을 범하고 싶은 유혹에 사로잡히는 것은 자연스러운 일이다. 마음은 언제나 그렇게 움직인다. 그리고 마음에는 속임수를 쓰는 또 하나의 습성이 있다. 마음은 그대를 유혹하지만, 책임은 다른 사람에게 전가한다. 무엇인가 금지되어 있을 때 마음은 그것에 더 흥미를 갖는다. 금지는 초대장과도 같다. 그때 마음은 알려고 애를 쓰며, 속속들이 캐내고 싶어 하고, 조사하고 싶어 한다.

아담과 이브는 스스로 자신들을 유혹했다. 그곳에는 아무도 없었다. 그들뿐이었다. 그러나 성경에는 뱀이, 사탄이 그들을 유혹했다고 쓰여 있다. 이것이 바로 마음의 속임수이다. 책임을 누군가 다른 것에게 전가한 것이다. 이 '사탄'은 하나의 속죄양에 불과하다. 사탄은 책임을 전가하려는 마음의 속임수에 불과하다. 그대는 유혹에 넘어갔으나 악마가 유혹했으므로 그대에게는 책임이 없다. 악마가 그대를 속여 넘겼고, 악마가 그대를 조종했다. 그러므로 죄는 악마에게 있지 그대에게 있는 것이 아니다. 그러나 유혹은 금지를 한 것에서 온 것이다. 그리고 이것이 마음의 속임수이다. 이 이

무엇을 입을까 걱정하지 말라

야기는 아름답다.

하느님은 말씀하셨다.

"이 나무의 열매는 따먹지 말라."

만일 그들이 하느님을 신뢰하고 있었다면 그들은 그 나무를 멀리 했을 것이다. 그러나 그들은 신뢰하지 않았다. 그들은 말했다.

"왜 그러지? 하느님은 왜 우리에게 이 나무의 열매를 금지하지? 이 나무는 지식의 나무이지?"

그래서 마음이 그들에게 틀림없이 이렇게 말했을 것이다.

"만일 우리가 이 나무의 열매를 따먹는다면 우리도 지식을 가진 사람이 되어 하느님과 동일한 인물이 될 것이다. 질투심 때문에 그는 우리에게 따먹지 말라고 금지한 것이다. 그는 우리가 자신과 동일하게 되는 것을 원치 않기 때문에 금지한 것이다. 이 열매를 따먹으면 우리는 아는 자가 될 것이며, 모든 것을 알게 될 것이다."

그러나 성경에는 악마가 그들을 유혹했다고 적혀 있다. 악마가 그들에게 이렇게 말했다고 되어 있다.

"하느님이 금지한 이유는 자신의 질투심과 두려움 때문이다."

이것은 아담과 이브가 신뢰하고 있는가 아닌가를 시험하기 위한 상황에 지나지 않는다. 악마가 아니라 머리가 그들을 유혹한 것이다. 그렇다, 머리야말로 악마이다. 그 악마는 뱀의 형태를 취하고 있다. 뱀은 영리함을 나타내는 가장 오래된 상징이다. 인간의 머리가 바로 뱀이며, 가장 영리한 자이다. 아담과 이브 두 사람은 뱀에게 책임을 지우려고 했다. 그들은 모두 뱀에게 책임을 떠넘겼다. 게다가 아담은 이브에게도 책임을 돌렸다.

어느 시대에나 남자들은 여자들이야말로 유혹자라고 하면서 여자들을 비난해 왔다. 세상의 모든 경전에 그렇게 적혀 있다. 여자는 유혹자이고, 여자는 남자를 유혹에 빠뜨리며, 여자는 남자를 꼬여 죄를 저지르게 하고, 따라서 여자는 모든 문제의 원인이라고. 그래서 소위 성인이라고 하는 이들은 계속해서 여자를 단죄한다.

이것이 마음이 움직이는 방식이다. 이브는 악마 때문이라고 말하고, 아담은 이브 때문이라고 말한다. 그리고 만일 그대가 어느 곳에선가 악마를 만나 물어본다면 악마는 또 하느님에게 책임을 돌릴 것이다.

"애초에 그 나무의 열매를 따먹지 말라고 금지시킨 것, 그것이 모든 문제들을 불러일으켰다. 금지하지만 않았어도 에덴동산은 한없이 넓고 헤아릴 수 없이 많은 나무들이 있기 때문에 아담과 이브는 결코 지식의 나무를 발견하지 못했을 것이다. 금지했기 때문에 그들은 그 나무를 알게 되었고, 그들의 관심은 오직 그 나무에만 집중이 되어 동산의 다른 곳에는 흥미를 잃어버렸다. 이것은 하느님의 잘못이다."

하지만 이 이야기는 아름답다. 이 이야기 속에는 무수히 많은 차원이 담겨 있다. 그리고 수많은 해석이 가능하다. 비유의 아름다움이란 바로 이런 것이다. 그들은 그 나무의 열매를 따서 먹었다. 그리고 그 열매를 먹는 순간 그들은 자신들이 벌거벗고 있는 것에 대해 부끄러움을 느꼈다. 죄는 어느 곳에서 일어난 것일까? 하느님에게 복종하지 않은 데서? 만일 교황에게 묻는다면 하느님께 불복종했기 때문이라고 대답할 것이다. 성직자들은 언제나 그대가 복종하기를 좋아하며, 불복종은 용납하려 들지 않기 때문이다.

만일 신학자가 아니라 철학자에게 묻는다면 지식의 나무 열매를 따먹었기 때문이라고 말할 것이다. 생각을 하기 시작할 때 문제가 일어난다. 생각하는 것이 없다면 삶은 순진무구한 것이다. 아이들은 생각을 할 수 없기 때문에 순진하다. 나무들은 생각을 할 수 없기 때문에 그토록 아름다운 것이다. 인간만이 그토록 추해 보인다. 인간의 마음은 늘 걱정과 생각과 꿈과 망상으로 가득 차 있고 긴장해 있기 때문이다. 그는 언제나 생각의 무거운 짐을 지고 있고, 모든 은총이 사라져 버렸다. 그러므로 만일 실존주의 철학자들에게 묻는다면 그들은 지식의 나무 때문이라고 대답할 것이다.

그러나 만일 심리학자들에게 묻는다면, 그들은 부끄러움 때문이라고 대답할 것이다. 이들이 가장 깊이 접근해 있다. 부끄러움을 느끼게 되면 그대는 자신을 싫어하기 시작한다. 부끄러움을 느낄 때 자신을 멀리한다. 그것은 지식 때문이다. 아이들은 부끄러움을 느끼지 않는다. 아이들은 알몸으로도 편안하게 지낸다. 아무 문제도 일어나지 않는다. 그대는 아이들에게 알몸으로 있어선 안 된다고 말하면서 아이들이 차츰 부끄러움을 느끼게 만든다. 많은 것들을 알면 알수록 그들은 점점 더 자신을 숨기려고 할 것이다.

예수는 말한다.

"너희가 부끄러워하지 않고 너희의 옷을 벗고……."

그런데 아담과 이브가 한 행동은 무엇이었는가? 그들은 무화과나무 잎사귀로 자신들의 성기를 가렸다. 그것이 바로 인류 최초의 옷이다. 그때부터 세계가 시작된 것이다. 어떻게 하면 다시 에덴동산으로 들어갈 수 있는가? 그대의 그 무화과나무 잎사귀를 벗어던지라. 예수가 말하는 것은 바로 그것이다. 그것이 낙원으로 되돌아가는 길이라고 그는 말한다.

"너희가 부끄러워하지 않고 너희의 옷을 벗고……."

이것이 바로 돌아가는 길이다. 그대는 옷을 벗을 수는 있지만 동시에 부끄러움을 느낄 것이다. 그렇다면 어딘가 깊은 곳에선 아직도 옷을 입고 있는 것이다. 무엇인가를 숨기고 있는 것이며 열려 있지 않은 것이다. 따라서 그때의 알몸은 진정한 알몸이 아니다. 옷은 벗었어도 알몸이 된 것이 아니다.

알몸이 된다는 것에는 더 깊은 차원의 의미가 담겨져 있다. 아무 부끄러움도 없고, 아무 수치심도 없음을 의미한다. 자신의 육체를 있는 그대로 전부 받아들이는 것을 의미한다. 어떤 비난도 마음속에 일지 않고 육체상의 어떤 구별도 없이 단순히 받아들임만 있는 것, 그것이 바로 알몸이 되는 것이다. 마하비라는 옷을 벗고 산 것이 아니었다(수행의 길에 들어선 마하비라는 처음에는 1년 넘게 한 벌의 옷만을 걸치다가 나중에는 나체로 다녔다). 그는 나체주의자 클럽의 회원이 아니었다. 그는 단지 알몸으로 살았다. 어린아이처럼 알몸으로 살았을 뿐이다. 나체주의자 클럽이라고 해도 그들의 나체는 결코 알몸이 아니다. 그들의 나체는 계산되고 머리로 조작된 것이다. 그들은 그 나체라는 것을 무기 삼아 반항하고 반역하며 사회에 대항한다. 사회가 옷 입는 것을 주장하기 때문에 그들은 옷을 벗어던지려고 하는 것이다. 그러나 그것은 하나의 반발일 뿐이지 순진무구한 것이 아니다. 어린아이의 마음처럼 순수한 것이 아니다.

무엇을 입을까 걱정하지 말라

예수는 말한다.

"어린아이들이 하듯이 너희의 옷을 들어
너희의 발밑에 놓고 그것을 밟는다면
그때 너희는 살아 있는 이의 아들을 보리라.
그때 너희는 두려워하지 않게 되리라."

먼저 그대는 신 앞에서 있는 그대로의 자신의 알몸을 받아들여야 한다. 어머니와 아버지 앞에서 어린아이가 하듯이 어떤 부끄러움도 갖지 않아야 한다. 신성 앞에서 부끄러워해서는 안 된다. 그때 그대는 진실해질 수 있다. 부끄러움이 그곳에 있다면 가면이 사용될 것이다. 가면을 쓸 수밖에 없는 것이다.

그 다음에, 부끄러움이 사라지면 두려움도 따라서 사라질 것이다. 이 둘은 서로 연결되어 있다. 부끄러움을 느끼면 그대는 두려워할 것이다. 부끄러움을 느끼지 않으면 전혀 두려워하지 않을 것이다. 두려움은 부끄러움과 함께 사라질 것이다. 그리고 부끄러움과 두려움이 모두 사라졌을 때, 그대의 눈은 열린다. 그때 '하느님의 아들'을, '살아 있는 이의 아들'을 보게 될 것이다. 그때 예수가 나타날 것이다. 그때 비로소 붓다를 알아볼 수 있을 것이다.

사람들이 나에게 와서 묻는다.

"스승이 깨달은 사람인지 아닌지 어떻게 하면 우리가 알 수 있습니까?"

지금 그대의 상태로서는 깨달음을 얻은 스승을 구별할 수 없다. 그것은 마치 장님이 불이 켜져 있는지 꺼져 있는지 어떻게 하면 알 수 있는가 하고 묻는 것과 다를 바 없다. 장님이 어떻게 그것을 구별할 수 있겠는가? 그것을 알기 위해서는 눈이 필요한데 장님의 두 눈은 닫혀 있다. 그대에게는 누군가가 진정으로 깨달은 사람인지 아닌지, 진정으로 그리스도인지 아닌지 알아볼 수 있는 능력이 없다. 그대는 알아볼 수가 없다. 사람들에게 그것을 인식할 능력이 있었다면, 예수가 왜 십자가에 처형당했겠는가?

사람들은 예수를 몹시 심하게 다루었다. 그들은 그를 바보 취급했고, 억지로 그를 바보스럽게 보이도록 만들었다. 예수가 십자가를 지고 골고다 언덕으로 올라갈 때 그곳에는 수많은 병사들과 장난꾸러기 아이들, 한 무리의 군중들이 몰려와 있었다. 그들은 예수에게 돌과 오물을 던지면서 비웃고 즐거워했다.

"보라, 여기에 '이스라엘의 왕'이 있다. 여기에 하느님의 아들이 있다. 이 자가 바로 그 목수의 아들, 그 미치광이다."

그들은 비웃으면서 예수의 머리에 가시관을 씌웠다.

"보라, 이 자가 바로 '이스라엘의 왕'이다. 이 자가 바로 '하느님의 아들'이다."

그리고 그가 십자가에 못박힐 때 그들은 마지막 비웃음으로 두 명의 도둑을 그의 양 옆에 매달았다. 그는 두 명의 도둑과 함께 똑같은 도둑으로서 십자가에 매달린 것이다. 그리고 군중들뿐만 아니라 그들 도둑들도 예수를 조롱했다. 한 도둑이 말했다.

"이제 우리는 함께 십자가에 달렸으니, 우리를 기억해 주시오. 당신이 그 하느님의 나라에 가면 우리를 잊지 마시오. 우리는 함께 사이좋게 처형되니까 말이오. 당신은 하느님의 아들이잖소. 하느님의 나라에 가면 우리들 사정도 좀 봐주시오. 당신이라면 할 수

무엇을 입을까 걱정하지 말라

있을 테니까. 당신은 무엇이든 할 수 있을 것 아니오."

그들까지도 예수를 비웃었다. 예수를 완전히 바보로 만들었다. 우리는 왜 예수를 알아보지 못하는가? 우리의 두 눈이 감겨져 있기 때문이다. 그리고 우리의 눈이 감겨져 있는 것은 우리가 입고 있는 옷들 때문이다. 우리의 몸에 걸쳐져 있는 옷이 아니라 부끄러움과 두려움과 자기혐오, 자기비난, 죄의식으로 겹겹이 쌓여진 옷들 때문이다.

예수께서 말씀하셨다.
"너희가 부끄러워하지 않고 너희의 옷을 벗고
어린아이들이 하듯이 너희의 옷을 들어
너희의 발밑에 놓고 그것을 밟는다면……."

처음에 아이에게 옷을 입히려고 하면 아이는 반항을 한다. 아이는 옷이 자신의 자유를 구속하고 가짜 모습을 주기 때문에 옷을 입지 않으려고 한다. 아이의 반항은 자연적인 것이다. 그러나 그대는 아이를 설득하고 강제로 옷을 입힌다.

"밖에 나갈 때는 옷을 단정하게 입어야 하는 거야. 집에 돌아오면 그럴 필요는 없지만. 세상에서는 옷을 입는 것이 중요해. 넌 아무것도 입지 않고는 밖으로 나갈 수가 없어."

그러나 집으로 돌아오자마자 아이는 입었던 옷들을 벗어던질 것이다. 그리고 옷을 벗을 뿐만 아니라 그것들을 짓밟을 것이다. 옷들은 아이의 적이고 아이를 거짓되게 만드는 물건이다. 옷을 몸에 걸치고 있는 동안은 아이는 더 이상 자기 자신이 아닌 것이다. 이제 아이는 다시금 자유로워진다. 아이는 옷들을 벗어던지고 발아래 놓고 밟으면서 알몸이 된 것을 좋아할 것이다. 만일 어린아이처럼 그렇게 할 수 있다면…….

"그때 너희는 살아 있는 이의 아들을 보리라.
그때 너희는 두려워하지 않게 되리라."

알몸으로 존재한다면 더 이상 두려움은 있을 수 없다. 왜냐하면 두려움은 그대에게 덧붙여지는 것이기 때문이다. 두려움은 부끄러움을 통해 만들어진다. 수많은 종교들이 죄의식이라는 것을 만들어 냈고, 그것으로 인해 그대는 죄책감과 부끄러움을 느끼고, 따라서 두려워한다. 그리하여 강박관념에 걸리고, 마침내는 그러한 죄의식과 두려움을 심어 준 장본인인 바로 그 종교들에게 그것에서 벗어날 방법을 배우러 간다. 그들은 아무 도움도 줄 수 없다. 그들이 바로 그 두려움을 만들어 낸 당사자들이기 때문이다. 그들은 이렇게 말할 것이다.

"신에게 기도하라. 신을 두려워하라."

그들에게는 그대를 두려움으로부터 자유롭게 해줄 능력이 없다. 예수는 그대가 두려움을 넘어설 수 있게 인도한다. 하지만 그렇게 되기 위해서는 전체가 근본에서부터 무너져야 한다. 그 근본은 이것이다. '자기 자신을 받아들여라. 그러면 언제나 두려움 속에서 살아갈 것이다.'

자신을 받아들일 때 두려움은 사라진다. '해야 한다'거나 '해서는 안 된다', '하지 않으면 안 된다'의 관점을 버리라. 그러면 그때 두려움도 사라질 것이다. 진실하고 있는 그대로의 것을 신뢰하라. 있는 그대로의 것과 싸우지 말라. 만일 성욕이 있다면 있는 것이다. 그것을 받아들이라. 분노가 있다면 있는 것이다. 그것을 받아들이라. 그 반대를 만들려고 노력하지 말라. '나는 지금 화가 나 있어. 이래선 안 돼. 너그러워져야 해. 나는 지금 성욕에 사로잡혀 있어. 이러면 안 돼. 나는 금욕적이어야만 해.'

반대의 행동을 취하려고 하지 말라. 만일 반대의 결과를 만들어 내려고 한다면 그대는 가면을 만들려고 하는 것과 같다. 화는 그대로 남아 있고 너그러움은 단지 거짓된 얼굴에 지나지 않는다. 성욕은 그대로 남아서 점점 무의식 깊은 층으로 침투해 들어갈 것이다. 그러면서 얼굴에는 브라마차리아(성을 초월한 자)의 가면을 쓰고 있는 것이다. 그것은 도움이 되지 않을 것이다.

이런 이야기를 들은 적이 있다. 한 과학자가 다이아몬드의 비밀을 캐기 위해 연구를 하고 있었다. 그는 열심히 연구를 거듭했고 그 결과 단 한 가지를 빼고는 모든 실마리를 찾을 수 있었다. 만일 그 한 가지 요소만 알 수 있다면 그는 세계 제일의 부자가 될 것이다. 그러나 수많은 연구에도 불구하고 그 한 가지 실마리는 좀처럼 잡히지 않았다. 그때 어떤 사람이 조언을 했다.

"당신은 귀중한 시간을 헛되이 낭비하고 있소. 티베트에 가면 지혜로운 여인이 있는데, 그녀는 모든 분야에 대한 해답을 알고 있답니다. 그녀에게 가서 당신이 풀지 못한 문제를 물어보시오. 그녀는 반드시 그 답을 말해 줄 것이오. 왜 여기서 아까운 시간들을 낭비하고 있소?"

그는 티베트로 여행을 떠났다. 그러나 여러 해가 걸렸다. 그 지혜로운 여인을 찾기란 매우 어려운 일이었다. 그는 온갖 난관에 부딪쳤고, 몇 번씩이나 죽을 고비도 넘겼다. 그러나 고생 끝에 마침내 도착할 수 있었다. 아침이었다. 그가 문을 두드리자 그녀가 문을 열었다. 그녀는 매우 아름다웠다. 그는 그토록 아름답고 매혹적인 여인을 전에 한 번도 본 적이 없었다. 그녀의 눈빛에는 그를 환영하는 마음이 가득 담겨 있었다.

그녀는 그를 맞아들이며 말했다.

"마침 때맞춰 잘 오셨군요. 남편은 지금 밖에 나가고 없습니다. 당신이 알아야 할 규칙이 하나 있는데, 당신은 단 한 가지 질문만 할 수 있고, 난 오직 그 한 가지에만 대답해 줄 수 있습니다. 단 한 가지뿐입니다. 두 가지 이상은 안 됩니다."

그러자 과학자는 무심코 이렇게 물었다.

"당신 남편은 언제 돌아오죠?"

이것이 바로 그가 몇 해를 낭비하면서 답을 들으려고 찾아 헤맨 질문이었다. 무의식 깊은 곳에서는 성욕이 그의 문제, 진짜 문제였던 것이다. 다이아몬드에 대한 연구, 다이아몬드의 비밀에 대한 탐구를 함으로써 그는 관심을 딴 곳으로 돌렸을 뿐이다. 무의식 심층부에서 그는 이렇게 생각하고 있었음에 틀림없다. '세계 최고의 부자만 되면 모든 여성, 세상의 모든 미인들은 내 차지가 될 거야.' 그 자신은 깨닫지 못하고 있었을지 모르지만 그 어딘가에 그런 생각이 잠재해 있었음에 틀림없다.

무의식의 심층부를 전혀 깨닫지 못한 채 그대는 표면에서만 살아갈 수 있다. 그러나 적당한 순간이 오면 그것은 밖으로 나올 것이고 폭발할 것이다. 달아나 봐야 소용이 없다. 오직 내적 변혁만

무엇을 입을까 걱정하지 말라 | 175

이 도움을 줄 수 있다. 그리고 내적 변혁을 위해서는 자신의 있는 그대로의 존재를 깊이 받아들이는 일이 필요하다. 아무 판단 없이, '이것은 좋고 이것은 나쁘다'라고 말하지 않고, 아무 평가 없이 있는 그대로 받아들이는 일이 필요하다. 재판관이 되지 말라. 본성을 신뢰하고 그것과 함께 흘러가라. 그 흐름에 역행해 헤엄치려고 하지 말라. 이것이 알몸이 되는 의미이다.

깊은 신뢰로써 삶과 함께 움직여 가라. 삶이 그대를 어느 곳으로 이끌고 가더라도 자신의 목적지를 만들지 말라. 자신의 목적지를 만들 때 그대는 거짓에 가득 찬 존재가 된다. 삶에는 목적지가 없다. 만일 목적지를 갖고 있다면 그대는 삶에 대립하게 된다. 삶은 끝없이 움직인다. 삶은 사업처럼 움직이는 것이 아니라 시처럼 움직인다. 삶은 머리로 움직이는 것이 아니라 마음으로 움직인다. 삶은 하나의 낭만이다. 신뢰가 필요하다. 의심은 아무 도움도 되지 않는다. 삶은 과학적인 것이 아니며, 비이성적이다. 삶은 아리스토텔레스나 논리학자들을 믿지 않는다. 삶이 믿는 것은 사랑이다. 삶은 시인을 믿는다. 삶은 신비주의자를 믿는다. 삶은 살아야 할 신비이지 풀어야 할 수수께끼가 아니다. 삶은 문제가 아니다. 그 비밀은 열려 있는데 오직 그대가 닫혀 있는 것이다. 그것은 모든 곳에서 드러나 있다. 햇빛 속에서 그 잎사귀 하나하나가, 나뭇가지 하나하나가 모두 드러나 있다. 그런데 그대가 닫혀 있는 것이다.

그대는 왜 닫혀 있는가? 그대 내면에서 삶을 받아들이지 않고 있다. 그러니 외부의 삶을 어떻게 받아들일 수 있겠는가? 삶을 받아들이라. 존재의 중심에서부터 시작하라. 있는 그대로의 자신을 받아들이라. 그때 다른 모든 것들도 있는 그대로 받아들일 수 있을 것이다. 받아들임과 함께 존재의 변화가 일어날 것이다. 일단 자신을 받아들이면 그대는 결코 과거의 그대와 같지 않을 것이다.

그 변형은 저절로 일어난다. 변형은 스스로 찾아온다. 그러나 변형은 언제나 완전히 열려 있을 때만 찾아온다. 예수가 말하고 있는 것이 그것이다. 그대가 완전히 열릴 수 있도록 알몸으로 존재하라는 것이다. 사회가 부여한 모든 것을 던져 버리라는 것이다. 옷의 의미가 그것이다. 사회는 그대에게 삶을 주지는 않는다. 사회가 그대에게 주는 것은 옷뿐이다. 사회는 그대에게 본래의 자기를 주지 않는다. 사회가 주는 것은 단지 에고일 뿐이다. 그 옷을 벗어던지라. 그러면 에고도 사라질 것이다. 알몸이 되어 거리를 걸어가고 있는 자신을 생각해 보라.

이브라힘이라는 사람이 스승을 찾아갔다. 이브라힘은 왕이었지만 구도자로서 스승을 찾아온 것이다. 그의 스승이 물었다.

"당신은 모든 것을 받아들일 준비가 되어 있소?"

이브라힘이 말했다.

"그것 때문에 온 것이오. 당신이 말하면 무엇이든 행할 것이오."

그러자 스승은 그를 바라보며 말했다.

"그렇다면 좋소. 당신이 입고 있는 옷을 모두 벗으시오."

제자들이 웅성거렸다. 이브라힘은 위대한 왕이었으며, 그렇게 하는 것은 너무 지나치고 불필요한 일이었다. 다른 제자들에게는 그런 것을 요구한 적이 없었는데 하필이면 왕에게 그토록 심한 일을 시킬 이유가 무엇인가? 어떤 제자는 스승의 귀에 대고 속삭이기까지 했다.

"이것은 경우에 어긋난 일입니다. 그렇게 심하게 하지 마십시

무엇을 입을까 걱정하지 말라 | 177

오. 저희들에게도 그런 요구를 하신 적은 없지 않습니까."
 그러나 스승은 말했다.
 "옷을 모두 벗으시오. 그 다음에는 신발을 벗어 들고 길을 걸으시오. 그러고는 그 신발로 자신의 머리를 때리시오. 벌거벗은 채 신발로 머리를 때리면서 동네를 한 바퀴 돌고 오시오."
 그곳은 이브라힘 자신이 지배하는 나라의 수도였다. 그러나 이브라힘은 그 말에 따랐다. 벌거벗은 채 신발로 자신의 머리를 때리면서 동네 한복판을 걸어 돌아다녔다. 돌아왔을 때 그는 깨달음에 이르렀다고 한다.
 무슨 일이 일어났는가? 그는 그의 옷을 벗어던진 것이다. 게다가 그는 크나큰 가능성을 갖춘 인물이었다. 스승이 그토록 심한 일을 시킨 것은 그 때문이었다. 스승은 제자에게 언제나 가능한 만큼만 요구한다. 그대가 더 많은 가능성을 가지고 있을수록 스승은 더 많은 것을 요구할 것이다. 그러나 그대의 가능성이 빈약하다면 스승은 그렇게 많은 것을 요구할 수 없다. 이브라힘은 커다란 가능성을 가진 인물이었다. 그 자신이 훗날 위대한 스승이 된 인물이었다. 무슨 일이 그에게 일어났는가? 에고가 떨어져 나간 것이다. 예수가 제자들에게 말하고 있는 것처럼 옷을 벗어던진 것이다. 사회가 그대에게 부여한 모든 것, 에고가 벗겨져 나간 것이다.
 에고는 여러 번이나 저절로 떨어져 나간다. 그것은 하나의 짐이기 때문이다. 그러나 그대는 다시금 그것을 들어 올려 머리 위에 이고 다닌다. 수없이 그대는 실패하고 성공하지 못한다. 수없이 에고는 저절로 떨어져 나가지만 그대는 또다시 상처투성이가 되고 좌절하고 패배하고 실패하면서도 어떤 희망을 갖고 그 무거운 짐을 들고 다닌다.

이런 이야기를 들은 적이 있다. 어느 날 아침, 사자가 호랑이에게 와서 말했다.

"이 숲의 우두머리는 누구지?"

호랑이가 말했다.

"물론 당신이지요. 당신이야말로 이 숲의 왕입니다."

사자는 곰에게 가서 똑같은 질문을 했다.

"이곳에서 누가 우두머리지?"

곰이 대답했다.

"그런 건 물어볼 필요도 없습니다. 물론 당신이야말로 동물들 중의 왕이자 우두머리죠."

사자는 이번에는 코끼리에게 가서 똑같은 질문을 했다.

"누가 우두머리인가?"

그러자 코끼리는 코로 사자를 둘둘 말아 힘껏 던져 버렸다. 적어도 50미터는 날아가 사자는 바위 위에 떨어졌다. 온몸에 상처를 입고 피를 흘리면서 사자는 비틀비틀 일어나서 말했다.

"아무리 답을 모른다고 해도 이런 무례한 짓을 하다니!"

이것이 그대가 언제나 해오고 있는 것이다. 그러나 그대는 버리려고 하지 않는다. 그대 또한 이렇게 말할 뿐이다.

"아무리 정답을 모른다고 해도 이건 너무하지 않은가. 왜 그렇게 거칠게 행동을 하는가? 답을 모른다고 말하면 되지 않는가."

그대가 실패할 때 사회가 그대에게 부여한 모든 것이 떨어져 나간다는 것을 알아차린다면, 그 실패는 위대한 성공으로 들어가는 시작이 될 수 있다. 이 때문에 사람들은 실패를 했을 때 종교적이 되는 것이다. 그가 자신의 실패를 인식한다면 말이다. 그대가 성공하고 있을 때 종교적으로 되는 것은 어려운 일이다. 그때는 '옷'이 너무나 많은 것을 가져다주기 때문에 알몸으로 존재할 필요를 느끼지 않게 된다. 그때 옷은 커다란 투자이다. 그러나 실패를 하면 갑자기 알몸이 그곳에 있음을 깨닫게 된다. 그 무엇을 가지고도 그대는 그 알몸을 숨길 수 없다. 단지 자신을 속일 수 있을 뿐이다.

실패를 이용하라. 그대가 바위에 부딪쳐 상처를 입고 피투성이가 되었을 때 사자와 같은 어리석음을 반복하지 말라. 이 세상에는 성공이라는 것이 존재할 수 없다는 것을 깨달아야 한다. 성공이란 있을 수 없다. 모든 것이 허위로 가득 차 있기 때문이다. 그리고 거짓된 얼굴들을 하고 그대가 어떻게 성공할 수 있겠는가? 나폴레옹, 알렉산더, 칭기즈칸, 이들 모두 역시 실패자들이다.

그러나 예수 같은 이는 성공한다. 그는 자신의 고유성 위에, 자신의 본성 위에 서 있기 때문이다. 이것을 이해하라. 그리고 이해만이 아니라 그대가 입고 있는 옷을 하나씩 벗어던지라. 알몸이 되라. 그러면 순수해질 수 있다. 그때 그대는 아담과 이브가 먹었던 사과를 던져 버릴 것이다. 그때 낙원의 문이 다시 열릴 것이다.

기독교에서는 아담과 이브와 함께 인류는 낙원에서 추방되었다고 말한다. 그리고 예수와 더불어 다시 문이 열렸으므로 인류는 다시금 그 안으로 들어갈 수 있다고 말한다. 그대는 그 안으로 들어갈 수 있다. 그러나 기독교인이 되는 것으로는 그러한 일은 일어나지 않는다. 예수를 인식해야만 한다. 그리고 그 인식은 그대 자신이 예수임을 인식할 때만 가능하다. 다른 어떤 것도 불가능하다.

5
입으로 들어가는 것과 나오는 것

ΠΕΧΕ Ι͞C ΝΑΥ ΧΕ ΕΤΕΤÑϢΑΝР͞Ν
ΗCΤΕΥΕ ΤΕΤΝΑΧΠΟ ΝΗΤÑ ΑΥⲰ
ΕΤΕΤÑϢΑΝϯ ΕΛΕΗΜΟCΥΝΗ
ΕΤΕΤΝΑΕΙΡΕ ÑΟΥΚΑΚΟΝ ÑΝΕΤÑΠ͞ΝΑ

존재를 통해 살고 행위를 통해 살지 말라.
행위는 표면의 것이지만 존재는 내면 깊은 곳에 속한 것이다.
중요한 것은 무엇을 하는가가 아니라 어떤 존재인가 하는 것이다.
존재가 옳지 않다면, 무엇을 하든 옳지 못한 것이 된다.
무엇이 들어오든 자기 안으로 들어온 것을 변화시켜야 한다.
그대 속에서 나오는 것은 무엇이든 그대의 본질과 존재를 드러낸다.

다섯 번째 말씀

예수께서 제자들에게 말씀하셨다.
"너희가 금식을 행하면
너희는 너희 자신에게 죄를 짓는 것이다.
너희가 기도를 하면
너희는 죄를 선고받을 것이다.
그리고 너희가 자선을 베풀면
너희는 너희의 영에 해를 끼치는 것이다.
너희가 어느 마을이든지 그곳을 지나갈 때
그곳 사람들이 너희를 받아들이면
그들이 너희 앞에 차려주는 것을 먹고
그들 중 병든 자가 있으면 그들을 치료하라.
너희의 입으로 들어가는 것은
너희를 더럽히지 않지만
너희의 입으로부터 나오는 것이
너희를 더럽히기 때문이다."

이것은 매우 이상한 말이지만, 또한 매우 깊은 의미를 지닌 말이다. 이 말이 이상하게 들리는 것은 인간이 진실하지 못하고, 언제나 거짓 속에서 살아가기 때문이다. 거짓 속에서 살아가는 사람은 어떤 행위를 하더라도 거짓된 것일 수밖에 없다.

그대가 기도를 한다 해도 그대는 잘못된 이유를 가지고 기도를 한다. 단식을 한다 해도 그대는 그릇된 이유를 가지고 단식을 한다. 그대 자체가 잘못되어 있기 때문이다. 그러므로 문제는 무엇이 올바른 행위인가가 아니라 어떻게 하면 올바른 존재가 되는가이다. 만일 그대 존재가 옳다면 어떤 행위를 하든 자동적으로 옳은 것이 될 것이다. 하지만 만일 그대 존재가 옳지 않다면, 중심을 지니고 있지 않다면, 진실하지 않다면, 그때는 무엇을 하든 옳지 못한 것이 될 것이다.

궁극적으로는 무엇을 행하는가가 중요한 것이 아니다. 궁극적으로 중요한 것은 그대가 어떤 존재인가이다. 만일 도둑이 기도를 하러 간다면 그 기도는 옳은 기도가 아닐 것이다. 언제나 다른 사람을 속이고, 거짓말하고, 해를 입히기만 해온 그 마음에서 어떻게 기도가 태어날 수 있겠는가? 도둑의 마음에서 어떻게 기도가 가능하겠는가? 그것은 불가능하다. 기도는 그대를 변화시킬 수 있다. 그러나 그 기도는 어디에서 나오는가? 기도는 그대의 존재로부터 나온다. 존재가 병들어 있다면 기도는 병든 것일 수밖에 없다.

한번은 물라 나스루딘이 취직 시험에 지원한 적이 있었다. 입사 지원서에 그는 수없이 많은 장점과 자격들을 적어 놓았다.

"나는 대학을 수석 졸업했고, 그 이후 국립은행의 부은행장으로 추천을 받았다. 그러나 돈에는 관심이 없었기 때문에 그것을 거절했다. 나는 정직하고 진실한 사람이다. 나에게는 욕심이라는 것이 존재하지 않는다. 나는 봉급생활에도 만족할 것이다. 다시 한 번 말하지만 나에게 어떤 일을 맡기더라도 만족해하면서 그 일을 해낼 것이다. 나는 일하는 것을 정말 좋아한다. 일주일에 65시간을 일한다고 해도 행복을 느낄 것이다."

나스루딘의 면접을 담당한 부장이 이 지원서를 읽고 놀라서 물었다.

"이런 세상에! 당신은 약점이라곤 하나도 없소?"

그러자 나스루딘이 대답했다.

"딱 한 가지가 있습니다. 나는 타고난 거짓말쟁이입니다."

이 딱 한 가지가 나머지 모든 것을 무효로 돌려 버린다. 그 밖의 다른 단점은 꺼낼 필요도 없다. 하나로도 충분한 것이다. 그대 안에 수많은 단점이 있는 것이 아니다. 단 하나의 단점만이 있을 뿐이다. 그 하나로부터 모든 단점이 흘러나오는 것이다. 그 단 하나의 단점을 기억해야 한다. 왜냐하면 그것은 어디를 가나 그림자처럼 따라다닐 것이기 때문이다. 그대가 무엇을 행하든 그것이 그대의 행위를 물들여 버릴 것이다.

그러므로 종교에 있어서 가장 근본적인 것은 무엇을 행하는가가 아니고 어떻게 존재하는가이다. '존재'는 그대의 가장 깊은 내면을 의미하고, '행위'는 둘레에서의 표면적인 행위를 의미한다. '행위'는 다른 사람들과의, 외부세계와의 관계를 의미하고, '존재'는 있는 그대로의 그대, 관계에 의해 지배받지 않는, 내면에 존재하는 본래의 그대를 의미한다.

그대는 아무것도 행하지 않고서도 존재할 수가 있다. 그러나 존재가 없이는 살아 있는 것이 아니다. 행위는 이차적인 것이고, 없어도 되는 것이다. 그대는 아무 행위도 하지 않고 비활동적으로도 살아갈 수가 있다. 그러나 존재 없이는 살아갈 수가 없다. 존재는 가장 본질적인 것이기 때문이다. 예수, 크리슈나, 붓다, 마하비라, 그들은 모두 존재에 대해 이야기하고 있다. 그러나 절, 교회, 모스크(회교 사원), 조직, 종파, 그리고 소위 구루(영적 스승)나 교사나 성직자라고 불리는 자들은 행위에 대해서만 말한다. 만일 예수에게 묻는다면 그는 존재에 대해 이야기할 것이고, 그 존재를 어떻게 변형시키는가에 대해 말할 것이다. 그러나 만일 바티칸의 교황에게 묻는다면 그는 무엇을 행하는가에 대해, 도덕과 윤리에 대해 이야기를 꺼낼 것이다. 도덕은 행위와 관계가 있고, 종교는 존재와 관계가 있다.

이 차이를 가능한 확실하게 이해해야 한다. 다른 모든 것이 이것에 따라 달라지기 때문이다. 예수와 같은 이가 탄생할 때마다 우리는 그를 잘못 이해한다. 그것은 우리가 이 차이를 놓치기 때문이다. 다시 말해 그가 우리에게 존재에 대해 말하면 우리는 그것을 듣고는 마치 그가 행위에 대해 말한 것처럼 해석을 내린다.

이것을 이해할 수 있다면 예수의 말이 매우 분명해질 것이다. 매우 쓸모 있는 말이 될 것이다. 예수의 이 말은 그대의 길을 비추는 빛이 될 것이다. 그렇지 않으면 예수의 이 말은 매우 이상하고 모순되게 들릴 것이고, 반종교적으로 보일 것이다. 예수가 이 말을 했을 때 성직자들에게는 그의 말이 매우 반종교적으로 들렸음에 틀림없다. 그들이 예수를 십자가에 처형한 이유가 그것이다. 그들은 예수를 종교를 파괴하려는 인물로 생각했다.

이 말을 들어보라. 겉으로는 분명히 파괴적인 느낌이 들 것이다.

예수께서 제자들에게 말씀하셨다.
"너희가 금식을 행하면
너희는 너희 자신에게 죄를 짓는 것이다."

우리는 종교가 언제나 금식을 가르치는 소리를 들어왔다. 금식과 단식을 하면, 그것을 통해 영혼이 정화된다고 종교는 언제나 되풀이해서 말해 왔다. 자이나교의 경우는 그 종교 전체가 금식에 매달려 있다. 만일 자이나교도들이 예수의 이 말을 듣는다면 그들은 말할 것이다.

"이 사람은 위험하다. 그러므로 유대인들이 그를 십자가에 못박은 것은 잘한 일이다."

유대인들 역시 혼란에 빠졌다. 그런 말은 반역적이며, 그들의 도덕 전체가 무너질지도 모를 일이었다. 그대가 사람들에게 이렇게 말한다고 해보라.

"너희가 금식을 행하면
너희는 너희 자신에게 죄를 짓는 것이다."

금식이 죄라는 것이다!

"너희가 기도를 하면
너희는 죄를 선고받을 것이다."

기도를 하면 유죄 판결을 받을 것이라는 말을 들어본 적이 있는가? 그렇다면 종교가 무엇인가? 우리는 종교는 사원으로 가서 신에게 기도를 드리는 것으로 알고 있다. 그러나 예수는 말한다.

"너희가 기도를 하면
너희는 죄를 선고받을 것이다.
그리고 너희가 자선을 베풀면
너희는 너희의 영에 해를 끼치는 것이다."

세상에서 가장 이상한 말이다. 그러나 이 말 속에는 매우 깊은 의미가 담겨 있다. 예수가 말하고 있는 것은, 지금 그대의 상태로는 그대가 무엇을 행하든지 모두 잘못될 것이라는 사실이다. 예수가 강조하고 있는 것은 금식을 행하는가 행하지 않는가가 아니다. 자선을 베푸는가 베풀지 않는가가 아니다. 기도를 하는가 하지 않는가가 아니다. 예수가 강조하고 있는 것은 이것이다. 지금의 그대의 상태로는, 어떤 행위를 하더라도 모두 잘못될 수밖에 없다는 것이다.

그대는 기도할 수 있는가? 사원으로 갈 수는 있다. 그것은 쉬운 일이다. 그러나 기도는 할 수 없다. 기도를 하기 위해서는 전혀 다른 본질이 필요하다. 전혀 다른 바탕이 필요하다. 그러나 그대는 그 바탕을 갖고 있지 않다. 그러므로 기도를 한다면 그것은 자신을 속이는 일 외의 아무것도 아니다. 사원으로 가서 기도하고 있는 사람들을 자세히 보라. 그들은 단지 자신들을 속이고 있는 것이다. 그들에게는 기도로 충만한 본질이 없다. 그러니 어떻게 기도할 수 있겠는가? 그리고 만일 기도로 충만한 본질을 지니고 있다면 절이나 교회로 갈 필요가 무엇인가? 그 마음을 지니고 있다면 어느 곳에 있든 언제나 기도가 흘러나올 것이다. 그대는 움직이고 걸어 다닌다. 그것이 바로 기도가 될 것이다. 그대는 먹고 사랑을 할 것이다. 그것이 바로 기도이다. 그대는 바라보고 숨을 쉰다. 그것이 기도이다. 기도로 가득 찬 마음이 그곳에 있기 때문에 기도는 숨을 쉬는 것과 같을 것이다. 그때 어느 한 순간도 기도하지 않는 순간을 살 수 없을 것이다. 하지만 그때는 절이나 교회로 갈 필요가 없다. 수많은 교회와 절은 자신을 속이기 원하는 사람들을 위해 존재하는 것이다. 자신에게 기도로 충만한 본질이 없는데도 여전히 자신이 기도하고 있다고 믿고 싶어 하는 사람들을 위해.

한 남자가 죽어가고 있었다. 그는 죄인이었다. 그는 사원에 간 적도 없었고 기도를 한 적도 없었으며 성직자의 말을 들어본 적도 없었다. 그러나 죽음이 다가오자 그는 두려움을 느꼈다. 그래서 그는 성직자에게 자기를 위해 와달라고 간청했다. 성직자가 도착했을 때 그곳에는 많은 사람들이 모여 있었다. 그 죄인은 크게 성공한 사람이었으므로 많은 사람들이 그의 주변에 몰려와 있었다. 그는 정치인이었고, 부와 권력을 지닌 인물이었다. 그래서 많은 사람들이 모여 있었다.

그는 성직자에게 가까이 오라고 했다. 개인적으로 성직자에게 할 말이 있었던 것이다. 성직자가 가까이 다가가자 그는 성직자의 귀에 대고 속삭이듯 말을 했다.

"난 내가 죄인이라는 것을 알고 있소. 내가 교회에는 한 번도 가 본 적이 없다는 사실도 잘 알고 있소. 난 열성신도가 아니오. 난 전혀 종교적인 사람이 아니오. 난 기도해 본 적도 없소. 따라서 세상이 나를 용서하지 않으리라는 걸 잘 알고 있소. 하지만 좀 도와주십시오. 내가 조금의 자신감이라도 가질 수 있게 하느님만은 용서해 주실 것이라고 귀띔해 주십시오. 세상은 나를 용서하지 않을 것이오. 그것은 잘 알고 있소. 지금에 와서 그것을 어떻게 하겠소? 하지만 이것 한 가지만 말해 주시오. 하느님만은 나를 용서해 주실 것이라고."

"글쎄요."

그 성직자가 말했다.

"아마도 하느님께서는 용서하실 것입니다. 하느님께서는 우리가 당신을 알고 있었던 것과 같은 식으로 당신을 알고 계시지는 않을 테니까요. 아마도 용서하실 것입니다. 하느님께서는 우리가 당신에 대해 알고 있는 것을 모르실 테니까요."

그러나 이 세상을 속일 수 없으면서 하느님을 속일 수 있을 것인가? 평범한 사람들을 속이지도 못하면서 신을 속일 수 있을 것인가? 이 '아마도'는 단순한 위로이며 위안에 지나지 않는다. 이 '아마도'는 완전히 잘못된 것이다. 그런 '아마도'에 매달리지 말라.

기도는 본질에 속한 것이다. 개인적인 성격과는 상관이 없다. 개인적인 성격은 지금까지 행해 온 것, 다른 사람들과의 관계에서 나온 것이다. 본성은 태어나면서부터 가지고 나온 것을 말한다. 그것은 행위와는 아무 관계가 없다. 그것은 신의 선물이다. 기도는 본질에 속한 것이다. 그것은 하나의 바탕이며 깊이이다. 그대가 할 수 있는 그 무엇이 아닌 것이다.

금식은 무엇인가? 그대가 어떻게 금식을 할 수 있는가? 그리고 사람들은 왜 금식을 행하는가? 예수가 말한 것은 금식에 대해 마하비라가 한 그 어떤 말보다 깊은 의미를 지니고 있다. 예수는 심오한 심리학적 진실을 말하고 있다. 그 진실은 무엇인가? 마음은 언제나 끝에서 끝으로 움직여 간다는 사실이다. 음식에 탐닉하는 사람이 쉽게 금식을 행할 수 있다. 이 말은 이상하고 모순되게 들릴 것이다. 과식을 하는 사람은 단식하는 것이 한결 쉽다. 음식에 욕심이 많은 사람이 금식이 수월하다. 늘 균형 있게 식사를 해온 사람은 금식을 하기가 거의 불가능하다. 이유가 무엇인가? 이 대답을 얻기 위해서는 금식에 대해 생리학적이고 심리학적으로 파고 들어가야만 한다.

먼저 생리학적인 면부터 보자. 이것은 바깥층이기 때문이다. 너무 많이 먹으면 과잉 섭취를 해 많은 지방질을 저장하게 된다. 그렇게 되면 금식이 쉬워진다. 지방질이란 곧 저장물에 다름 아니기 때문이다. 그대도 알고 있듯이 여자는 남자보다 훨씬 쉽게 금식을 할 수 있다. 주변을 둘러보라. 특히 자이나교도들을 보라. 그들의 경우 남자 한 사람에 대해 여자 다섯 명의 비율로 금식을 한다. 남편은 금식을 행할 수 없어도 아내는 할 수 있다. 이유가 무엇인가? 여성의 육체에는 더 많은 지방질이 축적되어 있기 때문이다. 만일 그대 안에 많은 지방질을 보존하고 있다면 그만큼 금식하기가 쉽다. 금식하는 동안 저장된 지방질을 먹어야만 하기 때문이다. 따라서 금식하는 동안 체중은 날마다 감소한다. 그 체중은 어디로 가는가? 자기 자신을 먹고 있는 것이다. 그것은 일종의 육식과도 같다.

그러므로 여성에게는 금식을 하는 것이 그렇게 어려운 일이 아니다. 그들은 쉽게 금식할 수 있다. 여성은 남성보다 지방질이 많은 것이다. 그렇기 때문에 여성의 육체는 더 탄력성이 있다. 살찐 사람은 아주 쉽게 금식을 할 수 있다. 그들은 언제나 절식을 행하고 있고, 또 그럴 기회를 찾고 있다. 보통의 건강한 남자는 90일 동안 먹지 않아도 죽지 않을 만큼의 지방질을 갖고 있다. 그러나 만일 마르고 날씬한 사람이라면 금식을 할 수 없다. 마르고 날씬하다는 것은 그동안 균형된 식사를 해왔다는 것, 하루의 활동에 필요한 만큼만 먹어 왔다는 것을 의미하기 때문이다. 따라서 저장해 놓은 지방이 별로 많지 않다. 그러면 금식할 수가 없다. 그렇기 때문에 금식과 단식은 언제나 부자들에게 인기가 있지 가난한 사람들은 결코 아니다.

잘 관찰해 보라. 가난한 사람들이 종교적인 축제를 벌일 때는 배불리 먹는 것으로 행사를 치른다. 부자들이 종교적인 날을 축하할 때는 금식을 하는 것으로 그날을 보낸다. 자이나교도들은 인도에서 가장 부유한 자들이다. 따라서 그들은 단식을 하는 쪽으로 치우치는 것이다. 가난한 회교도들, 가난한 힌두교도들은 종교적인 날이 오면 배불리 먹는다. 일 년 내내 굶주렸기 때문이다. 일 년 내내 굶주렸는데 어떻게 종교적인 날까지 금식하는 것으로 축하할 수 있겠는가? 그들은 일 년 내내 금식을 해온 것과 다를 바 없다. 그러므로 종교적인 날만은 보통의 날들과 달라야 할 필요가 있다. 그들과 부유한 자들의 차이는 그것에 있다. 그들은 새 옷을 입고, 배불리 먹으면서 자신들을 즐길 것이다. 그러면서 신께 감사할 것이다. 이것이 가난한 사람들의 종교이다.

미국에서도 금식 풍조가 급속히 번져 가고 있다. 이미 그것은 하나의 유행이 되었다. 미국이란 나라는 너무나 부유하고 사람들은 너무 많은 음식을 먹어대기 때문에 금식이 필요해진 것이다. 이제 미국에서는 금식이 빠르게 늘어가고 있다. 그들은 그것을 다른 말로 부를지는 모르지만 어쨌든 생리학적으로 보면 필요 이상의 지방질을 섭취했기 때문에 쉽게 금식을 할 수 있는 것이다.

두 번째로 심리학적인 면은 이렇다. 그대는 음식에 사로잡혀 있다. 먹는 것이 그대에게는 가장 큰 관심사이다. 너무 많이 먹고 있으며, 계속해서 먹고 또 먹으며, 줄곧 음식에 대해 생각하고 있다. 그렇다면 그대는 언젠가 음식을 먹는 것에 대해, 그리고 음식에 대해 생각하는 일에 싫증이 난다. 그렇게 되면 그 반대의 것이 마음을 잡아끈다. 너무 많이 먹어 온 것이다. 그래서 이제 금식이 필요해진다. 금식을 통해 그대는 다시 먹을 수 있게 될 것이다. 미각을 되찾을 것이고 다시금 식욕이 돌아올 것이다. 금식을 하는 것, 그것이 식욕을 돌아오게 하는 유일한 방법이다.

마음은 기본적인 법칙 하나를 가지고 있다. 마음은 반대편 극으로는 쉽게 이동해 갈 수 있지만, 한가운데 머물지는 못한다는 것이다. 마음에 있어서 균형을 갖는다는 것은 가장 어려운 일 중 하나이고, 양극단으로 이동하는 것은 가장 쉬운 일 중 하나이다. 만일 과식을 해왔다면 쉽게 금식을 할 수 있다. 왜냐하면 금식은 또 하나의 극단이기 때문이다. 그러나 한가운데 머물 수는 없다. 적당한 식사, 적당한 금식을 행하지는 못한다. 이쪽 끝이든가 저쪽 끝이든가 둘 중 하나이다. 마음은 언제나 어느 쪽이든 극단으로 달려가기 때문이다. 그것은 시계의 추와도 같다. 오른쪽으로 갔다가 왼쪽으로 간다. 그 다음에는 오른쪽으로 달려간다. 시계추가 한가운데 머물면 시계도 정지한다. 그렇게 되면 시계는 전혀 움직일 수 없게 된다. 마음이 한가운데 머물면 그때는 생각도 정지한다. 마치 시계가 정지하는 것과 같다. 그러나 한쪽 극으로 달려가면 머지않아 반대편 극이 의미를 갖게 되며 매력적으로 그대를 끌어당기기 시작한다. 그렇게 되면 또다시 그쪽으로 달려갈 수밖에 없다.

예수는 이것을 깊이 이해하고 있었다. 예수는 말한다.

"너희가 금식을 행하면
너희는 너희 자신에게 죄를 짓는 것이다."

무엇이 죄인가? 예수가 쓰는 용어에 의하면 죄는 극단적인 것, 극단으로 치우치는 것을 말한다. 그러므로 한가운데 머무는 것만이 죄를 넘어서는 일이다. 그 이유는 무엇인가? 왜 극단으로 움직여 가는 것이 죄인가? 극단으로 움직여 가는 것이 죄가 되는 것은, 극단 속에서는 절반은 선택되고 절반은 부정되기 때문이다. 진리는 전체이다. 과식을 하는 것은 절반만 선택하는 것이며, 금식을 하는 것 역시 절반만 선택하는 것이다. 중간에는, 한가운데는 선택이란 존재하지 않는다. 그대는 단지 몸에 영양분을 공급할 뿐이며, 이쪽이나 저쪽에 빠져 들지 않을 것이다. 그대는 결코 한쪽에 사로잡히지 않을 것이며, 강박관념에도 걸리지 않을 것이다. 육체는 필요한 것을 얻지만 그 필요 때문에 그대가 무거운 짐을 지지는 않을 것이다.

이 균형은 죄를 초월한다. 그러므로 불균형 속에 있을 때면 언제나 그대는 죄인이다. 예수가 말하고 있는 것은, 이 세상에 지나치게 빠져 있는 자는 죄인이며, 또한 극단으로 움직여 가서 이 세상을 버리고 이 세상과 대립하는 자 또한 죄인이라는 것이다. 이것 또는 저것을 선택하지 않고, 한쪽 극단으로 움직여 가지 않고 이 세상을 받아들이는 자는 죄를 넘어서 갈 수 있다.

받아들임이 곧 초월이다. 선택한다는 것은 그 속으로 들어간다는 것, 에고가 개입한다는 것을 의미하며, 그때 싸움이 일어날 수밖에 없다.

한 극단으로 움직여 갈 때 그대는 끊임없이 싸울 수밖에 없다. 극단에서는 결코 마음 편할 수 없기 때문이다. 오직 한가운데에서만 편안할 수 있다. 극단에서는 언제나 긴장해 있고, 걱정과 불안이 그대를 잠식할 것이다. 오직 한가운데 있을 때만, 균형을 취하고 있을 때만 아무 걱정도 없고 아무 불안도 없다. 그때 마음이 평화롭고 모든 것을 받아들일 수 있다. 긴장이 없기 때문에 어떤 걱정도 생겨나지 않는다. 긴장은 극단에 치우쳤음을 의미한다. 그대는 수많은 극단을 향해 옮겨 다녔다. 그대가 그토록 긴장해 있는 이유가 그것이다.

여성을 쫓아다닐 때도 그대의 마음속에는 섹스에 대한 것이 가득 차 있고, 여성을 멀리 할 때도 마음은 섹스로 가득 차 있다. 만일 그대가 섹스만을 위해 살아간다면 그때 마음속에 있는 유일한 것은 섹스에 대한 것뿐이고, 또한 그것을 적으로 여기고 반대한다 해도 여전히 머릿속을 메우고 있는 것은 섹스에 대한 것뿐이다. 자기편은 당연히 기억을 하겠지만 적은 더 강하게 기억에 남기 때문이다. 때때로 친구는 잊고 지낼 수 있다. 그러나 적은 결코 잊을 수가 없다. 어떻게 적을 잊을 수 있는가? 섹스의 세계 속으로 움직여 가고 있는 사람들은 당연히 마음이 섹스로 가득 차 있다. 그 반대의 길을 걸어가고 있는 사람들도 당연히 섹스로 가득 찬 마음을 지니고 있다. 그 반대의 길을 걸어가고 있는 사람들이 모여 있는 수도원 같은 곳을 가보라. 그들 역시 끊임없이 섹스를 생각하고 있다. 그들의 마음은 섹스로 가득 차 있다.

너무 많이 먹어서 자신이 마치 먹기 위해 존재하는 것 같은 생각이 들 정도로 먹는 일에 탐닉한다면 그때 머릿속은 언제나 먹는 것에 대한 일로 가득 찬다. 금식을 해도 먹는 것에 대한 일이 언제나 머릿속을 차지하고 있다. 무엇이든 그것이 늘 머릿속에 남아 있으면 그것은 무거운 짐이 된다. 남자가 문제가 되는 것이 아니다. 여자가 문제가 아니다. 섹스에 대한 생각이 문제인 것이다. 먹는 것이 문제가 아니다. 먹는 것 자체는 먹으면 그것으로 충분하다. 머릿속에 끊임없이 남아 있는 먹을 것에 대한 생각, 그것이 문제인 것이다.

마음속에 계속해서 여러 가지 것이 있으면 마음은 에너지를 낭비하게 된다. 마음은 둔해지고, 귀찮아지고, 너무 버거워지기 때문에 삶이 무의미한 것이 되어 버린다. 마음이 무거운 짐을 지고 있지 않을 때, 신선하고 늘 새로울 때 지성이 생겨난다. 그때 신선한 눈으로 세상을 바라볼 수가 있다. 신선하고 새로운 의식으로, 짐을 벗어던진 의식으로 세상을 바라볼 수 있다. 그때 존재하는 것 모두가 아름답다. 그 아름다움이 곧 신이다. 그때 모든 실재하는 것들은 생명력으로 가득 찬다. 그 생명력이 곧 신이다. 그때 존재계 전체가 환희에 넘친다. 한 순간 한 순간이 축복으로 가득 찬다. 그 축복과 환희가 곧 신이다.

신은 어딘가에 앉아서 그대를 기다리고 있는 인격체가 아니다. 신은 이 세계 속에 나타나 있다. 마음이 침묵하고 맑고 모든 짐을 벗어던졌을 때, 마음이 젊고 신선하고 순수할 때, 그 순수한 마음과 더불어 신은 어느 곳에나 존재한다. 하지만 그대의 마음은 죽어 있으며, 그대는 특별한 과정을 통해 그것을 죽였다. 한 극단에서 다른 극단으로 움직여 가고, 그러고는 다시 다른 쪽 극단으로 움직여 가면서, 한가운데는 결코 머물지 않은 것이다.

술 취한 사람이 길을 걸어가고 있었다. 그 길은 매우 넓었다. 그는 길 가던 사람을 잡고 물었다.

"길 건너편이 어디요?"

그 도로는 매우 넓었고, 밤도 깊었고, 점포들은 모두 불을 껐으며, 그는 많이 취했다. 그는 잘 볼 수 없었고, 그래서 물었다.

"길 건너편이 어디요?"

그러자 길 가던 사람은 그를 애처롭게 여기고 길 건너편까지 데려다 주었다. 길 건너편에 도착하자 그는 또다시 길 가던 다른 사람을 붙들고 물었다.

"길 건너편이 어디요?"

이번에도 그 사람은 그를 건너편으로 데려다 주려고 했다. 그러자 그는 움직이지 않고 그 자리에 서서 말했다.

"잠깐만. 이곳 사람들은 왜 이 모양이지? 저쪽에서 건너편이 어디냐고 물었더니 이쪽으로 데려다 줘 놓고, 또다시 내가 건너편이 어디냐니까 이젠 저쪽이라니! 이곳 사람들은 머리가 어떻게 된 거 아냐? 도대체 건너편이 어딘지 갈피를 못 잡겠군."

그대가 어디에 있든 그것에는 아무 차이가 없다. 그 반대의 극쪽이 '건너편'이 되어 그대를 유혹한다. 그 거리가, 떨어져 있다는 것이 매력을 갖는 것이다. 금욕 생활을 하는 사람에게 섹스의 매력이 얼마나 큰지 상상조차 할 수 없을 것이다. 그것은 상상의 정도를 넘는다. 금식을 하려는 사람에게 음식이 얼마나 매혹적인지 상상할 수 없을 것이다. 끊임없이 한 가지만이, 음식이, 섹스가, 죽을 때까지 그를 따라다닐 것이다. 무엇인가 극단적인 것이 있으면 그것에 빠져드는 것이다.

어떻게 하면 긴장에서 벗어나고 편안한 마음이 될 수 있는가? 극단으로 움직여 가지 말라. 이것이 예수가 하는 말의 의미이다. 극단으로 옮겨가지 말라. 예수는 그대가 먹는 것에 탐닉하고 있다는 것을 잘 알고 있다. 금식 같은 것을 할 필요가 없다. 그것은 아무 도움이 되지 못한다.

"너희가 금식을 행하면
너희는 너희 자신에게 죄를 짓는 것이다.

입으로 들어가는 것과 나오는 것 | 197

너희가 기도를 하면

너희는 죄를 선고받을 것이다."

기도는 무엇인가? 사람들은 대개 기도는 무엇인가를 구하고, 부탁하며, 호소하는 것으로 생각한다. 인간에게 바라는 것이 있고, 신은 그 소원이 이루어지도록 도움을 주는 것으로 생각한다. 그대는 무엇인가를 부탁하기 위해 신의 문 앞으로 간다. 한 사람의 걸인처럼 신에게로 간다. 그대에게 있어서 기도는 구걸하는 것과 같다. 기도는 구걸이 아니다. 기도는 결코 구걸하는 소리가 될 수 없다. 기도는 단지 감사의 말일 뿐이다. 오직 감사로 가득 찬 마음에서 흘러나오는 소리일 뿐이다. 감사는 구걸과는 완전히 다르다. 구걸을 하기 위해 갈 때는 기도는 결과가 아니다. 그것은 수단에 지나지 않는다. 그때 기도 그 자체는 중요하지 않게 된다. 무엇인가 얻기 위해 기도를 하고 있는 것이다. 기도가 아니라 그 무엇인가가 더 중요해진다. 그리고 여러 번 기도를 하러 가도 소원이 이루어지지 않으면 그대는 기도를 중단하고 소용없는 짓이라고 말할 것이다. 기도는 하나의 수단이었던 것이다.

기도는 결코 수단이 될 수 없다. 사랑이 수단이 될 수 없는 것과 같다. 사랑은 목적이다. 사랑은 결과로서 존재한다. 무엇을 얻기 위해서가 아니라 단지 사랑할 뿐이다. 사랑 그 자체에 고유의 가치가 있는 것이다. 단지 사랑을 할 뿐인 것이다. 그리고 그것 자체가 축복이다. 그것 이상의 것은 없다. 그것을 통해 얻어야 할 결과 같은 것은 없는 것이다. 그것 자체가 하나의 결과이다. 기도는 사랑이다. 아무것도 구걸하지 않고, 아무것도 바라지 않고, 단지 그것을 좋아할 뿐이다.

　기도 그 자체는 본질적으로 매우 아름다운 것이다. 그대는 환희로 가득 차고 행복으로 충만하기 때문에 신이 그대를 존재하게 하고, 숨 쉬게 하고, 이토록 아름다운 색채들을 볼 수 있게 해준 데 대해 단지 감사의 말을 하는 것일 뿐이다. 그대가 들을 수 있게 하고, 깨어 있을 수 있게 해준 것에 대해 감사의 말을 하는 것일 뿐이다. 그대가 그것들을 노력해서 얻은 것이 아니다. 그것들은 모두 신이 내린 선물이다. 그래서 그대는 감사를 하기 위해 사원으로 갈 것이다. 단지 감사를 하기 위해 가는 것이다. "당신이 내게 무엇을 주든 그것은 나에게는 분에 넘치는 것입니다. 나는 그런 것들을 받을 만한 자격이 없는 존재입니다." 그대는 무엇을 받을 자격이 있는 존재인가? 어떤 면에서 그럴 자격이 있다는 것을 입증할 수 있는가? 만일 그대가 지금 여기에 살아 있지 않다 하더라도 자신이 공정하지 못한 대우를 받았다고 말할 수 있는가? 아니다. 그대가 받은 모든 것은 단지 선물일 뿐이다. 그 선물은 신의 사랑으로부터 나온 것이다. 그대는 그것을 받을 자격이 없다.

　신은 사랑으로 가득 차 흘러넘친다. 이것을 이해할 때 하나의 깊이가 그대에게 생겨난다. 감사를 느끼는 마음의 깊이가. 그때 그대는 감사하기 위해 신에게 갈 것이다. 오직 감사를 느끼는 마음으로 신에게 갈 것이다. 그 감사가 곧 기도이다. 그리고 감사를 느끼는 것은 너무도 아름다운 일이기 때문에 그 무엇과도 비교할 수가 없다. 기도는 행복감의 절정에서 피어나는 꽃이다. 그것은 결코 어떤 목적을 이루기 위한 수단이 될 수 없다.

　예수는 말한다.

"너희가 기도를 하면
너희는 죄를 선고받을 것이다."

왜냐하면 그대의 기도는 잘못된 것이기 때문이다. 예수는 그대가 기도를 하러 사원으로 갈 때면 무엇인가를 구걸하려고, 무엇인가를 부탁하려고 간다는 것을 잘 알고 있다. 그 기도는 하나의 수단에 지나지 않는다는 것을 잘 알고 있다. 기도를 수단으로 삼는다면 그것은 죄이다.

사랑은 무엇인가? 사랑을 이해할 때, 기도 역시 이해할 수 있다. 그대는 한 사람을 진정으로 사랑하는가? 사랑을 하는 것인가, 아니면 마음속에 다른 무엇이 들어 있는가? 그것은 서로에게 감사하는 사랑인가? 누군가를 사랑할 때 그것은 진실로 그 사람을 사랑하는 것인가? 그대의 가슴에서 우러나오는 사랑을 그에게 주고 있는가? 아니면 그대의 사랑은 단지 사랑이라는 이름 아래 행해지는 착취에 불과한 것인가?

그대는 사랑이라는 이름 아래 상대방을 이용하고 있다. 그것이 섹스를 위한 것이든 다른 무엇을 위한 것이든 상대방을 이용하고 있다. 만일 상대방이 "안 돼. 나를 이용하지 마!" 하고 말해도 그대의 사랑은 계속될 것인가, 아니면 사라질 것인가? 그때 그대는 "이 사랑이 무슨 필요가 있어." 하고 말할 것이다. 만일 상대방이 그대를 좋게 생각한다면, 만일 아름다운 여인이 그대에게 호감을 갖는다면 그대의 에고는 매우 만족을 느낄 것이다. 아름다운 여인이 그대를 우러러보면 그대는 태어나서 처음으로 자신이 남자라는 것을 느낀다. 그러나 그녀가 호감을 갖지도 않고 우러러보지 않는다면 그때 사랑은 사라져 버린다. 만일 멋있고 훌륭한 남자가 그대를 아름다운 여인이라고 말하며 그대를 우러러본다면, 그리고 끝없이 그대에게 호감을 갖는다면 그대의 에고가 충족되기 때문에 그대는 매우 만족할 것이다.

이것은 서로 간의 착취이다. 단지 그것을 사랑이라고 부를 뿐이다. 그러므로 서로에게 지옥을 만들어 낸다 해도 조금도 이상한 일이 아니다. 오히려 지옥이 만들어지는 것이 당연하다. 사랑은 이름뿐이고 그 뒤에는 다른 것이 숨어 있기 때문이다. 사랑은 결코 지옥을 만들어 내지 않는다. 사랑은 천국에 속한 것이다. 사랑을 할 때면 행복해진다. 행복 속에 있다는 것은 그대가 사랑하고 있음을 말해 준다.

그러나 사랑하는 이들을 보라. 그들은 행복해 보이지 않는다. 단지 처음 무렵에만, 아직 그들이 서로를 모르고 무의식중에 서로를 끌어들이기 위해 그물을 던질 때만 그들은 행복해 보인다. 그들의 시와 낭만과 모든 터무니없는 소리들은 단지 상대방을 붙잡기 위한 것에 지나지 않는다. 일단 물고기가 그물에 걸리면 그들은 더 이상 행복하지 않다. 그렇게 되면 그들은 자신들이 속박되어 있다는 것을 느낀다. 서로의 에고는 서로를 묶는 밧줄이 되어 버리고, 서로가 상대방을 지배하고 소유하기 위해 애를 쓴다.

이러한 사랑은 유죄를 선고받을 것이다. 그대의 사랑이 잘못된 것이라면 그대의 기도 또한 옳은 것일 수 없다. 기도는 곧 전체에 대한 사랑을 의미하기 때문이다. 그리고 만일 그대가 평범한 인간과의 사랑에서 실패했다면 어떻게 신과의 사랑에 성공할 수 있겠는가?

사랑은 기도로 향해 가는 첫걸음이다. 그대는 배워야만 한다. 만일 그대가 한 인간을 사랑할 수 있다면 그대는 사랑의 비밀을 알게 된다. 물론 그것보다 수백만 배나 확대된 것이지만 똑같은 비밀의 열쇠가 신과의 사랑에도 사용될 수 있다. 그 차원은 훨씬 높고 크지만 열쇠는 같다. 사랑은 그것 자체로서 하나의 결과이며, 사랑에 에고는 존재하지 않는다. 그대에게서 에고가 사라질 때 그곳에 사랑이 존재하기 시작한다. 그때 그대는 요구하지 않으며, 되돌려 받는 것을 전혀 생각하지 않고 단지 주기만 할 뿐이다. 그대는 단순히 주기만 한다. 준다는 것은 그토록 아름다운 일이다. 그대는 나누어 준다. 나누어 준다는 것은 그토록 아름다운 일이기 때문이다. 그곳에 장사꾼의 마음은 없다. 계산적인 마음이 없을 때, 에고가 없을 때, 사랑은 넘쳐흐른다. 그때 그대는 얼어붙지 않고 녹는다. 이 녹는 법을 배워야 한다. 그때 비로소 기도할 수 있기 때문이다.

예수는 그의 제자들에게 말한다.

"너희가 기도를 하면······."

여기에서 그가 강조하는 것은 '너희'이다.

"너희는 죄를 선고받을 것이다."

예수는 그의 제자들을 잘 알고 있었다.

"그리고 너희가 자선을 베풀면

너희는 너희의 영에 해를 끼치는 것이다."

걸인에게 동냥을 줄 때 그대는 자신의 내면에서 무엇이 일어나는지 관찰한 적이 있는가? 그것은 자비의 마음에서 나오는 것인가, 아니면 에고에서 나오는 행위인가? 그대가 혼자 있을 때 걸인이 가까이 오면 그대는 저리 가라고 소리칠 것이다. 그대가 걸인에게 어떻게 하는가 보고 있는 사람이 없기 때문에 그대의 에고는 조금도 상처를 입지 않는다. 그러나 걸인도 그 정도의 심리학은 알고 있다. 만일 그대가 길 위에 혼자 있다면 걸인은 결코 그대에게 구걸하지 않을 것이다. 걸인은 그대를 지나쳐 갈 것이다. 지금은 기회가 좋지 않다고 생각하면서. 그러나 그대가 친구나 누구와 함께 걸어가고 있다면 걸인은 그대를 붙잡고 늘어질 것이다.

시장 같은 곳에서, 주위의 많은 사람들이 보고 있을 때 걸인은 그대를 붙잡는다. 만일 그대가 그 걸인에게 저리 가라고 소리친다면 주위 사람들이 그대를 보고 참으로 냉정한 인간이라고 생각하리라는 것을, 걸인은 잘 알고 있다. 그래서 그대는 에고를 건지기 위해 몇 푼 적선을 할 수밖에 없다. 그가 걸인이기 때문에 적선을 해주는 것이 아니다. 그것은 자비의 마음으로부터 나오는 것이 아니다. 잘 기억하라. 그대가 그런 식으로 돈을 줄 때마다 걸인은 동료 걸인들에게 가서 자신이 얼마나 멋지게 그대를 속여 넘겼는가를, 자신이 얼마나 훌륭하게 그대를 바보로 만들었는가를 자랑할 것이다. 그는 비웃을 것이다. 그도 또한 그대가 왜 자기에게 돈을 주었는지 알기 때문이다. 그것은 자비의 마음에서 우러나온 것이 아님을 그 역시 잘 알고 있는 것이다.

자비의 마음으로 줄 때는 완전히 다른 이유가 있다. 상대방의 불행을 함께 느끼는 것이다. 그것을 마음속 깊이 느끼기 때문에 자신이 그 한 부분이 된다. 그의 불행을 느낄 뿐 아니라, 그 사람의 불행에 대해 책임감을 느낀다. 자기에게도 책임이 있다고 느끼는 것이다. 왜냐하면 전체는 부분에 대해 책임이 있기 때문이다. "나는 걸인이 존재할 수밖에 없는 사회가 만들어지는 데 기여를 하고 있다. 나는 착취를 일삼는 이 사회, 이 체제, 이 정부를 거들고 있다. 나는 그 사회의 일부분이며, 걸인은 희생자에 불과하다." 그대는 자비의 마음을 가질 뿐 아니라 책임감도 함께 느낀다. 그러므로 그에게 무엇이든 주지 않고는 마음이 놓이지 않는다. 또한 그 걸인에게 무엇인가를 주어도 그가 그대에게 감사해하기를 바라지 않는다. 만일 그것이 자비의 마음으로부터 나온 것이라면 오히려 그대가 그에게 감사할 것이다. 그대가 주는 것은 아무것도 아니라는 것을 알기 때문이다.

그러한 사회가 계속되고 있으며 그대는 걸인을 만들어 내는 사회에 크게 기여하고 있다. 그리고 자신이 가난한 사람들이 존재할 수밖에 없는 체제, 가난한 사람들 없이는 부자가 존재할 수 없는 이 체제의 일부분임을 알고 있다. 그리고 또한 자신에게도 부자가 되고 싶은 욕심이 있음을 잘 알고 있다. 그대는 그 모든 책임을 느끼고 죄책감을 느낀다. 그리고 그때 주는 행위는 완전히 다른 종류의 것이다. 그대가 걸인에게 5루피를 주었다고 해서 훌륭한 일을 했다고 생각한다면, 그때 예수는 말할 것이다.

"너희는 너희의 영에 해를 끼치는 것이다."

왜냐하면 자신이 무엇을 하고 있는지 모르기 때문이다. 사랑하는 마음으로 주며, 자비의 마음으로 주라. 그때 그것은 걸인에게 주는 것이 아니라, 적선을 베푸는 것이 아니라, 단지 그대의 친구와 서로 나누어 갖는 것과 조금도 다르지 않다. 걸인이 친구가 될 때 세상은 완전히 달라진다. 그때 그대는 결코 걸인보다 위에 서 있지 않으며, 걸인에게 결코 좋은 일을 하는 것이 아니고, 따라서 에고가 부풀지 않는다. 그 반대로 그대는 이렇게 느낀다.

'나는 아무것도 할 수 없다. 이런 적은 돈을 주는 것으로 큰 도움이 되는 것도 아니다.'

언젠가 이런 일이 있었다. 한 선사가 마을에서 멀리 떨어진 산속 오두막집에서 혼자 살고 있었다. 보름달이 뜬 어느 날 밤, 도둑이 그 오두막으로 몰래 숨어 들어왔다. 선사는 그것을 알고 몹시 염려가 되기 시작했다. 왜냐하면 선사가 가진 것이라곤 담요 한 장밖에 없었고, 그것은 실상 그의 옷이나 다름없기 때문이었다. 그는 너무나 상심한 나머지 담요를 문 앞에 내어 놓고 구석에 숨어 있었다.

도둑은 들어와서 주위를 둘러보았으나 훔쳐 갈 만한 것이라곤 아무것도 없었다. 실망한 도둑은 투덜거리면서 그곳을 빠져나가려고 했다. 그러자 선사가 소리쳤다.

"기다려요. 그 담요를 가져가시오. 정말 미안하오. 당신은 그토록 먼 길을, 그것도 이렇게 추운 밤에 찾아왔는데 여기에는 아무것도 없으니……. 다음에 올 때는 미리 알리고 오도록 하시오. 그러면 어떻게든 당신이 가져갈 수 있는 걸 준비해 두도록 하겠소. 어쨌든 그 담요를 가져가시오. 만일 그렇지 않으면 난 몹시 마음이 아플 거요. 날 생각해서라도 제발 거절하지 마시오."

도둑은 자신의 귀를 의심하지 않을 수 없었다. 그는 걱정이 되기 시작했다. 이곳 주인은 이상한 사람이었다. 이런 식으로 행동한 사람은 지금까지 없었다. 도둑은 그 담요를 들고 그곳을 떠났다.

그날 밤 선사는 창가에 앉아 달을 보며 시 한 편을 썼다. 그 시의 내용은 이런 것이었다.

"얼마나 아름다운 달인가! 저 달을 그 도둑에게 줄 수 있다면 얼마나 좋을까. 그 가난한 사람은 멀리서 여기까지 걸어왔는데."

선사의 눈에서 눈물이 흘렀다. 그는 마음이 아파 흐느껴 울었.

얼마 후 그 도둑이 다른 곳에서 도둑질을 하다 체포되었는데, 그 담요를 지니고 있는 것이 발견되었다. 그 담요는 매우 유명한 것이어서 누구나 그것이 선사의 담요임을 알고 있었다. 그래서 선사는 법정으로 불려가게 되었다. 재판관이 말했다.

"이자가 선사의 담요를 훔쳤지요? 그렇다고 한 마디만 하십시오. 그것으로 충분합니다."

선사는 말했다.

"아니오. 이 사람은 도둑이 아닙니다. 전에 한번 내 오두막을 방문한 적이 있지요. 하지만 그는 도둑질 같은 것은 하지 않았소. 이 담요는 내가 그에게 준 것이오. 거의 누더기가 될 만큼 낡은 것인데도 그는 스스럼없이 그것을 받아 주었소. 게다가 그는 고마워하기까지 했소. 나는 아직도 그때 뭔가 다른 것을 주지 못한 것을 미안하게 생각하고 있소."

예수는 말한다.

"그리고 너희가 자선을 베풀면

너희는 너희의 영에 해를 끼치는 것이다."

그대는 잘못된 이유를 가지고 베풀기 때문이다. 선한 행위라도 잘못된 이유를 가지고 행할 수 있다. 그때 그대는 핵심을 놓친다. 과녁에서 완전히 빗나가는 것이다.

"너희가 어느 마을이든지 그곳을 지나갈 때
그곳 사람들이 너희를 받아들이면
그들이 너희 앞에 차려주는 것을 먹고
그들 중 병든 자가 있으면 그들을 치료하라."

예수는 제자들에게 두 가지를 말하고 있다. 첫째는 이것이다.
"사람들이 너희에게 무엇을 주든지 너희는 그것을 받으라. 무조건 받으라."
자이나교 승려들은 인도 밖으로는 나갈 수가 없었다. 불교는 크게 확장되었다. 세계의 절반이 불교를 믿게 되었다. 그러나 자이나교는 인도라는 나라에만 한정되어 버렸고, 신도 수는 3백만 정도밖에 되지 않는다. 마하비라와 붓다는 같은 경지에 도달한 사람들이었다. 그런데 왜 자이나교는 그 메시지를 나라 밖으로 전달할 수 없었는가? 그것은 자이나교의 승려들 탓이다. 그들은 나라 밖으로 나가지 않는다. 그들에게는 조건이 있다. 특정한 음식과 식사를 위한 까다로운 절차, 그들에게 식사를 바치는 특별한 몸가짐이라는 조건이 있다. 이런 사람들이 어떻게 나라 밖으로 나갈 수 있을까? 인도 안에서조차 그들은 단지 자이나교도들이 살고 있는 마을밖에 가지 않는다. 그들은 다른 사람들로부터는 결코 먹을 것을 받지 않기 때문이다. 특정 음식에 대한 이러한 편견 때문에 마하비라는 무용한 존재가 되어 버렸고, 세계는 이 위대한 존재로부터 아무 도움도 받을 수 없게 되었다.

예수는 그의 제자들에게 말하고 있다.

"너희가 어느 마을이든지 그곳을 지나갈 때
그곳 사람들이 너희를 받아들이면
그들이 너희 앞에 차려주는 것을 먹고……."

특정한 음식밖에 먹지 않는다고 조건을 붙여서는 안 된다는 것이다. 세상 속에서 그대의 행동은 조건이 없는 것이어야 한다. 조건을 붙이면 그대는 무거운 짐과 같은 존재가 되어 버린다. 예수의 제자들이 다른 사람들의 짐이 되지 않은 이유가 그것이다. 그들은 내놓는 음식은 무엇이든 먹었고, 어떤 옷을 받아도 입었으며, 어떤 기후 아래서도 살았고, 온갖 형태의 인종들과 거처를 같이 했다. 그들은 누구와도 친구가 되었다. 그렇게 해서 기독교는 들판의 불길처럼 번져 나갈 수 있었다. 이것은 제자들의 태도, 조건을 붙이지 않는 자세 때문이었다.

둘째, 예수는 오직 다음의 한 가지 일만 하라고 말한다.

"그들 중 병든 자가 있으면 그들을 치료하라."

그는 "그들에게 진리가 무엇인지 가르쳐 주라."고 말하지 않는다. 결코 그는 그렇게 말하지 않는다. 그런 말은 정말 쓸모없는 말이다. 그는 "사람들로 하여금 나의 메시지를 믿게 하라."고 말하지 않는다. 그것은 쓸모없는 말이다. 그는 단지 이렇게 말한다. "병든 자를 고쳐 주라. 병든 자는 진리를 이해할 수 없기 때문이다. 어떻게 이해하겠는가? 그 영혼이 병들어 있을 때 어떻게 나의 메시지를 받아들일 수 있겠는가? 병든 자를 고쳐 주라. 그를 전체적인 인간으로 만들어 주라. 그것만으로도 충분하다."

일단 사람이 전체적이고 건강하게 되면 그에게는 진리를 이해할 힘이 생겨난다. 그는 예수를 이해할 수 있을 것이다.

"봉사하는 자, 치료하는 자가 되라. 가서 사람들이 치료되도록 도우라."

심리학적 관점에서 보면 모든 사람이 병들어 있다. 생리학적으로는 모두가 병든 것은 아닐지 모르지만 마음에 관한 한 모든 인간이 병들어 있다. 그리고 마음은 근본적인 치유가 필요하다. 예수는 말한다.

"마음의 의사가 되라. 가서 그들의 마음을 치료하라."

마음에 있어서 무엇이 문제인가 인식하라. 분리되어 있는 것, 분열되어 있는 것, 그것이 마음의 병이다. 분리가 완전히 사라지는 것, 그것이 바로 치유이다. 마음속에 수많은 대립되는 것들이 가득 차 있다면 그것은 병들어 있는 것이다. 그것은 하나의 군중, 미치광이들과 뒤섞여 있는 것과 같다. 그러나 마음속에 오직 '하나'만 있다면 그것은 치유가 된 것이다. 그 '하나'의 단계까지 결정화되지 않는 한 그는 계속 병든 채로 살아갈 것이다.

때로는 그대의 마음이 '하나'가 되는 어떤 순간이 있다. 그러한 순간은 우연히 찾아온다. 어느 날 아침, 이른 새벽에 일어났을 때, 모든 것이 새롭고 태양이 떠오르기 시작하고 있을 때, 세상 전체가 너무도 아름답기 때문에 그대는 하나로 통합된다. 외출할 일을 잊고 회사로 나가야 한다는 것도 잊는다. 그리고 자신이 힌두교도라든가 회교도라든가 기독교도라는 사실을 잊는다. 자신이 아버지라든가 어머니, 아들이라는 사실을 잊는다. 이 세상일을 모두 잊어버린다. 태양이 너무도 아름다우며 아침이 너무도 신선하다. 그대는 그 속에 들어가 버린다. 하나가 되고 일체가 되는 것이다. 그 한순간 그대가 하나일 때, 마음은 완전하고 전체적이며 건강하다. 크나큰 환희가 자신의 존재 전체에 밀려오는 것을 느낀다. 이것은 우연히 일어날 수도 있지만, 그런 일들이 의식적으로 일어나게 할 수도 있다.

 마음이 하나일 때 높은 차원의 것은 스스로 드러나고 낮은 차원의 것들은 조용히 가라앉는다. 이것은 학교에서 일어나는 일과 비슷하다. 교장이 학교에 있을 때는 교사들도 잘 가르치고 학생들도 열심히 공부하며 그곳에는 질서가 존재한다. 그러나 교장이 외출을 하면 교사들이 최고의 권위를 갖게 되어 질서가 흐트러지기 시작한다. 낮은 차원의 에너지가 움직이기 시작해 담배를 피우거나 차를 마시고 잡담을 늘어놓기 시작한다. 교사들까지 외출해 버리면 교실은 마치 미치광이들이 모인 것처럼 난장판이 되어 버린다. 그때 다시 교사가 들어오면 갑자기 모든 상황이 변한다. 더 높은 차원의 에너지가 들어옴으로써 혼돈 상태가 사라지는 것이다.

 이 혼돈 상태의 무질서는 단순히 높은 차원의 힘의 부재를 의미한다. 혼돈이 없고 조화가 있다는 것은 높은 차원의 힘이 존재하고 있음을 보여 준다. 그대의 마음은 혼돈 상태 속에 있다. 더 높은 지점이 필요하다. 더 높은 결정화가 필요하다. 그대는 학교를 다니는 아이와 같다. 그대의 마음은 난장판이 된 교실이다. 그곳에 교사가 없는 것이다. 그대가 한 중심으로 통합될 때, 그 즉시 더 높은 차원의 기능이 시작된다.

그래서 예수는 말한다.

"치료하라."

'치료하다heal'는 단어는 '전체whole'라는 단어와 같은 어원에서 나왔다. 그리고 '신성하다holy'는 말 역시 '치료하다'나 '전체'와 어원이 같다. 치료하라, 그러면 전체적으로 될 것이다. 그리고 전체적이 될 때 그대는 신성한 존재가 된다. 이것이 전 과정이다. 마음은 중심이 없기 때문에 병들어 있다. 그대는 마음속에 중심을 가져 본 적이 있는가? "이 중심이 바로 나다."라고 말할 수 있는가? 마음의 중심은 순간마다 변한다. 아침 무렵에는 그대는 화가 나 있었다. 그때 그대는 그 화를 내는 것이 자신이라고 느꼈다. 오후에는 사랑이 가득한 감정을 갖게 되고 그때는 "사랑하는 것이 나다."라고 생각한다. 도대체 그대의 내면에는 중심이 있는 것인가? 아니면 단지 유령처럼 배회하는 군중인가?

지금의 그대에게는 중심이 없다. 아직 그곳에 중심은 존재하지 않는다. 그리고 중심이 없는 인간은 병든 인간이다. 건강한 사람은 중심을 가진 사람을 말한다. 예수는 말한다. "사람들에게 중심을 주라." 그렇게 되면 주위에 어떤 혼란이 일어날지라도 내면에는 하나의 중심이 존재한다. 하루 24시간 중심을 갖고 존재할 수 있는 것이다. 그대 안에 무엇인가 지속적인 실체로 남아 있다. 그리고 그러한 지속적인 실체가 바로 그대의 자아가 될 것이다.

그것을 이런 식으로 보라. 존재에는 세 개의 층이 있다. 한 개의 층은 대상의 층, 즉 객관적 세계이다. 주위 모든 세계에 대해 그대의 감각 기관은 끊임없이 보고를 한다. 눈은 보고 귀는 들으며 손은 만진다. 이 객관적 세계가 존재의 맨 처음 층이다. 만일 이 층 속에 갇혀 버리면 그대는 가장 표면적인 층에서 만족하게 된다. 두 번째 층은 내면에 존재한다. 정신, 마음의 층이다. 생각, 감정, 사랑, 분노, 느낌……. 이것들은 모두 두 번째 층에 속한다. 첫 번째 층은 누구에게나 공통된 층이다. 예를 들어 손에 돌을 하나 들고 있다고 한다면 그대는 그것을 볼 수 있다. 그것은 공통적인 대상물이다. 그러나 그대의 마음속에 무엇이 있는지는 누구의 눈으로도 볼 수 없다.

그대가 나를 본다 해도 그대는 결코 나를 보는 것이 아니다. 단지 내 육체를 보고 있을 뿐이다. 내가 그대를 보더라도 마찬가지이다. 나는 결코 그대를 보지 않는다. 나는 그대의 육체를 볼 뿐이다. 그대 아닌 다른 사람은 그대의 행동밖에는 보지 못한다. 어떻게 행동하고, 무엇을 하는가, 어떻게 반응하는가를 볼 뿐이다. 다른 사람은 그대의 얼굴 위에 나타난 분노는 볼 수 있다. 흥분한 얼굴 위에 나타난 잔인한 표정이나 눈동자 속의 폭력성은 볼 수 있다. 그러나 그대의 마음속에 있는 분노 그 자체를 보지는 못한다. 다른 사람은 그대가 육체로 표현하는 사랑의 동작을 볼 수는 있다. 그러나 사랑 그 자체는 볼 수 없다. 그대는 단지 동작을 할 뿐 사랑의 감정은 전혀 없을지 모른다. 그대는 단지 행동만으로써 다른 사람을 속일 수도 있다. 그리고 그것이 그대가 지금까지 해온 것이다.

육체는 누구라도 볼 수 있지만 마음은 아무도 볼 수 없다. 대상물의 세계는 공통적이며, 이것은 과학의 세계이다. 과학의 세계에서는 그것이 유일한 실체라고 주장한다. 그 이유는 이것이다.

"우리로서는 다른 사람의 생각에 대해 알 수 없다. 그것이 정말 존재하는지 아닌지 아무도 모른다. 오직 본인만 그것이 존재한다고 주장할 따름이다. 생각의 세계는 공통된 것이 아니다. 객관적인 것이 아니다. 그것에 대한 실험은 불가능하며, 볼 수도 없다. 당신이 그것에 대해 보고를 한다 해도 당신이 우리를 속이고 있는 것인지도 모른다. 아니면 그대 자신이 속고 있는 것인지도 모른다. 누가 아는가?"

생각은 물질은 아니지만 그것이 존재한다는 것을 그대는 잘 알고 있다. 존재하는 것은 물질만이 아니다. 생각 역시 존재한다. 다만 생각은 개인적이고 사적인 것이며, 누구에게나 공통된 것이 아닐 뿐이다.

바깥쪽 층, 곧 첫 번째의 표면층은 과학을 낳는다. 두 번째 층, 생각과 느낌의 층은 철학과 시를 낳는다. 그러나 이것이 전부인가? 물질과 마음뿐인가? 이것뿐이라면 그대는 결코 중심을 갖지 못한다. 왜냐하면 마음은 언제나 흐르기 때문이다. 마음은 중심을 갖고 있지 않다. 어제 그대는 어떤 생각을 가졌지만 오늘은 또 다른 생각들을 가지고 있다. 내일은 또 다른 생각들을 할 것이다. 그것은 마치 강물과 같다. 그 속에 중심은 없다.

마음속에서 중심을 찾는 것은 불가능하다. 생각과 느낌은 끊임없이 변하는 하나의 흐름이다. 따라서 그대는 언제나 병들어 있을 수밖에 없다. 불안하고, 결코 전체적일 수 없다. 그러나 존재에는 또 하나의 층, 가장 깊은 층이 있다. 첫 번째 층은 대상물의 세계, 과학의 세계이다. 두 번째 층은 사고의 세계, 철학이나 시, 생각이나 느낌의 세계이다. 그리고 세 번째의 층, 종교의 세계가 있다. 그것은 지켜보는 자의 세계이다. 생각을 지켜보고, 물질을 지켜보는 자의 세계이다.

그 지켜보는 사람은 단 한 사람이다. 두 사람일 수가 없다. 그대가 집을 바라보거나 눈을 감고 마음속으로 그 집을 그려 보거나 그 보는 사람은 동일하다. 그대가 분노를 바라보거나 사랑을 바라보거나 그 바라보는 자는 똑같다. 그대가 슬프거나 행복하거나, 삶이 시와 같거나 악몽과 같거나 차이가 전혀 없다. 바라보는 자는 동일하다. 지켜보는 자는 똑같다. 이 지켜보는 자야말로 유일한 중심이며, 그리고 이 지켜보는 것이 곧 종교의 세계이다.

예수가 "가서 사람들을 치료하라."고 말할 때 그는 이렇게 말하고 있는 것이다.

"가서 사람들에게 그들의 중심을 찾게 하라. 그들로 하여금 자신을 지켜보는 자가 되게 하라. 그렇게 하면 그들은 이 세상에도 휘말리지 않고, 자기의 생각에도 휘말리지 않을 것이다. 그들은 자신의 존재 내부에 뿌리를 내릴 것이다."

자기 존재 내부에 뿌리를 내리면 그때는 모든 것이 변한다. 질적으로 변하는 것이다. 그때 기도할 수 있다. 그때는 잘못된 이유로 기도하지 않는다. 그때 기도는 감사의 기도가 될 것이다. 그때 그대는 걸인이 아니라 모든 것을 너무 많이 가지고 있는 황제처럼 기도할 것이다. 그때 그대는 주지만 자신의 에고를 위해서가 아니라 자비의 마음으로부터 나누어 줄 것이다. 나누어 준다는 행위의 아름다움 때문에, 주는 것이 크나큰 기쁨을 가져다주기 때문에 줄 것이다. 그때 금식도 할 수 있을 것이다. 그러나 그 금식은 먹는 것에 사로잡혀 있는 행위가 아니라 완전히 다른 행위가 될 것이다.

그야말로 마하비라의 금식이 될 것이다. 완전히 질적으로 다른 금식, 육체를 완전히 잊어버린 나머지 때로 배고픔조차도 느끼지 못하는 금식이 될 것이다. 육체로부터 너무나 멀리 떨어져 있기 때문에 육체는 배고픔을 알릴 수조차 없을 것이다. 산스크리트어에서 금식이라는 단어는 매우 아름답다. 그것은 '우파바스'라는 말인데, 이 단어 속에는 먹는다든가 먹지 않는다는 의미는 전혀 없다. 그 속에 금식의 의미는 전혀 없다. 이 단어의 의미는 단순히 '자기 자신 가까이에서 산다'라는 것이다. 우파바스는 자기 자신의 가까이에서 존재한다는 의미이다. 그대가 중심 깊이 뿌리를 내려 마치 육체가 존재하지 않는 것처럼 육체를 완전히 잊어버리는 순간이 찾아온다. 그때 그대는 배고픔을 느낄 수가 없다. 그때 진정한 금식이 일어나는 것이다. 그것은 저절로 일어나는 것이지 행하는 것이 아니다.

그대는 수많은 날들을 이렇게 중심에 뿌리내리고 존재할 수 있다. 라마크리슈나(한 수행자의 설교에 큰 감동을 받아 수행을 시작했으며, 유년 시절부터 무아 상태에 자주 빠져들었다. 현대 인도의 가장 위대한 스승으로, 모든 종교의 조화를 가르쳤다)에게 일어난 일이 그것이다. 그는 존재의 황홀경에 빠져 6, 7일 동안 같은 자세로 움직이지 않고 앉아 있곤 했다. 서 있었으면 서 있는 채로 그대로 며칠을 보내곤 했다. 제자들이 그를 강제로 눕혀야만 했다. 제자들이 그에게 억지로 물이나 우유를 먹여야만 했다. 그는 마치 자신이 존재하지 않는 것처럼 그곳에 있었다. 이것이 금식이다. 이미 육체 속에 존재하지 않는 것이다.

육체 속에 존재하면서 또한 더 이상 육체 속에 존재하지 않는다. 그러나 이것은 행위로 할 수 있는 것이 아니다. 어떻게 그렇게 할 수 있겠는가? 행위는 무엇이든 육체를 통해서만 가능하기 때문에 무엇을 하더라도 육체를 사용해야만 한다. 그러나 이 금식은 행할 수 있는 것이 아니다. 비육체적인 것이기 때문이다. 저절로 일어날 수는 있다. 그것이 마하비라에게, 예수에게, 마호메트에게 일어났다. 그대에게도 일어날 수 있다.

예수는 말한다. "사람들 속으로 들어가라. 그래서……."

"그들이 너희 앞에 차려주는 것을 먹고
그들 중 병든 자가 있으면 그들을 치료하라.
너희의 입으로 들어가는 것은
너희를 더럽히지 않지만
너희의 입으로부터 나오는 것이
너희를 더럽히기 때문이다."

이것은 매우 중요한 말이다. 음식이 순수하지 않아도, 가령 접촉해서는 안 될 불가촉천민 수드라의 손이 닿았다고 해도, 생리 중의 여성이 지나가서 음식 위로 그녀의 그림자가 가로질러 갔다 해도, 그런 것에는 결코 마음을 쓰지 말라는 것이다. 중요한 점은 그대가 안으로 무엇을 들이는가가 아니라 그대의 내면으로부터 무엇을 내놓는가에 있다. 왜냐하면 내놓는 것이야말로 그대의 본질을 나타내는 것이며, 그대가 받아들인 것을 내적으로 어떻게 변형시키는가가 핵심적인 일이기 때문이다.

연꽃은 진흙탕 속에서 태어난다. 진흙탕은 변형되어 한 송이 연꽃이 된다. 연꽃은 결코 "나는 더러운 진흙물 따위는 먹지 않아." 하고 말하지 않는다. 그것은 문제가 되지 않는다. 만일 그대가 한 송이 연꽃이라면 그 어떤 것도 더럽지가 않다. 그대에게 연꽃의 능력이 있다면, 변형시킬 힘과 연금술 능력이 있다면, 진흙탕 속에 있다 해도 한 송이 연꽃이 피어날 것이다. 그러나 만일 연꽃의 질을 갖고 있지 않다면, 황금 속에서 살고 있다 해도 그대에게서는 진흙탕이 흘러나올 뿐이다. 무엇이 들어가는가는 핵심이 아니다. 그대가 존재 안에 중심을 내리고 있다면, 무엇이 들어가더라도 변화시키고 변형시킬 수 있다는 것이 핵심이다. 그대에게 들어간 것은 그대 존재의 본질을 흡수하고는 밖으로 나올 것이다.

붓다는 그의 생애 중에 사고로 독을 먹게 되었다. 음식에 들어 있는 독이었는데, 어디까지나 우연한 사건이었다. 붓다를 마음 깊이 흠모하던 한 가난한 남자가 있었다. 그는 붓다를 자신의 집에 초대해 한 번이라도 대접을 하는 것이 평생소원이었다. 그는 며칠을 기다리다가 어느 날 아침 일찍, 새벽 네 시에 붓다가 잠자고 있는 나무 밑 근처로 와서 붓다가 잠이 깨길 기다리며 서 있었다. 그래야만 붓다를 첫 번째로 초대하는 사람이 될 수 있기 때문이었다. 붓다가 눈을 뜨자 그 남자는 말했다.

"부디 저의 초대를 받아 주십시오. 저의 집은 가난하여 대단한 것을 해드리진 못하지만, 이 날을 위해 저는 몇 해 동안 준비해 왔습니다. 당신께서 저의 집에서 식사를 하시는 것이 저의 오랜 소원이었습니다."

붓다는 그의 초대를 받아들였다. 바로 그때 마을의 촌장이 마차와 하인들을 거느리고 나타나 붓다에게 절을 하며 함께 가기를 청했다. 그러자 붓다는 말했다.

"미안하지만 당신의 초대는 받아들일 수 없소. 당신의 저택에는 나의 제자들을 데리고 가도록 하시오. 난 이미 다른 초대를 받아들였소. 내가 눈을 떴을 때 이 남자가 첫 번째로 나를 초대해 주었으므로 난 이 남자와 함께 가야만 하오."

촌장은 그 남자의 초대는 좋지 않다고 하면서 붓다를 설득하려고 했다.

"이 사람이 당신께 무엇을 대접할 수 있겠습니까? 자기 아이들조차 먹을 것이 없어서 굶기고 있는 사람입니다."

붓다는 말했다.

"그것은 중요한 것이 아니오. 그가 나를 초대했으니 난 그의 집으로 갈 것이오."

그 남자는 무엇을 준비했는가? 비하르 지방과 인도의 다른 궁핍한 지방에서는 우기 동안에 먹을 것을 모은다. 그들은 땅 위로 싹이 돋아난 것이면 무엇이든 채취해 저장해 둔다. 일종의 꽃처럼 넓은 우산 모양을 한 식물인 쿠카르무타는 버섯의 일종인데, 사람들은 그것을 따 말려서 저장한다. 이것이 그 근방의 가난한 사람들에게 유일한 채소인데, 때로 독이 든 것이 섞이기도 한다.

그 남자도 붓다를 위해 이 쿠카르무타를 저장해 두었다. 그는 버섯을 말려 요리를 했다. 그러나 그것을 먹기 시작했을 때, 붓다는 그것에 독이 들어 있음을 알았다. 독 특유의 맛이 섞여 있었기 때문이다. 그러나 붓다는 계속해서 그 음식을 먹었다. 만일 붓다가 독이 들었기 때문에 그 음식을 먹지 않겠다고 말한다면, 달리 대접할 것이라곤 아무것도 없는 그 남자는 깊은 마음의 상처를 받을 것이기 때문이었다. 그래서 붓다는 계속 음식을 먹으며 독의 쓴맛이 있다고는 한 마디도 하지 않았다. 그래서 그 남자는 참으로 행복해 했다. 붓다가 제자들에게 돌아왔을 때는 이미 온몸에 독이 퍼져 있었다. 의사는 대단히 위험한 상태라고, 독이 이미 혈관 속으로 침투해 들어갔기 때문에 아무 처방도 할 수 없으며 곧 죽게 될 것이라고 말했다.

붓다가 한 첫 번째 일은 이것이었다. 붓다는 제자들을 모이게 하고 말했다.

"그 남자는 평범한 인물이 아니라, 매우 특별한 존재다. 내게 처음으로 음식을 준 사람은 나의 어머니이지만, 최후의 음식을 준 사람은 그 남자이다. 그러므로 그는 나의 어머니와 같다. 그를 존경하라. 어머니는 내가 이 세상에 들어오는 것을 도왔지만, 그는 내가 또 다른 세계로 들어가는 것을 도왔다. 단 두 사람만이 이러한 기회를 가질 수 있다. 그러니 사람들에게 가서 그는 위대한 인물이라고 알리도록 하라."

이 말을 들은 제자들은 큰 혼란에 빠졌다. 그들은 그 남자를 죽이려고까지 생각했기 때문이다. 제자들이 물러간 후 아난다가 붓다에게 말했다.

"대체 무슨 말씀입니까? 저희들은 그런 일을 할 수는 없습니다. 그는 살인자입니다. 그런데도 그를 숭배하라니요? 왜 그런 말씀을 하십니까?"

붓다는 말했다.

"나는 너희들을 잘 안다. 너희들은 그를 죽일 것이다. 그렇기 때문에 나는 말하는 것이다. 가서 그를 경배하라고. 붓다에게 최후의 음식을 주는 것, 그것은 좀처럼 일어나기 힘든 귀한 기회이기 때문이다……."

붓다에게 주어진 것은 독이었으나 그것에서 피어난 것은 사랑이었다. 이것이 바로 연금술이다. 그는 자기를 죽게 한 남자에게서 자비를 느꼈다. 깨달은 자에게는 설령 독이 주어진다 해도 그에게서 나오는 것은 사랑뿐이다.

예수는 말한다.

"너희의 입으로 들어가는 것은
너희를 더럽히지 않지만……."

가령 독이라도 그대를 더럽힐 수는 없다.

"너희의 입으로부터 나오는 것이
너희를 더럽히기 때문이다."

그러므로 어떻게 변형시킬 것인가에 대해 기억하라. 만일 누가 그대를 모욕했다면 그 사람은 그대에게 모욕을 먹게 한 것이다. 하지만 그것은 그대를 더럽히지 않는다. 그러나 그대에게서 나오는 것은 무엇인가? 그대는 이 모욕을 변형시켰는가? 그대에게서 나오는 것은 사랑인가, 아니면 미움인가?

그래서 예수는 말한다.

"너희로부터 무엇이 나오는가에 대해 관심을 가지라. 무엇이 들어가는가는 생각하지 말라."

그대 역시 그것을 기억해야 한다. 그렇지 않으면 그대의 접근 방법 전체가 잘못될 수 있기 때문이다. 만일 들어오는 것만을 계속해서 생각한다면, 사물을 변형시킬 수 있는 능력을 결코 발전시키지 못할 것이다. 그렇게 되면 모든 것이 외부적인 것에 의존하게 된다. 순수한 음식, 이런 음식 저런 음식을 따지고, 아무나 그대의 몸을 건드려서는 안 된다고 생각한다. 그대는 최고 계급이고, 순수한 영혼인 것이다. 그때 모든 것이 터무니없는 짓이 되어 버린다. 진정한 문제는 무엇이 들어오는가가 아니다. 진정한 문제는 자기 안으로 들어온 것을 변형시켜야만 한다고 기억하는 것이다.

아디 샹카라차리아(8세기 말 9세기 초의 힌두 철학자로 영혼과 신이 하나임을 바탕으로 비원론을 가르쳤다)가 바라나시(북인도 갠지스 강 유역의 오래된 도시)에 있을 때의 일이다. 어느 날 아침, 그는 갠지스 강에서 강이 자신을 정화시켜 주리라고 생각하면서 전통적인 바라문 식대로 목욕 의식을 했다. 목욕을 마치고 돌아오던 중 접촉해서는 안 되는 수드라 천민 하나가 그를 스치며 지나갔다. 샹카라차리아는 매우 화가 나서 소리쳤다.

"이게 무슨 짓이냐? 네가 나를 더럽혔기 때문에 다시 한 번 목욕을 해야 하지 않느냐."

그러자 그 수드라는 말했다.

"그렇다면 당신의 갠지스 강은 가치가 없는 것입니다. 만일 갠지스 강이 깨끗하다면 당신은 지금 새롭고 순결해져 있을 것입니다. 그런데 내가 건드린 것만으로도 당신이 다시 더러워졌다면, 내가 갠지스 강보다 더 힘이 센 것입니까?"

그 수드라는 계속해서 말했다.

"당신이 아는 것은 어떤 형태의 것입니까? 나는 당신이 모든 사람 안에 하나의 신이 존재한다고 말하는 것을 들었습니다. 만일 그렇다면 한 가지 묻고 싶군요. 내 육체가 닿음으로써 당신은 더럽혀졌습니까? 그렇다면 내 육체가 당신의 영혼을 만질 수 있다는 의미입니다. 그런데 분명 당신은 육체란 단지 하나의 환영, 꿈과 같은 것이라고 말한 적이 있습니다. 그러면 어떻게 꿈이 실체와 접촉할 수 있는 겁니까? 더구나 어떻게 꿈이 실체를 더럽힐 수 있습니까? 없는 것이 어떻게 있는 것을 더럽힐 수 있습니까? 혹은 당신이 만일 당신을 더럽힌 것은 내 육체가 아니라 내 영혼이다, 영혼은 영혼에 접촉할 수 있기 때문이라고 말한다면 한 가지 더 묻고 싶군요. 나는 브라흐마(궁극의 자기)가 아니란 말입니까? 그렇다면 도대체 누가 당신을 더럽혔는지 가르쳐 주시겠습니까?"

그러자 샹카라차리아는 머리 숙여 절을 하고 말했다고 한다.

"지금까지 나는 단지 '하나의 신'에 대해서만 생각해 왔을 뿐이오. 그것은 단지 하나의 철학일 뿐이었소. 이제야 당신이 올바른 길을 가르쳐 주었소. 이제 나를 더럽힐 수 있는 자는 아무도 없소. 이제야 이해가 되었소. 하나만 존재한다는 것을. 오직 하나만 존재한다는 것을. 그 똑같은 것이 내 안에, 그리고 당신 안에 존재한다는 것을."

이 일이 있고 나서 샹카라차리아는 그 수드라가 어떤 사람인지 찾아내려고 애를 썼다. 그러나 온갖 방법을 다 써도 그 남자가 누구인지 도저히 알아낼 수 없었다. 그 남자는 신 자신이었을지도, 근원 그 자체였을지도 모른다고 전해지고 있다. 어쨌든 샹카라차리아는 탈바꿈되었다.

그대 속으로 들어가는 것은 그대를 더럽히지 못한다. 들어가는 것이 무엇일지라도 육체 속으로 들어갈 뿐이기 때문이다. 그 어느 것도 존재 내면으로 들어갈 수 없다. 순결함은 그토록 절대적인 것이다. 그러나 그대 속에서 나오는 것은 무엇이든 그대의 본질과 존재의 향기를 나타낸다. 만일 분노가 그대로부터 흘러나온다면 그것은 내면에서 병들어 있다는 증거이다. 미워하는 마음이 터져 나온다면 그것은 그대 내부가 전체적이지 못하다는 증거이다. 사랑과 자비, 빛이 흘러나온다면 그것은 그대가 전체성을 획득했음을 나타내는 증거이다.

나는 그대가 이 이상한 말들을 이해하기를 바란다. 오해하기 쉽다. 예수 같은 인물에 대해서는 오해가 항상 일어난다. 이해한다는 것이 오히려 거의 불가능하다. 그 이유는 그는 언제나 진리를 말하지만, 그대가 진정으로 들을 준비가 되어 있지 않고, 중심에 뿌리내리지 못했기 때문이다. 또한 진리는 언제나 역설적으로 말해지기 때문이다.

그대는 마음을 통해 이해하며, 마음은 언제나 온갖 것들로 뒤섞여 있기 때문에 혼란스럽게 해석할 수밖에 없다. 그때 예수의 이 말은 위험한 말일 수밖에 없다. 예수의 이 말들을 공인된 성경에는 기록되어 있지 않다. 이 말들은 지금까지 한쪽으로 제외되어 있었다. 그의 이 말들은 너무도 위험하기 때문이다. 기록은 남아 있지만, 공인된 성경, 기독교인들이 믿고 있는 성경에는 적혀 있지 않다. 그러나 예수가 한 말들은 많은 사람들에 의해서 기록되었고, 이 말들 또한 기록되어 살아남았다. 그러다가 약 20년 전 이집트의 동굴 속에서 발견되었다.

　우리가 지금 이야기하고 있는 예수의 이 말들은 모두 새로 발견된 그 기록에서 나왔다. 이 말들은 공인된 성경에서 인용한 것이 아니다. 공인된 이야기들은 결코 옳은 것일 수가 없다. 그것은 불가능한 일이다. 종교가 한번 조직화되면 그 종교의 정신은 죽는다. 조직과 더불어 그 심장의 맥박은 더 이상 뛰지 않는다. 게다가 그곳에는 기득권층이 있다. 바티칸의 교황에게서 이런 말을 들을 수 있을까? "만일 너희가 금식을 하면 너희는 자신에게 죄를 짓는 것이다." 만일 그가 그런 말을 한다면 아무도 금식하지 않을 것이다. "만일 너희가 기도를 하면 너희는 유죄 판결을 받을 것이다." 하고 그가 말할 수 있을까? 그러면 아무도 기도하지 않을 것이다. 아니면 "만일 너희가 자선을 베풀면 너희는 자신의 영혼에게 나쁜 짓을 하는 것이다."라고 그가 말할 수 있을까? 그가 그런 말을 한다면 헌금을 내는 사람은 하나도 없을 것이다. 그렇게 되면 저렇게 큰 조직과 교회들이 어떻게 유지될 수 있겠는가?

　기독교는 세계 최대의 조직을 갖고 있다. 가톨릭의 사제만도 120만 명이나 되며, 이 지구상 그 어디를 가나 수많은 교회들이 세워져 있다. 가톨릭 계통의 기독교는 현재 존재하는 조직 중에서 가장 부유한 조직이다. 한 나라의 정부조차도 그토록 풍족하지 못하다. 어떤 정부나 파산 상태에 있다. 그러나 로마의 교황은 세계 최고의 부자이다. 바티칸은 세계 곳곳으로 뻗어나가는 최대의 조직을 가진 유일한 세계적인 국가이다. 눈에 띄진 않지만, 그 안에서 무수히 많은 사람들이 그림자처럼 일을 하고 있다.

어떻게 이런 거대한 조직이 가능하게 되었을까? 이것은 모두 헌금을 통해서 가능하게 되었다. 만일 기독교인들이, 예수가 "주지 말라. 주게 되면 너희의 영혼에 나쁜 짓을 하는 것이다."라고 말했다는 것을 안다면 어떻게 행동할까? 나아가 그들의 교회는 기도를 하기 위한 장소이기도 하다. 따라서 만일 그들이, "기도하지 말라. 그렇지 않으면 너희는 유죄를 선고받을 것이다."라고 예수가 말했다는 것을 안다면, 누가 기도하러 교회에 갈 것인가? 그리고 만일 기도도 하지 않고 금식도 하지 않으며, 의식도 치르지 않고, 자선을 베풀거나 헌금을 내는 것도 금지한다면, 어떻게 성직자가 존재할 수 있을까? 예수는 모든 조직화된 종교의 토대를 부숴 버린다. 그때 비로소 예수는 존재할 수 있다. 그러나 그때 기독교는 존재할 수 없다.

여기에서 우리가 이야기하고 있는 예수의 말들은 공인된 성경에는 기록되어 있지 않다. 그 말들은 삭제되었음이 틀림없다. 그대 역시 이 말들을 오해할 수 있다. 그러나 내가 말하는 것을 느낄 수 있다면 그대 또한 이해할 수 있을 것이다. 예수는 기도에 반대하는 것이 아니다. 그는 거짓된 얼굴들에 반대하는 것이다.

그대 존재로부터 진실된 것이 흘러나와야 한다. 그것을 위해서는 무엇보다 먼저 그대가 변화되고 변형되어야 한다. 오직 그때만 어떤 행위를 해도 선한 행위가 된다.

누군가 성 아우구스티누스(초대 그리스도교가 낳은 위대한 철학자이며 사상가. 〈고백록〉의 저자)에게 이런 질문을 했다.

"우리는 무엇을 해야 합니까? 나는 배운 것도 없는 사람이니 가능한 짧고 이해하기 쉽게 말해 주십시오."

그러자 아우구스티누스가 말했다.

"그렇다면 말할 것은 단 한 가지뿐이다. 사랑하라! 사랑한다면 그대가 무엇을 할지라도 올바른 것이 될 것이다."

만일 그대가 사랑을 한다면 물론 그때는 무엇이든 올바른 행위가 된다. 그러나 사랑이 없으면 모든 것이 잘못된 행위가 된다.

사랑은 에고의 사라짐을 의미한다. 사랑은 감사로 충만함을 의미한다. 사랑은 존재의 환희를 의미한다. 존재를 통해 살고 행위를 통해 살지 말라는 말의 의미가 그것이다. 행위는 표면의 것이지만 존재는 내면 깊은 층에 속한 것이기 때문이다.

모든 행위가 그대의 존재로부터 흘러나오게 하라. 자신의 행위를 다스리거나 통제하려고 하는 대신, 그대 존재를 변화시켜라. 진정한 것은 그대가 무엇을 하는가가 아니다. 진정한 것은 그대가 어떤 존재인가 하는 것이다.

6
잃어버린 한 마리 양

ΠΕΧΕ ΙC ΧΕ ΤΜΝΤΕΡΟ ΕCΤΝΤωΝ
ΕΥΡωΜΕ ÑϢωC ΕΥÑΤΑϤ ΜΜΑΥ
ÑϢΕ ÑΕCΟΟΥ ΑΟΥΑ ÑϨΗΤΟΥ

그의 말하는 방식, 그의 행동 방식이 사회 구조를 위협했기 때문에
예수는 십자가에서 처형을 당했다.
뛰어난 사람들, 가장 나은 인물들만이 길을 잃는다.
그대에게는 자신의 의식이라고 할 만한 것이 있는가.
아니면 자신이 태어난 사회의 일부로서 살고 있을 뿐인가.
신은 길을 잃은 자를 더 사랑한다. 길을 잃지 않았다면
그대는 평범한 사회 적응자에 지나지 않는다.

여섯 번째 말씀

예수께서 말씀하셨다.
"그 나라는 백 마리의 양을 가진 양치기와 같다.
그중 가장 큰 양 한 마리가 길을 잃었다.
양치기는 아흔아홉 마리를 그대로 둔 채
그 길 잃은 양 한 마리를 찾아 나서지 않겠느냐.
지칠 대로 지친 후에 양을 찾으면
그 사람은 그 양에게 말할 것이다.
'나는 다른 아흔아홉 마리의 양보다 너를 더 사랑한다.'"

　지금까지 가장 수수께끼로 여겨져 온 문제 중 하나는 이것이다. 죄인들, 곧 잘못된 길로 빗나간 사람들에게는 무슨 일이 일어날 것인가? 신과 죄인 사이의 관계는 무엇인가? 죄인은 과연 벌을 받게 될 것인가? 지옥이란 존재하는가? 왜냐하면 모든 성직자들은 죄인은 지옥에 던져져서 벌을 받게 될 것이라고 주장하고 있기 때문이다. 하지만 신이 인간에게 벌을 줄 수 있을까? 신에게는 그만한 자비심이 없는 것일까? 만일 신이 용서를 할 수 없다면 누가 용서할 수 있을 것인가?

　이 의문들에 대해서는 많은 대답이 나와 있다. 하지만 예수의 대답이 가장 아름답다. 예수의 이 말로 들어가기 전에 이해해야 할 것이 있다. 그것들이 그대에게 기초적인 배경지식을 줄 것이다.

　우리는 누군가를 벌할 때, 어떻게 합리화를 시키든, 우리가 가진 실제 이유는 다르다. 그리고 실제 이유와 합리화시키는 것은 다르다는 점을 기억하라. 그대가 아버지 또는 어머니라고 하자. 그리고 그대의 아이가 그대가 인정할 수 없는 짓을 했다고 하자. 그 아이가 한 일이 옳은가 그른가는 문제가 아니다. 무엇이 옳고 무엇이 그른가를 누가 알 수 있는가? 그러나 그대는 그대가 인정할 수 없는 것은 무엇이든 잘못이라고 말한다. 그것이 정말로 잘못인가 아닌가는 중요하지 않다. '그대'가 인정할 수 있는 것은 옳은 일이다. 따라서 모든 것은 그대가 인정할 수 있는가 아닌가에 달렸다.

아이가 그릇된 길로 빗나가 그대의 관점에서 볼 때 잘못된 일을 했다면 그대는 아이에게 벌을 준다. 하지만 마음 깊은 곳에 있는 이유는 아이가 정말로 잘못을 저질렀기 때문이 아니라 아이가 그대에게 순종하지 않았다는 것 때문이다. 깊은 이유는 그대의 에고가 상처를 입었기 때문이다. 아이는 그대에게 반대를 하고 자기를 내세웠다. 권위와 힘을 가진 아버지를 향해 "아니오."라고 말한 것이다. 그렇기 때문에 그대는 아이를 벌주는 것이다. 이유는 그대의 에고가 상처받았기 때문이며, 따라서 벌은 일종의 보복이다.

하지만 그대는 다른 식으로 합리화시킨다. 그대는 아이가 잘못을 저질렀으므로 바로잡아야 한다고 말한다. 벌을 내리지 않으면 어떻게 바로잡을 수 있는가? 따라서 아이가 잘못된 길로 갔을 때는 바른 길로 걸어가도록 벌을 내려야 한다. 그리고 그대에게 순종하면 아이는 그만한 보상을 받을 것이다. 이것은 아이를 바른 삶으로 이끌기 위한 것이라고 그대는 말한다. 그러나 그것은 그대의 무의식 속에 있는 근본적인 이유는 아니다.

무의식 속에 있는 이유는 전적으로 다르다. 근본적인 이유는 아이를 그의 자리에 묶어 두기 위한 것이다. 아이의 마음속에 그대가 대장이고 아이가 대장이 아니라는 것을 심어 주기 위한 것이다. 무엇이 옳고 무엇이 그른가는 그대가 결정하는 것이고, 또한 방향을 주는 것도 그대이며, 아이는 자유롭지 않다는 것을 상기시키기 위한 것이다. 그대는 아이를 소유하고 있는 소유자이다. 따라서 그대에게 복종하지 않으면 벌을 받을 것이라는 것이다.

심층 심리학자들에게 물으면 그들은 모든 행동 속에서 이러한 '이유'와 '합리화'의 차이를 분명하게 이해해야만 한다고 말할 것이다. '합리화'는 매우 영리한 속임수이다. 그것은 진짜 '이유'를 숨기고 가짜 이유를 내놓는다. 그러나 표면적으로만 옳은 것처럼 보일 뿐이다. 이러한 일은 아버지와 아이, 어머니와 아이 사이에서만 일어나는 것이 아니다. 사회와 빗나간 구성원들의 관계에서도 일어난다. 감옥이 존재하고 법률이 존재하는 이유도 여기에 있다. 그것은 보복이다. 사회에 의해 가해지는 보복이다.

사회는 반항하는 자를 그대로 놓아둘 수 없다. 그는 사회 구조 전체를 파괴할 것이기 때문이다. 그가 옳을 수 있다. 아테네 사회는 소크라테스를 그대로 놓아둘 수 없었다. 아테네 사회는 그를 묵인할 수 없었다. 만일 그를 인정하면 사회 구조 전체가 붕괴해 버릴 것이기 때문이었다. 그렇게 되면 사회는 더 이상 지속하지 못할 것이다. 따라서 소크라테스는 사회의 희생물이 될 수밖에 없었다.

예수 또한 십자가에서 처형을 당했다. 그가 무엇을 말했든 그것이 틀렸기 때문이 아니다. 이 지상에서 그토록 진실한 말을 한 사람은 없었다. 그러나 그는 사회의 희생물이 되었다. 그의 말하는 방식, 그의 행동하는 방식이 사회 구조를 위협했기 때문이다.

사회는 이러한 것을 방치해 둘 수 없기 때문에 벌을 내린다. 그러나 사회는 또한 그럴듯하게 합리화한다. 사회는 어디까지나 그대를 바로잡기 위해서이고 그대 자신을 위해 벌하는 것이라고 말한다. 하지만 누구도 선이 이루어졌는가 아닌가에 대해선 고민하지 않는다. 우리는 수천 년에 걸쳐 범죄자에게 벌을 주어 왔다. 그러나 누구 한 사람 그 범죄자들이 형벌을 통해 변화되었는가에 대해선 신경 쓰지 않는다. 범죄자는 계속 증가한다. 감옥이 늘어남에 따라 범죄자도 늘어난다. 법이 늘면 느는 만큼 범죄자도 늘어난다. 법원 숫자가 늘어날수록 처벌의 숫자도 많아진다. 그 결과는 완전히 터무니없는 것이 되어 버렸다. 더 많은 범죄가 생겨난 것이다.

무엇이 문제인가? 범죄자 역시 자신이 잘못을 했기 때문에 벌을 받는다는 것은 하나의 합리화에 불과하며 운 없이 잡혔기 때문에 벌을 받는 것이라는 것을 알고 있다. 그래서 그도 자신의 합리화를 갖는다. 다음엔 좀 더 영리하고 현명해져야겠다고. 그것뿐이다. 이번에 붙잡힌 것은 자신이 잘못해서가 아니라 방심했기 때문이다. 이번엔 사회가 그 자신보다 더 영리함을 증명해 보였다. 따라서 다음번에 보자. 다음에는 그가 더 현명하고, 더 영리하고, 더 지성적임을 증명해 보일 것이다. 그러면 잡히지 않을 것이다. 감옥에 갇힌 범죄자는 언제나 자기가 벌을 받는 것이 잘못으로 인한 것이 아니라 붙잡혔기 때문이라고 생각한다. 따라서 벌을 받으면서 배우는 유일한 것은 다음에는 절대로 붙잡히지 말아야겠다는 것이다.

그러므로 재소자는 감옥에서 나올 때마다 전보다 더 뛰어난 범죄자가 된다. 그는 감옥 속에서 범죄에 뛰어난 경험자들과 함께 생활한 것이다. 많은 것을 알고 있는 범죄의 도사들, 체포되어 중벌을 받고 오랫동안 고생을 한 사람들, 다양한 방법으로 남을 속이는 데 익숙한 범죄의 숙련자들과 함께 살아온 것이다. 그들과 함께 살고 그들의 시중을 들어주며 제자가 되어 여러 가지를 배웠다. 그리하여 그는 전보다 더 노련한 범죄자가 된다.

처벌에 의해 범죄를 중단하는 자는 하나도 없다. 그러나 사회는 옳지 않은 일은 중지시켜야 한다고 말하면서 계속해서 벌을 준다. 양쪽 모두 잘못되어 있다. 사회에는 다른 이유가 있다. 사회는 복수한다. 범죄자도 이것을 잘 이해한다. 에고는 아무리 무의식적인 것이라 하더라도 서로의 언어를 매우 쉽게 이해하는 것이다. 범죄자 역시 마찬가지로 생각한다. '좋다. 나도 때가 오면 복수해 주겠다. 두고 보자.' 그리하여 범죄자의 에고와 사회의 에고 사이에는 갈등이 존재한다.

신도 같을까? 신도 재판관이나 판사와 같을까? 아버지 혹은 대장과 같을까? 신도 사회와 마찬가지로 잔인할까? 그대가 만일 순종하지 않으면 신은 복수를 할까? 신은 그대를 벌할까? 그렇다면 이미 신에게는 신성은 없는 것이다. 그때 신은 우리들과 전혀 다를 바 없는 인간일 뿐이다.

이것은 가장 심오한 의문 중 하나다. 신은 길을 잃은 죄인을 어떻게 취급할 것인가? 신은 그에게 친절하게 대할 것인가? 그렇다면 그것에는 다른 문제들이 포함되어 있다. 만일 신이 올바른 것을 따진다면 그에게 자비는 존재할 수 없다. 왜냐하면 자비와 정의는 공존할 수 없기 때문이다. 자비는 무조건 용서해 준다. 그러나 그것은 정의는 아니다. 한 성자는 그의 일생을 통해 항상 기도하면서, 하나의 잘못도 범하지 않았다. 경계선 저편으로 넘어가는 것을 늘 두려워하고 자기의 방 안에서 살면서 스스로의 감옥에 자신을 가두었다. 잘못된 일은 하나도 하지 않고, 전 생애를 덕 있게 보내면서 감각적인 쾌락을 일체 허용하지 않고, 엄격하게 금욕적인 생활을 했다. 반면에 또 다른 사람은 자기 마음속에 떠오르는 것은 무엇이든 행하고 탐닉하면서 자신의 감각이 이끄는 대로 살고, 세상이 그에게 주는 것이면 무엇이든 즐기면서 살았다. 온갖 일을 행하고 온갖 형태의 죄를 저지르면서 살았다. 그리고 두 사람 모두 죽어서 신 앞에 이르렀다.

이때 어떻게 할 것인가? 성자가 아무 보상도 받지 못하고 죄인이 아무 벌을 받지 않는다면 매우 불공평한 일이다. 양쪽 모두 보상받는다고 해도 역시 공정한 것이 아니다. 아마도 성자는 "나는 선한 생활을 해왔는데 어떤 특별한 보상도 없단 말인가?" 하고 생각할 것이다. 죄인이 똑같은 보상을 받는다면 성자가 될 필요가 어디에 있는가? 그렇게 되면 모든 것이 무의미해진다. 그렇다면 신은 자비로울지 모르지만 올바른 것은 아니다.

신이 공정하고 올바르다면 그 계산은 우리들 머릿속에서도 명확하다. 죄인은 벌을 받고 성자는 보상을 받는다. 그러나 그러면 신은 자비로운 것이 아니다. 정의로운 인간은 잔인해야 한다. 정의로운 자는 머릿속에서만 살아야 한다. 가슴으로 살아서는 안 된다.

재판관은 가슴을 가져서는 안 된다. 가슴을 가지면 정의는 흔들릴 것이다. 그는 일체의 동정심을 몰아내야만 한다. 동정심은 정의를 행하는 데 걸림돌이 되기 때문이다. 정의로운 인간은 컴퓨터처럼 머리만으로 살아야 한다. 법이나 보상이나 벌, 그 속에는 가슴이 들어설 자리가 없다. 감정은 일체 허용되지 않는다. 그는 마치 내면에 가슴 같은 것이 존재하지 않는 듯이 무감각하게 방관자로서만 남아 있어야 한다. 그러나 이때 한 가지 어려운 문제가 발생한다. 우리는 수십 세기에 걸쳐 신은 정의롭고 자비롭다고, 다정하고 사랑이 넘치면서도 또한 공정하다고 말해 왔다. 이것은 하나의 모순이며 역설이다. 그러니 어떻게 이 문제를 해결할 것인가?

 예수에게는 그것에 대한 답이 있었다. 그리고 그것은 가장 아름다운 답이다. 이제 그의 답을 이해하도록 하자. 어려울 것이다. 그 답은 모든 고정관념과 선입관에 대립된 것이기 때문이다. 왜냐하면 예수는 처벌을 믿지 않았기 때문이다. 예수와 같은 인물이 처벌을 믿을 리가 없다. 벌이란 인간 내면 깊은 곳에 있는 복수이기 때문이다. 붓다, 크리슈나, 예수와 같은 이들은 벌을 믿을 리가 없다. 오히려 그들은 신으로부터 그 정의라는 속성을 떼어 버릴 수는 있다. 그러나 자비심을 거부할 수는 없다. 정의는 인간의 이상이지만 자비는 신의 본질이다. 정의에는 "이것을 하라. 그러면 넌 이것을 얻을 수 있다. 저것을 하지 말라. 저것을 하면 넌 이것을 놓쳐 버릴 것이다."라는 조건이 붙어 있다. 그러나 자비는 무조건적이다.

 신은 깊은 자비심을 가지고 있다. 그리고 신의 자비를 이해하기 위해서는 우리는 죄인으로부터 출발해야 한다.

  예수께서 말씀하셨다.
  "그 나라는 백 마리의 양을 가진 양치기와 같다.
  그중 가장 큰 양 한 마리가 길을 잃었다.
  양치기는 아흔아홉 마리를 그대로 둔 채
  그 길 잃은 양 한 마리를 찾아 나서지 않겠느냐.
  지칠 대로 지친 후에 양을 찾으면
  그 사람은 그 양에게 말할 것이다.
  '나는 다른 아흔아홉 마리의 양보다 너를 더 사랑한다.'"

터무니없고 비논리적인 이야기이다. 그러나 이것은 진리다. 이것을 이해하도록 노력하라.

"그 나라는 백 마리의 양을 가진 양치기와 같다.
그중 가장 큰 양 한 마리가 길을 잃었다."

언제나 그렇다. 길을 잃는 놈은 언제나 가장 좋은 한 마리다. 그대가 다섯 아이의 아버지라면, 그중 가장 나은 아이만 그대에게 저항하고 그대를 부정한다. 가장 나은 아이만 자기를 주장한다. 평범한 아이들은 언제나 굴복하지만 비범한 아이는 반항한다. 그의 정신적 특성 자체가 반항적이기 때문이다. 지성은 반항적인 것이다. 지성이 뛰어날수록 반항적으로 된다. 반항적이지 못한 자들, 그저 복종만 하는 자들은 반은 죽은 시체나 다를 바 없다. 그대는 그들을 좋아할지 모르지만 그들의 내면에 생명력이란 존재하지 않는다. 그들은 그대를 사랑하기 때문이 아니라 자신들이 약하고 두려우며, 홀로 설 수 없고 저항할 수 없기 때문에 그대에게 복종하는 것이다. 그들은 나약한 자들이며 무능력자들이다.

주위를 둘러보라. 선하다고 여겨지는 자들은 대개의 경우 나약한 자들이다. 그 선함은 그들의 강함에서 나온 것이 아니라 그들의 나약함에서 나온 것이다. 그들은 감히 악해질 엄두도 낼 수 없기 때문에 선한 것이다. 나약함에서 나오는 이 선함은 대체 어떤 유형의 것인가? 선함은 흘러넘치는 강력한 힘으로부터 나오는 것이어야 한다. 그래야 비로소 그것은 선이 된다. 그때 그곳에 생명력이 있다. 홍수처럼 가득 차고 흘러넘치는 생명력이 있다.

따라서 죄인이 성자가 될 때는 그 성스러움에 그만의 빛이 깃들어 있다. 그러나 평범한 사람이 성자가 될 때는 그의 나약함 때문에 성스러움은 창백하게 죽어 있으며 그 안에 생명력이라고는 없다. 그대는 그대의 나약함으로 인해 성자가 될 가능성은 있다. 그러나 기억하라. 그렇다면 그때 그대는 과녁에서 빗나갈 것이다. 자신의 강함으로 성자가 되어야 적중할 수 있다. 악해질 수 없기 때문에 선한 사람은 실제로는 선한 사람이 아니다. 강해지면 그 순간 그는 악해질 것이다. 권력이 주어지면, 그는 즉시 타락할 것이다.

이것이 바로 이 나라 인도에서 일어난 일이다. 간디에게는 수많은 추종자들이 있었지만, 그 추종자들의 선함은 곧 그들의 나약함으로부터 나온 것에 불과했다. 그들은 권력을 갖지 못한 동안에는 선한 사람이었다. 그러나 일단 권력의 자리에 오르자, 자신들이 인도의 지배층이 되자, 권력은 즉시 그들을 타락시켰다.

권력은 강한 사람도 타락시킬 수 있는가? 아니다. 절대로 그렇지 않다. 그는 이미 힘 있는 자이기 때문이다. 권력이 그를 타락시킬 수 있다면 그는 이미 타락해 있던 것에 다름 아니다. 권력이 그대를 타락시키는 것은 그대가 약하고 그대의 선함이 그러한 약함으로부터 나올 때뿐이다. 액톤 경(19세기 말의 영국의 역사가)은 말했다. "권력은 타락한다. 그것도 완전히 타락한다." 그러나 나는 그것에 하나의 조건을 붙이고 싶다. 권력은 그 선함이 나약함에서 나온 것이라면 타락하지만, 강함에서 나온 것이라면 어떤 권력도 타락하지 않는다. 그대가 이미 힘을 알고 있고 이미 그대 안에 힘이 있다면, 어떻게 권력이 그대를 타락시킬 수 있는가?

그러나 자신의 선함이 어디에서 비롯된 것인지 발견하는 일은 매우 어렵다. 만일 그대가 붙잡힐 것이 두려워 도둑이 될 수 없었다면, 아무도 붙잡지 않을 것이 확인되는 바로 그날 그대는 도둑이 될 것이다. 그렇다면 누가 그대를 막고 있는 것인가? 오직 두려움이 막고 있는 것이다. 그대가 적을 죽이지 않는 것은 그렇게 하면 자신이 체포되리라는 것을 알고 있기 때문이다. 그러나 만일 그 사람을 죽여도 체포되지 않으며 형벌을 받지 않을 상황이 만들어진다면 그대는 그 자리에서 그를 죽일 것이다. 따라서 그대는 나약함을 통해서만 선한 사람이다.

그러면 어떻게 해서 선함이 나약함으로부터 생겨나는 것일까? 선에는 흘러넘치는 에너지가 필요하다. 선은 하나의 사치품이다. 이것을 기억하라. 선은 풍요로부터 싹튼다. 에너지가 남아돌 때, 흘러넘쳐서 범람할 때, 그대는 그것을 나누기 시작한다. 그때 착취하지 않는다. 그럴 필요가 없는 것이다. 그때 가슴으로부터 줄 수 있다. 너무 많기 때문에 실제로는 그것은 짐이나 다름없게 되었다. 그래서 그대는 그것을 나눔으로써 밖으로 내놓고 싶어 한다. 모든 것을 내던지고 싶고, 그대의 삶 모두를 선물로 주고 싶어 한다.

그대가 주고 싶은 것을 갖고 있을 때, 이 법칙을 잘 기억하라. 실제로 어떤 것을 갖고 있지 않을 때만 그대는 그것에 집착한다. 갖고 있다면 줄 수 있다. 기뻐하면서 줄 수 있을 때 비로소 소유자이다. 아직 그것에 매달리고 있다면 깊은 곳에서 그대는 두려워하고 있으며, 그것의 주인이 아니다. 내면 깊은 곳에서 그것은 자신의 것이 아니며 머지않아 그대로부터 사라지리라는 것을 알고 있다. 그러니까 줄 수 없는 것이다. 그러므로 사람은 사랑을 줄 때 비로소 자신에게 사랑이 있음이 드러난다. 오직 그의 삶 모두를 줄 때만 그가 살아 있는 것이 드러난다. 그 밖에 그것을 알 방법은 없다.

많은 선이 허약함으로부터 생겨난다. 그것은 단지 겉모습일 뿐이며 위조지폐이다. 위조지폐는 종이꽃이나 플라스틱으로 만든 꽃과 같다. 나무가 꽃을 피울 때는 에너지가 흘러넘치기 때문에 꽃이 핀다. 꽃은 사치품인 것이다. 넘치는 여유가 있을 때만 꽃을 피운다. 물이 적절하게 공급되지 않으면, 비료가 적당한 비율로 주어지지 않으면, 땅이 기름지지 않으면 나무는 잎을 맺을지는 모르지만 꽃을 피울 수는 없다.

하나의 단계가 있다. 최고의 수준이 존재할 수 있는 것은 오직 최고의 에너지가, 최고의 수준까지 움직여 갈 에너지가 있을 때뿐이다. 그대가 충분한 음식을 얻지 못하면 우선 지성이 사라질 것이다. 왜냐하면 지성이란 하나의 꽃피어남이기 때문이다. 가난한 나라의 진정한 빈곤은 육체적인 것이 아니라 지성의 빈곤이다. 그 나라가 최악의 빈곤 상태에 있다면 지성은 뿌리내릴 수 없다. 지성은 꽃인 것이다. 육체적인 필요가 모두 충족될 때만 에너지는 위로 향한다. 육체의 수요가 충족되지 않으면 에너지는 먼저 육체의 수요를 충족시키기 위해 움직인다. 무엇보다도 먼저 밑바닥을 보호해야 하는 것이다. 먼저 뿌리를 보호해야 하는 것이다. 뿌리가 없으면 꽃이 피어날 수 없다. 육체가 없으면 지성이 어디에 존재할 수 있겠는가? 그리고 자비는 지성보다 높은 단계의 것이며, 명상은 그보다 더 높은 단계의 것이다.

붓다도 마하비라도 인도가 매우 풍요로울 때 태어났다. 그 이후에 소위 성자라고 불리는 이들이 계속해서 등장했지만, 붓다만한 이는 없었다. 그것은 어렵다. 거의 불가능하다. 그 꽃은 남아도는 에너지, 사용되지 않는 잉여 에너지가 있어야 피어나기 때문이다. 그때 비로소 에너지는 자신을 즐긴다. 그리고 에너지가 자신을 즐기기 시작하면 그 에너지는 내부로 향하기 시작한다. 안으로의 방향 전환인 것이다. 그때 그것은 명상이 되고, 그때 드디어 한 사람의 붓다가 탄생하는 것이며, 그때 그곳에 환희가 존재한다.

나무가 물을 공급받지 못하면 처음에는 꽃이 죽는다. 다음에는 잎이 마르고 가지가 죽는다. 그리고 마지막 순간이 될 때까지 뿌리는 죽지 않는다. 뿌리가 있으면 다른 것은 소생할 수 있기 때문이다. 그래서 나무는 뿌리를 보호한다. 뿌리는 가장 밑에 있지만 가장 밑단계의 것은 토대이므로 보호되어야 한다. 그리하여 좋은 날이 와 비가 내리면 물을 흡수할 수가 있다. 그때 뿌리는 싹을 낼 수 있다. 잎이 다시 소생하고 꽃도 필 것이다. 이것과 똑같은 단계가 그대 안에도 존재한다.

그대의 에너지로부터 선함이 피어나야 한다. 약하기 때문에 선해서는 안 된다. 나는 악한 사람이 되라고 말하는 것이 아니다. 나약함에서 어떻게 선이 나올 수 있겠는가? 악 역시 선과 똑같은 에너지를 필요로 한다. 에너지 없이는 악해질 수도 없다. 그리고 에너지 없이는 선해질 수도 없다. 선과 악 모두가 실재하는 것이기 때문이다. 에너지 없이 무엇을 할 수 있겠는가? 가짜 얼굴을 가질 수 있을 뿐이다. 그때 그대는 아무것도 아니다. 단지 겉모습, 속임수일 뿐이다. 유령이고, 진정한 인간이 아니다. 어떤 일을 행할지라도 그것은 유령과 같은 것이다. 이것이 바로 그대에게 일어나고 있는 일이다. 그대는 거짓된 선과 거짓된 성스러움으로 위장한다. 자신을 성자라고 생각한다. 내면에 신성을 획득하지 못했으면서도 죄를 범하지 않았다는 것만으로 그렇게 생각하는 것이다.

그대가 내면에 신성을 획득할 때 그것은 하나의 성취이다. 적극적인 에너지의 성취이다. 그때 신처럼 된다. 그때 신처럼 되기 위한 노력은 필요 없다. 그 에너지는 자발적으로 흘러나올 뿐이다. 그대는 악에 대해 저항한다. 그러나 그것은 부정적인 힘이다. 저항이 있다면 욕망이 그곳에 있는 것이다. 악을 행하고 싶다는 욕망이 있다면 이미 악을 범한 것과 다름없다. 그것에는 차이가 없다. 그것이 바로 죄와 범죄의 차이다.

범죄는 행위로 표현되어야 성립한다. 그대는 항상 범죄를 저지를 생각을 한다. 그러나 그것을 벌할 법정은 없다. 법정은 생각에 대해서는 힘을 미치지 않는다. 육체에 대해서만 권위를 갖는다. 범죄는 행위로 표현되어야 하는 것이다. 나는 이 세상 사람들을 살해할 의도를 가질 수 있다. 그러나 의도만으로 나를 벌줄 수 있는 법정은 아무 데도 없다. 나는 줄곧 생각할 수도 있고 그 생각을 즐길 수도 있다. 하지만 나는 아무도 죽이지 않는다. 그것은 아직 행위로 표현되지 않았다. 행위는 법률의 지배하에 있지만 생각은 그렇지 않다. 이것이 바로 범죄와 죄의 차이이다.

죄는 생각과 행위 사이에 구별을 두지 않는다. 생각이 있다면 씨앗이 이미 그곳에 있는 것이다. 씨앗이 행위로 싹을 피우는가 아닌가는 문제가 아니다. 생각이 행위로 옮겨지면 그것은 범죄이다. 그러나 그대가 그런 생각을 갖고 있다면 이미 죄를 범한 것이나 다름없다. 그대는 내면의 신성에 대한 죄를 범한 것이며 이미 길에서 벗어난 것이다. 그러나 다음을 이해해야 한다. 매우 어려운 문제이지만 이것을 이해해야 한다. 길에서 벗어난 사람들은 정해진 길에 머무는 사람들보다도 강하다는 것이다.

　길을 잃은 자들은 언제나 최고 수준의 사람들이다. 정신병원에 가보라. 가장 똑똑한 사람들이 미쳐 있음을 볼 것이다. 지난 1세기를 돌이켜보라. 미친 자들은 가장 영리한 자들이었고, 그들은 결코 평범한 인물들이 아니었다. 역사상 가장 위대한 지성 중의 한 사람이었던 니체도 미쳤다. 미칠 수밖에 없었다. 그에게는 그토록 많은 에너지가 있었던 것이다. 너무나 거대한 에너지였으므로 가둬 둘 수가 없었다. 그 에너지는 넘쳐서 홍수가 되었다. 부드러운 흐름의 시냇물이 될 수 없었다. 그는 그 물길을 잡을 수 없었다. 그것은 넓은 바다와도 같이 야성적이었다. 니체도 미쳤고 니진스키(러시아의 무용수 겸 안무가로, 남미 순회공연 중 정신이상 증세가 심해져 스위스로 떠났다가 뒤에 런던에서 죽었다)도 미쳤다. 지난 1세기를 돌이켜보라. 최고 수준의 인간들, 인간 중에서 꽃이라고 할 만한 최고급의 인간들이 미쳤다. 그리고 평범한 인간들은 정상적이었다.

　이것은 매우 불합리한 사실로 보인다. 평범한 사람들은 정상적이고 천재들은 미친다. 왜 평범한 사람들은 정상적일까? 그들에게는 길을 잃을 만큼의 에너지가 없는 것이다. 아이에게 흘러넘치는 에너지가 있으면 그 아이는 문제아가 된다. 그는 무엇인가 해야 한다. 단지 혈기 없는 아이만 한구석에 틀어박혀 있다. 만일 그런 아이에게 "'람, 람, 람'(힌두교 명상의 대표적인 만트라) 하고 반복해라."고 말하면 아이는 그렇게 할 것이다. 그 아이에게 염주를 주면 받을 것이다. 그러나 아이가 진정으로 생명력에 넘쳐 있다면 그는 염주를 내던지면서 말할 것이다.

　"이런 건 필요 없어요. 난 놀러 나갈 거예요. 나무 위로도 기어

올라가고, 무엇이든 할 거예요."

삶은 곧 에너지다. 혈기가 없고 빈혈에 걸린 정신은 길을 잃지 않을 것이다. 길을 잃을 수 없다. 감당할 수 없을 만큼의 에너지가 넘쳐 나지 않기 때문이다. 그토록 극단으로까지, 심연으로까지 움직여 갈 에너지가 없는 것이다. 그러나 길을 잃은 사람들은 길을 찾기만 하면 곧 붓다가 된다. 만일 니체가 명상에 들어가기만 했다면 깨달음을 얻었을 것이다. 그에게는 미칠 만큼의 에너지가 있었다. 따라서 깨달음을 얻을 에너지가 그에게는 있었던 것이다. 그것은 똑같은 에너지다. 단지 방향이 다를 뿐이다. 잠재적으로 붓다가 될 가능성이 있는 사람이 붓다가 되지 못하면 미쳐 버린다. 그 에너지가 어디로 흘러가겠는가? 창조적으로 되지 않으면 그 에너지는 파괴적으로 된다. 정신병원에 가보라. 그곳에서 가장 똑똑한 사람들을 발견할 것이다. 그들은 평범하지 않기 때문에 미친 것이다. 그들은 그대보다 훨씬 멀리, 훨씬 깊이 볼 수 있기 때문에 미친 것이다. 그리고 그들이 그대보다 깊이 볼 때 환상은 사라진다.

삶 전체는 너무나 혼란스러운 것이다. 그렇기 때문에 삶을 더 깊이 볼 수 있다면 정상적인 인간으로 남아 있는 것은 매우 어려운 일이다. 깊이 보지 못하기 때문에 사람은 정상적으로 살아가는 것이다. 인간은 삶의 2퍼센트밖에 보지 못하고, 98퍼센트는 그 뒤에 숨겨져 있다고 심리학자들은 말한다. 그것을 보게 되면 삶은 거대한 홍수가 되어 감당할 수 없게 된다. 그대는 미치고 제정신이 아니게 될 것이다.

인간의 광기를 깊이 연구한 R.D. 랭(영국의 정신분석학자)을 비롯해 얼마 안 되는 심리학자들은 몇 가지 사실들에 부딪친다. 그 사실들 중 하나는 이것이다. 미친 사람들은 최고의 사람들, 범죄를 저지르는 사람들은 가장 반항적인 사람들이라는 것이다. 그들은 위대한 성자가 될 수도 있다. 그렇기 때문에 발미키(기원전 3세기경 인도의 시인으로 〈라마야나〉를 저술했으며, 힌두 문학에 대한 공헌이 크다. 젊었을 때는 라트나카르라는 이름의 소문난 강도였다)가 성자가 된 것도 놀랄 만한 일이 아닌 것이다. 발미키는 살인자, 곧 다코이트(인도의 강도단)로서 살인과 약탈을 일삼으면서 살았다. 그런데 어떤 갑작스러운 사건으로 그는 깨달음을 얻게 되었다.

어느 날 깨달은 사람이 길을 걸어가고 있었다. 그때 강도질로 먹고살던 살인자 발미키가 그를 붙잡았다. 그러자 그 깨달은 사람이 말했다.

"무슨 일인가?"

발미키가 대답했다.

"당신이 가지고 있는 것을 몽땅 빼앗으려는 것이오."

그 깨달은 이가 말했다.

"그대가 그렇게 할 수 있다면 나도 기쁜 일이다. 나는 내면 깊은 곳에 그것을 가지고 있다. 그것을 빼앗아 가라. 아주 대환영이다."

발미키로서는 이해할 수 없는 이야기였지만 그는 이렇게 받아넘겼다.

"난 그런 건 관심 없소. 단지 바깥에 있는 것만 관심이 있을 뿐이오."

깨달은 이가 말했다.

"그런 것은 별로 쓸모가 없는데, 왜 그대는 이런 짓을 하는가?"

발미키는 대답했다.

"모든 게 가족을 위해서요. 어머니와 아내와 자식들, 그들은 내가 이 짓을 안 하면 굶어죽을 것이오. 게다가 내가 할 줄 아는 것은 강도질밖에 없소."

그러자 깨달은 이가 말했다.

"나를 도망가지 못하게 나무에 묶으라. 그리고 집으로 가서 가족들에게 그대가 그들을 위해 죄를 저지르고 있다고 말해 보라. 그들에게 함께 벌을 받을 마음이 있는지 물어보라. 그대가 신 앞에 설 때, 최후의 심판이 다가왔을 때, 그들도 함께 벌을 받을 준비가 되어 있는지 물어보라."

태어나서 처음으로 아내에게 묻자 그녀는 퉁명스럽게 말했다.

"왜 내가 함께 벌을 받아야 하죠? 난 아무 짓도 하지 않았어요. 당신이 한 것은 당신 책임이에요."

그의 어머니는 말했다.

"왜 내가 함께 벌을 받아야 하느냐? 난 네 어미이고, 나를 먹여 살리는 것은 네 의무야. 네가 무슨 짓을 해서 먹을 걸 가져오든 나와는 상관없는 일이야."

아무도 함께 벌을 받을 준비가 되어 있지 않았다. 발미키는 마음을 돌렸다. 그는 돌아와 깨달은 이의 발밑에 엎드려 말했다.

"당신 안의 것을 나에게도 주십시오. 이제 나는 바깥에 있는 것에는 관심이 없습니다. 이제는 안에 있는 것을 도둑질하게 해주십시오. 나는 내가 혼자이며 무엇을 하더라도 내 책임일 뿐 그것을 나누어 가질 자는 아무도 없다는 것을 깨달았습니다. 나는 홀로 태어나 홀로 죽습니다. 그리고 내가 하는 짓이 무엇이든 그것은 나 혼자만의 책임입니다. 아무도 그것을 나누어 가지려고 하지 않습니다. 이제 끝났습니다. 나는 이제 이런 일은 그만 두겠습니다."

그는 한순간에 마음을 돌린 것이다.

붓다에게도 비슷한 이야기가 있다. 어떤 곳에 미치광이 살인자가 살고 있었다. 그는 천 명의 사람을 죽이겠다고 맹세했다. 그는 사회로부터 너무나 심한 천대를 받았기 때문에 천 명을 죽임으로써 사회에 복수를 하고자 했다. 그는 자신이 죽인 사람에게서 손가락 하나씩을 잘라내어 그것으로 목걸이를 만들었다. 천 개의 손가락으로 만든 목걸이……. 이 때문에 그는 앙굴리말라, 즉 손가락 목걸이를 하고 있는 남자라는 이름으로 불리게 되었다.

그는 999명을 살해했다. 사람들은 앙굴리말라가 가까이에 있다고 알려지면 그 지역에는 얼씬도 하지 않았다. 그 지역의 통행은 완전히 끊겨 버렸다. 그래서 앙굴리말라는 최후의 한 사람의 희생자를 물색하는 일이 매우 어렵게 되었다. 단 한 사람만 더 채우면 되는 것이었다.

붓다가 숲을 향해 걸어가고 있었다. 그때 마을 사람들이 몰려와서 붓다에게 말했다.

"그쪽으로 가서는 안 됩니다. 앙굴리말라가 있습니다. 그 미치광이 살인자가 아무 생각 없이 무작정 사람을 죽이고 있습니다. 당신이 붓다라는 사실 같은 건 염두에 두지도 않습니다. 다른 길이 있으니 그 길로 가십시오. 어쨌든 이 숲을 지나가선 안 됩니다."

붓다는 말했다.

"내가 가지 않으면 누가 가겠는가? 더구나 그는 지금 마지막 한 사람을 기다리고 있다. 그러니 내가 가야 한다."

앙굴리말라는 자신의 맹세를 거의 완성할 단계에 와 있었다. 그는 에너지가 넘치는 남자였다. 사회 전체를 상대로 싸우고 있었던 것이다. 더구나 혼자의 힘으로. 그는 천 명에 가까운 사람을 죽였다. 왕이나 장군들도 그를 두려워했다. 통치자나 재판관이나 관리들, 그 누구도 대책이 없었다. 그러나 붓다는 말했다.

"그는 한 사람의 인간이다. 그에게는 내가 필요하다. 나는 이 위험을 무릅써야 한다. 그가 나를 죽이든가, 내가 그를 죽이든가 둘 중 하나이다."

이것이야말로 깨달은 이들의 행동이다. 그들은 도박을 하고 자기의 생명을 건다. 붓다는 그곳으로 갔다. 가장 가까운 제자들, 최후까지 붓다와 함께 하겠다던 제자들조차 뒤에서 망설이고 있었다. 생명을 거는 위험한 일이기 때문이었다. 그래서 붓다가 언덕의 바위 위에 앉아 있는 앙굴리말라에게 가까이 왔을 때는 붓다를 따르는 자는 아무도 없었다. 제자들은 모두 사라지고 그 혼자뿐이었다. 앙굴리말라는 이 어린아이 같은 순진무구한 사람을 바라보았다. 이 살인마조차도 그의 아름다움에서 자비를 느꼈다. 그는 너무도 순진하고 아름다워 보였다. 앙굴리말라는 생각했다.

'이 사람은 내가 여기에 있다는 것을 전혀 모르는 것 같군. 그렇지 않다면 이 길을 지나갈 리가 없으니까. 이 사람을 죽이는 일은 좋은 일이 아니야. 그냥 지나가도록 내버려 두자. 다른 사람을 찾을 수 있을 테니까.'

그러고 나서 그는 붓다에게 말했다.

"돌아가라. 그곳에서 멈추고 돌아가란 말이다. 앞으로 한 걸음도 더 나와서는 안 된다. 나는 앙굴리말라다. 여기 999개의 손가락이 있다. 지금 내게는 손가락 하나가 더 필요하다. 비록 내 어머니가 오신다고 해도 나는 죽여서 맹세를 달성하고 말 것이다. 그러니 가까이 오지 말라. 난 위험한 사람이다. 게다가 나는 종교 같은 것은 믿지도 않고, 네가 누구더라도 상관하지 않는다. 너는 훌륭한 승려일지도 모르고 위대한 성자일지도 모른다. 하지만 그런 것은 내가 알 바가 아니다. 내가 원하는 건 손가락뿐이다. 네 손가락이든 다른 자의 손가락이든 마찬가지다. 그러니 한 걸음도 더 나오지 말라. 그렇지 않으면 너를 죽일 것이다. 멈춰라."

그러나 붓다는 계속해서 걸어갔다. 그러자 앙굴리말라는 생각했다. '이 사람은 귀가 먹었든지 아니면 미쳤을 거야.' 그리고 다시 한 번 큰 소리로 외쳤다.

"멈춰라. 움직이지 마라."

그때 붓다가 말했다.

"나는 오래전부터 멈추어 있었다. 나는 움직이지 않고 있다. 앙굴리말라, 움직이는 것은 그대다. 나는 줄곧 멈춰 있었다. 모든 움직임은 내게서 사라졌다. 마음의 모든 동기가 멈춰 버렸기 때문이다. 동기가 하나도 없을 때 어떻게 움직임이 일어날 수 있겠는가? 나에게는 목표가 없다. 나는 목표를 이미 달성했다. 그러니 내가 왜 움직여야 하겠는가?"

앙굴리말라는 바위 위에 앉아 웃기 시작했다. 그러고는 말했다.

"너는 단단히 미쳤구나. 나는 앉아 있는데 움직인다고 하고, 너는 움직이면서 멈춰있다고 말하다니, 너는 분명 완전히 바보이거나 미친놈이다. 아니, 나로서는 네가 어떤 자인지, 무슨 일을 하는 자인지 도무지 이해가 되지 않는다."

붓다는 가까이 다가가면서 말했다.

"나는 그대가 손가락 하나를 더 필요로 하고 있다고 들었다. 여기 있는 이 육체에 관한 한 나는 목표를 달성했다. 이 육체는 이제 나에게는 쓸모가 없다. 내가 죽으면 사람들은 이 육체를 태울 것이고, 누구에게도 쓸모가 없는 물건이니, 그대가 이 육체를 사용하라. 그러면 그대의 맹세가 달성될 것이다. 내 손가락을 잘라 가고 내 목을 자르라. 나는 그것을 위해서 왔다. 왜냐하면 이것이 내 육체가 어떤 방법으로든 사용될 수 있는 마지막 기회이기 때문이다. 그렇지 않으면 사람들은 이 육체를 태워 버릴 것이다."

앙굴리말라가 말했다.

"도대체 무슨 말을 하고 있는 거야? 이 주변에서 미친놈은 나 혼자뿐이라고 생각했는데……. 너무 영리한 체하지 마라. 나는 위험한 인물이고 여전히 너를 죽일 수 있다."

붓다는 말했다.

"나를 죽이기 전에 한 가지만 해다오. 죽을 사람의 마지막 소원이다. 이 나뭇가지를 하나 잘라 주지 않겠는가?"

앙굴리말라는 칼로 나무를 내리쳤다. 그러자 큰 가지 하나가 잘렸다. 붓다는 다시 말했다.

"그러면 하나만 더 해달라. 이제 그 가지를 다시 나무에 붙여 주지 않겠는가?"

앙굴리말라가 대답했다.

"이로써 네가 완전히 미친놈이라는 게 증명되었군. 자를 수는 있지만 도로 붙여 놓을 사람은 어느 누구도 없어."

그러자 붓다는 미소 지으며 말했다.

"파괴는 가능해도 창조는 하지 못한다면 그대는 파괴해서는 안 된다. 그런 파괴는 어린아이들도 할 수 있다. 그것은 결코 용감한 행위가 아니다. 이 가지는 어린아이들도 자를 수 있다. 하지만 그것을 원위치로 되돌리기 위해서는 스승이 필요하다. 그대는 나뭇가지 하나 도로 붙일 능력조차 없으면서 어떻게 사람의 목을 자를 것인가? 지금까지 이것에 대해 생각해 본 적이 있는가?"

앙굴리말라는 눈을 감고 붓다의 발밑에 꿇어 엎드렸다.

"저를 그 길로 인도해 주십시오."

그리고 그는 한순간에 깨달음을 얻었다고 전해진다. 다음날 그는 한 사람의 승려, 한 사람의 깨달은 걸인이었다. 그는 마을을 돌아다니며 구걸을 하고 있었다. 그러나 마을 전체가 문을 닫았다. 사람들은 아직도 그를 몹시 두려워했다.

"비록 저자가 걸인이 되었다고 해도 절대 믿을 수 없는 인간이야. 저자는 너무나 위험한 사람이야."

사람들은 밖으로 나오지 않았다. 앙굴리말라가 구걸을 하러 와도 어느 누구 하나 먹을 것을 주지 않았다. 위험을 감수하려는 자는 아무도 없었다. 사람들은 창가에 서서 내려다보기만 했다. 그러고는 그를 향해 돌을 던지기 시작했다. 그가 이 마을 사람 중 999명을 죽였기 때문에 거의 모든 가족들 안에 그에게 희생된 자가 있었다. 그래서 사람들은 돌을 던졌다.

앙굴리말라는 길 위에 쓰러졌다. 온몸에서 피가 흐르고 상처투성이가 되었다. 그때 붓다가 제자들과 함께 와서 말했다.

"보라, 앙굴리말라. 느낌이 어떤가?"

앙굴리말라는 눈을 뜨고 말했다.

"나는 당신에게 마음으로부터 감사하고 있습니다. 그들은 내 육체를 죽일 수는 있지만 '나'를 건드릴 수는 없습니다. 이것이 바로 내가 일생 동안 해오면서도 깨닫지 못했던 사실입니다."

이 말을 듣고 붓다는 말했다.

"앙굴리말라는 깨달음을 얻었다. 그는 바라문의 한 사람이 되었다. 브라흐마, 궁극의 실체를 아는 이가 되었다."

에너지가 있으면 이러한 일은 한순간에 일어날 수 있지만, 그곳에 에너지가 없으면 어려운 일이다. 요가의 모든 체계는 어떻게 하면 가장 많은 에너지를 창출해 낼 수 있는가에 있다. 그때 비로소 그대는 선해질 수도 있고 악해질 수도 있다.

예수는 말한다.

"그중 가장 큰 양 한 마리가 길을 잃었다."

뛰어난 사람들, 가장 나은 인물들만 길을 잃는다. 죄인들은 세상에서 가장 뛰어난 자들이다. 물론 길을 잘못 걸어갔지만, 그들은 언제라도 성자가 될 수 있다. 성자들은 아름답다. 죄인들도 아름답다. 그 중간에 있는 사람들, 그들은 추하다. 무기력함이야말로 유일하게 추악한 것이기 때문이다. 무기력함은 아무 에너지도 없을 때, 이미 죽은 것과 다름없을 때, 시체와 같을 때, 겨우 자신을 옮길 수 있을 때, 혹은 다른 사람에 의해서 운반될 때를 말한다.

왜 뛰어난 자들, 가장 나은 자들은 길을 잃는가? 그것에는 이해해야 하는 한 가지 비밀이 있다. 성장의 첫째 과정은 먼저 에고를 획득하는 것이다. 결정화된 자아를 얻지 못하면 자기를 완전히 내던지는 일은 절대로 불가능하다. 모순으로 들릴 테지만 이것이 그

과정이다. 첫째, 그대는 먼저 확실하게 결정화된 에고를 획득해야 한다. 그러고 나서 그것을 내던져야 한다. 결정화된 에고를 획득하지 못하면 그것을 모두 내던지는 일은 결코 일어나지 않는다. 자신이 갖지 않은 것을 어떻게 내던지겠는가?

부자는 자기의 재산을 버릴 수 있다. 그러나 걸인은 어떤가? 걸인에게는 버릴 만한 아무 재산도 없다. 위대한 학자는 자기의 지식을 버릴 수 있다. 그러나 평범한 사람은 어떤가? 그것을 갖지도 못했는데 어떻게 버릴 수 있는가? 그대에게 지식이 있다면 그대는 그것을 버리고 무지 상태로 겸허해질 수 있다. 그러나 아무 지식도 없다면 어떻게 그것을 버리겠는가?

소크라테스는 "나는 아무것도 모른다."라고 말할 수 있다. 이것이 두 번째 단계에서 일어나는 일이다. 그는 많은 것을 알고 있었다. 그런 다음 지식이란 모두 쓸모없는 것임을 깨달았다. 그러나 이것은 소크라테스와 같은 방식으로 움직이지 않은 사람에게는 도달할 수 없는 상황이다. 지성을 훈련시켜야 하고, 지식을 쌓아야 하며, 에고를 결정화시켜야 한다. 이것이 삶의 맨 처음 단계이다. 부를 가졌을 때는 버릴 수도 있다. 그 차이는 큰 것이다.

길 위의 걸인과 길 위의 붓다. 두 사람 모두 걸인이다. 그러나 본질은 완전히 다르다. 붓다는 자기 의지에 의한 걸인이다. 그는 걸인이 되도록 강요된 것이 아니다. 그것은 그의 자유 의지이다. 붓다가 걸인이 된 것은 부를 맛보면서 그것이 쓸모없는 것이라는 걸 알고 나서의 일이다. 붓다가 걸인이 된 것은 이 세상의 왕국이 그에게는 헛된 것이었기 때문이다. 그러므로 붓다의 구걸에는 풍요로움이 있다. 어떤 왕도 그만큼 풍요롭지 못했다. 왕은 아직 길을 가는 도중에 있지만 붓다는 하나의 원을 완성했기 때문이다.

그러나 풍요로웠던 적이 한 번도 없는 걸인 역시 길 위에 서 있다. 그의 구걸은 단순한 구걸이다. 그는 부의 맛을 모른다. 어떻게 그로 하여금 충족시켜 보지도 못한 부에 대한 욕망을 포기하게 할 수 있겠는가? 어떻게 그에게 왕국 같은 것은 헛된 것이라고 말할 수 있겠는가? 그는 그것을 경험해 본 적이 없다. 미녀 같은 것은 아무 가치도 없다고 어떻게 그가 말할 수 있겠는가? 미녀를 안 적이 없기 때문에 그는 그렇게 말할 수 없다. 오직 경험해야만 포기에 대한 열쇠를 얻을 수 있다. 경험이 없이는 단지 자신을 위안할 수 있을 뿐이다. 많은 가난한 사람들, 여러 가지 의미에서 가난한 사람들은 그렇게 한다.

그대의 아내가 아름답지 못하면 그대는 계속해서 말한다. "미녀에게 어떤 가치가 있단 말인가? 육체는 단지 육체일 따름이다. 그리고 육체는 언젠가는 죽어 없어질 운명의 것이다. 육체는 죽음의 소굴이다." 그러나 내면 깊은 곳에는, 마음 깊은 곳 어딘가에는 욕망이 남아 있다. 그리고 욕망은 경험을 거쳐야만, 그것이 일시적인 위안에 불과하다는 것을 깨닫게 되어야만 사라진다. 가난한 자는 "궁전에는 아무것도 없다."고 말하면서 자기를 위안한다. 하지만 그는 안다. 그곳에는 무엇인가 있다는 것을……. 그렇지 않으면 왜 누구나 부를 얻기 위해 필사적으로 매달리겠는가? 그리고 그 자신도 그것에 집착하고 있고 미쳐 가고 있다. 그는 꿈속에서는 궁전에서 살고 황제이다. 그러나 낮 동안에는, 길 위에서 구걸하고 있는 사이에는 이렇게 말한다. "나는 흥미가 없다. 나와는 상관없는 일이다. 나는 포기했다." 이런 위안은 전혀 쓸모가 없다. 그것

잃어버린 한 마리 양

은 거짓이며 위험한 일이다.

올바르게 성장하고 있는 사람에게 있어서 삶의 첫 단계는 에고를 획득하는 것이다. 그리고 두 번째는 그것을 버리는 것이다. 이때 하나의 원이 완성된다.

아이는 부모에게 반항하고 부모와 싸워야만 성장한다. 부모에게서 떨어져 나가고 대립할 때 자기 자신의 개인적인 에고를 획득한다. 부모에게 매달리고 순종하면 그들은 결코 진정한 의미의 개인이 될 수 없다. 아이는 길을 잃고 헤매야 한다. 이것이 삶의 존재 방식이다. 그들은 독립해야 한다. 독립적이 되는 데는 아픔이 따른다. 그곳에는 싸움이 있다. 그러나 자신이 존재한다고 느낄 때만 싸울 수 있다. 이것은 하나의 원과 같다. 자신이 존재한다고 느끼면 더욱더 싸우게 된다. 싸우면 싸울수록 강해지며 더욱더 존재하게 된다. '나는 존재한다'고 느끼게 된다. 아이는 완전히 독립적이 되었을 때 비로소 성숙해진다. 이 독립성을 위해 아이는 길을 잃고 헤매야 한다.

죄인은 사회로부터, 혹은 부모로부터 독립하는 길을 찾아가고 있는 것인지도 모른다. 그러나 죄인은 독립과 에고를 잘못된 방식으로 구하고 있다. 성자 역시 독립을 구한다. 그러나 옳은 방식으로 구한다. 방법은 여러 가지이지만 그릇된 방법은 언제나 쉽게 따를 수 있다. 성자가 되는 길은 어렵다. 성자가 되기 위해서는 먼저 죄인이어야 하기 때문이다. 이것을 잘 이해하라. 죄인이 되기 위해 먼저 성자가 될 필요는 없다. 하지만 성자가 되기 위해서는 먼저 죄인일 필요가 있다. 그렇지 않으면 그 성스러움은 빈약해지며 결코 풍부해질 수 없다. 그것은 극히 단조롭고 창백한 얼굴을 하고 있을 것이다. 생명력이 없고, 여름에 바닥까지 마른 강처럼 흘러넘치는 강물이 되지 못할 것이다.

"그중 가장 큰 양 한 마리가 길을 잃었다."

내가 알기로는 양의 세계에서 '가장 크다'는 '가장 좋은 것, 최고의 것'의 의미이다. 가장 큰 양이 가장 좋은 양이기 때문이다. 그 털은 풍성하고 지방분도 많다. 그러므로 그런 양을 사려면 비싸고, 팔면 이익이 크다. 양은 크면 클수록 좋고, 작을수록 빈약하다. 그런데 그런 최고의 양이 길을 잃은 것이다. 이것은 상징적이다.

양치기는 아흔아홉 마리를 뒤에 그대로 두었다. 그 양들은 별로 가치가 없는 것이다.

왜 예수는 언제나 양치기와 양들을 선택해서 비유로 삼는가? 여기에는 매우 깊은 의미가 있다. 그의 비유에는 깊은 의미가 깃들어 있다. 양의 무리는 평범한 정신을 가진 군중을 의미한다. 그들은 무리를 이루어 살아간다. 길을 가는 양의 무리를 보라. 그 무리는 마치 집단정신이라도 있는 것처럼 움직인다. 독립된 존재로서가 아니다. 서로 밀치고 웅성거리는 것은 좋아하지만, 독립적으로 살아가는 것은 두려워한다. 양들은 언제나 무리를 지어서 움직인다.

언젠가 들은 이야기가 있다. 학교 교사가 양치기를 하는 아버지를 둔 아이에게 질문을 했다.

"너희 집에 열 마리의 양이 있다고 하자. 그중에서 한 마리가 울타리를 넘어 도망치면 뒤에 남은 양은 몇 마리냐?"

"한 마리도 남지 않습니다."

아이의 대답에 교사는 놀라 말했다.

"대체 무슨 소리를 하고 있는 것이지? 이건 산수 문제야. 자, 양이 열 마리 있다고 하자. 그런데 한 마리가 담을 넘어 도망쳤을 때 뒤에 남은 것은 몇 마리냐?"

아이는 다시 대답했다.

"선생님께서는 산수를 알고 계실지 모르지만 저는 양에 대해 잘 알고 있단 말이에요. 한 마리도 남지 않아요."

양에게는 집단정신이 있기 때문에 무리지어 몰려다닌다. 한 마리가 도망치면 모두 함께 도망친다.

예수는 늘, 하느님은 죄인을 찾아 나서며 평범한 중간 계층은 찾지 않는다고 말한다. 평범한 인간은 찾을 가치가 없는 것이다. 그 사람은 그만큼의 가치도 없다. 더구나 그는 반드시 제 갈 길을 가고 있으므로 굳이 찾아 나설 필요가 없다. 찾아다닐 필요가 없다. 그는 길을 잃지 않는 것이다. 그러므로 양치기는 아흔아홉 마리를 숲 속에, 어둠 속에 남겨 두고, 길을 잃은 그 한 마리를 찾아 나섰다. 이 한 마리가 비로소 개인적인 존재가 되었기 때문이며, 비로소 자아를 얻었기 때문이다. 나머지 아흔아홉 마리에게는 자아가 없다. 그들은 하나의 무리일 뿐이다.

그대의 존재 전체를 보라. 아직도 무리지어 몰려 있는 상태인가? 아니면 하나의 자아를 획득했는가? 그대가 자아를 획득하면 그때 신은 그대를 찾아 나설 것이다. 그럴 가치가 있기 때문이다. 그러한 그대라면 찾아 나서야 하고 발견해야만 한다. 그대는 원의 반을 얻은 것이다. 이제 나머지 반은 자신을 내던지는 데 있다. 이제 남은 반은 신을 통해 얻을 수 있다. 그대가 자아를 가질 때 신은 어디에서든, 어떤 형태로든 그대를 찾는다. 왜냐하면 그대 쪽에서의 일은 끝냈기 때문이다. 그대는 한 개인이 되었다. 이제 그 개인성을 잃는다면 그대는 보편적인 존재가 될 수 있다.

이것이 그 차이다. 개인성을 획득하기 전에 그대는 단지 무리에 지나지 않았다. 보편성이라곤 없었다. 단순한 무리에 불과했다. 이것을 지나야 그대는 개별성을 얻는다. 길을 잃고 홀로 서면서 하나의 에고가 된다. 그리고 나서 그대가 이 에고를 잃을 때 그대는 하나의 바다가 된다. 전체가 되는 것이다.

지금 그대는 아직 없다. 그러므로 전체가 될 수 없다. 지금 그대는 저 무리 속에 있다. 무리 속의 하나의 번호에 불과하다. 군대는 이것을 잘 하고 있다. 그들은 병사들에게 군번을 매긴다. 이름은 일체 없다. 병사들은 이름이 없고, 단지 하나의 번호에 불과하다. 그렇기 때문에 병사가 죽으면 그들은 칠판 위에 군번 몇 번을 손실했다고 기록한다. 병사는 군번이다. 번호는 대체될 수 있다. 만약 1번이 떨어지면 다른 사람으로 대체시키고 그 사람에게 1번을 주면 된다. 군대 안에 있는 것은 양들이다. 그리고 군대는 완벽한 사회이다. 개미의 사회와 같은 완벽한 사회, 하나의 무리이다. 무리의 특성을 알고 싶으면 군대를 보라. 그들은 그대를 완전히 규율 속에 묶어 놓는다. 그것은 그대의 독립성을 완전히 사라지게 하는 방식이다. 명령은 명령이다. 명령에 대해서는 생각해서는 안 된다. 그들이 '우향우!'라고 말하면 오른쪽으로 돌아야 한다. 그리고 이것은 아주 깊은 곳까지 스며들어가 있다.

어떤 대령의 아내에게 큰 고민거리가 있었다. 남편인 대령이 왼편으로 돌아누워 잘 때마다 심하게 코 고는 소리를 내는 것이었다.

그것도 보통 코 고는 소리가 아니었기 때문에 그녀로서는 참기 어려운 일이었다. 그것은 마치 천둥치는 소리와도 같았다. 이 때문에 그녀는 거의 잠을 잘 수 없었다. 그러나 대령은 오른편으로 돌아누워 자면 코를 골지 않았다. 그래서 그녀는 정신과 의사를 찾아가 어떻게 하면 좋을지 물었다. 의사는 말했다.

"간단한 일 아닙니까? 주인 양반이 코를 골면 오른편으로 향하게 하면 되지 않습니까?"

"그것이 어렵단 말이에요. 남편은 몸이 무겁고, 게다가 그렇게 하려고 하면 화를 내죠. 그래서 밤새도록 몇 번이고 그렇게 하다가 날이 새 버리는 일이 한두 번이 아니에요."

그러자 의사가 말했다.

"걱정 마십시오, 부인. 대령의 귀에다 '우향우' 하고 속삭이기만 하면 됩니다. 그러면 효과가 있을 것입니다."

확실히 그것은 효과가 있었다. 명령은 명령이다. 명령은 무의식 깊은 곳까지 들어가 있는 것이다.

사회는 하나의 무리로서 존재한다. 그것은 아무 문제도 없이 곧바로 군대로 바뀔 수 있다. 히틀러가 독일 전체를 하나의 병영으로 바꾸는 데 성공한 것은 이 때문이다. 마오쩌둥도 자기 나라 전체를 병영화하는 데 성공했다. 사회는 그 경계선 위에 서 있다. 그것은 언제라도 즉시 전환될 수 있다. 사소한 규율로 사회는 군대의 병영으로 바뀔 수 있다. 개성은 허용되지 않으므로 그곳에 개성이라곤 없다. 자기를 주장해서는 안 된다. 이것은 마치 양의 무리와 같다. 양과 같은 정신들이다.

그대에게는 자신의 의식이라고 할 만한 것이 있는가? 아니면 자신이 태어난 사회의 일부로서 살고 있을 뿐인가? 그대는 힌두교도이다. 회교도이고 기독교도이며 시크교도이고 자이나교도이다. 그러나 그대는 인간인가? 그대는 자신을 인간이라고 말할 수 없다. 인간은 사회 따위에는 소속되지 않기 때문이다. 소크라테스와 같은 이는 인간이다. 예수와 같은 이는 인간이다. 나나크(인도 펀자브 지방에서 태어나 회교의 강한 영향을 받아 힌두교의 개혁을 시도한 시크교를 창시했다)와 같은 이는 인간이다. 예수와 같은 이는 인간이다. 그러나 그대는 아니다. 그대는 어딘가에 소속되어 있다. 인간이라면 누구에게도 소속되지 않는다. 인간은 자신의 발로 선다. 이것이 바로 예수가 말하고 있는 의미이다. 가장 좋은 한 마리가 길을 잃는 것이다. 일단 한 마리가, 가장 좋은 놈 한 마리가 길을 잃으면, 양치기는 아흔아홉 마리를 산에 그대로 내버려 둔 채, 그 한 마리가 발견될 때까지 찾아 나선다.

그대는 신에게 기도를 하지만 신은 그대를 찾지 않는다. 그러므로 그대가 신을 놓치는 것은 당연한 일이다. 먼저 자기 자신이 되어야 한다. 그러면 신은 그대를 찾아 나설 것이다. 신을 찾을 필요가 없다. 더구나 그대의 힘으로 어떻게 신을 찾을 수 있겠는가? 그대는 신의 주소도 알지 못한다. 신이 어느 곳에 있는지 알지 못한다. 그대가 아는 것이라곤 아무 의미도 없는 말들과 이론들뿐이다. 그런 것들은 아무 도움을 주지 않는다.

어떤 목사가 한 도시에 처음으로 부임해 오는 길이었다. 그런데 택시 운전사들이 파업 중이었으므로 택시를 잡을 수가 없었다. 그는 그날 저녁 설교를 하기로 되어 있었으므로 어떻게든 교회에 가야만 했다. 그래서 목사는 한 소년을 붙잡고 그 교회가 어느 곳에 있느냐고 물었다. 소년은 친절하게도 그를 교회까지 데려다 주었다. 교회에 도착하자 목사는 소년에게 말했다.

"네가 도와줘서 정말 고맙구나. 넌 길을 가르쳐 주었을 뿐 아니라 함께 와 주기까지 했다. 네가 만일 하느님이 어디에 계신지 조금이라도 알고 싶거든 오늘 저녁에 내 설교를 들으러 오거라. 하느님께 가는 길에 대해 설교할 예정이니까."

그러자 소년은 웃으며 말했다.

"목사님은 교회에 가는 길도 모르시는데, 어떻게 하느님에게 가는 길을 아신단 말예요. 전 오지 않겠어요."

하지만 나는 그대에게 말한다. 그대가 설령 교회로 가는 길을 안다고 해도 그것은 결코 대단한 것이 아니다. 그 누구라도 교회로 가는 길은 알고 있다. 하지만 별 차이가 없다. 교회는 하느님의 거처가 아니다. 교회가 하느님의 거처였던 적은 한 번도 없었다. 그대는 신을 찾을 수 없다. 왜냐하면 신을 모르기 때문이다. 그러나 신은 그대를 찾을 수 있다. 신은 그대를 알고 있기 때문이다. 이것이 예수의 근본 가르침 중 하나이다. 곧, 인간은 신성을 찾아갈 수 없지만 신성은 인간을 찾아올 수 있다는 것이다. 그리고 신은 그대에게 준비만 갖추어지면 언제라도 그대를 찾아온다.

따라서 문제는 신을 찾는 것이 아니라 준비하고 기다리는 데 있다. 그리고 최초의 준비는 한 개인이 되는 일, '길을 잃는 일'이다. 먼저 반항적으로 되는 것이다. 그래야 비로소 자아를 얻을 수 있다. 먼저 무리를 초월해 가는 것이다. 테두리가 뚜렷이 정해진 사회의 한계와 범위를 뛰어넘으면 그곳에는 끝없는 평원이 펼쳐져 있다. 그것을 초월한 곳에는 신의 광대무변함이 존재한다.

사회는 숲 속에 있는 개간지에 불과하다. 사회는 실체가 아니다. 그것은 인간이 만들어 낸 것에 불과하다. 세상의 법은 모두 인간이 창조한 것이다. 세상이 덕이라 부르든, 죄라 부르든, 모두 인간의 창조물이다. 사람들은 실제로는 덕이 무엇인지 모른다. 덕virtue이란 말은 라틴어에 그 어원이 있는 실로 아름다운 말이다. 라틴어에서의 이 말의 의미는 '힘 있다'라는 것이다. 그것은 선함을 의미하지 않는다. 그것은 '건강하다virile', '힘 있다'라는 뜻이다.

힘 있게 존재하라. 자기를 주장하라. 자신의 발로 서라. 무리의 희생물이 되지 말라. 생각하기 시작하고 자기 자신으로 존재하라. 자기의 고독한 길로 가라. 무리 지은 양이 되어서는 안 된다.

아흔아홉 마리의 양은 숲 속에 남겨 둔다. 그들에 대해서는 걱정할 것이 없다. 그들은 방황하지 않는다. 그들은 서로를 밀치면서 웅성대고 있을 테니 언제라도 찾아낼 수 있다. 문제는 그들이 아니라, 저 한 마리, 무리를 이탈한 저 가장 좋은 한 마리이다. 양이 무리를 이탈했다는 것은 그 양에게는 반드시 힘이 존재한다는 의미이다. 그 양은 숲을 두려워하지 않는다. 야생동물들을 두려워하지 않는다. 전혀 두려워하지 않는다. 그 양은 두려움을 넘어선 것이다. 그래야 비로소 무리를 이탈할 수 있다. 이러한 두려움 없는 상태야말로 준비의 첫 번째 단계이다.

에고의 획득이야말로 바로 그것을 전부 내던지는 길로 가기 위한 첫걸음이다. 이것은 매우 모순처럼 들릴 것이다. 그대는 내가 제정신이 아니라고 생각할 것이다. 그대는 항상 겸손해야 한다고 생각하기 때문이다. 그러나 나는 말한다. 그것이 아니다. 먼저 에고가 필요하다. 그렇지 않으면 그 겸손은 가짜가 될 것이다. 먼저 에고가 필요하다. 예리한, 칼날같이 예리한 에고가 필요하다. 에고는 그대에게 존재의 명확성을, 다른 사람과의 구별을 가져다준다. 그때 그대는 에고를 버릴 수 있다. 에고가 있을 때 그대는 그것을 버릴 수 있다. 그때 겸허해진다. 그 겸허함은 전적으로 다른 것이다. 가난한 사람의 겸허함과는 다르다. 약한 자의 겸허함이 아니다. 그것은 강한 자의 겸허함이다. 힘이 넘치는 사람의 겸허함이다. 그때 비로소 그 전부를 버릴 수 있다. 그 이전에는 안 된다.

"양치기는 아흔아홉 마리를 그대로 둔 채
그 길 잃은 양 한 마리를 찾아 나서지 않겠느냐."

기억하라. 신을 찾아다닐 필요가 없다. 신이 찾아온다. 가치 있는 자가 되라. 그러면 신이 찾아올 것이다. 신은 그대에게로 오는 길을 만들지 않을 수 없게 된다. 누군가 어디선가 결정화되는 순간, 신적인 에너지 전체가 그를 향해 움직인다. 신은 깨달음을 얻은 사람으로서 그대에게 올지도 모른다. 스승으로서, 구루로서 올지도 모른다. 무수히 많은 방식으로 그대에게 올 것이다. 그러나 어떤 방식으로 오는가는 중요하지 않다. 그것은 신이 생각할 문제이므로 그대가 걱정할 필요는 없다. 먼저 에고를 획득하라. 개인이 되라. 그러면 우주적인 사건이 그대에게 일어날 수 있다.

"지칠 대로 지친 후에 양을 찾으면
그 사람은 그 양에게 말할 것이다.
'나는 다른 아흔아홉 마리의 양보다 너를 더 사랑한다.'"

반항적이 된 자, 신은 그를 더 사랑한다. 성직자는 말할 것이다.
"말도 안 되는 소리! 신이 길을 잃은 자를 더 사랑한다고?"

성직자들은 그 말을 믿지 않을 것이다. 그러나 그것이 사실이다. 예수의 말이 옳다. 예수는 길 잃은 양이었다. 붓다는 길 잃은 양이었다. 마하비라도 길 잃은 양이었다. 무리가 평범함 속에서 꿈틀거리고 있는 동안에, 한편에서는 마하비라, 예수, 붓다 같은 인물들에게 누군가 찾아온다. 신이 그들을 향해 달려오고 있는 것이다.

이것이 바로 보리수 밑에서 일어난 일이다. 그곳에서 붓다는 완전한 개인으로서, 사회와 문화와 종교의 모든 사슬을 끊어 버리고 아무 연결도 없이 완전히 혼자가 되어 앉아 있었다. 그때 신은 모든 장소에서 온갖 방향으로 그에게로 달려왔다. 신은 어느 곳에나 있는 것이다. 그리고 붓다는 신이 되었다. 붓다는 신의 존재를 부정했었다. 이것도 길을 잃는 방식의 하나이다. 그는 말했었다.

"신 같은 것은 존재하지 않는다. 나는 그 어떤 신도 믿지 않는다. 사회 같은 것도, 종교도 존재하지 않는다."

그는 베다(기원전 2천 년부터 이루어진 인도 바라문교 사상의 근본 경전)를 부정하고, 바라문이나 인도 카스트 제도를 부정했다. 그는 힌두교의 사고 체제를 부정했다. 그는 또 말했다.

"나는 힌두교도가 아니다. 나는 어떤 사회에도 속하지 않는다. 나는 어떤 이론도 믿지 않는다. 스스로 진리를 깨닫지 않는 한, 나는 아무것도 믿지 않을 것이다."

그는 계속 부정했다. 그리하여 그가 완전히 홀로되는 순간이, 모든 것과 연결 관계가 끊어지고 철저하게 파괴되는 순간이 찾아왔다. 그는 드넓은 바다 속에서 고독한 섬이 되었다. 완전히 홀로되

잃어버린 한 마리 양

었다. 25세기 전 저 보리수 밑에서 신은 길 잃은 사람, 이 젊은 양에게 사방에서 달려왔다. 그러고는 지칠 대로 지쳐서 신은 이 양에게 말했다.

"나는 다른 아흔아홉 마리의 양보다 너를 더 사랑한다."

이것은 예수 역시 들었던 말이다. 언제나 그러했다. 그것은 기본 법칙이다. 신이 인간을 찾아온다. 인간이 신을 찾아가는 것이 아니다. 인간은 준비만 하면 된다. 그러면 어떻게 준비해야 하는가? 먼저 개인이 되라. 존재의 혁명가가 되라. 사회를 초월하고 두려움 없이 모든 사슬과 관계를 넘어서 가라. 홀로되어 자신이 세계의 중심인 것처럼 존재하라. 그러면 신은 그대를 향해 달려올 것이다. 그리고 그렇게 달려오는 신 속에서 그대는 에고를 잃는다. 섬은 바다 속으로 사라진다. 갑자기 그대는 더 이상 존재하지 않는다.

먼저 사회를 떨쳐 버려야 한다. 그것이 인간 내부의 역학이다. 에고는 오직 사회와 함께만 존재할 수 있기 때문이다. 만일 그대가 계속해서 사회를 떨쳐 버리면 에고가 완전히 홀로되는 순간이 온다. 사회가 전부 떨어져 나갔기 때문이다. 하지만 그렇게 되면 사회 없이는 에고 역시 존재할 수 없게 된다. 왜냐하면 사회는 그대가 에고로서 존재하는 것을 돕고 있기 때문이다. 그대가 계속해서 사회를 떨쳐 버리면 서서히 아주 서서히 그 기반이 떨어져 나간다. '너'가 없으면 '나'는 존재할 수 없다. '너'가 떨어져 나가기 때문에 '나' 역시 소멸해 간다. '너'가 전혀 존재하지 않으면 '나'도 존재하지 않는다. 그러한 '너'를 떨쳐 버려야 한다. 그래야만 '나'도 사라진다. 그러나 먼저 '너'를 떨쳐 버림으로써 '나'는 보다 더 예리해지고 더 결정화되며 중심이 정해진다. 뛰어나고 강해진다. 그러다가 그 '나'는 사라진다. 이것이 바로 신의 달려옴이다.

예수가 십자가에 못박힌 것은 그의 이 말들 때문이었다. 그는 사람들로 하여금 반항적이게 했다. 그는 사람들에게 길을 잃으라고 가르쳤다. 그는 하느님은 길을 잃은 자들, 죄인, 반역자, 그리고 에고를 가진 자들을 사랑한다고 말했다. 유대인들은 그 말을 용서할 수 없었다. 그것은 너무 지나친 말이었다. 그래서 그들은 이 사나이를 침묵시켜야만 했다.

"이 사람은 입을 다물게 해야 한다. 그는 너무 지나치다. 그는 사회 전체를 파괴하고 있다."

그는 성직자들로서는 도저히 참을 수 없는, 교회가 도저히 묵인할 수 없는 상황을 만들어 낸 것이다. 그는 무리들에게 반대했다. 그대를 둘러싸고 있는 것도 바로 이 무리들이다. 그 무리는 몹시 당황했다. 그래서 그들은 생각했다.

"이 사람은 적이다. 그는 우리의 기본 토대를 파괴하려 하고 있다. 무리를 짓지 않고서 우리가 어떻게 살아갈 수 있단 말인가?"

남은 아흔아홉 마리에게 길을 잃으라고 가르치면 오히려 양들은 더욱 굳게 뭉칠 것이다. 만일 그대가 계속 그렇게 가르친다면 그들은 복수를 할 것이다. 그들은 그대를 죽이면서 말할 것이다.

"정말 참을 수가 없어!"

우리는 무리 속에서 살아가고 있다. 우리는 무리의 일부이다. 우리는 혼자로는 존재할 수 없다. 우리는 어떻게 하면 홀로 존재할 수 있는가 알지 못한다. 우리는 언제나 다른 사람과 함께 존재한다. 우리에게는 다른 사람이 필요하다. 그들은 없어서는 안 될 존재들이다. 다른 사람이 없다면 그대는 누구인가? 그대는 자기 존재를 확인할 수 없다.

이것이 문제이다. 아흔아홉 마리의 양들은 온갖 종교를 만들어 낸다. 그러나 참다운 종교는 길을 잃은 그 한 마리에게서만 가능하다. 용기 있는 자가 되라. 숲 속 개간된 땅을 넘어 광야로 나아가라. 삶이 그곳에 있다. 그렇게 해야만 그대는 성장한다. 그것에는 고통이 따를지도 모른다. 고통을 수반하지 않는 성장이란 없다. 그것에는 십자가에 못박히는 괴로운 시련이 있을지도 모른다. 십자가를 짊어지지 않아도 되는 성장이란 없다. 사회는 십자가 처형으로 복수하려고 할지 모른다. 하지만 그것을 기꺼이 받아들이라. 그것은 일어나야 하고, 일어날 수밖에 없는 일이다. 그 한 마리의 양이 돌아오면 아흔아홉 마리의 양들은 말할 것이기 때문이다.

"이 녀석은 죄인이다. 이 양은 길을 잃었었다. 이 녀석은 우리의 동료가 아니다. 이 양은 우리들과는 별개 존재이다."

그리고 이들 아흔아홉 마리의 양들은 양치기가 그 한 마리를 품에 안고 왔음을 생각도 하지 않을 것이다. 그 양은 길 잃은 양이었고 양치기는 그 양을 발견하고 기뻐 어깨에 메고 왔다.

예수는 말한다. 양치기는 집에 돌아와 친구들을 초대해 축하 잔치를 벌일 것이다. 양을 잃었었고, 드디어 그 양을 찾았기 때문이다. 예수는 죄인이 하늘나라에 들어갈 때는 반드시 크나큰 환대를 받는다고 말한다. 왜냐하면 양을 한 마리 잃었었고, 드디어 그 양을 찾았기 때문이다.

7
좀이 슬지도 않고 벌레도 먹지 않는

ⲠⲈϪⲈ ⲒⲤ ϪⲈ ⲦⲘⲚⲦⲈⲢⲞ ⲘⲠⲈⲒⲰⲦ
ⲈⲤⲦⲚⲦⲰⲚ ⲀⲨⲢⲰⲘⲈ ⲚⲈϢⲰⲰⲦ
ⲈⲨⲚⲦⲀⲨ ⲘⲘⲀⲨ ⲚⲞⲨϢⲞⲢⲦⲒⲞⲚ

외부 세계에서의 실패는 빠르면 빠를수록 좋다.
타인의 눈은 그대의 부와 세상에서 이룬 성과와 입고 있는 옷만을 비춰 준다.
이 세상에서 무엇을 얻든 그것은 그대의 손에서 빠져 달아날 것이다.
그대가 있는 곳이 어디든, 그곳은 그대의 집이 아니다.
밖을 바라보면 수많은 세계가 있지만 안을 바라보면 단 하나의 세계밖에 없다.
자기를 얻지 못하면 아무것도 얻지 못하는 것이다.
지혜로운 사람은 하나를 위해 모든 것을 내던질 준비가 된 사람이다.

일곱 번째 말씀

예수께서 말씀하셨다.
"아버지의 나라는 많은 물건을 가지고 있던 중에
한 알의 진주를 발견한 상인에 비교할 수 있다.
그 상인은 생각이 깊은 사람이어서
자신이 가지고 있던 물건을 모두 팔아
그 한 알의 진주를 샀다.
그러므로 너희도 역시
좀이 슬지도 않고 벌레의 해도 받지 않는 곳에서
영원토록 가는 그런 보물을 찾으라."

밖을 바라보면 그곳에 수많은 세계가 존재한다. 그러나 안을 바라보면 단 하나의 세계밖에 없다. 밖으로 나가면 그대는 많은 것을 성취할지도 모른다. 그러나 그 하나를 놓치고 말 것이다. 그 하나는 중심을 말한다. 따라서 그것을 놓치면 모든 것을 놓쳐 버린 것과 같다. 그대는 많은 것을 획득할지 모른다. 그러나 그 많은 것은 궁극적으로는 많은 것이라고 볼 수 없다. 왜냐하면 자기를 얻지 못하면 아무것도 얻지 못하는 것이기 때문이다.

자기 자신에 대해 낯선 이방인이라면, 온 세상을 주어도 그대는 만족할 수 없다. 자기 자신의 존재 안으로 들어가지 못한다면 그때는 아무리 재산이 많아도 더 가난할 뿐이다. 더 많은 재산을 가지면 가질수록 점점 더 빈곤함을 느낀다. 이제 바깥에 있는 재산과 비교해 보면 내면은 상대적으로 더 빈곤하게 보이기 때문이다. 여기서 부유한 자의 모순이 생겨난다. 부유하면 할수록 그는 더 빈곤함을 느낀다는 것이다. 가지면 가질수록 그는 점점 자기가 비어 있다는 것을 느낄 것이다. 내면의 공허감은 외부의 물질로는 채워지지 않기 때문이다. 외부의 물질은 존재 깊은 곳까지 들어올 수 없다. 내면의 공허함은 그대 자신을 성취하는 날에만, 존재를 획득하는 날에만 채워질 수 있다. 이것을 확실하게 구별하라. 외부세계는 많음의 세계이다. 그러나 그곳에 하나는 없다. 그리고 이 하나야말로 궁극의 목적이다. 따라서 만일 외부에서 찾아다닌다면 그대는 그것을 놓치고 말 것이다. 아무것도 도움이 되지 않는다. 무엇을 하더라도 실패로 끝날 것이다.

마음은 계속해서 말할 것이다. "저것을 손에 넣으라. 그러면 충족될 것이다." 그리고 그것을 손에 넣으면 마음은 또다시 말한다. "이번에는 다른 것을 획득하라. 그러면 충족될 것이다." 마음은 말할 것이다. "만일 아직 성공하지 않았다면 그것은 충분히 노력하지 않았음을 의미한다. 네가 아직 도달하지 못했다면 그것은 충분한 속도로 달리지 않았기 때문이다." 그리고 만일 마음의 논리에 귀를 기울인다면-그것은 논리적인 것처럼 보이지만 실제로는 그렇지 않다-그대는 달리고 또 달려서 마침내는 죽음밖에 남지 않을 것이다.

많음의 세계는 죽음의 영역이다. 하나는 죽음이 없는 영역이다. 길을 찾는 사람은 외부의 물질계가 아니라 내면에서 찾아야 한다. 내면으로 방향을 돌려야 한다. 하나의 방향 전환이 필요하다. 완전히 반대쪽으로의 회전이 필요하다. 그래서 외부를 보고 있던 눈이 내면을 보기 시작하도록 만들어야 한다. 그러나 이것이 가능하려면 어떻게 해야 하는가?

이 세상에 대해 완전히 좌절하지 않고서는 그러한 일은 일어나지 않는다. 만일 한 조각의 희망이라도 남아 있다면 그대는 계속 그 방향으로 나아갈 것이다. 실패는 위대한 것이다. 많음의 세계에서 실패에 부딪칠 때 새로운 여행이 시작된다. 외부세계에서의 실패는 빠르면 빠를수록 좋다. 완전히 좌절하는 것은 이르면 이를수록 좋다. 왜냐하면 외부에서의 실패는 내면으로 향하는 첫걸음이기 때문이다.

예수의 이 경전으로 들어가기 전에 먼저 많은 것을 이해해야만 한다. 지혜로운 사람이란 누구인가? 그 하나를 위해 모든 것을 내던질 준비를 갖춘 사람이다. 그러면 어리석은 사람이란 무엇인가? 자신을 내던지고 평범한 물건들을 사 두는 사람이다. 가장 귀중한 것을 팔아서 쓸모없는 것들로 자신의 집을 채우는 사람이다.

물라 나스루딘의 친구 한 사람이 엄청난 부자가 되었다. 부자가 되면 누구나 그렇지만, 그도 고향에 가서 옛 친구나 과거의 이웃사람들에게 자기가 가진 것을 보여 주고 싶어졌다. 그래서 그는 수도에서 고향인 작은 마을로 왔다. 그런데 바로 역에서 물라 나스루딘과 마주쳤다. 부자가 된 친구는 말했다.

"나스루딘, 알고 있었는가? 나는 성공했다네. 굉장한 부자가 되었어. 자네는 아마 상상도 할 수 없을 거야. 나는 방이 5백 개나 딸린 대저택을 갖고 있어. 하나의 궁전이야."

물라 나스루딘이 말했다.

"나도 방이 5백 개나 딸린 집을 갖고 있는 사람을 몇 명 정도 알고 있지."

그러자 친구가 말했다.

"내가 사는 집에는 18홀의 골프 코스가 두 개, 풀장이 세 개나 되고 넓은 잔디밭이 깔려 있어."

나스루딘이 대꾸했다.

"다른 도시이긴 하지만, 골프 코스 두 개에 풀장 세 개를 갖고 있는 사람을 알고 있지."

그 부자가 물었다.

"집 안에 말인가?"

나스루딘이 말했다.

"잘 듣게. 자네는 큰돈을 벌었을지 모르지만 나 또한 그렇게 나쁜 건 아니야. 나에겐 당나귀들과 말들과 돼지들, 물소와 젖소들, 그리고 암탉들이 있지."

부자 친구는 이 말을 듣고 웃음을 터뜨렸다.

"나스루딘, 당나귀나 말이나 닭 같은 걸 갖고 있는 사람은 세상에 많아."

나스루딘은 그의 말을 중간에서 막으며 말했다.

"집 안에 말인가?"

그대가 무엇을 소유하고 있을지라도, 18홀의 골프 코스에 풀장이 세 개이든, 방이 5백 개 딸린 집이든, 당나귀와 말이든 그대가 외부에 가지고 있는 것은 그대를 부유하게 하지 못한다. 집 안이 실제로는 텅 비어 있기 때문이다. 그대가 텅 비어 있기 때문이다. 집 안으로는 아무것도 들어오지 못한다. 그 물건들은 모두 집 밖에 남아 있다. 그것들은 모두 외부에 속하는 것들이기 때문이다. 그 물건들을 안으로 들여놓을 방법은 없다. 빈곤함은 내부에 있다. 빈곤함이 외부의 것이라면 문제가 될 것이 하나도 없다.

외부에서, 바깥 둘레에서 공허함을 느낀다면 집이나 자동차, 말 등으로 그 공허함을 메울 수 있을 것이다. 그러나 공허함은 내부에서 느껴진다. 내면에서부터 무의미함을 느낀다. 문제를 일으키는 것은 그대에게 큰 집이 없기 때문이 아니다. 문제는 내면적으로 완전히 무의미함을 느끼는 데 있다. 자신은 왜 존재하는가? 왜 이다지도 살아가는 것이 힘든가? 왜 살아 있는가? 삶은 어디를 향해 가고 있는가?

매일 아침 그대는 밖으로 나가기 위해 다시 일어난다. 하지만 갈 곳이 없다. 매일 아침 옷을 입는다. 그러나 그대는 잘 알고 있다. 저녁이 되어도 아무것도 얻지 못하며 아무 목표에도 도달하지 못했다는 것을. 그대는 다시금 잠자리에 든다. 그리고 아침이 되면 똑같은 여행이 다시 시작된다. 이 얼마나 무의미한 일들의 연속인가! 그대는 끊임없이 내면의 공허감을 느낀다. 그곳에 아무것도 없다. 따라서 그대는 기껏해야 외부세계에서만 남을 속일 수 있을 뿐이다. 자신은 속이지 못한다. 어떻게 자신을 속일 수 있겠는가?

재물을 축적하면 할수록 삶은 더 덧없이 소모된다. 재물은 삶을 대가로 치르고 산 것이기 때문이다. 그대는 점점 더 생명력을 잃어가고 죽음은 더 다가온다. 재물은 더 많이 축적되어서 그 산이 더 커져가지만 내면적으로 그대는 점점 더 위축될 뿐이다. 그때 두려움이 찾아온다. "나는 무엇을 붙잡으려고 하고 있지? 어느 곳을 향해 가고 있지? 나는 내 삶을 걸고 무엇을 하고 있지?"

그대는 뒤로 돌아갈 수 없다. 소비된 시간은 돌아올 수 없다. 그럴 수 있는 길이란 없다. 그것은 되찾을 수가 없다. 다시 시작하겠다고 말할 수가 없다. 그것은 불가능하다. 그리하여 나이를 먹어감에 따라 점점 더 슬퍼진다. 그 슬픔은 육체의 노쇠 때문이 아니다. 그 슬픔은 그대가 자신에게 무엇을 해왔는가를 이제 깨닫게 되기 때문이다. 그대는 물론 큰 집을 가졌으며 성공했다. 다른 사람들의 눈에는 부자이며 명성을 얻은 것처럼 비친다. 그러나 자신의 눈에는 어떤가?

이제 그대는 아픔을 느낀다. 소모해 버린 생에 대한 아픔, 잃어버린 시간에 대한 고통을. 죽음이 점점 가까워지고 곧 빈손으로 사라질 것이다. 이 공허감은 내면에 있는 것이다. 그 공허감을 이 세상에서 얻은 물질로는 채울 수 없다. 그대 자신을 얻지 못하는 한 그것은 헛된 일이다. 그렇기 때문에 예수는 말하는 것이다. "부자가 하늘나라에 들어가는 것은 낙타가 바늘구멍으로 들어가는 것보다도 어렵다." 왜 그런가? 부유한 자는 무엇이 잘못되었는가?

부자라고 해서 특별히 잘못된 것은 없다. 예수가 강조한 것은 이 세상에서 물질을 축적함으로써 자기의 삶을 낭비한 사람이다. 이것이 부자라는 말이 의미하는 것이다. 그런 사람은 신의 나라로 들어갈 수 없다. 신의 나라에는 내면적인 것을 얻은 사람만 들어갈 수 있기 때문이다. 그는 천국의 문 앞에서는 속일 수 없다. 자신을 너무 지나치게 낭비하여 부패하고 황폐해졌기 때문에 그는 들어갈 수 없다. 그는 그 문 앞에서 춤출 수 없고 노래할 수 없다. 그는 그의 삶에서 획득한 성과를 가지고 천국의 문에 들어설 수 없다. 그는 뿌리가 뽑혀 버렸다. 그는 많은 것을 소유하기는 했지만 결코 자신을 소유하지는 못했다. 이것이야말로 빈곤이다. 만일 그대 자신을 소유하고 있다면 그것이야말로 진정한 부이다. 그대 자신을 소유하지 못했다면 비록 황제라 할지라도 가난하다.

그대가 이해해야 할 두 번째의 것은, 왜 우리는 계속해서 재물을 쌓아 두는가 하는 것이다. 진실은 그토록 명백한데 우리는 여전히 계속하고 있다. 아무도 예수나 붓다에게 귀를 기울이지 않는다. 설령 귀를 기울인다 해도, 이해했다고 느낀다 해도, 결코 그것을 따르지 않는다. 그것에는 틀림없이 몇 가지 깊은 이유가 있을 것이다. 그렇기 때문에 붓다도 예수도 무시하고 그대의 길을 계속해서 걸어간다. 때로는 의혹이 머리를 스칠 때도 있다. 그러나 그뿐이다. 그대는 다시 원래대로 돌아가 가던 길을 계속 간다. 그곳에 틀림없이 붓다나 예수도 흔들 수 없고 뽑을 수 없는 대단히 뿌리 깊은 무엇인가가 있을 것이다. 그 뿌리 깊은 것은 무엇인가?

우리는 다른 사람의 눈 속에서 존재한다. 우리의 자기 확인은 타인의 의견을 통해서다. 타인의 눈이 곧 거울이다. 우리는 자신의 얼굴을 타인의 눈 속에서 본다. 바로 그것에 장애가 있고 문제가 있다. 타인에게는 그대의 내적인 존재가 보이지 않기 때문이다. 내적 존재는 어떤 거울에도 비춰 볼 수 없다. 단지 외적인 모습만을 비춰 볼 수 있다. 반사되어 비치는 것은 단지 외면적이고 물질적인 것에 지나지 않는다. 가령 최고급 거울 앞에 서더라도 그 속에는 물질적인 측면밖에 비치지 않는다. 어떤 눈도 내적인 존재를 비춰 주지는 않는다.

그러므로 타인의 눈은 그대의 재산과 이 세상에서 이룬 성과와 입고 있는 옷만을 비춰 준다. 그것은 그대 자신을 비춰 주지는 못한다. 타인이 그대를 가난하다고 생각하는 것을 알면—그것은 그대가 좋은 옷, 좋은 집, 좋은 차를 갖고 있지 않음을 의미한다—그대는 그것들을 향해 움직여 가기 시작한다. 오직 타인의 눈에 자신이 풍요롭게 비춰지기 위해 축적한다. 타인의 눈도 곧 그대가 점점 부유해지는 것을, 권력과 명예를 얻는 것을 비춰 주기 시작한다.

그대의 존재 증명은 반사된 모습으로 구성된다. 그러나 타인이 비춰 줄 수 있는 것은 물질뿐이다. 타인은 그대 자신을 비추지는 못한다. 그렇기 때문에 명상이 더없이 필요한 것이다.

명상은 눈을 감는 것을 의미한다. 비춰진 것을 보지 않고, 자신의 존재를 바라보는 것을 의미한다. 그렇지 않으면 하루 종일 타인들에 얽매여 있게 된다. 밤에 잠을 잘 때, 깊은 잠 때문에 무의식 상태에 빠질 때도, 또 꿈속에서조차 다시 타인들과 관계한다. 끊임없이 타인들과 함께 살고 있다. 그것이 문제이다. 그대는 사회 속에서 태어나고 사회 속에서 죽는다. 그대의 전 존재가 사회적인 것으로 구성되어 있다. 그리고 사회는 곧 주위 모든 곳에 있는 눈을 의미한다.

그들의 눈이 무엇을 비춰 줄지라도 그대는 그것에 강하게 영향을 받는다. 누군가 그대를 좋은 사람이라고 말하면 기분이 좋아진다. 누군가 그대를 나쁜 인간이라고 평하면 감정이 상한다. 누군가 그대에게 병이 있는 것 같다고 말하면 정말로 아픈 것처럼 느껴진다. 그대의 존재 확인은 오직 타인에 의존한다. 그것은 타인을 통한 하나의 최면술이다. 홀로 있음 속으로 들어가라. 타인과 함께 살되 타인 속에서 자신을 소모시키지 말라.

적어도 하루에 한 시간은 눈을 감아야 한다. 눈을 감는 것은 사회에 대해 자기를 닫아 버리는 것을 의미한다. 사회는 존재하지 않고 그대만 존재한다는 것을 의미한다. 그럼으로써 자기 자신과 얼굴을 맞댈 수 있다. 일 년에 한 번은 며칠씩 산이나 사막으로 가라. 자기 외에는 아무도 없는 그곳에서 있는 그대로의 자신을 바라보는 것이다. 그렇지 않으면 끊임없이 타인과 함께 살아감으로써 최면에 걸릴 것이다. 그대가 타인에게 영향을 미치려고 하거나 강한 인상을 심어 주려고 하는 것은 바로 이 최면 때문이다. 실제로 중요한 것은 그대가 부자가 되는 것이 아니라 타인에게 부자라는 인상을 주는 데 있다고 최면당하는 것이다. 이 두 가지는 전적으로 다르다.

타인은 그대의 소유물이 무엇이든 그 소유물에 의해 인상을 받는다. 그들은 그대 본래의 모습에 의해 영향을 받는 것이 아니다. 만일 걸인의 누더기를 걸친 알렉산더 대왕을 만난다면 그를 알아볼 수 없을 것이다. 그러나 언제나 길에서 구걸하던 걸인이 알렉산더처럼 왕좌에 앉아 있는 것을 본다면 그의 발밑에 꿇어 엎드릴 것이며, 그를 금방 알아볼 것이다.

언젠가 이런 일이 있었다. 위대한 우르두(주로 인도 회교도 사이에서 쓰이는 언어) 시인 갈리브가 황제의 만찬에 초대를 받았다. 그 만찬에는 거의 5백 명이 넘는 수많은 사람들이 초대되었다. 갈리브는 가난한 사람이었다. 물론 다른 사람의 눈에 비치는 것을 말하지만, 갈리브는 가난한 사람이었다.

친구들은 충고했다.

"이봐, 갈리브. 옷과 신발, 좋은 양산을 빌리는 게 좋겠어. 자네 양산은 다 낡고, 외투는 색이 바래고 천도 낡았어. 그런 옷이나 구멍 난 신발을 신고 황제의 만찬에 참석할 수는 없어."

그러나 갈리브는 말했다.

"남에게 무엇을 빌리면 나는 몹시 불편해져. 그래서 이제까지 아무것도 빌리지 않고 살아왔어. 난 내 발로 서고, 내 방식대로 사는 게 좋아. 평생의 습관을 겨우 만찬 때문에 바꾼다는 건 좋은 일이 아니야."

그래서 그는 평소의 옷차림을 하고 황제의 궁정으로 갔다. 경비병에게 초대장을 보이자 경비병은 그를 바라보고는 웃으며 말했다.

"어디서 이 초대장을 훔쳤나? 당장 꺼져라. 그렇지 않으면 체포하겠다."

갈리브는 그 말을 믿을 수 없었다. 그래서 말했다.

"나는 초대를 받았다. 황제에게 가서 물어보라."

그러자 경비병이 코웃음을 쳤다.

"거지들은 모두 자기가 초대받았다고 생각하지. 네가 처음인 줄 알아? 전에도 여러 놈이 와서 얼씬거렸어. 썩 꺼져. 곧 손님들이 도착할 거다."

갈리브는 되돌아왔다. 그의 친구들은 이런 사태를 미리 예상하고 있었기 때문에 갈리브를 위해 외투와 신발과 양산을 준비해 두고 있었다. 그는 빌린 옷을 입고 다시 황제의 궁전으로 갔다. 경비병이 이번에는 머리를 숙이며 정중하게 그를 맞이했다.

"어서 오십시오."

갈리브는 널리 알려진 시인이었고, 황제 역시 그의 시를 매우 사랑했기 때문에 그는 황제의 바로 옆자리에 앉도록 허락을 받았다. 만찬이 시작되자 갈리브는 참으로 이상한 짓을 하기 시작했다. 그래서 황제는 그가 약간 미친 것이 아닌가 생각했다. 갈리브는 자신의 외투에게 음식을 먹이려고 애쓰며 이렇게 말하는 것이었다.

"외투야, 많이 먹어. 실제로 궁전에 들어온 건 너지, 내가 아니니까"

황제가 물었다.

"갈리브, 대체 무슨 짓을 하고 있는 거요? 머리가 이상해지기라도 했소?"

갈리브는 말했다.

"아닙니다. 처음에 왔을 때 나는 입장을 거부당했습니다. 그러고 나서 이 외투가 왔지요. 난 이 외투와 함께 왔을 뿐입니다. 외투 혼자서는 올 수 없을 테니까요. 그렇지 않았으면 나는 여기 들어오지 못했을 겁니다."

이런 일은 누구에게나 일어난다. 사람들에게는 그대가 아니라 그대의 외투가 인정받는 것이다. 그렇기 때문에 그대는 자신의 외투를 화려하게 꾸미고 몸치장을 하는 것이다.

타인으로부터, 타인의 눈으로부터, 타인의 거울로부터 벗어나기 위해 명상이 필요하다. 그들에 대해서는 잊으라! 몇 분 동안 단지 그대의 내면만을 지켜보라. 그때 내면의 아픔과 고통을 느낄 것이고, 텅 비어 있음을 느낄 것이다. 그때 변형이 시작된다. 그때 내면의 풍요를 찾기 시작한다. 밖에 존재하는 것이 아니라 안에 존재하는 보물을 찾기 시작한다.

많음은 외부에 있는 부이다. 하지만 내면의 보물은 단 하나뿐이다. 많음은 외적인 차원이며 외적인 방향이다. 하나, 한 방향이야말로 내면의 목적지이다.

예수께서 말씀하셨다.

"아버지의 나라는 많은 물건을 가지고 있던 중에
한 알의 진주를 발견한 상인에 비교할 수 있다.

그 상인은 생각이 깊은 사람이어서
자신이 가지고 있던 물건을 모두 팔아
그 한 알의 진주를 샀다."

이 이야기는 이렇다. 한 남자가 돈을 벌기 위해 먼 나라로 갔다. 그는 많은 돈을 벌었고 많은 물건을 사 모았다. 그러나 마지막 순간에 그는 한 알의 진주를 발견했다. 그래서 그는 교환을 했다. 그 많은 물건을 팔고 한 알의 진주를 구입했다. 그러고 나서 자기 나라로 돌아오던 도중에 그가 탄 배는 풍랑을 만나 침몰했다. 그러나 그 상인은 그 한 알의 진주를 가지고 해안까지 헤엄쳐 갔다. 그래서 그는 전 재산을 가지고 집으로 돌아올 수 있었다.

이것이 바로 예수가 말하고 있는 이야기이다. 이 남자는 많은 것 대신에 단 하나를 산 것이다. 그랬기 때문에 배가 침몰했을지라도 그가 잃은 것은 아무것도 없었다. 그는 하나를 건질 수 있었다. 많은 것은 건질 수 없었을 것이다. 죽음이 다가왔을 때, 그리고 그대가 탄 배가 침몰했을 때, 만일 그대가 진주 한 알을 갖고 있다면 그 하나를 쉽게 건져 해안까지 헤엄쳐 갈 수 있다. 그러나 수많은 물건들을 가지고 있다면 그것을 도저히 옮겨갈 수 없을 것이다. 진주 한 알은 옮길 수 있다. 그러나 수많은 물건을 어떻게 지고 건너갈 수 있겠는가?

예수께서 말씀하셨다.
"아버지의 나라는 많은 물건을 가지고 있던 중에
한 알의 진주를 발견한 상인에 비교할 수 있다.

그 상인은 생각이 깊은 사람이어서……."

그는 현명했다. 하나를 팔아서 많은 것을 사는 것은 어리석은 짓이다. 이것이 바로 지혜이며 현명함이다. 많은 것을 팔아서 하나를 사는 것. 진주는 곧 '하나', 내면의 것을 상징하는 것이다.

"그 상인은 생각이 깊은 사람이어서
자신이 가지고 있던 물건을 모두 팔아
그 한 알의 진주를 샀다.
그러므로 너희도 역시
좀이 슬지도 않고 벌레의 해도 받지 않는 곳에서
영원토록 가는 그런 보물을 찾으라."

이 상인처럼 되라. 생각이 깊은, 현명한 자가 되라. 이 세상에서 무엇을 얻든 그것은 그대의 손에서 빠져 달아날 것이다. 이 세상에서 실제로는 어떤 것도 소유할 수 없다는 사실을 깊이 생각해 본 적이 있는가? 단지 그대가 소유하고 있다고 느낄 뿐이다. 그러나 그대의 소유물은 그대가 존재하지 않았을 때는 다른 사람의 소유물이었다. 그리고 그대는 곧 이 지상에서 사라질 것이다. 그러나 그대가 소유했던 것은 여기 계속 남아서 다른 누군가가 그것을 소유하게 될 것이다. 소유는 마치 꿈과도 같은 것이다. 때로는 존재하고 때로는 사라진다.

이브라힘이라는 왕이 살고 있었다. 어느 날 그는 잠을 자다가 지붕에서 무슨 소리가 나는 것을 듣고 잠에서 깨었다. 누군가 지붕 위에서 걸어 다니고 있었다. 그래서 이브라힘은 소리쳤다.

"그곳에 누구냐?"

그러자 어떤 남자의 목소리가 들려왔다.

"걱정할 거 없소. 내 낙타가 없어져서 찾던 중이오."

궁전의 지붕 위에서 낙타를 찾다니, 이브라힘은 기가 막혀서 웃음을 터뜨렸다.

"이런 미친놈을 봤나. 궁전 지붕에서 낙타가 없어지다니, 썩 꺼지지 못할까."

그러나 그러고 나서도 이브라힘은 잠을 이룰 수 없었다. 그는 생각이 깊은 사람이었기 때문이다. 어쩌면 저 사람은 미친 자가 아닐지도 모른다. 어쩌면 무엇인가 상징적인 의미로 말한 것인지도 모른다. 어쩌면 위대한 신비가일지도 모른다. '걱정할 것 없소.' 하고 그가 말했을 때 그 목소리에는 깊은 위안과 고요가 깃들어 있었다. 그 목소리는 매우 음악적이고 조화로웠다. 미친 자의 목소리가 아니었다. '내 낙타가 없어져서 찾고 있는 중이오.' 하고 말했을 때 그 목소리에는 마음을 파고드는 힘이 담겨 있었다. 그 말은 무엇인가 암시하고 있는 것 같았다. 그래서 왕은 내일 아침에는 무슨 일이 있어도 그 사람을 찾아내어 과연 그가 어떤 사람인지 알아봐야겠다고 생각했다. 단순한 미치광이가 아니면 미치광이를 가장한 신인가? 단지 미쳤기 때문에 지붕 위에 올라갔는가, 아니면 나에게 특별한 메시지를 보내려고 왔는가?

왕은 밤새 한숨도 잠을 잘 수 없었다. 아침이 되자 그는 신하에게 그런 목소리를 가진 남자를 찾아내라고 명령했다. 그러나 온 도시를 전부 뒤져도 그런 사람은 발견되지 않았다. 목소리만으로 사람을 찾을 수는 없기 때문이었다. 그런데 저녁 무렵에 궁전 문 앞에서 큰 소란이 일었다. 한 사람의 파키르(가난한 사람이란 뜻으로, 고행을 일삼는 회교의 수행자), 탁발승이 나타나서 경비병에게 이렇게 말한 것이다.

"나를 들여보내 달라. 나는 여기 이 세라이(아랍과 펀자브 지방에서 주로 상인단이 묵는 여인숙)에서 며칠 묵어가야겠다."

"여기는 왕이 사는 궁전이오. 아무나 묵는 여인숙이 아니란 말이오."

"여기는 여인숙이 틀림없다. 이곳은 여행자들이 머물다 가는 곳이다. 여기 사는 사람은 아무도 없다. 나를 들여보내 달라. 왕에게 직접 말하겠다. 왕은 정말 어리석은 자임에 틀림없다."

이 말이 왕의 귀에 들어가 그 파키르는 왕 앞으로 끌려왔다. 왕은 화를 내며 말했다.

"넌 도대체 무슨 소리를 하는 것인가?"

그 사람이 말했다.

"내 말을 들으시오. 나는 전에도 이곳에 온 적이 있는데, 그때는 왕좌에 다른 사람이 앉아 있었소. 그 역시 이곳이 자신의 집이라고 말했소. 그런데 지금은 당신이 그 자리에 앉아 이곳이 자기 집이라고 말하고 있소."

왕이 말했다.

"이런 무례하고 어리석은 놈을 봤나. 그분은 돌아가신 나의 부왕이시다."

그 파키르가 말했다.

"언젠가 내가 다시 이곳에 오면 당신은 없고 아마 다른 사람이 앉아 있을 것이오. 아마 당신의 아들일 것이며, 그 역시 이곳이 자신의 집이라고 말할 것이오. 그렇다면 이곳이 어떻게 집이란 말이오? 사람들이 계속해서 왔다가 가는데. 그렇기 때문에 나는 이곳을 여인숙이라고 부르는 것이오."

왕은 문득 이 파키르의 목소리를 기억해 낼 수 있었다.

"네가 지난밤 지붕 위에서 낙타를 찾던 그 미치광이인가?"

"그렇소. 내가 그 미치광이요. 그리고 당신 또한 미치광이요. 만일 당신이 부와 재산 속에서 자신을 찾고자 한다면, 지붕 위에서 낙타를 찾는 것과 다를 바가 무엇이오?"

왕은 그 즉시 왕좌에서 내려와 파키르에게 말했다.

"당신이 이 세라이에 머무시오. 나는 이곳을 떠나겠소. 내가 이곳에 머물고 있었던 것은 이곳이 나의 거처이고, 나의 집이라고 믿었기 때문이오. 그런데 그것이 아니라면 나는 너무 늦기 전에 집을 찾아야만 하겠소."

이브라힘은 자기 자신의 힘으로 신비가가 되었다. 진정한 앎에 이르렀을 때, 깨달은 사람이 되었을 때, 그는 도시 밖에서, 자기의 도시 밖에서 살았다. 이전에 한번 그의 소유였던 도시는 이제는 단순한 세라이에 불과했으며, 그는 줄곧 밖에서 살았다. 사람들은 와서 '바스티가 어디입니까?' 하고 묻곤 했다. 바스티는 도시를 의미한다. 이 말은 대단히 아름답다. 그것은 '사람들이 사는 곳'이란 뜻이다. 그러나 사람들이 그렇게 물을 때마다 이브라힘은 공동묘지를 가리키며 말하곤 했다.

"오른쪽으로 가면 바스티가 나올 것이오. 그곳에 사람들이 사는 바스티가 있소."

그래서 사람들은 그 방향으로 갔다. 그러나 잠시 후 그들은 매우 화가 나서 돌아오곤 했다.

"당신 미쳤소? 우리는 바스티, 사람들이 사는 곳이 어딘지를 물었소. 그런데 공동묘지를 가르쳐 주다니!"

이브라힘은 웃으며 말했다.

"그렇다면 우리는 말을 하는 방식이 서로 다른 모양이오. 일단 저 무덤으로 들어가면 당신들은 영원한 주인이 될 수 있소. 무덤이야말로 진정한 의미에서의 바스티, 주소가 절대로 변하지 않는 영원한 집이오. 당신들은 그곳에 영원히 있을 것이기 때문이오. 그러고 보니 당신들은 진정한 바스티를 찾고 있는 것이 아닌 것 같소. 당신들은 공동묘지인 이 도시를 찾고 있는 것 같소. 그곳에서 사람들은 긴 줄을 서서 죽음을 기다리고 있소. 오늘은 누군가가, 내일은 또 다른 누군가가, 모레는 또 다른 누군가가 죽을 것이오. 모두가 단지 죽기만을 기다리고 있소. 그런데 당신들은 그곳을 바스티라고 부르는 거요? 그곳을 사람들이 사는 곳이라고 부르는 거요? 나는 그곳을 마르가트, 즉 공동묘지라고 부르오. 사람들이 단지 죽기만을 기다리고 있는 곳, 죽음 외에는 아무것도 존재하지 않는 곳 말이오."

만일 삶이 존재한다면 그것은 죽음을 기다리는 것 외에 아무것도 아니다. 어떻게 삶이 죽음을 기다리는 것일 수 있는가? 어떻게 삶이 순간적인 것일 수 있는가? 어떻게 삶이 꿈과 같은 것일 수 있는가? 그 삶은 이곳에 존재했다가는 사라져 버려 더 이상 존재하지 않는다. 삶은 영원한 어떤 것이어야 한다. 그대가 영원한 것을 찾는다면 저 생각 깊은 상인처럼 되어야 한다. 그대가 가진 것을 모두 팔아야 한다. 그 모두를 팔아서 하나를 사야 한다. 물에 빠지거나 빼앗기지 않을 내면의 존재인 진주 한 알을 사야 한다. 그 진주는 그대 자신이다. 그대가 소유할 수 있는 것은 오직 그대 자신뿐이다. 그 밖의 것은 실제로는 어떤 것도 소유할 수 없다.

그대는 환상 속에서 살 수도 있다. 그것은 다른 이야기이다. 그대는 이 집을, 아내를, 남편을, 자식들을 소유하고 있다는 환상을 품고 살 수도 있다. 하지만 그것은 환상이다. 머지않아 그 꿈은 깨어질 것이다. 그대는 단지 자신만을 소유할 수 있을 뿐이다. 자신만이 결코 사라지지 않을 존재이기 때문이다. 그 존재는 영원하다. 영원히 지속된다. 존재는 시간을 초월한 그대의 것이다. 존재는 빼앗길 수가 없다.

이것이 세속적인 추구와 종교적인 추구의 차이이다. 종교적인 추구는 영원한 것을 추구하는 것이고, 이 지상적인 추구는 일시적인 것을 추구하는 것이다. 이 세상은 시간 속에서 존재하고, 종교는 시간을 넘어서 존재한다. 하나의 분명한 사실을 관찰해 보라. 눈을 감고 사념이 가라앉을 때 시간은 언제나 사라진다. 눈을 감고 생각이 정지할 때 시간은 소멸해 버린다. 생각이 있을 때 그곳에 시간이 있다. 물질이 있을 때 그곳에 시간이 있다.

그대 둘레에는 시간이, 시간의 바다가 있다. 그러나 내면에 존재하는 것은 영원이고 시간을 초월한 것이다. 그러므로 모든 깨달은 이들은 말한다. 시간을 초월했을 때, 시간을 넘어서 갔을 때, 그때 그대는 자신의 집에 도착한 것이다. 비로소 집에 돌아온 것이다.

언젠가 이런 일이 있었다. 한 남자가 공장에서 일을 하고 있었다. 남자는 매우 가난해 공장에 오갈 때 당나귀를 타고 다녔다. 그는 언제나 너무 늦게 집으로 돌아오곤 했기 때문에 아내는 항상 화를 냈다. 어느 날 그는 아내에게 말했다.

"내 사정을 좀 이해해 줘. 작업이 끝나는 마지막 벨이 울리면 이 당나귀는 그 소리에 익숙해져서 내가 2, 3초만 늦게 와도 저 혼자 가버리는 거야. 나를 태우지도 않고 혼자서 가버린다니까. 게다가 퇴근 시간이 되면 저마다 일찍 나가려고 하기 때문에 사람들이 홍수를 이루지. 내가 밖으로 나오면 당나귀는 이미 혼자 가버리고 없는 거야. 당나귀가 기다리는 시간은 기껏해야 2, 3초야. 내가 그 사이에 타면 별일이 없지만 그렇지 않으면 당나귀는 나를 태우지도 않고 혼자서 돌아가 버린다니까. 그러니 나는 집까지 혼자서 터벅터벅 걸어와야 해. 정말 나도 힘들어 죽겠어."

그는 이 설명이 도움이 되었으리라 믿고 아내에게 물었다.

"내 말의 요점이 뭔지 이해하겠지?"

아내는 대답했다.

"잘 알아들었어. 멍텅구리 당나귀까지도 집에 돌아갈 때가 된 것을 안다는 것이지!"

멍텅구리 당나귀까지도 집에 돌아갈 때가 된 것을 안다. 그러나 그대는 어디가 집인지, 언제 집으로 돌아가야 하는지 모르고 있다. 끊임없이 방황하고 있다. 줄곧 남의 집 문을 두드리고 있다. 어디가 자신의 집인지 완전히 잊었다. 따라서 그대가 늘 불안감을 느낀다고 해도 그것은 이상한 일이 아니다. 어디에 있어도 편안하지 못하다는 것은 이상한 일이 아니다. 그대는 이 세상의 한구석에서 다른 한구석으로 계속해서 돌아다니고 있다. 한 마을에서 다른 마을로 옮겨 다니는 이 미치광이 짓을 왜 하는 것인가? 무엇을 찾고 있

좀이 슬지도 않고 벌레도 먹지 않는 | 287

는가? 사람들은 일을 하고, 그리고 단지 이 세상을 돌아다니기 위해 돈을 모은다. 왜인가? 대체 무엇을 얻으려고 하고 있는가?

언젠가 미국인 사냥꾼 한 사람이 그리스의 화산 분화구를 내려다보고 있었다. 그가 안내인에게 말했다.

"저런, 마치 지옥 같군!"

그러자 안내인이 말했다.

"당신네 미국인들은 안 다녀 본 곳이 없겠지요? 그럴 수만 있다면 당신들은 지옥에라도 가보려고 할 거예요."

이 불안정이 존재하는 이유는 무엇인가? 인간은 왜 그 의식 깊은 곳에서부터 방랑자인 것일까? 그것은 집을 잃었기 때문이다. 그래서 집을 찾고 있는 것이다. 그대가 가고 있는 방향은 잘못되어 있지만, 그 불안정이 암시하는 것이 있다. 그대가 있는 곳이 어디든, 그곳은 그대의 집이 아니다. 바로 그것이 문제이다. 그래서 그대는 계속해서 집을 찾고 있는 것이다. 집을 찾아 지옥까지라도 간다. 그러나 그 어느 곳에서도 집을 찾지 못한다. 그대의 집은 그대 안에 있기 때문이다. 그리고 멍텅구리 당나귀까지도 집에 돌아갈 시간이 된 것을 알고 있다.

지금이 그때이다. 이미 시간이 지났다. 그대는 충분히 기다려 왔다. 물질 속에서 그것을 찾으려고 하지 말라. 다른 사람들 속에서 그것을 찾지 말라. 바깥에서 찾지 말라. 그곳에서는 그대는 많음에, 다수에 부딪칠 뿐이다. 그것을 힌두교에서는 마야라고 부른다. 마야는 많은 것, 다수를 의미한다. 마야는 끝이 없다는 뜻이다. 그대는 찾고 또 찾지만 그것에는 끝이 없다. 그것은 하나의 마술적인 세계이다. 마야는 '많은 것의 마술'이라는 의미이다. 마술은 그대로 남아 있고 그대는 계속해서 찾아 헤매고 있다. 그러나 결코 아무것도 얻을 수 없다. 왜냐하면 그것은 마술에 걸린 세계이기 때문이다. 그대가 가까이 다가갈 때마다 그것은 무지개처럼 사라져 버린다. 멀리에서 보면 그것은 아름답다. 그것은 그대를 사로잡는다. 그대는 그것에 빠져 든다. 그것은 그대의 꿈속으로 욕망 속으로 들어간다. 그대는 그 무지개를 손으로 잡고 싶어 한다. 그래서 그대는 앞으로 계속 나아가고, 무지개는 계속해서 뒤로 물러난다.

어딘가에 도착할 때마다 그대는 그곳에 아무것도 없다는 사실을 발견한다. 그 무지개는 꿈이었다. 환상계에 불과한 것이었다. 힌두교에서는 이 많음의 세계를 마야라고 불러왔다. 마야, 마술의 세계, 마치 마술사에 의해서 창조된 것 같은 세계이다. 실제로는 아무것도 존재하지 않는다. 그대는 욕망을 통해 모든 것을 창조하고 있다. 그대는 자신의 욕망을 통해 창조하는 창조주이다. 바로 많음의 세계를 창조하는 것이다.

자동차가 하나 있다고 하자. 아름다운 차이다. 그러나 이 지상에 인간이 존재하지 않는다면, 그 차가 무슨 가치가 있는가? 누가 그것을 인정할 것인가? 누가 그것에 관심을 가져줄 것인가? 새들은 거들떠보지도 않는다. 동물들도 관심을 갖지 않는다. 아무도 그것에 주위를 기울이지 않고 그 차는 녹이 슬어 고물이 되어 버릴 것이다. 그러나 인간이 그곳에 있을 때 그 차는 가치를 지니게 된다. 그 가치는 어디에서 오는가? 바로 그대의 욕망으로부터 온다. 그대가 그것을 갖고 싶어 하면 그것은 가치 있는 것이 된다. 갖고 싶어 하지 않으면 그 가치는 사라진다. 가치란 물질 속에 있는 것이 아니라 욕망 속에 있는 것이다.

오래된 경제 법칙에, 수요가 있을 때 공급이 뒤따른다는 것이 있다. 그러나 이제 이 법칙은 완전히 바뀌었다. 공급이 있으면 수요가 뒤따르게 되었다. 붓다가 살던 시대에 자동차를 꿈꾸는 사람이 있었으리라고 상상이나 할 수 있는가? 그럴 까닭이 없다. 공급이 없는데 어떻게 차를 갖고 싶어 할 수 있겠는가? 오늘날에는 사업 자체가 새로운 공급을 만들어 내는 것으로 유지되고 있다. 그들은 먼저 새로운 물건을 만들어 내고 다음에 광고를 한다. 욕망을 이끌어 내는 것이다. 그러면 수요는 발생한다. 그대는 그 물건을 향해 돌진한다. 그대가 그것을 보았기 때문이다.

"내가 지금까지 살아오면서 갖지 못했던 목표가 지금 바로 여기에 있다. 지금 이 목표를 달성하면 모든 것이 이루어지는 것이다."

그러나 사업가들은 계속해서 새로운 상품을 만들어 내고 광고업자들은 계속해서 새로운 욕망을 이끌어 낸다. 해마다 그들은 신형차, 새로운 모델의 주택, 새로운 목표물을 만들어 낸다. 그들은 그대에게 끊임없이 외부로 향해 움직일 수단을 공급한다. 그들은 생각할 틈을 조금도 주지 않는다. 그대의 차는 지금 그대로의 것으로도 아주 좋은 것이지만 그들은 신형의 차를 만들었다고 광고한다. 그러면 낡은 모델의 차를 몰고 다니던 그대의 에고는 상처를 입는다. 신형 차 쪽이 좋다고 단정 내릴 수는 없다. 불량품일지도 모른다. 그러나 그대는 새 상품을 사야만 한다. 그것을 손에 넣어야만 하고, 그 운전대를 잡고 있어야만 한다. 이웃 사람이 그것을 가지고 있기 때문이다.

한 여성이 의사를 찾아와서 말했다.

"뭘 해도 좋으니까 수술 좀 해주세요."

의사는 의아해서 물었다.

"뭐라고요? 당신 머리가 이상해진 것 아니오? 왜 수술을 받아야 합니까? 당신은 아주 건강하고 나쁜 곳이라곤 한군데도 없어요."

그러자 그 여성은 말했다.

"안 돼요. 모임에 나갈 때마다 다른 여자들은 모두 이런 이야기를 하고 있어요. 어떤 사람은 맹장 수술을 했다고 하고, 또 편도선을 잘라냈다고도 하고……. 나만 이상한 것 같은 느낌이 들어요. 나만 할 얘기가 없거든요. 뭐든 좋으니 모임에 나가 이야기를 할 수 있도록 잘라내 주세요."

병드는 것조차 경쟁을 하고 있다. 누구보다도 앞서지 않으면 마음이 풀리지 않는다. 결과야 어떻든 선두에 서야 하는 것이다.

퇴근 중인 세 사람이 전차 안에서 대화를 주고받고 있었다. 한 사람이 자기 아내에 대해 자신 있게 말했다.

"나와 내 아내는 결혼한 지 10년이 지났지만 지금도 매일 저녁이면 역으로 나를 마중 나온다네. 자네들로서는 도저히 생각할 수도 없는 일이지."

그러자 다른 한 사람이 말했다.

"그 기분은 나도 알만 하지. 나도 한 20년 전에 결혼을 했지만 20년을 한결같이 아내가 역까지 마중을 나오지."

"별 것 아니군."

세 번째 사람이 말했다.

"내 아내는 30년 동안이나 줄곧 마중을 나왔지. 더구나 나는 그녀와 결혼도 하지 않았는데 말이야. 그런데도 여전히 나를 마중 나온단 말이야. 자네들과는 비교가 안 되지."

비록 거짓말을 한다고 해도 선두가 되고 싶어 한다. 그 무엇을 하든 첫 번째가 되고 싶어 한다. 의상의 유행이 변하면, 설령 새로운 스타일이 괴상한 것이라 해도 그것에 따라야 한다. 그 누구 하나 집에 있지 않다. 모두가 남의 집 문을 두드리고 있다.

이것을 깊이 기억하라. 그대 자신 외에는 그 누구도 목표가 될 수 없다. 그대가 목적지이다. 그대 자신을 성취해야만 한다. 그 밖은 가치가 없다. 이것이 예수가 하고 있는 말의 의미이다.

"아버지의 나라는 많은 물건을 가지고 있던 중에
한 알의 진주를 발견한 상인에 비교할 수 있다.
그 상인은 생각이 깊은 사람이어서
자신이 가지고 있던 물건을 모두 팔아
그 한 알의 진주를 샀다.
그러므로 너희도 역시
좀이 슬지도 않고 벌레의 해도 받지 않는 곳에서
영원토록 가는 그런 보물을 찾으라."

죽지 않는 것을 찾으라. 언제나 깨어 있으라. 영원하지 않은 것에 대해 생을 헛되이 낭비하지 말라. 색이 변할 것들에 매달려, 변해 버릴 세계의 일부에 매달려 삶을 낭비하지 말라.

그러면 어떤 것이 영원할 것인가? 삶 속에서 이것이야말로 영원한 것이라고 말할 수 있는 것이 있었는가? 눈에 보이는 세계가 주위에 펼쳐져 있다. 그러나 그중 영원히 지속될 것은 하나도 없다. 산이라도 영원히 존재하지 않는다. 산도 나이를 먹는다. 산 역시 죽어 간다. 대륙까지도 소멸해 간다.

베다가 쓰여진 시대에 히말라야는 없었다. 최초로 쓰여진 리그베다에는 히말라야에 대한 언급이 전혀 없다. 그런 일은 일부러는 불가능하다. 어떻게 히말라야를 무시할 수 있겠는가? 불가능한 일이다. 베다는 온갖 것에 대해서는 언급하고 있지만 히말라야에 대해서는 한 마디 말도 없다. 이것 때문에 로크마냐 틸라크(간디 이전에 가장 유명했던 인도 독립 운동의 지도자이며 사회 개혁가)는 베다가 적어도 7만 5천 년 전에 탄생했을 것이라고 결론 내렸다. 이 주장에는 어느 정도 의미가 있다. 어쩌면 그럴지도 모른다. 그토록 태곳적에 쓰여지지 않았다 해도 베다는 틀림없이 구전의 형태로 수천 년 동안 이어져 왔을 것이다. 그렇기 때문에 히말라야에 대한 언급이 없는 것이다.

오늘날 과학자들은, 히말라야 산맥은 가장 새로운 지형이며 가장 젊은 산맥이라고 말한다. 가장 높은 봉우리이지만 가장 나이 어린 산맥이다. 히말라야는 여전히 자라고 있다. 히말라야는 여전히 젊다. 해마다 그것은 더 높이 자라고 있다. 빈드야(인도 중서부의 산맥으로 인도를 북인도와 남인도로 나눈다)는 지상에서 가장 늙은 산맥이다. 그렇기 때문에 죽음이 임박한 노인처럼 허리가 구부러졌는지도 모른다. 힌두교 사람들에게는 빈드야에 대한 아름다운 일화가 있다.

한 깨달은 이, 아가스티야(베다 시대의 전설적인 현자. 리그베다의 많은 만트라를 만든 이로 여겨진다)가 남쪽으로 가고 있었다. 그 당시에는 등산 용구 같은 것이 없었으므로, 빈드야를 넘어가기는 매우 어려운 일이었다. 아름다운 일화란, 이 깨달은 사람이 왔을 때 빈드야는 그의 발이 닿자마자 경의를 표하기 위해 허리를 구부렸다는 것이다. 그러자 아가스티야는 말했다.

"잠시 후에 돌아올 테니 내가 넘어가기 쉽도록 잠시 동안만 그대로 있으라."

그래서 빈드야는 허리를 구부린 채 기다렸다. 그러나 아가스티야는 다시는 되돌아오지 않았다. 그는 남인도에서 세상을 떠난 것이다. 이 일화는 참으로 아름답다. 빈드야, 지표면 위에서 가장 오래된 부분, 그것이 노인처럼 허리를 구부리고 있는 것이다.

산들조차도 젊거나 늙었다. 그것들도 죽고 또 탄생한다. 외부세계에 영원히 지속되는 것은 없다. 나무를 보라. 강과 산을 보라. 그것들은 모두 영원할 것 같은 느낌을 주지만 조금만 깊이 들여다보면 그런 느낌은 사라질 것이다.

그렇다면 그대의 내면으로 들어가 생각을 들여다보라. 그것들은 산이나 나무보다도 더 일시적이다. 그것들은 끊임없이 움직인다. 어떤 생각도 한 자리에 머물지 않는다. 조금 전에 그대는 화가 났었다. 그때 마음은 화난 생각들로 가득 차 있었다. 그리고 잠시 후에 그대는 미소를 짓고, 마치 화낸 일이 없었던 것처럼 그 생각들도 모두 사라져 버린다. 하늘에 흘러가는 구름의 무리처럼 생각들은 나타났다가는 사라진다. 구름들처럼 생각은 계속해서 형태를 바꾼다. 구름과 생각은 비슷한 속성을 지니고 있다.

구름에 대해 깊이 명상하라. 그러면 그 형태가 끊임없이 변한다는 것을 알게 될 것이다. 지켜보지 않으면 자각하지 못하고 지나갈 수도 있다. 지켜보면 구름의 형태가 계속해서 변하는 것을, 단 한 순간이라도 구름의 형태가 동일하지 않다는 것을 알게 될 것이다.

같은 현상이 생각 속에서도 일어난다. 생각의 형태는 구름과 같다. 그것은 끊임없이 변한다. 인간이 집중하지 못한 것은 바로 이 때문이다. 집중은 생각의 형태가 계속해서 동일한 상태에 머물러 있음을 의미하기 때문이다. 그것이 문제이다. 생각은 계속해서 움직이고 변한다. 그대가 무엇을 하려고 해도 그 생각은 바뀌어 간다. 한 가지 사념이 다른 사념으로 변한다. 한 형태가 다른 형태로 변화한다. 생각의 세계 역시 영원하지 않은 것이다.

산들도 변하고 구름들도 변한다. 오직 드넓은 하늘만이 같은 형태를 유지한다. 하늘은 영원하다. 같은 것이 그대의 내면에도 있다. 주변의 사물들은 변화한다. 그대 내면의 구름이나 생각들도 변화한다. 그러나 본래의 자아인 넓은 하늘은, 모든 것을 지켜보고 있는 그대 자신은 변하지 않는다. 그것이 바로 진주이다. 지켜보고 있는 자아, 그것이 진주이다. 그것은 형태가 없다. 그러므로 변할 수도 없다. 만일 형태가 그곳에 있다면 그것은 반드시 변화한다. 형태가 없다면 어떻게 변할 수 있겠는가? 그것은 무형의 것, 형태 없음, 즉 니라카르이다.

내면의 이 무형의 것에 도달하면, 그것은 처음에는 텅 빈 것으로 비칠 것이다. 그대는 형태 없는 것을 자각할 수 없기 때문이고, 알고 있는 것은 텅 빈 공간뿐이기 때문이다. 그러나 두려워 말라. 두려워해서는 안 된다. 그 속으로 들어가라. 그것을 알면, 그 속에 자리를 잡으면, 그때 텅 빈 공간은 더 이상 텅 빔이 아니게 된다. 그것은 형태 없음이 된다. 이 형태 없음을 획득할 때, 그대는 진주를 갖는다. 많음을 지불하고 하나를 사는 것이다. 지금 그대는 아직 하나를 지불해 많음을 사고 있다. 이 하나야말로 진주이다. 많음은 가짜 보석이다. 그것들은 귀중하게 보이지만 실제로는 그렇지 않다. 왜냐하면 그것들은 결코 영원히 가지 않기 때문이다.

오래 가는 것, 니트야타, 영원은 진리의 기준이다. 이것을 깊이 기억하라. 무엇이 진리인가? 영속하는 것이다. 무한히 지속하는 것이다. 꿈은 무엇인가? 시작과 끝이 있는 것이다. 영속하지 못한 것이다. 그러므로 아무도 그대로부터 빼앗아 갈 수 없는 것, 설령 죽음조차도 빼앗아 갈 수 없는 것을 찾으라. 죽음에 이르면 육체는 사라진다. 죽음에 이르면 생각들은 모두 소멸한다. 그러나 그대는? 그대는 영원히 계속될 것이다.

죽음은 그대 가까이에서 일어난다. 그러나 그대에게는 결코 일어나지 않는다. 죽음은 그대 가장자리에서 일어난다. 그러나 중심에서는 결코 일어나지 않는다. 죽음은 둘레에만 있다. 그대는 결코 죽지 않는다. 죽을 수가 없다. 산들은 소멸한다. 구름들은 나타났다가 사라진다. 그러나 하늘은 똑같은 상태로 존재한다. 그리고 그대는 그 하늘이다. 자아의 본성은 공간과 같다. 그것은 텅 비어, 무한하게 텅 비어 형태가 없다. 모든 사건이 그 안에서 일어나지만 그것 자체에는 아무 일도 일어나지 않는다. 예수가 의미하는 것이 바로 그것이다.

"그러므로 너희도 역시
좀이 슬지도 않고 벌레의 해도 받지 않는 곳에서
영원토록 가는 그런 보물을 찾으라."

8
둘을 하나로 만들 때

ⲀⲨⲤ ⲚⲀⲨ ⲀⲌⲚ̄ⲔⲞⲨⲈⲒ ⲈⲨⲌⲒ ⲈⲢⲰⲦⲈ
ⲠⲈⲜⲀϤ Ⲛ̄ⲚⲈϤⲘⲀⲐⲎⲦⲎⲤ ϪⲈ ⲚⲈⲈⲒ
ⲔⲞⲨⲈⲒ ⲈⲦϪⲒ ⲈⲢⲰⲦⲈ ⲈⲨⲦⲚ̄ⲦⲰⲚ

모든 구분과 분리는 인간이 만든 것이다. 실체 속에 구분선은 없다.
세계는 하나이며 실재하는 모든 것들은 순백색이다.
그러나 마음을 통과하면 세계는 여러 개로 나누어진다.
구분하는 마음의 메커니즘을 버리는 것, 그것이 명상이다.
내면의 원이 생겨날 때 그대는 다시 하나가 된다.
어린아이 같아야 하늘나라에 들어갈 수 있다는 말의 의미가 그것이다.
순수함이야말로 신으로 들어가는 문이다. 삶과 죽음은 분리되어 있지 않다.

여덟 번째 말씀

예수께서 젖을 먹는 어린아이를 보고
제자들에게 말씀하셨다.
"보라, 젖을 먹는 이 어린아이야말로
그 나라에 들어가는 이들과 같다."

제자들이 예수께 물었다.
"그러면 우리는 어린아이와 같아야
그 나라에 들어갈 수 있습니까?"

예수께서 그들에게 말씀하셨다.
"너희가 둘을 하나로 만들 때,
안의 것을 밖의 것으로 만들고
밖의 것을 안의 것으로 만들며
위의 것을 아래 것으로 만들 때,
그리고 너희가 남자와 여자를 하나로 만들어
남자는 남자가 아니고 여자는 여자가 아닐 때
그때 너희는 그 나라에 들어갈 것이다."

이것은 예수의 말 중 가장 깊은 의미를 지닌 말이다. 길을 찾는 사람이 가장 기본적으로 이해해야 할 것 중 하나이다. 이것은 또한 가장 이루기 어려운 것 중 하나이다. 이것을 이루면 그 밖에 더 이루어야 할 것은 아무것도 없다. 먼저 몇 가지를 이해해야 한다. 그런 다음 예수의 말 속으로 들어가자.

인간이 머리로 살면 결코 순수할 수 없다. 순수할 때만 신성은 그대에게 내려온다. 또는 그때 비로소 신성을 향해 올라갈 수 있다. 순수함이야말로 신성으로 들어가는 문이다. 머리는 영리하고 계산적이며 교활하다. 그 영리함 때문에 놓쳐 버린다. 신의 왕국을 놓쳐 버린다. 머리를 통해 이 세상의 왕국을 손에 넣을지는 모른다. 이 세상에서는 영리함이 필요하기 때문이다. 그대는 영리해야 한다. 영리할수록 더 성공한다. 더 계산적일수록 이 세상의 방식에서는 더 유능하다.

그러나 신의 왕국으로 들어가는 문은 정반대 쪽에 있다. 그곳에서는 어떤 계산도, 어떤 영리함도 필요 없다. 그곳에 머리는 전혀 필요 없다. 머리는 단지 계산하기 위한, 영리해지기 위한 메커니즘에 지나지 않기 때문이다. 어떤 계산적인 마음도, 어떤 영리함도 필요 없다면 머리는 존재 가치를 잃어버린다. 그때 가슴이 존재의 근원이 된다. 가슴은 순수하다.

왜 우리는 끊임없이 영리해지려고만 하는가? 왜 머리는 어떻게 하면 속일 수 있을까만 생각하는가? 이유는 그것이 이 세상에서 성공하는 유일한 길이기 때문이다. 그러므로 이 세상에서 성공하기를 바라는 사람은 신의 왕국에서는 실패자가 된다. 이 세상에서 실패할 준비가 되어 있다면, 그때 다른 세계로 들어갈 준비도 되어 있는 것이다.

"나는 이 세상에서의 성공에는 관심이 없다. 나는 성공하기 위해 존재하는 것이 아니다."라는 것을 인정할 준비가 되는 순간, 바로 그 순간에 즉각적으로 하나의 전환이, 변형이 일어난다. 그렇게 되면 의식은 바깥쪽으로 움직이지 않는다. 의식은 내면을 향해 움직이기 시작한다.

예수는 순수한 것을 매우 강조한다. 그래서 그는 언제나 어린아이들의 아름다움과 꽃들의, 백합들의 순수함을, 작은 새들의 순진무구함을 이야기한다. 그러나 그런 형태의 순수함은 도움이 되지 않는다. 그대는 이미 그것을 잃었다. 따라서 말로써 예수의 말을 모방해서는 안 된다. 문자 그대로 그를 이해하려고 노력하지 말라. 그것은 상징에 불과하다.

그대는 다시 어린아이로 되돌아갈 수는 없다. 어떻게 그런 일이 가능하겠는가? 한번 지식의 맛을 알았다면 되돌리는 것은 불가능하다. 그것을 초월할 수는 있지만 되돌아가지는 못한다. 그곳에 되돌아갈 수 있는 길이란 없다. 앞으로 나아갈 수는 있다. 그것을 뛰어넘을 수는 있다. 그러나 되돌아가 그 이전의 지점으로 갈 수는 없다. 그럴 수 있는 방법은 존재하지 않는다. 그대는 두 번 다시 본래의 어린아이가 될 수 없다. 그것이 어떻게 가능할 것인가? 이미 안 것을 어떻게 잊을 수 있는가? 넘어갈 수는 있다. 그것을 초월할 수는 있다.

이것을 기억하라. 그렇지 않으면 그대는 아이의 순진무구함을 흉내 내려고 할지도 모른다. 그 흉내는 다시금 하나의 교활함, 하나의 계산이 될 것이다. 예수는 어린아이처럼 되라고 말한다. 그래서 그대는 어떻게 하면 어린아이와 같아질까 연습하기 시작한다. 그러나 어린아이는 연습 같은 것은 하지 않는다. 어린아이는 그저 어린아이일 뿐이다. 그는 자기가 어린아이라는 것을 의식하지도 않는다. 자기의 순진무구함을 깨닫지도 못한다. 어린아이에게 순진무구함은 있어도 그것에 대한 자의식은 없다. 그러나 그대가 연습을 한다면 자의식이 생겨난다. 그러면 어린아이처럼 연기할 수는 있어도 문자 그대로 다시 어린아이로 존재할 수는 없다.

성자나 현자는 전혀 다른 의미에서 어린아이처럼 된다. 그는 초월한 것이다. 그는 머리를 넘어서 갔다. 머리의 헛됨을 이해했기 때문이다. 그는 이 세상에서의 모든 성공의 무의미함을 이해했다. 그는 성공에 대한 욕망, 다른 사람들에게 강한 인상을 주고 싶어 하는 욕망을 초월했다. 위대해지고 싶고 중요한 인물이 되고 싶은 욕망, 에고를 충족시키기 위한 욕망을 뛰어넘었다. 그는 그 욕망들의 무의미함을 완전히 이해한 것이다. 그렇게 이해하는 것 자체로 이미 초월이 일어난다. 이해를 하는 그 순간 곧바로 하나의 다른 차원으로 변형된다.

그때 그곳에 어린아이의 시절이 다시금 찾아온다. 이것을 제2의 어린 시절이라고 부른다. 힌두교에서는 이 단계를 드비즈, 즉 '두 번째 탄생'이라고 불러왔다. 그대는 다시 한 번 태어나는 것이다. 그러나 이것은 아버지와 어머니로부터의 탄생이 아니라 차원이 다른 탄생이다. 이것은 그대 자신으로부터의 탄생이다. 두 육체의 만남, 이원성으로부터의 탄생이 아니다. 그것은 그대 자신을 통한 탄생이다.

이것이 바로 예수 탄생의 의미이다. 다시 말해 그는 동정녀로부터 탄생한 것이다. 그러나 사람들은 모든 것을 문자 그대로 받아들인다. 그래서 정확한 의미를 놓쳐 버린다. '동정녀로부터'의 의미는 '하나로부터'라는 뜻이다. 그곳에는 상대방이 없다. 그러니 누가 오염시킬 수 있겠는가? 누가 그 속에 침입할 수 있겠는가? 처녀성은 상대방이 없으므로 절대적인 순결성을 갖는다. 상대방이 있으면 처녀성을 잃는다. 만일 마음속에 상대방이 존재한다면 순수함을 잃는다. 상대방에 대한 의식, 상대방에 대한 욕망이 처녀성을 잃게 하는 것이다. 이 두 번째 탄생은 처녀와 같이 순결한 것이고, 첫 번째 탄생은 섹스로부터 나오는 것이다. 그 길밖에 다른 것이 있을 수 없다.

예수 역시 다른 사람들과 마찬가지로 섹스에 의해 태어났다. 그럴 수밖에 없다. 예수도 씨앗의 상태에서는 그대와 똑같다. 하지만 꽃피어난 상태에서는 완전히 다르다. 두 번째의 탄생이 이루어졌기 때문이다. 새로운 인간이 탄생했기 때문이다. 이미 그곳에는 마리아에게서 태어난 예수는 존재하지 않는다. 그는 자기 스스로 새로운 탄생을 한 것이다. 고대 에세네 학파에서는 사람이 깨달음을 얻었을 때는 자기 자신의 아버지가 된다고 말한다. 이것이 바로 그 의미이다. 예수에게 아버지가 없다는 말은 예수가 자기 자신의 아버지가 되었다는 뜻이다. 터무니없는 말처럼 보이지만 그것이 사실이다.

두 번째 탄생은 동정녀로부터의 탄생이다. 그리고 그대는 다시금 순수해진다. 그리고 이 순수함은 어린아이의 그것보다 높은 차원의 순수함이다. 어린아이는 자신의 순수함을 잃을 수밖에 없다. 그것은 자연으로부터의 선물이지 어린아이가 직접 획득한 것이 아니다. 따라서 그것은 사라질 수밖에 없다. 어린아이는 자라나면서 순진함을 잃는다. 그리고 결과야 어쨌든 어린아이는 자라지 않을 수 없다. 그러나 현자가 획득한 순수함은 언제까지나 남아 있다. 그의 순수함은 그 누구도 빼앗을 수 없다. 그것은 성장의 절정, 성장의 극치이기 때문이다. 그곳에 그 이상의 성장은 없다. 아직 성장의 여지가 남아 있다면 여러 가지 것이 변화해야만 한다. 만일 그 너머에 아무것도 없는 최종 목적지에 도달했다면 그때 비로소 모든 것은 변화를 멈출 것이다.

어린아이는 매일매일 성장해야 한다. 그는 순수함을 잃을 것이다. 그는 경험할 것이다. 그는 지식을 얻을 것이다. 영리하고 계산적이 될 것이다. 그러나 자신의 계산적인 구조에 너무 사로잡혀 있을 때 그대는 섹스로부터의 탄생, 이원성으로부터의 탄생 속에 머물고 만다. 그리고 그때 내부에는 항상 끊이지 않는 갈등이 계속된다. 그대는 두 사람이기 때문이다.

두 사람으로부터 태어나면 그대는 두 사람의 상태에 머물게 된다. 그대 안에는 두 사람이 함께 존재하기 때문이다. 남자는 단지 남자이기만 한 것이 아니다. 그는 또한 여성이기도 하다. 여자는 단지 여자이기만 한 것이 아니다. 그녀는 또한 남성이기도 하다. 동시에 두 사람으로부터 태어났기 때문이다. 아버지는 그대 안에 계속 존재하며 어머니 역시 그대 안에 계속 존재한다. 왜냐하면 두 사람이 참여했기 때문이다. 두 사람이 그대의 육체 속에서 만나고, 그들의 강물은 계속해서 흘러간다. 그대는 두 사람인 것이다. 그리고 그대가 두 사람이면 어떻게 편안할 수 있겠는가? 그대가 두 사람이라면 그대 내부에는 끊임없이 갈등이 존재한다. 만일 내부에 두 개의 정반대의 극이 존재한다면 언제나 긴장이 있게 마련이다. 이 긴장은 결코 사라지지 않는다. 그런데도 그대는 여전히 어떻게 하면 침묵에 도달할까, 어떻게 하면 평화를 얻을까, 어떻게 하면 최고의 행복을 얻을까 계속해서 찾아다닌다. 불가능한 일이다. 그대는 두 사람이기 때문이다.

　침묵하기 위해서는 하나 됨이 필요하다. 그러므로 다시 태어나야 한다. 오직 그때만 무엇인가 일어날 수 있다. 그것이 예수가 니고데모에게 한 말이다. 니고데모는 예수에게 "나는 어떻게 하면 됩니까?" 하고 물었다.

　예수는 말했다.

　"먼저 너는 다시 태어나야 한다. 오직 그때만 무엇인가 일어날 수 있다. 지금 너의 있는 그대로는 아무것도 이룰 수 없다."

　나 역시 똑같은 말을 그대에게 한다. 지금 상태로는 그대는 아무것도 이룰 수 없다. 거듭나지 않는 한, 자신의 아버지가 되지 않는 한, 이원성이 소멸되고 하나가 되지 않는 한 아무것도 이룰 수 없다. 내부의 여성과 내부의 남성이 만나면 하나의 원이 된다. 그들은 싸우지 않는다. 오직 사라지고 소멸할 뿐이다. 서로가 소멸되어 합쳐진다. 그때 하나 됨이 남는다. 이 하나 됨이 곧 처녀성이다.

이것이 바로 예수가 어린아이와 같이 되라고 한 말의 의미이다. 이것을 문자 그대로 받아들여서는 안 된다. 그러면 왜 어린아이처럼 되어야 하는가? 아이를 잉태하면 아이는 처음 몇 주 동안은 여성도 남성도 아니다. 생물학자에게 물어보라. 그러면 그들은 그 시기에는 아이에게 아직 성이 없다고 대답할 것이다. 처음 몇 주 동안 아이는 어떤 성별도 갖지 않는다. 그 구별이 아직 결정되지 않았다. 현대 의학이 태아의 성을 전환시킬 수 있는 것은 이 때문이다. 몇 번의 주사로 성별의 전환이 가능하다. 이것은 남성과 여성이 동시에 태아에게 있기 때문이다. 그러다가 그 균형이 무너지고 곧 남성이 우위로 올라서든가 여성이 우위로 올라선다. 어느 쪽이든 우위에 올라서는 성이 그 아이의 성이 된다. 그러나 초기에는 균형이 잡혀 있어서 양성이 함께 존재한다. 그 후 호르몬으로 인해 성이 결정된다.

남성 호르몬을 주사하면 그 아이는 남성이 되고, 여성 호르몬을 주사하면 여성이 된다. 성은 바깥에 존재하는 것이기 때문에 바꿀 수 있는 것이다. 성은 존재에 속한 것이 아니다. 성은 바깥 경계선에, 즉 육체에 속한다. 그것은 호르몬 작용과 관계된 생리학적인 문제이다. 존재는 그와는 전적으로 다른 곳에 머물러 있다. 그러나 곧 분리가 생겨 아이는 남성이나 여성 둘 중의 하나로 형성되기 시작한다.

처음에 아이는 하나의 합일체이다. 그러다가 태어나면 이제 육체적으로는 남성이나 여성 둘 중 하나이다. 그러나 여전히 의식의 심층부까지는 그 구별이 침투하지 않은 상태이다. 의식의 내부에서는 아이는 아직 남성도 여성도 아니다. 아이는 아직 자기가 남성인지 여성인지 알지 못한다. 몇 개월 지나면 그러한 구별이 마음속으로 침투해 들어간다. 그렇게 되면 아이는 제각기 다른 외모를 가지면서 즉각 자의식을 품게 된다.

처음에는 육체도 하나였다. 그러다가 이 육체가 분리된다. 육체가 분리되어도 아이는 아직 하나이다. 그 다음에는 아이 자신 역시 분리된다. 그리하여 '나는 남성이다' 혹은 '나는 여성이다'라고 자기 동일시를 하기 때문에 인간 존재는 사라져 버린다. 그리고 이것이 일생 동안 계속된다. 이것은 두 번 다시 온 곳으로 되돌아가지 못한다는 뜻이다. 원은 미완성 상태로 남는다. 그러나 현자는 그의 근원으로 다시 도달하고, 그래서 원이 완성된다. 그리고 분리가 마음속에서 사라진다. 강물이 역류하기 시작하는 것이다.

어린아이는 먼저 육체적으로 분리가 되고 그 다음에 마음속에서 분리가 된다. 현자는 먼저 마음속에서 분리가 사라지고, 그 다음 육체에서 분리가 사라진다. 죽기 전에 그는 다시 하나가 된다. 이것이 바로 두 번째 어린아이와 같은 시기이다. 그는 다시금 순수 상태로 돌아간다. 그러나 이 순수함은 내용이 아주 풍부하다.

아이의 순수함은 빈약하다. 왜냐하면 그곳에 경험이 없기 때문이다. 어린 시절의 순수함에는 중요한 것이 빠져 있다. 그러나 현자의 순수함에는 가장 중요한 것이 들어 있다. 그는 이 세상 모든 삶의 형태들을 알고 있다. 그는 움직이면서 경험해야 하는 것은 모두 경험해 왔다. 그는 정반대의 방향으로도 나아갔다. 죄인이 되기도 했고, 깊은 곳까지 찾아다녔으며, 탐닉해 왔다. 이 세상에서 할 수 있는 경험은 모두 했으며, 이제 그것들로부터 빠져나온 것이다. 그의 순수함은 그 속에 경험이 깃들어 있기 때문에 매우 풍요롭다. 이제 그것을 파괴할 수 없다. 그는 그가 알 수 있는 모든 것은 다 알았기 때문이다. 어떻게 이제 와서 그것을 파괴할 수 있겠는가? 더 이상 그를 자극해 동기를 부여할 수도 없다. 모든 동기는 이미 그에게서 사라졌다.

이 단계에 이르면—처음에는 어린아이였고 마지막으로도 어린 아이가 된다—그때 삶은 하나의 원, 곧 완성 상태가 된다. 이것이 바로 완성이다. 만일 두 번째로 근원에 도달하지 못하면 삶은 미완성인 채로 끝난다. 미완성은 고통이다. 이것이 붓다가 두카(고통)라고 부른 것이다. 미완성 상태이면 그곳에 고통이 있다. 완성되면 그대는 충만해진다.

현자는 충만한 상태로 죽음을 맞는다. 그러면 그곳에 더 이상의 탄생은 일어나지 않는다. 이제 이 경험의 세계로 되돌아올 필요가 없기 때문이다. 그대는 미완성인 채로 죽는다. 그리고 이 미완성 때문에 다시 태어나야 한다. 그대의 존재는 완성되기 위해 몇 번이고 몇 번이고 되돌아올 것이다. 완성되지 않고서는 반복해서 탄생과 죽음 사이를 오갈 것이다. 그럴 수밖에 없다. 이것이 바로 힌두교에서 '생과 사의 수레바퀴'라고 부르는 것이다. 현자는 이 윤회의 수레바퀴로부터 탈출한다. 그 자신이 하나의 원이 되었고, 더 이상 윤회의 바퀴는 필요 없기 때문이다.

그러나 평범한 마음에게는 어떤 일이 일어나는가? 그러한 분리는 그에게 최후까지 남는다. 성의 구별이 마지막까지 남는 것이다.

가령 육체는 약해져도 정신은 계속 남는다. 그리고 섹스는 가장 근본적인 이분법이다. 따라서 섹스가 소멸되지 않는 한 하나 됨, 비이원성, 브라흐마는 일어나지 않는다. 이것을 기억하라. 비이원적인 것, 아드바이타, 브라흐마, '하나'라고 불리는 것, 이것은 가설이 아니다. 이론도 교리도 아니다. 이것은 논쟁될 수 있는 성질의 철학적인 것도 아니며, 믿음이나 신앙도 아니다. 그것은 성의 초월이다. 그것은 매우 깊은 생물학적인 현상이며 연금술적인 것이다. 왜냐하면 육체 전체가 하나의 변형을 필요로 하기 때문이다.

세 사람의 노인이 공원 벤치에 앉아 신세 한탄을 하고 있었다. 노인들에게는 달리 할 말이라는 것이 없기 때문이다. 73세가 된 한 노인이 말했다.

"나는 눈이 점점 어두워져서 분명하게 보이지가 않아. 더구나 갈색 머리와 빨간 머리는 구별이 안 돼."

그러자 78세가 된 다른 노인이 말했다.

"나는 점점 귀가 먹어서 큰 소리를 질러야만 들려. 그나마도 뚜렷하게 들을 수가 없어."

두 노인이 이렇게 말하고 나서 세 번째 노인에게 물었다. "물라 나스루딘, 당신은 어떤 문제가 있소?"

93세의 나스루딘이 대답했다.

"내 문제는 자네들 두 사람보다도 뿌리 깊지. 어제 저녁 때 일이야. 저녁을 먹고 나서 포도주를 조금 마셨지. 그러고 나서 잠시 소파에 앉아 휴식을 취하고 있던 중에 잠이 들어 버린 거야. 한 30분 정도 지나서 깨어 보니 마누라는 이미 침실로 들어가 버렸더군. 그래서 나도 침실로 들어가 마누라한테 말했지. '나도 좀 들어갈 수 있는 자리를 내주구려. 나도 침대에 올라갈 수 있게 말이야. 조금 즐겨야 하지 않겠나.' 그랬더니 마누라가 '뭐라고요? 바로 20분 전에도 즐겼지 않아요?' 하고 말하지 뭔가."

그러면서 나스루딘은 손바닥으로 자신의 머리를 두드리며 매우 슬프게 말했다.

"여보게들, 내 문제는 말이야, 나이를 먹어가면서 점점 기억력이 감퇴된다는 거야."

섹스는 최후의 마지막 순간까지 그대를 따라다닌다. 마지막 순간까지. 관찰해 본 적이 있는지 모르지만, 인간이 그의 마음을 초월하지 못하면 마지막으로 마음속에 남는 것은 섹스이다. 그것이 태어날 때 맨 처음 것이었으니, 최후의 것이 되는 것도 당연한 일이다. 한번 관찰해 보라.

잠이 들 때, 잠들기 바로 직전의 마지막 생각, 마지막의 마지막, 가장 마지막 순간의 생각을 지켜보라. 그 생각 다음에는 잠들어 버리는 그 순간의 생각이 무엇인지 지켜보라. 그때의 생각을 기억해 보라. 다음날 아침 그대는 놀랄 것이다. 그 생각은 아침에 눈을 떴을 때 맨 먼저 떠오르는 생각과 일치한다. 혹은 반대로 해봐도 좋다. 아침에 가장 먼저 떠오르는 생각을 주시해 보라. 그러면 밤에는 그것이 마지막 생각이 될 것이다. 사람은 순환하기 때문이다. 성은 삶에 있어서 최초의 것이며 최후의 것이다. 그것을 초월하지 못하면 성의 희생자가 된다. 자기의 주인이 될 수 없다.

인간이 교수형에 처해질 때 어떤 일이 일어나는지 아는가? 남자가 교수형을 당하면 그 자리에서 정액이 방출된다. 이것은 교수형이 행해지는 감옥이면 어디에서나 일어나는 일이다. 최후의 순간

둘을 하나로 만들 때

죽음에 닥쳐서 사정이 일어나는 것이다. 이것의 의미는 무엇인가? 왜 그런 것일까? 삶은 하나의 주기를 갖는다. 그것은 그 자체로 완성된다. 최초에 있었던 것, 그것을 통해 사람은 삶에 들어선다. 그리고 그것이 마지막 것이 되며, 그것을 통해 사람은 다시 하나의 다른 세계로 들어간다.

현자는 성을 초월한다. 그렇다고 성을 억압하는 것은 아니다. 이것을 기억하라. 억압은 초월이 아니다. 무엇인가를 억압한다면 아직도 그 안에 들어있는 것이기 때문이다. 무엇인가를 억압한다면 여전히 분리되어 있는 것이다. 현자는 아무것도 억압하지 않는다. 오히려 반대로 그의 내부에 존재하는 남성 에너지와 여성 에너지가 하나로 합일되어 그는 남성도 여성도 아니게 된다. 이것이 바로 예수가 말하는 '신의 환관'이다. 힌두교에서는 시바 신을 아르다나리쉬오하르, 곧 반은 남성이고 반은 여성으로 묘사하는 데, 그 의미도 그것이다. 그는 하나가 된 것이다. 힌두교에서는 이 시바 신을 가장 완벽한 신, 최고의 신, 마하데바라고 말한다. 왜 그들은 시바 신을 마하데바, 최고의 신이라고 부르는가? 그가 반은 남성이고 반은 여성이기 때문이다. 의식에 있어서 반은 남성이고 반은 여성일 때 양성은 하나가 되어 동시에 사라져 버린다. 이원성은 사라진다. 하나가 되는 것이다.

예수는 이 '하나'라는 것에 대해 말하고 있다. 아르다나리쉬와르, 반은 남성이고 반은 여성인 것에 대해 이야기하고 있다. 하나일 때는 그대는 어느 쪽에도 속하지 않는다. 새로운 어린아이와 같은 시기, 제2의 어린 시절이 찾아오는 것이다. 그대는 드위즈, 곧 두 번 태어난 사람, 거듭난 자이다. 다시금 순수한 세계가 실현된 것이다.

이제 이 경전 속으로 들어가자.

> 예수께서 젖을 먹는 어린아이를 보고
> 제자들에게 말씀하셨다.
> "보라, 젖을 먹는 이 어린아이야말로
> 그 나라에 들어가는 이들과 같다."
>
> 제자들이 예수께 물었다.
> "그러면 우리는 어린아이와 같아야
> 그 나라에 들어갈 수 있습니까?"

이렇게 제자들은 언제나 초점을 벗어난다. 그들은 일체의 사물을 문자 그대로 받아들이므로, 예수의 말을 엉뚱하게 이해한다. 메시지는 문자나 말이 아니다. 그들은 상징에 집착하며 상징을 너무 고정화시킨다. 반면에 예수가 상징을 말할 때, 그것은 고정적인 것이 아니다. 그것은 유동적이다. 그의 말은 무엇인가를 가리키기 위한 것이다. 그 자체가 말을 하고 있는 것이 아니다. 그것은 가리키는 표지판과 같다. 아무것도 말하지 않으면서 달을 가리키는 손가락과 같다.

한번은 예수가 말했다.

> "이 어린아이야말로
> 그 나라에 들어가는 이와 같다."

그 즉시 제자들은 어린아이와 같아지면 자기들도 하늘나라에 들어가게 된다고 생각했다. 제자들은 예수에게 물었다.

"그러면 우리는 어린아이와 같아야
그 나라에 들어갈 수 있습니까?"

예수가 대답했다.
"아니다, 단순히 어린아이가 되어서는 소용이 없다."

예수께서 그들에게 말씀하셨다.
"너희가 둘을 하나로 만들 때,
안의 것을 밖의 것으로 만들고
밖의 것을 안의 것으로 만들며
위의 것을 아래 것으로 만들 때,
그리고 너희가 남자와 여자를 하나로 만들어
남자는 남자가 아니고 여자는 여자가 아닐 때
그때 너희는 그 나라에 들어갈 것이다."

이것이 그가 다시 어린아이가 되어야 한다고 한 말의 의미이다. 모든 문장을 이해할 수 있어야 한다.

"너희가 둘을 하나로 만들 때……."

이것은 가장 기본적인 문제이다. 햇빛이 프리즘을 통과하면 일곱 가지 색깔이 나온다는 것을 관찰해 본 적이 있는가? 무지개 색깔이 전부 나타난다. 이것이 무지개가 생겨나는 이유이다. 비가 올 때, 대기가 수증기나 미세한 물방울로 가득 차 있을 때, 공중의 이 물방울은 프리즘 같은 작용을 한다. 이 물방울에 햇빛이 지나가면 그것은 곧바로 일곱 가지 색으로 나누어진다. 무지개는 이렇게 생겨난다. 비가 올 때 구름 사이로 태양이 나타나면 무지개가 생긴다. 태양 광선은 하얗다. 순백색이다. 그러나 프리즘을 통과함으로써 일곱 가지 색깔로 나뉜다. 백색의 성질을 상실하고 일곱 가지 색이 나타난다.

마음은 하나의 프리즘처럼 작용한다. 세계는 하나이며, 실재하는 모든 것들은 순백색이다. 그러나 마음을 통과하면 그것은 여러 개로 나누어진다. 마음을 통해 보는 세계는 항상 여러 개로 보인다. 만일 깊이 깨어 있는 눈으로 관찰한다면 그대는 모든 마음속 관념 속에서 일곱 가지의 것을 볼 수 있을 것이다. 마음은 프리즘처럼 분할한다. 일곱 개로 나누는 것이다. 우리가 일주일을 7일로 나누는 이유도 이 때문이다. 마음의 이러한 태도 때문에 마하비라는 그의 이론 전체를 일곱 단계로 나누었다. 그것은 '논리의 일곱 가지 측면'이라고 불린다. 마하비라에게 하나를 질문한다면 그는 즉석에서 일곱 가지의 답을 줄 것이다.

그것은 매우 혼란스러운 일이었다. 하나를 질문했는데 일곱 가지의 답을 주는 것이다. 그리하여 그대는 질문을 하기 전보다 더 큰 혼란에 빠진다. 이 일곱 가지 대답 때문에 사람들은 그를 이해하지 못했다. 그를 이해하기란 불가능한 일이다. 그러나 그는 아주 정확하다. 왜냐하면 그는 이렇게 말하는 것이다.

"그대들은 마음을 통해 묻는다. 그렇기 때문에 나도 마음을 통해 대답한다. 그런데 이 마음을 모두 일곱 가지로 나눌 수 있다."

이들 일곱 가지는 서로 모순된다. 그럴 수밖에 없는 것이 진리는 단 하나뿐이며 일곱 가지일 수 없기 때문이다. 일곱 가지를 말하면서 모순을 피할 수는 없다. 만일 마하비라에게 신이 존재하는가 묻는다면 그는 이렇게 대답할 것이다. "그렇다, 신은 존재한다." 그리고 다시금 이렇게 말할 것이다. "아니다. 신 같은 것은 존재하지 않는다." 그러고 나서 또 한 번 말한다. "둘 다 맞다. 신은 존재하기도 하고, 존재하지 않기도 한다." 그는 또 이렇게 말한다. "양쪽 모두 아니기도 하다." 그는 이런 식으로 일곱 개까지 계속해서 말할 것이다.

인간의 마음은 사물을 프리즘처럼 나눈다. 마음을 통해서 보면 모든 사물은 반드시 일곱 개가 된다. 깨어 있는 눈으로 지켜보면 일곱 개이다. 그러나 예리하게 보지 않으면 두 개로 보인다. 만일 평범한 사람에게 묻는다면 그는 대답할 것이다. "답은 두 가지밖에 없다. 만일 신에 대해 묻는다면, '신은 존재한다'와 '신은 존재하지 않는다'의 두 가지 답밖에 없다." 그는 다섯 가지를 놓치고 있다. 깊이 깨어 있지 않기 때문이다. 깨어 있는 눈으로 보면 답이 될 수 있는 것은 일곱 가지이지 두 가지가 아니다.

예수는 말한다.

"너희가 둘을 하나로 만들 때……"

예수는 극히 평범한 사람들에게 말하고 있다. 반면에 마하비라는 최고 수준의 학자나 이론가에게 말하고 있다. 두 사람의 말을 듣는 청중 사이에는 그 차이가 있다. 예수는 매우 가난하고 더없이 평범한 사람들, 평범한 대중에게 이야기하고 있지만, 마하비라는 소수의 선택된 사람들을 상대로 말하고 있는 것이다. 마하비라에게는 '일곱 가지'에 대해 말해도 될 상대가 있었다. 예수는 '둘'에 대해 말한다. 그러나 그들은 동일한 것을 의미하고 있다.

예수는 말한다.

"너희가 둘을 하나로 만들 때, 둘이 사라지고 하나가 남을 때, 너희는 이룬 것이다."

마하비라는 말한다. "너희가 일곱 개를 하나로 만들 때, 일곱 개가 사라지고 하나가 남을 때 너희는 이룬 것이다."

이 차이는 청중의 차이이다. 그러나 그들은 똑같은 것을 말하고 있다. 어떻게 하면 이 둘은 사라지는가? 무엇을 해야 하는가? 마음을 통해서는 아무것도 이룰 수 없다. 마음이 있으면 둘은 그대로 남는다. 어떻게 하면 이 무지개는 사라질 것인가? 어떻게 해야 사라지는가? 단지 프리즘을 버리기만 하면 된다. 그러면 무지개는 사라진다. 공중에 떠 있는 물방울을 제거하면 무지개는 사라진다. 마음을 통해 보지 말라. 그러면 많음의 세계는 사라진다. 마음을 통해 보면 많음의 세계는 당연히 그대 눈앞에 존재한다.

마음을 통해 보지 말라. 마음을 내던지고 보라. 아이들은 세상을 마음의 작용 없이 바라본다. 마음이 발달하는 데는 시간이 걸린다. 육체가 먼저 발달하고 그 다음에는 마음이 발달하므로 실제로 몇 년이나 시간이 걸린다. 아이가 태어난 첫날에 세상을 본다면 세상은 하나일 것이다. 그는 세상에 대해 어떤 구별도 하지 못한다. 어떻게 갓난아이가 구별할 수 있겠는가? 갓난아이에게는 이것은 파랗고 저것은 빨갛다고 구별할 능력이 없다. 붉은색, 푸른색을 알지 못한다. 단지 그냥 단순히 바라볼 뿐이다. 세상은 하나이다. 세상은 너무도 분명하게 하나이므로, 자신의 몸과 어머니의 몸조차 구별하지 못한다.

장 피아제(스위스의 심리학자로, 아이들의 정신발달, 특히 논리적 사고발달에 관해 연구했다)는 아이들의 정신 발달을 깊이 연구한 사람이다. 일생을 다 바쳐 그 연구를 했다. 그래서 많은 진실들을 밝혀 놓았다. 갓난아이는 자기의 몸과 외부세계의 사물 사이를 구별하지 못한다. 발가락을 입에 넣고 빨아먹는 것도 이 때문이다. 자신의 발가락을 빨아서는 안 된다는 것을 분별할 만한 능력이 없다. 어린아이는 그것을 다른 사물을 파악할 때와 똑같이 파악하므로, 그곳에 구별이란 존재하지 않는다. 심지어 아기는 똥을 싸서는 그것을 먹는다. 아기에게 그것은 좋은 것도 나쁜 것도 아니다. 우리들이라면 더럽다고 말할 것이다. 그러나 아기에게는 전혀 구별이 없다. 그러니 아기가 무엇을 할 수 있겠는가?

이것 때문에 인도에서는 수세기에 걸쳐 아이들을 모방하는 수행을 해온 사람들이 있었다. 그들은 배설을 하는 바로 그 자리에서 식사를 했다. 어리석은 사람들은 그들을 파라마한사(통달한 사람들)라고 불렀다. 그러나 그들은 단지 구별이 없는 어린아이들을 흉내 낸 것에 불과하다. 그렇지 않다면 그렇게 할 필요가 있었는가? 그들은 구별을 한다. 그러나 그들 스스로에게 구별하지 말라고 강요한다. 붓다는 그렇게 하지 않을 것이다. 예수는 그렇게 하지 않을 것이다. 그러나 이들 파라마한사들은 구별하지 않도록 자신을 강요한다. 그런 사람들은 어디에서나 찾아볼 수 있다. 그들은 도처에 수없이 많다.

구별을 하든, 구별을 하지 않으려고 자신을 강요하든, 그렇게 시키는 것은 똑같이 마음이다. 그곳에 구별이 있다. 하지만 그대는 그 구별을 억압하고 있을 따름이다. 어린아이처럼 행동하지만 순진무구하지는 않다.

어린아이처럼 둘이 하나로 될 때……. 아이는 태어나 눈을 뜨면서 세상을 보지만 그에게는 사고의 능력이 없다. 먼저 보고 나중에 생각할 능력이 생겨난다. 여기에는 시간이 걸린다. 때로 아이들이 구별하고 분별할 수 있게 되기 위해서는 몇 년씩이나 걸린다. 아이는 다른 아이의 손에서 장난감을 빼앗는다. 그러면 그대는 말할 것이다. "그런 짓을 해서는 안 돼. 그건 좋지 않은 일이야. 그 장난감은 네 것이 아니야." 그대는 소유에 대해 구별을 하고 있는 것이다. 개인의 소유라는 것을 믿기 때문이다. 그대는 이렇게 생각한다. "이것은 내 것이고, 저것은 내 것이 아냐." 아이들에게는 구별이 전혀 존재하지 않기 때문에 장난감은 단지 장난감일 뿐이다. 아이들은 장난감이 왜 자기의 것이 아닌지 생각하지 못한다. "내 손이 뻗어서 잡을 수 있으면 그것은 내 것이다." 내 것과 네 것은 아직 확실하지 않은 것이다.

아이들에게는 꿈과 현실의 구별이 없다. 그렇기 때문에 아침이 되면 아이는 깨어나 슬프게 말한다. 꿈속에서 본 저 아름다운 장난감, 그것은 어디로 가 버렸는가? 그것을 되돌려 받고 싶어 한다. 꿈과 현실의 구별도 없는 것이다. 아이들은 어떤 것에 대해서도 구별하지 않는다. 아이들에게 순진무구함이 존재하는 것은 아직 구별할 수 없기 때문이다.

현자의 순수함은 구별을 떨쳐 버릴 때 생겨난다. 그에게 푸른색이 푸른색으로 비치지 않는 것이 아니다. 빨간색이 빨간색으로 비치지 않는 것이 아니다. 이것은 빵이고 저것은 돌이라고 구별하지 못하기 때문이 아니다. 그는 마음을 떨쳐 버린 것이다. 마음을, 사념을 떨쳐 버린 것이다. 이제 그는 바라봄으로써 산다. 생각함으로써가 아니다. 그렇기 때문에 힌두교에서는 철학을 다르샤나라고 부른다. 다르샤나는 '보는 것'을 의미한다. '생각하는 것'이 아니다. 따라서 철학이라고 하는 것은 올바른 번역이 아니다. 철학은 생각하는 것을 의미하기 때문에 다르샤나와는 정반대의 의미이다.

다르샤나는 '본다'는 뜻이고, 철학은 '생각한다'는 뜻이다. 이 둘은 정반대의 뜻을 갖는다. 그것들은 합치될 수 없다. 다르샤나는 어린아이가 보는 것처럼 '보는 것'이다. 구별을 떨쳐 버렸을 때처럼 보는 것이다.

"너희가 둘을 하나로 만들 때,
안의 것을 밖의 것으로 만들고
밖의 것을 안의 것으로 만들며……."

안의 것과 밖의 것도 역시 구별이기 때문이다. 나 자신도 이렇게 말하지 않을 수 없다.

"바깥 세계에서 벗어나 내면으로 들어가라. 내면으로 움직여 가라. 외부는 떨쳐 버리라."

그러나 그대는 모든 것을 오해할 수도 있다. 외부를 버릴 때는 내면까지도 자동적으로 버리게 되기 때문이다. 외부에 아무것도 없는데 어떻게 내부 세계가 존재할 수 있는가? 이것들은 상대적인 말이다. 내적인 것은 외적인 것의 반대로서만 비로소 존재할 수 있다. 외적인 것이 존재하지 않으면 내적인 것도 더 이상 존재할 수 없다. 먼저 그대는 밖을 버린다. 그러면 안도 자동적으로 사라진다. 그곳엔 안도 없고, 밖도 없다. 하나가 된 것이다. 여전히 안과 밖이 존재한다면 그대는 아직 둘이다. 하나가 아니다. 여전히 분리되어 있는 것이다.

선사들이 다음과 같은 이상한 말을 한 것도 그 때문이다. 그들은 이 세계가 바로 신이라고 말한다. 평범한 삶이 곧 종교라고 말한다. 그들은 있는 그대로의 모든 것이 좋은 것이라고 말한다. 변해야 할 것은 하나도 없다. 변화라는 개념 자체가 둘을 만들어 내기 때문이다. 지금 '이렇게 존재한다'고 하는 것이 '이렇게 존재해야 한다'로 변화되어야 한다면, 갑이 을로 변해야 한다면 둘이 생겨나는 것이다. 선사들은 이 세계야말로 신성한 것이라고 말한다. 신은 다른 곳에 존재하는 것이 아니다. 그 '다른 곳'이 이분법을 낳는다. 신은 창조주가 아니다. 이 피조물 자체가 신이다. 이 창조성 자체가 신이다.

마음은 언제나 구별하려고 한다. 이것이 마음의 특성이다. 구별하는 능력이 클수록 영리한 머리의 주인이 된다. 마음은 언제나 "저 신비주의자들은 약간 바보스럽다." 하고 말할 것이다. 왜냐하면 경계선이 불분명하기 때문이다. 그렇기 때문에 그들은 종교를 신비주의라고 부른다. 그들이 말하는 이 신비주의는 좋은 의미에서가 아니다. 그들은 안개처럼 애매한 것, 뜬구름 같은 것, 분명한 현실이 아닌 것, 마치 꿈과 같은 것을 그렇게 표현하는 것이다.

이론가의 눈에는 신비주의자가 바보로 보일 것이다. 신비주의자들은 구별을 하지 않기 때문이다. 이러한 구별이 그대가 할 수 있는 전부이다. 그대는 무엇이 무엇인지 알아야 한다. 논리적으로는 구별을 많이 할수록 현실에 접근한다고 생각한다. 과학은 논리에 따른다. 논리 이외의 아무것도 아니다. 그렇기 때문에 원자에까지 도달한 것이다. 구별에 구별을 거듭하고 점차로 모든 것을 분리시켜 원자에까지 도달한 것이다.

종교는 분리하는 것이 아니고 합일시킴으로써, 경계선을 긋는 것이 아니라 경계선을 소멸시킴으로써, 궁극의 것, 하나에 도달했다. 과학은 원자에 도달했다. 그것은 많음을 의미한다. 무한하게 많다는 뜻이다. 종교는 하나, 무한히 하나인 것에 도달했다. 그것의 접근 방법은 이렇다. 과학은 머리를 사용한다. 머리는 경계선을 긋는다. 명백하게 구별한다. 종교는 머리를 사용하지 않는다. 그때 모든 경계선은 소멸한다. 모든 것이 다른 것 모두와 일체가 된다. 모두가 만난다. 나무는 하늘과 만나고, 하늘은 나무에게로 내려온다. 대지는 하늘과 만나며, 하늘은 대지에 닿는다.

삶을 그 깊은 곳까지 들여다본다면 이 신비주의자가 옳다는 사실을 발견할 것이다. 모든 경계선은 인간이 만든 것이며, 실체 속에 경계선은 하나도 없다. 경계선은 유용하고 실용적인 것이지만, 진실은 아니다. 그것은 어느 특정한 경우에는 쓸모가 있지만 다른 경우에는 장애가 된다.

구분선을 한번 찾아보라. 이를테면 지난주 내내 그대는 불행했다. 그대는 언제 불행해졌는가? 그 순간을 정확하게 나타낼 수 있는가? 그것에 대해 분명한 선을 그을 수 있는가? 이런 식으로 말할 수 있겠는가? "나는 정확하게 그날 아침 아홉 시 반에 불행해졌다." 아니다. 선 같은 것을 그을 수 없다. 깊이 들여다보면 갑자기 모든 것이 애매모호해질 것이다. 자신이 언제 불행해졌는지 말하지 못할 것이다. 그 다음에 그대는 행복해진다. 다시 행복해졌을 때 잘 관찰해 보라. 과거에는 의식하지 않았기 때문에 놓쳐 버렸는지도 모른다. 지금 그대는 불행하며, 또 때때로 행복해진다. 마음은 똑같은 한 상태에 끊임없이 머물러 있을 수 없다. 이것은 어쩔 수 없는 일이다. 비록 영원히 불행한 상태에 머물고 싶다고 해도 그것은 불가능한 일이다. 그렇다면 잘 관찰해 보라. 정확하게 어느 순간에 다시 행복해지는가? 그대는 다시 행복해지지만 다시금 그 순간을 놓쳐 버린다. 그 순간은 경계선 없이 오기 때문이다.

이것은 무엇을 의미하는가? 그것은 행복도 불행도 두 개의 별개의 것이 아니라는 뜻이다. 그러므로 구분을 하지 못한다. 이들은 서로의 내부에 들어가 서로 뒤섞여 있다. 경계선은 서로의 내부에서 녹아 없어진다. 그곳에 실제로는 경계선은 없다. 그것은 파도와 같으며 언덕과 골짜기와 같은 것이다. 골짜기는 언덕에 이어지며, 파도는 몰려오고 그 뒤에 이랑이 이어진다. 언덕은 어디에서 시작되는가? 골짜기는 어디에서 끝나는가? 어디에서 시작되지도 끝나지도 않는다. 그것은 하나이다.

"이것이 골짜기이고 이것이 언덕이다."라고 말하는 것은 마음이다. 골짜기 없이 언덕이 존재할 수 있는가? 언덕 없이 골짜기가 존재할 수 있는가? 불행 없이 행복이 있을 수 있는가? 만일 그것을 시도하고자 한다면 그대는 불가능한 일을 시도하고 있는 것에 불과하다. 행복 없이 불행해질 수 있는가? 어려운 일이다. 이 행복과 불행은 보다 시적인 것이다. 한편 건강과 병은 보다 생리적인 것이다. 주의해서 보라. 그대는 정확하게 언제 병에 걸렸는가? 어디에다 그 경계선을 그을 수 있는가? 그리고 또 언제 건강해졌는가? 그 누구도 어떤 경계선도 그을 수 없다. 병은 건강으로 바뀌고 건강은 다시 병으로 바뀐다. 사랑은 증오가 되고, 증오는 다시 사랑이 된다. 분노는 자비로 변하고 자비는 분노로 변한다. 이것을 인정하는 것이 불쾌할지도 모른다. 그러나 신비주의자는 옳다.

그대는 어린아이였다. 그대는 언제 청년이 되었는가? 언제 젊음이 그대 내부로 들어갔는가? 그대는 젊다. 하지만 언젠가는 늙는다. 보라. 그리고 달력에 "오늘 나는 노인이 되었다."라고 표시를 해두라. 만일 자신이 언제 늙었는지 모른다면, 살아 있을 때와 죽었을 때를 어떻게 구분할 수 있겠는가? 과학자들까지도 사람이 죽었을 때, 그 죽음을 어느 시점으로 잡아야 하는가에 대한 문제로 혼란을 겪고 있다. 지금까지 알려진 것은 단지 실용적인 것일 뿐이지 진실은 아니다.

언제 삶이 죽었다고 선고할 수 있는가? 호흡이 끊어졌을 때? 그러나 10분간이나 숨을 쉬지 않고도 살아 있을 수 있음을 실험해 보인 요가 수행자들도 있다. 그렇기 때문에 호흡하지 않는다고 해도 죽음의 기준은 되지 못한다. 10분간이나 호흡하지 않고서도 살아 있을 수 있음을 실제로 해보인 사람들이 있기 때문이다. 이 사람은 요가 수행자일지도 모른다. 그는 돌아오고 싶지 않았을지도 모른다. 그대에게는 그가 죽었다고 선언할 권리가 없다. 그렇다고 해도 우리는 죽음을 선언하지 않을 수 없다. 죽은 자는 처리해야 하기 때문이다.

　사람은 실제로 언제 죽는가? 심장이 멈출 때인가? 혹은 뇌의 작용이 정지했을 때인가? 오늘날 과학 실험실에는 육체가 없는 뇌가 놓여 있는 경우가 있다. 그래도 그것은 움직인다. 그 뇌가 무엇을 생각하는지 누가 알 수 있는가? 그 뇌는 신체를 잃은 사실을 깨닫지도 못하고 있을 것이다. 이렇게 신체 없는 뇌를 관찰해 온 과학자들은 그것이 사람과 똑같은 리듬을 갖고 있다는 사실을 발견해 내었다. 그 뇌는 잠을 자다가 깨어났다가 한다. 그 뇌는 때로는 꿈을 꾸고 있는 징후를 나타내기도 하고 때로는 꿈을 꾸지 않는다는 징후를 나타내기도 한다. 또 생각하고 있는 징후를 나타내거나, 화를 내거나 초조해하고 신경질을 부리기도 하며, 때로는 평정 상태로 들어가기도 한다. 내부에서 그 뇌는 무엇을 생각하고 있는 것일까? 그 뇌는 이제 신체가 존재하지 않는다는 것을 인식하지 못한다. 그렇다고 그것이 정신까지 죽었다고 할 수 있을까? 그것은 틀림없이 기능을 발휘하고 있다. 대체 신체의 어느 부분이 판단 기준이 될 수 있는가? 어느 순간이 판단 기준이 될 수 있는가?

　제2차 세계 대전 중에 러시아에서 실험했던 일인데, 심장마비로 죽었다고 선고된 사람들 중 적어도 여섯 사람은 아직 살아 있었다고 한다. 그들은 죽음을 선고받은 후, 피를 펌프로 공급받아 다시 살아난 것이다. 그중 여섯 사람은 아직도 생존해 있다고 한다. 무슨 일이 일어난 것인가? 그들은 다시 돌아온 것이다.

　실제로 어디에서 삶이 끝나고 어디에서 죽음이 시작되는가 하는 경계선이 있는가? 아니다, 없다. 단지 하나의 파도 현상이 있을 뿐이다. 삶은 이랑이 파도에 이어지는 것처럼 죽음으로 이어진다. 그것들은 분리되어 있지 않다. 하나이다. 하나의 리듬일 뿐이다.

신비주의자는 실용적인 목적을 위해 구별을 할 수는 있어도 실체 자체에는 구분이 있을 수 없다고 말한다. 이 구분할 수 없는 세계를 알기 위해서는 무엇을 해야 하는가? 구분하는 마음의 메커니즘을 버려야 한다. 분리하는 마음을 버려야 한다. 그것이 명상이다. 마음을 떠나서 보라. 생각의 물결 없이 단지 깨어 있으라. 생각에 지배당하지 말고 보라. 생각이 하나의 스크린으로 그대와 세계 사이에 서 있지 않게 하라. 구름이, 곧 생각이 없을 때는 태양은 완전히 깨어 있는 상태에서 빛을 발하고, 세계는 하나로 존재한다.

"너희가 둘을 하나로 만들 때,
안의 것을 밖의 것으로 만들고
밖의 것을 안의 것으로 만들며
위의 것을 아래 것으로 만들 때,
그리고 너희가 남자와 여자를 하나로 만들어
남자는 남자가 아니고 여자는 여자가 아닐 때
그때 너희는 그 나라에 들어갈 것이다."

가장 크고 가장 깊은 구분은 남자와 여자 사이의 구분이다. 그대는 자기가 만난 사람이 남자였는지 여자였는지 결코 잊지 않는다. 그것을 관찰해 본 적이 있는가? 그 사람의 이름은 잊을지 모른다. 그 사람의 종교는 잊을지 모른다. 그러나 그 사람의 성별은 잊지 못하며, 그것을 잊는 것은 불가능하다. 이것은 그대의 기억 속에 남는 가장 깊은 영향이 그 구별이라는 것을 말해 준다.

20년 전에 만난 사람······. 그대는 그에 대해 아무것도 기억해 낼 수 없다. 얼굴은 사라지고, 이름도 사라져 버렸다. 그러나 그 사람이 남자인지 여자인지 하는 것은 기억하고 있다. 그 구분은 여전히 기억되어 있다. 그 사실이 그대에게 가장 깊은 영향을 준 것이다. 상대방 속에서 가장 먼저 찾는 것은 성별의 구분이며, 그것이 최초에 보는 것이고 최후까지 남는 것이다. 그대는 의식적으로 그렇게 하지 않을지 모르지만, 한 사람을 만났을 때 머릿속 깊은 곳에 새겨지는 것은 그가 남자인가 여자인가 하는 점이다. 상대방이 여성이면, 의식하든 않든, 그대의 내면에 있는 남성이 매혹 당한다. 그대는 그것을 의식하지 못할지도 모른다. 그러나 그대의 행동은 부드러워진다.

  최근에는 상점을 운영하는 사람들도 이 사실을 알아차리고 서서히 점원들을 여자로 바꾸고 있다. 손님이 남자면 여자 점원이 아무래도 좋다. 왜냐하면 손님은 남자 점원에게 말하듯이 간단하게 사지 않겠다고 말할 수는 없기 때문이다. 여자가 그대의 발에 구두를 신겨 주고 그대의 발에 닿는다. 대단히 아름다운 여성이다. 그때 구두는 중요하지 않게 된다. 구두는 아무래도 좋다. 아마 발에 꽉 조여 불편할지도 모른다. 그렇지만 무척 마음에 든다고 말한다. 그러고는 그것을 사지 않을 수 없다. 구두가 아니라 그 여성을 사는 것이다.

  그렇기 때문에 모든 광고에는 이유가 있든 없든, 관계가 있든 없든, 조화가 되든 말든, 팔 물건 옆에 나체의 여자를 놓아야 한다. 차가 팔리는 것이 아니다. 차 속의 여자가 팔리는 것이다. 성이 매매된다. 다른 것은 모두 표면적일 뿐이다.

마음 깊은 곳에서부터 그대는 성을 찾고 있다. 모든 곳에서 성을 추구하고 있다. 예수는 이렇게 성을 찾아다니는 한, 순수해질 수 없다고 말한다. 그때 그대는 분리되어 있다. 남성이면 여성을 찾고, 여성일 경우 남성을 찾는다. 그러한 찾는 행위는 계속해서 외부와 관계를 맺는다. 그것은 내면적인 탐구가 되지 못한다. 내면으로 움직여 들어가는 것이 아니다. 명상적일 수가 없다. 여성은 그대를 혼란시키며 그대의 뒤를 따라다닌다. 만일 그대가 저항하고 싸우고 눈을 감아 버린다면 그녀는 점점 더 아름다워진다. 그녀는 끊임없이 유혹할 것이다.

어떻게 해야 하는가? 어떻게 하면 이 이분법을 넘어설 수 있는가? 많은 방법들이 사용되어 왔지만 그 대부분은 속임수이다. 사람들은 말한다. "모든 여성을 어머니라고 생각하라." 그러나 그렇게 해야 별다른 차이가 없다. 그것은 일종의 속임수이다. "모든 여성을 너의 누이라고 생각하라." 별 차이가 없다. 그녀는 여전히 여자일 뿐이다. 그녀가 누이이든 어머니이든 그것에는 차이가 없다. 그녀는 여성일 뿐이며, 그대는 남성일 뿐이다. 그대는 계속 찾아 헤맨다. 그리고 그 탐구는 너무 생리적이기 때문에 그대의 의식을 넘어서 나아간다. 그것은 넘치는 흐름이 되고 만다.

한번 지켜보라. 그대는 방에 앉아 있다. 그곳에 한 여자가 들어온다. 그때 자신을 지켜보라. 어떤 일이 일어나는지 지켜보라. 갑자기 그대는 다른 사람으로 변한다. 그녀가 아름다운 여자라면 그대는 더 많이 변한다. 무슨 일이 일어나는가? 그대는 그 즉시 그곳에 더 이상 존재하지 않는다. 오직 남성만 남는다. 그대는 더 이상 존재하지 않고, 있는 것은 오직 성호르몬뿐이다. 성호르몬이 기능을 발휘하기 시작해 그대를 옆으로 제쳐놓는다. 의식은 사라지고 거의 무의식 상태가 된다. 마치 술 취한 사람처럼 행동한다.

우리는 아직까지 성보다 강한 알코올을, 성 이상으로 강력한 힘을 지닌 마약을 발견하지 못했다. 그것은 일순간에 모든 것을 변화시켜 버린다. 마약에 취하면 주위는 화려한 색깔을 갖는다. 섹스는 인간에게 이미 갖추어져 있는 마약이다. 성욕을 느끼면 세상은 다양한 색깔을 갖게 된다. 모든 것이 다른 모습을 갖고 다른 빛을 발한다. 그대는 더욱 생명력으로 넘친다. 걷는 것이 아니라 달려가며, 말하는 것이 아니라 노래한다. 삶은 일종의 춤이 되고, 다른 차원에서 살게 된다.

성이 사라지면 그대는 갑자기 단조로운 세계로 돌아온다. 꿈이 없는 세계, 색채가 없는 세계, 그곳에 햇빛이라곤 조금도 없다. 그대는 노래하지 않는다. 달려가지 않는다. 모든 것에 대해 게을러진다. 다시금 여성이나 남성이 그대의 삶 속에 들어오면, 모든 것이 색깔을 갖는다. 모든 것이 낭만적으로 존재하며, 시적으로 존재하게 된다. 무슨 일이 일어나고 있는 것인가? 이런 일이 계속해서 일어나면 이분법 안에, 가장 깊은 이분법 안에 머물고 만다. 이 이분법은 그대로 하여금 실체를 보지 못하게 한다. 모든 실체는 최고의 축복으로 가득 차 있다. 그것은 행복도 불행도 아니다.

실재하는 모든 것들은 행복과 불행을 초월해서 존재한다. 실재하는 것들은 긴장해 있지도 않고 편안하게 있지도 않다. 어둡지도 않고 밝지도 않다. 초월해 있다. 모든 이분법이 소멸할 때 그대는 최고의 축복으로 충만해진다. 힌두교에서는 이것을 아난다라고 불러왔다. 둘을 초월한다는 의미이다. 현자가 행복하다고는 말할 수 없다. 그는 행복하지 않다. 행복이란 그 후에 불행이 따르는 것이기 때문이다. 또한 현자가 불행하다고 말할 수도 없다. 현자는 존재의 환희로 충만해 있다. 그는 이원성을 넘어섰다. 이제는 언덕도 골짜기도 아니다. 그는 대지 위를 걷는다. 그는 하나의 차원 위에서 움직인다. 그곳에는 위도 아래도 없다. 위라든가 아래는 이분법으로 존재하는 것이기 때문이다.

그러므로 예수는 말한다.

"위의 것도 아래 것도 아니며 상승도 하강도 아닐 때, 둘이 아니게 될 때, 그때야말로 그대는 선택하지 않는다. 그대는 단지 존재할 뿐이다."

그러한 존재는 하나의 차원 위에 있다. 그곳에 파도는 없다. 바다의 물결은 조용히 침묵한다. 파도치지 않는다. 일렁이는 물결 하나 없다. 위로 치솟는 것도 아래로 가라앉는 것도 없다. 바다는 거울과 같아진다. 물결 하나 없이 이제 더 이상 흔들리지 않는다.

모든 흔들림은 이분법을 통해 존재한다. 성은 모든 이분법의 기초이다. 그대는 다른 것에서는 쉽게 빠져나올 수 있다. 그러나 빠져나와야 할 것 중 가장 근본적인 것은 성이다. 그것이 가장 어렵다. 성은 그대의 세포 하나하나에 깊이 박혀 있기 때문이다. 그대는 성적인 존재이며 그렇게 태어난다. 그래서 예수는 말한다.

"그대가 다시 태어나지 않으면, 어떤 일을 해도 쓸모가 없다."

지금 그대의 존재는 긴장해 있다. 지금 그대의 존재는 불행한 상태에 있다.

"그리고 너희가 남자와 여자를 하나로 만들어

남자는 남자가 아니고 여자는 여자가 아닐 때
그때 너희는 그 나라에 들어갈 것이다."

그러면 무엇을 하면 좋은가? 내면에 하나의 원을 만들어야 한다. 예수는 그대가 해야 할 일을 직접적으로 이야기하지는 않았다. 왜냐하면 이 비밀은 공개적으로 줄 수 있는 성질의 것이 아니기 때문이다. 이 비밀은 오직 제자들에게만 전수될 수 있기 때문이다. 예수는 이 비밀을 제자들에게만 전수했음이 틀림없다. 단지 하나가 되라는 말만으로는 아무도 하나가 될 수 없기 때문이다. 단지 남자는 여자가 되어야 하고 여자는 남자가 되어야 한다는 말만으로는 아무도 하나가 되지 못한다. 하나가 되는 것은 최후의 목적지이기 때문이다.

예수는 그 방법을 비밀로 했음에 틀림없다. 그는 제자들에게만 그 비밀 열쇠를 주었음에 틀림없다. 왜냐하면 하나로 만드는 비법이 심오한 것이면 심오한 것일수록 그것은 또한 위험한 것이기 때문이다. 그대가 만일 실패한다면, 조금이라도 잘못 적용한다면 그대는 미쳐 버릴 것이다. 그것이 문제이자 위험한 일이다.

일반적으로 지금 상태로는 그대는 분열되어 있다. 그대의 남성 에너지는 바깥에 있는 여성 에너지를 갈구하고 있다. 이것이 평범한 인간이다. 그러나 그대를 하나로 만들기 위해서는 남성 에너지가 그대 내부에 있는 여성 에너지를 찾도록 모든 것이 변형되어야 한다. 내부의 남성이 내부의 여성과 만나도록 하는 것은 대단히 위험한 일이다. 자연은 그것에 대한 충동은 부여하지 않았기 때문이다. 자연은 여성과 만나도록, 남성과 만나도록 충동한다. 그러한 충동을 그대 혼자의 내부에서 일어나게 하는 것은 자연스러운 것은 아니다. 그것을 위한 열쇠는 매우 신중하게 적용해야만 한다. 이것은 오직 스승 아래서, 이미 그 길을 걸어온 사람 밑에서만 이루어질 수 있는 일이다. 이 때문에 종교의 가장 심오한 비법은 경전을 통해서는 주어지지 않는다. 그것을 위한 열쇠는 매우 신중하게 적용해야만 한다. 그것이 주어지는 것은 스승과 제자 사이의 전수를 통해서만 가능하다.

그러나 나는 그것이 어떻게 이루어질 수 있는가에 대해 몇 가지 실마리를 줄 것이다. 깊이 기억하라. 그것을 얻기를 원한다면 내가 무엇을 말하든 그것으로부터 이탈해서는 안 된다. 나는 말한다. 옆 길로 새어선 안 된다. 그렇지 않으면 모든 것이 잘못될 수도 있다. 그렇다면 차라리 평범한 상태에 있는 것이 낫다. 많은 종교적인 사람들이 이것 때문에 미친 것을 모르고 있다. 때문에 잘못 사용될 수도 있는 것이다. 단 한 번이라도 잘못 사용하면 자물쇠는 망가져 버린다. 망가진 자물쇠를 수리하는 일은 매우 힘든 일이다.

이들 방법은 오직 스승 밑에서만 사용되어야 한다. 그렇게 하면 스승은 끊임없이 그대에게 무슨 일이 일어나는지 지켜봐 줄 것이다. 나는 그대에게 몇 가지를 주고 있다. 나는 여기에 있기 때문이다. 그대가 그것을 사용하기를 원한다면 그렇게 할 수도 있다.

첫째로, 만일 여성과 혹은 남성과 사랑을 한다면 그것은 자기 내부의 여성, 자기 내부의 남성을 찾을 수 있는 가장 적절한 순간이다. 여성과 사랑할 때면 반드시 눈을 감으라. 그것을 명상으로 만들어야 한다. 외부의 여성은 언제나 내부의 여성이 눈을 뜨는 데 도움을 준다. 사랑을 할 때면 그대의 내적인 에너지, 남성과 여성 에너지가 모두 정점에 이른다. 환희가 일어날 때면 그것은 그대와 상대방인 외부의 여성 사이에서 일어나는 일이 아니다. 그것은 반드시 그대와 그대 안의 여성 사이에서 일어나는 것이다.

그렇기 때문에 만일 깨어 있다면 그대는 내부에서 에너지가 마주치는 현상을 붙잡을 수 있을 것이다. 그리고 이것이 일어날 때 언제나 환희는 전신에 미친다. 그것은 부분적인 것이 아니다. 그것은 성의 중추 기관에 갇혀 있지 않다. 그것이 성의 중추 기관에 갇혀 버리고 만다면 단순히 자위행위에 불과한 것이다. 오르가슴은 '몸 전체'라는 의미이다. 신체 속의 모든 조직이 새로운 생명력으로, 새로운 에너지로 역동한다. 그 만남에 의해 강력한 에너지가 분출되어 나오기 때문이다. 그 만남은 내부에서 일어나는 현상이다. 외부만을 보고 있으면 그것을 놓쳐 버리고 말 것이다.

외부의 여성, 외부의 남성은 내부의 남성과 여성을 대신한다. 그대가 한 여성 혹은 한 남성과 사랑에 빠질 때 여성이나 남성이 내부의 그것과 어떤 형태로든 호응하기 때문에 사랑에 빠지는 것이다. 왜 그 사람을 사랑할까, 이해가 되지 않는 것은 그 때문이다. 그것은 완전히 불합리한 일이다.

그대는 내부에 여성을 가지고 다닌다. 그리하여 어떤 여성이든 그러한 내부의 여성과 일치하면 갑자기 사랑에 빠진다. 그 사랑은 그대가 조작한 것이 아니다. 사랑에 빠지는 것은 마음이 아니다. 이것은 완전히 무의식적이다. 이 여성 속에서 무엇인가를 흘낏 들여다본 것이다. 그래서 갑자기 이 사람이 바로 그 사람이라고 느끼는 것이다.

무엇이 이 여성을 '바로 그 사람'이 되게 한 것인가? 다른 사람에게는 그녀가 바로 그 사람이 아니다. 그녀를 미워하는 사람도 있으며, 반발하거나 혐오감을 갖는 사람도 있다. 이 여성을 결코 뒤돌아보지 않는 사람도 있으며, 그녀에 대해 아무 가치도 인정하지 않는 사람들도 있다. 그들은 비웃을지도 모른다.

"저런 여자를 사랑하다니, 머리가 돌아 버린 것 아냐?"

그러나 그녀는 그대의 내부에 있는 여성과 일치한다. 이 때문에 사랑이란 불합리한 것이다. 그것은 그대의 의지와 상관없이 일어난다. 그것을 마음대로 통제할 수도 없다. 사랑이 일어나지 않는데 마음대로 사랑이 일어나게 할 수도 없다.

누군가와 사랑을 할 때 그대 내부의 에너지는 정점에 이른다. 최고의 봉우리에 달한다. 그 정점의 상태에서는 외부를 봐서는 안 된다. 외부를 보면 그곳에서 발생하는 무엇인가 아름다운 것, 무엇인가 매우 신비로운 것을 놓치고 만다. 그대는 하나의 원이 되고 있는 것이다. 그대 속의 남성과 여성이 만나고 있는 것이다. 아르다나리쉬와르(반은 남자이고 반은 여자)가 되고 있는 것이다. 이 순간 온몸은 발끝에서 머리끝까지 전율한다. 신체 속의 모든 조직이 생명력으로 고동친다. 이 원은 온몸으로 퍼져 나가기 때문이다. 그것은 성적인 것이 아니다. 그것은 성적인 것 이상이다. 그것을 지켜보라. 정점에 도달하는 것, 내적인 에너지가 만나는 것을 지켜보라. 조수가 물러가고 심연이 열리기 시작하는 것을 지켜보라. 그러고 나서 서서히 에너지의 분리가 시작되는 것을 다시 지켜보라.

몇 번 이렇게 하면 곧 외부의 여성, 외부의 남성은 필요 없다는 것을 깨닫게 될 것이다. 이것은 외부의 대상 없이도 가능하다. 이것은 외부적인 것 없이 일어나는 일이기 때문이다. 이 동기는 내부에서도 만들 수 있다. 일단 그것을 알게 되면, 그것을 내부에서도 할 수 있다. 그러나 이것은 경험하지 않으면 안 되는 것이다. 경험을 해야 비로소 안다. 나는 어떻게를 말해 줄 수 없다. 그대는 관찰하고 지켜보아야 한다. 그러면 어떻게 에너지가 나와서 어떻게 오르가슴이 일어나는지 알게 될 것이다. 그것이 어떻게 분리되어 다시 둘이 발생하는지 알게 될 것이다.

한순간 하나가 그대 내부에서 일어난다. 사랑이 그토록 매혹적인 것은 이 때문이다. 한순간에 하나가 된다. 이 환희의 순간 사념은 일어나지 않는다. 만일 생각이 존재하면 환희는 일어날 수 없다. 환희의 순간에는 한 조각의 생각도 없다. 프리즘 전체가 사라지는 것이다. 그대가 존재한다. 그러나 사념 없이 존재한다. 이것은 단지 한순간에만 일어나는 일이므로 그것을 놓쳐 버리기 쉽다. 그대는 수많은 생을 거치면서 놓쳐 왔다. 그것은 너무나 작은 틈이기 때문에 잠깐만 외부에 한눈을 팔아도 놓쳐 버린다.

그러므로 눈을 감고 내부에 무슨 일이 일어나는지 지켜보라. 무엇을 행하려고 하지 말고 단지 지켜보라. 그 일어나는 일을 단지 지켜보라. 그것은 서서히 일어난다. 그것은 마치 직사광선이 내리쬐는 집 밖을 걷다가 어두운 방 안으로 들어가는 것과 같다. 방에 들어가도 그대는 어두워서 아무것도 볼 수 없다. 눈이 아직 이 어두운 방에 대해 길이 들지 않았다. 기다려야 한다. 앉아서 조용히 지켜보라. 조금씩 어둠은 사라지고 모든 사물을 알아볼 수 있게 될 것이다. 눈이 어둠에 익숙해지는 것이다.

외부에서 내면으로 오는 것이 문제가 되는 것은 단지 그대의 눈이 외부세계에 익숙해져 있기 때문이다. 내면세계는 어두워서 볼 수 없다. 그리고 그대에게 준비가 갖추어졌을 무렵에는 이미 그 순간은 지나가 버린다. 그러므로 더욱 눈을 감고 명상하라. 그리고 내적인 어둠과 화합할 수 있도록 내부를 들여다보라. 내면세계는 어둡지 않다. 그것이 어둡게 보이는 것은 단지 눈이 외부세계의 빛에 길들여져 있기 때문이다. 점차로 희미한 빛이 다가와서는 모든 사물이 분명한 모습을 드러낸다. 그리하여 모든 것이 아주 선명해져서 눈을 뜨고 외부세계를 보아도 그것이 암흑으로 보이는 그런 순간이 온다.

스리 오로빈도(인도의 시인이며 신비가이고 요기. 인도 독립 운동의 지도자로 활동하다가 독립 후에 인간 존재의 영적 영역을 탐구해 위대한 영적 스승이 되었다)는 말했다.

"내가 처음으로 내면세계에 무엇이 있는지 알게 되었을 때 외부세계의 빛은 암흑으로 변했다."

외부에서의 사람은 죽음과 같아진다. 이제 높은 차원의 것, 위대한 것, 그 원으로부터 무슨 일인가가 일어나고 있는 것이다.

내부의 원이 어떻게 다가오는지, 두 개의 에너지가 어떻게 하나로 합일되는지 잘 지켜보라. 그 하나 속에는 생각은 없다. 사고는 없다. 그대는 서서히 무슨 일이 일어나고 있는지 보게 될 것이다. 그리고 일단 무슨 일이 벌어지는지 알면 외부세계는 그대로부터 떨어져 나간다. 떨쳐 버릴 필요가 없다. 스스로가 떨어져 나가는 것이다.

여성은 아름답다. 남성은 아름답다. 나쁜 것이라고는 하나도 없다. 그 자체는 건강하며 총체적인 것이다. 그것을 떼어 버릴 필요는 없다. 그것은 저절로 떨어져 나갈 수 있다. 그때 그대는 더 이상 그것에 의존하지 않는다. 그때 그대는 그 현상이 그대 내면에서 일어나는 것을 허용할 수 있다. 그리하여 이 내면세계의 원이 영원히 머무르게 할 수 없다. 외부의 상대와는 분리되어야 하기 때문이다. 분리는 불가피하다. 내면에서는 분리가 필요 없다. 내적인 결혼을 하면 그곳에 이혼이란 존재하지 않는다. 그것은 항상 그곳에 존재한다. 양쪽 모두 그곳에 있다. 때문에 이혼은 있을 수 없다. 일단 그들이 결혼하면 이혼은 생각할 수도 없게 된다. 외부 상대하고는 계속해서 이혼을 한다. 한때 결합했는가 하면 다음 순간에는 분리되어야 한다.

이 원이 내부에서 계속해서 존재하게 될 때 그것이 곧 아르다나리쉬와르의 상태이다. 그리고 이것이 곧 예수의 말이 의미하고 있는 것이다.

"그리고 너희가 남자와 여자를 하나로 만들어
남자는 남자가 아니고 여자는 여자가 아닐 때
그때 너희는 그 나라에 들어갈 것이다."

그때 그대는 들어가 있다. 이미 그 안에 들어가 있다. 그대는 완전해졌다. 나누어져 있지 않다. 그대는 나눌 수 없는 존재가 된 것이다. 이제 본래의 자기 모습을 되찾았다. 이제 그대에게는 자유와 독립이 있다. 아무것도 부족한 것이 없다. 그대는 자신 안에서 완성되었다. 이 원이 생기지 않는 한, 무엇인가 부족한 느낌을 갖기 때문에 그대는 그것을 충족시키기 위해 다른 사람에게 의존한다.

섹스가 하나의 굴레로 보이는 것은 이 때문이다. 그렇다, 그것은 속박이다. 그것은 의존이며, 의존해 있다고 느낄 때마다 그대는 그것을 후회한다. 그렇기 때문에 연인들 사이에는 끊임없는 갈등이 있다. 후회를 하지만 의존해 있기 때문에 상대방으로부터 이탈할 수 없다.

아무도 다른 사람에게 의존하고 싶어 하지 않는다. 어떤 의존도 제한을 주기 때문이다. 상대방은 지배하려고 한다. 소유하려고 한다. 그리고 그대가 만일 의존 상태에 있다면 그대는 두려움 때문에 상대방의 지배를 어느 정도 용납해야 한다. 이것은 상호 협정이다.

"나는 너에게 의존하고 있다. 너도 나한테 의존하고 있다. 그러나 우리들은 어느 정도 서로를 지배하고 소유할 수 있다."

그러나 지배나 소유를 좋아하는 사람은 없다. 연애가 그토록 비참해지는 것은 이 때문이다. 만일 누군가를 사랑하면서도 한편으로는 후회한다면 어떻게 행복할 수 있겠는가? 가장 아름다운 사람조차 추악해진다.

물라 나스루딘이 한 친구와 함께 앉아 있었다. 그때 그의 아내가 왔다. 그 친구는 말했다.

"저 여자가 자네의 가장 아름다운 아내인가?"

그러자 물라 나스루딘은 슬퍼하면서 말했다.

"저 여자가 바로 나의 유일한 마누라일세."

이런 슬픈 감정은 연인들 사이에 언제나 존재한다. 어떤 여자라도 남자를 만족시킬 수 없다. 설령 그대가 세계의 모든 여성을 손에 넣을 수 있다고 해도 만족이란 없다. 내면에 있는 여성이 모든 여성보다 위대하기 때문이다. 세상의 모든 남성들이 다 모여도 한 여성을 만족시켜 줄 수 없다. 그것은 불가능하다. 여전히 무엇인가 채워지지 않은 상태로 남아 있을 것이다. 어떤 남성도 내면의 남성과 똑같을 수 없기 때문이다.

그대가 내적인 합일을 이루지 못하면 비참한 상태에서 비참한 상태로 계속 옮겨 다닐 뿐이다. 한 여자에서 다음 여자로, 한 남자에서 다음 남자로, 한 불행한 삶에서 다음의 불행한 삶으로 옮겨갈 뿐이다. 그렇게 전전하는 생활이 그대에게 희망을 줄지도 모른다. 하지만 그것은 절망적이다. 세상의 모든 일이 절망적이다.

이 원이 생겨날 때 그대는 다시 하나가 된다. 어린아이처럼 순진무구해진다. 어린아이 이상으로, 어떤 어린아이보다도 더 순수해진다. 그대는 현자가 된 것이다.

예수의 이 말들에 대해 깊이 명상하라. 그리고 내가 말한 것을 한번 해보라. 그대가 만일 내적인 원을 향해 일하기 시작했다면, 그때 무슨 일이 일어나는지 내게 와서 알려 달라. 왜냐하면 무엇인가 이상해져서 그 두 개의 에너지가 잘못된 형태로 마주친다면 그대는 미쳐 버릴 것이기 때문이다.

이것이 바로 현자가 될 때의 공포이다. 만일 추락하게 되면 가장 밑바닥까지 떨어진다. 그대는 미쳐 버린다. 만일 도달하게 되면 지고의 높이에 이르러 현자가 된다. 높은 곳을 걷고자 하는 사람은 언제나 이와 같다. 그는 용기를 가져야 한다. 떨어지면 그대는 밑바닥까지 추락한다. 높은 곳 근처에는 반드시 심연이 있는 법이다.

그러므로 매우 균형 잡힌 노력이 필요하다. 이것을 깊이 기억해야 한다. 또한 그 밖에도 많은 것이 필요하다. 그대가 이 방법으로 시도해 보고자 한다면 내가 그것을 말해 주겠다. 그러나 그것은 개인적으로밖에 말할 수 없다. 그렇기 때문에 예수는 목표는 말했지만 방법에 대해서는 한 마디 말도 없었다. 그 방법은 개인적으로 주어져야 한다. 그것은 스승과 제자 사이의 전수이다.

9
눈 속의 티와 들보

ⲠⲈⲬⲈ Ⲓ︦Ⲥ︦ ⲬⲈ ⲠⲬⲎ ⲈⲦⲤⲘ︦ ⲠⲂⲀⲖ
Ⲙ︦ⲠⲈⲔⲤⲞⲚ ⲔⲚⲀⲨ ⲈⲢⲞϤ ⲠⲤⲈⲒ ⲆⲈ
ⲈⲦⲤⲘ︦ ⲠⲈⲔⲂⲀⲖ ⲔⲚⲀⲨ ⲀⲚ ⲈⲢⲞϤ

자신에 대해 빛이 될 수 있다면 다른 사람에 대해서도 빛이 될 수 있다.
변화는 그대가 실체를 볼 때만, 허구를 떨쳐 버릴 때만 가능하다.
죽음의 순간 세상은 소멸해 버린다. 그때 자기 자신을 보지 않을 수 없다.
이제 남아 있는 것은 아무것도 없으며, 그때 일생을 헛되이 낭비해 버렸다는
사실에 대한 아픔과 고통의 자각이 찾아온다.
살아 있는 동안에 자기 삶의 허구성을 깨달으라.

아홉 번째 말씀

예수께서 말씀하셨다.
"너희는 형제의 눈 속에 있는 티는 보면서
너희 자신의 눈 속에 있는 들보는 보지 못한다.
너희가 먼저 너희 자신의 눈 속에서 들보를 빼낼 때
너희는 비로소 밝게 보고
형제의 눈 속에 있는 티를 빼줄 수 있을 것이다."

자신을 아는 것은 가장 어려운 일이다. 그 일 자체가 어렵기 때문이 아니라, 그대가 자신에 대해 아는 것을 두려워하기 때문이다. 깊은 두려움이 존재한다. 모두가 자기 자신으로부터 달아나려고 애를 쓴다. 이 두려움에 대해 이해하지 않으면 안 된다. 이 두려움이 존재하는 한 어떤 일을 해도 무위로 끝날 것이다. 그대는 자기 자신에 대해 알기를 원한다고 생각할지도 모른다. 그러나 그 무의식적인 두려움이 그곳에 있는 한, 그대는 계속해서 피할 것이다. 계속해서 숨고 속이려고 할 것이다. 한편으로는 자기를 알고 싶어 하면서도 다른 한편으로는 자기를 알 수 없도록 온갖 종류의 장애물을 만들 것이다.

의식 속에서 그대는 이렇게 생각하고 있을지도 모른다. '나는 나 자신에 대해 알고 싶다.' 그러나 무의식 속에서는, 의식보다 더 크고 더 강한 무의식 속에서는 자신을 아는 것을 피할 것이다. 따라서 그 두려움에 대해 이해해야만 한다. 왜 두려워하는가? 첫째, 만일 그대가 진정으로 그대 안으로 들어간다면, 그대가 지금까지

이 세상에 만들어 온 자신의 이미지가 거짓이라는 사실을 알게 될 것이다. 그때 그대의 과거 전체가 아무것도 아닌 것이 될 것이다. 그것은 꿈처럼 존재해 온 것이기 때문이다. 그대는 그것에 많은 것을 투자해 왔다. 그것을 위해 지금까지 살아왔다. 그런데 이제 그것들이 거짓된 현상임을 알게 된다면 그대는 상처 입을 것이다. 그때 그대의 전 생애가 쓸모없이 낭비되었음을 느낄 것이다.

어떤 형태로든 그대가 가짜의 삶을 살아왔으며 그것이 진실한 삶이 아니었다면, 사랑을 가장해 왔을 뿐 결코 진정한 사랑을 한 것이 아니었다면, 어떻게 그대는 자신과 얼굴을 마주할 것인가? 그때 그대는 알게 될 것이다. 모든 것이 하나의 가식이었음을. 사랑을 가장했을 뿐 아니라 사랑을 하고 있을 때는 매우 행복한 것처럼 가장했다. 그대가 속인 것은 다른 사람이 아니라 자기 자신이었다. 따라서 이제 자신을 뒤돌아본다면, 자신의 내면을 들여다본다면, 두려움이 그대를 사로잡을 것이다.

지금까지 그대는 자신이 매우 특별한 인간이라고 생각해 왔다. 모두가 그렇게 하고 있다. 자신을 특별하고, 대단하고, 선택받은 인간으로 생각하는 것은 이 세상에서 가장 흔한 일이다. 그러나 자신을 바라보면 그곳에 아무것도 존재하지 않음을 알게 될 것이다. 그곳에 자신이라고 느낄 아무것도 존재하지 않는다. 그때 에고는 설 자리를 잃어버린다. 그것은 무너져 버리고, 먼지 속으로 굴러 떨어진다.

두려움이 그곳에 있다. 따라서 그대는 자신을 똑바로 볼 수 없다. 자신을 바라보지 않으면서도 자신에 대한 꿈을, 자신에 대한 이미지를 계속해서 창조해 낼 수 있다. 이미지를 창조해 내는 것은 아주 쉽고 값싸게 얻을 수 있는 일이지만, 진짜로 어떤 것이 되는 것은 매우 힘들고 어려운 일이다. 인간은 언제나 쉬운 것만을 선택한다. 그대 역시 가장 손쉽고 값싸게 얻을 수 있는 것만을 선택해 왔다. 그런데 이제 와서 그것을 들여다본다는 것은 매우 어려운 일이다.

어떤 집에서 한밤중에 전화벨이 요란하게 울렸다. 새벽 네 시경이었다. 집주인이 몹시 화가 나서 일어났다. 그는 전화기에 대고 소리쳤다.

"이 밤중에 무슨 일이오?"

그러자 상대편 남자가 말했다.

"아무 일도 아니오."

집주인은 더 화가 나서 소리쳤다.

"그렇다면 이렇게 한밤중에 전화를 건 이유가 뭐요?"

상대편 남자가 말했다.

"밤에 걸면 전화 요금이 더 싸기 때문이오."

값이 싸지면 아무리 쓸모없는 것도 사들인다. 그대가 지금까지 해온 것이 그것이다. 자신이 남과 다르다는 이미지를 만들어 내는 데는 돈이 들지 않는다. 그러나 정말로 남다른 존재가 되는 것은 많은 노력을 필요로 한다. 수많은 생에 걸친 노력과 고행, 몇 생에 걸친 노력이 어딘가에서 절정을 이루어 마침내 남다른 존재가 되는 것이다. 하지만 자신이 특별한 존재라고 믿는 것은 쉬운 일이다. 그런 일이라면 지금 당장에도 가능하다. 몸을 움직일 필요조차 없다. 그대는 지금까지 그 값싼 쪽을 선택해 왔다. 그렇기 때문에 두려움이 존재하는 것이다.

그대는 그대 자신을 바라볼 수 없다. 지금까지 그대가 줄곧 자기라고 믿어 온 것은 그대에게는 전혀 존재하지 않는다. 그대는 그것을 잘 알고 있다. 그 누구도 그대만큼 더 잘 알 수는 없다. 자신이 아름답다고 생각하고 있는데 그 아름다움이 단지 그대의 생각에 지나지 않는 것이라면 그대는 거울을 들여다볼 수가 없다. 그대는 그 사실을 잘 알고 있다. 그 누구보다도 잘 알고 있다. 거울을 들여다보기보다는 차라리 거울을 깨버리는 편이 나을 것이다. 얼굴이 못생긴 남자나 여자는 거울을 볼 때마다 거울에 무엇인가 잘못이 있다고 생각한다. 자신이 아무것도 아닌 존재라고 생각하는 것은 매우 고통스러운 일이기 때문이다.

그대의 눈으로 보면 그대는 중요한 존재이다. 다른 사람들은 모두 그대가 아무 존재도 아니라는 걸 알지도 모른다. 그러나 그대는 그렇지 않다. 미친 사람조차도 자신이 미친 것이 아니라 세상이 미쳤다고 생각한다. 세상 사람들 모두가 그에게 말한다. "너는 정신병자다." 그러나 그는 그런 말에는 귀 기울이지 않는다. 그것은 너무 고통스러운 일이기 때문이다. 그는 온갖 종류의 논리와 자기 합리화를 만들어 내며 말할 것이다. "나는 미치지 않았다."

어느 날 저녁, 물라 나스루딘이 이웃 농장으로 허겁지겁 달려와 그곳에 있는 농부에게 물었다.

"미친 여자가 이곳으로 지나가는 걸 혹시 못 봤소?"

농부가 물었다.

"어떻게 생긴 여자 말이오?"

물라 나스루딘은 그 여자의 생김새를 설명했다.

"그 여자는 1미터 90센티미터의 키에 뚱뚱하지요. 몸무게는 적어도 22킬로그램은 나갈 거요."

농부는 의아해하면서 나스루딘에게 물었다.

"키가 그렇게 크고 뚱뚱한 여자가 어떻게 몸무게가 고작 22킬로그램밖에 나가지 않는단 말이오?"

나스루딘이 웃으며 말했다.

"바보 같은 소리 마시오. 처음에 말했듯이 그 여자는 미친 여자라니까."

잘못되거나 미친 것은 언제나 상대방이다. 그것이 자신의 '제정신'을 지키는 방법이다. 그것이 스스로를 보호하는 방법이다. 자기 자신을 바라보지 못하는 사람은 근본적으로 자신을 볼 수가 없는 사람이다. 그런 사람은 자신을 바라보는 데 대해 두려움을 가질 뿐 아니라 근본적으로 보는 것 자체를 두려워하기 때문이다. 그는 상대방을 바라보는 것 또한 두려워한다. 왜냐하면 상대방을, 타인을 바라볼 때면 그 타인이 자신의 거울이 될 수 있기 때문이다. 상대방의 내면을 들여다보면 그 상대방은 그대에 대해 무엇인가를 보여 준다. 상대방의 눈 속에는 그대가 반사되어 있다. 그렇기 때문에 그대는 상대방을 바라볼 수가 없다. 그대는 자신에 대한 허구의 모습을 창조해 낸다. 그런 다음 타인에 대한 허구의 모습을 창조한다. 그때 그대는 꿈의 세계에서 살게 된다. 이것이 모든 사람이 살아가고 있는 방식이다.

그러면서 그대는 어떻게 하면 자신이 존재의 환희로 가득 찰 수 있는가 묻는다. 그대의 악몽은 당연한 것이다. 무엇을 하더라도 그것에서 피어나는 것은 악몽뿐이다. 그러면서 그대는 어떻게 하면 편안한 마음을 지닐 수 있는가 묻는다. 허구 위에서는 누구도 편안하게 지낼 수 없다. 오직 실제 사실 위에서만 편한 마음을 가질 수가 있다. 그것을 받아들이는 일이 아무리 고통스러울지라도 오직 사실만이 긴장을 풀어줄 수 있고 휴식할 수 있게 해준다. 사실만이 진리로 이끌 수 있다. 사실을 부정하면 그곳에 진리는 존재하지 않게 된다. 계속 원 위를 돌고 돌 뿐, 결코 중심에 이르지 못한다.

한 의사가 심한 병에 걸린 여자 환자를 진찰했다. 의사는 그녀가 누워 있는 병실로 들어갔다가 5분쯤 지나 복도에서 기다리고 있는 그녀의 남편에게 와서 말했다.

"송곳 좀 빌려 주세요."

남편은 왜 송곳이 필요한지 어리둥절했다.

또 5분쯤 지나자 의사는 땀을 흘리면서 다시 나오더니 남편에게 말했다.

"드라이버는 없습니까?"

남편은 안절부절 못할 지경이었지만 아무 말도 하지 않았다. 의사라면 당연히 자기가 할 일을 잘 알고 있으리라 생각했기 때문이다. 또 5분 정도가 지나고 의사가 다시 나오더니 이번에는 끌과 망치를 요구했다.

남편은 너무 심하다는 생각이 들었다. 미칠 지경이 된 그는 더 이상 참을 수 없어 의사를 붙잡고 물었다.

"도대체 내 아내는 어디가 아픈 겁니까?"

그러자 의사가 말했다.

"아직 모르겠네요. 내 왕진 가방이 도무지 열리지 않아서요."

나는 그대에게 말한다. 그대는 여전히 가방을 상대로 싸우고 있다. 가방을 열지 못하는 것만이 아니다. 아예 그것을 열고 싶어 하지도 않는다. 그대가 갖고 다니는 송곳이나 드라이버, 끌이나 망치는 모두 가짜이다. 그대는 가방을 열고 싶어 하지도 않는다. 왜냐하면 일단 가방이 열리면 무슨 일이 일어날지 모르기 때문이다. 그때는 환자는, 곧 그대는, 진단을 받아야 한다. 그렇게 되면 자신의 내면을 들여다보지 않을 수가 없다.

그러므로 누구나 가방에만 집착한다. 그것이 그대의 직업이며 사업이고 종사하고 있는 일이다. 그대는 시인일지도 모른다. 화가나 음악가일지도 모른다. 그러나 그대가 하고 있는 일은 외부세계와 관계를 맺기 위한 하나의 수단에 지나지 않는다. 단 한순간이라도 홀로 있을 수 있는 사람이 존재하지 않는 것은 그 때문이다. 홀로 있는 것은 너무나 두려운 일이다. 홀로 있게 되면 자기 자신과 마주치게 될지 모르기 때문이다. 홀로 있을 때 그대는 무엇을 할 것인가? 홀로 있을 때 그대는 자기 자신과 함께 있는 것이다. 그러면 진실이 그대 눈앞에 전개될지도 모른다.

그렇기 때문에 모든 사람이 하루 종일 어떤 것에 몰두해 있기를, 끊임없이 어떤 일에 종사하기를 원한다. 그대가 어떤 것을 하고 있을 때는 조금이라도 행복해 보이지만, 아무것도 하고 있지 않을 때는 불행해 보인다. 심리학자들은 인간이 아무것도 하지 않고 오랫동안 있게 되면 미쳐 버린다고 말한다. 그 이유가 무엇인가? 정상적인 인간이 오랫동안 아무것도 하지 않고 지내면 미쳐 버리는 이유가 무엇인가? 만일 정상적인 인간이라면 긴 휴식을 취하면, 아무 일도 하지 않은 그 오랜 기간 사이에 더 건강해질 것이다. 더 성장할 것이다. 그런데 오랫동안 홀로 있으면 왜 미쳐 버리는가? 그 이유는 그대가 이미 미쳐 있기 때문이다. 일이나 직업이 그 사실을 단지 숨겨 주고 있을 뿐이다.

주위를 둘러보라. 자신을 바라보는 것은 어려운 일이므로 주위라도 보라. 주위 사람들을 보라. 어떤 사람은 끊임없이 돈에 마음이 사로잡혀 있다. 실제로 그는 무엇을 하고 있는 것인가? 그는 마음을 돈에 집중함으로써 자기 자신을 피할 수 있는 것이다. 그는 아침부터 밤까지 계속해서 돈에 대해 생각한다. 잠자리에 들어서도 돈에 대해, 자신의 은행 계좌에 대해 생각한다. 그는 돈을 가지고 무엇을 하고 있는 것인가? 그래서 돈을 갖는 순간 그는 당황해한다. 이제 어떻게 할 것인가? 그래서 자신이 생각했던 돈을 손에 넣는 순간 그는 더 많은 돈에 대해 생각하기 시작한다. 돈은 그가 찾고 있는 것이 아니기 때문이다. 그렇지 않으면 돈을 갖는 순간 만족감을 느껴야 한다. 그러나 아무리 돈이 많은 부자들도 만족감을 느끼지 못한다.

그대는 돈을 손에 넣으면 더 많은 돈을 요구한다. 그대의 근본 동기는 돈이 아니기 때문이다. 근본 동기는 어떻게 하면 마음을 몰두할 수 있을까 하는 것이다. 몰두할 것이 없을 때마다 그대는 불편해지고, 깊은 불안감이 그대 안에서 일어난다. 무엇을 하지? 만일 아무것도 할 일이 없으면 똑같은 신문을 몇 번이라도 되풀이해 읽는다. 이미 구석구석까지 읽어 버린 신문을 읽고 또 읽는다. 몰두할 일이 아무것도 없으면 전혀 필요 없는 일이라도 할 것이다. 편안하게 지내는 것은 그대에게는 불가능하다. 그러므로 모든 스승이 이렇게 주장하는 것이다. 아무것도 하는 일 없이 몇 시간 동안 앉아 있을 수 있다면 그 즉시 깨달음을 얻는다고.

그 어떤 것에도 사로잡혀 있지 않은 마음 상태가 명상이다. 마음이 그 어딘가에 사로잡혀 있는 상태가 이 세상, 곧 삼사라(티베트어로는 '코르'이며, 힌두교와 불교, 자이나교, 시크교에서 환생과 윤회의 바퀴를 가리킨다)이다. 어떤 것에 사로잡혀 있는가는 중요하지 않다. 그대가 돈을 버는 것에 관심이 있든, 정치나 사회사업 또는 혁명에 관심이 있든 차이가 없다. 마음 상태는 똑같다. 설령 레닌일지라도 혼자 있게 하면 미쳐 버릴 것이다. 그에게는 사회와 혁명이 필요하다. 만일 아무것도 하는 일이 없다면 그에게 있어서 존재한다는 것은 불가능하다. 그는 미쳐 버릴 것이다. 그는 사람들을 통해 제정신을 찾을 수 있었다. 그대는 심하게 일함으로써 그 일 속에서 자신의 에너지를 잃고, 피곤해져서 잠들 수 있다.

노인들은 거의 괴팍하고 막무가내인데, 그 이유는 할 일이 없기 때문이다. 나이를 먹었기 때문이 아니다. 그들에게는 몰두할 일이 없는 것이다. 아무도 그들을 필요로 하지 않으며, 일에서 은퇴했다. 은퇴한 사람들은 언제나 약간 괴팍하다. 무엇인가 잘못된 것이다. 그는 한 사람의 건강한 인간이었다. 한 나라의 대통령, 수상이었을 수도 있다. 그러나 그들이 은퇴하고 난 뒤에 무슨 일이 일어나는가 보라. 그들은 금방 나빠져 버린다. 육체와 정신 모두 나빠지고, 괴팍하고 고집 세고 약간 미친 사람처럼 변한다. 이제는 아무 할 일이 없기 때문이다. 아무도 그를 쳐다보지 않으며, 아무도 그에게 관심 갖지 않는다. 그는 할 일도 없고, 어디에도 마음을 집중할 수 없다. 모든 혼란스러움이 안으로 안으로 들어간다. 그 자신이 혼란스러움 그 자체가 된다.

심리학자들은 은퇴한 사람이, 하던 일을 그대로 지속하고 있는 사람의 경우보다 10년은 일찍 죽는다고 말한다. 그 이유는 무엇인가? 왜 자기 자신과 함께 하는 것이 그토록 어려운가? 그런데도 그대는 다른 사람들이 그대와 함께 있으면 행복해야 한다고 생각한다. 아내가 그대와 함께 있으면 행복해야 하고, 남편이 그대와 함께 있으면 행복해야 한다. 그대 자신은 자기 자신과 함께 있을 때 결코 행복을 느낀 적이 없다. 그런데 어떻게 다른 사람이 그대와 함께 있으면서 행복할 수 있겠는가? 만일 그대가 자기 자신까지도 지루하게 만드는 무료한 사람이라면 다른 사람들이 어떻게 그대를 견뎌 낼 수 있겠는가? 그들이 그대에 대해 참아 주는 것은 다른 이유 때문이다. 그대가 그토록 사랑스러운 사람이기 때문이 아니다. 결코 아니다. 그들이 그대를 참아 주는 것은 그대가 그들에게 할 일을 주기 때문이다. 남편은 아내의 입장에서 보면 충분한 일거리를 주는 사람이다. 아내의 존재도 남편의 입장에서 보면 충분한 일거리를 주는 사람이다. 이것은 일종의 상호 속임수이다. 서로를 속이고 서로에게 일거리를 주도록 동의한 것이다.

그대는 자기 자신을 볼 수 없다. 자아실현에 도달할 수 없다. 그것은 너무 멀리 있는 목표물이기 때문이다. 그대는 방향을 바꾸어 자신의 실체를 보지 못한다. 그 이유는 거짓된 이미지들, 거짓된 정체성, 자신을 매우 중요한 인물로 생각하고 자신이 죽으면 전 세계가 멈춰 버릴 것이라는 등의 생각 때문이다. 그대가 사라지면 이 세계는 어떻게 될 것인가? 그대가 아직 존재하지 않았을 때 이 세계는 어떠했는가? 세계는 조금은 평화로워진다. 그것뿐이다. 그대가 사라지면 세계의 문제가 조금은 사라진다. 그뿐이다. 불편해하던 인간이, 다른 사람들에게까지 불편함을 야기하던 한 인간이 사라진 것이다. 그러나 에고를 지키기 위해서는 이 모든 허구적인 사실들이 필요할 수밖에 없다.

나폴레옹은 만년에 감옥에 갇혀 있었다. 그는 세인트헬레나 섬이라는 작은 섬에 유폐되었다. 그는 이제 하찮은 인간이었다. 누구나 특별한 존재인 것은 결코 아니다. 이제 그에게는 허구적인 행동을 하는 것까지도 매우 어렵게 되었다. 그는 황제였고, 최대 정복자의 한 사람이었다.

"어떻게 하면 좋은가? 나는 이제 아무것도 아닌 평범한 죄수, 다른 죄수들과 조금도 다를 바가 없는 죄수가 되었다는 사실을 어떻게 받아들일 수 있단 말인가?"

하지만 그는 사실을 직시하고 싶어 하지 않았다. 그는 과거의 허구를 계속했다. 그는 6년간이나 옷을 갈아입지 않았다. 감옥에서는 황제가 입는 옷을 주지 않았기 때문이다. 그가 입고 있던 옷은 완전히 헤지고 색이 바랬다. 온통 때투성이였다. 그러나 그는 옷을 바꿔 입지 않았다.

감옥의 의사가 그에게 말했다.

"왜 옷을 갈아입지 않는가? 이 옷은 너무나 더러워졌다. 더 좋은 깨끗한 옷을 주겠다."

나폴레옹은 의사에게 말했다.

"이 옷은 황제가 입는 외투요. 더러울지는 모르지만, 보통의 외투와는 바꿀 수 없소."

그는 자신이 여전히 황제인 것처럼 걸음을 걸었고, 황제인 것처럼 이야기했다. 명령도 내렸다. 그곳에 그의 명령에 귀를 기울일 자는 아무도 없었다. 그래도 그는 계속해서 명령을 내렸고, 자신의 이름이 새겨진 편지지를 가지고 다니면서 편지나 명령서를 쓰기도

했다. 그의 머릿속에서는 여전히 황제였던 것이다.

이 가련한 사람에게 무슨 일이 일어나고 있었는가? 아무것도 할 일이 없는 채 그는 영원한 병에 걸리기 시작했다. 그를 돌보던 의사는 일기를 썼는데 그 일기에 이렇게 적혀 있다.

"나는 그가 진짜로 병에 걸렸다고는 생각하지 않는다. 이제 그의 병은 그가 몰두할 일이 되어 버렸을 뿐이다. 때로 그는 배가 아프다고 말하고, 때로는 머리가, 또 때로는 두 다리가 아프다고 말한다."

이 의사는 그에게는 아무 데도 아픈 곳이 없다고 생각했다. 그의 신체는 정상적이었다. 그러나 그에게는 관여할 일이 아무것도 없었고, 오직 그의 신체뿐이었다. 관계할 세상 전체가 사라지고, 그는 혼자가 되었다. 이제 육체가 그 대상이었고, 그래서 그는 육체에 몰입했다.

많은 사람들에게 병은 하나의 일이다. 세상에 존재하는 병의 50퍼센트는 하나의 소일거리다. 어떤 것에 사로잡히면 그대는 자기 자신과 얼굴을 마주할 필요가 없다. 그렇지 않았다면 나폴레옹에게는 무슨 일이 일어났을 것인가? 나폴레옹이 만일 자기 자신과 대면했다면, 자신이 한낱 걸인이라는 사실을 알았을 것이다. 그러나 그것은 그에게 너무 심한 것이었다. 그는 황제로서 죽었다. 죽기 전에 그는 장례식을 어떻게 치러야 할지 상세하게 지시했다. 그곳에는 그렇게 세밀한 지시에 따를 사람이 아무도 없었다. 그의 말에 관심을 기울이는 사람이 아무도 없었으나 그래도 그는 명령을 내렸다. 그는 틀림없이 황제인 것처럼 훌륭하게 장례식을 치러 주리라고 생각하며 편안하게 죽었을 것이다.

나폴레옹의 경우 사실은 너무나 분명한 것이었다. 그는 과거에 황제였기 때문이다. 하지만 그것 역시 하나의 허구였다. 그것은 사회가 지지한 하나의 허구에 지나지 않았다. 그러나 나폴레옹에게 있어서 변한 것은 하나도 없었다. 나폴레옹은 똑같은 상태였다. 단지 지지자들만 사라졌을 뿐이다. 이것은 참으로 이해하기 힘든 문제다. 허구에는 사회가 지지해 주는 허구와 아무도 지지해 주지 않는 허구가 있다. 정상적인 인간은 그의 허구를 사회가 지지해 주는 그런 사람을 말한다. 그는 사회가 자신의 허구를 지지해 주도록 조작한다. 미친 사람은 그의 허구가 아무에게서도 지지받지 못하는 사람을 말한다. 그는 혼자이기 때문에 사람들은 그를 정신병원으로 보내지 않을 수 없다.

그러나 그대의 지지가 어떤 것을 실체로 만들어 주지는 않는다. 만일 그것이 허구라면, 그것은 어디까지나 허구일 뿐이다. 그대 자신을 바라본다면 그 즉시 자신이 아무것도 아님을, 전혀 중요한 인물이 아님을 깨달을 것이다. 그리고 그때 그대를 지지해 주고 있던 모든 기반들은 무너져 내리고 그대는 하나의 심연 속으로 추락할 것이다. 따라서 그것을 바라보지 않는 편이 낫다. 꿈속에서 계속 살아가는 것이 더 나을 것이다. 비록 꿈일지라도 그것은 그대가 정상적으로 살아가는 데 도움을 줄 것이다.

그대는 자기 자신을 바라보지 못할 뿐 아니라 다른 사람도 바라보지 못한다. 왜냐하면 타인 역시 실체가 아니라 견본에 불과하기 때문이다. 그대는 다른 사람에 대해서도 허구를 만들어 낸다. 그대는 증오를 통해 상대방이 악마라는 허구를 만들어 낸다. 사랑을 통해 상대방을 천사와 신으로 창조한다. 타인에 대한 허구도 창조해 내는 것이다. 그대는 타인을 꿰뚫어볼 수 없다. 그대의 지각은 즉각적이지 못하다. 그대는 마야 속에서, 자기 자신이 창조한 환상 속에서 살고 있다. 그렇기 때문에 무엇을 보더라도 그것은 부풀려진다. 만일 누군가를 미워하고 있으면 그 사람은 그 즉시 악마가 된다. 만일 누군가를 사랑하고 있으면 그 사람은 즉시 신이 된다. 그대는 세계를 과장해서 파악한다. 나쁜 것을 보면 그것을 최악의 것으로 변신시킨다. 좋은 것을 보면 그것은 그 자리에서 최선의 것으로, 신이 된다.

하지만 그러한 환상을 계속 유지하는 것은 어려운 일이다. 따라서 그대는 계속해서 변할 수밖에 없다. 그대는 왜 그대가 지각하는 것을 과장시키는가? 왜 그곳에 무엇이 있는지 정확하게 보지 못하는가? 그 이유는 분명하게 보는 데 두려움을 갖기 때문이다. 그대에게는 모든 사물이 안개 속에 휩싸이도록 하는 구름이 필요하다. 그대는 자신에 대해 알고 싶어 하지 않는다. 자기 자신을 발견한 사람들은 누구나 다 "너 자신을 알라!"고 말한다. 붓다와 예수와 소크라테스, 그들은 계속해서 강조하고 있다. "너 자신을 알라!" 종교가 강조하는 것도 자기 자신을 알라는 것이다.

그대는 자기 자신을 알지 않겠다고 주장한다. 때로 그대는 자신을 알고 있는 것처럼 속임수를 쓰기까지 한다. 나는 지금까지 "나는 나 자신을 알고 있다."고 속임수를 쓰는 많은 사람들을 만나 왔다. 하지만 그들은 실제로는 자기 자신에 대해 알고 싶어 하지 않는다. 그것은 속임수이다. 이제 그들은 새로운 허구, 종교적인 환상까지도 만들어 내려고 한다. 그들은 나에게 온다. 내게서 지지를 얻어 내기 위해 나에게 와서 말한다. "아, 나는 이런 것을 깨달았고, 저런 것까지 깨달았습니다."이렇게 말하고 나서 그들은 나를 바라본다. 그때 그들의 눈은 걸인의 눈이다.

내가 만일 "그렇다, 그대는 진실로 그것을 경험한 것이다."라고 말하면 그들은 지지를 받게 된다. 그들은 행복한 마음으로 돌아간다. 나에게서 지지를 받았기 때문이다. 내가 만일 그것이 아니라고 말하면 그들은 불행해진다. 그들은 돌아가서는 두 번 다시 나를 찾아오지 않는다. 그들은 간단히 사라져 버린다. 다른 누군가를, 다른 권위 있는 인물을 찾아가야 하기 때문이다. 그런데 왜 권위 있는 사람을 찾는가? 왜 증인을 필요로 하는가? 그대가 만일 무엇인가를 깨달았다면 깨달은 것이다. 그대로 좋은 것이다. 권위 있는 사람에게 인정받을 필요가 없다. 그 체험 자체로 명백한 것이기 때문이다.

영혼에 대해 깨달음을 얻었다면, 별도로 다른 사람의 승인이나 증명서 같은 것이 필요 없다. 설령 전 세계가 그대는 깨닫지 못했다고 말해도 그것에는 아무 차이가 없다. 투표에 의한 결정 같은 것은 필요 없다. 자신이 깨달았다는 사실을 알고 있는 것으로 충분하다. 눈이 멀었던 사람이 사물을 볼 수 있게 되면 그는 자기가 볼 수 있음을 증명해 줄 사람 같은 것은 찾지 않는다. 그는 볼 수 있는 것이다. 그것으로 충분하다. 그러나 장님이 만일 자신의 눈이 보인다고 꿈을 꾸고 있다면, 그때 그에게는 자기는 볼 수 있다는 것을 증명해 줄 권위가가 필요하다.

사람들은 놀이를 하고 있다. 영적인 놀이까지 존재한다. 그대가 그러한 연출을 멈추고 환상을 떨쳐 버려야 한다는 사실에 대해, 날카로운 진실과 있는 그대로의 얼굴을 마주해야 한다는 사실에 대해 진지하게 받아들이지 않는 한 그대는 아무것도 이룰 수 없다. 그것이 문이기 때문이다. 그대를 아무도 지지해 주지 않으면 그때는 그대 자신이 스스로를 지지한다. 그때 그대는 다른 사람들과의 대화를 중단한다. 그들은 그대를 이해하지 못하기 때문이다.

몇 달 전 한 남자가 나에게 와서 말했다.

"당신은 이해할 수 있을 겁니다. 아무도 나를 이해하지 못합니다. 나는 신으로부터 매일 밤 메시지를 받고 있답니다."

그는 커다란 종이 뭉치를 가지고 있었다. 정말 순전히 난센스였다. 그러나 그는 자신이 신으로부터 메시지를 받는다고 믿고 있었다. 아울러 그것이 현대의 코란이라고 생각하고 있었다. 마호메트 이래 아무도 그런 것을 받아 본 적이 없다고, 지금까지의 코란은 이제 낡아 버렸다고 그는 생각하고 있었다. 회교도들이 그의 말을 들었다면 그를 죽였을 것이다. 신으로부터 메시지를 전달받는 그 남자는 신경질적으로 떨면서, 내 입에서 무슨 말이 나올지 기다리면서 나를 바라보고 있었다. 그럴 수밖에 없는 것이 그가 만나는 사람들은 누구든 그를 비웃으면서 "넌 미쳤어." 하고 말했기 때문이다.

그러나 그는 나에게 말했다.

"나는 당신이 깨달은 사람이라는 것을 알고 있습니다."

그는 나를 매수하려는 것이었다. 그리고 끊임없이 나에게 애걸하는 것이었다.

"말해 주십시오. 내 말이 옳다고……."

나는 그에게 말했다.

"만일 신이 그대에게 메시지를 주었다면 그대는 나에게 올 필요가 없지 않은가? 신이 그대에게 메시지를 주었다는 것만으로도 충분하지 않은가?"

그러자 그는 약간 의아해하고 당황해 하면서 말했다.

"그렇지만 누가 알겠습니까? 이것은 내 머리가 꾸며낸 속임수일지도 모르지 않습니까?"

그것을 그는 잘 알고 있다. 그대가 속임수를 쓸 때는 그대의 마음속 깊은 곳에서 언제나 그것을 알고 있다. 그것을 밝혀 줄 사람은 필요 없다. 그러나 그대는 사실을 감추기를 바란다.

나는 그에게 말했다.

"그것은 미친 짓이다."

그 후 그는 두 번 다시 나를 찾아오지 않았다. 이제 나는 깨달은 자가 아니게 되었다. 그는 서로 협약을 맺으려 한 것이다. 내가 만일 "맞다. 그대는 신으로부터 메시지를 받은 것이다." 하고 말했다면 그는 돌아가서 "이 사람이야말로 진정 깨달은 자다." 하고 말했을 것이다.

내가 만일 그대의 허구를 받아주면 그대 또한 나의 허구를 받아준다. 이것은 계약을 맺는 공통된 속임수이다. 그리고 서로가 이러한 속임수들로 가득 차 있기 때문에 그것을 부술 엄두조차 내지 않는다. 그러나 깊은 불만족이 그림자처럼 깊은 곳에서 따라다닌다. 그것은 그럴 수밖에 없다. 왜냐하면 전체가 하나의 허구이기 때문이다.

자기를 황제라고 생각하는 걸인은 자기가 걸인이라는 사실을 알고 있다. 그것이 문제이다. 그는 자기가 황제라고 생각하고 황제인 것처럼 꾸미지만 깊은 곳에서는 걸인이라는 것을 잘 알고 있다. 그는 황제라는 지위에 만족한다. 그러나 깊은 불만족이 그를 그림자처럼 따라다닌다. 자신은 실제로는 단순한 걸인일 뿐이다. 그것이 문제이다. 그대는 자신이 대단한 인물이라고 생각한다. 하지만 더불어 그것이 진실이 아니라는 것 또한 알고 있다.

그대는 결코 사랑하지 않는다. 사랑하는 체할 뿐이다. 그대는 정직하지 않다. 정직한 체할 뿐이다. 진실하지도 않다. 단지 진실한 체할 뿐이다. 그대의 생애는 기나긴 일련의 속임수들로 이어져 있다. 이제는 그 속에서 너무나 오랫동안 수많은 생을 낭비해 버렸기 때문에 그 모두가 단지 허구였다는 사실을 인정하기란 너무도 고통스러운 일이다. 그래서 생각한다. '어떻게 해서든 나는 이것을 끝까지 갖고 다녀야 한다.' 그러나 만일 그것을 중단하지 않으면, 비록 최후까지 끌고 간다 해도 그것은 그대에게 아무 도움도 주지 않는다. 단순히 삶의 소모, 낭비일 뿐이다. 마지막에 가면 좌절감이 모두 터져 나온다.

이 때문에 죽음이 그토록 어려운 것이다. 죽음에는 위험한 것이라고는 없다. 그것은 세상에서 가장 아름다운 현상 중 하나이다. 그저 잠드는 것일 뿐이다. 그리고 모든 것이 잠든다. 씨앗이 싹터 나무가 나온다. 그 나무로부터 다시 씨앗이 나온다. 씨앗은 땅에 떨어져 잠든다. 그러고는 다시 태어난다. 모든 활동 후에는 휴식이 필요하다. 삶은 하나의 활동이며, 죽음은 하나의 휴식이다. 죽음은 새로운 생명을 탄생시키기 위해서는 없어서는 안 되는 것이다. 죽음은 전혀 잘못된 것이 아니다. 죽음 속에 위험이라고는 없다.

그런데 왜 누구나 죽음을 두려워하는가? 죽는 그 순간, 그대의 허구 전체가 사라져 버리기 때문이다. 죽는 그 순간 자신의 일생이 낭비였다는 사실을 알게 된다. 사람들은 말한다. "인간은 죽는 순간 자신의 생 전체를 보게 된다." 어떤 근거에서 그들은 그렇게 말하는가? 실제로 그런 일이 일어난다. 그 말이 사실이다. 죽음의 순간, 인간은 자기가 살아온 생 전체와 직면하지 않을 수 없다. 그곳에는 이제 더 이상 미래는 없으며, 더 이상 허구를 만들어 낼 수도 없기 때문이다.

허구를 가지려면 미래가 필요하다. 허구는 희망 속에서만 존재할 수 있다. 허구는 그곳에 내일이 있기 때문에 가능하다. 그런데 죽음이 다가와서는 이제 더 이상의 내일은 존재하지 않는다는 사실을 상기시켜 준다. 이제 내일은 사라져 버렸다. 미래는 전혀 존재하지 않는다. 그러니 어느 곳에서 꿈을 찾을 수 있겠는가? 이제 어디에 그대의 허구를 투사할 수 있겠는가? 더 이상 나아갈 길이 없다. 갑자기 그대는 꼼짝할 수 없게 된다. 일생 동안 그대는 미래 속에 허구를 만들어 왔다. 이제 그렇게 할 수 없게 되었다. 미래가 없는 것이다. 어느 곳을 바라볼 것인가? 이제 과거 외에는 볼 것이 없다. 그리고 죽음의 순간 사회는 소멸해 버린다. 그대는 자기 자신을 보지 않을 수 없게 된다. 이제 남아 있는 것은 아무것도 없으며, 그때 일생을 헛되이 낭비해 버렸다는 사실에 대한 아픔과 고통의 자각이 찾아온다.

이 사건이 죽기 전에 일어난다면 종교적인 인간이 될 수 있다. 종교적인 사람이란 모든 사람이 죽음 속에서 깨닫는 사실을 죽기 전에 깨달은 사람을 말한다. 종교적인 사람이란 살아 있는 동안에 과거를 들여다보고, 그 속임수 전부를 보고, 자기 삶의 모든 허구성을 깨달은 사람이다. 자기 자신을 들여다본 사람이다.

그대가 그대 자신을 들여다보면 틀림없이 변화가 일어난다. 반드시 그 일이 일어난다. 허구를 일단 허구로 깨달으면 그것은 떨어져 나가기 때문이다. 허구를 유지하기 위해서는 허구를 사실로서 받아들여야만 한다. 그것을 갖고 다니려면 거짓조차도 진실로 생각해야 한다. 그러나 이것은 진실이 아니라고 깨닫는 순간 그것은 그대에게서 떨어져 나가기 시작한다. 그것은 이제 그대의 손에서 떨어져 나간다. 그것을 지니고 있고 싶어도 지니고 있을 수 없게 된다. 계속해서 꿈을 꾸기 위해서는, 이것은 꿈이 아니라 현실이라고 믿어야 한다. 이것이 꿈이라고 자각하는 순간 그 꿈은 이미 사라진다.

그러나 그대는 그 사실을 알지 않으려고 온갖 노력을 다한다. 결코 알려고 하지 않는다. 홀로 있으면 마음이 불안한 것은 바로 이 때문이다. 그대는 히말라야를 오를 때도 라디오를 들고 간다. 그 라디오가 전 세계를 가져다주기 때문이다. 히말라야에 갈 때까지도 아내, 친구, 자식들과 함께 간다. 그대는 쉬려고 가는 것 같지만 실제로는 아니다. 바닷가든 산 속이든 그대 주변의 분위기를 모두 데리고 간다. 그곳에서도 다시금 무의미한 것들에 둘러싸인다.

언젠가 이런 일이 있었다. 침몰한 배의 선원이 무인도에 헤엄쳐 도착했다. 그는 5년간 그 섬에서 살아야 했다. 그 근처로는 한 척의 배도 지나가지 않았다. 그는 작은 오두막을 짓고 그곳에서 살았으나 머릿속에서는 세상에 대한 생각이 한순간도 떠나지 않았다. 모든 것이 평화로웠다. 이제까지 그런 평화는 없었다. 그런 평화를 안 적도 없고, 그런 평화가 가능하리라고 생각조차 하지 못했었다. 그 섬은 완전한 무인도로 아무도 살고 있지 않았다. 그것이 유일한 문제였지만 그 외에는 모든 것이 완벽했다. 흐르는 시냇물은 아름다웠으며, 나무에는 열매가 가득 달려 있었다. 그는 먹고 휴식할 수 있었다. 걱정이 되는 일이라곤 하나도 없었으며, 그를 방해하는 사람도, 말썽을 일으키는 사람도 없었다. 게다가 지금까지 줄곧 언젠가는 이 세상에서 가장 평화로운 곳에 가 보리라고 생각해 왔었다. 그런데 갑자기 그런 평화로운 장소에 있게 된 것이다. 그러나 그는 그것을 견딜 수 없었다. 침묵은 견디기 어려운 것이다. 그대는 침묵을 견딜 수 있어야 한다. 그렇지 않으면 침묵이 그대를 죽일 수도 있다.

이 남자에게 그것은 어려운 일이었다. 그러나 그는 건축가였으므로 작은 모형으로 여러 가지를 만들기 시작했다. 단지 작은 모형들을, 단지 마음을 붙이기 위해 만들기 시작한 것이다. 그는 작은 거리를 만들고, 그 거리에 이름도 붙였다. 그는 교회를, 그것도 하나가 아니라 두 개를 세웠다. 하나는 그의 집 가까이에, 다른 하나는 마을 끝에다 세웠다. 물건을 살 수 있도록 작은 상점들도 만들었다. 그는 아예 마을을 하나 세운 것이다.

5년 정도 지나서 배가 한 척 나타나 그의 섬 기슭에 닻을 내렸을 때 그는 너무나 기뻤다. 한 남자가 작은 보트를 타고 해안으로 왔다. 그는 흥분에 가득 차서 오두막에서 뛰어나와 해안으로 달려갔다. 이제 그는 드디어 세상으로 돌아갈 수 있게 된 것이다. 그러나 그는 몹시 의아했다. 보트에서 내린 남자는 신문을 한 뭉치 들고 있는 것이었다. 그래서 그는 물었다.

"이 신문들은 무엇이오? 신문 따위를 이런 곳까지 가지고 온 이유가 뭐요?"

그러자 배의 선장인 그 남자가 말했다.

"먼저 이 신문들을 다 읽고 세상에서 무슨 일이 일어나고 있는지 보십시오. 그리고 나서도 세상으로 돌아가고 싶으면 말씀해 주십시오."

그는 신문 뭉치를 바다에 내던지며 말했다.

"무슨 말도 안 되는 소리요? 하지만 어쨌든 보트에 타기 전에 내가 건설한 마을을 보여 주겠소."

그는 선장에게 마을을 보여 주었다. 그가 두 번째 교회를 보여 주자 선장은 이해할 수 없는 얼굴로 물었다.

"기도하기 위해 교회를 하나 세운 것은 이해가 가지만 이 두 번째 것은 무엇입니까?"

그는 대답했다.

"이쪽은 내가 다니는 교회이고, 저쪽은 내가 다니지 않는 교회입니다."

그대에게는 교회가 둘 필요하다. 최소한 두 개의 종교가 필요하다. 그럴 수밖에 없는 것이 마음은 늘 이분법적이기 때문이다.

"이것은 내가 긍정하는 교회, 저것은 내가 부정하는 교회. 저것은 잘못된 교회, 잘못된 인간들이 다니는 교회, 나와는 다른 사람들이 다니는 교회……."

그는 홀로 살았다. 그런데 그는 온 세상을 만들어 냈다. 그리고 그는 어서 빨리 세상으로 돌아가고 싶어 했다. 그는 신문을 보려고도 하지 않았다. 그리고 그것은 잘한 일이었다. 신문을 한번이라도 보게 되면 비록 그대일지라도 구조되고 싶은 마음이 사라졌을 것이다.

신문을 보라. 이 세상에서 무슨 일이 벌어지고 있는가? 이 세상은 살 만한 가치가 있는 곳인가? 하지만 그대는 신문을 읽지만 보지 않는다. 그냥 읽을 뿐 보지 않는다. 단지 졸면서 읽을 뿐이다. 그대는 이 세상에서 무슨 일이 일어나고 있는지 깨닫지 못한다. 인간이 인간에 대해 무엇을 하고 있는지, 인간이 인간에게 계속해서 무엇을 해오고 있는지 깨닫지 못한다. 그토록 심한 폭력과 그토록 심한 어리석음을. 모든 의미 있는 것들, 모든 아름답고 진실하고 선한 것들을 인간들이 망가뜨리고 있다는 것을 모르고 있다. 모든 것이 파괴되어 버렸다. 그런 세계 속에서 살고 싶은가? 만일 그것을 본다면 그때는 이 세상 속에서 살 결심을 세우기가 무척 어려울 것이다. 그렇기 때문에 보지 않는 편이 났다. 그대는 마치 최면에 걸린 사람처럼 그냥 움직일 뿐이다.

자기 자신을 보지 않기 위해 예수가 이 경전에서 말하고 있는 다른 방법이 사용되어 왔다. 그 방법은 이것이다. 자신이 선한 사람이라는 사실을 암시하기 위해 다른 사람 속에서 모든 잘못을 들추어내는 것이다.

선한 사람이 되는 데는 두 가지 길이 있다. 실제로 선한 사람이 되는 것, 이것은 어려운 일이다. 하지만 선한 사람이 되는 다른 길이 있으며, 이것은 상대적인 방법이다. 상대방이 잘못된 사람임을 증명하는 것이다. 그대는 굳이 선한 사람이 될 필요가 없으며, 단지 상대방이 잘못되었다는 것을 증명하기만 하면 된다. 그것만으로도 자신이 선하다는 느낌을 가질 수 있다.

그렇기 때문에 우리 모두는 상대방이 도둑이라고, 상대방이 살인자라고, 상대방이 악한 사람이라고 계속해서 증명해 나간다. 그리고 그때, 모든 사람이 잘못되었음을 증명했을 때, 그대는 갑자기 자신이 선하다는 느낌을 받는다. 이것은 상대적인 현상이다. 자기 자신을 변화시킬 필요가 없다. 오직 상대방이 악하다는 사실을 증명하면 되는 것이다. 그것은 쉬운 일이다. 그것보다 쉬운 일은 없다. 그대는 상대방 속의 나쁨을 과장할 수도 있다. 과장시킨다고 해도 그것을 막을 사람은 없다. 그렇게 과장되고 그대의 감정이 투영된 다른 사람의 나쁨과 악함 앞에서 그대는 마치 순진무구한 사람처럼 비친다. 그러므로 누군가 다른 사람에 대해 "그 사람은 나쁜 사람이야." 하고 말해도 그대는 결코 반론을 제기하지 않는다. 절대로 반박하지 않는다. 그냥 그 이야기를 받아들인다. 오히려 반대로 자신도 이미 그 사실을 알고 있었다고 덧붙인다. 그러나 누군가 다른 사람에 대해 무엇인가 좋은 이야기를 하면 그대는 논쟁을 하며 그 증거를 요구한다.

수백만 명의 사람들이 이렇게 말해 온 것을 그대는 관찰한 적이 있는가? "먼저 증거를 보여 달라. 그러면 신의 존재를 믿겠다." 그러나 아직까지 악마의 존재를 증명하라고 요구하는 책을 쓴 사람은 아무도 없다. 단 한 명도 없다. 아무도 악마의 존재에 대해서는 증거를 요구하지 않는다. 누구도 "먼저 증거를 보여 주면 악마가 존재한다는 것을 믿겠다." 하고 말하지 않는다. 한 사람도 없다. 악마가 도처에 존재한다는 것을 모두가 이미 알고 있다. 오직 신만이 빠져 있으며, 오직 신만이 존재하지 않는다.

왜 선은 증명이 필요하고 악은 증명이 필요하지 않는가? 이러한 경향을 깊이 관찰해 보라. 그러면 어떤 아름다운 현상, 인간 정신의 신비 중 하나와 만날 것이다. 누구나 마음 속 깊은 곳에서는 선을 추구한다. 그러나 그것은 어려운 일이다. 그렇다면 어떻게 해야 하는가? 다른 사람이 악하다는 것을 증명하면 된다. "너는 나보다 악한 인간이다. 그렇기 때문에 나는 적어도 조금은 선하다."

> 예수께서 말씀하셨다.
> "너희는 형제의 눈 속에 있는 티는 보면서
> 너희 자신의 눈 속에 있는 들보는 보지 못한다.
> 너희가 먼저 너희 자신의 눈 속에서 들보를 빼낼 때
> 너희는 비로소 밝게 보고
> 형제의 눈 속에 있는 티를 빼줄 수 있을 것이다."

그대는 타인을 어둠이라고 생각한다. 그럼으로써 자신은 빛이라고 착각할지도 모른다. 그러나 그렇게 생각한다고 해도 자신에게 빛이 주어지는 것은 아니다. 그리고 만일 그대가 타인은 어둠 속에 있다고 생각하면서 그들에게 빛을 주려고 한다면 사태는 더 악화될 뿐이다. 그것은 상처에 모독을 덧보태는 것일 뿐이다. 첫째, 그 어둠은 그대 자신에 의해 투영된 것이다. 그리고 둘째, 그대 자신이 빛이 아니기 때문에 다른 사람에게 빛을 주는 것은 불가능하다.

따라서 사회를 개혁하려고 애쓰는 사람들은 오히려 해를 가져오는 인물들이다. 타인을 바꾸려고 시도하는 사람들은 언제나 위험한 인물들이다. 그들은 미묘한 형태의 살인자들이다. 하지만 그들의 살인 행위는 너무도 알아차리기 힘든 것이기 때문에 그대는 파악조차 할 수 없을 것이다. 그들은 그대를 직접적으로 죽이지는 않지만, 그대를 불구자로 만들고 그대를 절단시킨다. 그런데도 그들

은 "이것은 그대를 위해서다." 하고 외치기 때문에 그대는 그들에 대항하는 어떤 말도 할 수 없다. 소위 성자라고 일컬어지는 사람들은 그대의 어둠을 물리쳐 주려고 한다. 하지만 그러한 어둠은 그대 속에 있지도 않거나 또는 없을 수도 있다. 그들이 다만 있다고 상상하고 있을 뿐이다. 그들을 그대 안에서 지옥을 발견한다. 그렇게 하는 것이야말로 자신들이 천국에 있다는 것을 증명하는 유일한 방법이기 때문이다.

물라 나스루딘이 죽었다. 그가 천국의 문을 두드리자 성 베드로가 문을 열고 나스루딘을 보고는 말했다.

"오늘은 아무도 올 사람이 없는데……. 내 예약 명단에는 한 사람도 적혀 있지 않소. 오늘은 아무도 오기로 되어 있지 않소. 그런데 어떻게 이곳으로 왔소? 정말 놀라운 일이군. 이름을 큰 소리로 말해 보시오. 내가 체크할 수 있도록 당신 이름의 스펠링을 말해 보시오."

나스루딘은 큰 소리로 자신의 이름의 스펠링을 말했다.

"물, 라, 나, 스, 루, 딘!"

성 베드로는 안으로 들어가 명단을 뒤져 보았다. 그러나 그날 오기로 예정된 사람은 아무도 없었다. 그는 돌아와서 나스루딘에게 말했다.

"당신은 오늘 이곳에 올 예정이 아니었소. 당신은 아직 10년은 남아 있소. 말해 보시오. 당신의 담당 의사가 누구요?"

의사는 그대의 명보다 더 일찍 그대를 죽일 수 있다. 이른바 정치 개혁자들 역시 그대의 명보다 더 일찍 그대를 죽일 수 있다. 정치 개혁자들은 언제나 위험한 인물들이다. 그러나 사람들은 모두

독자적인 방식으로, 작든 크든, 정치 개혁자들이다. 모두가 상대방을 변화시키고 싶어 한다. 모두가 상대방이 잘못되었다고 생각하기 때문이다. 모두가 세상을 변화시키고 싶어 한다. 그리고 그것이 정치적인 마음과 종교적인 마음의 차이이다.

정치적인 마음은 언제나 세상을 변화시키기를 원한다. 그는 자신이 잘못되었다고는 생각할 수 없기 때문이다. 세상 전체가 잘못된 것이다. 만일 그가 잘못되었다면, 그것은 세상이 잘못되었기 때문이고 상황 전체가 잘못되었기 때문이다. 세상이 잘못되었음에 틀림없다. 그렇지 않으면 그는 성자가 되었을 것이다. 종교적인 사람은 정확히 반대편 끝에서 바라본다. 그는 생각한다.

"내가 잘못되었다. 그렇기 때문에 세상이 잘못된 것이다. 왜냐하면 나는 세상의 잘못에 기여하기 때문이다. 나를 통해 세상이 잘못되었다. 내가 나 자신을 변화시키지 않고서는 그곳에 어떤 변화도 있을 수 없다."

정치인은 이 세상에서부터 시작한다. 그러나 그는 목적지에는 결코 도달하지 못한다. 세상은 너무 크기 때문이다. 그리고 세상에 문제가 있는 것이 아니기 때문이다. 그는 더 많은 문제들을 만들어 낸다. 그의 처방을 통해 전에는 그곳에 없던 더 많은 병들이 생겨난다. 그의 노력을 통해 더 많은 불행이 생겨난다. 종교적인 사람은 자신을 변화시킨다. 그는 오직 자기 자신을 변화시킬 뿐이다. 그것이 유일하게 가능한 일이기 때문이다.

변화시킬 수 있는 것은 자기 자신뿐이다. 그리고 그대가 변하는 순간 세계도 변하기 시작한다. 왜냐하면 그대는 세상의 중요한 부분이기 때문이다. 그리고 깨달음을 얻었을 때, 완전히 변화했을 때, 그대는 훨씬 더 중요한 부분이 된다. 이제 그대는 최고의 에너지를 자신 속에 갖게 된다. 한 사람의 붓다는 단지 보리수 아래 앉아서 전 세계를 변화시킨다. 그리고 세계는 결코 붓다 이전의 시대와 다시는 같지 않을 것이다.

한 사람의 예수가 십자가에 못박힌다. 하지만 그것이 분기점이 된다. 역사는 그날로부터 나누어진다. 역사는 두 번 다시 그 이전과 같아지지 않을 것이다. 그러므로 우리가 그것을 알고 예수의 이름에 따라 역사를 나누는 것은 좋은 일이다. 우리는 '기원전 Before Christ', '기원후 After Christ'라고 말한다. 그것은 좋은 일이다. 그리스도 이전에는 전혀 다른 인류가 존재했기 때문이다. 그리스도 이후 또 다른 인류가 존재하게 되었다. 그 현상은 너무나 중요하기 때문에 그리스도가 한 사람 탄생할 때는, 누군가의 의식이 예수의 의식 높이까지 상승할 때는, 다른 모든 의식들도 동시에 영향을 받는다. 그들 역시 높이 끌어올려지며, 그들 역시 무엇인가를 한순간이나마 보게 되는 것이다. 그리고 그들은 다시는 전과 같을 수 없다. 전과 똑같은 수준으로는 돌아가지 않는다.

종교적인 인간은 단순히 자기 자신을 변화시킨다. 그러나 그 변화는 그대가 실체를 볼 때만 가능하다. 그 변혁은 허구를 떨쳐 버릴 때만 가능하다. 자신이 아무것도 아님을 깨달으면, 자신의 무를 자각하게 되면, 자신의 진실성 없는 삶을 알아차리면, 그것은 즉각적으로 떨어져 나가기 시작한다.

앎 자체가 하나의 혁명이다. 이것은 머리로 주워 모은 지식을 말하는 것이 아니다. 자기 자신과 만날 때 갖게 되는 앎을 말한다. 자기 자신에 대해 아는 것 자체가 하나의 변혁의 힘이다. 다른 어떤 것도 할 필요가 없다. 이것을 이해해야만 한다. 사람들은 먼저 알고 나서 그 후에 변화하겠다고 말한다. 그렇지 않다. 아는 그 순간, 변화가 일어난다. 앎 그 자체가 변혁을 가져온다. 먼저 알고 그 다음에 변화하기 위해 무엇인가를 하는 것이 아니다. 앎은 하나의 방법이 아니다. 그것은 수단이 아니다. 앎은 그 자체로서 하나의 목적이다.

내가 앎이라는 말을 사용할 때 그것은 자기 자신에 대해 아는 것을 의미한다. 다른 모든 지식은 하나의 수단이다. 먼저 어떻게 해야 하는가를 알고 그 다음에 행위를 해야 한다. 그러나 자기를 아는 것에는 본질적인 차이가 있다. 그대는 안다. 그리고 그 앎 자체가 그대를 변화시킨다.

허구를 떨쳐 버리라. 자기 자신을 알려는 용기를 가져야 한다. 두려움을 버리고, 자기 자신으로부터 달아나지 말라.

그래서 예수는 말한다.

"너희가 먼저 너희 자신의 눈 속에서 들보를 들어냈을 때
너희는 비로소 밝게 보고……."

오직 허구를 떨쳐 버릴 때만 분명하게 볼 수 있다. 허구는 그대의 눈 속에 들어 있는 들보이다. 그것은 눈 속에 끼어 있는 안개, 연기, 구름이 되었다. 그대는 분명하게 볼 수 없다. 어떤 것도 분명하게 볼 수 있고, 모든 것이 흐릿하다. 눈에서 그 들보를 들어냈을 때 분명하게 볼 수 있을 것이다. 그 분명함이 목적이 되어야만 한다. 사실 주위에 어떤 투영도 만들어 내지 않고 사실을 직접적으로

보고 꿰뚫어볼 수 있도록 밝은 눈을 갖는 것. 하지만 그것은 매우 어려운 일이다. 왜냐하면 그대는 너무 자동적으로, 너무 기계적으로 그렇게 하기 때문이다.

 꽃을 보면 그대의 마음은 즉각적으로 말하기 시작한다.

 "아름다운 꽃이야. 지금까지 이런 아름다운 꽃은 본 적이 없어."

 몇 편의 시가, 물론 빌려 온 것이지만, 그럴듯한 시가 떠오른다. 그때 그 꽃은 사라지고 그곳에 밝은 눈은 존재하지 않는다. 언어가 눈을 흐리게 한다. 꽃에다 이름을 붙이지 않고서는 볼 수 없는가? 이름이 꼭 필요한가? 꽃에 이름을 붙이는 것이 어떤 형태로든 도움이 되는가? 꽃에 대한 식물적인 지식이 있다고 해서 그 꽃이 더 아름다워지는가? 이것이 식물학자와 시인의 차이이다. 식물학자는 꽃에 대해 알지만, 시인은 꽃을 안다. 식물학자는 단지 무지할 뿐이다. 그는 많은 것을 알고 있지만 그것은 어디까지나 꽃에 대한 것뿐이다. 하지만 시인은 꽃을 본다.

 산스크리트어에는 리시(현자. 원래는 '볼 줄 아는 사람'이란 뜻)와 시인을 지칭하는 단어가 하나밖에 없다. 두 개의 단어가 있지 않다. 왜냐하면 참된 시인이면 볼 줄 아는 사람이고, 볼 줄 아는 사람이면 시인이기 때문이다. 밝은 눈을 가지면, 그때 삶은 시가 된다. 하지만 그때는 꽃에다 이름을 붙이지 말고 보아야 한다. 장미든 다른 무엇이든.

 왜 말이 필요한가? 왜 "아름답다!" 하고 말하는가? 말로 하지 않고는 아름다움을 볼 수 없는가? 그것이 아름답다고 반복할 필요가 있는가? 그렇게 반복함으로써 그대가 의미하는 바가 무엇인가? 그것은 그 꽃만으로는 충분하지 못하다는 뜻이다. 그 꽃이 아름답다고 의견을 내세울 필요가 있는 것이다. 그럼으로써 그대는 그 꽃 둘레에 아름다움을 창조해 낸다. 그대는 꽃을 보지 않는다. 꽃은 단지 하나의 화면일 뿐이고, 그대가 그 위에다 아름다움을 투사해야만 하는 것이다.

꽃을 바라보라. 그리고 아무 말도 하지 말라. 그것은 어려울 것이다. 그렇게 하면 마음이 불편함을 느낄 것이다. 습관이 되어 버렸기 때문이다. 마음은 끊임없이 지껄인다. 꽃을 바라보라. 그리고 그것을 하나의 명상으로 만들라. 나무를 바라보되, 그것에다 이름을 붙이지 말라. 아무 말도 하지 말라. 말할 필요가 없다. 나무는 그곳에 존재한다. 왜 무엇을 말해야 하는가?

이런 일이 있었다. 중국의 위대한 신비가의 한 사람인 노자는 매일 아침 산책을 가곤 했다. 그 산책에는 언제나 이웃 사람 하나가 동행했는데, 그 이웃 사람은 노자가 침묵을 즐기는 사람임을 잘 알고 있었다. 그래서 몇 년 동안이나 아침에 함께 산책했지만 결코 어떤 말도 하지 않았다. 하루는 이웃 사람 집에 손님이 한 명 왔는데, 그 손님 역시 아침 산책에 함께 가기를 원했다. 이웃 사람은 그 손님에게 말했다.

"절대 아무 말도 하지 마시오. 노자 선생님은 직접적으로 느끼는 분입니다. 절대로 무슨 말을 해서는 안 됩니다."

그들은 함께 산책을 나섰다. 아침은 더없이 아름답고 더없이 고요했으며, 새들이 지저귀고 있었다. 그 손님은 단지 늘 하던 습관대로 말했다.

"정말 아름답다!"

단지 그 한 마디뿐이었다. 대단한 말이 아니었다. 한 시간이 넘는 산책에서 그 정도는 많은 말이 아니었다.

"정말 아름답다!"

그러나 노자는 마치 그가 죄라도 저지른 것처럼 노려보았다. 집으로 돌아와 문에 들어서면서 노자는 그 이웃 사람에게 말했다.

"다시는 나를 따라오지 말라! 그리고 다시는 어느 누구도 데려오지 말라. 저 사람은 너무 말이 많다."

그러나 그 손님은 단 한 마디를 했을 뿐이다. 그것을 가지고 대단한 수다쟁이라니. 노자는 말했다.

"오늘 아침은 참으로 고요하고 아름다웠소. 그런데 저 사람이 그걸 전부 깨뜨려 버렸소."

'정말 아름답다!' 이 한 마디가 하나의 돌처럼 고요한 연못에 떨어졌다. '참으로 아름답다!'가 고요한 연못에 돌처럼 떨어졌으며, 그것으로 인해 모든 것에 파문이 일었다.

나무 근처에서 명상을 하라. 별과 함께 명상하라. 강물과 함께, 바다와 함께 명상하라. 사람들이 오가는 시장에서 명상하라. 어떤 말도 하지 말라. 판단하지 말라. 언어를 사용해서는 안 된다. 다만 바라보기만 하라. 만일 자신의 지각을 밝게 할 수 있다면, 볼 줄 아는 밝은 눈을 얻을 수 있다면, 모든 것이 이루어진다. 그리고 일단 이 밝은 눈을 성취하면 그때 자신을 볼 수 있다.

자기를 아는 것은 투명한 마음에서 일어난다. 지식으로 가득 차 있는 마음, 좋고 나쁨에 대한 판단으로 가득 찬 마음, 아름다움과 추함으로 가득 찬 마음이 아니라 말이 없는 마음에서 일어난다. 자기 자신은 언제나 그곳에 존재한다. 그대에게 필요한 것은 그것이 거울처럼 비칠 수 있도록 그것을 지각할 수 있는 맑고 투명한 마음이다. 일단 그것이 일어나면 그때 그대는 다른 사람들을 도와줄 수 있다. 그 이전에는 절대로 불가능하다.

그러므로 누구에게도 조언하지 말라! 모든 조언은 위험하다. 왜냐하면 그대는 자신이 무엇을 하고 있는지 모르기 때문이다. 누구에 대해서도 변화시키려고 하지 말라. 설령 그대의 자식일지라도, 그대의 형제일지라도. 누구도 그대에 의한 변화를 필요로 하지 않는다. 그대는 위험하기 때문이다. 그대는 다른 사람을 장애자로 만들 수도 있고, 죽일 수도 있으며, 불구자로 만들 수도 있다. 그대에게는 변화의 도움을 줄 능력이 없다. 그대 자신이 변화되지 않고서는 다른 사람의 삶 속으로 들어가서는 안 된다. 그대가 빛으로 가득 차 있을 때만 그대는 도움을 줄 수 있다. 사실 그때는 도와주려고 노력할 필요도 없다. 도움은 마치 전구에서 빛이 흘러나오는 것처럼 그대로부터 흘러나온다. 아니면 꽃에서 향기가 피어나는 것처럼, 혹은 밤에 달이 빛나는 것처럼. 달은 어떤 노력도 필요 없다. 빛은 다만 자연적으로 흘러나올 뿐이다.

어떤 사람이 바쇼(일본의 선승이자 뛰어난 하이쿠 시인)에게 물었다.

"당신의 강의에 대해 말씀해 주십시오. 당신은 계속 이야기를 하고 있으면서도 언어에 대해 반대하는 말을 합니다. 당신은 계속해서 말하면서도 그 말 속에서 언어에 반대하고 말하는 것에 반대합니다. 이것에 대해 한 말씀해 주십시오."

바쇼는 말했다.

"사람들은 이야기를 하지만 나는 꽃처럼 피어날 뿐이다."

그곳에 아무 인위적인 노력이 없을 때, 그것은 하나의 피어남이다. 그때 그것은 그저 꽃이 피어나는 것과 같다. 꽃이 피는 데는 노력이 필요 없다. 바쇼 같은 이가 말한다. 붓다 같은 이가 말한다. 그곳에는 아무 노력도 없다. 그것은 저절로 일어날 뿐이다. 붓다가 말을 할 때 그것은 자연적인 현상이다. 그대가 말을 할 때 그것은 자연적인 현상이 아니라 다른 것들이 포함되어 있다. 그대는 상대방에게 강한 인상을 심어 주고 싶어 한다. 상대방을 변화시키고 싶어 한다. 상대방을 통제하고 조종하고 싶어 한다. 상대방을 지배하고 싶어 한다. 자신이 지식이 뛰어난 사람이라는 인상을 주고 싶어 한다. 자신의 에고를 충족시키고 싶어 하는 것이다. 다른 많은 것들이 포함되어 있다. 그대는 꽃처럼 피어나고 있지 않다. 그대가 말을 할 때, 그것은 대단한 정치적 게임이다. 그 속에 작전이 있고, 전략이 있다.

바쇼 같은 이가 말할 때는 꽃처럼 피어난다. 누군가 그의 주위에 있으면 많은 이로움을 얻는다. 하지만 다른 사람을 이롭게 하려는 것은 그의 목적이 아니다. 그러한 이로움은 노력 없이 일어날 수 있다. 꽃은 그대를 위해 피어나는 것이 아니다. 그대가 오솔길을 걸어가면 그 향기가 그대에게 이를 것이다. 그대는 그것을 즐길 수 있고, 기쁨을 느낄 수 있고, 감사하는 마음을 가질 수 있다. 그러나 그 꽃은 결코 그대를 위해 피어난 것이 아니다. 꽃은 그냥 피었을 뿐이다.

붓다 같은 이는 꽃처럼 피어난다. 예수 같은 이는 꽃처럼 피어난다. 세계 전체가 그들에게서 이로움을 얻는다. 하지만 그대는 다른 사람들에게 이로움을 주려고 하지만 그 누구도 그대에게서 이로움을 얻지 못한다. 오히려 그대는 해를 줄 뿐이다. 만일 세상을 바꾸고 변화시키려는 해로운 인간들이 적었다면 세계는 더 나은 곳이 되었을 것이다. 어떠한 혁명적인 시도도 인류에게 해를 가져다줄 뿐이다. 어떤 개혁도 더 큰 난장판을 만들 뿐이다.

　D. H. 로렌스(영국의 소설가이며 시인)는 이런 제안을 한 적이 있다. "백 년 동안 우리가 모든 혁명을 중단하고, 모든 대학을 폐쇄시키고, 모든 개혁과 그것에 대한 논의를 중지시키고, 그리고 백 년 동안 우리 모두가 원시인처럼 생활하자."는 제안이었다. 아름다운 제안이다. 그렇게 하면 인류는 다시 활기에 넘칠 수 있게 될 것이다. 힘이 솟고, 사람들은 밝은 눈을 얻을 수 있을 것이다.

　말은 그 의미가 불투명해졌다. 말은 너무 많은 관념들로 무거워졌다. 그리고 그대는 너무 많은 지식들을 가지고 다니기 때문에 하늘을 날 수 없다. 그대는 너무 많은 짐을 짊어지고 있기 때문에 가볍지 않으며, 그대의 날개는 자유롭지 못하다. 게다가 그대는 그대를 가두는 감옥이며 속박인 것들에 집착한다. 그것들에 큰 가치가 있다고 생각하기 때문이다. 그런 것들은 무가치한 것이다. 무가치할 뿐 아니라 그대에게 위험하기도 하다. 말, 경전, 지식, 이론, 이념……. 이것들 모두는 그대를 장애자로 만든다. 이것들을 통해서는 밝은 눈을 얻을 수 없다. 모든 경전을 옆으로 치워 놓으라. 모든 판단을 내려놓으라.

　삶을 어린아이처럼 바라보라. 자신이 바라보고 있는 것조차 알지 못한 채 그냥 바라보는 어린아이처럼. 그리고 그 바라봄이 그대에게 새로운 지각을 줄 것이다. 그 새로운 지각이 예수가 말하고 있는 것이다. 그 말을 다시 한 번 읽어 주고 싶다.

　　"너희는 형제의 눈 속에 있는 티는 보면서

너희 자신의 눈 속에 있는 들보는 보지 못한다.
너희가 먼저 너희 자신의 눈 속에서 들보를 빼낼 때
너희는 비로소 밝게 보고
형제의 눈 속에 있는 티를 빼줄 수 있을 것이다."

오직 그것만이 그대에게 도움이 될 수 있다. 만일 자신에 대해 빛이 될 수 있다면 그때 다른 사람들에 대해서도 빛이 될 수 있다. 꽃처럼 피어나는 것이다. 모든 사람이 그 도움을 받는다. 알든 모르든 모든 사람이 그대로부터 도움을 받는 것이다. 그리하여 그대는 하나의 축복이 된다.

10
두 마리의 말과 두 개의 활

ⲠⲈϪⲈ ⲒⲤ ϪⲈ ⲘⲚ ϬⲞⲘ ⲚⲦⲈ ⲞⲨⲢⲰⲘⲈ
ⲦⲈⲖⲞ ⲀϨⲦⲞ ⲤⲚⲀⲨ ⲚϤϪⲰⲖⲔ ⲘⲠⲒⲦⲈ
ⲤⲚⲦⲈ ⲀⲨⲰ ⲘⲚ ϬⲞⲘ ⲚⲦⲈ ⲞⲨϨⲘϨⲀⲖ

예수에게 일어난 존재의 환희는 그대에게도 가능하다.
그러나 그것이 가능하기 위해서는 불가능한 것을 버려야 한다.
두 마리의 말에 타면 앞으로 나아가는 것이 불가능하다.
두 마리는 서로를 부정할 것이고, 그대는 어느 곳으로도 갈 수 없을 것이다.
어느 곳에도 도달할 수 없는 것, 존재 깊은 곳에서 그것은 고통이다.
의심도 없이 믿음도 없이 사는 것
단지 깨어 있는 마음으로 자연스럽게 순간순간을 사는 것
그것이야말로 진정한 신뢰의 길이고 종교의 길이다.

열 번째 말씀

예수께서 말씀하셨다.
"한 사람이 동시에 두 마리 말을 탈 수 없고
두 개의 활을 동시에 당길 수 없다.
한 하인이 두 주인을 섬길 수 없으며
만일 두 주인을 섬기면
한 주인은 공경하고
다른 주인에게는 등을 돌리게 될 것이다."

　모든 사람이 이미 두 마리의 말에 올라타 있으며, 모든 사람이 두 개의 활을 쏘고 있다. 아니, 둘이 아니라 수없이 많다. 그렇기 때문에 고뇌가 일어난다. 끊임없이 걱정 속에 살아야 하는 이유가 그 때문이다. 걱정을 하고 있다는 것은 곧 두 마리의 말에 올라타 있다는 사실을 말해 준다. 그러니 어떻게 마음이 편안할 수 있겠는가? 불가능하다. 두 마리의 말은 제각기 다른 방향으로 움직이므로 어느 곳으로도 갈 수 없다.
　한 마리의 말에 타면 움직임이 가능하고, 그대는 어딘가에 도착할 수 있다. 두 마리의 말에 타면 앞으로 나아가는 것이 불가능하다. 두 마리는 서로를 부정할 것이고, 그대는 어느 곳으로도 갈 수 없을 것이다. 이것이 바로 고통이다. 어느 곳에도 도달할 수 없는 것. 존재 깊은 곳에서 그것은 고통이다. 삶이 그대의 손에서 빠져나가고 있고, 시간은 점점 줄어들고 있으며, 죽음이 다가오고 있다. 그런데 그대는 그 어느 곳에도 이를 수 없다. 그대는 마치 고여 있는 웅덩이와 같으므로 단지 점점 말라 가서 결국에는 한 방울도 없이 말라 버릴 것이다. 목적지도 없고 충족감도 없다. 그런데 왜 이런 일이 일어나는가? 그것은 그대가 불가능한 일을 하려고 애를 쓰고 있기 때문이다.

마음이 그대의 내면에서 어떻게 기능하는지 이해해 보라. 그러면 예수가 말하는 의미를 이해할 수 있을 것이다. 그대는 가난한 사람처럼 자유로워지기를 바란다. 오직 가난한 사람만이 자유롭기 때문이다. 그에게는 아무 부담도 없으며, 보호해야 할 것도 없다. 아무도 그에게서 무엇을 빼앗을 수 없다. 그는 두려워하지 않는다. 아무것도 갖지 않았기 때문에 빼앗길 것도 없다. 아무것도 갖지 않음으로써 마음 편하게 살 수 있다. 소유물이 아무것도 없기 때문에 도둑맞을 물건이 없다. 그는 전혀 경쟁 상대가 아니므로, 누구와도 경쟁하지 않으므로, 그 누구도 그의 적이 아니다.

그대는 가난한 사람처럼, 걸인처럼 자유로워지고 싶어 한다. 그러나 또한 부자와 같은 든든함, 황제와 같은 안정도 바란다. 부자는 안전하다. 부자는 기반이 튼튼하다. 그에게는 안정감이 있다. 겉으로 보기에 모든 것이 갖추어져 있기 때문에 그에게는 취약성이 없다. 죽음에 대한 보호 수단도 마련했기 때문에 그를 쉽게 죽일 수도 없다. 그는 갑옷을 갖고 있다. 그대는 걸인처럼 자유로우면서도 황제처럼 안정되고 싶어 한다. 그렇다면 두 마리의 말에 올라탄 것과 같고, 따라서 어느 곳으로 간다는 것은 불가능하다.

그대는 한 사람을 사랑한다. 하지만 그 사람이 완전히 그대의 손안에서 물건처럼 행동하길 바란다. 그러나 물건을 사랑할 수는 없다. 물건은 죽어 있는 까닭에 그대에게 아무 반응도 보이지 않기 때문이다. 그러므로 상대방이 진정으로 사람이라면 그를 소유할 수 없다. 그는 마치 수은과 같아서 주먹에 쥐려고 하면 더 빠져나가 버린다. 왜냐하면 인간은 자유로운 존재를 의미하기 때문이다. 그가 만일 인간이라면 그대는 그를 소유할 수 없다. 만일 소유할 수 있다면 그는 이미 인간이 아니므로, 그를 더 이상 사랑할 수 없을 것이다. 그때 그는 죽어 있는 것과 마찬가지인 하나의 '물건'에 불과하다. 어떻게 죽은 물건을 사랑할 수 있겠는가?

그대는 두 마리의 말에 올라타 있다. 그대는 사람을 물건처럼 소유하고 싶어 한다. 그것은 불가능한 일이다. 인간은 자유롭고 생명력 넘쳐야 한다. 오직 그때만 그대는 그를 사랑할 수 있다. 그러나 그때 그대는 어려움을 느끼고 그를 소유하기 시작한다. 그를 죽이기 시작하는 것이다. 그에게 독을 먹이는 것이다. 그가 만일 독을 먹이는 대로 따르면 머지않아 그는 단순한 물건이 되어 버릴 것이다. 그렇기 때문에 아내는 집 안의 장식품이 되어 버리고 남편은 단순한 경비원이 되고 만다. 하지만 사랑은 사라진다. 모든 방향에서 이런 일이 일어나고 있다.

그대 내부에는 의심이 있다. 의심은 그 자체의 이득을 가져다주기 때문이다. 의심은 그대에게 더 계산적인 능력을 부여한다. 그것은 그대에게 더 좋은 보호막이 되며, 그때 누구라도 그대를 쉽게 속일 수 없다. 그렇기 때문에 의심하는 것이다. 그러나 의심은 걱정을 낳는다. 내면 깊은 곳에서 불안하기 때문이다. 의심은 병과 같은 것이다. 신뢰하지 않으면 마음이 편안할 수 없다. 의심은 흔들리는 것이며, 흔들림은 곧 불안이기 때문이다. 의심은 "어떻게 할 것인가? 이렇게 할 것인가, 저렇게 할 것인가?"를 의미한다. 의심은 "살 것인가, 죽을 것인가?"의 의미이다. 그것을 결정 내리기는 불가능한 일이다.

단 한 가지에 대한 문제일지라도 의심을 통해서는 결정을 내리는 것이 불가능하다. 기껏해야 그대는 마음이 많이 기우는 쪽으로 결정할 수 있을 뿐이다. 그러나 그곳에 소수파는 여전히 남아 있다. 더구나 그것은 무력한 소수파가 아니다. 그 소수파에 반대해 선택했기 때문에 소수파는 언제나 그대의 선택이 잘못이라고 항의할 수 있는 상황을 발견할 것이다. 소수파는 그곳에 있으면서 반역을 일으킨다. 그것은 그대 내면에 끊임없는 혼란을 야기한다.

의심과 함께 그곳에 불편함이 있다. 그것은 일종의 병이다. 다른 병과 다름이 없다. 정신적인 병이다. 그러므로 의심하는 사람은 병이 더 깊어진다. 그러나 의심하는 사람을 쉽게 속이지는 못한다. 그는 다른 사람보다 영리하며 세상의 방식에 있어서 더 능하기 때문이다. 그를 속일 수는 없다. 하지만 그는 병들어 있다. 한 가지 이득은 있다. 즉, 속지 않는 것이다. 하지만 손해도 있다. 그것은 커다란 손실이다. 그의 이득은 매우 비싼 대가를 치른다. 그는 끊임없이 흔들리고 있으며, 불편하고, 결정을 내릴 수 없는 것이다. 비록 결정을 내린다 해도 그 결정은 소수파에 반대하면서 다수파들이 결정하는 것에 불과하다. 그는 분열되어 있고, 그곳에는 언제나 갈등이 있다.

그대는 또한 신뢰도 원한다. 그대 역시 신뢰 속에 살고 싶어 한다. 신뢰는 건강을 가져다주기 때문이다. 신뢰하면 망설임이 사라지고 분명한 확신을 가질 수 있기 때문이다. 확신은 행복을 가져다준다. 그때 그대에게는 조금의 주저함도 없으며, 전체성을 획득할 수 있고, 분열되어 있지 않을 수 있다. 전체성을 획득한 존재는 건강하다. 신뢰는 건강을 가져다준다. 그러나 그렇게 되면 그대는 취약해진다. 누구라도 그대를 속일 수 있다. 신뢰하게 되면 위험해진다. 그대를 이용하려는 사람들이 주변에 수없이 많기 때문이다. 그리고 그들은 그대가 신뢰를 할 때만 그대를 이용할 수 있다. 의심하면 그들은 그대를 이용하지 못한다.

그대는 두 마리의 말에 올라타 있다. 의심과 신뢰가 그것이다. 하지만 그대는 불가능한 일을 하고 있는 것이다. 그대는 끝없는 걱정과 근심 속에 던져져서 점점 나빠져 갈 것이다. 두 마리의 말 사이에서 겪는 이 갈등 속에서 죽을 것이다. 어느 날엔가는 사고가 일어날 것이다. 그 사고는 곧 죽음을 의미한다. 어딘가에 도착하기도 전에 종말을 맞이할 것이다. 꽃이 피기 전에 끝나 버릴 것이다. 삶이 무엇인가, 삶이 무엇을 의미하는가를 알기도 전에 종말을 맞을 것이다. 존재는 소멸되어 버릴 것이다.

예수께서 말씀하셨다.
"한 사람이 동시에 두 마리 말을 탈 수 없고……"

그러나 모든 사람이 그 불가능한 일을 시도하고 있다. 모두가 문제에 처해 있는 것은 그 때문이다. 나는 말한다. 그대는 모든 방향으로 달려가려 하고 있다. 말은 두 마리만이 아니다. 모두 합하면 그곳에 수백만 마리의 말이 있다. 그리고 매순간 그대는 모순 속에 살고 있다. 왜 그런 일이 일어나는가? 그 구조를 이해해야만 한다. 오직 그때만 그것을 떨쳐 버릴 수 있다. 왜 그런 일이 일어나는가? 아이들을 키우는 방식에 모든 원인이 있다. 온통 정신병자들로 가득 찬 이 세상 속으로 아이들이 들어오는 방식에 원인이 있다. 그 정신병자들이 모순을 만들어 내고, 모순된 것들을 가르친다.

예를 들면, 그대는 이렇게 배워 왔다. "인류 전체를 사랑하라. 모든 인간을 형제처럼 대하라. 자신을 사랑하듯이 이웃을 사랑하라." 그리고 동시에 그대는 모든 사람과 경쟁하도록 배우고 길러져 왔으며, 또 그렇게 조건 지어져 왔다. 경쟁할 때 상대방은 친구가 아니라 적이다. 그는 물리치고 정복해야 할 대상이다. 실제로는 파괴해 버려야 하는 대상이다. 그대가 만일 경쟁자라면 사회 전체가 적이 되어 버린다. 이웃은 아무도 없으며 형제도 없다. 그리고 그대는 사랑할 수도 없다. 미워해야만 하고, 질투해야만 하며, 화를 내야 한다. 끊임없이 싸워서 이길 자세를 갖추어야 한다. 그것은 힘든 싸움이다. 그대가 약한 마음의 소유자라면 패배하고 만다.

그러므로 강해져야 한다. 공격적이고 폭력적인 인간이 되어야 한다. 상대편이 공격하기 전에 공격하는 것이다. 늦기 전에 먼저 공격해 이겨야 한다. 그렇지 않으면 패배할 것이다. 같은 목표를 향해 경쟁하는 사람은 수없이 많기 때문이다. 그대 한 사람만이 아니다. 그리고 경쟁하고 있는 마음이 어떻게 자기 이웃을 사랑할 수 있겠는가? 그것은 불가능한 일이다. 그러나 그대는 이 양쪽 모두를 배워 왔다. 정직이야말로 최선의 길이라고 배우면서, 동시에 사업은 사업이라고 배워 왔다. 두 가지의 것이 동시에, 두 마리의 말이 동시에 그대에게 주어졌다. 그리고 이 세상의 방식에 대해 전혀 깨닫지 못하는 아이는 그 모순을 볼 수도, 느낄 수도 없다.

모순을 감지하기 위해서는 성숙한 지성이 필요하다. 모순을 느끼기 위해서는 예수나 붓다 같은 이가 필요하다. 아이는 세상이 돌아가는 방식을 자각하지 못하며, 그를 가르치는 사람들, 아버지나 어머니, 그 밖의 가족들은 그가 사랑하는 사람들이다. 아이는 그들을 사랑한다. 그러니 어떻게 그들이 자기 내면에 모순을 만들어 내고 있다고 생각할 수 있겠는가? 그것은 상상조차 할 수 없는 일이다. 그들은 아이의 보호자이기 때문이다. 그들은 아이에게 친절하고, 아이를 키워 준다. 그들은 아이가 가진 에너지, 생명, 기타 모든 것의 근원이다. 따라서 그들이 왜 모순을 만들어 내겠는가? 아버지는 사랑한다. 어머니도 사랑한다. 하지만 문제는 그들도 역시 똑같이 잘못된 방식으로 키워졌다는 데 있다. 그들 역시 부모로부터 배운 것을 반복하는 것 외에는 무엇을 해야 하는지 모르고 있다. 그것이 무엇이든 그들은 자신들이 배운 것을 자신의 아이들에게 가르치고 있다. 그들은 단순히 병을 옮겨 주고 있다. 한 세대에서 다음 세대로 병이 전달되고 있다. 그대는 그것을 '보물'이나 '전통'이라고 부른다. 하지만 그것은 병에 불과하다. 그것이 병인 이유는 그것을 통해서 건강해진 사람이 아무도 없기 때문이다.

　사회 전체는 점점 더 신경증 환자가 되어 가고 있다. 아이는 너무 단순하고 너무 순진무구하기 때문에, 모순된 방식으로 조건 지어진 인간이 될 수 있다. 아이가 그 모순을 깨달을 무렵에는 이미 너무 늦었다. 그리고 대부분의 삶을 잃어버리는 사태까지 일어난다. 그래도 그대는 자신이 두 마리의 말에 올라타 있다는 사실을 결코 깨닫지 못한다. 이 모순에 대해 깊이 생각하라. 그리고 그 모순을 찾아보라. 자신의 삶 속에서 그것을 찾으려고 해보라. 수많은 모순을 발견할 것이다. 그대는 하나의 혼란, 하나의 난장판, 하나의 혼돈에 다름 아니다.

사람들이 나를 찾아와서는 침묵을 구한다. 나는 그들을 보고 많은 것을 느낀다. 왜냐하면 그것은 거의 불가능한 일이기 때문이다. 침묵은 모든 모순이 사라져야 비로소 존재할 수 있다. 그곳에는 보통 이상의 힘든 노력이, 매우 예리한 지성과 이해, 성숙이 필요하다. 그러한 것들을 전혀 갖추지 못했으면서 그대는 그냥 만트라만을 되풀이함으로써 침묵을 얻을 수 있다고 생각하는가? 만일 그렇게 쉬운 일이라면 누구나 다 침묵을 발견할 수 있을 것이다. 단지 '람, 람' 하고 되풀이하기만 하면 침묵을 얻을 수 있을 것이라고 생각하는가? 수백만 마리의 말에 올라타 있으면서도 만트라를 반복하기만 하면 침묵을 얻을 수 있을 것 같은가? 그 만트라는 또 한 마리의 말이 될 것이다. 그것이 전부이다. 그것으로부터 더 많은 혼란이 야기될 것이다. 만일 한 마리의 말이 더해지면 그대는 그것 때문에 더 혼란에 빠질 것이다.

이른바 종교인이라는 사람들을 보라. 그는 속세의 사람보다도 더 혼란에 빠져 있다. 그에게는 새로운 말이 한 마리 더해졌기 때문이다. 시장에서 살아가는 사람, 시장과 같은 세상에서 살아가는 사람은 그만큼 혼란에 빠져 있지는 않다. 그는 많은 말을 가지고 있을지는 모르지만 적어도 그 말들은 모두 이 세상에 속한 것들이기 때문이다. 적어도 한 가지는 같거나 비슷하다. 말들 모두가 이 세상에 속해 있는 것이다. 종교인 역시 많은 말을 가지고 있다. 하지만 그에게는 이 세상에 속하는 말들 외에 이 세상에 속하지 않는 새로운 말들이 추가되어 있다. 그는 더 큰 균열을 만들어 내었다. 저쪽 세상, 신, 신의 나라……. 그러나 그는 계속해서 이 세상에서 움직이고 있다. 그는 더 혼란한 상태에 빠지며, 그의 존재 안에서는 더 많은 갈등이 일어난다. 그는 갈라져 있으며, 한 몸이 아니다. 모든 단편적인 것들이 여기저기 흩어져 있다. 그의 일체성은 사라졌다. 이것이 바로 신경증 증세이다.

   그대가 교육받은 방식은 잘못되었다. 그러나 이제 와서 할 수 있는 일은 아무것도 없다. 왜냐하면 그대는 이미 성장했기 때문이고, 되돌아갈 수 없기 때문이다. 그러므로 그것을 이해하고, 이해를 통해 그것을 떨쳐 버리는 방법밖에는 없다. 내가 그렇게 말한다고 해서 그것을 떨쳐 버리려고 한다면, 그때 그대는 더 많은 말을 갖게 될 것이다. 만일 진정한 이해를 통해 떨쳐 버리려고 한다면 다른 새로운 말은 추가되지 않는다. 자신이 그 전체를 이해함으로써 그것이 떨어져 나가는 것이기 때문이다. 오히려 그 반대로 이전의 말들이 자유롭게 해방될 것이다. 그때 그 말들은 목적지를 향해 나아갈 수 있으며, 그대는 자기 자신의 목적지에 도달할 수 있다.

   그대는 곤란에 처해 있을 뿐 아니라 그대의 말들 역시 그대 때문에 무척 큰 어려움에 처해 있다. 그들 역시 아무 곳으로도 가지 못한다. 자기 자신과 자기의 말들에 대해, 양쪽 모두에 대해 가엾게 생각하라. 하지만 이 일은 이해를 통해 이루어져야 한다. 나의 가르침도 아니고 붓다의 가르침도 아니고, 그대 자신의 이해를 통해. 그들은 길을 가리켜 보일 수는 있다. 그러나 만일 그대가 이해 없이 뒤따른다면 결코 목적지에 이를 수 없을 것이다.

   이제 예수의 말을 이해하자.

     예수께서 말씀하셨다.
     "한 사람이 동시에 두 마리 말을 탈 수 없고

두 개의 활을 동시에 당길 수 없다.

한 하인이 두 주인을 섬길 수 없으며

만일 두 주인을 섬기면

한 주인은 공경하고

다른 주인에게는 등을 돌리게 될 것이다."

왜 불가능한가? 그리고 불가능이란 무엇인가? 불가능하다는 것은 '매우 어려운 것'을 말하는 것이 아니다. 그것이 아니다. 아무리 어려운 일일지라도, 그것은 불가능이 아닐 수도 있다. 그것을 성취할 수는 있다. 불가능하다는 말은 무엇을 해도 성취할 수 없는 것, 그것을 해낼 방법도 없고 가능성도 없음을 의미한다. 예수가 불가능하다고 말할 때는 진짜로 불가능함을 의미한다. 매우 어려움을 의미하는 것이 아니다. 그런데 그대는 그 불가능한 일을 하려하고 있다. 어떤 결과가 생기겠는가? 그것은 이루어질 수 없는 일이다. 하지만 그대는 그 일을 하다가 끝장이 날 것이다. 그것은 결코 가능한 일이 아니다. 그 불가능한 일을 하려고 노력해 온 그대에게 무슨 일이 생기겠는가? 그대는 실패로 끝날 것이다. 그것은 가능한 일이 아닌데, 그것을 함으로써 그대는 자신의 삶을 망가뜨리고 있다. 이것이 일어날 것이고, 지금까지도 일어나 왔다.

의심하는 사람들을 보라. 의심하고 신뢰하지 못하는 사람을 본 적이 있는가? 의심밖에 모르는 사람을 보면, 그런 사람은 살아갈 수 없으며 사는 것이 불가능하다는 것을 잘 알 것이다. 정신병원에 가보라. 그곳에서 온갖 것에 의심을 품은 사람들을 만날 수 있을 것이다. 그들은 한걸음도 나아갈 수 없다. 그들은 아주 간단한 행위에 대해서도 의심을 품기 때문이다.

너무 의심으로 가득 차 있어서 시장도 가지 못하는 한 남자를 나는 알고 있었다. 그 시장은 겨우 몇 걸음 앞에 있었다. 그는 외출할 때도 몇 번씩이나 자물쇠를 점검하러 되돌아오곤 했다. 우리가 어린아이였을 때 우리는 속임수를 써서 이 가련한 남자를 놀려대곤 했다. 그가 외출하러 나오면 우리는 그에게 묻곤 했다.

"자물쇠는 분명히 채웠나요?"

그는 속으로 화가 났지만 자물쇠를 살피러 되돌아가곤 했다. 그는 독신이었으며, 자신 외에는 아무도 없었다. 그는 대단히 두려워했다. 강에서 목욕을 하고 있을 때 누군가 그에게 묻곤 했다.

"자물쇠는 틀림없이 채웠나?"

그러면 그는 몹시 화를 내면서 아직 반밖에는 몸을 닦지 못했는데도 즉시 물에서 나와 집까지 뛰어 되돌아갔다. 이것은 완벽한 회의주의이다. 의심이 너무 지나치면 그대는 정신병원에 들어가게 된다. 모든 것을 의심하기 때문이다. 이것은 완전히 균열되어 버린 인간의 한 유형이다.

만일 이와 반대로 믿음 쪽을 선택한다면, 완전히 장님이 된다. 그러면 누구든 그대를 어느 곳으로든 데려갈 수 있다. 그때 그대는 자기 자신의 지성, 자기 자신의 깨어 있음을 갖고 있지 않다. 히틀러 주변에는 이런 유형의 인간이 많았다. 그들은 믿었으며, 그 믿음을 통해 자기를 잃어버렸다.

이 때문에 그대는 불가능한 일을 시도하는 것이다. 타협이 그것이다. 그대는 이쪽 극단으로는 갈 수 없다. 그곳에 있으면 신경증 질환에 걸린다. 저쪽 극단으로도 갈 수 없다. 그곳에는 맹목적인 것밖에 없다. 그렇다면 어떻게 할 것인가? 단순한 논리는 말한다. "둘을 반반씩 타협시키라. 절반의 믿음과 절반의 의심으로." 그러나 그렇게 되면 두 마리의 말에 올라타게 된다. 의심도 없고 믿음도 없이 사는 것은 불가능한가?

가능하다! 사실 그대가 성장하기 위해서는 그것이 유일한 방법이다. 의심도 없이 믿음도 없이 사는 것. 단지 깨어 있는 마음으로 자연스럽게 순간순간을 사는 것이다. 그리고 이것이야말로 진정한 신뢰의 길이다. 인간을 신뢰하는 것이 아니라, 삶을 신뢰하는 것이다. 그것이 이끄는 곳이면 어디든 의심도 없이 믿음도 없이 그저 순수하게 나아간다. 순진무구하게 움직이는 것이다.

의심하는 사람은 순수하게 움직일 수 없다. 움직이기 전에 생각한다. 때로는 너무 지나치게 생각하다가 기회를 놓쳐 버린다. 심각한 자들이 결코 많은 일을 할 수 없는 것은 이 때문이다. 그들은 행동할 수 없다. 그들은 단지 머리로 사는 인간일 뿐이다. 왜냐하면 행동하기 전에 결론을 내려야 하고, 결론에 도달하지 않으면 안 되기 때문이다. 그러나 그들은 결론에 도달할 수 없다. 그러니 어떻게 행동할 수 있겠는가? 그때는 차라리 기다리는 편이, 행동하지 않는 편이 낫다. 그러나 삶은 그대를 기다려 주지 않을 것이다.

아니면 그대는 믿고 신뢰하는, 맹목적으로 믿는 사람이 된다. 그렇게 되면 누구라도, 어떤 정치인, 어떤 미치광이, 교황, 목사일지라도 그대를 어느 곳으로든 데리고 갈 수 있다. 그 사람들 자신이 또한 맹목적인 인간들이다. 장님이 장님을 인도하면 당연히 그곳에는 재난이 닥칠 것이다. 어떻게 할 것인가? 보통의 논리는 말한다. "타협하라."

과학자 B. F. 스키너(행동주의 심리학에서 큰 업적을 이룬 미국의 심리학자)는 기억해 둘 만한 가치가 있는 실험을 한 가지 한 적이 있다. 흰쥐 한 마리가 실험의 대상이었다. 그는 이 흰쥐를 2, 3일 동안 굶겨 몹시 배가 고프게 했다. 쥐는 실제로 너무 심한 배고픔 상태에 있었으므로 먹을 만한 것이 있으면 어떤 것이든 덮칠 태세였다. 그런 상태에서 쥐는 받침대 위에 놓여졌다. 받침대 바로 밑에는 똑같은 색, 똑같은 크기로 만든 두 개의 상자가 놓여 있었다. 두 상자 속에는 먹을 것이 들어 있었다. 쥐는 오른쪽 상자든, 왼쪽 상자든 어떤 곳으로도 뛰어내릴 수 있었다.

생각할 틈도 없이 쥐는 즉시 뛰어내렸다. 하지만 오른쪽 상자로 뛰어내릴 때마다 쥐는 전기 쇼크를 받았다. 더구나 입구에는 함정문이 있었으며, 그 함정문으로 들어가면 엉뚱한 상자로 떨어져 먹이에 닿을 수가 없었다. 그러나 왼쪽 상자로 뛰어내리면 전기 쇼크도, 함정문도 없었다. 그래서 쥐는 손쉽게 먹이에 닿을 수 있었다. 2, 3일 안에 쥐는 속임수를 파악했다. 결국 쥐는 왼쪽 상자로만 뛰어내렸으며 오른쪽 상자는 피하게 되었다.

그 다음에 스키너는 상자의 위치를 바꿨다. 쥐는 여전히 왼쪽 상자로 뛰어들었으나 그곳에도 전기 쇼크가 있음을 알았다. 이제 쥐는 동요하기 시작했다. 무엇을 해야 좋을지, 무엇을 하지 말아야 좋을지, 쥐는 혼란에 빠졌다. 그래서 뛰어내리기 전에 몸을 떨면서 주저하고 의심하기 시작했다. 이것이 철학자의 방식이다. 그는 몸을 떨면서 무엇을 할까 의심하는 이 흰쥐와 같다. 왼쪽 상자일까, 오른쪽 상자일까? 어느 것을 선택해야 좋을까? 그리고 누가 아는가? 잘못했다간……. 하지만 그러다가 흰쥐는 다시 익숙해졌다.

그러자 스키너는 또다시 위치를 바꾸었다. 쥐는 너무나 혼란에 빠진 나머지 극심한 배고픔에도 불구하고 이 상자 저 상자를 내려다보면서 몸을 떨며 망설였다. 어떻게 결정할 것인가. 그러다가 쥐는 그대가 결정을 내릴 때와 똑같은 방식으로 결정을 내렸다. 두 상자의 중간으로 뛰어내린 것이다. 그러나 그곳에는 먹이가 없었다. 그것은 쓸모없는 짓이었다. 이렇게 실험이 시작되고 나서 몇 주일 후 그 흰쥐는 미쳐 버렸고, 노이로제에 걸려 버렸다.

이것이 바로 그대에게 일어나고 있는 일이다. 그대는 혼란에 빠져 있다. 무엇을 하고, 무엇을 하지 않을 것인가? 유일하게 머리에 떠오르는 것은, 이것을 선택하는 것도 어렵고 저것을 선택하는 것도 어렵다면 타협책을 쓰면 된다는 것이다. 중간으로 뛰어내리면 된다는 것이다. 물론 그곳에 전기 쇼크는 없다. 하지만 먹이 또한 없다.

만일 중간으로 뛰어내리면 그대는 삶을 잃어버리게 된다. 만일 흰쥐에게 두 상자를 모두 선택할 수 있는 가능성이 있다면 틀림없이 그렇게 했을 것이다. 이것이 논리가 택할 수 있는 두 가지 가능성이다. 두 마리의 말에 올라타라. 아니면 그 중간으로 뛰어 내리라. 지성이, 예리하게 깨어 있는 지성이 이 문제를 이해하는 데 필요하다. 그 밖에는 해결책이 없다. 나는 그대에게 어떤 해답을 줄 생각이 없다. 예수 역시 누구에게도 해답을 주지 않았다. 오직 문제를 이해하는 것이 해답인 것이다. 문제를 이해하면 문제는 사라져 버린다.

믿음도 없고 의심도 없이 살아가는 것은 불가능한 일인가? 또한 타협하지도 않고? 왜냐하면 타협은 독이 되기 때문이다. 타협하면 그 둘이 너무 반대되는 것이므로 그대의 삶 전체가 하나의 모순에 빠질 것이다. 그리고 그곳에 모순이 있다면 그대는 분리되고 분열될 것이다. 그 최종적인 결과는 정신분열증이다. 아니면, 하나를 선택하고 다른 하나를 부정한다면 그 다른 하나로부터 얻을 수 있는 이득이 사라진다. 의심은 그대를 이용당하는 것으로부터 보호한다. 믿음은 그대에게 확실성을 준다. 하나를 버리면 그것이 갖고 있던 이득 역시 버려진다. 둘 다 선택하면, 두 마리의 말에 올라타게 된다. 만일 타협한다면 자신의 존재 내부에 분열을 일으킨다. 그때 그대는 둘이며, 더욱 많아져서 하나의 군중이 된다. 그러면 어떻게 해야 하는가?

단지 문제를 이해하라. 그리고 양쪽 말에서 내리라. 어떤 타협도 해서는 안 된다. 그렇게 하면 완전히 다른 형태의 존재가, 완전히 다른 특성이 그대 의식에 일어난다. 그런데 왜 그렇게 하지 않는가? 그 이유는 그러한 특성은 깨어 있는 마음을 요구하기 때문이다. 그러한 특성에는 자각이 필요하기 때문이다. 그때는 누구도 의심할 필요가 없다. 단지 충분히 깨어 있는 상태에 있기만 하면 된다. 그 깨어 있음이 이용당하는 것으로부터 그대를 보호할 것이다.

전적으로 깨어 있는 사람은 결코 속일 수 없다. 그 사람을 보기만 해도 그대는 무기를 버리게 된다. 그가 만일 그대에게 이용당한다면, 그것은 그대의 교활함으로 그를 속였기 때문이 아니다. 그것은 그가 자비의 마음으로 그대를 허용했기 때문이다. 그대는 전적으로 깨어 있는 사람을 속이지는 못한다. 그것은 불가능하다. 그는 꿰뚫어보기 때문이다. 그의 눈으로 볼 때 그대는 속이 다 들여다보인다. 그에게는 그대의 속을 다 들여다볼 만큼 깨어 있는 의식이 있다. 그가 만일 그를 속일 수 있도록 허용한다면, 그것은 그의 자비의 마음 때문이다. 그대의 힘으로 그를 속이는 것은 불가능하다.

이러한 깨어 있는 의식은 어려운 것처럼 보인다. 그렇기 때문에 그대는 불가능한 쪽을 선택하는 것이다. 그러나 불가능은 불가능이다. 그대는 그것이 가능한 것처럼 생각할 뿐이다. 그것은 지금까지 가능했던 적이 없고 앞으로도 결코 가능하지 않을 것이다. 그대는 그쪽이 쉬운 것처럼 보이기 때문에 그 불가능을 선택한 것이다. 타협은 언제나 더 쉬워 보인다. 어려움에 부딪칠 때면 언제나 타협한다. 그러나 타협은 누구에게도 도움이 되지 않는다. 왜냐하면 타협이란 두 개의 모순되는 것이 내부에 존재한다는 것을 의미하기 때문이다. 그 두 개는 항상 긴장 관계에 있으며, 따라서 그대를 분리시킬 것이다. 분리되어 있는 사람은 결코 행복해질 수 없다.

이것이 예수가 한 말의 의미이다. 그러나 기독교인들은 그를 오해해 왔다. 기독교인들은 예수에게서 완전히 빗나가 버렸다. 언제나 머릿속으로 해석하기 때문이다. 그들은 어떻게 해석했는가? 그들은 예수가 이렇게 말한 것이라고 생각했다.

"한 마리의 말만을 선택하라! 이 세계든 저 세계든 하나만 선택하라! 두 마리의 말에 타서는 안 된다. 두 마리의 말에 올라타면 어려운 상황에 빠질 것이다. 그것은 전적으로 불가능한 일이다. 그러니 한 마리의 말만을 선택하라."

이것이 기독교도들이 결론짓고 해석해 온 방식이다.

어느 날 밤의 일이다. 물라 나스루딘의 아내는 몹시 배가 고파 밤참을 먹으려고 부엌으로 갔다. 그러나 아무것도 발견할 수 없었고, 있는 것이라곤 개가 먹는 비스킷뿐이었다. 할 수 없이 시험 삼아 그중의 하나를 집어먹었는데 의외로 먹을 만했다. 비교적 맛도 괜찮아서 그녀는 마저 다 먹어 버렸다. 그 개밥이 너무나 맛있어서 그녀는 아침에 나스루딘에게 그걸 많이 사다 달라고 부탁했다.

나스루딘이 상점에 와서 개밥을 대량으로 사자 점원이 물었다.

"웬일이세요? 댁의 개는 작잖아요? 이렇게 많이 사갈 필요는 없을 텐데요."

"이건 개가 먹을 게 아니라 내 아내가 먹을 거야."

점원이 놀라서 말했다.

"절대 안 돼요! 그 비스킷은 개한테만 먹일 수 있는 비스킷이라고요. 부인이 드시면 죽을지도 몰라요. 사람한테는 치명적인 독이 들었다니까요."

그리고 6개월 후 나스루딘의 아내는 정말로 죽었다. 며칠이 지나 나스루딘은 다시 상점에 들러 말했다.

"내 아내가 죽었어."

그러자 점원이 말했다.

"그러게 내가 뭐랬어요! 그 비스킷을 먹으면 죽을지도 모른다고 했잖아요."

나스루딘이 말했다.

"비스킷 때문에 죽은 게 아니야. 내 아내는 교통사고로 죽었어."

우리의 마음은 언제나 자신이 내린 결론에 집착한다. 결론을 잃으면 자신감도 사라지기 때문이다. 따라서 상황이 어떠하든 자신의 결론을 고집한다. 그것은 그대의 에고, 그대의 마음이 설 수 있는 토대를 제공하기 때문이다.

어느 날 물라 나스루딘은 자신에게는 너무 긴 지팡이를 짚고 다났다. 친구 하나가 그에게 말했다.

"나스루딘, 지팡이의 밑단을 조금만 잘라내면 좋지 않겠나."

나스루딘이 말했다.

"그렇게 해봐야 소용이 없지. 너무 긴 것은 밑단이 아니거든."

그대의 논리는 때로 그대를 죽일 수도 있다. 그대는 그것을 논리적이라고 생각하지만, 그것은 결코 논리적이 될 수 없다. 그것은 단지 속임수일 뿐이다. 자기 자신을 속이는 것이다. 그러나 그대들은 자기가 서 있는 토대를 잃고 싶어 하지 않는다. 그대는 자신감을 갖고 싶어 한다. 그러나 인간의 마음을 통해 나오는 자신감은 모두 가짜이다. 마음은 자신감을 줄 수 없기 때문이다. 그것은 허구의 것밖에 주지 못한다. 그것은 허구의 것만을 그대에게 안겨 줄 수 있을 뿐이다. 그것은 내부에 실체를 갖고 있지 않다. 마음은 단지 하나의 그림자에 불과하다. 마음은 단지 생각들이며 그림자이고, 그곳에 실체는 아무것도 없다. 그러나 논리를 꾸며 낼 수는 있다. 그때 그대는 만족해한다.

기독교도들은 핵심을 놓쳤다. 그들은 예수가 '선택하라'고 말한 것으로 생각한다. 아니다. 예수가 '선택하라'고 말했을 리가 없다. 그것이 아니다. 예수는 선택하지 않음을 말하고 있다. 왜냐하면 만일 선택한다면, 그 선택한 마음은 굳어지고 부서지지 않기 때문이다. 선택한 마음은 그 선택을 통해 더 강해진다. 아니다, 이것은 선택의 문제가 아니다. 그리고 선택을 통해서는 결코 전체적으로 될 수 없다. 왜냐하면 그때 무엇인가를 부정하지 않으면 안 되기 때문이다.

믿음을 선택한다면, 의심을 부정해야 한다. 그러면 이 의심은 어디로 가는가? 그것은 버릴 수 있는 외면적인 것이 아니다. 그것은 내면 깊은 곳에 있다. 그것이 어디로 갈 수 있겠는가. 단지 눈을 감는 것에 불과하다. 그뿐이다. 그대가 할 수 있는 일은 그것을 무의식 속에 억누르는 것뿐이다. 그러나 의심은 내부에 있다. 벌레처럼 의식을 갉아먹으면서 의심은 그곳에 줄곧 존재해 있다. 그리고 어느 날엔가 그것은 표면으로 나올 것이다. 그렇다면 무엇을 할 수 있는가? 어떻게 하면 그것을 떨쳐 버릴 수 있는가? 만일 의심한다면, 믿음은 어디로 가는가? 그것은 그대의 한 부분인데 그것이 어디로 갈 수 있겠는가? 이 때문에 타협이 이루어진다. 그대는 온갖 것이 뒤섞인 합금이 된다. 그것은 통합이 아니라 타협이다.

예수가 의미하는 바는 그 반대이다. 그는 '선택하지 말라'고 말하고 있는 것이다.

> 예수께서 말씀하셨다.
> "한 사람이 동시에 두 마리 말을 탈 수 없고
> 두 개의 활을 동시에 당길 수 없다.
> 한 하인이 두 주인을 섬길 수 없으며
> 만일 두 주인을 섬기면
> 한 주인은 공경하고
> 다른 주인에게는 등을 돌리게 될 것이다."

마지막 구절을 읽어 보라. "만일 두 주인을 섬기면, 한 주인은 공경하고 한 주인에게는 등을 돌리게 될 것이다." 만일 하나를 선택한다면, 그 하나를 공경하고 다른 하나에 대해서는 등을 돌리게 된다. 그러면 거부당한 부분은 반란을 일으키고 복수를 할 것이다.

그런 일이 언제나 일어나고 있다. 과학은 의심에 의존하고 있다. 전적으로 의심에 의존하고 있으며, 신뢰 같은 건 인정되지 않는다. 과학자들과 알고 지내거나 그들을 관찰해 본 적이 있는가? 연구실 밖에서는 그들은 대단히 신뢰심이 강한 사람들이다. 그들은 그 누구보다도 속이기 쉽다. 그들의 의심하는 부분은 연구실 속에서 기능하고, 신뢰의 부분은 밖에서 기능을 발휘하기 때문이다. 바깥 세계에 관한 한, 그들은 단순한 사람들이다. 하지만 연구실 속에서는 그들은 매우 영리하고 머리가 잘 돌아간다.

그대는 과학자는 쉽게 속일 수 있다. 그러나 종교인을 속이는 것은 쉽지 않다. 사원 안에서의 그들은 깊은 믿음으로 살아간다. 사원 밖에 나오면 그들은 매우 영리해진다. 종교인이라 불리는 사람들을 보라. 사원 밖에서는 그들을 결코 속일 수 없다. 그러나 사원 안에서는 언제나 속이거나 이용할 수 있는 가능성이 있다. 사원 안에서 그들은 매우 단순해진다. 그들은 사원 안에서는 믿음의 부분을 사용하고, 바깥 세계에서는 의심의 부분을 사용한다. 그들은 유능한 사업가들이다. 부를 축적하고, 전 세계를 이용하고 있다.

과학자는 결코 유능한 사업가가 될 수 없다. 탁월한 정치인도 될 수 없다. 그것은 불가능하다. 왜냐하면 의심의 부분은 연구실 안에서 끝나 버리기 때문이다. 바깥 세계에서는 믿음의 부분이 작용한다. 집에 있을 때의 과학자는 실험실에서 연구에 열중하는 과학자와는 전혀 다른 종류의 사람이다. 그대도 그들의 방심 상태에 대한 이야기를 여러 번 들은 적이 있을 것이다. 그것은 꾸며낸 이야기가 아니라 실제로 일어나는 일이다. 과학자는 그의 주의력을 연구실에서 사용한다. 그가 연구실 밖을 나오면 주의력은 흩어진다. 그는 그 부분을 사용해 버렸고, 그것은 이미 끝나 버린 것이다. 따라서 그의 삶은 이중적인 것이 된다. 연구실 안에서는 대단히 주의 깊은 인물이지만, 밖에서는 방심한 사람이 된다.

아인슈타인에 대한 이야기가 있다. 한번은 그가 친구 집을 방문했다. 그들은 저녁 식사를 마친 후, 이런저런 이야기를 나누고 있었다. 그러나 할 이야기가 많은 것은 아니었다. 아인슈타인은 세상일에 대해 능숙하게 이야기할 수 있는 인물이 아니었기 때문이다. 더구나 그는 말이 없는 사람이었다. 친구는 점점 지루해졌다. 밤이 깊어 11시가 되었을 무렵에 그는 이제 아인슈타인이 돌아가 주기를 바랐으나, 그 위대한 인간에게 그런 말을 하는 것은 분명 실례였다. 그래서 그는 참고 기다렸다. 그러면서 때때로 "이제 밤도 깊어졌군." 아니면 "11시 반쯤 된 것 같은데." 하고 암시적인 말을 던졌다. 그러나 아인슈타인은 다만 친구를 바라보면서 하품을 할 따름이었다. 그도 졸렸던 것이다. 12시가 다 되었을 무렵 친구가 말했다.

"자네도 졸린 것 같군. 하품을 하는 걸 보니……."

그것이 마지막 암시였다. 그러자 아인슈타인이 말했다.

"응, 정말 졸리는데. 자네 이제 집으로 돌아가 봐야 하지 않나? 그러면 나도 잘 수 있을 테니……."

그 친구는 놀라서 말했다.

"지금 무슨 말을 하는가? 자네는 지금 우리 집에 와 있는 거야."

그러자 아인슈타인은 벌떡 일어나면서 말했다.

"이거 참 미안하네. 난 이제껏 자네가 돌아가기만 하면 나도 자려고 생각하고 있었는데……."

이 사람은 연구실 안에서의 주의력에 관한 한, 그 안에서 일어나는 일에 관한 한 완벽했다. 그러나 주의력의 부분은 그곳에서 이미 다 사용되었다. 연구실 밖에서 그는 전혀 별개의 사람이 된다. 단순히 정반대가 된다.

그렇기 때문에 이른바 종교인이라는 사람들의 생활에서 모순이 발견된다고 해도 그것은 자연스러운 일이다. 그들이 사원 속에서 기도하고 있는 모습을 보라. 특히 그들의 얼굴을 한번 보라. 참으로 순진무구하게 보인다. 눈은 깊은 감정으로 충만되어 눈물이 흘러내린다. 그와 동일한 인물이 밖에 나와 있는 것을 상상할 수도 없다. 어떤 얼굴일지, 어떤 모습으로 자신의 가게에 앉아 있을지, 그의 가게에 들어갔을 때 그가 어떻게 행동할지 상상조차 할 수 없을 것이다. 그러나 감정적인 부분, 믿음의 부분은 절 안에서, 모스크 안에서, 교회 안에서 끝난다. 밖으로 나올 때면 그는 그 부분으로부터 해방된다. 그는 과학자와 마찬가지로 의심이 깊고 가능한 한 회의적인 인간이 되는 것이다.

이렇게 하여 우리들은 이중적인 삶을 살아간다. 이것은 일종의 타협이다. 예수는 '둘 중에서 하나를 선택하라'고 말하는 것이 아니다. 둘 중 하나를 택하면, 또 다른 한쪽은 상처를 입는다. 상처를 입은 부분은 복수를 꾀한다. 그것이 일을 어렵게 만든다. 그것은 살아가는 것을 거의 불가능하게 만든다. 그대가 한 부분에서 살려고 할수록 또 다른 한 부분은 그대의 계획이나 구상 전체를 혼란시킨다. 그것은 계속 반복해서 나타난다. 그러면 어떻게 해야 할까?

그 방법은, 해야 할 일은 선택하지 않는 것이다. 중요한 점은 그대 존재의 모순 전체를 이해하는 것이다. 선택이 아니라 무선택이 되는 것이다. 둘 중 하나를 버리는 것이 아니다. 왜냐하면 사물의 한 면만을 버릴 수는 없기 때문이다.

동전을 하나 가지고 있다고 하자. 그 동전에는 양면이 있다. 그 한 면만을 버리고 어느 한쪽 면만 갖고 있을 수는 없다. 그대는 어느 한 면을 좋아할지도 모르지만, 양쪽 면 모두 갖고 다녀야 한다. 한쪽만 가지고 다니고 싶어도 두 쪽 모두 가지고 다녀야 한다. 그래야 동전이 그대와 함께 존재할 수 있기 때문이다. 그대가 할 수 있는 유일한 방법은 자기가 싫어하는 쪽의 면을 숨기고 좋아하는 쪽을 표면에 내세우는 것이다. 그것밖에 할 수 없다. 그것이 의식과 무의식이 만들어지는 방법이다.

의식은 그대가 좋아하는 부분, 좋아하는 말이다. 무의식은 좋아하지 않는 쪽의 말, 싫어하는 부분이다. 의식은 그대가 선택한 부분을 의미한다. 무의식은 그대가 선택한 것과 대립되는 부분이다. 이것들은 두 개의 교회, 그대가 다니는 교회와 다니지 않는 교회이다. 반면에 붓다 같은 이의 내면에서는 의식적인 부분과 무의식적인 부분 양쪽 모두가 사라진다. 그는 좋아서 선택하지도 않고, 싫어서 버리지도 않는다. 동전 전체가 떨어져 나간다. 동전은 전체로밖에 버릴 수 없다. 동전의 반쪽을 버리는 일은 불가능한 일이다.

의심과 신뢰는 동전의 양면이다. 그것은 추위와 더위와 같다. 그것들은 대조적인 것으로 보이지만, 하나에 속한다. 그것들은 하나의 전체 속에 존재하는 양극이다. 마치 전기의 양극과 음극, 남성과 여성 같은 것이다. 그것들은 대립되어 있는 것처럼 보이지만 실제로는 한 현상의 양면에 불과하다. 그대는 전기의 음극을 버리지

두 마리의 말과 두 개의 활 | 401

않고는 양극을 버릴 수 없다. 하나만을 소유하고 다른 하나를 버릴 수는 없다. 그렇게 하면 존재는 분리된다. 버려진 부분, 억압된 부분, 부정된 부분은 무의식이 된다. 받아들여지고 환영되는 부분은 의식으로 떠오른다. 그렇게 되면 의식적인 부분과 무의식적인 부분 사이에 끊임없는 갈등이 생겨난다.

그대는 여전히 두 마리 말에 올라탄 상태에 있다. 전체를 버리는 유일한 방법, 그 비결은 버리지 않는 것이다. 버리는 것도 하나의 선택이기 때문이다. 이것은 가장 복잡하고 미묘한 문제이다. 그대는 버릴 수도 있다. 버리지 않는 것에 반대해 버리는 쪽을 선택할 수 있는 것이다. 그러나 그렇게 하면 말은 이미 두 마리가 된다. 아니다, 이것은 이해를 통해 이루어져야 한다. 버리는 것은 그 방법이 아니다. 이해만이 그 방법이다.

그대가 자신에게 해온, 자신에게 일어나도록 허용해 온 모든 미친 짓을 이해해야 한다. 지금까지 그대가 쌓아온 모순의 형태들을. 그것들 전체를 꿰뚫어보라! 찬성도 반대도 해서는 안 된다. 비난해서도 안 된다. 판단이나 평가도 하지 말라! 오직 그대 전체를 통찰해 보라. 숨기지 말라. 감정 상하지 말라. 판단하지 말라. 이것은 좋고 저것은 나쁘다고 평가하지 말라. 심판관이 되어서는 안 된다. 그냥 구경꾼이면 된다. 거리를 두고 지켜보는 자가 되라. 그대가 무엇이든, 있는 그대로의 그대 전체를 다만 보라. 그대가 어떤 혼란스런 상황에 있을지라도 있는 그대로 보기만 하라.

이해가 일어나는 순간 갑자기 그것은 떨어져 나간다. 그것은 마치 그대가 벽을 통해 들어오려고 하다가 갑자기 이것은 벽이고 문이 없다는 사실을 깨닫는 것과 마찬가지다. 지금 그 노력을 포기할 필요가 있는가? 그대는 단순히 움직일 뿐이다. 그 움직임은 단순하다. 그것은 찬성도 반대도 아니다. 오직 그것이 전혀 무익하고 불가능하다는 것을 이해할 뿐이다. 이것이 예수가 말하려는 의미이다. 그대는 단지 지켜보는 자일뿐이다. 그러면 그것이 불가능한 것임을 안다. 그리고 삶 속으로 움직여 나간다. 그곳에는 마음이 하는 선택은 전혀 없다. 그대 쪽에서는 어떤 노력도 하지 않는다.

이해가 있을 때는 언제나 노력 없음이 따른다. 어떤 것이 노력을 초월한 것일 때, 그것은 아름답다. 그것은 전체적이기 때문이다. 노력이 있을 때는 반드시 추함이 그곳에 함께 있다. 그것은 틀림없이 부분적이기 때문이다. 결코 전체적이지 못하다. 노력은 마음속 깊은 곳에서 무엇인가와 싸우고 있음을 의미한다. 왜 싸우는가? 그대가 싸우고 있는 그것이 여전히 그대에게 의미를 지니고 있기 때문이다. 친구와 마찬가지로 적에게도 의미는 있다. 반대의 의미일 뿐이지만, 적 역시 의미를 갖는다. 그리고 적이 죽을 때는 그대 내부의 무엇인가도 반드시 죽는다는 사실을 생각해 본 적이 있는가? 그대는 친구의 죽음을 괴로워할 뿐만이 아니다. 적의 죽음에도 역시 괴로워한다. 똑같은 상태를 지속할 수 없게 된 것이다.

인도에서 일어난 일이다. 모하메드 알리 지나(간디, 네루와 함께 인도 독립운동을 주도한 변호사 출신의 정치인. 콰이드 이 아잠, 곧 '위대한 지도자'로 불리는 파키스탄 건국의 아버지)와 마하트마 간디는 오랫동안 싸워 왔지만, 간디가 죽었을 때 지나는 이렇게 말했다고 전해진다.

"나는 몹시 슬프다. 내 안의 무언가가 죽었다."

이제 지나는 누구와 대립해 싸울 것인가? 누구에게 반대해 투쟁자가 될 것인가? 누구에 대해 도전을 받아들이겠는가? 에고는 적이 그 내부에 없으면 떨어져 나간다. 그대는 그대의 친구와 적으로 이루어져 있다. 그대는 모순 그 자체이다.

적도 없고 친구도 없는 사람, 그 사람만이 전체성을 획득한다. 선택하지 않는 사람, 이쪽과 저쪽에 기울지 않고 순간에서 순간으로 선택 없이 깨어 있는 상태로 그냥 움직여 나가는 사람, 그리고 삶이 무엇을 가져오더라도 그대로 받아들이는 사람만이 전체성을 획득한다. 그는 흘러간다. 그는 헤엄치는 게 아니다. 그는 싸움꾼이 아니다. 그는 내려놓음 속에 있다. 만일 이것을 이해할 수 있다면 예수가 말하는 의미를 이해할 수 있을 것이다.

"한 사람이 동시에 두 마리 말을 탈 수 없고
두 개의 활을 동시에 당길 수 없다.
한 하인이 두 주인을 섬길 수 없으며
만일 두 주인을 섬기면
한 주인은 공경하고
다른 주인에게는 등을 돌리게 될 것이다."

보통은 "주인을 한 사람만 택해야 하며, 두 주인을 택해서는 안 된다."라고 말해야 할 것이다. 그러나 선택을 통해서는 결코 전체성을 획득하지 못한다. 따라서 두 사람의 주인 중 한 주인을 선택하는 문제가 아니다. 그렇게 되면 그대는 여전히 노예 상태이고, 자유로워질 수 없다. 무선택만이 자유를 줄 수 있다. 그때 그대는 선택하지 않고, 단순히 그 모든 노력을 버린다. 그대가 이해했을 때 그것은 즉시 떨어져 나간다. 그때 그대 스스로가 주인이다.

인도에서는 산야신을 '스와미'라고 불러 왔다. 스와미는 자기 자신의 주인이라는 뜻이다. 선택을 떨쳐 버린 사람이라는 뜻이다. 그것은 이제 다른 사람을 주인으로 섬기지 않는다는 의미이다. 이것은 자기중심적이라는 의미가 아니다. 이것은 만일 대립되는 두 가지로부터 선택한다면 자신이 희생된다는 깊은 이해를 담고 있다. 자신은 그 대립 속에서 분열되어 버린다는 깊은 이해를 포함하고 있다. 구도자는 이 세계에 반대하고 또 다른 세계를 긍정하는 자가 그곳에 없다는 뜻이다. 구도자란 이것을 위해서도, 저것에 반대해서도 안 된다는 의미이다. 그는 친구도 없고 적도 없이 다만 움직여 간다.

아름다운 선의 일화가 있다. 어느 날 아침, 한 사람의 구도자가 언덕 위에 홀로 서 있었다. 그 언덕과 마찬가지로 그는 전혀 움직이지 않고 있었는데, 그곳을 아침 산책에 나선 세 사람이 지나갔다. 한 사람이 말했다.

"나는 저 승려를 알아. 가끔씩 그의 소가 길을 잃어버려서, 그는 저기에 서서 언덕 밑을 내려다보며 소를 찾고 있는 거야."

두 번째 사람이 말했다.

"서 있기는 하지만 무언가를 찾는 기색은 전혀 없어. 전혀 움직이지도 않잖아. 시선도 한곳에 고정되어 있고. 저건 뭔가를 찾는 사람의 태도가 아니야. 내가 보기엔 저 사람은 친구들과 산책 나왔다가 뒤에 처진 친구들이 따라오기를 기다리는 거야."

세 번째 사람이 말했다.

"아냐, 그런 것 같지 않아. 누군가를 기다린다면 때때로 뒤를 돌아보면서 친구들이 오는지 살펴볼 텐데 전혀 움직이지 않고 고개도 돌리지 않거든. 저 승려는 누구를 기다리는 게 아니야. 내 생각에 그는 기도하고 있든가 명상 중이야."

그가 무엇을 하고 있는지에 대해 의견이 여러 가지로 갈라져 서로가 맞다고 주장했기 때문에, 그들은 그에게 가서 직접 물어보는 것이 좋겠다고 의견 일치를 보았다. 승려는 높은 언덕 위에 있었지만 그들은 올라갔다. 그 승려가 가까이에 이르자 첫 번째 남자가 물었다.

"당신은 잃어버린 소를 찾고 있지요?"

그러자 그 승려는 눈을 뜨고 대답했다.

"나는 아무것도 소유하고 있지 않소. 따라서 잃을 것이 아무것도 없소. 나는 소를 찾는 것도, 다른 무엇을 찾는 것도 아니오."

이렇게 말하고 그는 다시 눈을 감았다.

두 번째 남자가 물었다.

"그렇다면 내가 맞췄군. 당신은 뒤에 오고 있는 친구들을 기다리는 거죠?"

그 승려는 다시 눈을 뜨고 대답했다.

"나에게는 적도 없지만 친구도 없소. 그런데 어떻게 친구를 기다릴 수 있겠소? 나는 혼자요. 누구도 뒤에 남기지 않았소. 아무도 없기 때문이오. 나는 혼자요. 전적으로 혼자요."

그러자 세 번째 남자가 말했다.

"역시 내 말이 옳았어, 다른 가능성은 없으니까. 당신은 기도하거나 명상을 하고 있었지요?"

그러자 그 승려는 웃으면서 말했다.

"당신이 가장 어리석군. 나는 기도할 수 있는 상대를 알지 못하며, 이루고자 하는 목적도 없소. 그러니 어떻게 명상을 할 수 있겠소?"

이 말을 듣고 그들 세 사람은 입을 모아 물었다.

"그러면 대체 당신은 무엇을 하고 있는 거요?"

그 승려가 대답했다.

"나는 그냥 서 있소. 나는 아무것도 하고 있지 않소."

그렇다, 이것이야말로 명상이다. 이것이 바로 구도자의 의미이다. 단순히 존재하는 것이다. 그때 그대는 자유를 얻는다. 친구와 적으로부터의 자유, 소유와 비소유로부터의 자유, 이 세계와 저 세계로부터의 자유, 물질과 정신으로부터의 자유, 모든 선택과 분리로부터의 자유이다. 그때 그 불가능한 것은 사라지고 그대는 자연적으로 된다. 그대는 도 자체가 된다. 그때 그대는 흘러 다닌다.

불가능한 것을 구하는 노력이 없어지면 걱정이 사라진다. 그러면 그대는 더 이상 고뇌 속에서 살지 않는다. 고뇌 속에서 살지 않게 되면 존재의 환희가 솟아오른다. 존재의 환희는 달성해야 할 그 무엇이 아니다. 그 능력을 키우기만 하면 된다. 고뇌 속에서 살지 않을 때 환희는 얻어진다. 그 능력을 획득한 것이다. 그대가 문을 열었기 때문에 빛이 들어와 그대를 채운다. 지금의 그대는 걱정으로 동요하며, 분리되어 있고, 두 마리의 말에 올라타 있다. 두 개의 활을 한 번에 쏘려 하고 있다. 그대는 정신분열증에 걸려 있다. 병들어 있고, 주저하고 있다. 아니면 기껏해야 타협을 할 수 있을 뿐이고 정상적으로 신경 질환에 걸려 버린다.

정상적인 사람은 어쨌든 자기 일을 수행한다. 신경 질환은 별로 방해가 되지 않는다. 그냥 그뿐이다. 적응한 인간, 그것이 전부이다. 그러나 그것에는 아무 가치도 없다. 설령 그대가 적응한 인간, 좋은 시민, 평범한 인간일지라도 존재의 환희는 일어나지 않는다. 그대는 슬픈 상태에 있다. 그리고 이 세상에서 성취하는 것이 무엇이든 그것은 더 많은 슬픔을 가져올 뿐이다. 성공한 사람들을 보라! 그대의 앞을 달려가고 있는 사람들, 앞서서 꼭대기에 도착한 사람들을. 그들이 별로 성공하지 못한 사람들보다 더 비참하다는 것을 알 수 있을 것이다. 그들에게는 희망이 사라졌기 때문이다.

어느 날 아침, 물라 나스루딘이 몹시 슬퍼하면서 시장을 향해 걸어가고 있었다. 한 친구가 물었다.

"자네 무슨 일이 있었나?"

나스루딘이 말했다.

"묻지 말게. 너무 슬프고 우울해서 눈물조차 말라 버렸어."

그러나 친구가 거듭해서 물었다.

"대체 무슨 일이야? 자네가 이렇게 슬퍼하는 것은 이제까지 본 적이 없어. 지금까지도 경제적인 문제를 비롯해 어려운 일을 여러 번 겪지 않았나? 그렇지만 이렇게 슬퍼하고 우울해하는 자네를 보는 건 처음이야. 웬일인가? 대체 무슨 일인가?"

물라 나스루딘이 말했다.

"보름 전에 삼촌 한 분이 돌아가셨어. 내게 십만 루피의 유산을 남기고 말야."

친구가 말했다.

"나스루딘, 머리가 어떻게 된 건가? 삼촌이 십만 루피나 되는 유산을 남겨 주었다면 기뻐해야지 슬퍼할 이유가 뭐야?"

"맞아, 그 말이 옳아. 그런데 지난주 또 한 분의 삼촌이 돌아가

신 거야. 이십만 루피의 유산을 남기고 말야."

그 남자가 말했다.

"자네, 정말로 머리가 이상해졌군. 그렇다면 춤을 추면서 기뻐해도 모자랄 판에 왜 이러고 있지? 불행할 이유가 없잖아? 자넨 정말 운 좋은 친구야."

그러자 나스루딘이 말했다.

"그것은 나도 알아. 하지만 이제 내게는 삼촌이 한 분도 안 계셔. 난 그것이 슬픈 거야."

이것이 사람이 성공할 때 일어나는 일이다. 이제 삼촌이 한 사람도 남지 않았다면, 모든 희망은 사라진 것이다. 실패한 사람은 여전히 희망을 가질 수 있다. 삼촌이 아직 남아 있다. 가능성은 아직 존재한다. 성공하면 성공할수록 걱정은 커진다. 성공이 신경증을 표면화시키기 때문이다. 성공은 정신분열증을 표면에 드러나게 한다. 미국에 다른 어떤 나라보다도 더 많은 정신분열증 환자들, 더 많은 정신질환자들이 존재하는 것은 그 때문이다. 미국은 여러 가지 면에서 성공했기 때문이다.

가난한 나라에는 정신질환자들이 그다지 많지 않다. 사람들은 아직 희망을 가질 수 있다. 아직 희망을 가질 수 있을 때는 그 어떤 병도 표면화되지 않는다. 그때 그대는 계속해서 달리고 또 달릴 뿐이다. 목표가 이루어졌을 때는 조용히 서서 자기 자신을, 자기 존재 속에서 그대가 만들어 온 그 혼란스런 것들을, 혼돈 상태를 꿰뚫어보지 않으면 안 된다. 그렇지 않으면 그대는 갑자기 머리가 이상해질 것이다. 그대는 전에도 언제나 머리가 이상했을 테지만, 그 증세가 밖으로 드러나는 것은 성공했을 때이다. 왜냐하면 꿈꿀 대상이 사라졌을 때는 자기 자신과 마주보아야 하기 때문이다. 지금 그대의 상태로는 존재의 환희는 불가능하다. 행복은 불가능하다. 가능한 것은 그것에 대한 희망을 갖는 것뿐이다. 그리고 자신에게 밀려오는 고통과 아픔을 참는 일뿐이다.

그러나 존재의 환희는 실제로 가능하다. 예수와 같은 이, 붓다와 같은 이에게 그 일이 일어났다. 그것은 그대에게도 일어날 수 있다. 그러나 그러기 위해서는 불가능한 것을 모두 버려야 한다. 자연스러운 것, 가능한 것, 쉬운 것을 생각하라. 불가능한 것, 어려운 것, 도전적인 것을 생각해서는 안 된다. 에고는 늘 불가능한 일을 좋아한다. 그러나 그러면 실패한다. 실패하지 않는 것이 오히려 이상한 일이다. 그래도 에고는 불가능에 도전하기를 좋아한다. 그때는 자신이 대단한 인물인 것 같은 느낌을 갖게 되기 때문이다. 불가능한 목표를 향해 그대는 위대한 투사가 된다.

종교는 단순하고, 쉽고, 자연스런 것이다. 그것은 말에 올라타는 것과는 전혀 다르다. 그것은 특별히 어느 곳을 목표로 하지 않은 아침 산책과 같다. 그냥 걷는 것 그 자체가 목적이다. 특별히 하는 일 없이 단지 아침의 산들바람을 즐기는 것, 태양과 새들의 지저귐을 즐기는 것이다. 단지 그대 자신을 즐기는 것이다.

11
눈먼 사람이 눈먼 사람을 인도하면

ⲡⲉϫⲉ ⲓ̅ⲥ̅ ⲡⲉⲧⲕⲛⲁⲥⲱⲧⲙ̅ ⲉⲣⲟϥ ϩⲙ̅
ⲡⲕⲉⲙⲁⲁϫⲉ ⲧⲁϣⲉ ⲟⲉⲓϣ ⲙ̅ⲛⲟϥ
ϩⲓϫⲛ̅ ⲛⲉⲧⲛ̅ϫⲉⲛⲉⲡⲱⲣ ⲙⲁⲣⲉⲗⲁⲁⲩ

예수는 지식의 인간이 아니라 존재의 인간이다.
예수는 이 세계를 다리라고 불렀다.
사람들이 이 세계를 순간적인 것 위에 세웠기 때문이다.
시간 위에, 시간의 강 위에, 모두가 움직이고 있는 것 위에.
이 다리로부터 나아가라. 이곳은 집을 지을 장소가 아니다.
인간의 모든 문제는 순간적인 것과 영원한 것의 선택에 달려 있다.
오직 영원한 것만이 그대를 만족시킬 수 있다.

열한 번째 말씀

예수께서 말씀하셨다.
"높은 산 위에 세워진 잘 요새화된 도시는
무너질 수도 없고 숨길 수도 없다."

예수께서 말씀하셨다.
"너희는 너희의 두 귀로 들은 것들을
지붕 꼭대기에서 다른 사람의 귀에 전파하라.
왜냐하면 아무도 등잔을 켜서 바구니 아래 두지 않으며
감추어진 곳에 그것을 두지도 않기 때문이다.
오히려 들어가고 나오는 모든 이가 그 빛을 보도록
그것을 등잔 받침대 위에 둘 것이다."

예수께서 말씀하셨다.
"만일 눈먼 사람이 눈먼 사람을 인도한다면
두 사람 모두 구덩이에 빠질 것이다."

인간의 모든 문제는 순간적인 것과 영원한 것 사이의 선택으로 이루어져 있다. 만일 순간적인 것을 선택한다면, 그것은 모래 위에 집을 짓는 것과 같다. 그 집은 무너질 수밖에 없다. 만일 영원한 것을 선택한다면, 그때 영원히 지속될 무엇인가를 성취하는 것이다.

그 이외의 어떤 것도 그대를 만족시키지 못한다. 오직 영원한 것만이 그대를 만족시킬 수 있다. 순간적인 것은 그대를 만족시킬 수 없다. 오히려 반대로 배고픔과 목마름을 더해 줄 뿐이다. 그것은 마치 불을 끄기 위해 불 속에다 기름을 던지는 것과도 같다. 기름은 불길을 더 일으켜 더욱 타오르게 할 것이다. 순간적인 것은 마음속의 욕망이라는 불에 던져지는 기름과 같다. 그것은 불을 북돋우며, 불의 연료가 된다. 영원한 것만이 목마름을 풀어 줄 수 있다. 그 밖의 다른 길은 없다.

"그대가 만일 영원한 것을 선택하면, 산꼭대기에, 영원한 반석 위에 집을 짓는 것과 같다. 그러면 그대의 노력은 보상을 받게 될 것이다."

이때의, 영원한 것을 선택한다는 말은 무엇을 의미하는가? 왜냐하면 영원한 것은 선택할 수 있는 것이 아니다. 선택한다면, 그대가 선택하는 것은 모두 순간적인 것일 뿐이다. 선택 그 자체가 순간적인 것이기 때문이다. 그렇다면 영원한 것을 선택하라고 말할 때의 의미는 무엇인가? 그 의미는 이것이다. 그대가 만일 순간적인 것의 무의미함을 이해할 수 있다면, 다음 순간에 다시 갈증을 느낄 것이고 이 물이 갈증을 없애 주지는 못하리라는 것을 이해할 수 있다면, 만일 그대가 그것을 이해할 수 있다면, 그때 순간적인 것은 떨어져 나간다. 그것은 쓸모없는 것이 되고, 그대는 단순히 그것의 쓸모없음을 이해하게 된 것이다. 그것은 단순히 떨어져 나가고, 자연히 영원한 것이 선택된다. 결코 그대가 그것을 선택하는 것이 아니다.

순간적인 것이 떨어져 나갈 때 영원한 것이 삶에 들어온다. 하지만 순간적인 것이 전적으로 쓸모없어져야 하고 무의미해져야 한다. 순간적인 것에 대한 그대의 실패가 완전한 실패가 되어야 한다. "이 세상에서 실패하는 자는 복이 있다." 이것이 예수의 산상수훈에 추가되어야 한다.

이 세상에서 실패자가 되라! 그대는 그 반대를 위해 노력하고 있다. 그대는 세상에서 성공하려 하고 있다. 만일 성공한다면 그야말로 진짜 실패다. 그렇게 되면 순간적인 것에 머물게 되기 때문이다. 그러나 그 누구도 결코 성공할 수 없다. 그것은 차라리 우리에게는 행운이다. 가능한 일이란 기껏해야 실패를 미루는 정도일 뿐이다. 그것을 다음에 태어날 세상까지 미룰지도 모르고, 몇 생애에 걸쳐 미룰 수도 있다. 그러나 이 세상에서 성공하는 자는 하나도 없다. 순간적인 것으로 어떻게 성공할 수 있겠는가? 어떻게 그 위에 집을 지을 수 있겠는가? 순간순간 통과해 가는 것, 순간순간 존재에서 떠나가는 것, 그 위에 무슨 수로 집을, 거처를 지을 수 있겠는가? 집을 지을 준비가 갖추어질 무렵이면 그 순간은 지나가 버린다. 매순간 채워지지 않는 느낌을 갖는 이유가 여기에 있다. 하지만 그대는 다시 똑같은 일을 반복하기 시작한다.

그대는 깨어 있지 않은 듯하다. 자신이 하고 있는 일에 깨어 있지 않은 듯 보인다. 삶으로부터 아무것도 배우지 못하고 있는 듯하다. 그대는 여전히 삶에 대해 무지하다. 아무 경험도 얻지 못하고 있다. 그대는 지식이 많을지 모르고, 집을 짓는 방법을 알고 있을지 모른다. 그대는 기술자나 건축가일지 모른다. 그러나 순간적인 것 위에 집을 지을 수 없다는 사실을 경험을 통해 배우지는 못했다. 이것이 예수가 첫 번째로 말하고 있는 것이다.

예수께서 말씀하셨다.
"높은 산 위에 세워진 잘 요새화된 도시는
무너질 수도 없고 숨길 수도 없다."

많은 의미가 이 속에 있다. 먼저 이것이다. '높은 산 위에 세워진 도시.' 그대는 언제나 어떤 것을 골짜기에 만든다. 이것은 하나의 상징이다. '골짜기'는 어두운 밤을 의미하고, '높은 산'은 더 깨어 있고, 더 자각하고 있음을 의미한다. 깨어 있을수록 더 높이 오른다. 완전히 깨어 있을 때 그대는 에베레스트 위에 있다. 그렇기 때문에 힌두교에서는 시바 신이 가우리샹카르(네팔 히말라야 북동부,

에베레스트 서쪽에 있는 7,144미터의 산)에, 가장 높은 히말라야 꼭대기에 산다고 말한다. 시바는 지고의 의식이다. 시바는 사람이 아니다. 시바는 완전한 의식을 의미한다. 완전한 의식은 가우리상카르에 산다.

무의식일 때 그대는 어두운 골짜기 밑바닥으로 굴러 떨어진다. 그대의 밤은 골짜기이다. 그대의 잠은 깊은 골짜기이다. 깨어 있을 때 그대는 높은 곳을 향해 움직여 가기 시작한다. 완전한 무의식 상태일 때 그대는 존재의 가장 낮은 지점에 있다. 사다리의 맨 밑단에는 바위들이 있다. 그 이유는 바위는 완전히 무의식적이기 때문이다. 그것은 죽은 것이 아니라 살아 있고 자란다. 어린 바위는 나이를 먹고 결국에는 죽는다. 바위는 그대가 통과하는 모든 주기를 통과한다. 하지만 의식이 없다. 그것은 사다리의 맨 아랫단이다. 그대는 때로 바위와 같다. 깊이 잠들어 있을 때의 그대와 바위 사이에 무슨 차이가 있는가? 한 줄기 의식도 없을 때 그대와 흙 사이에 무슨 차이가 있는가? 그대는 퇴보해 있는 것이다.

잠 속에서 그대는 골짜기를 향해서 간다. '죄인'은 끊임없이 잠 속에서 살아가는 사람을 의미한다. '성자'는 잠 속에서도 잠들지 않는 사람이다.

바가바드기타에서 크리슈나는 제자 아르주나에게 말하고 있다.

"모두가 다 잠들어 있을 때도 요기(요가 수행자)는 깨어 있다. 모두가 다 졸고 있을 때도 요기의 마음은 방심하지 않는다."

요기의 전 존재는 결코 잠들지 않는다. 지켜보는 자가 항상 그곳에 머물러 있다. 그는 그 자신의 잠을 지켜본다. 잠 속에서 그대는 밑으로 굴러 떨어진다. 깨어 있을 때 그대는 높이 올라간다. 내부에서 아무것도 잠들어 있지 않을 때, 의식 전체가 하나의 빛이 될 때, 어느 한 부분도 무의식이 아닐 때, 존재 전체가 빛으로 채워질 때, 이것이 바로 붓다와 그리스도의 의미이다. 그곳에 무의식은 존재하지 않는. 이것이야말로 궁극의 정상이다. 이것이 바로 '높은 산 위에 세워진 도시'가 상징하는 의미이다.

그대는 자신의 도시를, 자신의 집을 골짜기에 세우고 있다. 그리고 보통의 잠만으로는 충분하지 않으므로 아예 깊이 잠들기 위해 약을 구한다. 좀 더 깊이 잠들기 위해, 더 깊은 무의식 상태가 되기 위해 최면까지 찾는다. 왜냐하면 의식은 고통이며 고뇌이기 때문이다. 왜 그것은 고통인가? 붓다나 예수는 의식이 그대가 얻을 수 있는 최고의 기쁨이라고 말하고 있다. 그런데 그대에게 있어서 의식은 왜 고통이 되는가? 왜 모든 것을 잊고 싶어 하는가? 왜 의식이 깨어 있는 것이 고통스러운가?

그대의 1퍼센트만 의식으로 떠오르고 나머지 99퍼센트가 무의식 상태로 남아 있다면 그것은 고통이 된다. 그때 그 1퍼센트는 온통 혼란스러운 모습을 보고 고통 받는다. 남은 99퍼센트가 정신병적인 상태에 있는 것을 보고 그 1퍼센트의 의식은 고통 받는다. 그 1퍼센트의 의식은 자기 최면에 빠지기 위해 알코올이나 마약, 마리화나 등을, 섹스나 음악이나 만트라를 찾는다. 그것들에 의해 그 1퍼센트 역시 후퇴해 전체에 합류한다. 그렇게 되면 문제는 사라진다.

이것이 '타조의 논리'라고 불리는 것이다. 타조는 적이 가까이 오면 모래 속에 머리를 처박는다. 그동안에 타조는 볼 수 없다. 타조의 논리는 이렇다. '내게는 적이 보이지 않으므로 적은 없는 것이다.' 타조는 완벽한 무신론자처럼 보인다. 왜냐하면 그것이 무신론자들이 늘 말해 온 것과 같기 때문이다. 그들은 말한다. "만일 우리에게 신이 보이지 않는다면 어떻게 신이 존재할 수 있는가? 존재하는 것은 우리에게 그것이 보일 때뿐이다." 마치 그들이 보는 것에 따라 존재가 결정되는 것처럼. 만일 보지 못하면 그것은 사라지는 것이다.

타조는 자기 머리를 처박고 눈을 감는다. 그러면 그는 두렵지 않다. 그곳에 적은 더 이상 존재하지 않게 된다. 그러나 적은 그대의 논리 같은 것은 믿지 않는다. 오히려 반대로 눈을 감음으로써 상대방의 손안에 들어가고 만다. 적의 수중에서 놀이를 하고 있는 것이다. 그대 쪽이 희생자의 역할이다. 그대는 달아날 수도 있었다. 그러나 이제는 달아나려고 하지 않는다. 그곳에 적이 없다고 생각하기 때문이다. 적이 없다고 생각하면, 순간적으로 행복감을 느낄지도 모른다. 그러나 그것은 적이 없기 때문이 아니고, 단지 그대가 없다고 생각하는 데 불과하기 때문이다. 마약을 통해서 무의식 상태가 되면 순간적이나마 행복감을 맛보는 이유가 그것이다. 그곳에 문제는 존재하지 않게 되고, 적은 모두 사라지며, 정신적인 고통은 하나도 없다. 왜냐하면 정신적인 고통을 느끼기 위해서는 깨어 있음과 자각이 필요하기 때문이다.

존재의 백 퍼센트가 의식적으로 될 때, 그곳에 존재의 환희가 있다. 갈등이 소멸해 버렸기 때문이다. 붓다는 옳다. 그리고 그대 역시 옳다. 그대의 경험은 그대가 민감하게 깨어 있을수록 자기 주위에서 문제를 더 많이 느끼게 된다는 것을 말해 주기 때문이다. 그렇기 때문에 차라리 기나긴 졸음 속에, 일생 동안 계속되는 잠 속에 머물러 있는 편이 더 낫다. 우리가 자신의 도시를 산 위가 아니라 골짜기에 세우는 것은 그 때문이다.

그리고 또 다른 이유가 있다.

"높은 산 위에 세워져 잘 요새화된 도시는
무너질 수도 없고 숨길 수도 없다."

우리는 우리의 도시를 이같이 덧없는 존재 위에, 순간적인 것 위에, 일시적인 것 위에 세우기 때문에 집이 다 지어질 무렵에는 무너지고 만다. 다 지어질 무렵에는 그것이 이미 폐허로 변해 버린다. 왜 그런가? 우리에게는 순간적인 것밖에 보이지 않기 때문이다. 우리에게는 전체를 바라보는 시각이 없기 때문이다. 우리는 자신에게 가장 가까운 것밖에, 바로 곁에 있는 것밖에는 볼 수 없다. 오직 순간만이 가까이 있다. 그대는 한 순간을 본다. 그러나 그것은 통과해 간다. 그러면 다음 순간이 오고 또 통과해 간다. 그대는 이들 통과해 가는 순간들을 보느라 전체적인 시각을 가질 수 없다.

전체적인 시각을 갖기 위해서는 완전히 깨어 있는 의식이 필요하다. 전체적인 시각을 가지면 삶 전체를 볼 수 있다. 삶 전체만이 아니다. 세계 전체를 볼 수 있다. 이것이 바로 자이나교도들이, 마하비라가 깨달음에 이르렀을 때 그는 과거, 현재, 미래 전체를 볼 수 있었다고 말하는 이유이다. 그것은 무슨 의미인가? 그 의미는 존재의 전체성이 분명해진다는 것이다. 전체성이 분명해질 때 비로소 요새와 같은 도시를 세울 수 있다. 그렇지 않으면 어떻게 세울 수 있겠는가?

눈먼 사람이 눈먼 사람을 인도하면 | 419

그대는 다음 순간에 무슨 일이 일어날지 모른다. 그대가 하고 있는 일이 무엇이든 다음 순간이 그것을 원상태로 돌려놓을지도 모른다. 그리고 그대가 하는 일은 무엇이든 순간적인 것에 의존하고 있다. 그것은 전체에 의존하고 있지 않다. 전체는 그것을 거부할지도 모른다. 전체 속에서 볼 때 그것은 무의미한 것일지도 모른다.

이런 일이 있었다. 어느 중국인 스승에게 미국인 제자가 한 명 있었다. 이 제자가 자기 나라로 돌아갈 때, 스승은 그에게 작은 나무로 만든 상자를 선물로 주며 말했다.

"그대가 지켜야 할 한 가지 조건이 있다. 이것을 다른 사람에게 맡기더라도 그 조건을 어겨서는 안 된다. 나도 이 약속을 지켜 왔으니 내게 약속하라. 이 약속은 지금 만들어진 새로운 것이 아니라, 오랜 옛날부터 몇 대에 걸쳐서 지켜 내려온 조건이다."

"반드시 지키겠습니다."

제자는 대답했다. 그 상자는 참으로 아름다운 매우 귀중한 골동품이었다. 그래서 그는 재차 다짐했다.

"어떤 조건이라도 반드시 지키겠습니다."

스승은 다시 말했다.

"그 조건은 간단한 것이다. 그대는 이 상자를 집 안에서 언제나 동쪽을 향해 두어야 한다. 지금까지 반드시 지켜 내려온 전통이니 이 약속을 꼭 지키도록 하라."

제자가 말했다.

"간단한 조건이군요. 꼭 그렇게 하겠습니다."

그러나 그 상자를 가지고 가서 동쪽을 향해 둘 때에야 비로소 그는 그것이 매우 어려운 일이라는 사실을 깨달았다. 상자 때문에 객실의 배치가 이상하게 되었기 때문이었다. 동쪽을 향해 있는 그 상자는 어쩐지 객실에 어울리지 않아 보였다. 그 때문에 그는 객실 전체의 배치를 상자에 맞도록 바꿔야 했다. 그런데 그렇게 하자 이번에는 집 전체가 어울리지 않게 되었다. 그래서 그는 집 자체를 바꾸어 보았다. 그러자 다음에는 정원이 어울리지 않았다. 그렇게 되자 그는 너무 지쳐서 스승에게 편지를 썼다.

"스승님, 이 상자는 위험합니다. 저는 세상 전체를 변화시키지 않으면 안 되게 되었습니다. 제가 만일 정원을 바꾼다면 그 다음에는 이웃집들을 바꾸어야 할 것이기 때문입니다."

그는 예민한 사람이었기 때문에 그렇게 느낄 수 있었던 것이다.

만일 자신의 삶을 순간적인 것 위에 세운다면 전체와의 사이에 어울리지 않음을 느끼게 될 것이다. 그것은 결코 적합하지 않을 것이고, 결코 조화를 이루지 않는다. 반드시 무엇인가 이상해질 것이다. 그대의 도시를 세우기에 앞서, 살 집을 만들기에 앞서 전체를 살펴야 한다. 전체를 고려해야만 한다. 전체에 대한 시각을 가지고 자신의 삶을, 삶의 형태를 창조해야 할 것이다. 전체에 대한 비전을 가지고 살아야 한다. 그때 비로소 삶은 하나의 조화로, 하나의 곡조로 존재할 수 있다. 그렇지 않으면 언제나 어딘가 이상하고 궤도에서 벗어나게 된다.

모든 사람이 다 궤도에서 벗어나 있다. 이 말은 아름답다. '궤도에서 벗어난다'는 것은 중심을 벗어나고, 어딘가 중심을 잃고 있고, 그 자리에 있어야 할 상태가 아니라는 의미이다. 왜 모든 사람은 궤도에서 벗어나 있을까? 왜 중심으로부터, 초점에서부터 벗어나 삶과 보조를 맞추지 못하고 있을까? 누구나 순간적인 것에 따라 삶을 만들려고 하기 때문이다. 그러나 순간은 전체가 아니다. 순간은 하나의 조각에 불과하다. 영원 속의 아주 작은 사소한 단편이다. 순간적인 것에 따라 자신의 삶을 만들려 한다면, 어떻게 영원에 맞출 수 있겠는가? 그렇기 때문에 예수는 말한다. "너희의 삶을 전체에 따라서, 영원한 것에 따라서 창조하라. 순간적인 것에 기대지 말고."

"높은 산 위에 세워져 잘 요새화된 도시는
무너질 수도 없고 숨길 수도 없다."

그대의 도시는 늘 무너지고 있다. 그대의 도시는 이미 언제나 폐허이다. 실제로 그렇다. 예수에게 물을 것까지도 없다. 스스로 자신의 삶을 보는 것으로 충분하다. 그것은 하나의 폐허이다. 그대가 다 세우기도 전에 이미 폐허이다. 그대는 폐허화된 도시이다. 왜 이런 일이 일어나는가? 순간적인 것 때문이다. 영원한 것, 시간에 구속받지 않는 것에 대한 시각을 가져야 한다.

그러한 시각은 어떻게 획득할 수 있는가? 의식이 높아질수록 더 넓은 시야를 갖게 된다. 의식이 낮아지면 그 만큼 시각도 좁아진다. 길가의 나무 아래에 서서 주위를 둘러보라. 하나의 시야를 갖게 될 것이다. 길의 가장 가까이에서 꺾어지는 모퉁이까지 볼 수 있을 것이다. 그 꺾어지는 모퉁이에서 그대의 시야는 멈춘다. 그러면 나무에 올라가서 바라보라. 그때 더 넓은 시야를 얻는다. 비행기에서 내려다본다면, 그때 도시 전체를 조감하는 시야를 얻을 것이다. 높이 오르면 오를수록 시야는 넓어진다. 낮아지면 시야도 좁아진다. 의식의 사다리에는 단계가 있다. 만일 의식의 정점에 있다면 그곳에서 바라보라. 영원이 그대 눈에 보일 것이다.

작은 것이지만 관찰해 본 적이 있는가? 그대는 나무 아래 서서 동쪽을 향해 있다. 그대에게는 아무것도 보이지 않는다. 그때 누군가 그 나무 꼭대기에 앉아서 말한다.

"소달구지가 오는 것이 보인다."

그대는 이렇게 말한다.

"소달구지 같은 것이 어디 있는가? 내게는 보이지 않는다. 내게 보이지 않는데 어떻게 그것이 존재한단 말인가?"

그 소달구지는 그대에게 있어서는 미래의 것이다. 그러나 나무 꼭대기에 앉아 있는 사람에게는 그것은 현재의 것이다. 그렇기 때문에 현재라는 것이 누구에게나 같은 의미를 갖는다고 생각해서는 안 된다. 그대의 현재는 그대에게 한정된 것이다. 그것은 내게 있어서는 현재가 아닐지도 모른다. 나의 현재는 나에게 달려 있다. 나의 현재는 그대에게는 현재가 아닐지도 모른다. 그것은 의식의 사다리에 달려 있다.

붓다에게는 모든 것이 현재이다. 미래가 존재하지 않기 때문이다. 그의 시야는 완전하다. 예수에게 있어서도 모든 것이 현재이다. 그곳에 과거는 없다. 그에게는 보이기 때문이다. 미래도 없다. 그는 다 볼 수 있기 때문이다. 의식의 정점에서부터 보면 전체가 보인다. 따라서 그때는 어떤 것도 과거가 아니며, 어떤 것도 미래가 아니다. 모두가 지금 여기에 있다. 미래가 존재하는 것은 그대의 닫힌 시야 때문이다. 미래가 세상 속에 존재하기 때문이 아니다. 그것은 단지 그대가 좁은 시야밖에 갖고 있지 않음을 보여준다. 시야의 영역으로부터 나온 것은 과거가 되고, 아직 그곳에 들어가지 않은 것은 미래가 된다. 그러나 모든 것은 영원 안에 있다.

시간은 사람들이 발명해 낸 것이다. 이것은 그들이 골짜기에 살고 있기 때문이다. 이 때문에 모든 깨달음의 전통은, 그대가 삼마디(무아의 경지)에, 환희에, 깊은 명상 속에 들어갈 때 시간은 사라진다고 강조해 왔다. 그것은 무엇을 의미하는가? 과거, 현재, 미래의 구분이 없어진다는 의미이다. 존재는 구분 없이, 시간을 초월해 존재한다는 의미이다. 시간을 초월한 곳에 그대의 도시를 세우라. 순간적인 것 위에 세워서는 안 된다. 그렇지 않으면 그것은 언제나 폐허가 될 것이다. 왜냐하면 현재는 잠깐 동안이며 금방 과거가 되어 버리기 때문이다. 그대가 다 세우기도 전에 그것이 폐허가 될 것이라는 의미는 무엇인가? 그대가 세우는 순간, 그 순간은 이미 과거가 되기 때문이고, 흘러가 버리기 때문이다. 그것은 더 이상 그대 손안에 없다. 그대 발아래의 대지는 끊임없이 움직이고 있다.

"높은 산 위에 세워져 잘 요새화된 도시는……."

예수는 왜 '요새'라는 말을 썼는가? 골짜기에 있는 그대의 현재 상태는 늘 두려움과 불안과 위험 속에 있다. 골짜기는 유령이나 그늘, 적이나 미움 등이 사방에 가득하다.

슈퍼마켓 근처를 날고 있던 한 마리의 집파리에 대한 이야기를 들은 적이 있다. 슈퍼마켓 쇼윈도에는 살충제에 관한 광고 문구가 붙어 있었다. 파리는 그 광고 문구를 읽어 보았다. 그곳에는 크고 붉은 글씨로 이렇게 적혀 있었다. '파리를 즉석에서 죽이는 최신식 스프레이.' 파리는 그 광고를 읽고 이렇게 혼잣말을 중얼거리며 날아갔다.

"세상은 너무 많은 증오들로 가득 차 있단 말이야."

그대는 골짜기의 세계에 살고 있다. 그곳에서는 모든 것을 즉석에서 죽인다는 보증서가 붙어 있다. 그대는 죽음의 골짜기에 살고 있다. 그곳에서는 죽음만 보장되고 그 외에는 아무것도 보장되지 않는다.

삶 속에서 죽음을 제외하고는 모든 것이 불확실하다는 사실을 관찰해 본 적이 있는가? 오히려 그 반대가 되어야만 하는데도 불구하고 그대에게 있는 유일하게 확실한 것은 죽음이라는 보장뿐이다. 그것뿐이다. 골짜기에 대해서는 이것만은 확실하게 말할 수 있다. 그대는 죽을 것이다. 그것만이 확실하다. 그 외의 것은 모두 불확실하며 우연적이다. 일들이 일어날지도 모르며 일어나지 않을지도 모른다. 죽음만 보장되어 있는 이 삶이 도대체 무슨 삶이란 말인가? 하지만 그것이 사실이다. 어둠 속에는 죽음만 존재하기 때문이다. 무의식 속에는 죽음만 존재할 뿐이다. 무의식은 죽음을 향하는 길이다.

무의식 상태가 되고 싶을 때면 언제나 그대는 죽고 싶어 한다. 죽음에 대한 깊은 충동이 내면에 있다. 그렇지 않다면 그대는 높은 곳을 향해 움직여 가기 시작할 것이다. 프로이트는 생의 말년에 매우 심오한 사실에 직면했다. 그는 그것을 '타나토스', 즉 죽음에 대한 욕구라고 불렀다. 그는 일생 동안 리비도에 대해 생각해 왔다. 곧, 인간은 삶에 대한 의지로서 존재한다는 이론이다. 그러나 그 삶에 대한 의지를 파고들어 갈수록 그는 점점 확신을 잃어 갔다. 삶에 대한 의지를 이해해 감에 따라 그는 그 깊은 곳에 죽음에 대한 의지가 있음을 발견한 것이다.

그것은 프로이트에게 있어서는 어려운 문제였다. 그는 일차원적으로 사고하는 사상가, 아리스토텔레스적인 논리가였기 때문이다. 리비도의 배후, 삶에 대한 욕망과 살려고 하는 의지의 배후에는 죽음에 대한 의지, 타나토스가 있다는 것은 대단한 모순이었다. 그는 몹시 혼란에 빠졌다. 그러나 그것은 붓다가 늘 말해 온 것, 예수가 줄곧 말해 온 것이다. 지금 그대의 상태는 너무 무의미하고 생애 전체가 마치 불모지와 같고 절망에 가득 찬 나머지 그대는 죽음을 바라고 있다는 것이다. 무의식 상태가 되기 위해 무엇인가를 사용할 때면 언제나 그곳에 죽음에 대한 바람이 있다. 왜냐하면 무의식이란 일시적인 죽음이기 때문이다. 인간은 심지어 며칠 동안 잠을 자지 않아도 살 수가 없다. 잠은 일종의 일시적인 죽음이기 때문이다. 그대는 그것이 필요하다. 매우 깊이 그것을 필요로 한다. 날마다 8시간씩 죽을 수 없으면 다음날 살 수 없다. 삶 전체가 온통 혼란으로 가득 차 있으며, 존재한다는 것이 환희가 아니기 때문이다. 오히려 살아 있지 않은 편이 환희인 것처럼 보인다. 그렇기 때문에 자기 자신을 잃을 수 있는 곳에서는 어디서나 기쁨을 느낀다. 정치 운동 속에서 자기를 잃으면, 나치 당원이 되어 군중 속에서 자기를 잃으면, 그것은 죽어 있는 것이기 때문에 기분이 좋아진다. 그곳에 그대는 더 이상 존재하지 않는다. 오직 군중만이 존재할 뿐이다.

독재자들이 성공하는 것은 그 때문이다. 죽고 싶어 하는 그대의 바람 때문이다. 이 시대에서조차 독재자들은 성공하고 있다. 그들이 그대에게 쉽게 죽을 수 있는 기회를 주기 때문이다. 그렇기 때문에 전쟁이 늘 계속되어 왔고 앞으로도 끊이지 않고 일어날 것이다. 그대가 어떤 식으로도 변화하지 않고 있기 때문이다. 인간은 변혁을 꾀하고 있지 않다. 전쟁은 계속 존재할 것이다. 전쟁은 죽음에 대한 깊은 의지이기 때문이다. 그대는 죽고 싶어 하고 죽이고 싶어 한다. 산다는 것이 너무 무거운 짐이기 때문에 자살이 유일한 해결책처럼 보인다. 그대가 지금까지 자살하지 않았다 해도 그것은 자신이 진정으로 삶을 사랑하는 사람이기 때문이라고는 생각하지 않는 것이 좋다. 아니다, 그렇지 않다. 단지 두려울 뿐이다. 그대는 삶을 사랑하는 사람이 아니다. 삶을 사랑하는 사람은 늘 높은 곳을 향해 나아간다. 그 정상이 높을수록 더 풍요로운 삶이 있는 까닭이다. 그렇기 때문에 예수는 약속할 수 있었다. "내게로 오라! 나는 너희에게 충만되고 풍요로운 삶을 주겠다."

그래서 예수는 말한다. "나는 생명, 위대한 생명이다. 내게로 오라." 그러나 예수에게 가는 길은 매우 어렵다. 왜냐하면 그대는 골짜기에, 삶의 어두운 길에 큰 투자를 해왔기 때문이다. 그리고 살아 있는 것을 두려워하고 있다. 그대는 살아 있지 않기 위해 많은 준비를 한다. 그대는 삶의 최소한의 영역 안에서 살고 있다. 그 속에서 기계인형처럼 존재하고 있다. 그대는 모든 것을 기계적인 것으로 바꿔 버린다. 그것에 대해 신경 쓸 필요가 없도록. 그 안에서 살 필요가 없도록.

전쟁은 계속되고, 폭력도 계속될 것이다. 사람들도 계속해서 서로 죽일 것이다. 이 모든 노력은 결국 지구 전체를 자살로 몰고 갈 수 있는 장치를 만들어 냈다. 이제 우리는 그것을 발명했다. 수소폭탄이 바로 그것이다. 왜 과학자들은 자신들의 온 생애를 바쳐 파괴적인 것들을 만들어 내는 일에 끊임없이 헌신하는 것일까? 그것이 인간 내부에 가장 깊이 존재하는 욕망이기 때문이다. 죽는 것, 어떻게 해서든 죽는 것에 대한 욕망이 그곳에 있기 때문이다. 그대는 그것을 의식하지 못하고 있다. 만일 의식한다면 자기 자신을 변화시키기 시작할 것이다. 그대는 수없이 말한다. 차라리 태어나지 않았더라면 훨씬 좋았을 것을……

그리스의 철학자 필로는 이와 같이 말했다고 한다.

"하늘로부터 부여받은 첫 번째 축복은 태어나지 않는 것, 두 번째 하늘이 내린 축복은 될 수 있는 한 빨리 죽는 일이다."

그는 이 두 가지가 하늘이 내린 유일한 축복이라고 말한다. 먼저 태어나지 않아야 한다. 그러나 그와 같은 행운을 타고난 사람은 아무도 없다. 모두 다 이미 태어나 있기 때문이다. 그러므로 두 번째 하늘의 축복만 유효하다. 가능한 한 빨리 죽는 것이다. 그러나 필로 자신은 97세까지 살았다. 누군가 그에게 물었다.

"그런데 당신은 왜 자살하지 않습니까?"

그러자 그는 말했다.

"나는 나 이외의 사람들에게 이 메시지를 전하기 위해, 죽지 않고 삶을 참고 견뎌 내고 있는 중이다. 죽는 것이 유일한 해결이라는 메시지를 전하기 위해."

자살은 인간에게 있어서 뿌리 깊은 본능이다. 무엇인가 잘못되어 간다는 것을 느끼면 그 자리에서 자살하고 싶어진다. 자신을 파괴하고 싶어진다. 종교적인 인간은 다름 아니라 자기 내부에 이같이 죽음에 대한 깊은 바람이 숨겨져 있음을 민감하게 느끼는 사람이다. 그러한 바람이 왜 존재하는가? 자기 자신 속에 빛을 가져와야 한다. 그럼으로써 죽음이 숨어서 끊임없이 그대를 갉아먹고 있는 그 한 귀퉁이를 깨달을 수 있도록. 그대가 어느 날 갑자기 죽는 것이 아니다. 그대는 70년에 걸쳐 서서히 죽는다. 죽음은 최후에 오는 현상이 아니다. 그것은 탄생과 함께 시작된다. 모든 호흡, 모든 순간순간이 단순히 죽고 죽고 죽어가는 연속일 뿐이다. 그것은 매우 속도가 더딘 과정이므로, 70년에 걸쳐서 비로소 완성된다.

그대는 지금까지 줄곧 죽어 왔다. 그리고 마음속 깊은 곳에서 마지막이 다가오기를 기다리고 있다. 빠르면 빠를수록 좋다. 자살하지 않는 것은 두렵고 겁나기 때문이다. 무슨 일이 일어날지 모르기 때문이다. 그렇기 때문에 사는 것을 겨우 참고 있는 것이다. 그대는 삶을 신으로부터의 선물로 즐기는 것이 아니다. 단순히 참고 있을 뿐이다. 단지 어떻게든 삶을 끌고 다니고 있을 뿐이다. 기차에서 내리는 순간이 다가오기를 기다리면서…….

이런 일이 있었다. 토머스 에디슨이 어느 날 친구들이 모이는 만찬에 초대받았다. 그는 말수가 적은 사람으로서 사람이 많은 곳에서는 언제나 정신이 혼란해졌다. 그는 자기의 연구실에만 틀어박혀 있는 고독한 인간, 연구자로서 사색적인 사람이었다. 그에게 있어서는 타인이 눈앞에 있다는 것 자체가 방해였다. 그 만찬에는 많은 사람들이 모여 음식을 먹으면서 대화를 나누고 논쟁하는 일에 열중하고 있었다. 그는 '지금이야말로 도망치기 좋은 기회'라고 생각하며 빠져나갈 출구를 살피기 시작했다. 그때 그만 붙들리고 말았다. 만찬의 주인이 그를 붙들고 물었다.

"에디슨 씨, 지금은 무슨 연구 중이십니까?"

에디슨이 대답했다.

"출구에 대해 연구하고 있습니다."

모든 사람이 다 '출구'를 연구하고 있는 중이다. 이 사실을 기억하라.

왜 삶을 즐길 수 없는가? 선물로서 주어진 삶을? 삶은 그대가 싸워 얻은 것이 아니다. 그렇기 때문에 나는 삶은 신의 은총이라고 말하는 것이다. 존재계가 그 선물을 그대에게 주었다. 신이 주었다고 말해도 좋다. 그것은 틀림없는 선물, 순수한 선물이다. 그대는 그것을 성취하기 위해, 그것을 손에 넣기 위해 아무 노력도 하지 않았다. 그런데 왜 환희와 감사로 가득 차 그것을 즐길 수 없는가? 당연히 춤추며 즐겨야 한다. 그런데 문제가 무엇인가? 그 이유는 환희를 즐기기 위해서는 더 깊은 자각이 필요하기 때문이다. 번뇌로 괴로워하는 데는 자각할 필요가 없다. 고뇌에 필요한 것은 더 깊은 어둠이다. 의식은 적을수록 좋다. 밤이 필요한 것이지 낮이 아니다. 그러나 존재의 환희를 즐기기 위해서는 더 깨어 있음이 요구된다.

따라서 만일 슬픈 표정을 한 성자를 만난다면 그는 성자가 아니라고 생각해도 좋다. 깨어 있음은 충만된 기쁨을 가져오기 때문이다. 깨어 있음은 그의 존재 전체에 깊은 웃음을 가져다줄 것이다. 깨어 있음은 그가 어린아이와 같아질 수 있도록 하는 그 무엇인가를 가져다줄 것이다. 그는 나비를 따라다니거나 단순히 음식을 즐길 수도 있다. 삶의 가장 평범한 것들을 즐길 수 있다. 그에게는 모든 것이 선물이 된다. 모든 것이 신으로부터의 은총이 되고, 그는 한순간 한순간을 감사할 수 있다. 숨 쉬는 것조차도 그렇다. 그는 자신의 호흡까지도 즐긴다. 단순한 호흡일 뿐인데도 그에게는 온통 환희로 느껴진다. 만일 슬픈 얼굴의 성자를 본다면 그는 뭔가 미심쩍은 인물이라고 생각해도 좋다. 그는 아직 골짜기에서 살고 있는 것이다. 그는 산꼭대기까지 오르지 못했다. 그렇지 않으면 그에게는 빛이 있을 것이다. 가벼움과 어린아이 같은 즐거움이 그곳에 있을 것이다. 걱정도 없고 두려움도 없을 것이다. 그는 자신의 의식 안에 요새를 세웠기 때문이다.

의식이 어떻게 해서 그대를 요새로 만들어 주는가? 왜냐하면 의식이 더 깨어 있을수록 그대는 자신이 죽을 수 없으며 죽음 같은 건 존재하지 않는다는 것을 알게 되기 때문이다. 죽음은 어두운 골짜기에만 존재한다. 그리고 만일 죽음을 물리칠 요새를 얻는다면 그대는 가장 강한 요새를 쌓은 것이다. 의식이 더 깨어 있을수록 자신이 영원하다는 것을, 신성이라는 것을 느끼게 된다. 지금 그대는 자신이 누구인지 모른다. 이곳은 무지의 골짜기이다. 이곳에는 죽음이라는 현상밖에 일어나지 않는다. 그 외에는 아무것도 확실한 것이 없다. 그리고 그대는 떨면서, 두려움에 몸을 떨면서 살아간다. 만일 자신의 내면을 들여다본다면 그곳에서 두려움밖에 볼 수 없을 것이다. 왜냐하면 주변에 있는 것은 죽음뿐, 죽음 외에는 아무것도 없기 때문이다. 따라서 그것은 자연적인 현상이다. 주변에 온통 죽음뿐이라면, 내면에 두려움이 생겨나는 것은 자연적인 일이다.

만일 높은 곳으로 나아간다면, 그때 그대의 내면에는 사랑이 있고 주위 모든 곳에 영원이 있다. 그곳에는 두려움이 없을 것이다. 있을 수가 없다. 왜냐하면 그대는 파괴될 수 없기 때문이다. 그대는 불멸이기 때문이다. 죽음의 가능성이 전혀 없는 것이다. 그대는 죽지 않는 존재이다. 이것이 바로 예수가 말하고 있는 요새의 의미이다.

"높은 산 위에 세워져 잘 요새화된 도시는……."

하지만 기억하라. 높은 위치야말로 요새라는 것을.

"무너질 수 없고 숨길 수도 없다."

이것은 매우 역설적인 말이다. 골짜기에서는 그대는 끊임없이 무너진다. 그러나 산꼭대기에서는 결코 무너지지 않는다. 이것이 역설적인 이유는 우리는 사람들이 꼭대기에서 떨어지는 것만을 보았기 때문이다. 골짜기에서 어떻게 떨어질 수 있겠는가? 골짜기에서는 땅 위에서와 똑같이 걸어 다닌다. 사람이 떨어지는 것은 높은 곳에서다. 이것은 하나의 비유이다. 내면세계에서는 누구도 높은 곳에서 떨어지지 않는다. 일단 높은 곳에 도달하면 사람은 그곳에서 결코 떨어지지 않는다. 내면에서 성취한 것은 누구에게도 빼앗기지 않는다. 그러나 외부세계에서는 반대이다.

사람들은 높은 곳에 있을 때면 언제나 추락한다. 그러나 그 높은 곳들은 골짜기에 속한 것이지 진실로 높은 곳이 아니다. 만일 그대가 유명하다면 머지않아 명성이 사라질 것은 확실하다. 만일 권좌에 있다면 머지않아 그 자리에서 물러날 것이다. 이 세상에서 성취하는 것은 무엇이든 빼앗기게 되어 있다. 그러나 내면세계에서 그대가 성취하는 것은 무엇이든 영원히 성취된다. 그것은 빼앗길 수가 없다. 앎은 사라질 수 없다. 한번 그것을 얻으면 그것은 그대의 일부가 된다. 그것은 그대의 소유물이 아니다. 그것은 그대의 존재가 되고, 그대는 그 앎을 버릴 수 없다.

한번 자신이 죽지 않는다는 것을 알면, 그 앎을 버릴 수 있는 방법은 없다. 안 것을 버릴 방법이란 없다. 이미 알아 버린 것이다. 그리고 버릴 수 없는 것만이 진정한 지식이다. 버릴 수 있는 것은 단지 기억에 불과하다. 잊어버릴 수 있는 것은 단지 기억일 뿐이지 앎이 아니다.

앎은 잊어버릴 수 없는 것을 말한다. 그것을 잊을 수 있는 방법은 없다. 그것은 그대의 존재가, 그대의 일부가, 그대의 존재 그 자체가 되었다. 그것은 기억할 필요가 없다. 기억할 필요가 있는 것은 그대의 일부가 되지 않은 것뿐이다.

"높은 산 위에 세워져 잘 요새화된 도시는
무너질 수도 없고 숨길 수도 없다."

그대는 그것을 숨길 수 없다. 산꼭대기에 세워진 도시는 당연히 알려지게 된다. 영원히 알려지게 된다. 그것을 숨길 방법은 없다. 한 사람의 붓다를 어떻게 숨길 수 있는가? 그런 것은 불가능하다. 한 사람의 예수를 어떻게 숨길 수 있는가? 그것은 불가능하다. 그것은 너무나 거대한 현상이기 때문에, 그들의 존재는 너무나 깊이 관통하기 때문에 그 충격은 영원히 지속된다.

그대는 예수를 십자가에 매달 수는 있다. 그러나 그를 무시할 수는 없다. 그리고 그를 십자가에 매단 사람들은 아직도 그 형벌 때문에 고통 받고 있다. 다만 한 인간이, 그것도 평범한 목수의 아들이 살해되었을 뿐이다. 그것은 조금도 중요한 일이 아니다. 유대인들은 그런 식으로 생각했음에 틀림없다. 아무도 신경 쓰지 않았기 때문이다. 목수의 아들을 한 사람 살해했다고 해서, 더구나 법에 따라 죽인 것이므로 문제는 전혀 없다. 그러나 저 십자가 때문에 유대인들은 2천 년에 걸쳐 대대로 고통 받고 있다. 그 한 남자 때문에 그들은 끊임없이 십자가에 매달려 오고 있다. 이것은 매우 비논리적인 것처럼 보인다. 그리고 유대인들은 계속 이렇게 말한다. "우리는 아무 짓도 하지 않았다." 어떤 의미에서 보면 그들은 옳다. 실제로 그 일을 저질렀던 사람들은 이미 오래전에 죽었기 때문이다.

그러나 예수와 같은 이는 시간을 초월해 움직인다. 예수에 관한 한 저 십자가 처형은 영원히, 영원히 남을 것이다. 그것은 과거의 것이 아니다. 예수와 같은 사람에게는 과거란 결코 존재하지 않기 때문이다. 그것은 지금 현재의 사실이다. 그는 지금 십자가에 매달려 있다. 유대인들은 이렇게 생각할지 모른다. "우리는 과거에 그렇게 했다. 그러나 실세로 실행했던 사람들은 지금 없다. 우리가 한 짓이 아니다. 우리는 그 사람들에 속해 있는지도 모른다. 그러나 우리는 절대로 하지 않았다." 그러나 예수의 십자가 처형은 지금 영원한 사실로 이어지고 있다. 이제 그것은 과거로 밀어붙일 수 없다. 그것은 지금도 살아 있는 상처이다. 그 상처는 마음속에 그대로 남아 있다. 그리고 유대인들은 고통 받아 왔다. 너무 지나칠 정도의 고통을 받아 왔다. 단 한 사람으로 인해 20세기 동안 수백만 명의 유대인들이 살해되었다. 단 한 사람 때문에 수백만의 유대인이 죽은 것이다. 이것이 불공평하게 여겨질 것이다.

그러나 그대는 이 사람을 알지 못한다. 그렇기 때문에 불공평하다고 생각하는 것이다. 이 사람은 수백만 명 이상의 가치가 있다. 그들이 이 목수의 아들을 십자가에 매단 그날, 그들은 엄청난 불장난을 한 것이다. 그들은 그것을 숨기려고 했다. 그러나 그것은 숨겨지지 않는다. 그들은 그것을 은폐하려고 했다. 유대인들에게는 예수가 십자가에 매달렸다는 기록이 없다. 기독교 기록에는 남아 있지만 유대인들은 그가 십자가에 매달린 사실을 기록조차 하지 않았다. 그러나 숨길 수는 없다. 그리고 유대인들은 소멸하기 시작했다. 그들은 태양에 대해 눈을 감으려 했기 때문에 고통을 당했다. 그리고 이것이 그 사건 전체의 비극성이다. 그들이 예수를 탄생시켰다는 것이.

예수는 유대인이었다. 그리고 최후의 순간까지 유대인으로 머물렀다. 그는 기독교인이 결코 아니었다. 유대인들은 수천 년 동안 그를 기다려 왔다. 그들의 예언자는 말했었다. "너희들을 구해 주실 분이 온다. 머지않아 너희들의 구세주가 되실 분이 오신다." 지붕 위에서 큰 소리로 수천 년에 걸쳐 예언자들은 유대인들에게 이렇게 예언해 왔다. 유대인들은 기다리고 또 기다려 왔다. 그들은 기도하면서, 기다리고 또 기다렸다. 그런데 이것이 아이러니다. 정작 그 사람이 왔을 때 그들은 그를 받아들이지 않았다. 그 사람이 와서 문을 두드렸을 때 그들은 말했다. "아니다, 당신은 그 약속된 사람이 아니다." 왜 그랬을까?

마음에 있어서 기다리는 일은 쉽다. 왜냐하면 마음은 계속해서 희망과 욕망을 가지고 꿈을 꿀 수 있기 때문이다. 그러나 신이 문을 두드릴 때면, 이것을 기억하라, 그대 역시 거부할 것이다. 설령 그가 오기를 열심히 기도해 왔다고 해도 마찬가지다. 신이 문을 두드리고 있는데 문제가 무엇인가? 왜 거부하는가? 그것은 집 안에는 한 사람밖에 존재할 수 없기 때문이다. 신이 문을 두드리면 그대는 사라져야 한다. 그것이 문제이다.

기다리고 있는 동안은 그대는 존재할 수 있다. 그대의 에고는 존재할 수 있다. 유대인들은 약속된 사람이 자기 민족 안에서 탄생하는 것에 대해 매우 자기중심적이었다. 그들은 선택된 소수였다. 신은 그들을 선택했으며, 그의 아들이 유대인의 집안에서 태어날 것이다. 그들의 에고는 그것에 대해 매우 만족해했다. 그러나 그 선택된 사람이 와서 문을 두드리고, "나는 약속을 완성하기 위해 왔다." 하고 말했을 때, 그들은 이렇게 말했다. "아니다, 당신은 그 선택된 사람이 아니다. 만일 계속 그 사람이라고 주장하고 돌아다닌다면, 우리는 당신을 죽일 수밖에 없다!" 문제가 무엇이었는가?

문제는 인간에게 있다. 문제는, 예수를 존재시키면 그대는 사라져야 한다는 데 있다. 그대는 그의 속으로 녹아 들어가야 한다. 자신을 그에게 내맡겨야 한다. 에고에게는 그 약속된 사람이 자기들에게, 선택된 소수 민족에게 온다고 생각하는 것이 만족스러운 것이었다. 그러나 그 사람이 왔을 때 그를 받아들이는 것은 매우 어려운 일이었다.

그들은 예수를 죽였다. 그러나 그것을 기록조차 남기지 않았다. 그들은 다시 희망을 품을 수 있도록 그 모든 일을 잊어버리기를 원했다. 그리고 지금도 희망을 가지고 있다. 그러나 나는 그대에게 말한다. 만일 그가 온다면—그는 오지 않을 것이다. 이전의 경험에서 틀림없이 배운 바가 있기 때문이다—만일 그가 온다면, 그들은 그를 또다시 십자가에 매달 것이다. 그리고 그들은 많은 고통을 받아 왔다. 다름 아니라 산꼭대기에 세워진 그 도시를 무시하려고 시도했기 때문이다.

그들은 산꼭대기에 세워진 도시를 숨기려고 했다. 태양을 숨기려고 했다. 진리를 숨기려고 한 것이다. 그들은 진리를 십자가에 매달았다. 그러나 진리를 십자가에 매달 수는 없다. 진리를 죽일 수 없다. 그것은 영원하며 불멸한다. 그러나 아직도 그들은 무엇 때문에 자신들이 그토록 고통 받아 왔는지 깨닫지 못하고 있다. 죄책감……. 그들은 깊은 곳에서 여전히 죄책감을 느끼고 있다. 죄책감을 갖지 않은 유대인은 한 사람도 없다. 그 죄책감은 그림자처럼 따라다닌다. 그 죄책감은 약속된 사람이 왔을 때 그 사람을 거부했다는 것이다. 유대인들은 마음속 깊은 곳에서는 자신들이 인류 역사상 최악의 죄를 범한 것을 알고 있다. 그들은 신이 문을 두드렸을 때 그를 거부한 것이다.

신은 그대의 기대를 충족시켜 주지 않을 것이다. 이 세상에 올 때마다 신은 낯선 모습으로 올 것이다. 만일 그대의 기대대로 온다면 그는 이미 신이 아니다. 신은 언제나 낯선 모습이다. 늘 이미 알고 있는 문을 두드리며 미지의 모습으로 온다. 신은 그대가 이미 알고 있는 형태로는 올 수 없다. 그것은 가능하지 않은 일이다. 신은 늘 미지의 것, 신비로 머문다. 그대는 신이 공식대로 오기를 바란다. 아니다, 그럴 수 없다. 신은 어떤 공식도 따르지 않는다. 신은 죽지 않았다. 죽은 물질만 공식에 따른다. 삶은 하나의 신비로 살아간다.

"높은 산 위에 세워져 잘 요새화된 도시는
무너질 수도 없고 숨길 수도 없다."

예수께서 말씀하셨다.
"너희는 너희의 두 귀로 들은 것들을
지붕 꼭대기에서 다른 사람의 귀에 전파하라.
왜냐하면 아무도 등잔을 켜서 바구니 아래 두지 않으며
감추어진 곳에 그것을 두지도 않기 때문이다.
오히려 들어가고 나오는 모든 이가 그 빛을 보도록
그것을 등잔 받침대 위에 둘 것이다."

예수는 말한다.
"가서 이 좋은 소식을 전하라. 가서 미지의 것이 이미 알고 있는 것 속으로 들어왔다고 말하라. 가라, 가서 너희들의 일상적인 세계에 신비가 들어왔다고 전하라. 어서 가서 사람들이 들을 수 있도록, 사람들이 와서 그것을 알고 그 혜택을 받을 수 있도록 지붕 위에서 말하라. 그것에 대해 부끄러워할 것은 없다."

이것에 대해서는 심각한 문제가 있다. 그것은 매우 어려운 일이다. 예수의 제자들에게 그것은 틀림없이 매우 어려운 일이었을 것이다. 언제나 그렇다. 다른 사람들에게 하느님의 아들이 왔다고 말하기는 어렵다. 대단히 어려운 일이다. 사람들이 비웃을 것이기 때문이다. 그들은 그대가 미쳤다고 말할 것이다. 그들은 예수를 그리스도(기름 부음 받은 자, 구세주)라고 믿지 않을 것이며, 그대가 미쳤다고 믿을 것이다. 만일 예수가 하느님이라고 말하면 그들은 그대의 머리가 완전히 돌았다고 생각하면서 이렇게 말할 것이다.

"너는 정신과 치료가 필요해. 의사에게 가서 진단을 받고, 약을 먹고, 안정을 취하는 것이 좋겠어. 어딘가 이상이 생겨서 넌 그런 생각을 하는 거야. 너한테 문제가 생긴 거야."

사람들에게 어떤 사람이 깨달음에 이르렀다고 전하는 것은 대단히 어려운 일이다. 왜인가? 누군가 깨달음에 이를 때마다 그것은 그대 안에 하나의 깊은 상처를 만들기 때문이다. 깊은 고통이 되기 때문이다. 자기도 그렇게 될 수 있는데 그것을 못하고 있는 것이다. 비교하게 되고 그대의 에고는 상처받는다.

"예수가 하느님의 아들이라고? 왜 난 아니란 말인가? 뭔가 잘못된 것이다. 예수가 어떻게 하느님의 아들이 되었단 말인가?"

이렇게 부정하는 편이 자신을 변화시켜 스스로 신의 아들이 되기보다 간단하다. 그 편이 쉽다. 아니라고 말하는 것은 이 세상에서 가장 쉬운 일이기 때문이다. 그때는 해야 할 일이 아무것도 없다. 단지 아니라고 말하면 그것으로 끝이다. 만일 그렇다고 말하면, 모든 것이 새로 시작된다. 무엇 하나 끝나지 않는다. '아니다'는 언제나 끝이며, '그렇다'는 언제나 시작이다.

만일 "그렇다, 예수는 하느님의 아들이다."라고 말한다면, 그때는 자신을 변화시켜야 한다. 그것을 긍정한 채로 그 자리에 안주할 수만은 없다. 그대는 움직여 나아가야 하고, 무엇인가 해야 한다. 만일 부정한다면 문제는 해결된다. 그때는 그대가 어떻게 하든, 어느 곳에 있든, 골짜기 밑바닥이든 어둠 속이든 죽음 속에 있든, 그대는 편안하다. 예수는 그대들 안에 불편함을 불러일으킨다. 붓다는 사람들 속으로 걸어 들어가 불편함을 만든다. 그래서 우리는 복수한다. 이유는 이것이다. 만일 한 인간이 그토록 높은 곳에 도달할 수 있다면, 그대는 왜 그렇게 하지 못했는가? 그렇게 높은 것은 없다고 부정하는 편이 더 낫다. 누구도 그런 곳에 도달한 사람은 없다고 말하는 편이 더 낫다. 그렇게 되면 자신의 어둠 속에 편안하게 있을 수 있다. 기분 좋게 살 수 있다.

예수와 같은 이, 붓다와 같은 이의 등장은 매우 긴장된 출현이다. 그들은 그대를 골짜기로부터 뿌리째 뽑아 버리기 때문이다. 그들은 그대를 잠에서 흔들어 깨워 이렇게 말한다.

"움직여라! 여기는 머물 만한 장소가 못 된다."

예수의 말 중에 이런 것이 있다.

"이 세상은 다리에 불과하다. 움직여 가라! 여기는 집을 지을 만한 곳이 못 된다. 건너가라! 그 위에 머물러서는 안 된다. 다리 위에 집을 짓는 자는 아무도 없다!"

이 세상은 다리에 불과하다. 그런데 그대는 그 위에 집을 짓고 말았다. 그대는 이곳이 다리라는 사실을 알고 싶어 하지 않는다. 만일 안다면 그 노력과 수고, 모든 투자, 이 집을 짓는 데 바친 전 생애는 어떻게 될 것인가? 그런데 이제 어떤 방랑자가 와서 말하는 것이다. "그대는 무엇을 하고 있는가? 이곳은 다리 위다." 따라서 강을 내려다보지 않는 편이 더 낫다.

왜 그곳이 다리인가? 예수나 또는 예수 같은 이들은 한마디도 결코 무의미하게 하지 않는다. 다리인 것은 그것이 강 위에 걸려 있기 때문이다. 그리고 강은 순간적이다. 시간은 단지 순간적인 강이다. 그것은 흐르고 또 흐른다.

헤라클레이토스(그리스의 철학자로 우주에는 서로 반대되는 것의 다툼이 있고, 이 다툼에서 만물이 생겨난다고 보았다)는 말했다.

"똑같은 강물에 두 번 발을 담글 수는 없다."

왜냐하면 두 번째로 발을 담글 때는 처음 그 물은 이미 흘러가 버렸기 때문이다. 그곳에 흐르는 물은 처음과는 다른 물이다. 똑같은 물은 그곳에 있지 않다. 강은 똑같은 강인 것처럼 보인다. 그러나 하나의 물건처럼 고정된 강은 존재하지 않는다. 강은 변화를 의미한다. 강은 흐르고 또 흐른다. 예수는 왜 이 세계를 다리라고 불렀는가? 사람들이 그것을 순간적인 것 위에 세웠기 때문이다. 시간 위에, 시간의 강 위에, 모두가 움직이고 있는 것 위에. 이 다리로부터 나아가라. 이곳은 집을 지을 장소가 아니다.

그러나 만일 누군가 와서 그런 말을 전한다면, 50년도 넘게 집을 지어 와서 이제 거의 다 되었다고 생각하고 있을 때―이것을 기억하라. 그대는 언제나 이젠 거의 다 되었다고 생각한다. 그러나 결코 다 된 것이 아니다. 그럴 수가 없다. 본질상 그럴 수가 없다―그것이 정말로 다 되어 가려 할 때, 그것을 세우기 위한 노력과 긴장으로부터 이제 좀 휴식하려 하고 있을 때, 만일 이 남자가 와서, "이곳은 강 위다."라고 말한다면 그를 믿고 강을 내려다보기보다 그대는 이렇게 말할 것이다.

"썩 꺼져, 이 바보 녀석아!"

그런데도 만일 이 남자가 주장한다면, 마치 예수가 계속해서 말하고 주장하고 물러나지 않는다면, 그대는 분노가 치밀 것이다. 그렇기 때문에 그는 십자가에 못박혔다. 너무 골칫거리였던 것이다.

소크라테스는 독살되었다. 왜냐하면 이 남자 때문에 아테네 전체가 불편해졌기 때문이다. 그는 시장 어디에서든 사람들을 붙잡고는 불편한 질문을 퍼부어대곤 했다. 사람들의 기분 좋은 거짓을 부숴 버렸다. 그는 매우 귀찮은 존재가 되었다. 골짜기에서는 붓다 같은 이는 언제나 귀찮은 존재이다. 소크라테스는 큰 불편과 정신적인 고통을 불러일으켰다. 사람들은 잠을 잘 수가 없었다. 제대로 일할 수가 없었다. 그가 모든 사물에 대한 의심을 불러일으켰기 때문이다. 그는 말했다. "당신들은 무엇을 하고 있는가? 이곳은 강이고, 이곳은 다리인데, 당신들은 여기에 집을 세우고 있다. 이 시장 한복판에……. 영원한 것을 찾으라. 진리를 구하라."

소크라테스는 지나치게 귀찮은 존재였기 때문에 그들은 그를 독살해야만 했다. 골짜기에서는 이런 일이 언제나 일어나 왔다. 만일 눈이 보이는 사람이 장님들의 마을에 간다면 그 사람들은 그를 죽일 것이다. 혹은 친절한 사람들이라면 그의 눈을 수술할 것이다. 그들은 무슨 짓이라도 할 것이다. 왜냐하면 그곳에 간 것 자체만으로도 그는 그들을 장님으로 만들어 버렸기 때문이다. 그들은 자신들이 장님이라고 생각한 적이 한 번도 없었다. 전혀 그런 사실을 알지 못하고 있었다. 그런데 이 남자가 와서 계속 말하는 것이다. "당신들은 장님이다. 당신들은 미쳐 있다!" 그는 그들이 깨닫고 싶어 하지 않는 것을 깨닫게 한다. 그런 것들이 불안을 야기한다.

예수는 제자들에게 말한다.

"가서 지붕 꼭대기에서 외치라!"

어째서 지붕 꼭대기인가? 사람들이 거의 귀머거리가 되어 버렸기 때문이다. 그들은 듣지 못하며, 듣고 싶어 하지도 않는다. 설령 듣는 척해도 생각은 다른 곳에 가 있다. 머리를 끄덕이고 있는 것 같아 보여도 그들은 지루해하고 있다. 그들은 어쩔 수 없이 참고 있는지 모르지만, 결코 진실을 기뻐하지 않는다. 진실은 언제나 그대를 불편하게 한다. 그것은 그럴 수밖에 없다. 그대는 거짓의 골짜기에서 살고 있기 때문이다.

그대의 삶 전체가 허위이다. 그대는 다른 사람에게 거짓말을 해왔으며, 자기 자신에게도 거짓말을 해왔다. 모든 것을 거짓의 테두리 안에 넣어 왔다. 그런데 지금 누군가 와서 진실을 이야기하고 있는 것이다. 병색이 완연한데도 자기가 건강하다고 믿고 있는 사람에게 누군가 와서, "무슨 말도 안 되는 소리인가? 당신은 지금 병들어 있다."라고 말한다면, 그 사람은 이렇게 생각할 것이다. "이자는 사악한 자야. 나를 병들게 하고 있다. 나는 이토록 건강한데 말이다." 그대를 깨어 있게 하는 것, 그대로 하여금 진실을 깨닫도록 하는 것은 그대의 궁전, 종이카드로 쌓아올린 꿈의 궁전을 무너뜨린다.

예수는 말한다. 가서 내가 너희들에게 이야기한 것, 너희가 들은 것을 지붕 위에서 전파하라. 등불을 켜서 발밑에 두는 자는 없기 때문이다. 부끄러워하지 말라. 두려움을 느낄 필요가 없다. 빛이 그곳에 있다. 이제 그것을 숨겨서는 안 된다.

> "왜냐하면 아무도 등잔을 켜서 바구니 아래 두지 않으며
> 감추어진 곳에 그것을 두지도 않기 때문이다.
> 오히려 들어가고 나오는 모든 이가 그 빛을 보도록
> 그것을 등잔 받침대 위에 둘 것이다."

이것이 언제나 문제였다. 붓다와 마하비라, 노자, 예수, 마호메

트, 조로아스터(기원전 6, 7세기경에 살았으며, 스무 살에 종교에 귀의해 신의 계시를 받고 배화교를 창시했다)······. 이들은 끊임없이 제자들에게 "가서 다른 사람들에게 말하라."고 강조해야만 했다. 기회는 영원히 계속되는 것이 아니다. 예수는 그 육체 속에서 영원히 머무는 것이 아니다. 그가 육체 속에 존재할 때 그대가 그를 깨닫지 못한다면, 그가 육체를 떠났을 때 어떻게 알아볼 수 있겠는가? 그의 육체적인 존재가 그대에게 보이지 않는다면, 우주로 사라져 버린 뒤의 그가 어떻게 보일 수 있을 것인가?

인간이 깨달음에 이르는 일은 매우 드물다. 인간의 어둠이 사라지는 것은 매우 드문 일이다. 그것은 매우 희귀한 현상이며, 더구나 영구히 계속되는 것이 아니다. 이 때문에 예수는 언제나 급하게 서둘렀다. 그는 잘 알고 있었다. 예수는 이 지상에서 가장 한정된 시간밖에 갖지 못한 사람이다. 그가 가르치기 시작한 것은 서른 살 무렵부터이다. 그리고 서른세 살에 죽었다. 단지 3년뿐이었다. 그는 매우 급했다. 그는 처형이 다가올 것을 알고 있었기 때문에 이렇게 말했던 것이다.

"가서 가능한 한 많은 사람을 깨어나게 하라. 지금 문이 열려 있다. 그들은 신에게로 들어갈 수 있다."

그러나 제자들은 언제나 주저했다. 예수가 죽고 나서야 그들은 말하기 시작했다. 예수가 사라져 버렸을 때에야 비로소 자신들의 삶에 무엇인가 일어났다는 사실을 깨달았기 때문이었다. 이것 역시 늘 일어나 온 현상이다. 예수가 존재하는 동안은 그대는 예수라는 빛에 익숙해진다. 빛이 사라져 버려 암흑이 되었을 때, 그때가 되어야 비로소 그대는 자신이 빛을 놓쳤음을 알아차린다. 그리고 그렇게 될 때 그대는 지붕 위에서 전파하게 된다. 예수가 아직 살아 있을 때는 무엇인가 가능했다. 그러나 이제 가능한 것은 아무것도 없다.

사람들은 몇 세기에 걸쳐서 그렇게 해왔다. 교회가 그것을 하고 있다. 전 세계에서 그들은 계속해서 전파하고 있다. 예수는 빛이라고 전파한다. 그러나 이제 와서는 그것은 큰 도움이 되지 못한다. 문이 사라진 것이다. 이제 예수는 눈에 보이지 않는다. 그는 지금도 도움을 줄 수 있다. 그러나 예수를 볼 수 있었을 때 그 빛을 볼 수 없었다면, 예수를 볼 수 없게 된 지금에 와서 어떻게 그것을 볼 수 있을 것인가? 눈앞에 문이 열려 있을 때 그 문에 들어가지 못했다면, 완전히 눈에 보이지 않게 된 문으로 어떻게 들어갈 수 있겠는가? 어려운 일이다.

빛이 사라지면 제자들은 정신을 차린다. 소리 높여 울며 눈물을 흘린다. 그러고 나서야 안다. 왜냐하면 대조를 통해서만 알게 되기 때문이다. 죽을 때가 되어서야 그대는 비로소 자신이 살아 있었음을 깨닫는다. 죽는 순간이 되었을 때 비로소 자신의 삶이 어떠했는가, 그리고 어떻게 해서 그것을 놓쳐 버렸는가를 알게 된다. 사람들은 죽을 때만 자신이 살아 있었음을 안다고 한다. 그렇지 않으면 그들은 계속해서 삶을 놓쳐 버린다.

예수께서 말씀하셨다.
"만일 눈먼 사람이 눈먼 사람을 인도한다면
두 사람 모두 구덩이에 빠질 것이다."

따라서 부끄러워할 것은 없다. 가서 눈이 보이는 사람이 있다고 사람들에게 전하라. 그렇지 않으면 사람들은 길을 잃고 헤맨다. 그들은 누군가의 인도를 필요로 하고 있다. 설령 붓다나 예수 같은 이를 발견할 수 없다 해도 그대는 누군가를 따라갈 것이다. 따라가야 할 필요성이 크기 때문이다. 스스로 가야 할 곳을 모르기 때문에 누군가를 따라가야만 한다. 만일 누군가 "내가 안다."고 말한다면 어떻게 할 것인가?

예수 같은 존재는 날마다 만날 수 있는 것이 아니다. 붓다와 같은 이는 늘 태어나는 것이 아니다. 그러나 필요성은 항상 존재한다. 좋은 음식을 얻지 못하면 그대는 먹지 말아야 할 음식도 먹어 버리고 만다. 왜냐하면 배고픔은 매일 계속되기 때문이다. 그대 자신이 장님이기 때문에 눈먼 인간을 발견하기는 쉽다. 그대는 그의 언어를 이해할 수 있다. 눈먼 사람을 따라가는 것이 쉬운 까닭은 둘 다 같은 암흑의 세계, 같은 골짜기의 세계에 속하기 때문이다. 눈먼 사람에 의해 그 사람이 스승이라고 설득당하는 편이 눈이 보이는 사람에 의해 설득당하는 것보다 훨씬 쉬운 일이다. 눈이 보이는 사람은 다른 언어로, 다른 세계에 대해 말하기 때문이다. 너무 이질적이므로 그를 이해할 수 없는 것이다.

잘못된 스승을 따르는 것은 언제나 쉬운 일이다. 그대 자신이 잘못되어 있기 때문이다. 그대와 그 스승 사이에는 뭔가 비슷한 것이 있다. 그러나······.

"만일 눈먼 사람이 눈먼 사람을 인도한다면
두 사람 모두 구덩이에 빠질 것이다."

물라 나스루딘이 죽었다. 그래서 그의 두 제자도 따라서 자살했다. 스승 없이 그들이 무엇을 할 수 있겠는가? 나스루딘이 인도하고 제자들이 뒤를 따랐다. 그들 세 사람은 함께 저세상의 문을 두드렸다. 그것은 아름다운 문이었다. 나스루딘이 말했다.

"봐라! 이것이 바로 내가 약속한 것이다. 나는 내 자신이 약속한 것은 반드시 지키지. 마침내 우린 천국에 도달했다."

그들은 그 문 안으로 들어섰다. 그곳의 안내인은 그들을 화려한 궁전으로 안내하면서 말했다.

"이제 당신들은 이곳에서 영원히 살게 됩니다. 필요한 것은 모두 말씀만 하십시오. 즉시 이뤄질 겁니다. 제게 말하기만 하면 모두 채워질 것입니다."

나스루딘이 말했다.

"어떤가? 내가 약속한 대로 아닌가?"

그로부터 일주일간 그들은 황홀하게 보냈다. 그들이 바라는 것은 뭐든지 즉석에서 이루어졌다. 무엇이든 가능했다. 그들이 수많은 생에 걸쳐서 쌓아 온 욕망 전부가 이 일주일 동안에 마음껏 충족되었다. 노력할 필요도 없었고, 헛되이 쓸 시간도 없었다. 그러나 일주일째 되는 날 그들은 심한 불만에 빠졌다. 모든 것이 너무 쉽게 손에 들어오면 인간은 그것을 즐길 수 없게 마련이다. 그리고 이 욕구와 충족 사이에 기다릴 사이도 없이 어떤 것이라도 손에 들어온다면 인간은 싫증이 나게 마련이다. 부자가 삶에 권태를 느끼는 것은 이 때문이다. 걸인은 삶 속에서 부대껴 가면서도 즐긴다. 하지만 부자는 그렇지 않다. 왕족들을 보면 알 수 있다. 그들은 죽어 있고, 모든 것이 권태롭다. 무엇이든 손에 넣을 수 있기 때문이다. 손에 넣는다는 것은 큰 문제이다. 빈곤보다도, 궁핍보다도 더 큰 문제이다.

7일째에 그들은 싫증이 났다. 그들은 최고의 미인들을 즐기고, 최고급 와인을 마시며, 최상의 식사를 하고, 가장 비싼 의복을 걸치면서 황제처럼 지냈다. 그러나 그렇다면 무엇을 할 것인가? 그들에게는 할 일이 없었다.

7일째 되던 날, 나스루딘이 안내자를 불러 부탁했다.

"잠깐 아래 세상을 보고 싶은데, 지상이 보이도록 창을 잠깐 열 수는 없겠소?"

안내자가 물었다.

"왜 그러십니까?"

나스루딘이 말했다.

"다시 흥미를 회복할까 해서요. 우리의 욕구를 되찾는 데 도움이 될 것 같아서요."

그래서 안내자는 창문을 열어 주었고 그들은 아래 세상을 내려다볼 수 있게 되었다. 그리고 지상의 인간들이 일생 동안 투쟁을 해도 아무 성과도 얻지 못하는 것을 보고, 자기들과는 대조적인 모습을 보고는 다시 욕망을 되찾았다.

그들은 그로부터 또 일주일간을 즐기면서 보냈다. 그러다가 또 싫증이 났다. 똑같은 약은 효과가 없다. 아래 세상을 보는 것만으로는 이제 소용이 없었다. 면역이 된 것이다. 그래서 나스루딘이 말했다.

"또 하나 어리석은 부탁이 있는데, 지옥이 보이는 문을 좀 열어 줄 수는 없겠소? 지옥을 보면 입맛이 돌아올까 해서 그럽니다. 하지만 좀 두려워지는군요. 그 다음에는 아무것도 남지 않을 테니."

그러자 안내자는 큰 소리로 웃으며 말했다.

"그럼 당신들은 지금 어디에 와 있다고 생각하는 겁니까?"

그들은 지옥에 와 있었던 것이다.

바라는 것 모두가 충족되면, 지옥에 들어온 것이나 마찬가지다. 왜냐하면 그대는 욕망 없음 속에서 생겨나는 환희를 모르기 때문이다. 알고 있는 것은 오직 고통스러운 투쟁뿐이다. 그렇기 때문에 시인들은 즐거움은 기다림에 있지, 만족에 있는 것이 아니라고 말한다. 시인들은 그대에 대해 정확한 이야기를 하고 있는 것이다. 모든 것이 충족된다면 무엇을 하겠는가? 그대는 지옥에 와 있음을 깨달을 것이다.

이런 현상이 일어나는 것은 그대가 장님을 따르고 있기 때문이다. 비록 천국에 간 것 같아도, 그곳이 지옥임을 금방 알게 된다. 눈먼 상태로는 절대로 천국에 들어가지 못한다. 천국은 사실 도달하는 어떤 장소가 아니다. 그것은 의식의 차원이다. 그것은 지리적으로 어딘가에 있는 게 아니다. 지리적인 개념이 아니다. 그것은 그대 내면에 존재하는 것이다. 지옥도 천국도 모두 그대 내면에 있다. 하지만 만일 장님을 따른다면, 눈이 보이지 않는 사람이 어떻게 높은 곳까지 인도할 수 있겠는가? 그는 골짜기로 인도한다. 그러나 그대에게는 인도되어야 할 필요성이 있다. 그 필요성을 자각해야 한다.

그대는 인도받기를 원한다. 그때는 다른 사람에게 책임을 전가할 수 있기 때문이다. 인도해 주는 사람이 아무도 없기보다는 장님일지라도 누군가 있는 편이 더 낫다. 이것이 그대의 마음 상태이다. 그래서 예수는 말한다.

"가서 지붕 위에서, 스승이 이곳에 있다고 큰 소리로 사람들에게 전하라."

예수가 나타났다. 그런 기회는 매우 드문 것이다. 그러나 그 기회를 놓쳐 버릴 가능성은 얼마든지 있다. 달려와서 이 남자를 얼른 붙잡아라. 천국의 문이 열리는 순간은 매우 짧기 때문이다. 인간이 깨달음에 이르는 것은 그 짧은 순간이다. 그때 그 사람은 문이 되어 준다. 그대는 그를 통해 볼 수 있고, 진리를 깨달을 수 있다.

스승은 가르치는 사람이 아니다. 스승은 잠을 깨워 주는 사람이다. 스승은 그대에게 줄 정보를 가지고 있는 사람이 아니다. 스승은 그대 자신의 존재를 들여다보게 하는 사람이다. 그러나 이것이 문제가 되었다. 예수가 침묵을 지키기만 했다면, 누구도 그를 십자가에 못박지 않았을 것이다. 그러나 그는 급했다. 그는 나라 안을 돌아다니면서 사람들에게 말하기 시작했다. 그것이 문제를 일으켰다. 누구 한 사람 그를 이해하는 자가 없었다. 모두가 그를 오해했고, 그것은 당연한 일이었다. 두 개의 서로 다른 차원 사이에서 의사소통은 불가능하기 때문이다. 그가 하느님의 나라에 대해 이야기하면, 사람들은 그가 이 지상의 왕국에 대해 이야기하고 있는 것으로 생각했다.

그는 말했다. "나는 왕이다." 그러자 사람들은 그가 이 나라의 왕권을 탈취하려 한다고 생각했다. 그는 가르쳤다. "온유한 자들이 땅을 물려받을 것이다." 그러자 사람들은 그가 제자들에게 "너희들이 이 나라를 물려받을 것이다."라고 약속하는 것으로 생각했다. 정치인들은 두려워하기 시작했다. '왕국', '왕', '이 땅을 물려

받는다'와 같은 말들은 모두 정치적인 용어이기 때문이다. 성직자들도 두려워했다. 그가 말하는 것은 모두 율법을 넘어서 있었기 때문이다.

사랑은 언제나 율법을 초월한다. 사랑은 어떤 율법에도 따르지 않는다. 사랑은 법보다 높은 위치에 있는 지고의 법이다. 사랑할 때면 모든 것이 옳다. 사랑은 잘못된 것을 할 수 없기 때문이다. 사랑을 위한 규칙이나 규율 같은 것은 없다. 사랑할 수 없기 때문에 규율과 규칙이 있는 것이다. 사랑에 대해 무능하기 때문이다. 그래서 그렇게도 많은 규칙들이 생겨나게 된 것이다. 다른 사람을 해치지 않도록, 상대방을 상처 입히는 것을 방지하기 위해 그것들이 존재하는 것이다. 그러나 사랑할 때, 어떻게 상대방을 상처 입힐 수 있겠는가? 규칙은 사라진다.

예수는 궁극의 법인 사랑에 대해 말했다. 성직자들은 두려워했다. 재판관과 사법체제는 그가 혼란을 일으켜 무정부 상태를 만들려는 것이 아닌가 두려워했다. 그가 십자가에 매달린 것은 그가 문제를 야기하는 자였기 때문이다.

그런 일이 일어날 필요는 없다. 과거에는 그런 일이 일어났었지만, 이제 또다시 그런 일이 일어날 필요는 없다. 수천 년의 세월 동안 붓다, 마하비라, 예수, 조로아스터, 마호메트를 경험한 지금, 우리는 더 깨어 있어야 한다.

그러나 그렇지가 못하다. 아직 사정은 달라지지 않았다. 마치 인간은 전혀 배운 것이 없는 것과 같다. 인간의 어리석음은 근원적이고 결정적이다. 그리고 인간은 자신의 어리석음을 합리화시킨다. 자신의 어리석음과 무지를 마치 요새와 같이 강화시킨다. 그때 어리석음을 깨우쳐 주려는 사람은 적으로 보인다. 친구가 적으로 보이고 적이 친구로 보인다. 그대를 인도해 주는 사람은 길을 잃게 하는 사람으로 보이고, 장님들은 그대의 지도자로 등장한다.

무엇보다 먼저 자신 안에 인도받아야 할 필요성이 있음을 이해하라. 그것은 아름다운 일이다. 그것은 탐구심을 나타낸다. 그러나 서둘러 아무나 따라가서는 안 된다. 누구를 따를까에 대해 어떻게 결정할 것인가? 무엇이 기준인가? 길을 구하는 사람에게 이것은 가장 풀기 어려운 문제 중 하나이다. 누가 예수이고 누가 장님인지 어떻게 구별할 것인가? 확실성은 없어 보인다. 그러나 확실성을 잠깐이라도 들여다보는 것은 가능하다. 처음부터 절대적인 확신을 가질 수는 없다. 그것이 모든 일의 성질이기 때문이다. 어떻게 눈먼 사람이 상대가 장님인지 아닌지 알 수 있는가? 유일한 기준, 유일하게 가능한 확실성은 구도자 자신이 보기 시작할 때 가능하다. 그렇게 되면 그는 결정을 내릴 수 있다. 하지만 그때는 인도받을 필요성이 사라진다. 그대가 붓다가 되면 달리 붓다를 찾을 필요가 없다. 예수처럼 되면, 예수를 알 필요도 없으며 예수를 따를 필요도 없다. 이것이 모순이다.

그대는 눈이 멀었는데도 선택해야 한다. 어떻게 결정할 것인가? 그 사람의 말에 따라서? 그렇다면 속고 만다. 학자와 지식인과 승려들, 그들은 말을 조작하는 데 매우 능하다. 그들을 이길 자는 아무도 없다. 그들은 그러한 상행위를 오랫동안 해왔다. 예수는 그의 말만으로는 빈약하게 보일 것이다. 유대인 고위 성직자들은 그를 쉽게 물리칠 수 있었다. 그것은 큰 문제가 아니었다. 까비르나 붓다를 논쟁으로는, 논리를 통해서는 쉽게 물리칠 수 있다. 그러나 말을 통해 판단해서는 안 된다. 그렇게 판단하면 속을 뿐이다. 그 판단 기준을 사용해서는 안 된다.

예수 같은 이는 그 존재 자체에 의해서만 판단해야만 한다. 그가 있는 곳으로 가까이 다가가라. 그가 말하는 것을 듣기보다는 그의 존재에 귀를 기울여야 한다. 그것이 핵심이다. 오직 그가 있는 곳으로 가까이 다가가라. 힌두교에서는 이것을 사트상, 단지 진리 가까이에 있는 것이라고 불러 왔다. 다만 가까이에 있으라. 그의 말을 듣는 것이 아니라, 지적으로 관계하는 것이 아니라, 단지 그의 존재를 들으라.

존재는 파동 친다. 존재는 꽃처럼 피어난다. 존재는 그 주위에 향기를 내보낸다. 그대가 예수 가까이에서 침묵할 수 있다면 그의 침묵을 듣기 시작할 수 있다. 그리고 그 침묵은 그대를 환희로 넘치게 할 것이다. 그 침묵은 그대를 사랑과 자비로 채워 흘러넘치게 할 것이다. 그것이 판단기준이다. 만일 학식 있는 사람이나 지식인에 대해 그렇게 한다면, 그대는 비참한 상태에 빠지고 만다. 왜냐하면 그도 그대와 마찬가지로 비참한 상태에 있기 때문이다. 만일 말에 귀를 기울인다면, 그는 위대한 인물로 보일 것이다. 그러나 그 존재에 귀를 기울인다면, 그의 파동을 듣는다면, 그의 삶의 맥박을 듣는다면, 그는 그대처럼 비참한 상태에 있다는 것을 알게 될 것이다. 어쩌면 더 비참할지도 모른다. 그렇기 때문에 그는 자신의 비참한 상태를 숨기기 위해 말만 뛰어난 사람이 된 것이다. 그래서 그는 이론과 철학과 체계를 말하는 것이다. 그래서 그는 논쟁을 일삼는 것이다. 이 모두는 그가 알지 못하기 때문이다.

아는 사람은 실제로 논쟁 같은 건 하지 않는다. 그는 단순히 표현하고 단순히 말할 뿐이다. 예수의 말들을 보라. 그는 논쟁하고 있지 않다. 그는 어떤 논리를 주고 있지 않다. 그는 단순히 말하고 있을 뿐이다.

"높은 산 위에 세워진 잘 요새화된 도시는
무너질 수도 없고 숨길 수도 없다."

이것은 논쟁이 아니다. 단순히 사실을 말하고 있을 뿐이다.

"너희는 너희의 두 귀로 들은 것들을
지붕 꼭대기에서 다른 사람의 귀에 전파하라.
왜냐하면 아무도 등잔을 켜서 바구니 아래 두지 않으며
감추어진 곳에 그것을 두지도 않기 때문이다.
오히려 들어가고 나오는 모든 이가 그 빛을 보도록
그것을 등잔 받침대 위에 둘 것이다."

논쟁이 아니다. 무엇을 증명하려는 것도 아니다. 단순히 표현하고 있을 뿐이다.

"만일 눈먼 사람이 눈먼 사람을 인도한다면
두 사람 모두 구덩이에 빠질 것이다."

사실에 대한 단순한 표현이다. 이러한 말을 지식인들이라면 한층 더 화려하게 구사할 수 있었을 것이다. 그리고 그대는 그 화려

한 말에 속을 것이다.

　스승을 찾아갈 때면 언제나 그의 존재를 들으라. 그 존재에 귀를 기울이는 예술을 배우라. 그냥 그의 가까이에서, 가슴으로 그를 느끼라. 그대는 갑자기 자신이 변화하고 있는 것을 느낄 것이다. 스승은 자석의 힘과 같기 때문이다. 갑자기 무엇인가 진행되면서 내면 깊은 곳에서 변화가 일어나는 것을 느낄 것이다. 그대는 더 이상 전과 같지 않다. 그대의 방은 미지의 빛으로 채워진다. 무거운 짐이 한순간에 떨어져 나가는 듯하고, 그를 통해 마치 날개를 얻어 날 수 있을 것만 같을 것이다. 이것은 하나의 경험이다. 이 경험만이 그대에게 올바른 사람을 데려다 준다. 눈이 있어서 그대를 인도할 수 있는 사람을.

　그는 그대를 어디로 인도할 것인가? 그는 그대를 그대 자신에게 인도한다. 지식만 가진 사람은 어딘가 이상한 곳으로, 허공에 있는 천국으로, 미래의 목적지로 인도하려고 한다. 그러나 존재의 인간은, 예수나 붓다는 다른 어디로도 인도하지 않는다. 다만 그대 자신에게 인도할 따름이다. 왜냐하면 목적지는 바로 그곳에 있기 때문이다. 그대가 과녁이며, 그대가 목적지이다.

　가슴으로 듣는 것, 사트상, 그것이 판단기준이다. 그것이 없으면 장님들이 그대를 수많은 생에 걸쳐 인도할 것이고, 계속 되풀이하여 눈먼 지도자와 그대 둘 다 도랑에 빠지고 만다.

　마지막으로 도랑에 대해 이해하라. 예수가 "그들은 도랑 속에 빠진다."고 말할 때의 이 도랑은 자궁을 말한다. 눈먼 사람이 이끌 때 인도하는 자와 함께 그대는 다시 자궁 속으로 빠진다. 이것이 도랑이다. 그들은 다시 똑같은 비참한 삶 속에서 살아가게 된다.

똑같은 고뇌의 삶이 새로운 형태로 시작된다. 본질적인 것은 무엇 하나 변하지 않는다. 이야기는 똑같은 채로 남아 있다. 전체는 변함이 없다. 외부의 형태가 변할 뿐이다. 그대는 다시 지옥으로, 비참한 세계로 들어간다. 자궁이 그 도랑이다.

존재의 인간이 인도할 때 그대는 결코 도랑에 빠지지 않는다. 그 때 그대는 다른 차원에서 태어난다. 이 세상에 다시 태어나는 것은 더 이상 가치가 없어진다. 그대는 이곳에서 사라져서 다른 곳에서 나타난다. 그 다른 곳이 바로 하느님이다. 그 다른 곳이 바로 열반이다.

12
세 명의 제자

ⲡⲉϫⲉ ⲓ̅ⲥ̅ ⲛ̄ⲛⲉϥⲙⲁⲑⲏⲧⲏⲥ ϫⲉ
ⲧ̄ⲛ̄ⲧⲱⲛⲧ ⲛ̄ⲧⲉⲧ̄ⲛ̄ϫⲟⲟⲥ ⲛⲁⲉⲓ ϫⲉ
ⲉⲉⲓⲛⲉ ⲛ̄ⲛⲓⲙ ⲡⲉϫⲁϥ ⲛⲁϥ ⲛ̄ϭⲓ

예수를 만나는 것은 위험한 일이다. 그는 살아 있는 존재이고,
그대를 꿰뚫어볼 수 있으며, 그의 앞에서는 모든 것이 드러나기 때문이다.
예수를 알기 위해서는 아무것도 투영하지 않는 눈이 필요하다.
그대가 보는 것은 단지 예수에게 비친 그대 자신의 욕망일 뿐이다.
그렇기 때문에 예수는 그대가 술에 취해 있다고 말하는 것이다.
진리를 향해 돌을 던지는 순간, 다치는 것은 그대 자신이다.

열두 번째 말씀

예수께서 제자들에게 말씀하셨다.
"너희는 나를 다른 것에 견주어 보고
내가 누구와 같은지 말해 보라."

시몬 베드로가 그에게 말했다.
"당신은 정의로운 천사와 같습니다."

마태가 그에게 말했다.
"당신은 지혜로운 철학자와 같습니다."

도마가 그에게 말했다.
"스승이여, 당신이 누구와 같은지 제 입은 말할 수 없습니다."

예수께서 말씀하셨다.
"나는 너의 스승이 아니다.
왜냐하면 너는 취해 있기 때문이다.
너는 내가 나누어 준 솟아나는 샘물에 취했기 때문이다."

그리고 예수는 도마를 데리고 한쪽으로 가서
그에게 세 가지 말씀을 하셨다.

도마가 그의 동료들에게 돌아왔을 때 그들이 그에게 물었다.
"예수께서 너에게 무엇을 말씀하셨는가?"

도마가 그들에게 말했다.
"만일 그분께서 내게 하신 말씀 중
한 가지라도 너희에게 말하면
너희는 돌들을 집어 나를 칠 것이다.
그러면 그 돌들에서 불길이 솟아나와
너희를 삼켜 버릴 것이다."

예수와 붓다 같은 사람이 그곳에 있으면 그대는 가능한 온갖 방법으로 그에게서 달아나려고 시도한다. 왜냐하면 그는 그대에게는 죽음과 같기 때문이다. 물론 그대는 그대가 달아나는 것을 합리화시킬 것이고, 왜 달아나는가에 대한 영리한 이유들을 발견할 것이다. 그대는 마음속으로 주장할 것이다. "이 사람은 구세주가 아니다. 이 사람은 아직 깨달은 자가 아니다." 그 사람에게서 무엇인가 잘못된 것을 찾아낼 것이고, 그렇게 함으로써 편안해할 것이다. 그대는 그 사람을 피할 것이다. 그를 만나는 것은 위험한 일이다. 그는 살아 있는 존재이고, 그대를 꿰뚫어볼 수 있으며, 그의 앞에서는 그대의 모든 것이 다 드러나기 때문이다. 그에게는 자신의 모습을 숨길 수 없다. 그의 앞에서는 자신의 거짓됨을 감출 수 없다. 그의 앞에서는 그대는 펼쳐진 책과 같다.

그리고 전 생애 동안 그대는 감추어 왔다. 전 생애 동안 그대는 거짓되고 진실하지 못한 삶을 살려고 해왔다. 거짓 속에서 살아온 것이다. 그리고 그는 그대를 꿰뚫어볼 것이다. 그의 앞에서는 그대는 떨리는 나뭇잎사귀에 지나지 않는다. 그의 앞에서 그대는 다 부서지고 그대의 진실만 남을 것이다. 그의 앞에서는 그대의 거짓된 이미지를 유지할 수 없을 것이다. 그는 그대에게는 하나의 재난이 될 것이다. 그러므로 오직 매우 용감한 자들만이 예수에게 가까이 갈 수 있다. 예수 같은 이에게 가까이 가기 위해서는 크나큰 용기가 필요하다. 그것은 그대가 깊은 심연으로 몸을 던져 자신을 잃어버릴 준비가 되어 있음을 의미하기 때문이다.

미지의 불확실성 속에서, 육지도 보이지 않고 지도에도 나와 있지 않은 바다에서 예수와 함께 움직이려면 실로 큰 용기가 필요하다. 그리고 이것이 문제다. 매우 적은 수의 사람들만이 예수를 따를 것이다. 그에게서 달아나는 자들은 그를 놓칠 것이며, 그들 삶의 의미를 찾을 수 없을 것이다. 왜냐하면 예수에게서 달아나려고 할 때, 깊은 곳에서 그대는 그대 자신의 진실로부터 달아나려고 하는 것이기 때문이다. 그는 다름 아닌 그대의 미래이다. 그대는 씨앗이고 그는 그 나무이다. 그는 꽃으로 피어난 것이며, 그는 그대의 미래, 그대의 가능성이다. 그에게서 달아난다는 것은 그대 자신의 궁극적인 가능성으로부터 달아나는 것이다.

그러나 그에게 가까이 오는 사람들일지라도 단지 가까이 온다는 이유만으로 그를 만날 수 있을지는 확실하지 않다. 달아난 사람들은 그에게서 멀리 떨어져 있다. 그들은 끝난 것이다. 하지만 그의 곁에 가까이 오고, 가까이에서 사는 사람들일지라도 예수를 피할 수 있다. 왜냐하면 그들은 잘못된 이유를 갖고 그의 곁에 있을 수 있기 때문이다. 따라서 수천의 사람들 중 아주 소수만 그를 선택할 것이다. 그리고 그를 선택한 소수들이라도 모두가 올바른 이유로 그의 가까이에 있을 수는 없다. 잘못된 이유로 그와 함께 있는 사람들 역시 그를 놓칠 것이다.

그대는 잘못된 이유로 깨달은 자와 함께 있을 수 있다. 그대가 추구하고 있는 이유를 지켜보라. 왜 스승에게 가려고 하는가? 진정한 이유가 무엇인가? 진리를 추구하는가? 진리를 추구하는 인간은 많지 않다. 진리가 아니라 행복을 추구할 수도 있다. 행복은 진리를 얻었을 때 얻어지는 것이다. 하지만 만일 그대가 행복을 추구하고 있다면 그대는 진리를 얻을 수 없다. 왜냐하면 행복은 단지 부산물에 지나지 않기 때문이다. 행복을 곧장 얻을 수는 없다. 그럴 수 있는 방법은 없다. 행복은 진리를 통해 온다. 만일 진리에 도달한다면 행복은 저절로 얻어질 것이다. 행복은 하나의 그림자이다. 그것은 진리와 함께 온다. 하지만 만일 행복을 찾으려 한다면, 행복을 구할 수도 없고 진리도 얻지 못할 것이다.

100명의 구도자 중 99명은 행복을 추구한다. 그들은 많은 고통을 겪어 왔으며, 삶이 불행이고 아픔이었다. 그들은 진정제를 구하고 있을 뿐이다. 그들은 반대의 것을 구하고 있다. 행복을 구하기 위해 예수나 붓다에게 접근한다면 다시 한 번 그를 놓치는 것이 된다. 왜냐하면 그대는 눈먼 장님과 같아지기 때문이다. 행복은 결코 목표가 될 수 없다. 그것은 얻어지는 것이며 저절로 오는 것이기 때문에 그것을 추구하기 위해 괴로워할 필요가 없다. 그것은 언제나 부산물로 얻어진다. 나무를 키워 보라. 그러면 꽃은 피어나게 마련이다. 처음부터 꽃을 얻으려고 할 필요가 없다. 그렇게 하면 실패할 것이다. 꽃을 구하려고 들면 실패하지만, 나무를 돌보면 시기가 왔을 때 꽃은 피어난다. 걱정할 필요가 없다. 꽃에 대해 생각조차 할 필요가 없다.

평소의 삶에서도 이 원리가 작용한다. 단지 그것을 절실하게 느끼지 못했을 뿐이다. 그대는 얼마 동안은 행복감을 느끼기도 했을 것이다. 세상에서 한순간이라도 행복감을 느끼지 못한 사람은 없다. 만일 한순간이라도 행복해 본 적이 없다면, 결코 행복의 의미를 알 수 없었다면 행복을 추구할 수 없다. 그렇다면 무엇 때문에 행복을 추구하겠는가? 행복감을 느껴 보지도 못하고서 어떻게 그것을 목표로 삼겠는가? 그대는 행복을 맛본 적이 있다. 그것은 순간적이었고, 잠시 지나가는 것이었다. 그리고 다시 어둠이 다가왔다. 그 경험은 일순간에 그치고 다시 고뇌가 밀려왔다. 아침은 잠시 왔을 뿐 그곳에 다시 깊은 밤이 찾아왔다. 행복을 느끼기는 했지만 그 안으로 들어갈 수는 없었다. 어떻게 그런 일이 일어나는가? 그 안으로 한번 들어가 보라.

행복을 느낄 때, 그대는 행복을 찾고 있었던 것이 아니다. 이것이 행복을 위한 가장 기본적인 것이다. 행복은 그대가 다른 어떤 것을 추구할 때 얻어지는 것이다. 아르키메데스의 이야기를 들었을 것이다. 그는 한 가지 과학적인 진리를 구하고자 숱한 낮과 밤을 바쳐 연구하고 실험하며 사색했다. 그는 자신을 잊었다. 그런데 어느 날 갑자기 그가 목욕탕에서 물속에 누워 있을 때 그 일이 일어났다. 진리가 떠오른 것이다. 그는 그 진리를 깨달았다. 그는 옷을 벗고 있었지만, 자기가 옷을 벗고 있다는 사실조차 잊었다. 행복할 때면 자신을 잊게 된다. 자신을 잊을 수 없다면 행복한 것이 아니다. 행복은 그대가 더 이상 그곳에 있지 않다는 것을 의미한다. 행복은 자신의 존재를 의식하지 못하는 경우에만 가능하다.

아르키메데스의 의문은 해결되었고, 모든 긴장이 풀렸다. 그는 큰 소리로 외치며 거리로 달려 나갔다.

"유레카, 유레카! 나는 그것을 알아냈다. 드디어 발견했다!"

사람들은 그가 미쳤다고 생각했다. 그들은 계속해서 이 아르키메데스라는 사람을 이상하게 생각해 왔는데, 이제는 그들의 생각이 옳다는 것이 증명되었다. "너무 생각을 많이 하는 것은 좋지 않아." 그들은 늘 그렇게 생각해 왔는데, 이 아르키메데스야말로 너무 많이 생각하는 사람이었던 것이다. 그런데 지금 이 사람이 미치광이가 되어서는 거리에서 "유레카!" 하고 외치고 있었던 것이다. "나는 그것을 발견했다!"고.

무슨 일이 일어났는가? 그 순간 그는 얼마나 황홀했는가! 그러나 그것은 궁극적인 진리가 아니었다. 그것은 단지 기초적인 문제였다. 이제 그것은 누구나 아는 기초적인 사실이 되었다. 과학적인 진리는 한번 발견되고 나면 기초적인 것이 된다. 어쨌든 그가 그것을 발견했다. 그 발견의 순간 모든 마음은 사라졌고, 그는 너무나 행복하고 환희에 찼기 때문에 자기 자신을 잊어버렸다. 그대가 행복할 때 첫 번째로 기억해야 할 기본적인 것은, 그대가 추구한 것이 행복이 아니라 다른 어떤 것이었다는 것이다. 만일 행복을 직접 추구한다면 영원히 그것을 놓칠 것이다. 그것은 부산물이다. 그대는 다른 어떤 추구에 몰두해 있었다. 그리고 그 다른 어떤 것이 이루어졌을 때, 행복은 부산물로 찾아온다. 그 발견이 그대를 매우 만족스럽게 만들기 때문에 모든 노력이 멈춰지고 긴장이 사라진다. 편안해지고, 평화로워지며, 긴장이 풀린다. 그리고 그대는 행복으로 가득 찬다. 행복은 하나의 부산물이다.

두 번째로 기억해야 할 것은 이것이다. 만일 그대가 행복을 추구한다면, 어떻게 자신을 잊을 수 있겠는가? 추구하는 자는 결코 자신을 잊을 수 없다. 에고가 계속 남아 있다. 그대는 여전히 판단하는 자로 남아 있는 것이다. 행복을 느낄 때 그대는 그곳에 없다. 행복했던 순간을 기억해 보라. 그대는 그곳에 없었다. 행복은 깊은 사랑의 순간에, 무엇을 발견한 순간에, 혹은 카드놀이를 하고 있는 순간에도 느낄 수 있다. 하지만 그때 그대는 사라졌었다. 갑자기 행복이 솟아올랐을 뿐이다. 어떤 것이라도 행복의 계기가 될 수 있다. 그러나 그것을 직접 추구하는 것은 위험하다. 왜냐하면 그것을 놓칠 것이기 때문이다.

만일 행복을 찾아 스승에게 가까이 간다면 잘못된 이유로 그의 곁에 있는 것이다. 그때 그대는 그 잘못된 이유 속에 숨어 있게 된다. 육체적으로는 가까이 있지만, 영적으로는 거리가 멀다. 그대의 눈은 멀어 버리고 이 사람 예수나 붓다를 알아볼 수 없게 된다. 그것은 불가능하다. 왜냐하면 그대의 눈은 잘못된 목적들로 가득 차 있기 때문이다.

혹은 행복을 구하지 않더라도 다른 잘못된 이유들이 있을 수 있다. 더 차원 낮은 목적들까지 있을 수 있다. 그대는 권력을 얻기 위해 스승 가까이 있을 수 있다. 어떤 시디(완성, 성취, 획득, 성공을 뜻하는 산스크리트어. 힌두교와 불교에서는 심령적인 힘을 의미한다)를 구하기 위해 스승 가까이 있을 수도 있다. 더 이기적인 상태를 얻기 위해 그의 곁에 있을 수도 있다. 그렇다면 그를 완전히 놓치게 될 것이다. 더 차원 낮은 목적이 있을 수 있다. 차원이 낮으면 낮을수록 그를 놓칠 가능성은 더욱 크다. 더 눈이 멀기 때문이다. 단지 건강과 같은 아주 평범한 이유로 그의 가까이에 있을 수도 있다. 그대는 병을 갖고 있고 예수가 그것을 치료할 수 있다. 혹은 그대는 가난한데 예수가 그대에게 돈을 줄 수도 있다. 그의 축복은 그대에게 돈이 될 수도 있다. 혹은 그대가 자식을 갖고 있지 않으면 그가 그대에게 자식을 갖게 할 수도 있다.

목적의 차원이 낮을수록 그를 놓칠 가능성은 더 커진다. 목적의 차원이 낮을수록 그대는 더 깊은 골짜기에 있게 되기 때문이다. 예수는 산꼭대기에 있다. 그 거리는 점점 더 멀어진다. 많은 사람들이 그에게서 달아났다. 그러나 가까이에 있는 사람들도 모두가 진실로 그의 가까이에 있는 것은 아니었다. 다만 올바른 이유로 그에게 온 사람만 그의 가까이 있을 수 있다. 그 올바른 이유는 바로 진리이다. 하지만 그대는 왜 결코 그것을 찾지 않는가?

진리는 너무 꾸밈이 없어 보인다. 진리는 너무 무미건조해 보인다. 따라서 그것을 찾고자 하는 강한 충동을 갖기 어렵다. 반면에 행복은 가치가 있어 보인다. 만일 내가 "진리를 추구하라. 행복은 진리를 추구하면 부산물로 따라온다."라고 말한다면, 그대는 진리를 추구하는 일에 동의할지도 모른다. 왜냐하면 부산물이든 뭐든 행복이 그곳에 있기 때문이다. 그러나 그렇게 되면 여전히 행복을 추구하고 있는 것이 된다. 행복을 찾기 위해서는 진리를 발견해야만 한다는 것을 알고 진리를 추구하기 시작할 수도 있지만, 그렇게 되면 그것은 진리를 추구하는 것이 아니다. 그대의 마음은 여전히 행복에 초점이 맞춰져 있다. 그 초점은 잘못된 것이다.

오직 진리를 추구할 때만 그대는 예수나 붓다에게 가까이 갈 수 있다. 그렇지 않으면 절대 불가능하다. 다른 이유에 의해서라면 단지 육체적으로만 가까이 있을 뿐 영적으로는 아득히 머나먼 곳에 떨어져 있는 것이다. 그곳에 엄청난 거리가 존재한다.

이제 예수의 말을 보자.

> 예수께서 제자들에게 말씀하셨다.
> "너희는 나를 다른 것에 견주어 보고
> 내가 누구와 같은지 말해 보라."

예수는 왜 이 질문을 했을까? 그는 자신이 누구인지 깨닫지 못했는가? 자신이 누구인지 제자들을 통해 알아야만 했을까? 왜 제자들을 통해 자신이 누구인지 알려고 했을까? 그 이유는, 그들의 대답은 그들이 왜 그의 곁에 가까이 있는가를 말해 주기 때문이다. 그대는 그대가 바라는 것에 따라 스승의 모습을 창조할 수 있다. 병에 걸렸기 때문에 그에게 가까이 있다면 예수는 치료하는 사람이 된다. 그대는 자신의 욕망에 따라 그를 보게 되고, 그에게 욕망을 투영한다. 그대가 권력을 희망한다면 그는 전지전능하고 가장 강한 이가 될 것이다. 그래야 그대가 원하는 것을 줄 수 있기 때문이다. 만일 그대가 불멸의 삶을 원한다면 그때 예수의 모습은 그대가 추구하는 것을 반영할 것이다.

왜 예수는 제자들에게 "내가 누구인지 말해 보라."고 했을까? 그는 단지 그들이 무엇을 투영하고 있는지 알고 싶었던 것이다. 만일 그대가 무엇인가 투영하고 있다면 그대는 놓칠 것이다. 예수나 붓다를 알기 위해서는 아무것도 투영하지 않는 눈이 필요하기 때문이다. 어느 것도 투영해서는 안 된다. 단순히 사실을 있는 그대로 바라볼 줄 알아야 한다. 예수는 하나의 사실이다. 세상에서 가장 중요한 사실이다. 그를 직접적으로 바라보라. 그대의 욕망을 그 사이에 개입시키지 말라. 스크린을 통해 예수를 보지 말라. 그렇지 않으면 그대가 보는 것은 단지 그곳에 비친 그대 자신의 욕망일 뿐이다.

예수께서 제자들에게 말씀하셨다.
"너희는 나를 다른 것에 견주어 보고
내가 누구와 같은지 말해 보라."

시몬 베드로가 그에게 말했다.
"당신은 정의로운 천사와 같습니다."

시몬 베드로는 도덕가이며 청교도였음에 틀림없다. 이 사람은 자신의 부도덕성에 대해 죄의식을 느끼고 있었음에 틀림없다. 왜냐하면 다른 사람들에 대해 말할 때 그것은 다른 사람들의 어떤 속성을 말하는 것이 아니라, 단순히 자기 자신의 어떤 모습을 나타내는 것이기 때문이다. 그대가 타인에 대해 어떤 판단을 하든, 그것은 타인에 대한 판단이 아니라 그대 자신에 대한 판단이다.

예수는 몇 번이나 말했다. "판단하지 말라!" 모든 판단은 잘못된 것이기 때문이다. 단지 그대 자신의 모습이 그곳에 있을 뿐이다. 그대가 볼 때 도둑은 죄인이다. 왜인가? 그대가 자신의 개인 소유물에 너무 집착하고 있기 때문이다. 그것은 도둑에 대한 어떤 것을 보여 주는 것이 아니라 단순히 그대의 소유욕을 보여 줄 뿐이다.

한 영국인이 죽어서 지옥에 도착했다. 악마가 그에게 물었다.
"넌 어느 지옥을 선택하겠느냐? 여기에는 모든 종류의 지옥이 다 있다. 영국식, 독일식, 중국식, 러시아식, 인도식……."
영국인이 말했다.
"물론 인도식 지옥이지요."
악마는 의아했다. 그래서 물었다.
"넌 영국 사람처럼 보이는데, 왜 인도식을 선택하지?"
"난 영국인이지만 인도에서 지낸 적이 있습니다. 그래서 인도식 지옥에는 불길에 태우는 것이 없음을 잘 알고 있지요."

마음은 경험을 축적한다. 지옥에 대해서든 천당에 대해서든 혹은 다른 어떤 것에 대해 이야기할 때도 그것은 자신의 경험을 이야기하고 있는 것에 지나지 않는다. 그대가 주장하는 모든 단어에 투영되는 것은 그대 자신이다.

시몬 베드로는 대답했다.

"당신은 정의로운 천사와 같습니다."

그는 두 가지를 이야기하고 있다. 첫째는, 정의롭다는 것이다. 그는 언제나 자신의 잘못을 두려워해 왔음에 틀림없다. 그는 죄를 두려워해 왔음에 틀림없다. 그는 자신의 부도덕함을 두려워해 왔음에 틀림없다. 그가 예수에게 투영한 정반대의 것, 그것이 그가 예수와 함께 있는 이유이다.

이 한 가지를 기억하라. 반대의 것은 서로 끌어당긴다. 그대가 남자이면 여자에게 끌린다. 그리고 그것이 문제이다. 왜냐하면 그녀는 반대의 것이고, 그래서 매력적으로 보이기 때문이다. 하지만 여자와 함께 사는 것은 힘든 일이다. 그녀는 반대이기 때문이다. 이것이 결혼의 불행이 일어나는 원인이다. 그것은 언제나 반대의 것에 대한 매력에서부터 시작한다. 그러나 그 반대의 것과 함께 살기 시작하면 불행이 생겨난다. 모든 면에서 그녀는 반대이기 때문이다. 그녀의 논리는 그대의 논리와는 완전히 반대이다. 남자는 결코 여자를 이해할 수 없다. 여자를 이해하는 것은 불가능하다. 왜냐하면 남자는 남자처럼 생각하고 여자는 여자처럼 생각하기 때문이다. 그들은 서로 다른 차원을 갖고 있다. 여자는 더 직관적이고, 논리적이지 못하다. 여자는 쉽게 결론으로 비약한다. 게다가 여자는 거의 언제나 옳은 말만 한다. 그것이 더욱 문제를 일으킨다. 여자는 남자를 설득시킬 수 없다. 여자는 무슨 말을 하든 남자를 설득시킬 수 없다. 왜냐하면 여자는 그 말 속에 논리성을 갖고 있지 못하기 때문이다. 그러나 여자는 통찰력을 갖고 있다. 여자는 즉각적으로 알아본다.

한번은 물라 나스루딘이 법정에 서게 되었다. 그는 법정에서 열두 명의 여자 배심원들이 앉아 있는 것을 보았다. 그는 재판관에게 말했다.

"모든 걸 다 고백하겠습니다. 왜냐하면 집에서도 한 여자조차 속일 수 없는데, 열두 명의 여자 배심원들을 속이는 것은 불가능하기 때문입니다. 저는 죄를 지었습니다. 어서 저에게 형량을 내리십시오."

모든 남편들은 한 여자를 속이기가 매우 어렵다는 것을 잘 안다. 온갖 궁리를 해도 집에 도착하는 즉시 모든 것이 드러난다. 아내는 즉시 그대를 알아보고, 정확하게 아픈 곳을 찌른다. 그녀 자신은 자기가 어떻게 그렇게 할 수 있는지 잘 모른다. 여자의 마음은 다르게 기능하는 것이다.

여자는 결코 남자를 이해할 수 없다. 이것 역시 서로 매력을 느끼는 이유이다. 오직 신비한 것만이 매력을 갖기 때문이다. 그러나 이해할 수 없는 사람과 함께 산다는 것은 또한 고통을 창조한다. 그때 싸움이 있을 수밖에 없다. 따라서 어디든 사랑이 있는 곳에는 매순간 갈등이 일어난다.

반대되는 것은 서로 매력을 느낀다. 욕심이 많은 사람이면 모든 것을 포기한 사람에게 끌릴 것이다. 만일 그대가 탐욕스러운 사람이면 모든 것을 포기한 성직자에게 갈 것이다. 그러나 그것은 매우 어려운 일이다. 왜냐하면 그것은 많은 갈등을 일으키기 때문이다.

인도의 자이나교도들을 보라. 그들은 가장 큰 부자들이다. 재산은 욕심 없이는 불가능하다. 부자가 되려면 욕심이 많아야 한다. 그러나 그들은 모든 것을 포기한 성자들을 숭배한다. 그들은 자신들의 성자가 옷을 입는 것조차 허락하지 않을 것이다. 아니다, 그것 역시 허용되지 않는다. 엄격한 자이나 성자 디감바르(산스크리트어로 '하늘의 옷을 입은 사람들'의 뜻)는 아무 소유물도 없을 뿐 아니라 옷조차 없이 나체로 살아간다. 그는 다만 자기의 몸뚱이만을 소유하고 있다. 그것이 전부이다. 그는 음식을 손에 들고 있지만 하루 한 끼의 음식만 허용될 뿐 두 끼 이상 먹을 수도 없다. 그는 맨땅에서 잠을 잔다. 그래서 그는 디감바르라고 불리는 것이다. 하늘만이 그의 유일한 이불이며, 하늘만이 그의 유일한 집이고, 유일한 지붕이다. 왜 이런 현상이 일어나는가? 왜 이런 일이 일어나는가?

마호메트는 평화에 대한 이야기를 했다. '이슬람'이라는 단어는 평화를 의미한다. 그러나 회교도들을 보라. 그들은 지구상에서 가장 폭력적인 종족이다. 그들은 왜 마호메트와 평화의 종교에 매력을 느끼는가? 반대되는 것은 매력적으로 보이기 때문이다. 반대되는 것은 언제나 매력이 있다. 왜냐하면 그것이 성의 기본 형태이기 때문이다. 이 성의 기본 형태가 그대가 어디서 무엇을 하든, 어디든 그대를 따라다닌다.

이 시몬 베드로가 예수에게 말했다.

"당신은 정의로운 천사와 같습니다."

이 사람은 자신의 부도덕성에 대해 죄의식을 느끼고 있었음에 틀림없다. 옳든 그르든 그는 죄의식에 사로잡혀 있었다. 그는 예수가 천사 같아 보였기 때문에 예수에게 끌렸다. 순수하고 순진무구한 예수는 결코 죄를 짓지 않았다. 기독교인들이 예수가 동정녀인 어머니에게서 태어났다고 계속해서 주장하는 이유가 그것이다. 그것은 터무니없는 말이다. 그들은 왜 예수가 동정녀인 어머니에게서 태어났다고 믿는가? 섹스를 비도덕적인 것으로 보기 때문이다. 비도덕적인 행위 속에서 태어난 사람이 어떻게 도덕적일 수 있는가? 그것은 불가능한 일이다. 근본이 죄악이라면 어떻게 도덕적인 사람이 될 수 있겠는가? 시도는 할 수 있지만 완전해질 수는 없다. 근원에서부터 비도덕성이 제거되어야만 한다. 그렇기 때문에 그들은 예수가 동정녀인 어머니에게서 태어났다고 주장하는 것이다.

아무도 처녀에게서 태어날 수는 없다. 그것은 절대적으로 틀린 말이다. 그런 일은 일어날 수 없다. 그러나 그들은 그것을 주장하고, 그것에 의지한다. 예수에게 아버지가 있었다는 것이 증명된다면 기독교인들은 즉시 그를 버리고 도망갈 것이다. "이 사람은 우리와 다를 것이 없다! 우리는 비도덕적이고 죄 속에서 태어났다. 그런데 그 역시 죄 속에서 태어났다면 무엇이 다를 것인가?"

"당신은 정의로운 천사와 같습니다."

천사는 절대적인 완전함, 순수성, 순진무구함의 상징이다. 이 말로 시몬 베드로에 대한 어떤 것을 알 수 있다. 그리고 이 시몬 베드로는 기독교 교회의 반석이 되었다. 그렇기 때문에 그리스도교 교회는 끊임없이 도덕적인 것과 비도덕적인 것에 휘말리게 되었다. 시몬 베드로가 그 근본적인 원인이다. 그는 죄를 창조했다. 왜냐하면 악한 것과 선한 것에 너무 매달릴 때 죄의식을 갖게 되기 때문이다. 그러나 삶은 그 어느 것도 아니다.

삶은 전적으로 도덕과 관계가 없다. 도덕적인 것도 비도덕적인 것도 아니다. 삶은 무엇이 선인지 악인지 구별하지 못한다. 삶은 그 둘 다를 향해 움직여 간다. 삶은 그 둘과 함께한다. 홍수가 난 강에 대해, 그대는 그것을 선하다고 하겠는가, 아니면 악하다고 하겠는가? 홍수 난 강물은 수천 채의 집을 삼키고, 수백 명의 사람들을 휩쓸어 가 버리고, 수천 명을 집 없는 사람으로 만든다. 그렇다고 그 강물을 악하다고 할 수 있는가? 아니다, 그 단어를 쓸 수는 없다. 강물은 무엇이 악이고 무엇이 선인지 알지 못하기 때문이다. 그리고 신은 그대 속에는 물론 강물 속에도 존재한다. 나무가 넘어져 명상에 잠긴 성자를 죽였다고 하자. 그 나무를 어떻게 부를 것인가? 죄인, 아니면 살인자? 그 나무가 법정에 출두해야만 하는가? 아니다. 그대는 단순히 이렇게 말할 것이다. "이것은 나무일 뿐이다. 죄인가 무죄인가 하는 우리의 도덕성은 이 나무에는 적용되지 않는다."

도덕성은 인간이 만들어 낸 것이다. 신에게는 도덕이라는 관념이 없다. 모든 존재는 도덕적이지도 비도덕적이지도 않다. 이 말은 둘 중 어느 쪽도 아니라는 뜻이다. 만일 그대가 도덕주의적인 태도로 예수에게 접근한다면 그를 놓칠 것이다. 성 베드로, 이 시몬 베드로는 예수를 완전히 놓쳤다. 그는 도덕적인 사람을 찾고 있었다. 그는 성자를 찾고 있었지, 현자를 찾고 있는 것이 아니었다.

이것이 성자와 현자의 차이이다. 현자는 삶처럼 도덕과 비도덕을 초월해 있다. 그는 삶과 하나가 되었다. 그는 반대의 관점에서 생각하지 않는다. 성자는 선한 것은 선택하고 악한 것은 거부한다. 그는 절반만 사는 것이며, 삶 전체를 받아들이는 것이 아니다. 성자는 진정으로 종교적이지 않다. 종교적인 사람은 삶을 있는 그대로 받아들이기 때문이다. 종교적인 사람은 아무것도 거부하지 않는다. 왜냐하면 그대가 무엇을 거부하든, 그것은 곧 신을 거부하는 것과 같기 때문이다. 그렇다면 결국 자신이 신보다 낫다는 것을 증명하기 위해 노력하는 것이다. 신은 성을 창조했다. 그렇지 않다면 누가 그것을 창조했겠는가? 그런데 그대는 그것을 거부한다. 그때 그대는 성자가 될 수 있으며, 그대의 성스러움은 단지 도덕적인 것일 뿐이다. 그것은 종교적인 것일 수는 없다.

힌두교에서는 그것을 매우 깊이 이해하고 있다. 베다 시대의 리쉬(베다서의 찬가를 지은 시인을 지칭하거나 현자를 가리키는 말)들은 매우 평범한 삶을 살았다. 그들은 아내와 자식을 거느렸다. 그들은 한 집안의 가장이었고 세속을 포기하지도 않았다. 포기는 자이나교와 불교에 함께 흘러들어온 것이다. 힌두교의 리쉬들은 언제나 매우 평범한 삶을 살았다. 왜냐하면 그들은 삶을 있는 그대로, 전체적으로 받아들여야 한다는 것을 알고 있었기 때문이다. 아무것도 거부할 필요가 없으며 모든 것을 받아들여야 한다는 것을. 이것이야말로 유신론이라는 말의 진정한 의미이다. '아스틱'(산스크리트어 '아스티카'와 '나스티카'는 힌두교 용어로 '정통'과 '이단'이다. 베다서의 사상을 절대적인 경전으로 받아들이는가 아닌가에 따라 구분한다)은 삶 전체에 대해 "네."라고 말하는 사람이다. 그는 어떤 것도 거부하는 사람이 아니다. 이 사람 성 베드로는 훌륭한 성직자가 될 수 있다. 하지만 현자는 될 수 없다. 그는 그 자신의 개념을 갖고 있다. 그렇기 때문에 예수에게 온 것이다.

만일 너무 많은 도덕적인 개념들로 채워져 있으면 무슨 일이 일어나는가? 자신을 비난할 것이다. 왜냐하면 단순히 잘못되었다는 말만 가지고는 해결되지 않는 것이 많기 때문이다. 이 사람은 여자에게 매력을 느낄 것이다. 여자들은 아름답기 때문이다. 그리고 그곳에 욕망이 존재한다. 그 욕망은 신의 선물이다. 그대의 모든 털구멍과 세포 속에 그 욕망이 깊이 잠재해 있다. 과학자들은 인간의 신체에는 7천만 개의 세포가 있으며, 모든 세포는 성적인 것이라고 말한다. 몸 전체가 하나의 성적인 현상인 것이다. 그대가 무엇을 하든, 눈을 감든, 히말라야 속으로 숨어 버리든, 아름다움은 언제나 당신을 유혹할 것이다.

꽃은 얼마나 아름다운가. 그것을 관찰한 적이 있는가? 꽃의 아름다움 역시 성적이다. 성자의 오두막집과 토굴 가까이에서 아침에 우는 새는 아름답다. 그런데 이 새의 울음소리가 성적 유혹이라는 것을 관찰해 본 적이 있는가? 새는 자신의 짝을 부르고 있다. 짝을, 연인을 유혹하고 있는 것이다. 꽃은 어떤가? 꽃은 성적인 현상이다. 꽃은 하나의 속임수일 따름이다. 나무는 움직일 수 없기 때문에 자신의 성염색체를 벌이나 나비 등을 이용해 다른 나무로 옮겨야만 한다. 살펴보라. 나무 중에도 수컷과 암컷이 있다. 그런데 나무들은 뿌리가 땅에 박혀 있기 때문에 움직일 수 없다. 꽃은 벌, 나비, 기타 곤충들을 불러들이기 위한 속임수인 것이다. 그들은 꽃으로 날아온다. 그리고 벌과 함께 성의 씨가 옮겨 간다. 벌들은 암컷 나무에게로 갈 것이고, 그 씨가 그곳에 떨어질 것이다.

아름다움이 있는 곳이면 어느 곳이나 성이 있다. 삶 전체는 하나의 성적 현상이다. 그대가 할 수 있는 것은 무엇인가? 그대는 그것을 거부할 수도 있다. 그것은 그대의 손에 달린 일이다. 그러나 거부하면 죄의식을 느낀다. 깊은 곳에 억압이 남아 있기 때문이다. 그대는 계속해서 죄의식을 느낀다. 무엇인가 잘못된 것이다. 죄의식을 느끼면서는 행복할 수 없다. 기억하라, 죄의식을 갖고서는 춤출 수 없다. 죄의식이 그대를 마비시킬 것이다. 어디를 가든 웃을 수도 없고 기쁨을 느낄 수도 없다. 왜냐하면 그 억압된 것을 늘 두려워할 것이기 때문이다.

만일 춤추고 노래하고 기쁨을 느낀다면 그 억압된 것에 어떤 변화가 일어날 것인가? 그것은 위로 떠오를 것이며, 따라서 그대는 그것을 계속해서 감시해야만 한다. 그대는 삶의 주인이 아니라, 삶을 누리는 자가 아니라 감시자가 되는 것이다. 그리고 그곳에 갈등이, 끊임없는 갈등이 있기 때문에 모든 것이 추해진다. 내면의 싸움 때문에 에너지가 다 소모된다. 이런 유형의 인간은 자기 자신의 존재를 억압하기 때문에 다른 사람을 항상 비난의 눈으로 바라보게 된다. 그것은 당연한 일이다.

도덕주의자와는 같이 지내기가 어렵다. 그는 언제나 비난의 눈으로 보기 때문이다. 차를 마신다는 이유로도 그대는 비난받을 것이다. 차를 마신다고? 그러면 지옥에 던져질 것이다. 차조차도 마실 수 없는 것이다. 기쁨을 주는 것은 무엇이든 마찬가지이다. 간디의 아쉬람(고대 인도에서 힌두교 현자들이 평화와 고요와 더불어 자연 속에서 살던 장소를 말하며, 오늘날은 영적 성장을 위해 구도자들이 모여 생활하는 곳을 일컫는다)에서는 음식 맛을 즐기는 것도 허용되지 않는다. 그곳에서는 아스와드, 무미의 음식을 추구해야 한다. 음식을 먹을 수는 있지만 맛을 느껴서는 안 된다.

왜인가? 왜 맛에 반대하는가? 왜냐하면 맛을 느끼는 것은 쾌락이며, 성자들은 쾌락에 반대하기 때문이다. 웃거나 미소 짓는 성자는 찾아볼 수 없다. 그것은 불가능한 일이다. 그들은 슬퍼 보인다. 언제나 자기 자신과 타인을 비난하고 있다. 그의 전체적인 삶이 병들어 있다. 그는 행복할 수 없다.

이 시몬 베드로는 상징적이다. 그는 말했다.

"당신은 정의로운 천사와 같습니다."

그는 말하고 있는 것이다.

"내가 당신에게 온 이유는 당신이 순수하고, 동정녀인 어머니에게서 태어났고, 결혼도 하지 않았고, 결코 삶을 즐기지도 않기 때문입니다. 당신은 순수합니다. 그래서 나는 당신을 천사로 보는 것입니다."

마태가 그에게 말했다.
"당신은 지혜로운 철학자와 같습니다."

이 사람 마태는 도덕을 추구하고 있지 않다. 이 사람 마태는 지식을 구하고 있다. 좀 더 과학적이다. 예수가 학식 많은 사람처럼 보이기 때문에 마태는 그로부터 삶의 신비에 대한 어떤 실마리를 얻을 수 있으리라고 생각했다. "이 사람은 어떤 열쇠를 가지고 있다. 그는 무엇인가 알고 있다. 나는 그에게서 정보를 얻을 수 있다." 마태는 지식을 추구하고 있다.

그러나 예수나 혹은 예수 같은 사람에게 다가갈 때는 지식을 구하기 위해 접근해서는 안 된다. 예수는 현자처럼 보인다. 왜냐하면 그가 말하는 것은 모두 정곡을 찌르기 때문이다. 그가 말하는 것은 모두 진리처럼 들린다. 그가 말하는 것은 모두 깊은 의미가 담겨 있다. 그러나 그대는 그의 존재가 아니라 그의 말에 너무 많은 관심을 두고 있다. 이 마태는 학자였다. 그는 원리와 이론과 체계, 철학을 추구한다. 만일 그러한 마음으로 예수에게 접근한다면 그를 놓칠 것이다. 예수는 지식의 인간이 아니기 때문이다. 그는 존재의 인간이다. 그 차이는 무엇인가?

지식은 표면적인 것이고, 빌려온 것이며, 생명이 없는 것이다.

그러나 예수는 살아 있는, 완전히 살아 있는 존재이다. 이 사람은 다른 사람으로부터 어떤 것도 빌려오지 않았다. 그는 자신을 실현했다. 그는 자신의 존재를 그대와 나눌 수 있다. 그런데 그에게서 말만을 얻으려 한다면 그대는 어리석은 것이다. 그 말들은 책에서도 구할 수 있다. 굳이 예수에게 갈 필요가 없다. 도서관이 더 낫다. 도서관에는 수 세기 동안 축적된 더 많은 지식이 있다.

그에게로 가서 그대의 존재가 목마름을 풀 수도 있었다. 그러나 그대는 단지 몇 마디의 말만 가지고 사라진다. 그대가 황제에게로 갔을 때, 그가 "원하는 것을 말하라. 그러면 모든 것을 주리라." 하고 말했는데 그대는 단지 빵 한 조각을 청해 가지고는 행복하게 떠나는 것이다. 청하기만 하면 나라 전체가 그대의 발아래 놓일 수도 있었다. 하지만 그대는 몇 마디의 말만 얻어듣고, 이론을 배우고, 신학자가 된다. 이 마태는 기독교의 근본이 되는 신학자이다.

그 이후 기독교 교회는 이 두 가지 점에서 혼란을 겪었다. 그래서 이 두 사람이 언급된 것이다. 시몬 베드로는 교회의 도덕성, 그리고 성적인 것에 반대하는 성향의 기반이 되었고 그것은 계속 이어졌다. 그리고 마태는 신학의 기초가 되었으며 그것은 계속 이어졌다. 기독교 신앙은 그리스도가 아니라 이 두 가지에 귀착된다. 무엇이 선하고 무엇이 악한지 구별하는 도덕성, 그리고 신에 대한 이론인 신학이 그것이다. 신학은 신에 대한 이론을 의미한다. 신에 대한 이론은 있을 수 없다.

신은 이론이 아니다. 신은 증명해야만 하는 가설이 아니다. 신에 대해서는 논쟁을 할 수 없다. 예수가 그곳에 있었을 때 신을 만날 수 있었다. 신이 그곳에 있었다. 신이 이 사람 예수 안에 들어와 있었다. 하지만 지식의 추구는 장애물이다. 예수에게 지식을 청해서는 안 된다. 그의 존재를 청해야만 한다. 지식을 얻기는 쉽다. 왜냐하면 그것은 자신을 변화시킬 필요가 없기 때문이다. 단지 말을 듣고 모으기만 하면 되는 것이다. 그대는 변화할 필요가 없다. 그러나 존재를 청하려면 그대는 침묵해야만 하고, 깊은 명상 속으로 들어가야만 한다. 그대 자신이 하나의 침묵, 하나의 현존이 되어야만 한다. 오직 그때만이 예수는 자신의 존재를 그대에게 쏟아 부을 수 있기 때문이다.

마태가 그에게 말했다.

"당신은 지혜로운 철학자와 같습니다."

예수는 현자가 아니다. 그는 지혜 그 자체일 뿐 현자가 아니다. 깨달음에 이르지 않고서도 현자가 될 수 있기 때문이다. 세상에는 현자가 많다. 공자는 현자였다. 그러나 깨달음에 이르지는 못했다. 마누(원래는 '인간'이라는 뜻으로, 인도 신화에 나오는 인류의 조상이며 세상을 통치한 최초의 왕이고 대홍수로부터 인류를 구했다. 〈마누법전〉의 저자이다)는 현자였다. 그러나 그 역시 깨달음에 이르지는 못했다. 붓다는 깨달음에 이르렀다. 노자도 깨달음에 이르렀다. 그들의 지혜는 전적으로 다른 원천으로부터 나온다. 그들은 생의 핵심에 도달했다. 진정한 앎에 이른 것이다. 그들의 앎은 지식을 통해 얻은 것이 아니라, 존재를 통해 얻은 것이다. 그렇기 때문에 나는 예수를 지식의 인간이 아니라 존재의 인간이라고 부르는 것이다.

지혜는 경험을 통해 얻을 수 있다. 모든 나이 먹은 사람들은 현명하다. 바보라도 현명해진다. 왜냐하면 어리석음도 오래가면 지혜가 되기 때문이다. 시간이 지혜를 가져다줄 수 있다. 단지 삶을 살아감으로써, 실수를 범하고 길에서 벗어나고 되돌아오고 하면서 많은 경험을 쌓음으로써 지혜로워질 수 있다.

예수는 그런 식으로 지혜로운 것이 아니다. 그는 늙지도 않았고, 단지 서른 살밖에 되지 않았으며, 매우 젊은 사람이었다. 그는 정말로 인생의 많은 경험을 갖고 있는 것이 아니었다. 그는 그런 식으로 현명한 것이 아니었다. 하지만 그는 무엇인가 생의 가장 근본이 되는 것을 알고 있었다. 그는 삶이라는 나무의 가지들을 돌아다녀 보지 않았다. 그러나 그는 뿌리에 도달했다. 이것은 완전히 다른 것이다. 마태는 그를 놓칠 것이다. 그는 메모를 모을 것이다. 예수가 말한 것이면 무엇이든 모을 것이다. 그리고 그것으로부터 복음서를 만들 것이다. 이런 사람들 둘 다 예수를 완전히 놓친다.

세 번째 사람 도마, 예수의 이 말들을 기록한 그는 예수의 가장 가까운 제자였다. 그러나 그의 기록은 성경에 포함되어 있지 않다. 예수와 그의 가장 가까운 제자들은 제외될 수밖에 없기 때문이다. 그들은 위험한 것이다.

도마가 그에게 말했다.
"스승이여, 당신이 누구와 같은지 제 입은 말할 수 없습니다."

"그것은 말하기가 불가능합니다. 당신은 너무 많은 형상을 갖추고 있습니다. 당신은 너무 많습니다. 당신은 넘쳐흐르시며, 수많은 차원을 갖고 계시기 때문에 나의 입으로는 그것을 말할 수가 없습니다. 나는 어떤 것도 말할 능력이 없습니다. 언어는 충분하지 않습니다. 당신은 누구와도 비교될 수 없으며, 비교를 초월해 있습니다. 그러므로 내가 무슨 말을 하더라도 틀릴 것입니다. 왜냐하면 그것으로는 충분하지 않기 때문입니다. 언어는 매우 한정되어 있고, 당신은 너무도 큰 존재입니다."

그래서 도마는 말한다.

"스승이여, 당신이 누구와 같은지 제 입은 말할 수 없습니다."

"아닙니다. 그것은 불가능합니다. 아무 말도 하지 않겠습니다. 왜냐하면 그것은 말로 할 수 없기 때문입니다. 당신은 언어로써 포착할 수 없습니다. 당신은 설명할 수 없는 분입니다!"

도마가 가장 가까이 접근한다. 그러나 가장 가깝다 하더라도 그 역시 떨어져 있다. 그곳에 여전히 틈이 존재한다.

비슷한 이야기가 보리달마(인도의 작은 왕국의 왕자로 태어났으나 불교 승려가 되어 중국에 와서 당시의 불교와는 반대되는 선을 가르쳤으며, 사람의 마음이 본래 청정함을 깨달아야 한다고 역설했다. 이 선법을 제자 혜가에게 전수했다)에게서도 전해진다. 그는 9년간 중국에서 살았다. 그는 사람들을 가르쳤는데 많은 사람들이 명상 수행을 하면서 그에게 점점 모이기 시작했다. 떠나면서 그는 네 명의 제자들에게 다르마(베다 시대부터 자연계의 법칙, 인간계의 질서를 의미해 온 산스크리트어)에 대해, 진리에 대해 말해 보라고 했다. 처음 세 사람은 이상의 셋과 같은 말을 했다. 도덕가인 시몬 베드로, 그는 가장 표면적이다. 그리고 지식을 추구하는 사람 마태, 그는 시몬보다는 약간 더 깊지만 아직 멀리 떨어져 있다. 그리고 도마, 그는 "나는 아무 말도 할 수 없습니다." 하고 말했다.

그러나 보리달마는 예수보다 운이 좋았다. 왜냐하면 그곳에 정말로 침묵을 지킨 네 번째 제자가 있었기 때문이다. 그는 "나는 말할 수 없습니다."라는 말조차 하지 않았다. 왜냐하면 "말할 수 없습니다."라고 말하는 것은 이미 어떤 것을 말한 것이기 때문이다. 이것을 이해해야 한다. 네 번째 제자는 완전한 침묵을 지켰다. 그는 다만 보리달마의 눈을 바라보고 나서 그의 발아래 엎으려 절을 올렸다. 그러자 보리달마는 말했다.

"한 사람은 나의 뼈를 갖고, 다른 사람은 살을 갖고, 또 다른 사람은 피를 가졌다. 그리고 너는 나의 골수이다."

이 네 번째 제자는 도마가 한 말조차도 하지 않았다. 그가 가장 가까이 접근한 것이다. 그는 골수가 된 것이다.

예수는 그렇게 운이 좋지 않았다. 그것에는 이유가 있다. 분위기가 좋지 않았고, 상황이 매우 달랐다. 중국에는 노자가 있었지만 유대인들에게는 노자 같은 사람이 전혀 없었다. 노자는 붓다의 씨앗이 아름답게 싹틀 만한 토양을 만들어 놓았다. 보리달마가 중국에 갔을 때 밭은 이미 준비가 되어 있었다. 그 밭은 노자와 장자 같은 매우 드문 인물들이 이미 일구어 놓았다. 그리고 그때 붓다의 씨앗을 보리달마가 옮겨왔다. 그것은 훌륭하게 싹이 트고 아름답게 꽃피어났다. 예수는 그만큼 행운을 얻지는 못했다. 토양이 준비되어 있지 않았던 것이다. 유대 문화에는 예언자들이 있었다. 그러나 그들은 노자, 장자 같은 현인들은 아니었다. 그곳에는 성인들이 있었다. 그래서 시몬 베드로 같은 사람이 날 수 있었다. 그곳에는

세 명의 제자 | 483

도덕가가 있었다. 모세는 유대 문화권의 밑바탕에 도덕을 심어 놓았다. 십계명을 보라. 그것이 기초가 되었다.

원인 없이는 어떤 것도 존재할 수 없고, 오랜 전통 없이는 아무것도 존재하지 않기 때문에 그곳에 시몬 베드로 같은 인물이 가능했다. 시몬 베드로 같은 인물은 결코 우연히 배출되지 않는다. 그의 배경에는 기나긴 역사가 있다. 모세가 가장 깊은 근원이다. 그 뿌리로부터 시몬 베드로가 나왔다. 세상을 향한, 삶을 향한 도덕적인 자세인 십계명이 그 뿌리이다. 하지만 그곳에는 노자처럼 다음과 같이 말하는 사람이 없었다. "모든 구분은 오류다. '이것은 옳고 저것은 틀리다'라고 말하는 순간 그대는 삶을 분리시키고 삶을 죽이는 것이다." 노자는 전체를 위한 사람이지 분리를 위한 사람이 아니었다. 보리달마는 운이 좋았다. 때문에 그는 세 명이 아닌 네 명의 제자를 가질 수 있었다.

유대 문화에서는 최선으로 도마 같은 사람이 가능했다. 도마가 말하고 있는 것을 살펴보라. 이것은 기본이 되는 문제이다. "신에 대해서는 아무것도 말할 수 없다."라고 말하는 사람들이 있다. 그러나 그들은 이미 어떤 것을 말한 것이다. 그대가 "신에 대해서는 아무것도 말할 수 없다."라고 말할 때 그대는 이미 무엇인가를 말한 것이다. 만일 그대의 말이 옳다면 그대는 이미 오류를 범하고 있는 것이다. 만일 그대의 말, 아무것도 말할 수 없다는 말이 옳다면 그렇게 말해서도 안 된다. 그대는 철저히 침묵을 지켰어야 한다. 그대는 모순을 만들어 낸 것이다. 한편으로 그대는 아무것도 말할 수 없다고 말한다. 그러나 만일 그만큼이라도 말할 수 있다면 조금 더 말하지 못할 이유가 무엇인가? 왜 안 되는가? 그만큼의 말은 하면서 왜 조금 더 할 수는 없다는 것인가? 그 주장이 가능하다면 조금 더 주장하는 것도 가능하다.

붓다가 완전히 침묵을 지키고 있는 것은 이 때문이다. 그는 "신에 대해서는 아무것도 말할 수 없다."는 말조차 하지 않았다. 신에 대해 물으면 그는 다른 것을 이야기하곤 했다. 신에 대해 물어보면 그는 듣지도 않고, 마치 신에 대해 질문을 듣지 않은 것처럼 간단하게 화제를 바꾸어 다른 어떤 것을 이야기하곤 했다. 그는 그것은 말할 수 없다는 말조차 하지 않았다. 왜냐하면 그것은 말이 안 되는 것이기 때문이다. 그렇다면 왜 그런 말을 하는가? 비록 부정이지만 그것은 이미 무엇인가를 주장하는 것이다. 긍정적인 주장만 주장이 아니라 부정적인 주장 역시 주장이다.

그대는 "신은 형태가 없다."고 말한다. 무슨 의미인가? 그대는 신을 아는가? "신은 형태가 없다."고 말할 정도로 신을 알고 있는가? 만일 신을 완전히 안다면, 신은 형태를 갖고 있는 것이다. 예를 들어, 바다는 측정할 수 없다고, 바다는 너무 깊기 때문에 측정할 수 없다고 말한다고 하자. 그렇다면 그곳에는 두 가지 가능성이 있다. 첫째로 그대는 바다를 이미 측정했다. 왜냐하면 그런 후에만 바다는 너무 깊어서 측정할 수 없다는 말을 할 수 있기 때문이다. 둘째로는 바다를 측정해 보지도 않았을 수 있다. 그렇지 않다면 어떻게 너무 깊어서 측정할 수도 없다는 말을 할 수 있는가?

"신은 아무 형태도 없다."고 말할 때, 그대는 신의 영역에 들어가서 그곳에 아무 형태도 없음을 보았는가? 만일 신의 영역에 들어가 본 것이라면 신은 이미 형태를 갖고 있는 셈이 된다. 만일 들어가 본 적이 없다면 신이 형태를 갖고 있지 않다고 말해서는 안 된다. 왜냐하면 형태를 갖고 있을지도 모르기 때문이다. 신의 영역 안으로 들어가 본 후에야 그대는 알 수 있다. 그러므로 우연히, 정말로 우연히 신을 만나 본 사람은, 신에게로 떨어진 사람은 아무 말도 하지 않을 것이다. 그런 말조차 하지 않을 것이다. 왜냐하면 그 말 자체가 모순이기 때문이다.

금세기가 낳은 가장 날카로운 논리가 중의 한 사람인 비트켄슈타인(오스트리아 빈 출신으로 영국 케임브리지 대학 교수로 있으면서 일상 언어 분석에서 철학의 의미를 발견하는 작업을 했다)은 아름다운 문장을 쓴 적이 있다. 그의 저서 〈논리철학론〉에는 아름다운 말이 많이 들어 있다. 그중 가장 아름다운 문장은 이것이다.

"말할 수 없는 것에 대해서는 어떤 말도 해서는 안 된다. 만일 말할 수 없는 것이라면 침묵을 지켜야 한다."

도마는 가장 가까이 접근했지만 아직 거리가 있다. 그는 아직도 말하려 하고 있다. 표현할 수 없는 것을 표현해 보려고 하고 있다.

도마가 그에게 말했다.
"스승이여, 당신이 누구와 같은지 제 입은 말할 수 없습니다."

예수께서 말씀하셨다.
"나는 너의 스승이 아니다."

왜냐하면 아무도 나를 이해하지 못하고 있기 때문이다. 그런데 내가 어떻게 너의 스승이 될 수 있는가? 이해할 때, 그때만이 제자가 될 수 있다. 이해를 할 때만, 오직 그때만이 사원 안으로 들어갈 수 있다. 이해를 한 경우에만 스승의 존재 속으로 들어갈 수 있다.

예수께서 말씀하셨다.
"나는 너의 스승이 아니다……."

그는 세 사람 모두에게 말하고 있다.
"나는 너의 스승이 아니다."
도마는 가장 가까이 접근했지만 그 역시 빗나갔다. 그가 최고이긴 하지만 아직 완전하지 않다. 그는 다만 최선일 뿐이다. 그는 가장 가까이 접근했지만 아직 그곳에 장애물이 남아 있다. 그는 아직 언어를 믿고 있다. 표현할 수 없는 것을 여전히 표현하려고 시도하고 있기 때문이다.

"나는 너의 스승이 아니다.
왜냐하면 너는 취해 있기 때문이다.
너는 내가 나누어 준 솟아나는 샘물에 취했기 때문이다."

여기에서 예수는 매우 심오한 진리를 말하고 있다. 그는 말하고 있다.
"너희 셋은 모두 마음으로부터, 내가 나누어준 솟아나는 샘물로부터 말하고 있다. 나는 그것을 초월해 있다. 너희는 아직 마음으로부터 이야기하고 있다. 한 사람은 도덕주의자의 마음으로부터, 다른 사람은 신학적인 마음으로부터, 또 한 사람은 신비주의자의 마음으로부터. 어쨌든 이 모든 것은 아직 마음의 한 부분이다. 너희가 마음으로부터 말한다면 나는 너희의 스승이 아니다. 중요한 것은 이것이다. 마음을 버려라."

이것이 모든 스승이 계속해서 강조하는 것이다. "마음을 버려라." 그리고 그대는 속임수를 쓴다. 그가 버리라고 하는 그 마음으로부터 말하기 시작하는 것이다. 내가 보리달마는 더 운이 좋았다고 말하는 이유가 그것이다. 그는 정말로 침묵을 지키는 제자를 가질 수 있었다. 그 제자는 아무 대답도 하지 않았다.

더 운이 좋은 스승들도 있었다. 그중 하나가 임제 선사(당나라 시대의 선사로 임제종을 열었다. 보리달마에 이은 선을 활짝 꽃피운 인물)이다. 그도 같은 내용의 질문을 했다. 왜냐하면 실제로 그것은 언제나 반복되는 질문이기 때문이다. 붓다와 그의 제자들, 예수와 그의 제자들, 보리달마와 그의 제자들, 임제와 그의 제자들, 그들은 같은 이야기를 갖고 있다. 다를 수 없다. 왜냐하면 관계가 같고 현상도 같기 때문이다. 임제는 훨씬 더 운이 좋았다. 무슨 일이 일어났는가? 그가 그 수제자에게 "진리에 대해 말해 보라."고 물었을 때 제자가 무엇을 했는지 아는가? 상상하기도 어려울 것이다. 그 제자는 스승의 뺨을 때렸다! 그리고 그 스승은 웃음을 터뜨리며 말했다.

"그렇다, 네가 옳다. 질문 자체가 잘못되었는데 어떻게 대답할 수 있는가?"

이 사람은 가장 운이 좋은 스승이었다. 질문이 틀렸을 때 어떻게 대답할 수 있는가? 그 제자는 말하고 있다. "바보 같은 소리 하지 마시오. 나와 놀이를 하려고 하지 마시오. 나를 혼란에 빠뜨리지 마시오. 나를 비논리적인 난센스로 밀어 넣지 마시오. 만일 내가 대답하면 그것은 틀릴 것이고, 대답하지 않아도 그것 역시 틀린 것이 되기 때문이오. 스승의 질문이니 대답을 하지 않을 수도 없소. 만일 내가 대답하면 그것은 빗나갈 것이오. 왜냐하면 진리는 표현할 수 없기 때문이오. 만일 내가 대답하지 않는다면, 그것은 공손하지 못한 것이 될 것이오. 스승이 묻고 있으니 나는 대답을 할 수밖에 없소."

이것이 그가 스승의 뺨을 때리면서 한 말이다. 임제는 웃으면서 말했다.

"옳다, 제자가 스승의 뺨을 때릴 수 있다면 그는 스스로 스승이 될 수 있다. 이제는 가서 다른 사람을 가르치라."

예수께서 말씀하셨다.
"나는 너의 스승이 아니다.
왜냐하면 너는 취해 있기 때문이다.
너는 내가 나누어 준 솟아나는 샘물에 취했기 때문이다."

그대는 아직 술주정꾼이다. 마음의 광기에 취해 있다. 마음은 모든 광기의 근원이다. 정도의 차이는 있으나 마음을 가진 사람은 많든 적든 미쳐 있다. 마음은 광기와 동일하다. 그대는 그것이 심하지 않을 수도 있다. 적당히 미칠 수도 있다. 따라서 그대는 끓어오르지도 않고 증발되지도 않는다. 아무도 그대를 정신병원에 보낼 생각을 하지 않는다. 그대는 다만 적당히, 미지근하게 미쳤을 뿐이다. 일을 할 수도 있고, 돌아다닐 수도 있다. 광기를 내면에 보관하고 있을 수도 있다. 마음을 초월한 사람만 광기를 넘어설 수 있다. 그렇기 때문에 예수는 그대가 술에 취해 있다고 말하는 것이다.

"너는 내가 나누어 준 솟아나는 샘물에 취했기 때문이다."

너희 셋은 모두 마음으로부터 말하고 있다. 너희들은 지금까지 나를 바라보지 않았다. 왜냐하면 너희들이 나를 바라보았다면 그곳에는 마음이 없기 때문이다.

스승에게 마음을 가지고 가지 말라. 그것은 어리석은 일이다. 스승에게 마음을 지니고 간다면 그에게 가까이 가는 것이 아니기 때문이다. 그때 사트상을 획득할 수 없다. 그의 현존 속에 있을 수 없다. 그대는 생각으로 가득 차게 된다. 생각에 취하게 된다. 그가 그곳에 있을 때 그대는 생각과 이야기하고 있을 뿐이다. 내부에서는 생각이 계속 돌고 돌면서 벽을 쌓을 것이고, 따라서 예수가 그대 안으로 스며들어 가는 것은 불가능할 것이다.

그리고 예수는 도마를 데리고…….

왜냐하면 그가 가장 가까이 있고, 그나마 그중 나았기 때문이다.

한쪽으로 가서…….

아무도 없는 곳으로 가서…….

그에게 세 가지 말씀을 하셨다.

도마가 그의 동료들에게 돌아왔을 때 그들이 그에게 물었다.

"예수께서 너에게 무엇을 말씀하셨는가?"

예수는 차선의 제자를 데리고 말할 수밖에 없었다. 최선은 불가능했다. 그래서 도마가 선택된 것이다. 그는 도마를 데리고 한쪽으로 가서 세 가지를 말했다.

도마가 그의 동료들에게 돌아왔을 때 그들이 그에게 물었다.
"예수께서 너에게 무엇을 말씀하셨는가?"

그들은 여전히 예수가 하는 말에만 관심이 있었다. 예수의 존재 자체에는 관심이 없었다. 그들은 예수의 존재가 아니라 예수의 지식과 예수가 하는 말에만 관심이 있었다.

도마가 그들에게 말했다.
"만일 그분께서 내게 하신 말씀 중
한 가지라도 너희에게 말하면
너희는 돌들을 집어 나를 칠 것이다.
그러면 그 돌들에서 불길이 솟아나와
너희를 삼켜 버릴 것이다."

이것은 매우 신비한 말이다. 그 세 가지 말씀은 기록되지 않았다. 도마는 다른 제자들에게 그 세 가지 말씀이 무엇인지 결코 말하지 않았다. 그러나 그는 암시를 주었다. 준비가 되어 있지 않은 사람에게는 암시만 줄 수 있기 때문이다. 준비가 되어 있지 않은 사람에게는 단지 힌트만 줄 수 있을 뿐이다. 만일 진실한 질문자라면 그 힌트를 통해 비밀에 이를 것이다. 최종적인 비밀은 줄 수 없다. 그러기 위해서는 그것에 대한 준비가 되어 있어야 한다. 그대가 더 많이 준비될수록 더 많은 것이 드러날 것이다. 도마는 암시를 주었다. 따라서 무엇보다 먼저 그 암시를 이해해 보자.

"만일 그분께서 내게 하신 말씀 중
한 가지라도 너희에게 말하면
너희는 돌들을 집어 나를 칠 것이다.
그러면 그 돌들에서 불길이 솟아나와
너희를 삼켜 버릴 것이다."

먼저 그는 말하고 있다. "만일 그분께서 내게 하신 말씀을 한 가지라도 너희에게 말한다면……." 예수는 세 가지를 말했다. 그러나 "만일 그 말들 중 한 가지라도 너희에게 말한다면 너희는 그 자리에서 돌을 집어 나에게 던질 것이다." 이것은 무슨 의미인가?

인간은 거짓 속에서 살아간다. 모든 인간이 마찬가지이다. 거짓말은 매우 편하고 편리하기 때문이다. 진리는 어렵고 불편하다. 거짓말은 언덕을 내려가는 것과 같다. 춤추며 쉽게 내려갈 수 있다. 그러나 진리는 언덕을 올라가는 것과 같다. 그것은 힘들고 고통스럽다. 땀을 흘리게 하며, 편하지도 않다. 거짓말은 편리하고 편안하다. 거짓말은 만들어 낼 수 있고 창조해 낼 수도 있기 때문이다. 그대는 자신에게 맞게 거짓말을 만들어 낼 수 있다. 그러나 진리는 만들어 낼 수가 없다. 그것이 문제이고 장애이다.

그대는 거짓말을 만들어 낼 수 있다. 양복점엘 가면 그곳에서 양복을 만들어 주듯이 그대는 양복처럼 거짓말을 자신에게 맞도록 만들어 낼 수 있다. 그러나 진리는 그대에게 맞지도 않고, 그대가 그것을 만들어 낼 수도 없다. 진리에 자신을 맞추어야만 한다. 자신을 재단해야만 한다. 진리는 양복처럼 재단될 수 없는 것이다. 진리에 맞추기 위해서는 자신이 변화해야 한다. 거짓말은 아름답다. 왜냐하면 그대가 변화되지 않아도 되기 때문이다. 다만 거짓말을 변화시키면 된다. 그러면 그것이 그대에게 맞게 될 것이다. 그것은 매우 편안하며, 그대의 구미에 딱 맞고, 그대에게 변화를 강요하지도 않는다. 그대는 움직일 필요도 없이 가만히 있으면 된다.

거짓말은 늘 그대 곁에 머물러 있으며 그대에게 저항하지 않는다. 그리고 진리는 그대에 대해 신경을 쓰지 않는다. 진실하려면 그대 자신이 변화되어야만 한다. 진리는 만들어지는 것이 아니라 발견되는 것이다. 진리는 이미 그곳에 존재한다. 그렇기 때문에 인간은 거짓말 속에서 살아가는 것이다. 왜냐하면 그대는 자신에게 맞는 거짓말을 만들 수 있기 때문이다.

모든 나라는 그 고유의 거짓말을 갖고 있다. 모든 민족, 모든 종교, 교회, 사원, 구루드와라('스승에게로 가는 문'이란 뜻으로 시크교인들의 예배 장소)들은 자신들의 거짓말을 갖고 있다. 그것은 편리하며 그대의 구미에 맞는다. 그것은 진리로부터 그대를 막아 준다. 그렇기 때문에 누군가 진리를 말할 때 그대는 돌을 들어 그 진리를 주장하는 사람을 향해 던진다. 왜냐하면 만일 그가 옳다면 그대의 전 생애는 거짓이 되어 버리기 때문이다. 그것은 받아들이기 매우 어려운 일이다. 그대는 그것에 너무나 많은 투자를 했고 그것을 위해 살아왔다. 그대의 꿈들은 그대가 지금까지 얻은 전부이며, 그대의 거짓말들은 그대가 지금까지 획득한 전부이다. 그런데 누군가 와서 진리를 말한다고?

그때는 두 가지 가능성밖에 없다. 그대가 완전히 무너지든지 아니면 그 사람을 향해 돌을 던지든지 두 가지뿐이다. 그에게 돌을 던지면 그의 진리가 그대의 거짓을 부숴 버리지 못한다. 그대는 다시 거짓으로 돌아갈 수 있다.

심리학자들은 인간이 거짓말 없이는 살아갈 수 없다는 것을 이해한다. 99퍼센트의 사람들에 관한 한 그들이 옳다. 나머지 1퍼센트는 남겨 놓을 수 있다. 이 1퍼센트에 속한 사람들은 예외적이다. 프로이트, 융, 아들러—이들은 인간 마음에 대해 위대한 발견들을 했는데, 그들이 모두 동의하는 한 가지 사실은 인간은 거짓말 없이는 살아갈 수 없다는 것이다. 인간에게는 거짓말이 필요하다. 인간에게 거짓말은 음식과 같은, 또는 그것보다 더 기본적인 필수품이다. 그대는 음식 없이 3개월 이상 살 수 있다. 그러나 거짓말을 하지 않고는 단 3초 동안도 지낼 수 없다. 그것은 마치 호흡과 같다.

그대가 어떤 종류의 거짓말 속에서 살아가고 있는지 한번 보라. 누군가 그대의 거짓말을 지지하고 그 거짓말을 진리인 것처럼 만들어 줄 때마다 그대는 그에게 절을 한다. 그대는 죽음을 두려워하기 때문에 영혼의 불멸을 믿는다. 그것이 그대를 위한 거짓말이다. 그대는 아무것도 알지 못한다. 영혼에 대한 가장 기초적인 것도 모르고 있다. 영혼이 존재하는지 아닌지에 대해서조차 모른다. 그러나 그대는 그것의 불멸성을 믿는다. 그리고 누군가 영혼의 불멸성을 주장하고 증명하면 그대는 그에게 절을 하고 그를 존경하며

"여기에 현자가 있다."고 말한다. 그가 한 것은 무엇인가? 그는 다만 그대의 거짓말을 지지하고 있을 뿐이다. 이제 그는 그대의 거짓말의 수명을 더 연장시켜 주었다. 그러나 그대는 여전히 같은 상태이다. 그대는 영혼이 무엇인지 알지 못한다. 알려고 신경 쓰지도 않았다. 거짓말이 그대의 삶을 지탱해 주고 있다. 그때 그대는 죽음을 두려워하지 않는다. 그렇게 되면 죽음은 존재하지 않는 것이 되고 영혼은 불멸하기 때문이다.

그런 까닭에 매우 이상한 현상이 일어났다. 이 나라 인도는 지구상에서 가장 겁이 많은 나라이다. 그렇지 않으면 어떻게 이렇게 큰 나라를 수백 년 동안이나 노예 상태로 만들어 놓을 수 있겠는가? 그것도 인도의 주 하나에도 미치지 않는 영국과 같은 작은 나라에게, 5억의 인구가 3천만의 국민에게 노예 생활을 당했다. 이것은 비논리적이다. 그러나 누가 오더라도, 훈족이든 몽고족이든 터키인이든 영국인이든, 인도는 언제나 노예가 될 준비가 되어 있었다. 왜 그렇게 겁이 많은가? 이 사람들은 이른바 '자기 자신을 아는 사람들'이다. 그들은 자신들이 근본적인 앎을 지니고 있으며, 영혼이 불멸한다는 것을 알고 있다고 말한다.

만일 영혼이 불멸한다면 어떻게 겁쟁이가 될 수 있겠는가? 만일 영혼이 불멸한다면 누구보다도 용감해야 한다. 왜냐하면 아무것도 죽지 않기 때문이다. 누군가 그대를 죽이려고 한다 해도 두려워하지 않을 것이다. 왜냐하면 아무것도 죽지 않을 것이기 때문이다. 그러나 현실은 그렇지 않다. 오히려 그 반대이다. 영혼이 불멸하는데도 인도인들은 가장 겁쟁이들이다. 실제로 그들은 겁쟁이이기 때문에 자신들의 비겁함을 영혼의 불멸이라는 철학에 감춘 것이다. 이 불멸성은 그들이 알아낸 것이 아니다. 그 불멸성을 붓다는 알고 있었을 것이다. 야그나발키아(고대 인도 베다 시대의 현자로, 매우 지적인 경전 〈브리하다란키아 우파니샤드〉의 저자)도 알고 있었을 것이다. 그러나 이것은 전달될 수 있는 성질의 앎이 아니다.

자기를 아는 일은 개인적인 것이다. 어떤 나라도 그것을 소유할 수 없다. 그것은 유산이 될 수 없으며, 전통이 아니다. 한 깨달은 사람이 있었는데 그가 죽으면 그의 앎은 세상으로부터 사라진다. 그것은 언제나 다시 또다시 발견해야만 하는 것이지 하나의 소유물로 정착시켜 둘 수가 없다.

이 나라는 겁이 많지만 아름다운 이론을 가지고 있다. 그들이 얼마나 죽음을 두려워하는지는 상상조차 할 수 없다. 히말라야를 정복하는 데도 외국인이 와야만 된다. 그래도 인도인들은 신경 쓰지 않는다. 그들은 말한다. "당신들은 왜 이다지 바보 같은 일을 하려고 드는가? 그곳에 가서 무엇을 하려는 것인가? 왜 스스로 위험을 자초하는가?"

인도인들은 언제나 위험을 두려워한다. 그들은 위험이 있는 곳에는 절대 가려고 들지 않는다. 그러면서도 이 국민들은 자신들이 영혼의 불멸성을 알고 있다고 생각한다. 아니다, 그것은 거짓말이다. 영혼의 불멸이 진실이 아니라는 뜻이 아니다. 그렇게 생각하는 그 사람들이 거짓이라는 것이다. 그들은 그것으로 자신들의 두려움을 감싸고 있는 것이다.

보라, 인도는 하나의 현상이다. 사방을 둘러보라. 지구 어디에서도 그렇게 욕심 많고 불쌍한 민족을 발견할 수 없을 것이다. 그러면서 그들은 온 세상을 물질주의자들의 세상이라고 평가한다. 그것은 마음의 멋진 속임수이다. 그들은 영적인 사람들이고 세상은 물질주의자들로 가득 차 있는 것이다. 서양 사람을 볼 때마다 그들은 "물질주의자!"라고 부른다. 그러나 실제로는 인도인들보다 더 물질적인 사람은 없다. 그들은 돈을 위해 산다. 소유물에 대한 그들의 탐욕은 대단하다. 그들은 남에게 무엇을 줄 줄을 모른다. 어떻게 주는지 아예 잊어버렸다. 그들은 모든 것에 집착한다. 그러면서 세상 사람들을 물질주의자들이라고 비난한다. 그리고 말한다. "우리들은 영적인 사람들이다." 거짓말이다. 명백한 거짓말이다. 그러나 너무 자주 반복되기 때문에 그것이 진리처럼 보일 뿐이다. 그것은 거짓이다.

모든 사람들은 또한 개인적인 거짓을 만들어 낸다. 앞의 것들은 공적인 거짓말이다. 그리고 그대는 개인적인 거짓말을 만들어 그 안에 살고 있다. 그 거짓들은 특정한 방법으로 그대를 돕고 있다. 그대는 겁쟁이이다. 하지만 자신이 용감한 사람이라고 생각하고, 용감한 사람처럼 행동하려고 노력한다. 그것은 어느 정도 도움은 된다. 왜냐하면 실제로 그대가 겁쟁이이고 또한 그렇게 느낀다면 삶을 지속해 나갈 수 없기 때문이다. "나는 겁쟁이다."라고 하면서 움츠러들 것이다.

때문에 심리학자들은 인간은 거짓 없이는 살 수 없다고 말한다. 거짓이 있기 때문에 겁쟁이라도 삶 속으로 들어갈 수 있는 것이다. 이것은 거의 언제나 일어나는 일이다. 자신이 누구라 하더라도 그대는 정반대의 거짓을 만들어 낸다. 타인으로 하여금 그것을 믿도록, 그리고 스스로도 믿도록 과장된 행동을 한다. 그대는 과장된 행동을 한다. 겁쟁이는 과장된 행동을 한다. 그리하여 대담무쌍한 사람이 되는 것이다. 하지만 겁쟁이다. 그렇지 않으면 과장된 행동을 할 필요가 없을 것이다. 다른 사람과 자기 자신에게 "나는 겁쟁이가 아니다."라는 것을 보여 주기 위해 그럴 필요가 없는 곳에서 위험 속으로 돌진한다. 그러나 의식 깊은 곳에서는 자신의 겁을 두려워한다. 두려움에 차서 그 정반대되는 것을 투영하는 것이다.

탐욕스러운 사람은 "나는 탐욕스럽지 않다."는 것을 보여 주기 위해 세상을 포기하고 나체 수행자가 될 수 있다. 그러나 이것은 소용이 없다. 그것은 거짓이다. 단지 집을 버리고 옷을 입지 않는다고 해서 탐욕을 떠날 수는 없다. 왜냐하면 탐욕은 외적인 것이 아니기 때문이다. 그것은 그대의 집에 속해 있는 것이 아니다. 그것은 그대의 재물에 관련된 것이 아니다. 그것은 그대 자신에게 속한 것이다. 옷을 입든 벗어 버리든 그곳에 아무 차이도 없다. 단지 탐욕이 과장된 행동을 함으로써, 포기라는 극단적인 반대로 움직임으로써 자신을 숨기려고 하는 것일 뿐이다.

탐욕이 없는 사람에게는 포기도 없다. 왜냐하면 그는 과장되게 행동할 필요가 없기 때문이다. 두려움이 없는 사람에게는 이른바 용감함도 필요 없다. 자기 자신의 존재를 이해하는 사람은 이쪽 극단에도 저쪽 극단에도 서지 않는다. 그에게는 균형이 있다. 그의 삶은 조화 속에 있다.

그대는 어떻게 생각하는가? 붓다가 길을 걸어가고 있는데 앞에 뱀이 있다고 하자. 그는 어떻게 할 것인가? 그는 단순히 펄쩍 뛰어 길에서 벗어날 것이다. 그를 어떻게 보는가? 겁쟁이 혹은 용감한 사람? 그는 단순히 깨어 있는 사람, 이해에 도달한 사람이다. 그대는 아마도 그곳에 그대로 머물러 있는 사람을 좋아할 것이다. 그

뱀이 어떻게 할 것인지에 대해서는 신경을 쓰지 않는 사람, 그 뱀이 그 사람을 물어도 여전히 그곳에 머물러 있는 사람, 그를 용감하다고 부를 것이다. 그러나 그는 바보이지 용감한 자가 아니다. 의식 깊은 곳에서는 그는 겁쟁이다. 그 겁을 감추기 위해 그는 달아나지 않고 그곳에 머물러 있는 것이다.

그러나 만일 붓다가 뱀으로부터 달아나는 것을 보면 그대는 '내가 따르고 있는 사람이 이런 사람이라니, 이자는 겁쟁이다.' 하고 느낄 것이다. 그는 겁쟁이가 아니다. 뱀이 있다면 돌아가야 한다. 이것은 단순한 지식이다. 그것은 마치 누군가 자동차 경적을 울리고 있는데 길 한가운데 서 있으면서 자기는 용감한 사람이라고 생각하는 것과 같다. 그대는 단지 어리석을 뿐이다. 그곳에 서서 누구를 설득시키고 있는 것인가? 그대 자신이다. 깊은 곳에서 "나는 용감한 사람이다."라고······.

이해에 도달한 사람은 결코 반대편으로 움직여 가지 않는다. 그는 이해 속에서 움직인다. 어떤 상황이 일어나든, 어떤 상황에 처하든, 자각을 가지고 반응한다. 그는 용감한 자도 아니고 겁쟁이도 아니다. 그대는 겁쟁이이거나 용감한 자이다. 그곳에 언제나 반대의 것이 숨어 있다. 겁쟁이라도 어떤 상황에서는 용감해진다. 용감한 사람이라도 다른 상황에서는 겁쟁이인 것이 드러난다.

이 문제를 살펴보라. 가장 용감한 사람이 집에 돌아오면 겁쟁이가 된다. 나폴레옹도 조세핀 앞에서는 겁쟁이가 되었다. 세상에서, 경쟁에서, 시장에서는 그렇게 용감한 사람이 보잘것없는 아내 앞에서는 그토록 겁이 많은 이유는 무엇인가? 이것을 다른 사람의 일이라고 생각하지 말라. 그대는 그렇지 않다고 생각하지는 말라.

모든 남편이 아내에게 겁을 먹고 있다. 이것은 과장된 문구처럼 보일지도 모른다. 그러나 그렇지 않다. 왜냐하면 단순한 하나의 필요성에서 모든 남편은 아내에게 기가 죽어야만 한다. 하루 종일 용감하게 지낸 남편은 집에 오면 용감함의 긴장으로부터 해방되기를 원하는 것이다. 만일 집에서도 긴장을 풀지 못한다면 어디에서 긴장을 풀 수 있겠는가? 때문에 집으로 들어가는 순간 그는 자기의 무기를 옆에 내려놓는다.

그는 시장에서 적들과 끊임없는 경쟁을 벌이며 용감하게 싸웠다. 세상에는 끊임없는 전투가 있다. 하루 종일 그는 싸우고 있다. 집에 돌아왔을 때 그는 투쟁으로 피곤해져 있다. 하루 24시간 동안 용감할 수는 없다. 기억하라. 그 어떤 사람도 하루 24시간 동안 용감할 수는 없다. 하루 24시간 동안 의식이 깨어 있는 것은 가능하다. 그것을 제외하고는 모든 것이 반대편으로 움직인다.

집에 도착했을 때면 그대는 피곤해져 있고 휴식을 원한다. 이제 싸울 수 없다. 그대는 하루 종일 싸우고 왔다. 그런데 아내는 하루 종일 무엇을 하고 있었는가? 그녀는 경쟁하고 있지 않았다. 그녀는 자신 주위에 전쟁을 일으키고 있지 않았다. 그녀는 단지 집 안에서 보호를 받고 있었다. 하루 종일 쉬고 있었던 것이다. 다른 말로 하면, 하루 종일 자신의 용맹성을 보여 줄 순간이 없었다. 따라서 그녀는 겁쟁이가 되어 있는 것에, 단순한 아내로 있는 것에 지쳤다. 그대가 집에 오면 그녀는 준비가 되어 있다. 그녀는 그대를 덮칠 것이다.

사자를 부리는 용감한 사람이 있었다. 하지만 그는 언제나 자그마한 체구의 아내를 두려워했다. 그리고 그가 늦게 귀가할 때마다 싸움이 일어났다. 어느 날 저녁, 친구들과 함께 그는 모든 것을 잊고 늦게까지 술을 마셨다. 그러고 나서 자정이 되어서야 그는 자신에게 무서운 아내와 가정이 있다는 것을 기억했다. 그리고 이제 집으로 돌아가는 것은 매우 어려운 일이라는 것을 생각했다. 그렇다면 어디로 숨을 것인가? 그럴 장소가 마땅치 않았다. 그곳은 너무나 작은 마을이었기 때문에 어느 여관에 들어가든 아내가 와서 그를 끌고 갈 것이었다. 숨을 만한 장소를 발견하지 못한 그는 자기가 부리는 사자들이 들어 있는 동물원의 사자 우리로 들어갔다. 열쇠는 그에게 있었고, 그는 문을 열고 들어갔다. 여섯 마리의 크고 사나운 사자들이 안에 있었지만 그는 한 사자의 등을 베개 삼아 베고 잠이 들었다.

그의 아내는 온 마을을 다 뒤지고 다녔다. 이른 아침, 아무 곳에서도 그를 발견하지 못한 그녀는 그의 직장으로 찾아갔다. 남편은 사자 우리 안에서 코를 골며 깊은 잠에 빠져 있었다. 그녀는 우산으로 우리 안에 있는 그를 찌르면서 소리쳤다.

"야, 이 겁쟁이야! 밖으로 나와. 본때를 보여 주겠어!"

이런 일이 일어나는 것은 당연하다. 어느 한쪽 극단을 취하면 다른 쪽도 따라온다. 한 장소에서 용감한 사람이면 다른 곳에서는 겁쟁이가 된다. 그럴 수밖에 없다. 왜냐하면 겁쟁이가 됨으로써 긴장을 풀 수 있기 때문이다. 그렇기 때문에 나는 단순한 필요성으로 인해 남자는 아내에게 눌려 지낸다고 말한 것이다. 남자가 아내에게 눌려 지내지 않을 수 있는 한 가지 방법이 있다. 그가 집에서 아내의 기능을 담당하고 아내가 밖에 나가서 일을 하면 된다. 그러면 그는 더 이상 눌려 지내지 않아도 된다. 왜냐하면 그는 더 이상 남편이 아니기 때문이다. 그는 실제로 아내가 되고, 아내는 남편이 된다.

　모든 극단은 다른 극을 안에 숨기고 있다. 그리고 그것을 어딘가에 보여 줘야만 한다. 그렇지 않으면 그것은 커다란 부담이 된다. 그런 상태로는 살아가기가 힘들다. 오직 깨어 있는 상태만이, 불교에서 프리즈난이라고 부르는 경지, 곧 균형 잡힌 명상 상태만이 언제나 휴식 상태일 수 있다. 깨어 있음의 상태는 고양이에 비교할 수 있다. 고양이는 잠이 들어 있을 때도 계속 깨어 있다. 주위에서 조그마한 소리라도 들리면 고양이는 벌떡 일어나서 경계 자세를 취한다. 중간에 머무는 마음, 균형 상태에 있는 마음은 잠을 자고 있더라도 깨어 있다. 거기 휴식은 없다. 왜냐하면 휴식이 필요 없기 때문이다. 그는 결코 긴장하지 않는다. 그는 용감한 사람도 아니고 겁쟁이도 아니다. 그는 둘 다 이해하고 그 둘을 넘어서 간다.

　인간은 거짓말 속에서 살아간다. 자기 존재의 전체를 받아들이려고 하지 않기 때문에 그럴 수밖에 없다. 오직 부분만 받아들여진다. 그러면 다른 부분은 어떻게 하는가? 그것을 숨기기 위해 거짓을 만들어야만 한다.

　　도마가 그들에게 말했다.
　　"만일 그분께서 내게 하신 말씀 중
　　한 가지라도 너희에게 말하면
　　너희는 돌들을 집어 나를 칠 것이다."

　진리는 언제나 그런 식으로 받아들여진다. 진리를 주장하기는 쉽지 않다. 그것을 들은 사람들은 적이 될 것이고, 그들은 돌을 던지기 시작할 것이다. 그들이 정말로 반대하는 것이 아니라 그들은 단지 자기 자신을, 자신들의 거짓말을 보호하는 것일 뿐이다.

"너희는 돌들을 집어 나를 칠 것이다."

그런 다음 도마는 매우 아름다운 말을 했다.

"그러면 그 돌들에서 불길이 솟아나와
너희를 삼켜 버릴 것이다."

너희는 나에게 돌을 던질 것이다. 너희는 진리에게 돌을 던질 것이다. 하지만 그 돌들로부터 불길이 솟아나와 너희를 태워 버릴 것이다.

진리는 태울 수 없다. 진리는 십자가에 못박을 수 없다. 그대는 예수를 십자가에 못박았다. 예수가 유대인들에 의해 십자가에 못박혔을 때, 예수가 십자가에 못박힌 것이 아니라 그들이 자신들을 십자가에 못박은 것이다. 그리고 그 후로 불은 계속 타오르고 있고 그들은 그 불을 피해 달아나고 있다. 그러나 불은 따라다닌다. 돌을 던질 수는 있지만 진리는 결코 부서지지 않는다.

진리를 향해 돌을 던지는 순간, 다치는 것은 그대 자신이며 결국에는 그대가 불에 탈 것이다. 그대 자신이 던진 돌에서 불길이 솟아나올 것이다. 이것이 유대인들의 모든 역사이다. 20세기 동안 끊임없이 그들은 불태워져 왔다. 그들을 고문해 온 사람들이 옳다고 말하는 것은 아니다. 그렇지 않다. 나는 히틀러나, 유대인을 괴롭히는 다른 사람들을 지지하는 것이 아니다. 그렇지 않다. 그들이 올바른 일을 하는 것은 아니다. 그러나 유대인들은 자신들의 상처를 스스로 지니고 다닌다. 그들이 히틀러를 만들어 낸 것이다. 이것은 매우 이해하기 어려울 것이다.

죄가 있는 사람은 자신을 처벌할 사람을 찾아다닌다. 아무도 그를 처벌하지 않을 때 그는 오히려 살아가기가 어렵다는 것을 느낀다. 누군가 그를 처벌할 때 그는 마음이 편안해짐을 느낀다. 아이들을 관찰해 본 적이 있는가? 누군가 그들을 벌주지 않으면 그들은 스스로를 벌준다. 자신들의 얼굴을 때린다. 그것이 그들의 억압감을 풀어 준다. 아이는 무엇인가 잘못을 저지르고는 아버지나 어머니 혹은 다른 사람들이 그것을 아는지 모르는지 살펴본다. 만일 어른들이 그것을 알면 그를 때릴 수도 있다. 아이는 그래야만 편해진다. 왜냐하면 이제는 처벌을 받았기 때문이다. 끝이 난 것이다. 계산은 이제 끝난 것이다. 그는 잘못을 했고 처벌을 받았다. 그러나 아무도 알지 못하면 그는 불안해진다. 무엇인가 아직 해결되지 않은 것이 남아 있는 것이다. 그래서 그는 구석으로 가서 자기 얼굴을 때린다. 그런 후에야 편해진다.

그것이 고행을 실천하는 사람들에게 일어나는 현상이다. 그들은 무엇인가 나쁜 짓을 저질렀다. 그것이 나쁜 짓인지 아닌지는 문제가 아니다. 그들 스스로 나쁜 짓을 했다고 생각하는 것이다. 그래서 그들은 계속해서 스스로를 처벌한다. 자신들이 타파스차리아 (종교 수행의 하나로 자발적으로 자기 몸을 괴롭히는 행위), 깊은 고행으로 들어가는 위대한 성인이라고 생각한다. 그들은 자신들을 처벌하는 단순한 죄인들이다. 단식을 할 수도 있고, 자신의 뺨을 때릴 수도 있으며, 산 채로 자신을 불태울 수도 있다. 그러나 그들은 스스로를 처벌하는 죄지은 아이들, 미성년자들인 것이다. 그들은 무엇인가 잘못을 했기 때문에 균형을 되찾고 싶은 것이다. 그들은 신에게 "저는 제 자신을 충분히 벌했습니다. 이제 당신은 저를 벌할 필요가 없습니다."라고 말하고자 하는 것이다. 유대인들이 한 일이 이것이다. 이것은 인간 마음의 가장 복잡한 면 중 하나이다.

유대인들은 언제나 그들의 아돌프 히틀러를 찾고 있었다. 누군가 그들을 벌 줄 사람들을 찾고 있었다. 그래서 그들의 마음이 편안해지도록. 아무도 그들을 괴롭히지 않을 때 그들은 마음이 불편했다. 죄의식이 그들을 따라다녔다. 진리를 향해 돌을 던질 때 이런 일은 일어날 수밖에 없다. 고난의 20세기가 지난 후에도 유대인들은 자신들이 나쁜 짓을 했다고 고백하지 않는다. 절대로 아니다! 예수는 아직 받아들여지지 않고 있다. 그들은 아직도 예수가 존재한 적이 없는 것처럼 행동하고 있다. 예수는 아직 그들의 일부가 아니다. 내가 예언하건대, 만일 그들이 예수에게로 돌아가지 않는다면 그들은 계속해서 고난 속에 살아갈 것이다. 그 고난은 다른 사람들이 만드는 것이 아니다. 그들이 고난을 찾아다니는 것이다. 그들은 죄 많은 민족이다. 그리고 그들의 죄는 매우 큰 것이다.

붓다나 예수 혹은 크리슈나를 십자가에 못박는 일보다 더 큰 죄를 상상할 수 있는가? 예수의 가르침을 따르고 그를 숭배해야만 했다. 예수를 따르고 그의 가르침을 살아야만 했다. 그런데 유대인들은 그 반대의 일을 했다. 예수가 그들의 삶이 되어야 하고 고동치는 심장이 되어야만 했다. 그런데 정반대로 그를 죽인 것이다.

그를 자신들의 삶으로 만드는 대신 그의 삶을 파괴했다. 그 상처는 언제까지나 유대인들을 따라다닐 것이다. 만일 그들이 예수에게로 되돌아가지 않는다면 그 상처를 치유하기는 어렵다.

힌두교도들은 좀 낫다. 그렇기 때문에 그들은 죄의식에 덜 시달리고 있다. 그들은 붓다를 죽이지는 않았다. 사실 붓다는 예수보다 더 위험한 인물이었다. 그는 힌두교를 뿌리부터 흔들어 놓았다. 예수는 "나는 전통을 파괴하러 오지 않았고 그것을 완성시키러 왔다."고 말했다. 붓다는 달랐다. 그는 직접적으로 말했다. "나는 전통의 뿌리를 완전히 뽑아 버리기 위해 왔다. 모든 베다서는 쓰레기이다!" 하지만 힌두교도들은 그를 죽이지 않았다. 따라서 힌두교도들은 죄의식 없이 살아갈 수 있다. 그들은 매우 영리하고 신중한 국민이었다. 그들은 그를 죽이지 않았을 뿐만 아니라 오히려 한 사람의 아바타르(신의 화신)로 만들었다. 그들은 그를 받아들였다. 약간 길에서 벗어나긴 했지만 신경 쓸 만큼 심한 것은 아니었다. 그들은 그를 전통에 통합시켰다. 그들은 "붓다는 우리의 열 번째 화신이다."라고 하면서 그에 대한 이야기를 만들어 내었다. 따라서 나는 그들을 영리하고 신중한 민족이라고 부르는 것이다.

그들보다 더 영리한 민족은 없다. 그럴 수밖에 없다. 왜냐하면 힌두교도들은 가장 오래되고 가장 현명한 민족이기 때문이다. 경험이 그들에게 많은 것을 가르쳐 주었다. 만일 붓다를 십자가에 못박는다면 그대는 결코 그로부터 자유로울 수 없을 것이다. 그는 그대를 따라다니며 환상으로 나타날 것이기 때문이다. 그러므로 그를 십자가에 못박지 말라. 그를 무시하라. 하지만 그를 무시한다 하더라도 그대 안의 무엇인가가 자꾸만 뒤를 돌아볼 것이다. 그 사람이 그곳에 있다. 따라서 그를 받아들이는 것이 낫다. 그래서 그들은 거부의 한 방법으로 붓다를 받아들인 것이다. 그것은 신중한 결정이었다.

그들은 하나의 이야기를 만들어 내었다. 신은 천당과 지옥을 창조해 내었다. 그러나 수천 년 동안 아무도 지옥에 가지 않았다. 왜냐하면 아무도 죄를 짓지 않았기 때문이다. 모든 사람이 종교적이고 정의로웠다. 모든 사람이 천당으로 갔다. 그래서 악마가 신에게 가서 따졌다.

"당신은 무엇 때문에 지옥을 만들어 놓았소? 이것은 쓸모가 없습니다. 아무도 오질 않아요. 그리고 나는 이제 기다리다 지쳤습니다. 그러니 무슨 조치를 취하든지, 그렇지 않으면 지옥의 문을 닫으시오."

신이 말했다.

"기다리라. 붓다라는 사람을 세상으로 보내겠다. 그는 사람들을 혼란스럽게 만들 것이다. 사람들이 혼란스러워지면 그들은 길을 잘못 가기 시작해 지옥에도 갈 것이다."

그리고 그 이후 지옥은 사람들로 만원이다. 그러나 힌두교도들은 붓다를 신이 보낸 화신으로 받아들였다. 그럼으로써 그들은 아주 오묘한 방법으로 그를 거부한 것이다. 그럼으로써 결코 죄의식에 시달리지 않았다.

유대인들은 여전히 죄인으로 남아 있다. 그 상처가 그들을 따라다니고 있다. 그러나 그들은 아직도 예수에게로 돌아가지 않고 있다. 그들은 예수에게로 돌아가야만 한다. 예수는 한 사람의 유대인이었다. 유대인으로 태어났고, 유대인으로 자라났고, 유대인으로 죽었다. 그는 기독교인이 아니었다. 그들은 다시 그에게로 돌아갈 수 있다. 그런데 어떤 유대인도 그런 마음을 갖고 있지 못하다. 많은 훌륭한 유대인들이 지금도 태어나고 있다. 현대에서 가장 훌륭한 사람들이 유대인이다. 유대인들은 가장 큰 잠재력을 가진 민족이다. 프로이트도 유대인이고, 마르크스도 아인슈타인도 유대인이다. 이 위인 세 사람이 20세기 전체의 모습을 만들었다. 그러나 그 누구도 예수와는 비교될 수 없다. 그들은 유대인 중에서 가장 위대한 인물을 거부한 것이다. 다시 그에게 되돌아가기만 한다면 그들은 편안해지고 상처가 치유될 것이다. 그들은 다시 건강해지고 전체적이 되며 아돌프 히틀러도 필요 없게 될 것이다.

그들이 그들의 히틀러를 창조했다. 내가 이것을 말할 때 그대 역시 기억하라. 죄를 지었다고 느낄 때 그대는 자신을 처벌해 줄 사람을 창조해 낸다. 그대는 처벌을 찾아다닌다. 왜냐하면 처벌이 그대를 편안하게 하고 죄의식에서 해방시켜 주기 때문이다. 죄의식을 느끼지 말라. 그렇지 않으면 계속 벌을 찾아다니게 될 것이다.

삶을 그 전체로서 즐기라. 그렇지 않으면 죄의식을 갖게 된다. 삶을 있는 그대로 받아들이라. 그리고 그 있는 그대로에 대해 감사하라. 깊이 감사하라. 그때 종교적인 사람이 될 수 있다. 그대가 일단 전체를 받아들이면, 그대 역시 전체가 된다. 모든 분리는 사라지고, 깊은 침묵이 그대를 들어올린다. 그대는 미지의 것으로 가득 차게 될 것이다. 왜냐하면 그대가 전체로 될 때, 수많은 미지의 것들이 그대의 문을 두드리기 때문이다.

13
하늘나라는 어디에 있는가

ⲁⲩⲥ ⲛⲁⲩ ⲁⲥⲛ̄ⲕⲟⲩⲉⲓ ⲉⲩϫⲓ ⲉⲣⲱⲧⲉ
ⲡⲉϫⲁϥ ⲛ̄ⲛⲉϥⲙⲁⲑⲏⲧⲏⲥ ϫⲉ ⲛⲉⲉⲓ
ⲕⲟⲩⲉⲓ ⲉⲧϫⲓ ⲉⲣⲱⲧⲉ ⲉⲩⲧⲛ̄ⲧⲱⲛ

이 세상을 사랑할 수 있다면 신을 사랑하는 것이다.
신은 공개된 비밀이다. 하늘나라는 그대 안에 있고, 그대 밖에 있다.
그대만 신을 찾고 있는 것이 아니라 신도 그대를 찾고 있다.
그대가 고통 중에 있으면 존재계는 고통을 느낀다.
그대가 행복하면 모든 존재가 그대와 함께 행복해한다.
그대가 울면 우주도 함께 울고, 그대가 웃으면 우주도 함께 웃는다.

열세 번째 말씀

예수께서 말씀하셨다.
"만일 너희를 인도하는 자들이 너희에게,
'보라, 그 나라는 하늘에 있다.'고 말한다면
그렇다면 공중의 새들이 너희보다 앞설 것이다.
만일 그들이 너희에게,
'그 나라는 바다 속에 있다.'고 말한다면
그렇다면 물고기들이 너희보다 앞설 것이다.
그러나 그 나라는 너희 안에 있고 또 너희 바깥에 있다.
만일 너희가 너희 자신을 알면
너희는 알려질 것이고
너희는 너희가 살아 계신 아버지의 아들임을 알게 될 것이다.
그러나 만일 너희가 너희 자신을 알지 못하면
너희는 가난 속에 머물게 되고
너희 자신이 가난 그 자체가 될 것이다."

신의 나라는 언제나 다른 곳에 있는 것처럼 설교되어 왔다. 시간 속에, 공간 속에, 하지만 항상 다른 시간대와 공간대 어느 곳에 있고 지금 이곳에 있는 것이 아니었다. 왜 그런 일이 일어났는가? 왜 신의 나라는 지금 이곳에 있지 않은가? 왜 미래에, 혹은 다른 어느 공간에 있는가?

그것은 인간의 마음 때문이다. 인간의 마음은 지금 이 순간으로부터 달아난다. 그것은 미래에 살고, 희망 속에 살고, 미래에 대한 약속 안에서 살아간다. 그것은 욕망을 통해 움직인다. 욕망은 시간을 필요로 한다. 시간이 없으면 욕망은 존재할 수 없다. 만일 갑자기 시간이 사라졌음을 깨닫는다면, 시간이 없고 내일이 없음을 깨닫는다면, 욕망에게는 무슨 일이 일어날 것인가? 욕망은 움직일 수 없게 되고, 시간과 함께 사라져 버린다.

기본적으로 시간은 물리적 현상이 아니다. 시간은 심리적인 현상이다. 시간은 그대 밖에 있는 것이 아니다. 시간을 창조하는 것은 마음의 기능이다. 예수 같은 이는 시간이 없이 살지만 그대는 시간 속에서 산다. 그렇기 때문에 모든 붓다들은—예수도 한 사람의 붓다, 깨달음에 이른 한 인간이다—강조해 왔다. "욕망을 버려라. 그러면 갑자기 천국의 문이 열릴 것이다." 그러나 욕망을 버리기 위해서는 지금 그리고 여기에 존재해야 한다. 그렇게 할 때 미래로 통하는 다리가, 다른 곳으로 건너가는 다리가 사라지기 때문이다. 그때 그곳에 다리가 없다. 욕망이 그 다리이다.

마음은 시간을 필요로 한다. 마음은 시간 없이는 존재할 수 없다. 시간이 많을수록, 마음은 놀이를 할 더 많은 장소, 빈둥거리며 시간을 낭비할 더 많은 장소를 갖게 된다. 그때 마음은 수많은 욕망과 꿈을 만들어 낼 수 있으며, 마음은 그 욕망과 꿈속에서 살아간다. 성직자들은 언제나 천국이 미래에 있는 것처럼 말한다. 왜냐하면 마음은 미래만을 이해할 수 있기 때문이다. 그리고 바로 그 미래 때문에 세상의 종교들이 그대를 이용할 수 있기 때문이다. 그리고 그때 그대 역시 편안함을 느낀다.

어떤 교회의 목사가 하느님의 나라를 찬양하면서 말했다.

"그곳에는 황금으로 만들어진 거리와 에메랄드로 꾸며진 들판이 있다."

그는 가능한 온갖 수식을 늘어놓은 다음 물었다.

"그곳에 가고 싶은 사람은 누구입니까?"

모든 사람이 손을 들었으나 한 노인만 손을 들지 않았다. 목사는 믿을 수가 없었다. 왜 이 노인은 손을 들지 않을까? 그는 죽을 때가 가까이 왔으므로 맨 먼저 손을 들어야 했다. 그 다음에 목사는 지옥을 묘사하면서 온갖 추함과 고문, 고통, 고난, 타오르는 불길 등을 말했다. 그리고 다시 물었다.

"하느님의 나라에, 천국에 가고 싶은 사람은 손을 들어 보세요."

모든 사람들이 손을 들었다. 그러나 노인은 여전히 손을 들지 않고 가만히 앉아 있었다. 목사는 당황했다. 그는 노인에게 물었다.

"제 말이 안 들리십니까? 귀가 멀었나요? 당신은 하느님의 나라에, 천국에 가고 싶지 않은가요?"

노인이 말했다.

"결국에는 가고 싶겠지요. 그러나 당신이 말하는 투로 보아 당신은 지금 이 자리에서 모든 짐을 내려놓고 저세상으로 가기를 원하는 것 같군요. 결국에는 가고 싶겠지요. 그러나 지금은 결코 가고 싶지 않아요."

"신의 나라는 지금 이곳에 있다."고 듣는다 해도 그대는 준비가 되어 있지 않다. 그대는 떠나기 전에 이루어야 할 욕망이 너무 많은 것이다. 신의 나라에 들어가기 전에 많고 많은 일들을 해야만 한다. 그대는 아직 꿈을 꾸고 있고 깨어날 준비가 되지 않았다. 그대는 시간이 필요하다. 목사는 호소력을 갖고 있다. 그러나 붓다나 예수는 그렇지 못하다. 왜냐하면 예수는 시간의 관점에서 이야기하지 않기 때문이다. 그는 불편한 친구이다. 따라서 예수와 함께 지낸다는 것은 끊임없는 불편함 속에서 사는 것이다. 그는 그대에게 꿈의 편리함을 허락하지 않는다. 시간과 미래를 허락하지 않는다. 그는 내일은 존재하지 않는다고 말한다.

내일은 또 다른 방식으로 그대를 도와준다. 그대는 지금 당장은 자신을 받아들이지 못한다. 그대는 자신이 하찮은 존재라는 것을 안다. 스스로도 지금의 자신을 받아들일 수 없다는 것을 안다. 그런데 어떻게 신이 그대를 받아들일 수 있겠는가? 그것은 불가능한 일이다. 그대는 자신을 이해할 수 없다. 그리고 스스로를 비난한다. 그렇게 죄가 많은데 어떻게 신이 그대를 받아들일 수 있겠는가? 결코 가능하지 않은 일이다. 지금 당장 하늘나라의 문이 열리고 그대를 초대한다면 그대는 그 하늘나라로 들어갈 용기를 가질 수 없다. 자신을 변화시킬 약간의 시간이 필요한 것이다. 선한 인간으로 돌아갈 약간의 시간이 필요한 것이다. 성자 같은 사람이 되기 위해 약간의 시간이 필요하다. 그대의 존재가 받아들여질 수 있도록, 신이 그대를 사랑할 수 있도록 여러 가지 일을 할 약간의 시간이 필요하다. 많은 욕망이 그곳에 있으며, 그것들은 시간을 필요로 한다. 해야 할 많은 일들이 기다리고 있으며, 그것들은 시간을 필요로 한다.

세상의 도덕들이―그것들은 형태만 다를 뿐 기본적인 특성은 같다―그대를 비난해 왔다. 그대는 잘못되었으며, 무엇인가 하지 않으면 안 되고, 바로잡아야 하고, 갈고 닦아야 하며, 가치 있는 인간이 되어야 하는 것이다. 그래서 누군가 "지금 문이 열려 있다."고 말하면 불안해진다. 그대는 들어갈 수 없다. 그러나 그가 "그 문은 미래에 열린다."고 한다면 그때는 충분한 시간이 있게 된다. 마음이 편안해지고, 그것을 위해 준비를 할 수 있고, 자신을 갈고 닦을 수 있다. 자신에 대한 하나의 이상적인 이미지를 만들 수 있으며, 언젠가 성자가 될 수 있도록 그 이상적인 이미지를 따를 것이다. 이것이 마음의 속임수이다. 그대가 뒤로 미룰 수 있으면 마음은 그대로 남아 있다. 그대로 남아 있기 위해 마음은 뒤로 미루기를 원한다. 변화하지 않기 위해 미래의 이상이 필요한 것이다. 도약을 하지 않고 뒤로 미룰 수 있도록 시간이 필요한 것이다.

뒤로 미루는 것은 그대의 현재 상태가 계속 이어질 수 있는 기반을 만들어 준다. 만일 집이 불타고 있다면 뒤로 미루지 않을 것이다. 그대는 당장 뛰쳐나갈 것이다. "문이 어디에 있습니까? 계단은 어디에 있습니까? 어느 곳으로 나갑니까?" 하고 묻지 않을 것이다. 교사나 안내자도 찾지 않을 것이다. 그냥 뛰어나갈 것이다. 어느 곳에나 문이 있을 것이다. 그대가 어느 곳에 있든 그곳으로부터 출발할 것이다. 그리고 "내가 정말 구조받을 만한 가치가 있을까? 나에게 그럴 만한 가치가 있는 것일까?" 하고 묻지도 않을 것이다. 아니다, 그 모든 질문은 일어나지 않을 것이다.

철학은 질문하고 대답을 하면서 계속해서 뒤로 미루는 사치스러운 시간을 위한 것이다. 그러나 위험이 닥치면 그대는 모든 철학을 옆으로 제쳐 놓는다. 위험이 닥칠 때마다 자신이 마음을 옆으로 제쳐 놓는다는 사실을 관찰해 본 적이 있는가? 그때는 전혀 생각하지 않는다. 생각할 만큼 시간이 충분하지 않다. 집은 불타고, 일단 뛰쳐나가야만 한다. 밖으로 나오면 나무 그늘 아래 앉아 자신에게 일어난 일에 대해 다시 생각해 볼 수 있을 것이다. 그러나 위험이 닥치고 죽음이 가까이 왔을 때는 시간이 없다. 곧바로 행동해야 한다. 생각할 틈이 없다. 당장 행동해야 하고, 행동만이 그대를 구할 수 있다.

시간은 뒤로 미루기 위한 것이다. 그대는 수백만 가지 이유를 들어 뒤로 미룬다. 그중 한 가지 이유는 이렇다. 아직 많은 일들을 이루지 못한 것이다. 아직 충분히 세상을 맛보지 못했다. 그대는 이 세상에 수백만 번이나 있었고 수백만 가지 방법으로 그것을 맛보았다. 그러나 아직도 굶주림이 남아 있고, 목마름이 남아 있다. 충분한 시간이 없었기 때문이 아니다. 모든 지나간 시간 동안 계속해서 그대는 이곳에 있었다. 그리고 모든 지나간 시간은 영원을 의미한다. 그것은 시작이 없다. 영원으로부터 그대는 이곳에 있으면서 수백만 가지 방법으로 행동하고 수백만 가지의 욕망을 채워 왔다. 그런데도 여전히 배가 고프고 목이 마르다. 아직도 더 시간이 필요하다고 생각하는가? 지금까지 이미 충분 이상으로 많은 시간을 가져 왔다. 시간이 더 필요한 것이 아니다. 이해가 필요하다. 욕망은 그 속성상 채워질 수 없는 것임을 자각하는 것이 필요하다.

　시간이 아무리 많이 주어진다 하더라도, 영겁이 주어지더라도, 욕망은 충족되지 않을 것이다. 충족되지 않고 남아 있는 것이 욕망의 속성이다. 그것은 다시 또다시 일어날 것이다. 그것을 충족시키려고 노력하면 할수록 더 많은 욕망이 일어날 것이다. 욕망을 충족시키고 있다고 생각하는 것은 단지 그 욕망을 키우고 있는 것에 지나지 않는다. 그대는 섹스 속으로 움직여 들어간다. 그대 생각으로는 그대는 지금 그 욕망을 충족시키고 있다. 하지만 사실은 그 욕망에 먹이를 주고 있는 것이다. 내일이면 그것은 더 탐욕스럽게, 더 강한 욕망으로, 더 많은 기대를 갖고 되돌아올 것이다. 그대는 다시 그것을 키운다. 내일 그것은 다시 그대의 문을 두드릴 것이다. 더 많은 광기와 희망을 갖고……. 날마다 그것은 자란다. 그대가 경험한 것처럼 그것은 더욱더 갈증을 느끼게 한다. 그대는 그것을 키우고 있는 것이다. 충족이란 없다.

　그리고 그것이 모든 욕망의 모습이다. 기본적인 욕망들, 평범한 욕망들을 살펴보라. 음식을 먹으면 배고픔은 사라진다. 그러나 그것은 다시 돌아오기 위해 사라질 뿐이다. 음식을 먹는다고 배고픔이 영원히 사라지는가? 음식을 먹는다고 배고픔이 영원히 사라질 가능성이 있는가? 단지 음식을 먹음으로써 배고픔이 영원히 사라질 가능성이 조금이라도 있는가? 목이 마르면 물을 마신다. 그렇다고 그대 생각의 목마름은 영원히 사라지는가? 아니다, 그것은 욕망의 속성이 아니다. 그리고 그것들은 이해하기 쉬운 가장 기본적인 욕망들이다. 욕망은 반복적이다. 반복하면 할수록 더 최면에 걸린다. 반복은 최면이기 때문이다. 어제 그대는 그것을 했다. 오늘도 그것을 하고 있다. 내일도 그것을 하기를 원한다. 이처럼 그대는 욕망을 되풀이하고 있다. 그리고 되풀이하면 할수록 그곳에 더 빠져든다.

수백만 번의 삶 동안 그대는 수많은 방법으로 욕망을 가져 왔다. 그리고 그대는 자신이 바라는 그런 방법으로 태어난다. 자신이 바라는 대로 이루는 것이다. 개처럼 섹스하기를 원하는 사람은 개처럼 태어날 것이다. 돼지처럼 탐욕스러운 사람은 돼지처럼 태어날 것이다. 그렇게 함으로써 그는 욕망을 충족시킬 수 있다. 그대는 온갖 가능한 형태로 태어나 왔다. 왜냐하면 그대는 영원의 세월 동안 존재해 왔기 때문이다. 나무로도 태어났고, 새로도 태어났고, 동물로도 태어났다. 이것을 힌두교에서는 '요니'라고 부른다. 그들은 그대가 수백만 종류의 자궁에서 태어나 왔다고 말한다. 그대의 욕망은 수많은 형상을 취해 왔다. 그대는 가능한 모든 차원을 통해 시도해 왔다. 지금까지 아무것도 일어나지 않았다. 앞으로도 영원히 아무것도 일어나지 않을 것이다. 왜냐하면 욕망의 속성은 충족되지 않고 남아 있는 것이기 때문이다. 만일 이것을 이해한다면 미래는 필요하지 않다. 그때 그대는 지금 여기에 머물 수 있다.

미래가 떨어져 나가면 욕망도 떨어져 나간다.

　다른 방향에서 이해해 보자. 그대는 모든 방법으로 그대를 바꾸려고 노력했다. 과거의 생들에 대해선 기억하지 못하지만, 현재의 생은 알고 있다. 이생에서 그대는 자신을 변화시키기 위해 모든 일을 해 보았다. 그래서 아주 조금이라도 변화되었는가? 내가 말하듯이, 아주 조금이라도? 조금이라도 달라졌는가, 아니면 이전 그대로 남아 있는가? 여기서 조금 다듬고, 저기서 조금 다듬고, 이곳 또는 저곳을 조금 수정하고……. 그러나 진정 어떤 변화가 있었는가? 어떤 탈바꿈이 일어났는가? 지금까지 아무 일도 일어나지 않았다면, 미래에는 일어나리라고 생각하는 것은 어떤 이유에선가? 지금까지 살아온 것과 마찬가지로 앞으로도 계속 미루면서 살아간다면 변화는 영원히 일어나지 않을 것이다. 미루는 것은 변화를 일으키지 않기 위한 마음의 속임수이기 때문이다.

　그것은 가장 깊은 속임수이다. 그것을 이해해야 한다. 왜 내일까지 연기하는가? 지금 이 순간 그것을 하기를 원치 않기 때문이다. 그대는 논리적인 게임을 하고 있는 것이다. 그대는 말한다. "지금 당장은 그것이 어렵다. 하지만 내일은 쉬워질 것이다." 그러나 모든 내일은 오늘이 된다. 내일이 왔을 때 그것은 다시 오늘이 될 것이며, 그대는 말할 것이다. "지금은 그것이 어렵지만, 내일은 할 것이다." 이것은 마음이 편안함을 느끼는 방식이다. 그리고 그 내일은 영원히 오지 않는다.

　미루는 것은 변화의 방법이 아니다. 지금까지 그대는 미루어 왔다. 다시 또다시 연기해 왔다. 매순간마다 연기해 왔다. 그것이 그대가 똑같은 상태로 머물러 있는 원인이다. 이것을 이해하면, 변화는 지금 이 순간에 일어난다. 왜냐하면 그것은 노력을 필요로 하지 않는 깨어남의 문제이기 때문이다. 수정의 문제가 아니다. 그것은 그대가 무엇을 하는가의 문제가 아니다. 지금 그대는 있는 그대로 완전하다. 지금 그대는 신성을 지니고 있다. 지금 있는 그대로 어떤 것도 부족하지 않다. 단순히 깨어남이 필요한 것이다. 꿈과 잠으로부터 깨어나라. 눈을 뜨고 사실을 바라보라. 그 사실이 변화를 가져다줄 것이다. 갑자기 그대는 더 이상 과거가 아니다.

미래를 떨쳐 버리면 과거는 즉시 떨어져 나간다. 이것은 삶의 근본 법칙 중 하나이다. 만일 미래를 떨쳐 버릴 수 있으면 과거는 즉시 떨어져 나간다. 왜냐하면 그것은 그곳에 머물러 있을 수 없기 때문이다. 이것은 강 위에 다리를 만드는 것과 같다. 다리를 만들기 위해서는 두 개의 강둑이 필요하다. 만일 한쪽 강둑이 사라지면 다른 강둑 혼자 다리를 지탱할 수 없다. 다리는 떨어져 나가고 모든 것이 사라진다. 과거와 미래는 두 개의 강둑이다. 이 두 강둑 사이에 그대는 욕망의 다리를 만들어 왔다. 그대는 언제나 어디론가 가고 있다. 언제나 어딘가를 향해 가고 있다. 그대가 도달하지 못하면 마음은 빨리 움직이라고 재촉한다.

현대의 모든 흐름이 속도를 지향하는 것도 그 때문이다. "넌 속도가 충분히 빠르지 않기 때문에 목표에 도달할 수 없는 것이다. 목표는 바로 저곳에 있다. 내일이면 그곳에 도달할 수 있다는 걸 볼 수 있을 것이다. 늦어도 모레면 도달할 것이다. 목표가 저기에 있다. 저 지평선에 있는 것이 보일 것이다. 너의 속도는 충분히 빠르지 않다. 빨리 움직이라. 달려가라. 속도를 도와줄 새로운 기계를 발명하라. 그러면 도달할 것이다."

이 논리 덕분에 인간은 달에 도달했다. 그러나 우리는 아무 목표도 성취하지 못했다. 속도는 계속 빨라지고 있다. 머지않아 우리는 빛의 속도로 달릴 것이다. 현재는 음속으로 달려가고 있다. 속도가 빠를수록 그대는 더 많은 것을 잃는다. 집으로 돌아오는 것이 더 어려워지기 때문이다. 지금 당장 그대는 아주 먼 곳으로는 갈 수 없다. 그러나 속도가 빠를수록 집으로 돌아오기가 더 어렵다.

이 시대에, 이 속도의 시대에 자기 자신에 대한 앎에 이르는 것이 불가능해진 것은 그러한 이유 때문이다. 붓다는 자신을 쉽게 깨달았고, 예수도 자신을 쉽게 깨달았다. 그들은 속도가 없던 시대에 살고 있었기 때문이다. 그들은 단순히 걷기만 했다. 소가 끄는 수레가 가장 빠른 것이었다. 그러나 지금 그대는 소가 끄는 수레보다 더 빨리 걸을 수 있다. 그들은 땅 위를 걸어 다녔다. 우리는 하늘을 날고 있다. 우리는 공간을 뚫고 날아간다. 그리고 우리가 더 빨리 움직일수록 집으로 돌아오기는 더 어려워진다.

두 걸인이 길에서 오토바이를 발견했다. 누군가 열쇠를 꽂아 둔 채 자리를 비운 것이다. 그 오토바이에는 사이드카가 부착돼 있었다. 그래서 한 사람은 오토바이에, 또 한 사람은 사이드카에 올라탔다. 그리고 그들은 다음 도시를 향해 전속력으로 달렸다.

15분이 지난 후 운전하는 사람이 친구를 돌아보았다. 친구의 얼굴은 붉게 충혈되어 마치 곧 죽을 사람처럼 보였다. 그는 깜짝 놀라서 물었다.

"무슨 일이야?"

그러자 친구는 거친 숨을 몰아쉬면서 소리쳤다.

"속도를 줄여! 이 사이드카에는 밑바닥이 없단 말이야!"

이 욕망이라는 물건에는 밑바닥이 없다. 그대는 죽어가고 있다. 줄곧 달려왔기 때문이다. 그것도 갈수록 더 빨리. 이 물건에는 밑바닥이 없다. 욕망은 바닥이 없다. 그것이 충족될 수 없는 이유가 거기에 있다. 항아리에 물을 채우려고 하는데 그것이 바닥이 없는 것이라면 어느 세월에 그것을 채울 수 있겠는가? 불가능한 일이다. 왜 이 욕망이라는 밑바닥 없는 항아리를 채울 수 없는가? 그대는 그것이 바닥이 있는지 없는지 한 번도 살펴보지 않았다. 단순히 뛰어들기만 했을 뿐이다. 그리고 그토록 빨리 달려왔기 때문에 멈춰 서서 무엇이 일어나고 있는가 살펴볼 여유가 없었다.

모든 성직자들은 이것을 이용해 왔다. 하지만 예수는 성직자가 아니다. 예수보다 더 반성직자적인 사람은 발견하기 어려울 것이다. 진실로 종교적인 사람은 성직자가 아니다. 그는 성직자가 될 수 없다. 왜냐하면 성직자들은 그대의 약점을 이용하기 때문이다. 진정으로 종교적인 사람, 스승은 그대를 강하게 만들기를 원한다. 성직자는 그대의 약점이 무엇인지 아는 영리한 사람이다. 그 약점은 미래를 바라보는 것이다. 나중으로 미루는 것이다. 결국에는 어디에선가 신의 나라로 들어갈 것이다. 그러나 지금 당장은 아니다. 더 중요한 다른 많은 일들을 먼저 이루어야 한다. 더 중요한 많은 욕망들이 충족되어야 한다. 신은 그대의 목록에서 언제나 최후의 항목이다. 그리고 그 목록은 끝이 없다. 신에게는 어떤 기회도 주어지지 않는다. 그는 마지막 항목이다.

이제 예수의 말을 살펴보자.

예수께서 말씀하셨다.

"만일 너희를 인도하는 자들이 너희에게,
'보라, 그 나라는 하늘에 있다.'고 말한다면……."

이곳이 아니라 하늘 높은 곳 어딘가에, 멀리 떨어진 어느 곳에 있다고 말한다면……. 하느님의 나라가 멀리 떨어진 어느 곳에, 매우 멀리 떨어진 어딘가에 있다고 말한다면…….

"그렇다면 공중의 새들이 너희보다 앞설 것이다."

새들이 그대보다 먼저 도착할 것이다. 그러면 그대는 당황할 것이다. 예수는 농담을 하고 있는 것이다. 그는 말하고 있다.
"그렇다면 희망을 갖지 말라. 하늘의 새들이 너희보다 먼저 도착할 테니까!"

"만일 그들이 너희에게,
'그 나라는 바다 속에 있다.'고 말한다면
그렇다면 물고기들이 너희보다 앞설 것이다."

물고기들이 먼저 도착하기 때문에 그대는 실패할 것이다.
예수는 누구에 대해 말하고 있는 것인가? 그는 성직자들에 대해 말하고 있는 것이다. 성직자들은 종교의 적인데도 불구하고 오히려 종교의 관리자가 되었다. 그들은 어느 곳에서나 관리하며, 예수 같은 사람이 그들의 사원에 들어오는 것을 허락하지 않는다.
도스토예프스키의 〈카라마조프의 형제들〉에 아름다운 이야기가 있다. 십자가에 못박혀 죽은 지 1800년 후에 예수는 생각했다. '이제 다시 한 번 세상을 방문해야겠다. 기독교 신앙이 전파된 지 1800년이나 지났으니 이제는 나를 받아들일 준비가 되어 있을 것이다. 이제는 전에 그들이 한 것처럼 나를 거부하지는 않으리라. 왜냐하면 전에 내가 갔을 때는 그곳에 기독교인이라고는 한 사람도 없었고, 나 혼자였으니까. 이제 지구의 반은 기독교인이다. 수백만의 교회와 성직자들이 끊임없이 예수의 말을 전하고 있다. 이제는 나를 받아들일 것이고 환영할 것이다. 모든 문들이 나를 향해 열릴 것이다. 이제 때가 되었다. 전에는 가지 말았어야 했었다. 그때는 적당한 때가 아니었다."

그는 다시 왔다. 물론 일요일 아침에. 왜냐하면 평일에는 누가 기독교인인지 구별하기 어렵기 때문이다. 모두가 똑같아 보이기 때문에 그것은 불가능한 일이다. 오직 일요일에만 기독교인인지 아닌지 구별할 수 있다. 종교는 일요일의 행사이기 때문이다. 그것은 삶과는 무관하다. 그것은 행해야 할 하나의 의식이고, 치러야 할 형식이다. 그 안에 가슴은 담겨 있지 않다. 그는 그의 마을에 도착했다. 그가 1800년 전에 왔던 곳, 베들레헴이었다. 그는 시장에 서 있었는데, 약간 걱정이 되었다. 사람들이 그를 바라보긴 했으나 아무도 알아보지 못하고 있었다. 그들은 교회를 드나들고 있었다. 그런 얼마 후에 몇 명의 사람들이 예수 주위에 몰려들었다. 그러고는 말하기 시작했다.

"당신은 예수처럼 보이는군. 좋은 연기를 하고 있어. 당신은 훌륭한 배우가 되겠어."

예수가 말했다.

"나는 배우가 아니오. 나는 진짜 예수요."

그러자 그들은 웃기 시작했다. 그리고 말했다.

"만일 그대가 진짜 예수라면 성직자가 나오기 전에 피하시오. 아니면 틀림없이 문제에 직면하게 될 테니까."

몇 명의 장난꾸러기들이 돌을 던지기 시작하고 사람들은 비웃기 시작했다.

"진짜 예수가 오셨다. 유대인의 왕이! 유대인들이 십자가에 못 박은 바로 그 사람이다. 그가 다시 부활했다!"

그들이 웃고 농담하는 가운데 예수는 느끼는 것이 많았다. 왜냐하면 그들은 그의 사람들이었기 때문이다. 그들은 더 이상 유대인이 아니었고, 기독교인이었다. 그들은 그를 따르고 있지만 그를 알아보지도 못하는 것이었다. 그러나 그는 희망을 갖고 기다렸다.

"적어도 나의 성직자는 나를 알아볼 것이다. 이들은 어리석은 백성이며 무지하다. 그러나 나의 성직자는 알 것이다."

그리고 나서 성직자가 왔다. 사람들은 웃는 것을 멈췄다. 그것은 성직자에 대한 존경심에서였다. 그들은 성직자를 위해 길을 터주고 깊은 존경심으로 그에게 고개를 숙였다. 예수는 속으로 웃음이 터져 나왔다.

'그들은 내게는 절을 하지 않았다. 내게 아무 경의도 표하지 않았다. 하지만 저들은 성직자를 존경한다. 적어도 이것은 좋은 모습이다. 왜냐하면 그는 나의 성직자이기 때문이다. 그를 통해 그들은 나를 알아볼 것이다. 그들은 그를 통해 나를 알아볼 뿐, 직접 알아보지는 못한다. 왜냐하면 그들은 눈이 멀어 볼 수 없기 때문이다.'

그때 성직자가 예수를 보며 소리쳤다.

"사라지라, 이 악마! 넌 지금 자신이 무슨 일을 하고 있는지나 알고 있는가? 우리의 하느님을 모욕하는 것을 알고 있는가?"

예수가 말했다.

"너는 나를 알아보지 못하느냐?"

성직자가 그의 목덜미를 거머잡고 말했다.

"나는 너를 잘 안다. 나를 따라오라."

성직자는 그를 교회로 데리고 가서 작은 방에 가두고 문을 잠갔다. 예수는 매우 당황했다.

"이게 무슨 일인가? 나의 사람들이 다시 나를 십자가에 못박으려고 하는가?"

밤이 되자 성직자가 작은 촛불을 손에 들고 다가왔다. 그러고는 자물쇠를 풀었다. 그는 안에서 문을 걸어 잠그고 엎드려 절하며 예수의 발을 만졌다. 성직자가 말했다.

"나는 당신을 알아보았습니다. 하지만 시장에서는, 신자들 앞에서는 그럴 수 없었습니다. 왜냐하면 당신은 옛날부터 문제아이고 사회의 이단아였기 때문입니다. 어쨌든 저희들은 모든 것을 잘 꾸려가고 있습니다. 그런데 당신의 존재가 혼란을 일으킬 것입니다. 지금 모든 일은 순조롭습니다. 기독교 신앙은 확고하게 자리를 잡았습니다. 지구의 반을 개종시켰습니다. 나머지 반도 머지않아 개종될 것입니다. 당신은 단지 그곳에서 기다리면 됩니다. 당신이 이곳까지 올 필요가 없습니다. 당신이 이곳에 있을 때 당신은 단 한 사람도 개종시키지 못했습니다. 우리들이 잘해 나가고 있습니다. 우리가 잘 꾸려 나가고 있으니 오히려 당신이 우리에게 감사해야 합니다."

성직자는 다시 말했다.

"우리는 아무도 없을 때는 당신을 알아볼 수 있습니다. 하지만 다른 사람들 앞에서는 당신을 알아본다고 말할 수 없습니다. 왜냐하면 당신은 반성직자, 반교회, 반체제적이기 때문입니다. 만일 당신이 고집을 부린다면 우리는 다시 당신을 십자가에 못박을 수밖에 없습니다. 당신이 안 계시면 우리는 당신을 숭배할 수 있습니다. 그것은 어떤 혼란도 일으키지 않기 때문입니다. 모든 것이 순조롭고 잘 진행되고 있습니다. 보십시오, 우리들이 어떻게 운영하고 있는지. 지구의 반이 개종되었고 수백만의 교회와 성직자가 당신의 말씀을 설교하고 있습니다. 당신은 만족하셔야 합니다. 그러니 지금 당장 이곳으로부터 피신하십시오. 그리고 다시는 오지 마십시오. 무엇이든 하고 싶은 것이 있으면 우리가 당신의 대리인이니까, 당신은 우리를 통해 그것을 할 수 있습니다. 직접 당신이 대중 안에서 활동하는 것은 허용할 수 없습니다. 당신은 위험한 인물입니다."

이 성직자는 기본적인 진실의 일부를 말하고 있는 것이다. 성직자는 종교적일 수가 없다. 그는 붓다의 성직사일지 모르지만, 붓다에 반대한다. 그는 붓다를 위해 일하고 있거나, 또는 그렇게 보인다. 그는 붓다의 말을 인용하고 있거나, 또는 그렇게 보인다. 그러나 만일 붓다가 내려오면 그는 그대와 붓다의 중간에 서서 그대가 붓다에게 가까이 가는 것을 허용하지 않을 것이다. 왜냐하면 붓다 같은 사람, 예수 같은 사람은 언제나 혁명적이기 때문이다. 그들은 결코 체제 순종주의자가 아니다. 그들은 혁명을 일으킬 수 있지만 체제를 만들지는 않는다.

'너희를 인도하는 자들'이라고 말할 때 예수는 성직자들을 가리키고 있는 것이다.

> ""만일 너희를 인도하는 자들이 너희에게,
> '보라, 그 나라는 하늘에 있다.'고 말한다면
> 그렇다면 공중의 새들이 너희보다 앞설 것이다.
> 만일 그들이 너희에게,
> '그 나라는 바다 속에 있다.'고 말한다면
> 그렇다면 물고기들이 너희보다 앞설 것이다."

성직자들은 언제나 그 나라가 다른 어딘가에 있는 것처럼 말한다. 인도에서도 그런 일이 일어나 왔다. 인도는 성직자들이 가장 오래전부터 존재해 온 나라이기 때문이다. 인도만큼 온갖 종류의 성직자들이 있는 곳도 드물다. 그것은 바라문, 즉 성직자 계급이라는 하나의 카스트로 정착할 정도가 되었다. 그들은 자신들을 사회와 완전히 분리한다. 그들은 모든 것을 비밀로 하며, 그들의 언어는 일반인들이 배울 수조차 없다. 허용하지 않기 때문이다. 모두가 그들의 방식대로 교육받지 않는다. 왜냐하면 일반인들이 그 경전들을 읽을 수 있게 되면 그들의 진실을 감추기 어렵기 때문이다. 오직 성직자들에게만 지식의 가장 깊은 성전에 들어가는 것이 허락되고 다른 사람들은 불가능하다.

이 바라문들이 수천 년간 이 나라를 지배해 왔다. 처음에 그들은 신이 히말라야에 존재한다고 가르쳤다. 왜냐하면 그 당시 히말라야는 다가갈 수 없는 곳이었기 때문이다. 그러나 사람들이 점차 히말라야에 접근하고, 그들은 그곳에 신이 존재하지 않는다는 것을 알게 되었다. 그러자 바라문들은 말했다.

"그곳은 우리가 말하는 히말라야가 아니다. 그곳은 천국에 존재하는 진짜 히말라야의 모방에 지나지 않는다. 이것은 단순한 그림자에 지나지 않는다. 그림자 속에서는 신을 발견할 수 없다. 진정한 카일라스산(티베트어로는 캉린포체산, 티베트 남서부 만사로와르 호수 북쪽에 있는 산으로 높이 6,714미터. 윤회를 씻어 내는 산으로 알려져 있다), 진정한 히말라야는 다른 세상에 있다."

그리고 그들은 신을 다른 행성으로, 달로, 태양으로 자리를 옮겼다. 인간이 최초로 달에 착륙하였을 때 힌두교도들은 큰 혼란에 빠졌다. 자이나교도들도 몹시 혼란스러워졌다. 그들이 얼마만큼 혼란에 빠졌는지 서양인들은 알지 못한다. 왜냐하면 힌두교도들과 자이나교도들이 달에 얼마나 많은 것을 투자했는지 서양인들은 모르기 때문이다. 인도인들은 실로 큰 혼란에 직면했다.

한 성직자가 있는데 그는 매우 박식한 사람으로, 인간의 달 여행이 전부 가짜라는 것을 증명하기 위해 노력해 왔다. 왜인가? 달 여행은 단순한 사실, 실제로 일어난 일이다. 왜 그것을 부정하고 있는가? 그는 큰 연구소를 설립했다. 많은 사람들이 많은 돈을 이 연구소에 기부해, 인간이 달에 도착했다는 것이 순전히 신화에 지나지 않았다는 것을 증명하도록 했다. 왜인가? 그들은 달에 많은 것을 투자했기 때문이다. 인간이 달에 도착해 신이 그곳에 존재하지 않는다는 사실이 밝혀지면 그들은 신의 거주지를 다시 다른 곳으로 옮겨야 한다. 그러나 이제 과학자들은 어느 곳이라도 도달할 수 있다. 따라서 이제 신이 오랫동안 머물 장소가 없다. 신이 있다고 하는 곳이면 어디에나 인간이 도달할 것이다. 하늘은 접근이 불가능했었다. 바다도 그랬었다. 신이 바다 밑에 존재한다는 원시적인 종교가 아직도 있다. 신이 하늘에 존재한다고 믿는 종교도 있다. 그러나 모든 성직자에게 분명한 한 가지 사실은, 신은 이곳에 존재하지 않는다는 것이다. 신이 이곳에 존재한다면 매우 곤란해지기 때문이다. 그렇게 되면 성직자의 존재 이유가 사라지기 때문이다.

성직자는 양자 간의 중개인으로서 필요할 뿐이다. 그는 대리인이며, 중개인이다. 만일 신이 이곳에 존재한다면 사람들은 직접 신을 만날 것이다. 성직자가 왜 필요한가? 신이 그토록 멀리 존재하기 때문에 성직자가 필요한 것이다. 신의 음성이 직접 그대에게 들리지 않기 때문이다. 신은 자신의 메시지를 성직자에게 전달하고, 성직자는 그대를 위해 그것을 해석한다. 이 해석을 통해 그의 권력이 막강해진다. 그는 열쇠를 알고 있는데, 그대는 모르는 것이다. 그는 그대를 인도할 것이다. 그는 스승인 것이다. 그대는 그의 추종자가 될 수밖에 없다.

세상에서 가장 영리한 직업이 성직자이다. 왜 가장 영리한가? 그들은 매우 순진무구한 마음을 이용하기 때문이다. 신을 추구하는 사람, 순수를 추구하는 사람, 진리를 추구하는 사람……. 그런 사람을 이용하고 있는 것이다. 그대가 돈을 추구하는 사람을 이용했다면 그대와 그 사람 사이에는 큰 차이가 없다. 왜냐하면 그 역시 돈을 추구하고 있기 때문이다. 그곳에는 큰 차이점이 없다.

그러나 진리를 추구하는 사람을 이용한다면, 그것은 교활한 짓이다. 가장 교활하고, 가장 악한 짓이다. 성직자들은 자신들이 진정으로 신의 대리인인지 아닌지 생각하고 말하고 입증해야 한다.

그들이 누군가의 대리인이라고 한다면 그들은 악마의 대리인들일 뿐이다. 그런데 그들이 종교를 차지했고, 관리자가 되었다.

예수께서 말씀하셨다.
"만일 너희를 인도하는 자들이 너희에게,
'보라, 그 나라는 하늘에 있다.'고 말한다면
그렇다면 공중의 새들이 너희보다 앞설 것이다.
만일 그들이 너희에게,
'그 나라는 바다 속에 있다.'고 말한다면
그렇다면 물고기들이 너희보다 앞설 것이다.
그러나 그 나라는 너희 안에 있고……."

그것은 다른 어느 곳에 있는 것이 아니다. 그것은 정확히 지금 그대가 있는 곳에 있다.

"또 너희 바깥에 있다."

그것은 그대 안에 있고 그대 밖에 있다. 그대 안에 하나의 중심처럼 존재하고 그대 밖에 하나의 원주처럼 존재한다.
예수는 무엇을 말하고 있는 것인가? 안에다 밖을 합치면 전체가 된다. 안에다 밖을 합치면 우주가 된다. 제외되는 것은 하나도 없다. 예수는 말하고 있다.
"하느님은 이 우주이다. 이 존재계 전체이다. 있는 그대로 모두 하느님이다. 하느님은 자신의 창조물 속으로 녹아 들어가 있다."

신은 그림을 그리면서 그림과 분리된 채로 있는 화가와 같지 않다. 신은 춤을 추는 사람과 같다. 춤추는 자와 춤은 분리시킬 수 없다. 화가는 그림과 분리될 수 있다. 시인과 시는 분리될 수 있다. 그러나 춤추는 자와 춤은 분리될 수 없다. 힌두교도에서 시바 신을 나타라즈, 즉 가장 위대한 무희라고 부르는 이유가 그것이다. 그곳에는 분리가 없다. 그는 춤 속에 존재하는 것이다.

춤을 이해할 수 있으면 춤추는 사람도 이해할 수 있다. 춤을 파악한다면 춤추는 사람도 파악할 수 있다. 만일 이 세상을 사랑할 수 있다면 신을 사랑하고 있는 것이다. 다만 한 송이 꽃 속으로도 깊이 들어가기만 한다면 그곳에서 신을 발견할 수 있다. 신은 그곳에 숨어 있다. 그러나 신은 숨은 것이 아니다. 신은 스스로를 숨기려고 하지 않기 때문이다. 그대가 열려 있지 않기 때문에 신은 숨겨져 있는 것이다. 그렇지 않으면 신은 열려진 비밀이다. 그는 어디에나 있다. 모든 주위에, 안과 밖에. 그 나라는 그대 안에 있고, 그대 밖에 있다.

"만일 너희가 너희 자신을 알면
너희는 알려질 것이고
너희는 너희가 살아 계신 아버지의 아들임을 알게 될 것이다.
그러나 만일 너희가 너희 자신을 알지 못하면
너희는 가난 속에 머물게 되고
너희 자신이 가난 그 자체가 될 것이다."

들어보라. 왕국이 그대 안에 있다. 그렇다면 모든 사원이 필요 없게 된다. 왜냐하면 그대가 사원이기 때문이다. 그대가 교회이다. 그러면 바티칸은 필요 없게 된다. 로마는 단지 부담만 될 뿐이다. 메카와 메디나(아랍어로는 알마디나이며, '예언자의 도시'라는 뜻이다. 회교성지)도 필요 없게 된다. 기르나르(남인도에 위치한 자이나교의 산악 사원)나 카시도 필요 없게 된다. 그대가 사원이다. 그대야말로 신의 살아 있는 성전인 것이다. 신은 그대 안에 있다. 그렇다면 목사나 신부가 무슨 필요가 있는가? 그렇다면 그 모든 직업들이 의미를 상실한다. 신은 지금의 그대 안에 있다. 그대가 존재하는 한, 신은 언제나 그대 안에 존재해 왔다.

누군가 임제 선사에게 물었다.

"저는 붓다가 되고 싶습니다. 어떻게 해야 합니까?"

임제는 대답했다.

"만일 그대가 추구한다면 실패할 것이다. 왜냐하면 그대는 이미 붓다이기 때문이다."

그것은 어리석은 일이다. 붓다를 추구하고 있다니, 붓다가 또 붓다가 되려고 노력하고 있다니. 그대는 신을 발견할 수 없다. 신은 다른 어느 곳에 있는 것이 아니기 때문이다. 신은 그대 안에 있다. 그리고 그대는 그곳을 들여다보지 않는다. 왜냐하면 모든 성직자들이 "보라! 저기 하늘 멀리에 신이 계신다. 갈 길이 매우 멀다. 그래서 너희들을 도와줄 성직자가 필요한 것이다." 하고 말하고 있기 때문이다.

예수는 모든 교회, 사원, 성직자, 중개인들이 설 자리를 잘라 버린다. 그는 말한다. "하느님은 그대 안에 있다." 그리고 예수는 매우 드문 아름다운 말을 했다. "그리고 하느님은 그대 밖에 있다."

종교에는 세 가지의 종류가 있다. 하나는 "신은 외부에 있다."고 하는 것이다. 힌두교와 회교가 그것으로, 그들은 신이 외부에 있다고 주장한다. 그리고 다른 종교가 있다. 그들은 "신은 내부에 있다."고 말한다. 자이나교와 불교가 그것으로, 그들은 그대가 신이며, 신은 결코 외부에 있는 것이 아니라고 말한다. 하지만 예수는 말한다. "하느님은 안에도 있고 밖에도 있다." 이것은 가장 위대하고 가장 차원 높은 종합이다. 예수는 극단을 선택하지 않는다.

하나의 극단은 이것이다. 신은 외부에 있다는 것이다. 그대가 "나는 신이다."라고 말한다면 마호메트 추종자들은 격렬히 반발할 것이다. 그들은 그대를 죽일 것이다. 그것은 가장 사악한 말이기 때문이다. 이것은 쿠프르, 곧 신성모독이다. 그런 까닭에 그들은 만수르(10세기 페르시아의 수피 수행자로, '아날 하크—나는 진리이다'라고 외치자 회교 성직자들은 그가 자신이 신이라고 주장하는 것이라 여기고 이단으로 처형했다)를 죽였다. 만수르는 존재의 환희 속에서 "아날 하크, 아함 브라흐마스미, 나는 신이다."라고 외치며 춤을 추었기 때문이다. 이것은 신성모독이다. 회교도는 이것을 참을 수 없다. 왜냐하면 신은 외부에 존재하기 때문이다. 최선을 다하면 신에게 조금씩 가까이 다가갈 수 있지만, 신이 될 수는 없다. 어떻게 피조물이 창조주가 될 수 있는가? 피조물은 피조물로, 창조주는 창조주로 남아 있는 것이다. 따라서 만일 그대가 "나는 신이다."라고 주장한다면 그들은 그것을 불경스런 발언이라고 생각한다. 그것은 하나의 피조물, 하나의 노예, 하나의 만들어진 것이 "나는 창조자다."라고 주장하는 것과 같다. 이것은 신성모독이고 반종교적이다.

그리고 이것과는 반대편 극단에 자이나교가 존재한다. 그들은 신이 내부에 존재한다고 주장한다. 그대의 영혼은 궁극의 신이며 그 외에 다른 신은 없다고. 그들은 다른 극단으로 옮겨 간 것이다. 그래서 어떤 신도 숭배하지 않는다. 그들에게 숭배는 아무 의미도 갖지 못한다. 그들은 기도를 할 수 없다. 누구에게 기도를 할 것인가? 기도는 대단히 아름다운 일이지만 그것은 의미를 잃어버렸다.

기도하고 있는 회교도를 보라. 그는 아름답다. 그는 기도할 수 있다. 신이 그곳에 있기 때문이다. 기도하는 회교도의 모습에 비교할 만한 것은 없다. 만일 기도하는 모습을 보고 싶다면 회교도가 기도하는 모습을 보라. 그는 너무도 순진무구하고, 너무도 완전하게 신에게 순종한다. 그러나 그는 위험하다. 만일 그대가 신이라고 주장한다면 그는 그대를 죽일 것이다. 그 기도하던 사람이. 자이나 교도들은 기도할 수 없다. 그들은 숭배할 수 없다. 그들에게는 기도와 숭배의 차원은 존재하지 않는다. 그들은 다만 명상할 뿐이다. 명상은 허용된다. 왜냐하면 신이 안에 존재하기 때문이다. 다만 눈을 감고 명상할 수 있을 뿐이다.

예수는 종합의 정상에 도달했다. 그곳에서 그는 가장 위대한 진리 하나를 말했다. 곧, 하느님은 안에 계시고 밖에 계신다. 기도가 가능하고, 명상 역시 가능하다. 밖에 대해 환희 속에서 노래할 수 있다. 안을 향해 환희 속에서 침묵할 수 있다. 그는 어디에나 존재한다. 기도를 버릴 필요도, 명상을 버릴 필요도 없다. 회교의 전통에는 명상 같은 것은 존재하지 않는다. 그것은 불가능하다. 다만 기도만이 가능하다. 자이나교에는 기도 같은 것은 존재하지 않는다. 다만 명상만이 존재할 뿐이다. 둘 다 극단으로 달려간 것이다.

예수는 균형을 유지했다. 그는 말한다.

"하느님과 그의 나라는 너희 안에 있고, 너희 밖에 있다."

"만일 너희가 너희 자신을 알면
너희는 알려질 것이고……."

이것이 종합이다. 자이나교도들은 말할 것이다. 너 자신을 알면 모든 것을 아는 것이라고. 그것으로 끝난 것이다. 더 이상 나아갈 곳이 없다. 회교도들은 자기 자신을 안다고 말할 수 없다. 그들은 다만 신을 알 수 있고 은총으로 채워질 수 있다고 말할 수 있을 뿐이다. 그곳에 자신에 대한 앎의 가능성은 없다. 왜냐하면 자신에 대한 앎이 그대를 신으로 만들 것이기 때문이다. 다만 신만이 자신을 알 수 있다. 피조물은 알 수 없다. 인간은 신을 알 수 있을 뿐이다. 그것이 전부이다. 인간은 신의 영광 안에 존재할 수 있고, 신의 은총과 신의 빛으로 채워질 수 있다. 그는 신의 힘에 따라 움직이고 떠다닐 수 있다. 그러나 자신에 대한 앎은 불가능하다. 반대로 자이나교도들은 자신에 대한 앎만이 가능하다고 말한다. 만일 자기 자신을 안다면, 그대는 하나도 남기지 않고 알아야 할 모든 것을 다 안 것이다.

하지만 예수는 말한다.

"만일 너희가 너희 자신을 알면
너희는 알려질 것이고……."

이것은 대단히 미묘한 말이다. 예수는 무슨 의미로 이렇게 말하고 있는가.

"너희는 알려질 것이고……."

그대가 자신을 알 때 존재계 전체가 그대를 알 것이다. 그대의 앎 속에서 모든 존재가 그대를 바라볼 것이다. 그대만 모든 존재를 바라보는 것이 아니라 모든 존재도 반응할 것이다. 왜냐하면 신은 안에도 밖에도 있기 때문이다.

누군가 자기 자신을 알게 되었을 때, 그것은 단순한 앎이 아니다. 그때 모든 존재가 그대를 알게 된다. 그대의 깨달음 속에서 그대는 알려진다. 신은 모든 꽃을 통해, 모든 나뭇잎을 통해, 모든 바위를 통해 그대를 바라본다. 자신에 대한 앎 속에서 그대는 외롭다는 느낌을 갖지 않을 것이다. 실제로 자신을 알기 전까지는 그대는 외롭다. 자신을 알면 모든 존재가 그대를 알아본다. 그대의 앎은 고독한 행위가 아니다. 그것은 솔로 연주가 아니다. 그것은 하나의 교향악이다. 앎에 이를 때, 모든 존재가 그대를 안다. 그대가 자신을 인식하면, 모든 존재가 그대를 인식한다. 이 나무조차도 달라질 것이다. 이 바위조차도 달라질 것이다. 한 마리의새도 다르게 반응할 것이다. 왜인가? 왜냐하면 같은 의식이 안과 밖에 존재하기 때문이다.

그대 자신을 알 때, 모든 존재가 그대를 알아보고 축하한다. 그럴 수밖에 없다. 그대는 존재계의 일부이기 때문이다. 모든 존재는 그대의 궁극적인 앎을 축하한다. 한 부분이 앎에 이르렀고, 한 부분이 붓다가 되었고, 한 부분이 그리스도가 되었기 때문이다. 그 부분을 통해 존재계 전체가 높은 봉우리에, 절정에 도달했기 때문이다. 존재계 전체가 행복해할 것이다. 존재계 전체가 전과는 다른 방식으로 꽃피어날 것이다. 그대는 인식될 것이고 알려질 것이다.

자신에 대한 앎 속에서 그대는 결코 혼자가 아니다. 그것은 존재계 전체의 축제가 될 것이다. 이것이 예수가 한 말 가운데 가장 아름다운 말이다. 존재계가 그대의 깨달음을 찬양한다. 모든 존재가 더없이 행복하다. 왜냐하면 한 부분이 꽃피어나고, 완성에 도달했기 때문이다.

"만일 너희가 너희 자신을 알면
너희는 알려질 것이고……."

누구에게나 알려지고 싶은 깊은 충동이 있다. 그것은 자신에 대한 앎에 이르고자 하는 욕구보다 더 깊은 것이다. 그대는 알려지고 싶어 한다. 모든 사람이 그대를 알아주기를 바라는 깊은 욕망이 있다. 그것은 그릇된 방향으로 움직일 수 있다. 잘못된 방법을 통해 다른 사람의 인정을 받고 싶어 할 수 있다. 어쨌든 깊은 곳에 그 욕망의 씨앗이 있다. 매우 의미 있는 씨앗이. 모든 존재가 그대를 알아보지 않는 한, 모든 존재가 그대와 함께 행복하지 않는 한, 그대는 만족할 수 없다고 말한다.

그대는 사랑할 필요성을 갖고 있고, 사랑받을 필요성을 갖고 있다. 자신을 알 필요가 있고, 알려질 필요가 있다. 반응이 필요하다. 그렇지 않으면 모든 존재는 사멸할 것이다. 그렇지 않으면 그대는 외롭게 깨닫고, 그리고 모든 존재는 아무 일도 일어나지 않은 것처럼 침묵을 지킬 것이다. 누군가 그리스도가 되었는데도 모든 존재는 그것을 모르고, 관심을 두지 않고, 전혀 신경 쓰지 않고, 조금도 행복하지 않을 것이다. 마치 아무 일도 일어나지 않은 것처럼. 어떻게 그럴 수가 있는가? 모든 존재가 알아봐야만 한다. 왜냐하면 우리는 이 존재계의 이방인이 아니기 때문이다. 이 존재계는 한 가족이다. 이 존재계는 서로 연결된 하나의 현상으로 존재한다. 한 존재가 깨달음에 이르면 그의 빛이 알게 모르게 모든 가슴을 채워 준다. 어느 곳에나 기쁨과 찬양이 있게 된다.

그렇기 때문에 예수는 말하고 있다.

"만일 너희가 너희 자신을 알면
너희는 알려질 것이고,
너희는 너희가 살아 계신 아버지의 아들임을 알게 될 것이다."

기독교인들은 무엇을 말해 왔는가? 그들은 정반대의 것을 이야기해 왔다. 그들은 말한다. "예수 그리스도는 하느님의 유일한 아들이다." 그들의 교리는 '유일한'에 집중해 있다. 모든 사람이 하느님의 아들이라면 예수에게 특별한 것이 무엇인가? 그때 예수가 어떻게 독특한 존재일 수가 있는가? 그를 숭배할 이유가 무엇인가? 단지 예수를 특별한 존재로 만들기 위해 그들은 자신들이 예수와 반대되는 방향으로 가고 있음을 잊어버렸다.

예수는 말한다.

"너희는 너희가 살아 계신 아버지의 아들임을 알게 될 것이다."

두 가지 의미가 있다. 첫째, 우주에 존재하는 모든 것은 전체의 아들이다. 그것은 당연한 일이다. 그대는 그 안에서 그것을 통해 태어났다. 존재계 전체가 그대의 아버지이다. 혹은 더 나은 표현으로 말하면 그대의 어머니이다. '아버지'라는 말보다 '어머니'라는 말을 사용하는 것이 더 나았을 것이다. 그러나 그것은 쉽지 않은 일이었다. 왜냐하면 유대인들은 남성우월주의자들이기 때문이다.

남성우월주의 국가와 민족들이 있다. 독일 민족은 자신들의 나라를 '부국fatherland'이라고 부른다. 전 세계에서 그렇게 부르는 유일한 나라이다. 다른 민족들은 자신들의 나라를 '모국'이라고 부른다. 이 독일인들은 위험한 민족이다. 왜 '아버지의 나라'인가? 남자와 그의 에고 때문이다. 어째서 신이 아버지여야 하는가? 왜 신은 어머니일 수 없는가? 왜 신은 '그녀'가 아니고 '그'여야 하는가? 어머니가 더 적절해 보인다. 왜냐하면 남자는 아이를 만드는 데 많은 역할을 하지 않기 때문이다. 기껏해야 그는 하나의 계기가 될 뿐 더 이상 아무 일도 하지 않는다. 그 다음엔 아버지는 없어도 되는 것이다.

보통의 주사조차도 그 일을 할 수 있다. 아버지가 할 일을 주사가 할 수 있다. 아버지는 없어도 되는 것이다. 모든 창조 과정은 어머니를 통해 온다. 그녀는 아홉 달 동안 아이를 데리고 다닌다. 그녀의 피, 그녀의 존재 전체가 아이에게로 옮겨진다. 그대는 마치 하나의 자궁 속에 있는 것처럼 이 우주 안에 존재한다.

신에게 '어머니'라는 호칭을 사용해 온 민족도 있다. 그들이 더 옳다. 그러나 단지 '더 옳을' 뿐이다. 절대적으로 옳지는 않다. 신은 아버지이며 동시에 어머니이기 때문이다. 신은 남성일 수도 없고 여성일 수도 없다. 신은 양성이다. 아르다나리쉬와르, 곧 반은 남성이고 반은 여성이다. 둘 다이다. '그'이고 '그녀'이다.

그러나 그것은 사정에 따라 다르다. 예수가 있을 당시 그가 "하느님 어머니시여." 하고 말하기는 어려웠을 것이다. 왜냐하면 아무도 이해할 수 없었기 때문이다. 그의 청중은 유대인이었다. 그들은 대단히 무서운, 대단히 복수심이 강한 아버지 신을 믿고 있었다. 그를 거역하면 복수를 하는 신이었다. 어머니는 결코 복수하지 않는다. 어머니는 언제나 용서하며, 언제나 이해심이 많다. 어머니는 결코 복종을 요구하지 않는다. 아버지는 계속 복종을 요구한다. 십계명은 어머니에게서 나올 수 있는 것이 아니다. 그것은 아버지에게서만 나올 수 있다. 계명이라는 말 자체가 매우 추한 단어이다. 마치 그 신은 군대의 장군과 같고, 존재계는 군대 병영처럼 들린다. 계명이라니! 그것에 불복종하면 책임과 위험이 뒤따른다.

예수는 당시의 언어를 사용했다. 그러나 그는 '어머니'라는 말을 더 좋아했을 것이라고 나는 생각한다. 어머니는 아버지보다 더 소중하다. 어머니는 중심에 존재하지만 아버지는 주변에 있다. 그러나 신은 동시에 양쪽에 존재한다. 이것을 기억하라. 내가 신을 '그'라고 부르는 것은 단순히 편리함 때문이라는 것을. 신은 둘 다이다. '그'이고 '그녀'이다.

"너희는 너희가 살아 계신 아버지의 아들임을 알게 될 것이다."

모든 사람이 아들이다. 이것은 논리가, 사회학자, 심리학자들이 생각하는 것이 아니다. 이것은 신인동형설(신에게 인간의 속성이나 본질이 있다고 주장하는 학설)이 아니다. 신을 아버지나 어머니로 생각하고 그대를 아들로 생각하는 것은 인간관계를 우주에까지 투영시키고, 우주 현상을 가족 관계로 해석하는 것처럼 여겨지기도 한다. 그래서 비난하기를, 그것은 인간 관점에서의 생각이라는 것이다.

사회학자나 심리학자들은 이것을 신인동형설—인간이 마치 중심인 것처럼 생각하고, 모든 것에 자신의 관점과 느낌을 투영하는—이라고 말한다. 그들이 그것을 인간 중심의 생각이라고 말하는 것은 그것이 잘못되었음을 지적하기 위한 것이다. 하지만 그들은 이해하지 못한 것이다. 그것은 인간 중심인 것처럼 보인다. 그것은 그렇게 보일 수밖에 없다. 왜냐하면 인간이 말하는 것은 무엇이든 인간적일 수밖에 없기 때문이다. 객관적인 진리라 할지라도 그것은 그것을 주장하는 사람의 색깔을 띠게 마련이다. 객관성이라도 주관성 없이는 존재할 수 없다. 주관성이 개입해 객관성에게 색을 입힌다.

과학적인 지식이라 할지라도 객관적인 것은 아니다. 그것을 발견한 사람이 그 안에 들어가 있다. 객관적인 진리가 나올 가능성은 없다. 왜냐하면 그 발견자가 거의 언제나 그것에 색을 입히기 때문이다. 모든 지식은 개인적인 것이다. 그리고 인간이 무엇을 말할 때 인간이 말을 한다는 이유만으로도 그것은 인간적이다. 그것에 대해 변명할 필요는 없다. 그것은 아름다운 일이다.

예수가 "우리는 모두 하느님의 아들이다."라고 말할 때 그것은 하나의 상징이고 비유이다. 그가 의미하는 것은 무엇인가? 그가 의미하는 것은 창조주와 피조물의 관계는 기계적인 것이 아니라 유기적인 것이라는 의미이다. 그 관계는 기계공이 기계를 만들어

내는 관계가 아니다. 기계공이 기계의 아버지는 아니다. 왜냐하면 그는 기계로부터 떨어져 있고 분리되어 있기 때문이다. 예수의 말은 이런 의미이다. 하느님은 그대로부터 분리될 수 없다는 것, 하느님은 아버지와 같다는 것, 그대에게 밀착해 있고 그대를 통해 움직이며 그대를 통해 일하고 그대를 돌보고 그대를 사랑하며 그대를 찾고 있다는 것이다. 모든 방법으로 그대 주위에 축복받은 세상을 만들어 그대로 하여금 충만에 이르도록 해준다는 의미이다.

예수가 "하느님은 아버지이다."라고 말할 때 그는 이 모든 것을 의미하고 있다. 우주는 그대를 돌봐 주고 도와준다는 것이다. 그대만 신을 찾고 있는 것이 아니라 신도 그대를 찾고 있다. 우주는 죽은 것이 아니고 분리된 것도 아니다. 우주는 사랑으로 가득한 가슴으로 반응한다. 그대가 울면 우주도 함께 운다. 그대가 웃으면 우주도 함께 웃는다. 그대가 고통 중에 있으면 존재계는 고통을 느낀다. 그대가 행복하면 모든 존재가 그대와 함께 행복해한다. 그대와 존재 사이에는 깊은 관계가 있다. 아들에 대한 아버지의 관계, 이것이 강조되는 점이다.

아버지는 죽더라도 아들을 통해 살고 싶어 한다. 그는 아들 속 어느 곳엔가 있을 것이다. 아들은 아버지의 새로운 상이 되었다. 이것이 그 의미이다. 아들은 아버지의 재생인 것이다. 그렇기 때문에 예수는 반복해서 "나와 나의 아버지는 하나이다."라고 말한 것이다. 아들은 아버지를 대표한다는 뜻이다. 아들은 곧 아버지 자신이다. 그들은 함께 합쳐져 있고, 둘이 아니다. 그들은 하나이며, 그 관계는 유기적이다. 그러니 외롭다고 느낄 필요가 없다.

지금 모든 세계가 외로움을 느낀다. 모든 사람이 소외감을 느끼고 있다. 모든 사람이 고통 중에 있다. 사람들은 내게 와서 "어떻게 관계를 맺어야 합니까?" 하고 묻는다. 무슨 일이 일어난 것인가? 이것은 전혀 새로운 질문이다. 200년 전에는 "우리는 어떻게 관계를 맺어야 합니까?" 하고 묻지 않았다. 지금은 모든 사람이 묻는다. "우리는 어떻게 관계를 맺어야 하는가?" 관계는 매우 어려워졌다. 그것은 논리적인 귀결이다. 전체와 관계를 맺을 수 없으면, 누구하고도 관계를 맺을 수 없다. 전체와 관계를 맺을 수 있으면, 그 누구와도 관계를 맺을 수 있다. 그대가 우주와 관계 맺을 수 없으면 아버지와도 관계를 맺을 수 없다. 불가능한 일이다. 왜냐하면 그것이 모든 것의 근원이기 때문이다. 종교가 사라질 때 관계도 사라진다.

비종교적 국가는 언제나 관계의 곤란함을 느낀다. 그대는 아내와 관계를 맺을 수 없다. 형제, 누이, 아들, 아버지, 어머니와도 관계 맺을 수 없다. 불가능한 일이다. 모든 관계의 기초가 사라졌기 때문에 관계가 불가능하다. 그대는 부정하고, "신은 더 이상 존재하지 않는다. 신은 죽었다."라고 말한다. 그러면 모든 우주가 낯설고, 그대는 소외감을 느낀다. 그대는 제외되고 관계가 끊어진다. 그대는 그 안에 뿌리를 갖고 있지 않으며, 우주가 그대를 돌보지 않는다고 느낀다.

과학자의 우주와 예수 같은 종교적인 사람의 우주는 완전히 다르다. 과학자의 우주는 단지 우연한 것들로 이루어져 있다. 그곳에 그대와 우주의 관계는 존재하지 않는다. 우주는 차갑고 그대에 대해 신경 쓰지 않는다. 그대는 단지 우연히 존재할 뿐이다. 만일 그대가 그곳에 존재하지 않더라도 존재계는 그대의 부재를 조금도 느끼지 않을 것이다. 그대가 그곳에 존재하더라도 그대의 존재가 우주에 알려지지는 않는다. 그대가 사라진다고 하더라도 우주가 그대를 위해 눈물 흘리지 않을 것이다.

과학자의 우주는 죽은 우주이다. 그대가 "신은 죽었다."고 말할 때 그 우주는 죽는다. 그리고 죽은 우주에 산다면 그대가 어떻게 관계를 맺을 수 있는가? 그때 그대는 단지 물건들 속에서 살고 있는 것에 지나지 않는다. 그때 모든 것이 우연한 일이고 인위적인 것이다. 그대는 무엇인가를 준비해야 하지만 그곳에 유기적인 관계는 존재하지 않는다. 그대는 홀로 존재하며, 따라서 모든 짐을 혼자 끌고 다녀야 한다. 그대는 길 잃은 작은 아이와 같다. 아버지의 손을 잡고 있었는데 이제 그 손을 놓치고 울고 있는 것이다. 그곳에 그 울음소리를 들어줄 사람도 없다.

인간의 상황은 이와 같다. 아버지의 손을 잡고 있던 조그만 아이가 숲 속에서 길을 잃은 것이다. 아버지의 손을 잡고 그는 황제처럼 겁 없이 걸었었다. 아버지가 있기 때문에 그곳엔 어떤 두려움도 없었다. 아버지의 책임이 있을 뿐 아이에게는 어떤 책임도 지워지지 않았다. 필요한 것은 무엇이든 주어졌으며, 자신에 대해 걱정하지 않았다. 그는 걸으면서 나비와 꽃과 하늘을 바라보며 모든 것을 즐겼다. 삶은 축복받은 것이었다. 그러다가 갑자기 아버지의 손이 그곳에 없음을 깨달았다. 이제 그곳에는 나비도 없고 꽃들도 없다. 모든 것이 차갑게 죽어 있고, 외롭고 낯설고 적대적이다. 이제 모든 나무 그늘에는 위험이 도사리고 있다. 그는 죽음이 두렵다. 모든 구석에서 아무 때라도 죽음이 튀어나와 그를 삼킬 것 같다.

한순간 전까지만 하더라도 모든 것이 생명력으로 넘치고 친절했으며 아들과 우주 전체 사이에 친밀한 관계가 있었다. 그것은 왜인가? 아버지의 손이 그곳에 있었기 때문이다. 아버지를 통해 우주는 친절했고, 그들에게는 깊은 관계가 존재하고 있었다. 아버지는 사라지고 이젠 관계도 사라졌다. 이제 그는 눈물 흘리며 울고 있다. 그는 깊은 실망과 불안과 걱정 속에 살아간다. 이것이 현대인의 상황이다. 왜냐하면 우주를 아버지나 어머니로 바라보는 능력을 상실했기 때문이다. 모든 사람이 신경증 질환에 걸려 있다고 해도 놀라운 일이 아니다. 이 아이도 신경증에 걸리고 비정상적이 될 것이다. 아이는 항상 가슴에 상처를 지니고 다닐 것이며, 그 상처가 언제나 그의 모든 관계를 방해할 것이다. 그는 이제 어디에서도 편안함을 느낄 수 없다.

자신의 손을 보라. 그곳에서 우주의 손을 느낄 수 없는가? 그렇다면 그대는 어려움 속에 살고 있을 것이다. 예수가 말하는 것이 이것이다. "하느님은 아버지이다. 이 우주 전체가 너희를 보살핀다." 그렇지 않다면 왜 그대가 이곳에 있겠는가? 왜 존재하게 되었겠는가? 이 모든 우주가 그대를 돌보고 있다. 우주가 그대를 지금의 의식 수준에까지 데려다 주었다. 우주는 그대를 궁극의 절정, 깨달음의 마지막 절정에까지 데리고 가기를 원한다. 우주는 모든 방법으로 그대를 도와주고 있다. 그대가 길을 잘못 들어선다고 해도 우주는 그대를 따라다닐 것이다. 자신의 손에서 우주의 손을 느껴 보라. 그러면 갑자기 모든 시각이 바뀔 것이다.

예수는 말한다. "모든 사람이 아들이다." 예수만이 아니다. 그러나 모든 사람이 하느님의 아들이라면 기독교는 존재 가치를 상실한다. 그렇게 되면 예수에게 독특한 것이 없기 때문이다. 이러한 태도는 잘못된 것이다. 모든 사람이 아들이지만, 그럼에도 불구하고 예수는 독특하다. 왜냐하면 그는 그것을 깨달았고 그대는 그것을 아직도 찾고 있기 때문이다.

독특함은 존재의 속성이 아니다. 독특함은 인식의 속성 속에 존재한다. 예수는 그것을 알고 그대는 모른다. 힌두교가 언제나 이야기하는 것은, 깨달은 자와 그렇지 못한 자의 차이는 존재에 있는 것이 아니라 앎에 있다는 것이다. 그것은 다른 사람은 잠들어 있는데 그대는 깨어 있는 것과 같다. 존재는 같다. 그러나 한 사람은 꿈을 꾸고 있고 그대는 깨어 있다. 그를 흔들어 깨워라. 그러면 그도 그대처럼 깨어날 것이다. 그의 꿈은 사라진다. 단지 흔들어 깨우는 일만 필요하다. 예수는 깨어 있고 그대는 깊이 잠들어 있다. 그것이 차이점이다. 그 점에서 그는 독특한 것이다. 그러나 존재 자체가 다른 것은 아니다. 예수 자신이 말한다.

"너희는 너희가 살아 계신 아버지의 아들임을 알게 될 것이다."

예수가 두 번째로 말하고 있는 것은 '살아 있는 아버지'이다. 일반적으로 아버지는 죽게 되어 있다. 아버지의 육체적인 부분은 죽을 것이다. 아버지의 생물적인 부분은 죽을 것이다. 그러나 우주는 언제나 살아 있다. 우주는 결코 죽지 않는다. 우주는 영원하다.

수십 년 전에 니체는 "신은 죽었다!"라고 외쳤다. 그것은 불가능한 일이다. 우주는 죽는 것이 아니고 신은 인간이 아니기 때문이다. 만일 신이 인간이라면 죽을 것이다. 인간은 죽어야만 하기 때문이다. 그러나 신은 하나의 형상이 아니다. 형상은 죽어야만 한다. 신에게는 육체가 없다. 육체는 죽어야만 한다. 신 안에서 우리는 태어나고 죽는다. 우리는 형상을 가지고 있으며 형상은 사라진다. 그러나 전체는 남아 있다. 전체는 죽지 않는다. 전체는 생명 그 자체이다. 따라서 그대는 죽은 전체 안에 있는 것이 아니라 아버지이며 어머니인 살아 있는 신 안에 있는 것이다. 그 관계는 깊고 유기적인 것이다. 그대는 결코 내버려지지 않는다. 누군가 계속해서 돌볼 것이다.

이러한 느낌은 그대에게 뿌리를 준다. 그러면 소외감을 느끼지 않을 것이다. 그대는 아웃사이더가 아니다. 인사이더이다. 이곳이 그대의 집이다.

"그러나 만일 너희가 너희 자신을 알지 못하면
너희는 가난 속에 머물게 되고……."

자신에 대해 무지한 것, 이것이 유일한 빈곤이다. 다른 빈곤은 없다. 그대는 재산을 갖지 않았을지 모른다. 큰 저택을 갖지 않았을 수 있다. 왕국을 갖지 않았을지 모른다. 그러나 그것들은 진정한 재산이 아니다. 오직 한 가지만이 진정한 재산이며, 그것은 곧 자신에 대한 앎이다. 왜냐하면 그것은 파괴될 수 없기 때문이다.

예수는 말한다.

"그러나 만일 너희가 너희 자신을 알지 못하면
너희는 가난 속에 머물게 되고……."

그리고 그뿐만 아니다.

"너희 자신이 가난 그 자체가 될 것이다."

그대는 가난하다. 자신에 대해 모르는 것, 가난은 그것 하나뿐이다. 왜 그것이 빈곤인가? 그대는 황제인데, 살아 있는 하느님의 아들인데, 가장 위대한 사람인데, 그것을 깨닫지 못하고 계속 구걸하며 돌아다니기 때문이다.

모든 욕망은 구걸하고 있다. 욕망이 말이라면 걸인은 기수라는 이야기가 있다. 그대는 기수이다. 그대의 말들을 한번 보라. 그 말들은 욕망이다. 구걸하고, 요구하고, 요청하고……. 모든 것을 그대 안에 갖고 있으면서 그대는 결코 내면을 들여다보지 않는다. 한 번 내면을 들여다보면, 영원하고 풍요로운 부가 발견될 것이다. 너무 많아 그것을 다 쓸 수도 없다. 일단 그대가 내면을 들여다보면 모든 존재가 그대가 황제임을 인정할 것이다. 모든 존재가 그대가 누구라는 것을 알아볼 것이다. 그대는 전체의 아들이라는 것을. 그때 모든 구걸은 사라지고 그대는 처음으로 부자가 된다.

"그러나 만일 너희가 너희 자신을 알지 못하면
너희는 가난 속에 머물게 되고
너희 자신이 가난 그 자체가 될 것이다."

이런 이야기를 들은 적이 있다. 한 위대한 황제가 아들의 생활 방식에 매우 화가 났다. 그가 유일한 아들임에도 아버지를 너무 화나게 만들었기 때문에 그는 아버지의 왕국에서 추방을 당했다. 그는 커다란 제국의 황제의 아들이었기 때문에 아무것도 할 줄 몰랐고, 아무 기술도 없었다. 황제들은 어떤 기술도 없는 사람들이다. 그는 무엇을 할 줄도 몰랐고, 배운 것도 없었다. 모든 것이 저절로 이루어진 탓으로 스스로 무엇을 해야 한다는 것조차 알지 못했다. 그런데 그는 음악을 사랑하는 사람이었다. 그가 할 수 있는 단 한 가지 일은 취미 삼아 익힌 악기 연주뿐이었다. 그는 시타르를 연주할 줄 알았고, 그것이 그가 아는 유일한 일이었다.

그래서 그는 시타르를 켜면서 구걸을 시작했다. 황제들은 왕국을 잃어버리면 구걸 외에는 할 수 있는 일이 없다. 이것은 재미있는 일이다. 이것은 황제의 내면 깊은 곳에 걸인이 있음을 말해 준다. 단지 왕국 때문에 그 걸인을 알아볼 수 없을 뿐이다. 왕국이 없어지면 그들은 걸인이 된다. 다른 어떤 것이 될 수 없다. 황제의 아들은 10년간을 계속해서 구걸하면서 지냈다. 그는 자신이 위대한 황제의 아들이라는 사실을 까마득히 잊었다. 자신이 황제의 아들이라는 사실을 기억하고 있기에 10년이라는 세월은 너무 길었다. 아침부터 저녁까지 날마다 구걸해야 하는데 어떻게 위대한 황제의 아들이라는 것을 기억할 수 있겠는가?

그는 걸인이 되었고 자신에 대한 사실을 완전히 잊었다. 기억마저 사라졌다. 이때는 기억이 오히려 나쁘고 악몽과 같은 것이다. 누구나 자기 자신을 잊기를 바랄 것이다. 왜냐하면 기억을 통해 많은 고통이 마음에 생겨나기 때문이다. 비교가 되는 것이다. "나는 위대한 황제의 아들인데, 지금은 구걸을 하고 있다니!" 그렇게 되면 구걸하는 일이 너무 고통스러워진다. 그래서 그는 간단히 그 생각을 떨쳐 버렸던 것이다. 그는 아예 잊어버리고, 자신을 걸인과 동일시했다.

10년이 지난 후, 황제는 아들을 생각하기 시작했다. 아들은 옳지 않았고 생활 방식이 다르긴 했지만, 그래도 그의 유일한 아들이었다. 그리고 이제 아버지인 그는 늙어서 언젠가 죽게 될 것이다. 아들은 그의 상속자였다. 그를 데려와야만 했다. 그래서 황제의 대신이 찾아 나섰다.

대신이 도착했다. 비록 아들이 자기가 황제의 아들이라는 사실을 완전히 잊고는 있었지만, 자신을 걸인이라고 생각하고는 있었지만, 무엇인가 없어지지 않고 남아 있는 것이 있었다. 그것은 그의 기억의 일부가 아니고 그의 존재의 일부였기 때문이다. 그의 걷는 태도, 구걸하는 태도에 황제 같은 것이 있었다. 그는 구걸하면서도 은혜를 베푸는 것과 같은 태도로 구걸했다. 그가 바라보는 시선은 마치 구걸함으로써 은혜를 베푸는 것처럼 보였다. 그의 걸음걸이는 왕처럼 위엄이 있었다. 그의 옷은 찢어졌지만 그것은 그가 왕자일 때 입던 옷이었다. 그의 얼굴은 더럽고 지저분했지만 지저분함 속에 감춰진 아름다운 얼굴이 있었다. 그리고 그의 눈, 비록 걸인이 되긴 했지만, 그의 눈은 황제 같은 고집과 자부심이 깃든 눈이었다. 정신적으로, 의식적으로는 그는 잊고 있었다. 그러나 무의식 속에서는 그는 여전히 왕이었다. 위대한 황제의 상속자였다.

대신이 그를 발견했을 때, 그는 몇 사람이 모여 카드놀이를 하고 있는 나무 그늘에서 구걸을 하고 있었다. 때는 여름날 오후였다. 날씨는 찌는 듯이 더웠는데, 그는 신발도 신지 않고 땀을 흘리며 몇 푼을 구걸하고 있었다.

"한 푼만 도와주십시오. 이틀이나 굶었어요."

대신은 그를 알아보았다. 대신이 타고 가던 마차가 멈추었다. 대신이 내려와 그의 발에 이마를 댔다. 그러자 그는 대신을 내려다보며 물었다.

"무슨 일입니까?"

대신이 말했다.

"당신의 아버지, 황제께서 당신을 부르고 계십니다. 그분은 당신을 용서하셨습니다."

순간 그곳에서 걸인은 사라졌다. 다른 아무것도 할 필요가 없었다. "나의 아버지가 나를 부르고 계신다. 나는 용서를 받았다."라고 인식하는 순간, 걸인은 사라졌다. 옷도 그대로이고 얼굴은 여전히 더러웠으나, 모든 것이 변했다. 그의 둘레에 하나의 영광이, 빛이, 오라가 어렸다.

구걸은 사라졌다. 그는 대신에게 명령했다.

"시장에 가서 내 신발과 옷을 사놓고 목욕을 준비하라."

그러고는 마차에 오르며 말했다.

"시내에서 가장 훌륭한 숙소로 가자."

그리고 대신은 걸어서 마차를 따라가야 했다.

이것은 수피의 이야기이다. 이것은 역시 그대의 상황이기도 하다. 일단 그대가 아버지에 의해, 신에 의해 인식되기만 하면 그대의 구걸 생활은 사라진다. 그 자리에서, 한순간에 사라져 버린다. 어떤 것도 할 필요가 없다. 왜냐하면 그대는 본래부터 황제였기 때문이다. 단지 자신의 정체성이 잘못되었을 뿐이다. 마음의 표면적인 부분에서만 그대는 다른 존재가 되었던 것이다. 깊은 곳에서는 신의 아들로 남아 있었던 것이다.

그러나 이러한 일은 그대가 자신을 알 때만 일어난다. 그때 모든 우주가 그대를 알고, 그대를 인식한다. 예수는 말한다.

"그러나 만일 너희가 너희 자신을 알지 못하면
너희는 가난 속에 머물게 되고
너희 자신이 가난 그 자체가 될 것이다."

14
사마리아인의 어린 양

ⲁϥⲥⲁⲙⲁⲣⲉⲓⲧⲏⲥ ⲉϥϥⲓ ⲛ̄ⲛⲟⲩⲥⲓⲉⲓⲃ
ⲉϥⲃⲏⲕ ⲉⲍⲟⲩⲛ ⲉⲧⲟⲩⲇⲁⲓⲁ ⲛ̄ⲛⲉϥ
ⲙⲁⲑⲏⲧⲏⲥ ⲇⲉ ⲡⲏ ⲙ̄ⲡⲕⲱⲧⲉ

십자가의 예수는 최후의 고통, 고통의 절정을 상징한다.
최후의 절대적인 내려놓음, 마지막 순종이었다.
그 순간까지 그는 예수였고, 그 순간 이후 그는 그리스도였다.
죽음을 받아들임으로써 생명의 열쇠를 발견한 것이다.
인간이 고통을 겪는 것은 그것 외에는 성장할 방법이 없기 때문이다.
고통은 죽음의 영역이고, 깨어 있음은 생명의 영역이다.

열네 번째 말씀

예수께서 말씀하셨다.
"고난을 겪는 자는 복이 있다.
그는 생명을 발견하였다."

예수께서 말씀하셨다.
"너희가 살아 있는 동안 살아 계신 분을 바라보라.
너희가 죽어서 그분을 보려고 해도
볼 수 없게 되는 일이 일어나지 않도록."

그들은 한 사마리아인이 어린 양 한 마리를 데리고
유대 땅으로 가고 있는 것을 보았다.

예수께서 제자들에게 물었다.
"이 사람은 왜 어린 양을 데리고 가는가?"

제자들이 그분께 대답했다.
"그가 양을 죽여서 먹기 위함입니다."

예수께서 그들에게 말씀하셨다.

"그것이 살아 있는 동안에는 그는 그것을 먹지 않을 것이다.

오직 그가 그것을 죽여서 그것이 시체가 된 후에만 먹을 것이다."

제자들이 말했다.

"그렇지 않으면 다른 방법이 없을 것입니다."

예수께서 그들에게 말씀하셨다.

"너희들 자신도 마찬가지다.

시체가 되어 먹히지 않도록 너희 스스로 쉴 곳을 찾으라."

예수께서 말씀하셨다.

"두 사람이 한 침대에서 쉬고 있는데

한 사람은 죽고 한 사람은 살 것이다."

　오랜 옛날부터 인간은 삶 속에 왜 고통이 있는가에 대한 질문을 계속해서 던져 왔다. 신이 아버지라면 왜 그렇게 많은 고통이 존재하는가? 만일 신이 사랑이고 자비라면 왜 존재계는 고통을 겪어야만 하는가? 이것에 대한 만족할 만한 대답이 주어진 적이 없다. 그러나 예수를 이해한다면 답을 알 수 있을 것이다. 인간이 고통을 겪는 것은 그것 외에는 성숙하고 성장할 방법이 없기 때문이다. 인간이 고통을 겪는 것은 고통을 통해 많은 것을 자각하기 때문이다. 그리고 자각이 그 열쇠이다.

　자신의 삶을 관찰해 보라. 안락하고 편안하고 행복할 때 그대는 자각 능력을 잃어버린다. 그때는 일종의 잠 속에서 사는 것이다. 마치 최면에 걸린 것 같은 상태에서, 몽유병자 같은 상태에서 살아가는 것이다. 움직이고 무엇인가를 하지만, 몽유병자와 같다. 그렇기 때문에 고통이 없으면 삶에서 종교가 사라져 버린다. 그때는 결코 사원에 가지 않는다. 그것이 아무 의미가 없기 때문이다. 신에게 기도하지 않는다. 왜인가? 그럴 이유가 없어 보이기 때문이다.

고통이 있을 때마다 그대는 사원 쪽으로 걸어가고, 눈은 신을 향하며, 마음은 기도를 향해 움직인다. 고통 속에는 자신이 누구이고 왜 존재하며 어디로 가고 있는가를 자각하게 하는 힘이 숨어 있다. 고통의 순간, 자각 능력이 강렬해진다.

세상에 쓸모없는 것은 없다. 세상은 조화이지 혼란 상태가 아니다. 그대가 이해 못할 수 있다. 그것은 별개의 문제이다. 그대는 다만 부분만 알고 전체를 모르기 때문이다. 그대의 삶의 경험은 마치 소설의 찢어진 한 페이지 같아서 그대는 그것을 읽지만 무슨 뜻인지 이해하지 못한다. 그것은 단지 한 조각에 불과하고 전체 줄거리를 모르기 때문이다. 전체 줄거리를 알기만 하면 그 페이지는 이해될 수 있고, 그때 그것은 이치에 맞고 의미 있는 것이 된다.

의미는 무엇인가? 의미는 부분을 전체와 관련해서 이해하는 것이다. 의미는 전체에 대한 부분의 관계이다. 길거리에서 떠들고 있는 미친 사람의 말은 의미가 없다. 왜인가? 그의 말은 어느 것에도 연결시킬 수 없고 이야기가 단편적이기 때문이다. 그는 어느 누구에게도 이야기하고 있는 것이 아니다. 그럴 필요도 없고, 이야기할 만한 사람도 없다. 그의 이야기는 단편적이다. 그것은 더 큰 전체의 일부가 아니다. 그렇기 때문에 이치에 맞지 않는다. 똑같은 이야기를 다른 사람이 할 수 있다. 정확하게 똑같은 이야기를. 그러나 그는 누군가에게 말하는 것이며 따라서 그의 이야기는 의미 있는 것이 된다. 왜인가? 단어도 같고, 문장도 같고, 제스처도 같은데 한 사람은 미쳤고 다른 사람은 미치지 않았다고 하는 이유는 무엇인가? 왜냐하면 그곳에 들어줄 사람이 있기 때문이다. 그 조각은 단순한 조각이 아닌 것이다. 그것은 더 큰 전체의 일부분인 것이다. 그것은 의미를 담고 있다.

피카소의 그림에서 한 조각을 잘라 내어 보라. 그것에는 의미가 없다. 그것은 단순한 부분이며, 부분은 생명이 없다. 그것을 그림에 되돌려 놓아 보라. 그러면 갑자기 의미가 살아난다. 그대가 전체의 부분일 경우에만 그대는 의미를 갖는다. 현대인들이 계속 자신들이 의미가 없다고 느끼는 것은 신을 부정하고 신을 상실해 버렸기 때문이다. 신 없이 인간은 결코 의미를 가질 수 없다. 왜냐하면 신은 전체이고 인간은 부분이기 때문이다. 그대는 시의 한 행에 지나지 않는다. 그대 홀로는, 단지 횡설수설하는 소리에 지나지 않는다. 전체 시와의 관계에서만 의미가 나타난다. 왜냐하면 의미는 전체와의 관계에서만 존재하기 때문이다. 이것을 기억하라.

버트런드 러셀의 꿈 이야기가 생각난다. 그는 무신론자였다. 그는 결코 신을 믿지 않았다. 그는 전체를 이해할 수 있는 어떤 넓은 의미도 믿지 않았다. 그는 어떤 꿈 이야기를 한 적이 있다. 어느 날 밤, 그가 잠을 자고 있을 때 누군가 문을 두드리는 소리가 들려왔다. 꿈속에서 그는 문을 열러 나갔다. 그리고 문 앞에 늙은 신이 서 있는 것을 보았다. 그는 자기 눈을 믿을 수 없었다. 왜냐하면 그는 결코 신을 믿은 적이 없었기 때문이다. 꿈속에서조차 그는 '나는 신을 믿지 않는다.'는 것을 기억했던 것이다. 그 늙은 신은 모든 사람들에 의해 잊혀지고 버림받은 것 같았다. 그의 옷은 찢어지고, 더러움이 그의 얼굴과 몸에 흐르고 있었다. 그가 그토록 시대에 뒤떨어진 사람처럼 보였기 때문에, 마치 무엇이 그려져 있는지 거의 알아볼 수 없을 정도로 희미해진 그림과 같았기 때문에, 러셀은 그에 대한 동정심을 느꼈다. 신의 기분을 북돋아 주기 위해 러셀은 그에게 "들어오시오!" 하고 말했다. 그리고 친구처럼 신의 등을 두드려 주면서 "용기를 내시오!" 하고 말했다. 그러고 나서 갑자기 그는 잠을 깼고 꿈은 사라졌다.

이것이 현대인의, 현대의 마음 형태이다. 그들에게 신은 시대에 뒤떨어진 존재이다. 그에게 저항하거나 아니면 기껏해야 그에 대해 동정을 느낄 뿐이다. 동정하는 마음으로 그대는 신을 격려할 수 있다. 그러나 신은 더 이상 아무 의미도 갖지 못한다. 신은 시대에 뒤처진 그림이고, 색이 바래고 쓸모없는 지난 시대의 유물일 뿐이다. 그는 이미 죽었거나 임종의 자리에 누워 죽을병을 앓고 있는 것이다. 그러나 만일 전체가 죽었다면 어떻게 부분에 의미가 있을 수 있는가? 전체가 시대에 뒤처진 것이라면 어떻게 부분이 새롭고 젊고 신선할 수 있는가? 나무가 죽었는데 그 나뭇잎이 살아 있다고 생각하는 것은 어리석은 일이다. 나뭇잎이 죽기에는 좀 더 시간이 걸릴지 모른다. 하지만 이미 나무가 죽었다면 나뭇잎은 죽을 수밖에 없다. 그것은 이미 죽어가고 있는 것이다.

만일 신이 죽었다면 인간은 살아 있을 수 없다. 인간은 치명적으로 병들어 있게 된다. 왜냐하면 전체 없이 부분은 아무 의미가 없기 때문이다. 그대가 행복할 때면—그 행복조차 짧은 순간의 행복일 뿐 실제로 행복한 것은 아니지만—안락하고 편하고 아무것도 그대를 혼란스럽게 하지 않을 때면, 그대는 언제나 자신이 전체라고 생각한다. 이것은 틀린 생각이다. 그대가 고통 중에 있을 때면, 갑자기 자신이 전체가 아님을 깨닫게 된다. 고통을 느끼는 순간, 갑자기 있어야 할 자리에 자신이 있지 않다는 것을 자각한다. 그렇기 때문에 고통이 있는 것이다.

고통은 자각을 가져다준다. 고통은 그대에게 변화해야 하고 새로워져야 하며 새로 태어나야 한다는 느낌을 준다. 고통을 느끼는 한 그대는 무엇인가 해야만 하는 것이다.

예수께서 말씀하셨다.
"고난을 겪는 자는 복이 있다.
그는 생명을 발견하였다."

터무니없고 모순된 말처럼 보일 것이다. 그는 말한다. "고통 받는 자는 복이 있다." 우리들은 고통 받지 않는 사람들이 복되다고 언제나 말한다. 하지만 결코 고통 받지 않는 사람을 본 적이 있는가? 그런 사람이 있다면 그는 매우 어리고, 유치하고, 성숙하지 않고, 깊이도 없으며, 어떤 깨달음도 없는, 바보와 다름없는 사람일 것이다. 그리고 그런 사람을 복되다고 할 수 없다.

살려고 노력해 보지 않은 사람만, 삶을 회피한 사람만 고통 받지 않고 남아 있을 수 있다. 큰 부잣집에서 바보가 태어나는 것도 그 때문이다. 그들은 너무 많은 보호를 받기 때문이다. 그대가 누군가를 너무 많이 보호해 준다면 그것은 죽음으로부터 보호해 주는 것이 아니라 삶으로부터 보호해 주는 것이다. 그것이 문제이다. 누군가를 죽음으로부터 보호하기를 원한다면 그를 삶으로부터 보호해야 한다. 왜냐하면 삶은 죽음으로 이어지기 때문이다. 따라서 죽기를 두려워한다면 살지도 말아야 한다. 이것은 간단한 논리다. 죽는 것이 두렵다면 살지도 말아야 한다. 모든 차원의 삶에서 떠나야 한다. 그때 그대는 단순히 식물인간으로 살아갈 수 있을 뿐이다.

예수는 결코 식물인간을 복되다고 하지 않는다. 누구라도 식물인간이 축복받은 것이라고 말할 수 없다. 그것은 인간에게 일어날 수 있는 최대의 불행이다. 왜냐하면 결코 자각과 성숙함을 얻을 수 없기 때문이다. 의식의 더 높은 차원에 도달할 수 없다. 왜냐하면 그 더 높은 차원은 도전 없이는 얻을 수 없기 때문이다. 고통은 하나의 도전이다. 고통 받고 있을 때 그대는 도전을 받고 있는 것이다. 문제가 일어날 때 그대는 도전을 받고 있는 것이다. 문제에 부딪칠 경우에만 성장할 수 있다. 불안이 클수록 더 성장할 수 있으며, 안전할수록 적게 성장한다. 만일 그대 주위의 모든 것이 확실하다면 그대는 이미 무덤 속에 있는 것이다. 더 이상 살아 있는 것이 아니다. 삶은 위험 속에 존재한다. 삶은 언제나 길을 잃을 가능성 속에 존재한다. 하지만 길을 잘못 든 사람은 되돌아올 수 있고, 실패한 사람은 성공할 수 있다.

나폴레옹은 패배했다. 그는 일기장에 한 줄의 아름다운 문장을 써 놓았다. 때로 미친 사람에게도 놀라운 통찰력은 있는 것이다. 그는 말하고 있다. "단지 한 전투, 한 교전에서만 패배했다. 전투 전체가 패배한 것은 아니다." 전투에서 승리하기 위해서는 수많은 전투에서 패배해 봐야만 한다. 전투에서 패배하는 것을 두려워한다면 결코 전투를 하러 떠날 수 없다. 그것은 불가능하다.

어떤 일에 실패한다 해도 그것이 궁극적인 실패는 아니다. 그것을 넘어설 수 있다. 다음에 또다시 그런 실수를 할 필요는 없으며, 다음에 다시 같은 잘못을 저지를 필요가 없고, 다음에 또다시 고통속으로 들어갈 필요가 없다. 현명한 사람도 현명하지 못한 사람과 마찬가지로 고통을 겪는다. 그러나 그는 매번 다른 방식으로 겪는다. 현명한 사람도 많은 실수를 저지른다. 아니, 어리석은 사람보다 더 많이 저지를 수 있다. 하지만 그는 같은 잘못을 두 번 저지르지 않는다. 그것이 현자와 어리석은 자의 차이점이다. 양은 많을지 모르나 질은 다르다. 바보는 많은 실수를 저지르지 않을지 모른다. 그는 전혀 실수를 저지르지 않을지도 모른다. 왜냐하면 그는 아무것도 하려고 하지 않기 때문이다. 무엇인가 하려고 들 때만 실수를 저지를 수 있다.

찾아다니고 노력하다 보면 길을 잘못 들 수 있다. 큰길로만 다니고 집에만 앉아 있다면 어떻게 길을 잘못 들 수 있겠는가? 아무것도 하지 않는다면 실수를 저지르지도 않는다. 실수 없는 사람이 될 수 있다. 그러나 결코 앞으로 나아가지 못한다. 조금씩 부패할 것이며 식물인간이 되어 죽어 갈 것이다. 실수를 두려워하지 말라. 다만 같은 실수를 두 번 저지를 필요가 없음을 기억하라. 왜 같은 실수를 두 번 저지르는가? 처음 실수를 했을 때 그것에서 아무것도 배운 것이 없기 때문이다. 그렇기 때문에 거듭 실수를 하게 된다. 그래서 사람들은 계속해서 같은 실수를 저질러야만 하는 것이다. 평생을 통해 반복하면서 그들은 똑같은 실수를 계속해서 만들어 낸다. 그렇기 때문에 힌두교는 이 세계를 삼사라라고 부른다.

삼사라는 바퀴를 의미한다. 그대는 똑같은 실수를 반복해서 저지른다. 상황은 다르지만 실수는 같다. 같은 성격의 실수이다. 그것은 무엇을 의미하는가? 그것은 그대가 깨어 있지 않다는 것을 의미한다. 그렇지 않으면 왜 같은 실수를 다시 저지르겠는가? 차라리 다른 실수를 저질르라. 그래야 배울 수 있다. 누구도 실수 없이는 배우지 못한다. 실수를 할 때마다 그대는 고통을 겪는다. 아무도 고통 없이는 배우지 못한다. 힌두교에서 사람은 거듭해서 다시 태어나야 한다고 말한다. 왜냐하면 아직 덜 성장했기 때문이다.

성장한 사람만 이 세상을 초월한다. 성장하지 못한 사람은 구덩이에 떨어져야 한다. 그들은 더 배워야 한다. 모든 배움은 어려운 길이다. 그곳에 지름길이란 없다. 그 어려운 길은 고통이다. 고통으로부터 자신을 보호하려고 하지 말라. 그와는 반대로 가능한 한 깨어 있는 의식으로 고통 속으로 들어가라. 도전을 받아들이고, 그것과 만나라. 그것을 통해 성장할 것이다. 그것을 초월하기 위해, 넘어서기 위해 노력하라. 두려워하지 말라. 한번 두려워하면 그대는 이미 죽어 가고 있는 것이다. 예수가 말한 것이 그것이다.

예수께서 말씀하셨다.
"고난을 겪는 자는 복이 있다.
그는 생명을 발견하였다."

고통 받는 사람은 더 깨어 있게 된다. 깨어 있음은 삶의 사원으로 들어가는 열쇠이다. 더 많이 깨어 있을수록 더 많은 것을 자각한다.

그대와 나무의 차이는 무엇인가? 나무는 아름답다. 그러나 나무는 의식이 없기 때문에 그대보다 높다고 할 수 없다. 돌이나 바위는 나무보다 수준이 낮다. 더 의식이 없기 때문이다. 돌도 고통을 받는다. 그러나 그것을 자각하지 못한다. 나무도 고통을 받지만 의식하지 못한다. 그대 역시 의식 없이 고통을 받는다면 다른 점이 무엇인가? 그렇게 되면 그대는 움직이는 나무에 지나지 않는다.

깊은 곳에서, 그대를 인간이게 하는 것은 아직 일어나지 않았다. 의식이 그대를 인간으로 만든다. 그대가 의식하기만 하면 언제나 고통이 사라지는 것은 아름다운 일이다. 고통은 의식을 가져온다. 그러나 더 많은 의식이 깨어날수록 고통은 사라진다. 이 법칙을 이해해야 한다. 그대가 머리를 다치면 그것이 의식을 부르고 자신의 머리를 자각하게 된다. 그렇지 않으면 아무도 머리를 자각하지 않는다. 그곳에 이상이 있을 때만 신체를 자각하게 되는 것이다.

산스크리트어에는 고통에 대한 아름다운 말이 있다. 그것을 베단트라고 부르는데, 베단트에는 두 가지 뜻이 있다. 하나는 고통이고, 다른 하나는 앎이다. 베단트는 베다와 같은 어원이다. 베다는 지식의 원천이라는 뜻이다. 베단트라는 말을 만든 사람들은 고통이 앎이라는 사실을 알게 되었다. 그래서 두 가지에 대해 같은 단어를 사용한 것이다.

그대가 고통을 느끼면 즉시 자각하게 된다. 복통이 일어날 때만 위장은 존재한다. 전에도 그것은 존재했었지만 그것을 의식하지 못했었다. 의학에서, 특히 아유르베다에서 건강을 신체 없음이라 표현하는 것은 그 이유 때문이다. 신체에 대해 모른다면 그대는 건강한 것이다. 신체에 대해 잘 알고 있다면 그것은 무엇인가 이상한 것이다. 그대가 운전사라면 엔진에서 조금만 이상한 소리가 나도 알아들을 것이다. 그렇지 않으면 모든 것이 순조롭고 단조로우며 이상이 없다. 엔진이나 다른 부분에서 이상한 소리가 조금만 들려도 무엇인가 잘못되어 가고 있다는 것을 알게 된다. 무엇인가 잘못되어 가고 있을 때만 그것을 자각하게 된다.

그대가 진실로 깨어 있다면 잘못된 것에는 결코 휘말리지 않을 다. 반대로 그 깨어 있음 속에서 더욱 성장한다. 그러면 두 번째 현상이 나타난다. 깨어 있음 속에 그대는 질병이 그곳에 있다는 것을, 불편함이 그곳에 있다는 것을 알게 된다. 그러나 그것은 그대 안에 있는 것이 아니다. 그것은 주위에, 환경에 있다. 중심에는 자각이 있고 주위에는 고통이 있다. 마치 고통이 다른 사람에게 속한 것처럼 느껴진다. 그대는 그것과 자신을 동일시하지 않는다. 두통이 있지만 그것은 고통스럽지 않다. 신체에 고통이 있지만 그대는 단지 그것을 자각하고 있을 뿐이다. 신체는 객체가 되고 그대는 주체가 된다. 그리고 그곳에 간격이 존재하는 것이다.

자각 속에서 모든 다리가 끊어지고 그곳에 간격이 생겨난다. 그대는 육체가 고통을 당하는 것을 바라보지만 그 고통과 자신을 동일시하지 않는다. 고통은 자각을 불러일으키고, 고통은 자각을 불러일으키고, 자각은 고통과의 자기 동일시를 깨뜨린다. 이것이 생명의 열쇠이다.

"고난을 겪는 자는 복이 있다.
그는 생명을 발견하였다."

십자가의 예수는 최후의 고통, 고통의 절정을 상징한다. 십자가에 매달려 있을 때, 최후의 순간 예수는 약간 흔들렸다. 고통이 너무 심했다. 평범한 고통, 평범한 육체의 고통이 아니었다. 그것은 깊은 고뇌였다. 신체적인 것뿐 아니라 깊은 심리적인 고뇌였다. 그 고뇌는 이것이다. 갑자기 그는 이런 느낌이 들었다.

"내가 하느님으로부터 버림받은 것인가? 왜 내게 이런 일이 일어나는가? 나는 잘못된 일은 하나도 하지 않았다. 내가 왜 십자가에 못박혀야 하는가? 이 고통은 왜 있는가? 이 십자가는 왜 있는가? 이 고뇌는 왜 있는가?"

그는 하느님에게 물었다. "왜인가요?" 하고 질문했다.

그것은 깊은 고뇌의 순간이었음에 틀림없다. 그때 모든 기반이 흔들리고 믿음이 흔들렸다. 고통이 그렇게 컸던 것이다. 모든 것에 대한 굴욕이었다. 그는 그들을 위해 살고, 그들을 위해 일하고, 그들을 위해 봉사하고, 그들을 치료해 주었는데, 바로 그 사람들이 아무 이유 없이 그를 죽이고 있었다. 그는 하느님에게 물었다.

"왜인가요? 왜 이런 일이 나에게 일어나고 있습니까?"

그리고 갑자기 그는 그 이유를 깨달았다. 그는 그토록 깨어 있었기 때문이다. 십자가에 못박히는 순간 그는 완전한 자각에 도달한 것이다.

내가 언제나 말하듯이 그 순간까지 그는 예수였고, 그 순간 이후 그는 그리스도였다. 그 순간에 완전한 변화가 일어난 것이다. 그 전에 그는 점점 가까이 접근하고 있었다. 점점 가까이 다가오고 있었다. 그러나 최후의 도약은 그 순간에 일어난 것이다. 예수는 사라지고 그곳에 그리스도가 있었다. 갑자기 변화가 일어난 것이다.

무슨 일이 일어났는가? 그는 말했다.

"왜 내게 이런 고통을 주십니까? 당신은 나를 버리셨습니까? 나는 버림받은 것입니까?"

그리고 이런 고뇌 뒤에 즉시 그는 말했다.

"아닙니다. 당신 뜻이 이루어지게 하소서."

그는 그것을 받아들였다. "왜인가요?" 하고 묻는 것은 거부였다. 질문은 의심을 뜻하기 때문이다. 즉시 그는 깨달았다. 그리고 말했다.

"나는 받아들이겠습니다. 나는 이해합니다. 내 뜻대로 당신 뜻대로 하소서. 왜냐하면 내 뜻은 잘못될 것이기 때문입니다."

그러고 나서 그는 마음의 평정을 되찾았다. 최후의 절대적인 내려놓음, 마지막 내맡김이었다. 죽음의 순간에 그는 죽음 역시 받아들인 것이다. 그 받아들임으로 그는 영원한 생명이 되었다. 생명의 열쇠를 발견한 것이다. 그렇기 때문에 그는 말하고 있다.

"고난을 겪는 자는 복이 있다.
그는 생명을 발견하였다."

고통을 당할 때, 이 다음에는 불만을 터뜨리거나 그 고통으로 괴로워하지 말라. 그 대신 그것을 모든 가능한 각도에서 지켜보고, 느끼고, 바라보라. 그것에 대해 명상하고 무엇이 일어나는가 보라. 질병으로 향하던 에너지, 고통을 만들어 내던 에너지가 변화하고 성질이 달라질 것이다. 바로 그 에너지가 자각으로 바뀔 것이다. 그대 안의 에너지가 둘이 될 수 없기 때문이다. 에너지는 하나이다. 그대는 그 에너지로 섹스를 할 수 있다. 그것을 변화시켜 사랑을 할 수 있다. 더 높게 변형시켜 깨달음에 이를 수도 있다. 그 에너지는 같은 것이다.

고통으로 괴로워할 때는 에너지를 분산시키고 있는 것과 같다. 고뇌 속에 에너지를 분산시키는 것이다. 에너지가 새어 나가는 것이다. 고통이 있을 때면 언제나 자신을 흔들라. 눈을 감고 고통을

사마리아인의 어린 양

바라보라. 그것이 무엇이든, 정신적인 것이든 신체적인 것이든 실존적인 것이든, 그것이 무엇이든 그것을 바라보고 명상하라. 그것이 하나의 대상인 것처럼 바라보라.

고통을 대상으로 바라보면, 그대는 그것으로부터 분리된다. 그대는 더 이상 그것과 동일시되지 않는다. 다리는 끊어진다. 그러면 고통 속으로 흘러가던 에너지는 더 이상 그쪽으로 움직이지 않는다. 왜냐하면 더 이상 다리가 존재하지 않기 때문이다. 다리와 곧 자기 동일시되었다. 자신을 육체와 동일시하면 에너지가 육체로 들어간다. 자기 동일시를 하는 곳으로 에너지가 흘러 들어간다.

그대는 지금까지 이것을 몰랐을지 모른다. 간단한 실험을 해 보아라. 그대가 한 여성을 사랑한다면 그녀 곁에 앉아서 마치 자신이 그녀인 것처럼 자기 동일시를 해보라. 그리고 그 여성으로 하여금 그녀가 그대인 것처럼 느끼게 해보라. 잠시 기다리면서 자신이 상대방이라고 강하게 동일시해 보라. 갑자기 두 사람 모두 에너지의 충격을 받게 될 것이다. 둘 다 상대방에게서 자기에게로 에너지가 건너뛰는 것을 느낄 것이다. 연인들은 하나의 에너지가 마치 전기 충격처럼 건너뛰어 상대방에게 도착하는 것을 느껴 왔다. 그대가 어떤 것과 자기 동일시를 할 때, 그곳에는 다리가 생겨 에너지가 다리를 통해 이동하게 된다.

어머니가 아이를 기를 때 그녀는 지금까지 생각한 것처럼 젖만을 먹이는 것이 아니다. 생물학자들은 우연히 어머니가 에너지를 공급하고 있다는 더 깊은 사실을 발견했다. 젖은 단지 육체적인 부분일 뿐이다. 그들은 여러 가지 실험을 했다. 아이를 키우면서 아이에게 모든 음식을 다 주었다. 의학이 발견한 것은 무엇이든 다

주었다. 다만 그 아이는 사랑이나 포옹을 받지 못했다. 어머니는 아이를 만져 주지 않았다. 우유는 기계 장치를 통해 주었다. 주사를 놓아 주고 비타민을 먹였다. 모든 것이 완벽했다. 그러나 그 아이는 성장을 멈추었다. 아이는 움츠러들기 시작했다. 마치 생명이 아이에게서 떠나간 것 같았다. 무엇이 일어나고 있는가? 어머니가 줄 수 있는 것은 무엇이든 다 주었던 것이다.

독일에서 일어난 일로 전쟁 중에 많은 고아들이 병원으로 옮겨졌다. 수주일 내에 그들은 거의 모두 죽었다. 반 이상이 죽었다. 모든 보살핌이 행해졌다. 의학적으로 필요한 것은 무엇이든 다 주었다. 그 아이들은 왜 죽어 갔을까? 그런데 한 정신분석가가 관찰하기를 그들에게 포옹이 필요했다는 것이다. 그들을 껴안아 주고 그들이 중요한 존재임을 인식시켜 줄 누군가가 필요했다. 음식이 다가 아니다. 예수는 말했다. "인간은 빵만으로는 살 수 없다." 어떤 보이지 않는 음식, 내적인 음식이 필요한 것이다. 그래서 그 정신분석가는 규칙을 만들어 누구라도, 간호사든 의사든 봉사자든 그 방에 들어오는 사람은 5분 이상 머물며 아이들을 껴안아 주고 함께 놀도록 했다. 그러자 갑자기 아이들이 죽지 않고 성장하기 시작했다. 그리고 그 이후로 많은 실험들이 행해졌다.

어머니가 아이를 껴안을 때 그곳에는 에너지가 흐른다. 그 에너지는 보이지 않는다. 우리는 그것을 사랑이나 따뜻함이라 부른다. 어머니에게서 아기에게로 무엇인가가 건너뛰고 있는 것이다. 어머니에게서 아기에게로 뿐만 아니라 아기에게서 어머니에게로도 흘러간다. 여인이 어머니가 되었을 때 가장 아름다운 것도 이 때문이다. 그 전에는 무엇인가 부족했고, 그녀는 완전하지 않았다. 원이 없었던 것이다. 여자가 어머니가 될 때 비로소 원은 완성된다. 마치 어떤 미지의 근원으로부터 오는 것처럼 하나의 기품이 그녀에게 나타난다. 때문에 어머니만 아기를 키우는 것이 아니라 아기도 어머니를 키우는 것이다. 그들은 서로의 안에서 행복하다.

그것보다 가까운 관계는 없다. 연인들도 그처럼 가깝지는 못하다. 아기는 어머니로부터, 어머니의 피와 살과 뼈로부터 나오기 때문이다. 아기는 단순히 어머니의 존재의 연장이다. 이런 일이 다른 곳에서는 일어나지 않는다. 아무도 그렇게 가까울 수 없기 때문이다. 연인은 심장 가까이에 있을 수 있다. 그러나 아기는 심장 안에 살고 있다. 어머니의 심장이 고동칠 때 그것은 곧 아기의 심장이 고동치는 것이다. 아기는 다른 심장을 갖고 있지 않다. 어머니의 피가 아기 안에 흐르고 있는 것이다. 아기는 독립된 존재가 아니다. 아기는 어머니의 일부이다. 아홉 달 동안 아기는 어머니와 유기적으로 결합되어 어머니의 일부로 존재한다. 어머니의 삶이 아기의 삶이고 어머니의 죽음이 아기의 죽음이다. 후에도 그것은 계속된다. 에너지의 흐름, 에너지의 상호 교환이 존재한다.

고통이 있을 때면 언제나 자각이 일어난다. 그러면 그 다리는 끊어진다. 그때 고통으로 가는 에너지의 소모는 없어진다. 그때 고통은 점점 줄어든다. 왜냐하면 고통은 그대의 아기이기 때문이다. 그대가 그것을 탄생시킨 것이다. 그대가 그 원인이고, 그대가 그것을 키웠다. 그대가 물을 주면 그것은 자란다. 그때 더 많은 고통을 받는다. 그때 그대는 불평하고 불행해진다. 그때 그대의 모든 주의력은 고통과 하나가 된다.

시장에서 늙은 두 여인이 만났다. 한 사람이 다른 사람에게 기분이 어떠냐고 물었다. 그녀가 늘 아팠기 때문이다. 언제나 아프다고 말하는 여인이었다. 무엇인가 잘못된 것이다. 그것은 병이 아니다. 그것은 더 깊은 것, 일종의 신경성 질환이다. 왜냐하면 그들은 아프지 않으면 편하지 않기 때문이다. 병은 그들 에고의 일부가 된 것이다. 그녀는 물었다.

"기분이 어때요?"

언제나 아프다는 여인이 말하기 시작했다. 그녀는 말했다.

"매우 나빠요. 이렇게 나쁜 적이 없었어요. 관절염이 도지기 시작했어요. 두통이 심해요. 위장 역시 매우 나빠요. 그리고 다리의 통증도……."

그런 식으로 그녀는 계속해서 말했다.

다른 여인이 말했다.

"그럼 가서 의사에게 보이지 않고……."

아픈 여인이 말했다.

"네, 그래야지요. 조금 나아지면 가겠어요."

이것은 실제로 일어나는 일이다. 조금 나아지면 의사에게 갈 것이다. 그러나 아무도 가지 않는다. 조금 나아지면 그럴 필요가 없기 때문이다. 고통을 느낄 때 의사에게 가라. 고통을 느낄 때 기도하라. 고통이 있을 때 명상하라. "조금 나아지면 명상을 하겠다."는 이야기는 하지 말라. 그것은 도움이 되지 않는다. 그대는 명상을 하지 않을 것이다. 가장 복 받은 순간, 곧 고통의 순간을 놓칠 것이다. 명상하라. 깨어나고 자각하라. 기회를 놓치지 말라. 그것은 축복의 순간이다.

모든 고통의 순간을 명상으로 이용하라. 그러면 곧 고통이 사라지는 것을 알게 될 것이다. 에너지가 안으로 움직이기 때문이다. 에너지는 주변으로, 고통으로 움직이지 않으며, 따라서 고통을 키우지 않게 된다. 이것은 비논리적인 것처럼 보인다. 그러나 이것이 세상의 모든 신비가들이 내린 결론이다. 그대는 고통을 키운다. 그리고 그것을 미묘한 방법으로 즐긴다. 나아지기를 바라지 않는 것이다. 그 안에는 약간의 투자가 있는 게 틀림없다.

붓다나 예수, 조로아스터가 이야기했지만 헛일이었다. 그대는 귀를 기울이지 않는다. 그들은 궁극의 기쁨의 가능성이 있다고 말한다. 그대는 그 말을 듣고, "좋다, 내가 좀 나아지면 시간을 내지." 하고 말한다. 그러나 행복할 때 달리 무엇이 필요하겠는가? 붓다가 계속 주장하는 이유가 그것이다. "삶 전체는 고통이다. 두카다. 기다리지 말라. 그대가 살고 있는 삶에는 행복이 존재하지 않을 것이다. 깨어나서 보라. 삶은 고통 그 자체이다." 사람들은 그를 염세주의자라고 말한다. 그렇지 않다. 그는 단지 강조하고 있는 것이다. 그대는 자신의 고통에 매달려 있기 때문에 그것을 알지 못하는 것이다.

그 고통에 들인 투자가 무엇인가? 처음부터, 어릴 때부터, 한 가지 잘못된 것이 있는데 아이가 아플 때 더 많은 관심을 받는다는 것이다. 이것은 나쁜 연상을 만든다. 어머니는 아이를 더욱 사랑하고 아버지는 더 주의를 기울이며 모든 가족이 그를 중심에 놓는다. 그가 가장 중요한 사람이 되는 것이다. 그렇지 않으면 아무도 그에 대해 신경을 쓰지 않는다. 건강하고 아무 일도 없을 때는 마치 그가 존재하지 않는 것처럼 아무도 그에게 주의를 기울이지 않는다. 아플 때 그는 독재자가 되어 명령을 내린다. 그리고 모든 사람들이 관심을 기울인다. 관심을 기울이지 않으면 그것으로 인해 죄의식을 느끼기 때문이다. 누구도 아무 말을 할 수 없다. 왜냐하면 병의 책임이 아이에게 있다고는 누구도 말할 수 없기 때문이다.

만일 아이가 나쁜 일을 한다면, "너의 잘못이다."라고 말할 수 있다. 그러나 아이가 아플 때는 아무 말도 할 수 없다. 왜냐하면 병은 어쨌든 아이의 책임과는 관련이 없기 때문이다. 아이가 무엇을 할 수 있겠는가? 그러나 사실은 다르다. 병의 99퍼센트는 자신이 만드는 것이고, 관심을 끌려는 동기에서 유발된 것이다. 아이는 그러한 속임수를 매우 쉽게 배운다. 왜냐하면 아이에게 가장 근본적인 문제는 자신이 어찌할 수 없다는 것이기 때문이다. 아이가 계속 느끼는 기본적인 문제는 자신은 힘이 없고 다른 모든 사람들은 힘이 있다는 것이다. 하지만 아프기만 하면 아이는 힘이 있고 다른 사람들은 힘이 없게 된다. 아이는 그 사실을 이해하게 된다.

아이는 어떤 것을 아는 데 매우 민감하다. 아이는 '내가 아프면 아버지조차 아무것도 아니다. 어머니도 아무것도 아니다. 그 누구라도 아무것도 아니다.'라는 것을 알게 된다. 그러면 병은 매우 중요한 것이 된다. 그것은 투자가 된다. 자신이 생활에서 무시될 때마다, 자신이 '나는 하찮은 존재이다.'라고 느낄 때마다 아이는 병을 앓게 되고 병을 만든다. 이것이 문제이다. 깊은 문제이다. 그대가 할 수 있는 일은 무엇인가? 아이가 아프면 모든 사람이 신경을 써야 한다.

심리학자들은 주장한다. 아이가 아프면 돌봐 주라. 그러나 너무 많은 신경을 쓰지 말라. 아이는 의학적으로 보호를 받아야 한다. 그러나 심리적으로 보호를 받아서는 안 된다. 아이의 마음에 병은 보상을 받는다는 연상을 만들어서는 안 된다. 그렇지 않으면 평생을 통해 무언가 잘못되었다고 느낄 때마다 그는 병을 앓게 될 것이다. 그렇게 되면 그의 아내도 그에게 아무 말도 하지 못한다. 그 누구도 그에게 어떤 말도 할 수 없다. 왜냐하면 그는 아프기 때문이다. 모든 사람들이 그에게 동정과 관심을 보여야만 하는 것이다.

고통의 99퍼센트는 그대가 자신에게 좋게 보이는 어떤 것을 고통과 연결하기 때문에 생겨난다. 이 연상 작용을 떨쳐 버리라. 그것은 다른 사람이 대신해 줄 수 없다. 연상 작용을 완전히 잘라야 한다. 고통은 단순히 에너지만을 소비시킬 뿐이다. 그 안으로 휩쓸려 들어가지 말라. 그것이 보상을 준다고 생각하지 말라. 고통이 보상하는 것은 단 한 가지, 그것은 자각이다. 깨어 있으라.

어떻게 그 연상 작용을 떨쳐 버릴 수 있는가를 기억하라. 하나는 이것이다. 고통에 대해 결코 말하지 말라. 고통을 느끼되 그것을 이야기하지 말라. 왜 그것에 대해 이야기를 하는가? 사람들은 왜 고통을 이야기하면서 자신의 고통으로 다른 사람을 지루하게 만드는가? 누가 관심을 갖겠는가? 단지 마음의 상처를 주지 않기 위해 그대가 병과 고통을 이야기하면 다른 사람들은 그것을 참고 들어주어야 한다. 하지만 그들은 피하기 시작하고, 어떻게든 그대에게서 벗어나기를 바란다. 아무도 들어주려고 하지 않는다. 왜냐하면 모든 사람은 자신의 고통을 너무 많이 갖고 있기 때문이다. 누가 그대의 고통에 신경 쓰겠는가? 그것을 이야기하지 말라. 왜냐하면 이야기하는 것은 연상을 만들어 내기 때문이다.

불평하지 말라. 그렇게 되면 관심과 동정과 자비와 사랑을 요구하는 것이 되기 때문이다. 요구하지 말라. 고통을 팔지 말라. 그대의 투자를 거두라. 개인적으로 고통을 당하고, 고통을 공개하지 말라. 그러면 그것은 타파스차리아가 된다. 그것은 하나의 고행 수도가 된다. 고행 중 가장 좋은 고행이다. 하지만 세상의 성자들을 보라. 그들이 타파스차리아, 즉 고행을 행하면 그들은 즉시 그것을 세상에 알린다. 나는 그대에게 "자신의 고통을 개인적인 것으로 하라. 그러면 그것은 타파스, 곧 고행이 될 것이다."라고 말한다. 그들은 그것을 공개한다. 그들은 긴 단식에 들어가는 것을 선언한다. 모든 사람이 알아야 하는 것이다.

이들은 미친 이들이다. 유치한 자들이다. 그들은 그대보다 더 많이 투자했다. 그들은 고통에 의존한다. 그들의 명성은 고통에 의존한다. 얼마나 오랫동안 단식할 수 있는가, 그 나라의 혹은 세상의 이목을 얼마나 끌어 모으는가에 달려 있다. 그들은 매우 영리하다. 그들은 고통을 이용해 다른 사람들을 이용하고 있다. 그러나 그것이 모든 사람들이 하고 있는 일이다. 오직 그들이 가장 많이 행하고 있을 뿐이다. 그렇게 하지 말라. 순교자가 되려고 하지 말라. 그것은 무의미한 짓이다. 과시벽 환자가 되지 말라.

개인적으로 고통을 받으라. 다른 사람들이 모를 정도로 매우 은밀하게 고통을 받으라. 그리고 그것에 대해 명상하라. 그것을 밖으로 내놓지 말라. 안에 쌓아 두고, 눈을 감고 명상하라. 그러면 다리가 끊어질 것이다.

이것이 예수가 말하고 있는 의미이다.

"고난을 겪는 자는 복이 있다.
그는 생명을 발견하였다."

고통은 죽음의 영역에 속하고, 깨어 있음은 생명의 영역에 속한다. 다리를 부수라. 그때 그대 안의 어떤 것, 그대 주위의 어떤 것이 죽는 것을 알 것이다. 그것은 죽음에 속한 것이다. 그대 안에 있는 어떤 것, 그대의 깨어 있음은 죽지 않을 것이다. 그것은 죽지 않는 것이다. 그것은 생명에 속한다. 그렇게 때문에 고통은 생명의 열쇠를 줄 수 있는 것이다.

예수께서 말씀하셨다.
"너희가 살아 있는 동안 살아 계신 분을 바라보라.
너희가 죽어서 그분을 보려고 해도
볼 수 없게 되는 일이 일어나지 않도록."

이것은 하나의 방법이다.

"살아 계신 분을 바라보라……"

그대 안에는 살아 있는 것과 이미 죽은 것이 있다. 그대 안에서 두 세계가 만난다. 물질의 세계와 정신의 세계, 그대는 그 경계선에 존재한다. 그대 안에서 두 개의 영역이 만난다. 죽음의 영역과 삶의 영역, 그대는 중간에 위치한다. 그대가 죽음에 속한 것에 너무 많은 관심을 기울이면 그대는 언제나 두려워하고, 고통 받고, 겁이 날 것이다. 그대가 생명에 속한, 영원한 생명과 불멸에 속한 중심에 관심을 기울일 때, 두려움은 사라질 것이다.
예수는 말한다.

"너희가 살아 있는 동안 살아 계신 분을 바라보라."

놓치지 말라. 왜냐하면 죽음의 순간에 살아 계신 분을 바라보기가 무척 어렵기 때문이다. 전 생애 동안 죽음의 영역에 관심을 쏟아 왔다면, 다시 말해 사물의 영역, 물질과 세상의 영역에 관심을 기울여 왔다면, 오직 죽음의 영역에만 관심을 가져왔다면, 그대가 죽을 때 혹은 죽어갈 때 삶의 영역을 본다는 것은 매우 어렵고 매우 불가능한 일이다. 어떻게 갑자기 몸을 돌릴 수 있겠는가? 어떻게 갑자기 고개를 돌릴 수 있겠는가? 그것은 불가능할 것이다. 그대는 마비될 것이다. 전 생애 동안 그대는 밖을 내다보고 있었다. 그대의 목은 이제 굳어졌다. 몸을 돌릴 수 없다. 따라서 살아 있는 동안 죽음이 없는 세계를 향해 끊임없이 움직이는 것이 필요하다.

"너희가 살아 있는 동안 살아 계신 분을 바라보라."

침묵의 순간을 가질 때 눈을 감고 내면을 들여다보라. 목이 유연해질 수 있도록. 그렇게 하지 않으면 죽음의 순간에 그대는 마비될 것이다. 그대는 영원한 삶을 보고 싶어 할 것이다. 그러나 할 수 없을 것이다. 왜냐하면 몸을 돌릴 수 없기 때문이다.

"너희가 죽어서 그분을 보려고 해도
볼 수 없게 되는 일이 일어나지 않도록."

그는 그대 안에 있다. 하지만 그대는 고정되어 있고, 망상에 사로 잡혀 있다. 외부세계에 대한 망상은 부서져야 한다. 산으로 도피할 필요는 없다. 그것은 도움이 안 된다. 하루 24시간 중에 그대는 내면을 들여다볼 수 있는 충분한 시간을 갖고 있다. 그것을 놓치지 말라. 시간이 있을 때마다 잠시 동안이라도 눈을 감고 살아 있는 이를 찾아 내면을 들여다보라. 그곳에 있다. 조금만 훈련하면 내면의 어둠에 적응할 수 있다. 그곳은 지금은 어둡다. 왜냐하면 그대의 눈이 외부의 빛에 적응되어 있기 때문이다.

내면의 빛에 적응하면 그곳에서 희미한 빛을 발견할 수 있을 것이다. 어둠이 아니다. 매우 고요하고, 위안을 주는, 부드러운 빛이다. 강렬한 빛이 아니라 어스름한 빛이다. 마치 해는 아직 떠오르지 않고 밤은 이미 물러간 때와 같다. 힌두교에서 브라흐마 무후르타라고 부르는 것이다.

그들은 왜 그것을 브라흐마 무후르타, 곧 신의 순간이라 부르는가? 그렇게 부르는 이유는 이 내면적인 것 때문이다. 그들이 내면을 들여다볼 때 외부의 빛은 사라지고 내면의 어둠은 아직 떠나지 않았다. 왜냐하면 눈이 적응하기 전까지는 어둠이 남아 있기 때문이다. 그곳에 어슴프레한 빛의 순간이 있다. 그것은 산디야칼이라 불리는데 빛도 없고 어둠도 없는 순간이다. 이것을 브라흐마 무후르타, 신의 순간이라 부르는 것이다. 그것에 적응하고, 바라보고, 기다리고, 지켜보라. 곧 눈이 적응하고 볼 수 있게 될 것이다.

그곳에는 강렬한 빛은 없고 단지 희미한 빛만 있을 뿐이다. 그 빛은 햇빛에 의해 발생된 빛이 아니기 때문이다. 그것은 그대의 자연적인 빛이다. 다른 것에 의해 발생된 빛이 아니다. 그것은 그대 자신의 빛, 자기 내면의 오라이다. 그것이 그곳에 있다. 시간이 있을 때마다 그것을 헛되이 낭비하지 말라. 그러면 충분한 순간들을 발견할 것이다. 단지 잠들기 전에 눈을 감고 내면을 들여다보라. 낮은 지나갔고, 죽음의 세계는 더 이상 계속되지 않으며, 그대는 물러나고 있다. 내면을 들여다보라. 아침에 잠이 깨는 최초의 순간에 곧바로 잠자리에서 일어나 세상으로 뛰어들 필요는 없다. 잠깐 기다리라. 눈을 감고 내면을 들여다보라. 침묵이 그곳에 있다. 지난밤의 휴식이 도움이 될 것이다. 그대는 긴장하고 있지 않다. 따라서 내면으로 들어가기가 더 쉽다.

그렇기 때문에 모든 종교는 잠자리에 들어가기 전에, 그리고 잠의 세계에서 나올 때 기도를 하라고 말하는 것이다. 그 순간들은 매우 좋다. 밤에 그대는 세상일에 지쳤고, 세상일에 싫증이 났고, 다른 어떤 것을 볼 준비가 되어 있다. 아침에는 충분한 휴식을 취했고, 그 휴식의 도움으로 내면세계를 들여다볼 수 있다. 예수가 말하는 것이 그것이다.

"너희가 살아 있는 동안 살아 계신 분을 바라보라.
너희가 죽어서 그분을 보려고 해도
볼 수 없게 되는 일이 일어나지 않도록."

그분은 그곳에 계실 것이다. 그러나 그대는 살아 있는 동안의 잘못된 훈련으로 인해 그분을 볼 수 없을 것이다.

그들은 한 사마리아인이 어린 양 한 마리를 데리고
유대 땅으로 가고 있는 것을 보았다.

예수께서 제자들에게 물었다.
"이 사람은 왜 어린 양을 데리고 가는가?"

제자들이 그분께 대답했다.
"그가 양을 죽여서 먹기 위함입니다."

예수께서 그들에게 말씀하셨다.
"그것이 살아 있는 동안에는 그는 그것을 먹지 않을 것이다.
오직 그가 그것을 죽여서 그것이 시체가 된 후에만 먹을 것이다."

제자들이 말했다.
"그렇지 않으면 다른 방법이 없을 것입니다."

예수께서 그들에게 말씀하셨다.
"너희들 자신도 마찬가지다.
시체가 되어 먹히지 않도록 너희 스스로 쉴 곳을 찾으라."

그대의 육체는 벌레와 새들의 먹이가 될 것이다. 육체는 먹이이다. 그 외에는 아무것도 아니다. 다른 것일 수 없다. 육체는 음식으로 만들어진다. 때문에 음식을 먹지 않으면 육체는 사라지는 것이다. 단식을 하면 매일 1킬로그램씩의 육체가 사라질 것이다. 그 육체는 어디로 가는가? 그대는 날마다 음식으로 그 부분을 채워야만 한다. 육체는 음식의 부산물이다. 그렇다면 죽었을 때 육체는 어떻게 되는가? 세상은 그것을 음식으로 이용할 것이다. 지구의 벌레들이 그것을 먹을 것이다. 혹은 하늘의 새들이 쪼아 먹을 것이다. "나는 먹힐 것이다."라는 것을 안다는 것은 두렵고 걱정스런 일이다. 이 때문에 전 세계의 사람들이 먹히지 않는 방법들을 생각해 내었다. 그것은 어리석은 일이다.

힌두교도들은 한 가지를 피하기 위해, 곧 먹히는 것을 피하기 위해 시체를 태운다. 회교도들은 시체를 관에 넣어 무덤에 보관한다. 기독교인들도 그렇게 한다. 조로아스터교인들만 그렇게 하지 않는다. 그들은 시체가 다른 동물의 먹이가 되게 내버려 둔다. 그들은 가장 자연스럽고 가장 과학적으로 일을 하고 있는 것이다. 왜냐하면 음식을 파괴해서는 안 되기 때문이다. 그대는 지금까지 전 생애 동안 새와 동물과 과일을 먹어 왔다. 그리고 이제 80킬로그램의 육체를 만들어 놓았다. 그런데 그것을 파괴하고 태운다는 것은 옳지 않다. 그대는 세상에 대해 너그럽지 못하다. 그것을 음식의 세계로 되돌려 주어야 한다. 그것은 음식이다.

육체를 벌레나 새가 먹도록 내버려 두는 것보다 태워 버리는 것이 좋다고 하는 이유가 무엇인가? 왜인가? 그곳에도 역시 불이 타고 있기 때문이다. 새의 위장과 사자의 위장에서도 불이 타고 있다. 그리고 그 불이 그대를 분해할 것이다. 그러나 그것은 자연의 불이고 적어도 어디에선가 어떤 배고픔을 해결해 줄 것이다.

오직 파르시(회교도들에 쫓겨 인도 구자라트 주에 이주한 조로아스터교도)들만 자연적으로 처리한다. 그러나 그들도 지금은 흔들리고 있다. 왜냐하면 모든 사람들이 "그대의 어머니, 아버지를 버리는 것은 옳지 않다. 너희는 도대체 어떤 종류의 인간들인가? 너무 잔인하다."라고 말하기 때문이다. 그러나 시체를 불에 던지는 것은 잔인하지 않은가? 아니면 땅속 깊이 묻어 버리는 것은 잔인하지 않은가? 오히려 그들이 더 생태학적이다. 그들은 생명의 순환을 완성시키는 것이다. 힌두교도, 회교도, 그리고 기독교도는 덜 생태학적이다. 그들은 생명의 순환을 파괴하고 있는 것이다. 그것은 좋지 않다.

예수는 말한다.

"만일 너희들이 내면의 존재, 살아 있는 존재, 의식의 존재를 깨닫지 못한다면 너희들은 곧 먹힐 것이다. 그것이 전부이다."

그대의 모든 생애는 무의미한 것이었다. 그대는 전 생애를 통해 먹고, 먹기 위해 일하고, 그리고 먹힌다. 그것이 그대의 전체 이야기이다. '아무 의미도 없는 소음과 노여움으로 가득한, 바보 천치의 이야기'(《맥베드》의 대사)이다. 먹기 위해 투쟁하는 전 생애, 그러고는 먹힌다. 그것에 무슨 의미가 있는가?

예수는 말한다.

"너희가 죽기 전에, 먹히기 전에, 너희 안에서 음식이 아닌 것, 음식으로 길러지지 않는 것을 깨달으라."

그때 그대는 한 가지를 더 깨닫게 될 것이다.

모든 종교는 금식 수행을 시도해 왔다. 왜인가? 금식을 할 때 의식이 강렬해지기 때문이다. 그것은 음식의 일부가 아니기 때문이다. 사실 음식은 깨어 있음을 방해한다. 음식을 먹지 않을 때 더 깨어 있게 된다. 음식을 먹으면 졸리고 취하기 때문이다. 음식을 많이 먹으면 즉시 졸음이 온다. 음식은 알코올 성분을 갖고 있다. 음식을 먹으면 잠을 자야 한다. 금식을 하면 그날 밤에 잠을 자기 어렵다는 것을 발견할 것이다. 배고픔 때문이라고 생각하는가? 아니다, 음식을 먹지 않으면 의식이 더 깨어나기 때문이다.

오랜 금식에 들어가면 사흘, 나흘, 혹은 닷새가 지난 후에는 배고픔은 사라진다. 왜냐하면 육체는 사흘, 나흘, 혹은 닷새 동안은 과거의 기억을 주장하기 때문이다. 그러나 그 기억은 오래가지 못한다. 육체는 이전의 기억을 며칠 주장하다가 그대가 들어주지 않으면 다른 방법으로 자신을 유지한다. 육체는 안전장치로서 이중 구조를 갖고 있다. 그대는 날마다 육체에 할당량을 채워 주기 위해 음식을 먹어야 한다. 5일이나 7일 동안 음식을 주지 않으면 육체는 비상조치를 취한다. 육체 안에 축적된 살, 축적된 지방을 쓰는 것이다.

모든 정상적이고 건강한 사람은 적어도 석 달은 충분히 견딜 정도로 지방을 축적한다. 육체는 저장고와 같다. 육체 생각에 그대가 음식을 주려고 하지 않으면 육체는 자신의 저장물을 먹기 시작한다. 육체가 저장물을 먹기 시작할 때 의식은 전혀 그곳에 개입하지 않는다. 그대가 가서 벌고 일하고 지치면서 육체에 음식을 줄 필요가 없다. 그대가 육체에 음식을 주고 그것을 흡수하고 소화시킬 때는 전 에너지가 소비된다. 음식을 먹자마자 졸음을 느끼는 것은 그 이유 때문이다. 의식으로 작용하던 에너지가 위에서 음식을 소화시키는 데 필요하기 때문이다. 그것은 즉시 그쪽으로 움직여 간다.

따라서 음식에 탐닉하는 사람은 명상을 할 수 없다. 불가능하다. 그들은 잠을 잘 잔다. 그러나 자각하거나 의식이 깨어 있지 않다. 그들은 음식 외에는 아무것도 아니다. 그리고 그들은 먹힐 것이다. 그들의 전 생애는 먹이의 순환일 뿐이다. 모든 종교는 금식을 하면 자각이 커진다는 것을 알게 되었다. 소화시켜야 할 것이 없으면 에너지가 해방되기 때문이다. 그곳에는 받아들일 것도 밀어낼 것도 없다. 모든 작동이 멈춘다. 육체 공장의 작동이 중단되고 공장은 문을 닫는다. 그러면 갖고 있는 모든 에너지는 자각의 에너지가 된다. 금식할 때 잠자기 어려운 것은 그러한 이유 때문이다.

최소한 20일, 30일 또는 40일간 금식을 행하면 새로운 형태의 잠을 자게 된다. 육체는 잠이 들고 그대는 깨어 있을 것이다. 크리슈나가 제자 아르주나에게 말한 것이 그것이다. "모든 사람은 잠이 들어 있는데 요가 수행자는 깨어 있다." 붓다는 이렇게 말했다. "나는 잠자고 있을 때도 잠들어 있는 것이 아니다. 다만 육체가 잠들어 있을 뿐이다." 마하비라가 잠잘 때 조금도 움직이지 않은 것도 이 때문이다. 그는 조금도 움직이지 않는다. 그는 깨어 있기 때문이다. 그는 말했다. "자다가 옆으로 돌아눕는 것은 좋지 않다. 곤충이 밑으로 기어들어 왔을 수가 있다." 그는 마루 위나 나무 밑에서 잠을 자곤 했기 때문이다. "내가 어둠 속에서 옆으로 돌아누우면 나도 모르는 사이에 어떤 살생을 저지를지도 모른다. 그것을 피할 수 있어야 한다." 그래서 그는 완벽하게 하룻밤 내내 한 자세로 있곤 했다. 그는 정확하게 잠자리에 든 자세 그대로 아침까지 누워 있었다. 손 하나 움직이지 않았다. 이것은 잠 속에서도 완전하게 깨어 있을 때만 가능하다. 그렇지 않으면 자신이 몸을 움직이는 것을 모르기 때문이다.

자각이 깨어 있게 되면, 그때 그대는 그대 안에 있는 다른 차원의 것을 자각하는 것이다. 보이는 것은 죽음에 속하고, 보이지 않는 것은 죽지 않는 것에 속한다.

예수는 말한다.

"너희 스스로 쉴 곳을 찾으라."

침묵과 휴식의 상태, 고요와 조화의 상태를 찾으라. 그곳에서 그대는 살아 계신 이를 자각할 수 있게 될 것이다.

"시체가 되어 먹히지 않도록……."

예수께서 말씀하셨다.
"두 사람이 한 침대에서 쉬고 있는데
한 사람은 죽고 한 사람은 살 것이다."

우파니샤드에도 똑같은 말이 있다. 우파니샤드에서는 말한다. 한 나무에 두 마리의 새가 있는데 하나는 윗가지에 다른 하나는 아랫가지에 앉아 있었다. 아랫가지에 앉아 있는 새는 생각하고, 두려워하고, 욕망하고, 요구하고, 축적하고, 싸우고, 경쟁한다. 그 새는 고뇌와 긴장 속에 있으며, 이 가지에서 저 가지로 옮겨 다니며 언제나 움직이고 결코 휴식을 갖지 못한다. 윗가지에 앉아 있는 새는 휴식 중에 있다. 그 새는 너무나 고요하기 때문에 마치 없는 것 같다. 그 새에게는 아무 욕망도 꿈도 없다. 그 새는 모든 것이 충족된 양 아무것도 충족시킬 것이 없으며, 아무 곳에도 갈 필요가 없다. 그는 다만 앉아서 자신을 즐긴다. 그는 아랫가지에 있는 새를 바라본다.

이것이 그대 안에 있는 두 개의 차원이다. 그대는 나무이다. 밑에 있는 것은 언제나 혼란 속에 있다. 밑에 있는 것은 육체이며 육체적인 필요성과 욕망이다. 그리고 그대가 그 속에서 그대를 완전히 잊어버리면 그대는 그것이 된다. 나무 꼭대기 높은 가지에는 다른 새가 앉아 밑에 있는 새가 고뇌와 불안과 분노와 섹스 속에서 분주히 움직이는 것을 지켜보고 있다. 모든 일이 밑에 있는 새에게 일어난다. 하지만 위쪽의 다른 새는 단순히 계속해서 지켜보고 있다. 그는 단순히 지켜보는 자이다. 그대는 나무이다.

예수는 다른 비유를 가지고 같은 것을 이야기하고 있다.

"두 사람이 한 침대에서 쉬고 있는데……."

그대는 침대이다.

"두 사람이 한 침대에서 쉬고 있는데
한 사람은 죽고 한 사람은 살 것이다."

그대는 침대이다. 그곳에 두 사람이 있다.

"한 사람은 죽고 한 사람은 살 것이다."

이제 문제는 누구에게 관심을 기울일 것인가 하는 것이다. 누구에게로 움직여 갈 것인가? 모든 에너지는 누구 쪽으로 흘러가야 하는가? 누가 목표가 될 것인가?

대개는 죽을 사람이 그대의 목표이다. 그대가 언제나 불안 속에 있는 것은 그 때문이다. 왜냐하면 모래 위에 집을 짓고 있기 때문이다. 그것은 곧 쓰러질 것이다. 그 집은 세워지기도 전에 쓰러져서 폐허가 될 것이다. 그대는 언제나 떨고 있다. 왜냐하면 물 위에 그림을 그리고 있기 때문이다. 완성되기도 전에 그것은 사라질 것이다. 불안감은 그대가 죽음의 영역과 관계를 맺고 있기 때문이다. 그대는 삶 쪽으로 눈길을 돌리고 있지 않다. 각각의 침대에 두 사람이 자고 있다. 다른 한쪽은 단순히 지켜보는 자이다.

더 많은 관심을 그쪽으로 돌리라. 그쪽으로 더 많이 방향을 돌리라. 개종의 의미가 이것이다. 개종은 힌두교도가 기독교인이 되고, 기독교인이 힌두교도가 되는 것을 말하는 것이 아니다. 그것은 바보 같은 짓이다. 단순히 상표만 바꾸었을 뿐이다. 아무것도 바뀐 것이 없다. 왜냐하면 내면의 사람은 과거와 다를 바 없는 모습으로 남아 있기 때문이다. 개종은 죽음의 영역에서 삶의 영역으로 관심의 방향을 돌리는 것을 의미한다. 그것은 180도 회전을 의미한다. 지켜보는 자를 바라보라. 지켜보는 자와 하나가 되라. 지켜봄과 자각 속에 자신을 잃어버리라. 그러면 그대는 죽을 것은 죽는다는 것을 알게 된다. 그것은 고통이 아니다. 문제가 아니다. 자신이 죽을 것이라는 사실을 알기에 두려움은 없다.

예수께서 말씀하셨다.
"두 사람이 한 침대에서 쉬고 있는데
한 사람은 죽고 한 사람은 살 것이다."

그것은 그대에게 달려 있다. 문제 속에 남고 싶으면 내면의 것에 관심을 갖지 않으면 된다. 분노 속에 남고 싶으면 둘레에 그대로 머물러 있으면 된다. 내면을 바라보지 않으면 된다. 그러나 쉬고 싶고 영원한 평화와 진리, 천국의 문을 원하면 내면을 들여다보라. 그것은 어려운 일이다. 그것은 어렵다. 왜냐하면 그것은 대단히 미묘하기 때문이다. 보이는 것과 안 보이는 것이 만나는 곳, 물질과 정신이 만나는 곳은 대단히 미묘하다. 물질은 볼 수 있지만 정신은 볼 수 없다. 그것은 보이지 않는다. 그대는 보이는 것은 끝까지 볼 수 있지만, 보이지 않는 것은 볼 수 없다. 그것은 보이지 않는다.

그러면 무엇을 해야 하는가? 다만 보이는 것의 경계에 머물며 보이는 것을 바라보지 말고 그 반대 방향으로 눈길을 돌려야 한다. 점차로 보이지 않는 것이 느껴질 것이다. 그것은 느낌이다. 이해가 아니다. 그것은 볼 수 없다. 다만 느낄 수 있다. 그것은 산들바람 같은 것이어서 볼 수 없고 다만 느낄 수 있을 뿐이다. 그것은 하늘과 같다. 하늘은 그곳에 있다. 하지만 그것이 어디에 있다고 정확하게 말할 수 없다. 그것은 언제나 그곳에 있으며, 그대는 그 안에 있다. 그러나 그것을 손으로 만질 수는 없다.

보이는 것의 경계에 머무르면서 반대 방향을 바라보라. 이것이 명상이다. 평화로운 순간이 찾아올 때면 눈을 감고 육신과, 육신의 일과, 죽음의 세계를 떠나라. 시장과 사무실과 아내와 자식들, 그 모두를 떠나라. 처음에는 내면에서 아무것도 느끼지 못할 것이다.

흄(20세기 초 영국의 시인, 철학자. 그의 종교적 세계관은 엘리어트를 비롯 많은 시인과 문학가들에게 영향을 미쳤다)은 말한 적이 있다.

"많은 사람들이 내면으로 들어가고 내면을 바라보는 것에 대해 이야기했다. 그러나 그 안을 들여다볼 때마다 나는 아무것도 발견하지 못했다. 단지 사념과 꿈과 욕망들이 여기저기 떠다닐 뿐이다.

단지 그곳에 혼란이 있을 뿐이다."

그대도 똑같이 느낄 것이다. 그리고 그대가 그곳에서 혼란을 보기 위해 자꾸만 가는 것이 무의미한 짓이라고 한다면, 그대는 실패할 것이다.

처음에는 그럴 것이다. 눈이 그렇기 때문이다. 눈은 조율이 필요하다. 떠다니는 꿈을 바라보면서 그냥 서 있기만 하라. 그것은 하늘의 구름처럼 떠다닐 것이다. 그러나 때로는 두 개의 구름 사이로 파란 하늘을 볼 수 있을 것이다. 두 개의 꿈 사이로, 두 개의 사념 사이로 언뜻 뒤에 있는 하늘이 보일 것이다. 다만 서둘지 말라. 그래서 서둘면 놓친다고 하는 것이다.

선에서는 말한다. "천천히 서두르라." 맞는 말이다. 서두르라. 왜냐하면 그대는 죽을 것이기 때문이다. 그런 의미에서 서두르라. 그러나 내면에서 너무나 급히 서두르면 놓치고 만다. 왜냐하면 눈이 조율되기 전에 성급하게 결론을 내리기 때문이다. 너무 빨리 결론을 내리지 말라.

천천히 서두르라. 잠깐 기다려야 한다. 그곳으로 가서 잠시 앉아 기다리라. 점차로 보이지 않는 세계가 명확해져서 그대에게 다가올 것이다. 그대는 그것에 적응이 된 것이다. 그때 조화로운 멜로디를 들을 수 있을 것이다. 침묵이 그 고유의 음악 소리를 내기 시작할 것이다. 그것은 언제나 그곳에 있었다. 그러나 그것은 매우 조용하기 때문에 훈련된 귀가 필요하다. 그것은 소음이 아니다. 침묵이다. 내면의 소리는 침묵 같고, 내면의 형체는 무형이다. 내면에는 시간과 공간이 없다. 그러나 그대가 알고 있는 것은 모두 시간과 공간을 갖고 있다. 사물은 공간을 차지하고 사건은 시간 속에 있다. 현대의 물리학자들은 이 둘은 둘이 아니라고 말한다. 시간은 공간의 네 번째 차원이라는 것이다.

그대가 알고 있는 것은 다만 시간과 공간, 세상의 사물과 사건뿐이다. 자기를 지켜보는 세계에 대해서는 모른다. 그것은 시간과 공간을 초월한 것이다. 그것은 시간과 공간의 구속을 받지 않는다. 시간이 없는 기간이 있고, 높이와 깊이와 넓이가 없는 공간이 있다. 그것은 완전히 다른 세계이다. 그대는 그곳에 적응할 필요가 있다. 따라서 초조해하지 말라. 초조함은 최대의 장애물이다. 사람들이 내면으로 들어가는 작업을 할 때 가장 큰 장애가 되는 것은 조바심이다. 그곳에 무한한 인내가 필요하다. 그것은 바로 다음 순간에 일어날 수 있다. 그러나 무한한 인내가 필요하다.

인내하지 않으면 그러한 일은 수많은 생 동안 일어나지 않을 수 있다. 서두르면 예수가 말한 휴식과 평온을 얻을 수 없기 때문이다. 무엇을 기대하는 것도 하나의 혼란을 일으킨다. 무엇이 일어나리라, 무엇인가 특별한 것이 일어나리라 기대한다면 그것은 일어나지 않을 것이다. 어떤 깨달음이 일어나리라고 기대하고 기다린다면 그것을 놓칠 것이다. 기대하지 말라. 모든 기대는 죽음의 세계, 시간과 공간의 차원에 속한 것이다.

내면세계에는 아무 목표도 없다. 기다림과 무한한 인내 외에는 그곳에 도달하는 방법이 없다. 예수는 말한다. "지켜보라, 그리고 인내하라." 어느 날, 올바르게 조율이 되었을 때, 갑자기 그대는 빛을 얻는다. 모든 어둠이 사라지고, 그대는 결코 죽지 않는 영원한 생명으로 채워진다.

15
모든 것 위에 비치는 빛

ΠΕΧΕ ΙC ΧΕ ΑΝΟΚ ΠΕ ΠΟΥΟΕ
ΙΝ ΠΑΕΙ ΕΤΖΙΧΩΟΥ ΤΗΡΟΥ
ΑΝΟΚ ΠΕ ΠΤΗΡϤ ΕΙ ΕΒΟΛ ΝͅΣΗΤ

인간이 고통스러운 것은 지식의 열매를 따먹었기 때문이 아니라
무지의 열매를 따먹었기 때문이다.
모든 불행은 자신이 누구인지 자각하지 못하는 데 있다.
그대 전체가 깨어 있을 때 그대는 예수를 이해할 수 있다.
예수는 그대의 눈을 뜨게 하고 그대는 자기 내면을 본다.
예수는 그대의 죽은 내면을 살려낸다. 그것이 가장 큰 기적이다.

열다섯 번째 말씀

예수께서 말씀하셨다.
"나는 모든 것들 위에 비치는 빛이다.
나는 모든 것이다.
나로부터 모든 것이 나왔고
모든 것이 나에게로 돌아온다.
나무토막을 쪼개 보라.
내가 그곳에 있다.
돌을 들추어 보라.
그러면 그곳에서 너희는 나를 발견할 것이다."

예수는 가장 오래된 비밀 학파에서 가르침을 받았다. 그 학파는 에세네 학파라고 불렸다. 에세네 학파의 교육은 순수 베단타(자아실현과 만물의 궁극적인 본질을 이해하는 영적 전통)이다. 서른 살 이전에 예수에게 어떤 일이 있었는지에 대한 기록이 없는 것은 이 때문이다. 그의 어린 시절에 대한 기록은 거의 없다. 그가 서른 살부터 십자가에 못박히는 서른세 살까지의 기록밖에 남아 있지 않다. 예수의 어린 시절에 대해서는 조금밖에 알려지지 않았다. 그러나 예수 같은 현상은 우연한 일이 아니다. 오랜 준비 기간이 필요한 것이다. 그것은 어느 순간에나 일어날 수 있는 현상이 아니다.

예수는 이 30년 동안 끊임없이 준비했다. 그는 처음에 이집트로 보내졌고, 후에는 인도로 갔다. 이집트에서 그는 오래된 전통의 비법을 배웠고 인도에서는 붓다와 베다, 우파니샤드의 가르침들을 배웠다. 그는 오랜 준비 기간을 거쳤다. 그 기간은 알려지지 않았다. 예수는 그 기간동안 이 학파들에서 이름 없는 제자로 배우고 있었기 때문이다. 그리고 기독교인들은 의식적으로 그 기록을 삭

제했다. 왜냐하면 그들은 하느님의 아들이 다른 사람의 제자였다는 사실을 좋아하지 않았기 때문이다. 그들은 그가 준비하고 배우고 가르침을 받았다는 사실을 좋아하지 않았다. 그것은 그들에게 굴욕적인 것으로 여겨졌다. 그들의 생각으로 하느님의 아들은 완전히 준비된 채로 와야 하는 것이었다. 그러나 아무도 완전히 준비된 채로 오지는 않는다. 만일 누군가 완전히 준비되어 있다면 그는 올 수 없다.

이 세상에 그대는 언제나 불완전한 존재로 온다. 완전한 존재는 이 세상에서 사라진다. 완전은 이 세상의 것이 아니다. 그럴 수 없다. 그것은 법칙에서 벗어난다. 일단 누군가 완전해지면 그는 수직적인 차원으로 들어간다. 이것을 이해해야 한다. 그대는 수평적인 평면에서 움직이고 있다. A에서 B로, B에서 C로, 그리고 D로, 그렇게 Z까지. 하나의 선상에 있는 수평면이다. 과거에서 현재로, 현재에서 미래로 움직이는 것, 이것이 불완전한 영혼의 길이다. 마치 물이 산에서 평원으로 그리고 바다로 흘러가는 것과 같다. 하나의 수평적인 선상에서 언제나 같은 차원을 유지하면서 흐르고 있는 것이다.

완전은 수평이 아닌 수직적으로 움직인다. A로부터 B로 가지 않는다. A에서 A보다 높은 것에게로, 그리고 더 높은 차원으로 움직여 간다. 수평선에서는, 수평에서 사는 사람들에게는 완전한 존재는 단지 사라지는 것으로 보인다. 그들이 미래를 혹은 과거를 본다 하더라도 완전한 존재는 그곳에 없다. 그들은 뒤를 돌아보지만 완전한 존재는 그곳에 없다. 그들은 앞을 바라보지만, 완전한 존재는 그곳에도 없다. 그들은 지금 이곳을 바라보지만 이곳에도 없다.

수직적 진행의 새로운 선이 시작되었기 때문이다. 그는 계속해서 더 높이 올라가고 있는 것이다. 그는 더 높이 올라가고 있다. 그는 시간 속에서 움직이는 것이 아니라 영원 속에서 움직인다.

영원은 수직적이다. 그 때문에 그것은 영원한 현재이다. 그곳에는 미래가 없다. 그대가 한 선을 따라 움직이면 그곳에 미래가 나타날 것이다. A에서 B로 움직이면 B는 미래에 있는 것이다. B가 현재가 되면 A는 과거가 되고 C는 미래에 있게 된다. 그때 그대는 언제나 과거와 미래의 중간에 있고 현재는 단순히 스쳐 지나가는 한 점에 불과하다. B는 C가 되고, D는 E가 된다. 모든 것은 과거로 돌아간다. 현재는 잘려진 선이고 단순히 토막 난 부분일 뿐이다. 그것을 자각하면 그것은 이미 과거가 되어 있다. 완전하게 된 존재는 전혀 다른 차원에서 움직인다. A에서 A1, A2, A3로……. 이것이 영원이다. 그 존재는 영원한 현재에 살고 있다. 그 존재가 이 세상에서 사라지는 것은 이 때문이다.

이 세상으로 들어오기 위해서는 불완전해야 한다. 옛날 경전들에는 다음과 같이 적혀 있다. 즉 인간이 완전하게 되면—그것은 자주 있는 일이었다—그는 되돌아오기 위해 어떤 불완전한 일을 남겨 놓아야 된다는 것이다. 라마크리슈나는 음식에 집착했다고 한다. 그는 완전히 음식에 사로잡혀 있었다. 실제로 그는 하루 종일 먹는 생각만 했다. 제자들에게 이야기하다가도 기회만 생기면 부엌으로 달려가서 아내에게 "뭐 새로운 먹을 것 없소? 오늘은 무엇을 새로 준비하고 있소?" 하고 묻곤 했다. 아내조차도 수차례 무척 당황해했다. 그래서 그녀는 말하곤 했다.

"라마크리슈나, 그렇게 하는 것은 당신에게 어울리지 않아요."

그러면 그는 웃음을 터뜨리곤 했다.

어느 날 아내가 그에게 강하게 말했다.

"당신 제자들도 당신을 비웃으며, 라마크리슈나는 도대체 어떤 종류의 깨달은 사람이냐고 말해요. 음식에 너무 집착한다고요."

아내 샤르다가 그에게 음식을 가져오면 그는 즉시 일어나서 밥상을 보면서 그녀가 무엇을 가져왔는지 살피곤 했다. 그 순간 그는 베단타와 신에 대해서는 까마득하게 잊어버리는 것이었다. 그것은 매우 곤혹스러운 일이기도 했다. 사람들이 보고 있었기 때문이다. 그들은 깨달은 사람이 그토록 먹는 것에 탐닉하리라고 생각하지 않았고, 따라서 그것을 이해하지 못했다.

그래서 어느 날 아내가 물었다.

"왜 그러는 건가요? 무슨 이유가 있는 게 틀림없어요."

라마크리슈나가 말했다.

"내가 그렇게 하지 않는 날, 그때부터 내가 이 세상에 살날이 사흘밖에 남지 않았다는 것을 기억하시오. 내가 이런 행동을 중단하는 날, 그것은 내가 단지 앞으로 사흘을 더 살게 된다는 신호요."

그의 아내는 웃었다. 제자들도 웃었다. 그들은 말했다.

"말도 안 됩니다."

그들은 그가 의미하는 바를 알지 못했던 것이다.

그러나 그대로 일이 일어났다. 어느 날 아내가 밥상을 들고 들어왔을 때 그는 잠자리에서 쉬고 있었다. 그는 돌아누웠다. 보통 때 같으면 그는 자리에서 뛰쳐나왔을 것이었다. 아내는 그가 음식에 관심을 보이지 않는 날로부터 사흘이 지나면 죽을 것이라고 한 이야기를 기억해 냈다. 그녀는 밥상을 들고 있을 수 없었다. 밥상이 바닥에 떨어지고 그녀는 울기 시작했다. 라마크리슈나는 말했다.

"그러나 당신들 모두가 이렇게 되길 원했지 않소. 이제 그것에 대해선 걱정하지 마시오. 나는 사흘만 더 이곳에 있을 테니까."

그리고 사흘째 되는 날 그는 죽었다. 죽기 전에 그는 자신이 음식에 집착을 보인 것은 자신 속에 불완전함을 남겨 놓아 세상에 남으면서 사람들에게 봉사하기 위한 것이었다고 말했다.

많은 스승들이 그 같은 일을 했다. 그들 안에서 무엇인가가 완성되는 것을 느끼는 순간 그들은 단지 이 세상에 남기 위해 어떤 불완전한 것에 집착할 것이다. 그렇지 않으면 이 세상은 그들에게 알맞은 곳이 아니다. 모든 밧줄이 풀어지면 그들의 배는 다른 세상을 향해 떠난다. 그 배는 이 세상에 머무를 수 없다. 그래서 그들은 밧줄 하나를 남겨 둘 것이다. 그들은 어떤 관계를 계속 유지할 것이고, 자신 안에서 어떤 약한 것을 선택해 그것이 완전함으로 사라지지 않도록 할 것이다. 원은 완성되지 않고 하나의 틈이 남아 있을 것이다. 그 틈을 통해 그들이 이 세상에 머물러 있는 것이다. 많은 스승들을 통해 깊은 세계를 알고 있는 힌두교도, 불교도, 자이나교도들이 이 세상에 완전함이 없다는 것을 아는 것은 이 때문이다. 원이 완성되는 순간 그것은 눈에서 사라진다. 그것은 볼 수 없다. 그것은 시야의 선상에 있지 않다. 그것은 그대 위로 날아간다. 그대는 그곳으로 들어갈 수 없다.

그러나 예수가 완전하다는 것을 보여 주기 위해 기독교인들은 모든 기록을 없애 버렸다. 그러나 예수도 처음에는 그대와 마찬가지로 평범한 구도자, 한 알의 겨자씨에 지나지 않았다. 이제 그는 거대한 나무가 되어 하늘을 나는 수많은 새들이 그에게 깃을 치지만 그도 한때는 겨자씨였다. 마하비라, 붓다, 크리슈나 등도 모두 불완전하게 태어났다. 왜냐하면 태어남은 불완전에 속하기 때문이다. 완전한 탄생은 존재하지 않는다. 완전하다면 더 이상의 윤회는 없기 때문이다.

예수는 이집트와 인도로 돌아다니면서 이집트의 비밀 수행 단체, 불교 학파들, 힌두교의 베단타 등에서 배웠기 때문에 유대인들에게는 낯설어 보였다. 왜 그는 유대인들에게 그토록 이방인처럼 보였는가? 왜 유대인들은 그를 받아들일 수 없었는가? 왜 예수를 용납할 수 없었는가? 그들은 아직까지 그를 용납하지 않고 있다. 무슨 이유 때문인가? 그는 무엇인가 낯설고 이국적인 것을 가지고 들어와 그 민족에 속하지 않는 비밀들을 소개한 것이다. 그가 십자가에 못박힌 것도 그 때문이다.

힌두교도는 붓다가 말하는 모든 것을 참아 냈다. 그의 말은 낯선 것이 아니었기 때문이다. 그가 힌두교 교리에 어긋났을지 모른다. 그러나 그것은 표면적인 것에 지나지 않는다. 그는 아마도 체제가 나쁘고, 조직이 잘못되었고, 추종자들이 잘못되었다는 등의 이야기를 했을지 모른다. 그러나 힌두교 교리가 근본적으로 잘못되었다는 이야기는 하지 않았다. 그가 무엇을 말하든 힌두교도들은 그것을 이해할 수 있었다. 낯설거나 이국적인 것이 아니었기 때문이다. 마하비라가 무엇을 말하든 힌두교도는 그저 그가 말하는 것을 참아 냈다. 그는 혁명가일 수 있으나 결국 힌두교인이었던 것이다. 반항아였을지는 모르지만 그가 속해 있는 것은 결국 힌두교였다. 따라서 그다지 두려워할 존재는 아니었다.

예수는 혁명가일 뿐만 아니라 그들에게 속하지도 않았다. 어떻게 해서 예수가 유대인들에게 속하지 못하게 되었는가? 그것에 대해 기독교인들은 대답을 하지 못한다. 그는 어디에서 그런 낯선 가르침들을 가져왔는가? 이집트로부터, 인도로부터 가져온 것이다.

인도는 모든 종교의 원천이다. 심지어는 힌두교에 반대하는 종교까지도 그 근본 원천은 인도이다. 왜 인도는 모든 종교의 원천이 되었는가? 인도는 가장 오래된 문명이며, 인도의 모든 정신은 계속해서 종교의 차원에서 작용해 왔기 때문이다. 그리하여 인도는 모든 종교적 비법들을 알게 되었다. 이제 알려지지 않은 비법은 없다. 실제로 수천 년 이래 인도에서는 종교에 대한 어떤 비밀도 가르칠 수 없었다. 그들은 모든 것을 알고 있기 때문이다. 그들은 모든 것을 발견했다. 그들은 어느 면에서는 여행 전체를 완성했다. 따라서 종교적으로 아름다운 모든 것은 그것이 무엇이든 그 근원지로부터 온 것임에 틀림없다고 확신해도 좋다. 그것은 마치 그리스 정신이 과학의 근원인 것과 같다. 모든 과학적인 발전은 그리스 정신, 즉 논리적인 아리스토텔레스적인 사고방식에서 유래하고, 모든 신비한 것은 인도로부터 유래한다. 그리고 세상에는 오직 두 가지 형태의 정신만이 존재한다. 하나는 그리스 정신이고 또 하나는 인도 정신이다.

기본적으로 그리스 정신을 지녔다면 인도 정신을 이해하는 것이 불가능하다. 불합리하게 보이기 때문이다. 그들이 말하는 것은 모두 증명할 수 없는 것이고 모두 무의미한 것처럼 보일 것이다. 인도인들에게 아리스토텔레스는 완전한 이방인이다. 왜냐하면 그는 정의와 명확한 경계, 분류를 논하기 때문이다. 또한 그는 모순되는 둘은 함께 있을 수 없다는 모순의 법칙을 믿는다. A는 A이면서 동시에 A가 아닐 수는 없다. 그것은 불가능한 일이다. 인간은 살아 있으면서 동시에 죽을 수 없다. 불가능한 일이다. 겉으로는 그가 옳다.

힌두인은 모순을 믿는다. 인간은 살아 있고 동시에 죽어 있다. 삶과 죽음은 둘이 아니고, 명확하게 구분될 수 있는 것이 아니다. 그리스 정신은 수학적이고 인도의 정신은 신비적이다. 모든 신비주의는 인도로부터 온다. 해가 동쪽에서 뜨는 것처럼 모든 신비주의는 동쪽에서 온다. 인도가 그 심장부이다. 예수의 이 경전을 이해하기 위해서는 우파니샤드 철학을 알아야 한다. 근원은 그곳에 있다. 예수의 이 같은 말은 구약 성서나 다른 유대 기록에서는 그 비슷한 것도 발견할 수 없다. 그렇기 때문에 유대인들은 예수가 말하는 것을 이해할 수 없었다.

예수는 언제나 거듭 말하곤 했다. "나는 옛 경전들에 반대하러 온 것이 아니라 그것들을 완성시키려고 왔다." 어떤 경전들을 완성한다는 것인가? 이것에 대해 그는 아무 말도 하지 않았다. 만일 구약 성경을 완성시킨다고 했다면 그의 말은 잘못되었다. 그는 언제나 구약 성경에 반대되는 말을 했기 때문이다. 구약 성서는 복수에 의존한다. 그 속에서는 아버지 하느님은 복수를 한다. 두려움이 구약 성서와 그 종교의 기반이다. 하느님을 두려워해야 하는 것이다. 그런데 예수는 말한다. "하느님은 사랑이다." 사랑은 두려워할 필요가 없으며, 사랑이 있는 곳에 두려움이 있을 수 없다. 두려움을 가지고 어떻게 사랑할 수 있는가? 두려움은 사랑에게 독약이며 죽음이다. 그대가 두려워하는 사람을 어떻게 사랑할 수 있는가? 두려움은 미움을 만들어 낼 수 있지만 사랑은 만들어 낼 수 없다.

따라서 구약 속의 종교인들은 하느님을 두려워하고, 신약 속의 종교인들은 하느님을 사랑한다. 이 사랑과 두려움은 전적으로 다른 차원이다. 예수는 말했다.

"만일 누가 너희의 눈 하나를 다치게 하거든 그의 두 눈을 뽑아 버리라는 말이 있다. 그러나 나는 너희에게 말한다. 만일 누가 너의 오른뺨을 때리거든 왼뺨마저 내주어라."

이것은 완전히 반유대적이다. 그것은 전통에 없는 것이다. 예수가 "나는 경전을 완성시키려고 왔다."라고 말했을 때 그는 어떤 경전을 말한 것인가? 만일 그가 인도에 있으면서 "나는 경전을 완성시키려고 왔다."라고 한다면 그를 이해할 수 있을 것이다. 왜냐하면 우파니샤드가 곧 그가 완성하려고 온 경전이기 때문이다. 붓다의 말씀〈법구경〉이 곧 그가 완성시키려고 온 경전이기 때문이다. 그것들은 사랑과 자비에 바탕을 두고 있다.

그러나 유대인들의 성경은 자비나 사랑과는 전혀 관계가 없다. 그들의 경전은 두려움과 죄에 대한 것이다. 때문에 예수가 무엇을 말하든 그들은 "그는 우리의 경전을 완성시키려고 온 것이 아니다." 하고 받아들인 것이다. 구약에서는 다음과 같은 구절을 발견할 수 없다.

예수께서 말씀하셨다.
"나는 모든 것들 위에 비치는 빛이다.
나는 모든 것이다.
나로부터 모든 것이 나왔고
모든 것이 나에게로 돌아온다.

나무토막을 쪼개 보라.

내가 그곳에 있다.

돌을 들추어 보라.

그러면 그곳에서 너희는 나를 발견할 것이다."

우파니샤드에는 이런 구절이 수천 개나 있다. 바가바드기타('신의 노래'라는 뜻으로, 고대 인도의 대서사시 〈마하바라타〉에 수록된 종교적인 700구절의 시를 말한다)나 붓다의 가르침에도 마찬가지이다. 그러나 구약에는 한 구절도 없다. 그는 어떤 경전을 완성하러 온 것인가? 그는 다른 경전, 다른 전통을 완성하러 온 것이다. 이 말씀은 완전히 베단타 사상이다. 따라서 먼저 베단타의 관점을 이해하라. 그러면 이 구절을 이해할 수 있을 것이다.

예수는 유대인으로 태어났고, 유대인으로 살았고, 유대인으로 죽었다. 그러나 이것은 단지 그의 육체에 대한 사실일 뿐이다. 예수는 순수한 힌두인이었다. 예수보다 더 순수한 힌두인은 찾아보기 어렵다. 우파니샤드 종교의 기반이 곧 그의 기반이기 때문이다. 그는 모든 구조를 그 기반 위에 세웠다. 따라서 그 기반을 이해해 보라. 유대교에서는 말한다.

"신은 창조주이다. 이 우주는 신에 의해 창조되었다. 피조물은 결코 창조자가 될 수 없다. 그림이 어떻게 화가가 될 수 있는가? 시가 어떻게 시인이 될 수 있는가? 그것은 불가능한 일이다. 만일 시가 시인이 되려고 노력한다면, 그 시는 제정신이 아닌 것이다. 만일 그림이 자신이 화가라고 주장하며 그것을 입증하려고 노력한다면 그 그림은 제정신이 아닌 것이다. 인간은 피조물이고 신은 창조주이다. 이 거리는 결코 메워지지 않을 것이다. 그 공간은 언제까지나 남아 있을 것이다. 신에게 아주 가까이 갈 수는 있다. 그러나 결코 신이 될 수는 없다."

이것이 유대교 사상의 기반이다. 회교도들은 유대인으로부터 이것을 배웠다. 회교도들은 예수보다도 더 유대적이다. 생각과 사고 방식에 관한 한 예수보다 마호메트가 더 모세에 가깝다. 마호메트는 힌두교에서 배운 것이 별로 없었던 것이다.

하지만 베단타는 말한다.

"신은 창조물이다. 신과 창조물에는 차이가 없다. 시인이 시를 창작하는 것처럼 신이 우주를 창조한 것이 아니다. 그 관계는 마치 춤추는 자와 춤과의 관계와 같다. 그 둘은 하나이다. 춤추는 자가 멈추면 춤은 사라진다. 그리고 춤이 사라지면 그 사람은 더 이상 춤추는 자가 아니다. 우주는 분리된 것이 아니다. 하나이다. 우주는 시간 속에서 창조되고 끝나는 것이 아니다. 우주는 매순간 창조된다. 우주는 신의 존재 그 자체이기 때문이다. 그대가 움직이고, 노래하고, 사랑을 하는 것처럼 신은 창조를 한다. 매순간 신은 창조하고 있다. 창조는 결코 분리되지 않는다. 창조는 곧 그의 움직임이고 그의 춤이다."

우파니샤드에서 "아함 브라흐마스미, 나는 신이다."라고 말할 수 있는 것도 이 때문이다. 우파니샤드에 의하면 이 비밀을 알게 된 구도자는 "나는 신이다."라고 말할 수 있다. 아무도 이것을 신성모독이라고 생각하지 않는다. 이것은 하나의 진실인 것이다.

유대인들은 결코 "나는 하느님이다."라고 말할 수 없다. 그것은 신성모독이다. 그렇게 말하는 것보다 더 나쁜 것은 없다. 하느님이 되려고 노력하는 것, 일개 피조물이 하느님이 되려고 노력하는 것, 한 노예가 자신이 주인이라고 주장하는 것, 그것은 그들에게는 에고인 것이다. 베단타에서는 순수하게 종교적인 것이 유대교와 회교에서는 에고가 된다. 베단타에서는 이것이 에고가 아니다. 왜냐하면 '나는 신이다'라는 느낌은 '나'가 완전히 사라진 후에야 일어날 수 있기 때문이다. 그대가 더 이상 그곳에 없고, 집이 텅 비고, 배가 빈 배로 될 때, 갑자기 자신이 전체라는 것을 깨닫기 때문이다. 그대가 그곳에 있다면 어떻게 그대가 전체라고 느낄 수 있겠는가? 그대가 그곳에 있다면 그대는 하나의 영역, 하나의 개체일 뿐이다. 그렇다면 그대의 주장은 거짓이다. '나'가 사라질 때, 에고가 사라질 때, 오직 그때만이 그대는 자신이 모든 것임을 느낄 수 있다. 예수의 주장은 우파니샤드에서 나온 것이다.

이것을 첫 번째로 기억하라. 창조주와 피조물은 둘이 아니라 하나이다.

두 번째로 이것을 기억하라. 일반 수학은 부분은 전체와 같지 않고 부분은 결코 전체가 될 수 없다고 말한다. 기계에서는 그렇다. 차의 부속품 하나를 떼어 내 보라. 그 부속품은 차가 될 수 없다. 그것은 분명한 사실이다. 그대의 손을 잘라 보라. 그 손이 그대가 될 수 없다. 부분은 전체가 될 수 없다. 이것이 일반적인 논리이다. 만일 세계가 기계적인 것이라면 그것은 진리일 것이다.

그러나 베단타는 존재계는 기계적인 것이 아니라 유기적인 것이라고 말하고 있다. 유기적인 관계에서는 다른 형태의 수학이 적용된다. 부분은 전체인 것이다. 그것은 매우 불합리한 일이다. 그래서 그들은 "나는 신이다. 왜냐하면 나는 부분이고, 신은 전체이기 때문이다."라고 말할 수 있다. 어떻게 부분이 전체가 될 수 있는가? 나와 존재계 사이에 기계적인 관계가 있다면 그것은 불가능하다. 하지만 유기적인 관계가 존재한다면 가능하다. 그리고 그곳에 유기적인 관계가 존재한다.

인간은 완전히 고립되어 존재하는 것이 아니다. 그렇지 않다. 인간은 하나의 섬으로 존재하는 것이 아니다. 바다의 파도처럼 하나의 유기적 단위로 존재하는 것이다. 바다는 그대 안에서 계속 움직이고 물결치고 있다. 그대는 바다가 없으면 존재할 수 없다. 그리고 깊이 이해한다면 그대 없이는 바다 역시 존재할 수 없다. 그대는 바다와 완전한 합일체로서 존재하는 것이다. 각각의 파도마다 그곳에 바다가 존재한다고 말할 수 있다. 그리고 바다는 모든 파도를 합한 것에 지나지 않는다고 말할 수 있다. 이와 같이 파도는 바다와 분리된 것이 아니다. 바다에서 파도를 떼어 가져갈 수 없다. 파도를 집에 가져와서 아이들에게 "내가 바다에 가서 파도를 가져왔다."고 말할 수 없다. 결코 파도를 가져올 수 없다. 물은 가져올 수 있다. 그러나 그것은 파도는 아닐 것이다. 그대가 가지고 온 것은 살아 있는 것이 아니다.

파도가 이는 바다를 보라. 그들은 살아 있다. 바다는 그들의 생명이기 때문이다. 그들이 수십 미터의 높이로 뛰어올라 하늘에 다다를 때, 바다 역시 파도를 통해 하늘에 다다르는 것이다. 그곳에서는 바다를 볼 수 없다. 다만 파도만 보일 뿐이다. 그러나 파도를 바다에서 분리시킬 수도 없다. 그들은 유기적으로 하나인 것이다.

베단타는 피조물이 창조주와 유기적으로 하나라고, 세계는 신 없이는 존재할 수 없다고 말한다. 유대인과 회교도들은 이 점은 이해하고 있다. 그러나 힌두교도들은 다른 것도 말한다. 신 역시 세계 없이는 존재할 수 없다는 것이다. 그것은 유대인들에게는 하나의 신성모독으로 들릴 것이다. 무슨 말을 하고 있는 것인가? 신이 세계 없이 존재할 수 없다고? 그렇다, 그는 존재할 수 없다. 그가 존재하는 것은 불가능하다. 만일 그가 창조주라면, 창조가 그의 특성이라면, 어떻게 세상 없이 그가 존재할 수 있겠는가? 창조된 것이 없다면 어떻게 그를 창조자라고 볼 수 있겠는가? 세계는 그에게 의존하고 있고, 그는 세계에 의존하고 있다. 그 둘은 상호의존적이다. 세계는 신과 독립된 것이 아니며, 신 역시 세계와 독립된 것이 아니다. 그곳에 깊은 사랑의 관계가 있다. 그 둘은 서로에게 의존하고 서로를 채워 준다. 그들은 하나이다. 그렇게 서로를 채워 주는 것이 절대적이기 때문에 둘을 분리하거나 나누는 것은 불가능하다.

그래서 앎에 이른 구도자는 선언할 수 있는 것이다. "아함 브라흐마스미, 아날 하크, 나는 신이다." 그가 이렇게 말할 때, 그것은 "나와 존재계는 둘이 아니다."라는 뜻이다. "그대는 어디를 가든 나를 발견할 것이다. 어떤 곳에서도 나를 발견할 것이다. 모습은 다를지 모른다. 하지만 나는 그곳에 있을 것이다."라는 뜻이다. 이것이 곧 예수가 말하는 것이다.

"나무토막을 쪼개 보라.
내가 그곳에 있다."

나무토막을 쪼갠 곳에 어떻게 예수가 있을 수 있는가? 그곳에서는 그의 형상을 발견할 수 없다. 그곳에서는 마리아와 요셉의 아들을 발견할 수 없다. 나무토막을 쪼개면 그곳에서는 목수의 아들을 발견할 수 없을 것이다. 그러면 무엇을 찾을 수 있다는 것인가? 그대는 그곳에서 존재 그 자체를 발견할 것이다.

예수는 말하고 있다.

"나는 존재 그 자체이다. 나의 형태는 변화하지만 나는 변하지 않는다."

"나무토막을 쪼개 보라.
내가 그곳에 있다.
돌을 들추어 보라.
그러면 그곳에서 너희는 나를 발견할 것이다."

이것은 순수 베단타 사상, 하나의 유기체적인 합일이다. 세상에서 오직 힌두교만이 사원에 대해 그다지 신경 쓰지 않는 것은 이 때문이다. 그들은 아무 곳에나 사원을 세울 수 있다. 단지 나무 밑에 돌 하나를 놓아두고, 그것이 어떤 돌이라도, 그 위에 아무것도 새겨 있지 않은 것이라도, 그것에 붉은 칠을 하면 신이 그곳에 있다고 여기며 그들은 경배할 수 있다. 어떤 나무라도 충분하다. 어떤 강이나 산, 그 어떤 것이라도 그들에게는 상관이 없다. 이유는 이것이다.

"나무토막을 쪼개 보라.
내가 그곳에 있다.

돌을 들추어 보라.
그러면 그곳에서 너희는 나를 발견할 것이다."

그러니 무엇 때문에 구별을 하겠는가? 힌두교만 신을 아무 곳에나 내버려 둔다. 그들은 신을 하나 만들어 놓고 2, 3주일 동안 경배한 다음, 끝난 후엔 바다로 가서 신을 버린다. 회교도가 신을 버리는 것은 상상도 못할 일이다. 무슨 짓을 하고 있는가? 신을 바다에 버린다고? 이교도인가, 아니면 정신이 돌았는가? 오직 힌두교도들만 그런 일을 할 수 있다. 바다 역시 신이라고 생각하기 때문이다. 신 하나를 그렇게 오랫동안 붙드는 이유가 무엇인가? 그 기능이 끝나면 그것을 처분하라. 그는 어느 곳에나 있기 때문이다. 신은 사방 어디에나 있다. 우리는 그를 아무 때나 다시 만들 수 있다. 어떤 돌이라도 상관없다. 예수의 형상이 아니라, 그의 존재를 그대는 모든 곳에서 발견할 것이다. 그 '존재'를 이해하면 되는 것이다. 그 '존재'가 곧 하느님이다.

나무가 꽃을 피울 때 그것은 곧 신이 꽃피는 것이다. 씨앗이 싹틀 때 그것은 곧 신이 싹트는 것이다. 강이 흐르는 것은 곧 신이 흐르는 것이다. 신은 인격체가 아니다. 신이 인격체라면 문제가 생긴다. 그런데 유대인들은 신이 인격체라는 생각을 갖고 있었다. 신은 인격체가 아니다. 그는 '개인'이 아니다. 그는 순수한 존재이다. 그는 존재 그 자체이다. 그는 모든 것 속에 존재한다. 어떤 특별한 장소에서 그를 발견할 수 있는 것이 아니다. 그에게는 거처가 없으며, 그에게로 찾아가 그를 불러낼 수 없다. 그에겐 주소가 없으며 그에게 편지를 쓸 수 없다. 이런 의미로 보면 그는 그 어느 곳에도 존재하지 않는 것이다. 그는 어느 곳에나 존재하기 때문이다. 한 장소를 골라내어 이곳에 신이 있다고 말할 수 없다. 왜냐하면 그것은 틀린 것이기 때문이다. 형상을 가진 어떤 것만이, 다른 것과 구분되는 어떤 것만이 구별해서 집어낼 수 있다. 형상이 없는 것, 모든 것 속에 존재하는 것, 모든 곳에 퍼져 있는 것을 어떻게 집어낼 수 있는가?

그러나 유대인들은 대단히 개인화된 신을 소유하고 있다. 그런데 개인이 있는 곳에는 에고가 있다. 유대인들의 신은 매우 이기적이다. 그에게 불복하면 영원히 지옥에서 고통을 받을 것이다. 이것은 매우 심각한 문제이다. 신은 독재자적인 세력이 되고 모든 존재는 노예가 된다. 그곳에 자유는 없다. 자유는 신의 것일 뿐 그대에겐 없다. 노예 상태가 그대의 신분이 될 것이다.

예수는 완전히 반대의 말을 하고 있다. 신은 하나의 개인이 아니다. 신은 에너지이다. 생명력 그것이 신이다. 앙리 베르그송(프랑스의 철학자로 참된 실재를 인식하는 순수 지속에 대해 사색했으며 노벨 문학상을 수상했다)이 생의 약동 elan vital이라고 부른 것, 신은 존재계 자체이다. 사물이 존재하는 곳이면 어느 곳에나 신이 존재한다. 왜냐하면 다른 것은 존재할 수 없기 때문이다. 이것은 매우 어려운 문제이고 따라서 예수는 이해될 수 없었다. 그래서 그는 십자가에 못 박힌 것이다. 그가 "나는 하느님의 아들이다."라고만 말했어도 유대인들은 그를 용서했을 것이다. 그러나 기본적으로 그는 그 이상을 주장하고 있었다. 그의 제자들이 그에게 적응했을 때 그는 더 멀리 나아갔다.

이 경전에서 그는 말한다.

"나는 모든 것들 위에 비치는 빛이다."

그는 자신이 아들이라고 말하지 않았다. 그는 여기서 자신이 아버지라고 말하고 있는 것이다.

"나는 모든 것들 위에 비치는 빛이다.
나는 모든 것이다."

여기서 그는 "나는 하느님이다. 그 아들이 아니다."라고 말하고 있는 것이다.

"나는 모든 것들 위에 비치는 빛이다.
나는 모든 것이다.
나로부터 모든 것이 나왔고
모든 것이 나에게로 돌아온다.
나무토막을 쪼개 보라.
내가 그곳에 있다.
돌을 들추어 보라.
그러면 그곳에서 너희는 나를 발견할 것이다."

이 경전에서 그는 주장한다. "나는 하느님의 아들이 아니다. 나는 하느님 자신이다." 아들이라고만 말했어도 그는 용서받았을 것이다. 그러면 구분이 가능하기 때문이다. 아버지는 근원이고, 아들은 그 산물이다. 그들은 매우 닮을 수 있다. 그러나 아들은 아들이고 아버지는 아버지이다. 그 구분은 유지될 수 있고, 아들은 아버지에게 복종해야 한다. 그곳에 관계가 존재한다. 그것은 주인과 노예의 관계가 아니라 아버지와 아들의 관계이다. 더 가깝다. 그러나 여전히 관계는 관계이다. 그들은 여전히 둘로 남아 있다.

이 구절은 성경에 기록되어 있지 않다. 기록될 수 없었다. 그는 이것을 제자들에게만 이야기했음이 틀림없다. 그와 매우 가까워진 사람들만 그의 말을 이해할 수 있었기 때문이다. 시장에선 이런 말을 할 수 없다. 그곳에서는 "나는 하느님의 아들이다."라고 말했을 것이다. 그러나 제자들과 함께 있을 때는 "나는 하느님이다. 아들이 아니다. 나는 모든 것의 근원이다. 나는 알파요, 오메가다. 모든 것이 나에게서 나오고 모든 것이 나에게로 돌아온다."라고 말했을 것이다.

이것은 순수 베단타 사상이다. 다른 곳에서는 이러한 주장을 발견할 수 없다. 이러한 내용을 발견하기 위해서는 바가바드기타나 우파니샤드로 가야 한다. 이것이 곧 크리슈나가 아르주나에게 한 말이다.

"나는 전체이다. 모든 것의 근원이다. 모든 것이 나에게서 나오고 모든 것이 내 안으로 녹아 들어간다. 너의 에고를 던져 버리고 내 발아래로 오라."

예수의 이 말은 마치 바가바드기타에서 크리슈나가 이야기하고 있는 것처럼 들린다.

전해지는 이야기가, 아름다운 이야기가 있다. 그것이 어느 정도까지 증명될 수 있을지 모르지만, 그러나 그것은 아름답다. 그것은 굳이 증명이 필요 없다. '그리스도Christ'라는 단어가 '크리슈나

Krishna'라는 단어의 다른 형태라는 것이다. 가능한 이야기이다. 인도의 뱅갈 지방에서는 아직도 크리슈나Krishna가 크리스토 Kristo로 불리고 있다. 왜냐하면 '크리슈나'는 어느 개인의 이름이 아니기 때문이다. '크리슈나'는 완전한 성취를 이룬 사람에게 붙여지는 호칭이다. '붓다'와 마찬가지다. '붓다'는 이름이 아니다. 깨달음을 얻었을 때 붙여지는 명칭이다. '붓다'라는 말은 깨어난 자라는 뜻이다. '크리슈나'는 무슨 뜻인가? 세상의 중심이 된 자라는 뜻이다. '크리슈나'는 자장의 중앙, 끌어당기는 사람, 존재계 전체의 중심이 된 사람을 의미한다. '그리스도'도 똑같은 의미를 지니고 있다. 마리아는 자신의 아들에게 예수라는 이름을 지어 주었고, '그리스도'는 그가 이 세계의 중심이 되었을 때 붙여졌다. 이 경전에서 그는 말하고 있다.

"나는 중심이다. 모든 것이다. 모든 것은 나로부터 나오고, 모든 것이 나에게로 돌아온다. 너희는 나에게서 멀어져 가지만 다시 나를 얻어야만 한다." '그리스도'가 '크리슈나'의 한 형태라는 것은 가능한 일이다. 그것은 의미가 깊다. 왜냐하면 바가바드기타에서의 크리슈나의 말이 그리스도의 이러한 주장과 매우 정확하게 일치하기 때문이다.

베단타에 대해 이해해야 하는 세 번째 사항은 베단타는 그대를 있는 그대로 받아들인다는 것이다. 그대를 거부하는 것은 곧 신을 거부하는 것이기 때문이다. 거부하는 것은 무엇 때문인가? 무엇인가 더 성취해야 한다는 것이다. 있는 그대로의 그대는 잘못되어 있다. 무엇인가 잘라내야 하고, 무엇인가 버려야 한다. 있는 그대로는 받아들여질 수 없고 환영받지 못한다. 자신을 변형시켜야 환영받는 것이다.

　베단타는 있는 그대로 그대가 환영받는다고 말한다. 더 이상 아무것도 이루어질 필요가 없다. 이룬다는 개념이 곧 그대의 불행을 만들어 내었다. 무엇인가 해야 한다는 관념, 곧 무엇인가 이루어야 한다는 관념이 불행의 원인이 되어 왔다. 왜냐하면 무엇을 하든 그것은 그대를 이 세상 속으로 끌어들이기 때문이다. 힌두교에서는 그대가 세상에 있는 이유는 카르마라고 말한다. 카르마는 행위를 뜻한다. 카르마는 나쁜 행위를 의미하는 것이 아니라 단순히 행위한다는 뜻이다. 이것 또는 저것을 하려고 너무 많은 관심을 쏟기 때문에 그대는 이 세상에 있는 것이다.

　행위에 많은 관심을 기울이지 말라. 존재에 더 많은 관심을 기울여야 한다. 무엇을 해야만 하는가를 생각하지 말라. 다만 그대가 누구인가를 생각하라. 베단타는 도덕을 초월해 있다. 그것은 도덕적인 것과 비도덕적인 것의 구별에 관심 갖지 않는다. '의무'의 용어로 이야기하지 않는다. 그대는 있는 그대로 환영받는다고 말한다. 있는 그대로 그대는 훌륭하고 아름답고 진실하다. 문제는 다른 사람이 그대를 거부하는 것이 아니라 그대가 스스로를 거부하는 데 있다. 자신을 거부한다면 악순환 속에 있게 된다. 자신을 개선하려고 하는데 실제로는 그곳에 아무것도 개선될 것이 없다. 왜냐하면 그대는 이미 신 그 자체이기 때문이다. 그때 그대는 불행해진다. 자신을 개선하는 것이 불가능하기 때문이다.

　그대는 있는 그대로 신이다. 어떻게 신이 더 개선될 수 있는가? 자신 안의 신성을 개선시키려고 하면 그때 한 생에서 다른 생으로 계속 개선을 시도하면서 이동할 것이다. 그러나 더 나아지는 일은 결코 일어나지 않는다. 언제나 같은 상태로 남아 있을 것이다. 언제나 같은 자리에서 제자리 뛰기를 하는 것과 같다. 그대는 땀을 흘리고 숨을 가쁘게 쉬기 때문에 매우 빨리 달린다고 생각한다. 위대한 일을 한다고 생각한다. 그대 생각에는 자신이 빨리 달리며, 어디엔가 도달하고 있다. 그러나 같은 장소에서 제자리 뛰기를 하고 있는 것에 지나지 않는다.

그대의 전 생애가 하나의 제자리 뛰기이다. 어디로 가고 있는 것이 아니다. 갈 곳이 없기 때문이다. 결코 더 나아지고 있는 것이 아니다. 더 나아질 것이 없기 때문이다. 그대 내부에 있는 궁극의 것은 결코 보다 나아지지 않는다. 그것에는 '더 좋은' 또는 '더 나은' 것이 없다. 베단타가 말하는 것이 이것이다. 베단타는 그대가 신성이라고 말한다. 이것은 해야만 하는 어떤 것이 아니라 이해해야 하는 성질의 것이다. 단지 내부를 들여다보고 자신이 누구인가를 깨달으면 되는 것이다. 문제는 그대가 잘못된 것이 아니라 자기 자신을 들여다보지 않는다는 것이다. 문제는 행위가 아니라 앎에 대한 것이다. 문제는 자신을 볼 수 있는 올바른 시각이다.

마치 다이아몬드가 자신이 가치 있는 돌이라는 사실을 배우는 것과 같다. 만일 다이아몬드가 더 좋은 돌이 되겠다는 생각을 갖게 된다면 그 생각이 방해물이 될 것이다. 다이아몬드가 하는 노력은 모두 무의미한 것이 될 것이다. 그것은 이미 가장 좋은 돌이기 때문이다. 다이아몬드가 자기 노력이 소용없음을 이해한다면 곧 노력을 중단하고 자신이 누구인가 깨닫게 될 것이다. 그러면 문제는 풀릴 것이다.

이런 이야기를 들은 적이 있다. 한 사람이 정신과 의사에게로 달려가 말했다.

"의사 선생님, 저를 도와주십시오. 더 이상 견딜 수가 없습니다. 제 기억이 사라져 가고 있습니다. 어제 일어난 일도 기억이 나지 않습니다. 오늘 아침에 한 일도 생각나지 않습니다. 도와주십시오. 미칠 것 같습니다."

그러자 의사가 물었다.

"언제부터 이런 현상이 일어났습니까? 언제부터 이런 증세가 있었나요?"

그 남자는 당황해 했다. 그러고는 말했다.

"무슨 증세 말인가요?"

그는 잊어버린 것이다.

이것이 문제이다. 그대는 자신을 잊어버렸다. 그것이 문제이다. 그대가 무엇을 하든 그 행위는 카르마를 축적시킬 것이다. 카르마는 돌고 도는 것, 하나의 바퀴이다. 하나의 카르마는 다른 카르마로 이어진다. A는 B로, B는 C로……. 바퀴의 한 부분에서 다른 부분으로 옮겨 간다. 그것이 바퀴이며 계속해서 돌아간다. 카르마는 그대를 결코 자유로 이끌어 갈 수 없다. 왜냐하면 그대는 이미 자유롭기 때문이다. 이미 자유로운 상태이다.

사람들이 내게 오면 나는 그들에게 이렇게 하라, 저렇게 하라고 말해 줘야만 한다. 그들은 자신이 자유롭다는 것을 모르기 때문이다. 내가 그들에게 이것을 하라 저것을 하라고 시키는 것은 그들을 지치게 해 어느 날엔가 내게 와서 더 이상 하고 싶지 않다고 말하도록 만들기 위해서이다. 그때, 나는 그들에게 더 이상 할 필요가 없다고 말한다. 처음 왔을 때는 많은 것을 주어야 한다. 만일 처음부터 할 일이 없다고 한다면 다른 사람에게로 무엇인가 할 일을 찾아가기 때문이다.

아무것도 할 필요가 없다. 그대는 있는 그대로 이미 신성이다. 이것이 베단타이다. 그것은 도덕이 아니다. 그것은 순수 종교이다. 그래서 세상에는 베단타주의자가 많지 않다. 많을 수 없다. 그렇기 때문에 베단타는 기독교나 회교처럼 세계적인 존재가 될 수 없는 것이다. 그렇게 되는 것은 불가능한 일이다. 왜냐하면 그대는 무엇인가 해야 할 깊은 필요성을 느끼기 때문이다. 만일 누가 "아무것도 할 필요가 없다. 그대는 이미 브라흐마이다. 이미 신이다."라고 하면 그대는 그의 말을 듣지 않을 것이다. 그대에게는 그가 말하는 것이 난센스일 것이다. 왜냐하면 그대는 자신을 거부하고 자신을 받아들이지 않기 때문이다. 그대는 어딘가 목적지에 도달해야 하는 것이다.

무슨 이유 때문에 인간의 마음에 이런 일이 일어나는 것일까? 어린 시절의 경험 때문이다. 모든 사람이 거의 비슷한 어린 시절을 보낸다. 단지 사소한 것들만 다를 뿐이다. 어린 시절은 하나의 기본 요소를 가지고 있으며, 그 요소가 전체 문제를 일으킨다. 그 요소는 어떤 아이도 있는 그대로 받아들여지지 않는다는 것이다. 한 아이가 태어난다. 그대에게도 어린 시절이 있었다. 그리고 즉시 사회, 부모, 어머니, 아버지, 형제 등 주위에 있는 모든 사람들이 그대를 더 도덕적이고 더 훌륭하고 더 낫게 만들기 위해 노력하기 시작한다. 그대는 있는 그대로는 옳지 않으며, 무엇인가 행해져야 하며, 그제서야 받아들여질 수 있는 것이다.

아이는 점차로 자신이 받아들여지지 않는 것을 느낀다. 좋은 일을 하면 받아들여지고 나쁜 일을 하면 거부당한다. 순종하고 복종하면 받아들여진다. 복종하지 않으면 아무도 그를 사랑하지 않고 미워하며, 모든 사람이 화를 낸다. 그래서 그는 한 가지 사실을 터득한다. 중요한 것은 행위이지 존재가 아닌 것이다. 옳은 일을 하라, 그러면 모두가 사랑할 것이다. 나쁜 일을 하라, 그러면 모두가 거부하고, 미워하며, 화내고, 반대할 것이다. 존재는 중요하지 않다. 옳은 일을 하라, 그러면 세상은 환영할 것이다. 나쁜 일을 하라, 그러면 모든 문이 그대 앞에서 닫힐 것이다. 만일 어머니와 아버지의 문마저 닫힌다면, 그를 가장 사랑하는 사람들마저 그의 존재를 알지 못한다면, 그때 이 낯선 세상에 대해서는 말할 필요가 무엇인가?

그래서 아이는 한 가지를 배운다. 세상에 살아남기 위해 기본적으로 해야 할 무엇을 행동하고, 언제나 옳은 행동만 하고, 나쁜 일은 하지 않아야 한다는 것을 배운다. 이것이 자기 자신에 대한 뿌리 깊은 거부를 만들어 놓는다. 나쁜 일은 언제나 일어나게 되어 있기 때문이다. 어떤 것이 나쁜 것이라고 말한다고 해서 그것이 사라지는 것은 아니다. 그것은 계속해서 찾아온다. 그러면 아이는 자신에 대해 죄의식을 느끼게 되고, 자신을 거부하게 된다. 아이는 말한다. "나는 나쁜 아이다. 나쁜 소년이다. 나쁜 소녀이다." 그리고 문제는 우리가 대개 나쁜 것이라고 하는 그것들은 사실은 자연스러운 것들이라는 데 있다. 때문에 아이는 그것들을 버릴 수가 없으며, 그것들은 계속 남아 있다.

모든 남자아이, 여자아이는 자신의 성기를 가지고 놀기 시작한다. 그것은 즐거운 일이고, 부드러운 느낌을 준다. 몸 전체가 축복을 받는 것 같다. 그런데 아이가 자기의 성기를 만지면 모든 사람이 즉시 금지시킨다. 모든 사람이 당황해한다. 아버지나 어머니는 그런 짓을 못하게 한다. 심지어는 아이의 손을 묶어 성기를 만지지 못하게까지 한다. 그때 아이는 깊은 의문을 느낀다. 어떻게 할 것인가? 아이는 만질 때의 느낌을 좋아하고, 그 느낌을 즐긴다. 그러나 그 느낌에 따라 행동하면 모든 사람이 자신을 거부한다. 못된 아이가 되고, 모두가 그에게 벌을 준다. 그런데 그들은 힘이 세다. 그러니 어떻게 할 것인가?

아이는 생각한다. '그렇게 나쁜 일이 내게 일어나다니, 나만 이런 나쁜 일을 하고 있는가 보다. 다른 사람들은 그런 나쁜 짓을 하지 않는다.' 그는 다른 사람들에 대해 알지 못한다. '세상은 옳다. 나에게만 죄가 있다.' 이것이 깊은 문제이다.

아이는 먹는 것을 좋아하지 않는다. 아이는 그대보다 배고픔에 대해 더 많이 알고 있기 때문이다. 그대는 의사가 말하는 대로 매 세 시간마다 아이에게 음식을 먹여야 한다고 믿으면서 의학적인 과정을 따른다. 그것은 책에 씌어 있으며, 그대는 똑똑한 부모인 것이다. 그래서 세 시간이 지나면 깜짝 놀라서 아이에게 먹을 것을 준다. 억지로 먹어야 하는 아이들을 보라. 아이는 그것을 거부한다. 입을 벌리지 않는다. 우유는 새어 나온다. 아이는 모든 것을 거부한다. 삼키려고 하지도 않는다. 왜냐하면 아이는 언제 배고픈가를 알기 때문이다. 그들은 정해진 과정에 따라 살지 않는다. 시간에 따라 살지 않는다. 의학이 무엇인지도 모른다. 그들은 배고프지 않다. 그것이 전부이다. 그런데 음식을 억지로 먹인다. 그리고 그들이 배고파서 울 때는 음식을 주지 않는다. 제 시간이 아니라는 것이다. 누가 결정하는가? 아이인가, 그대인가?

그대가 결정을 내린다면 아이에게 죄의식을 심어 주고 있는 것이다. 아이는 자신에게 무엇이 잘못되고 있음을 느끼기 때문이다. '배고픔을 느껴야 할 때 나는 느끼지 못한다. 배고픔을 느끼지 말아야 할 때 나는 느낀다. 내가 뭔가 잘못된 것이다.'

성 아우구스티누스는 말했다.

"신이여, 나를 용서하소서. 왜냐하면 좋은 것은 무엇이든 나는 한 적이 없고, 잘못된 것은 무엇이든 내가 한 것이기 때문입니다."

그런데 이것이 모든 아이들의 기도문이다. 아이가 아니라 그대가 결정을 내리면 죄의식이 만들어진다. 아이는 화장실에 가고 싶지 않은데 아이를 강요한다. 화장실 훈련은 그러한 죄의식 만들기 훈련이다. 그러면서도 그대는 자신이 하고 있는 일을 깨닫지 못한다. 아이가 화장실을 가야 한다고 느끼지 않는데 어떻게 갈 수 있는가? 그대 자신의 경우는 어떤가? 육체가 원하지 않는데 어떻게 갈 수 있는가? 아이가 원하지 않으면 강제로 설득하고 달래고 유혹하며 가능한 온갖 수단을 다 쓴다. 아이 안에 자신이 무엇인가가 잘못되었다는 죄의식을 창조하고 있는 것이다.

아이는 죄의식을 느끼고 그것에 대해 아무것도 할 수 없다. 어떻게 해야 할지 모른다. 육체가 원하지 않기 때문이다. 아이는 자고 싶지 않다. 기운이 넘쳐 집 둘레로, 마당으로 뛰어다니고 싶어 한다. 그러나 그대는 말한다. "가서 자야 해." 그대의 경우 잠자고 싶지 않은데 다른 사람이 잠자러 가라고 하면 어떻게 하겠는가? 눈은 감을 수 있다. 그러나 어머니가, 아버지가 가고 난 후에는 아이는 홀로 심연 속에 남겨진다. 무엇을 할까? 어떻게 하면 그 명령을 따를 수 있는가? 어떻게 하면 착한 아이가 될 수 있을까?

　죄의식이 일어나고 차츰차츰 아이는 그것에 물들어 간다. 아이는 깨닫게 된다. '나는 나쁘다. 모든 것이 잘못되었다. 내가 하는 것은 무엇이든 나쁘다.' 놀고 있을 때도 잘못하고 있는 것이다. 시끄럽게 하기 때문이다. 다른 사람을 방해하고 있는 것이다. 아이가 구석에 가만히 앉아 있어도 무엇인가 잘못된 것이다. "어디 아프니?" 아이는 언제나 잘못되어 있다. 다른 이유 때문이 아니다. 단지 아이는 힘이 없고 그대는 힘이 있는 것이다. 아이는 끊임없이 혼란을 느낀다. 무엇을 해야 할지, 무엇을 하지 말아야 할지 판단하기가 어렵다. 차츰차츰 아이는 나쁜 것을 거부하고 옳다고 생각되는 것을 억지로 하게 된다. 아이는 가면을 쓰게 된다. 그러나 일생 동안 무의식 심층부에 상처를 가지고 다닌다.

　그렇기 때문에 내가 "그대는 있는 그대로 신이다."라고 말해도 믿지 못한다. 그대는 착하지도 않다. 그런데 어떻게 신이 될 수 있는가? 신은 궁극의 선을 의미한다. 그런데 그대는 기본적인 선함조차 갖추지 못하고 있다. 그러니 어떻게 신이 될 수 있는가? 그대는 내 말을 듣지 않을 것이다. 그리하여 그대를 비난하고, 그대가 잘못이고, 그대가 죄인이라고 역설하는 어떤 스승을 찾아갈 것이다. 그때 마음이 편해질 것이다. 그가 옳다. 왜냐하면 그대도 그렇게 느끼고 있기 때문이다. 그렇기 때문에 그대는 그대를 마치 추하고 더러운 벌레처럼 보고, 그대를 비난하는 사람을 따른다. 이른바 성자라고 불리는 사람의 뒤를 따르는 수많은 사람들을 보면 언제나 그러한 이유를 찾아낼 수 있다. 성자는 모두를 비난한다. 그는 말할 것이다. "너희는 죄인들이다. 내 말을 듣지 않으면 지옥에 던져질 것이다." 그는 절대적으로 옳아 보인다. 왜냐하면 이것은 그대의 느낌과 일치하기 때문이다. 그는 그대에게 동의하고 있다. 그렇기 때문에 그가 비난할 때마다 그대는 편안함을 느낀다.

이 얼마나 어리석은가! 얼마나 터무니없는가! 만일 누군가 이렇게 말한다고 하자.

"그대는 훌륭하며, 나는 그대를 있는 그대로 받아들인다. 그대가 무엇이든 그것은 신이 선택한 것이다. 그대 안에서 신이 그 방식을 선택한 것이다. 그것이 그대 안에서 신이 존재하는 형식이다. 그리고 나는 그것을 받아들인다. 나는 그대의 어떠한 부분도 거부하지 않는다. 나는 그대의 성욕, 분노, 미움, 질투를 받아들인다. 나는 그대의 전체를 받아들인다. 왜냐하면 이 받아들임을 통해서만, 그대가 전체로 존재할 때만, 하나 됨이 일어나기 때문이다. 그리고 그 하나 됨은 즉시 모든 질투, 분노, 성욕, 욕망을 초월한다. 누구도 욕망을 변형시킬 수 없다. 하나 됨이 이루어져야 한다. 그래야 변형이 일어날 수 있다."

누군가 그렇게 말하면 그대는 오히려 불편함을 느낄 것이다.

그것이 예수가 용서받을 수 없었던 이유다. 유대인들은 가장 큰 죄의식의 창조자들이었던 것이다. 온 세상이 그렇게 하기는 하지만 유대인들과는 비교가 되지 않는다. 유대인들에 따르면, 세상의 모든 죄는 아담과 이브가 원죄를 저질렀기 때문에 존재한다. 그대는 아담과 이브에게서, 그들의 죄에서 태어난 것이다. 인간은 죄 속에서 태어나고 죄의식은 그의 중심 개념이 된다. 그러니 그대가 신이라는 것을 어떻게 받아들일 수 있겠는가? 그대가 참회하고 자신을 변화시켜 착해진다면 신에게로 가까이 갈 수 있다. 그러면 하느님 아버지께서 받아 주실 것이다. 그렇지 않으면 있는 그대로는 받아들여질 수 없다. 하느님에게서 매우 멀리 버려질 것이다.

아담과 이브의 죄는 무엇인가? 불복종이다. 그런데 하느님은 왜 그렇게도 복종을 원하시는가? 모든 아버지가 그렇기 때문이다. 그리고 하느님은 우주의 아버지이다. 왜 하느님은 그렇게도 복종을 원하시는가? 조금 농담을 할 수는 없는가? 스스로 즐기고 있는 자신의 자녀들과 함께 조금 놀 수는 없는가? 약간 덜 심각하게 받아들일 수는 없는가? 그들이 무엇을 했는가? 하느님이 금지한 나무에서 과일 하나를 따먹었을 뿐이다. 하느님은 매우 에고이스트 같다. 왜냐하면 에고는 언제나 복종을 원하고 있기 때문이다. "나를 따르라. 나는 규칙이다. 만일 복종하지 않으면 너는 나의 에고를 상처 입히는 것이다." 그러나 하느님에게 에고가 있을 리 없다. 하느님이 복종을 고집할 리 없다. 이런 이야기를 만들어 낸 것은 하느님이 아니라 성직자들임에 틀림없다.

그런데 그대는 죄의식을 갖고 있다. 그대는 죄 속에서 태어났다. 태어날 때부터 이미 죄인이고 태어나자마자 죄인이다. 그대에게 남겨진 일은 스스로를 속죄하고 여기저기를 잘라내어 받아들여질 수 있게끔 만드는 일뿐이다.

베단타는 그대가 죄인이 아니라고 말한다. 그대는 모를지 모르지만 그대는 죄인이 아니다. 이것은 완전히 다른 태도이다. 신은 그대를 적대시하고 있지 않다. 그대가 신을 적대시할 수는 있다. 신은 아무 복수심도 가지고 있지 않다. 그것을 모른다면 그대는 스스로 고통을 창조하고 있는 것이다. 이것은 완전히 다른 태도이다. 이것을 깨닫지 못한다면 그대는 스스로 고통을 창조하고 있는 것이다. 만일 힌두교인들에게 물어보면 그들은, 그대가 지식의 열매가 아니라 무지의 열매를 따먹었기 때문에 고통 받고 있는 것이라고 말할 것이다. 인간은 무지할 수 있다. 충분히 그럴 수 있다. 자기 자신이 누구인지 자각하지 못하기 때문이다. 그렇게 되면 모든 것이 잘못 돌아간다. 그러나 이것은 죄가 아니다.

종교는 더 많은 빛과 더 많은 앎, 더 많은 자각을 얻기 위한 것이지 더 많은 도덕이나 덕을 얻기 위한 것이 아니다. 도덕은 부산물이다. 자각하기만 하면 도덕은 저절로 따라올 것이다. 그림자같이 따라올 것이다. 자각하지 못하면 죄가 따라올 것이다. 왜냐하면 무지는 다른 어떤 것은 못하지만 실수를 저지르는 일은 할 수 있기 때문이다.

죄는 실수 같은 것이다. 마치 둘에다 둘을 더해 놓고는 다섯이라고 하는 것과 같다. 그러나 그것은 죄가 될 수 없다. 누가 둘 더하기 둘이 다섯이라고 한다고 해서 영원히 지옥에 떨어져야만 하는가? 하나의 실수, 실책일 뿐이다. 죄는 아니다. 그대는 배워야 한다. 사물에 대한 올바른 시각을 얻어야 한다. 그는 수학을 모를 수 있다. 그것이 전부이다.

베단타는 그대는 다만 자각하지 못하고 있을 뿐이며, 자신에 대해 모르고 있을 뿐이라고 말한다. 자각하기만 하면 그대는 곧 신이다. 그대 외에는 신이 따로 없다. 이것은 에고에서 나오는 주장이 아니다. 오히려 이것은 '나'라는 중심이 사라지고 그대가 모든 것으로 될 때만 가능하기 때문이다.

예수께서 말씀하셨다.

"나는 모든 것들 위에 비치는 빛이다.

나는 모든 것이다.

나로부터 모든 것이 나왔고

모든 것이 나에게로 돌아온다.

나무토막을 쪼개 보라.

내가 그곳에 있다.

돌을 들추어 보라.

그러면 그곳에서 너희는 나를 발견할 것이다."

이것은 가장 시적인 단언이다. 예수 같은 사람은 철학자나 신학자 혹은 수학자보다는 시인에 가깝다. 그는 시인에 더 가깝다. 그의 시를 이해하지 못한다면 그의 메시지를 완전히 놓친다. 만일 시인이 무언가 말한다면 그대는 그를 용서할 수 있을 것이다. 왜냐하면 "그것은 시에 지나지 않으니까." 하고 말할 것이다. 그러나 성자가 무엇을 주장하면 그것은 심각하게 받아들인다. 그것이 훨씬 문제가 되기 때문이다.

예수는 시인이다. 궁극의 시인이다. 궁극에 이른 모든 사람은 시인이다. 수학의 언어는 매우 좁아서 많은 것을 표현하지 못한다. 수학의 언어는 매우 정확하며, 그렇기 때문에 범위가 좁다. 시는 부정확하고 모호하지만 그렇기 때문에 많은 것을 나타낼 수 있다. 시인에 대해 알아 두어야 할 것이 있다. 그는 신비에 대한 이야기를 하고 있는 것이다.

힌두교인들은 결코 깨달은 사람을 처형하지 않는다. 왜 그런 일이 한 번도 일어나지 않았는가? 그들이 무엇을 말하거나 무엇을 주장하든 그것이 시적인 표현 방법이라는 것을 알기 때문이다. 그 것을 분석할 필요가 없다. 분석한다면 어리석은 짓이다. 예수에게 로 가서, "좋다, 당신이 '나는 모든 것 위에 비치는 빛이다. 나는 모든 것이다. 모든 것이 나에게서 나오고 모든 것이 내게로 온다.' 고 한다면 한번 보여줘 보라. 그것을 증명해 보라. 태양을 보고 없 어지라고 명령해 보라. 오늘 밤에 달을 또 하나 창조해 보라. 그러 면 우리가 당신을 믿을 것이다."라고 말한다면 그대는 어리석은 것이다. 그대는 예수의 말을 이해하지 못한 것이다. 왜냐하면 그것 은 과학적인 주장이 아니라 시적인 표현이기 때문이다.

이 때문에 기독교인들은 예수가 기적을 행했음을 증명하기 위해 끊임없이 노력해 왔다. 그가 돌로 빵을 만들어 내었으며, 죽은 사 람을 살렸으며, 이런저런 일을 했고, 장님의 눈을 고쳐 주기도 했 으며, 문둥병 환자에게 손을 대어 낫게 해주었다고. 그는 왜 그토 록 많은 기적을 행했는가? 우리는 붓다를 기적을 행하는 사람의 관점에서는 전혀 생각하지 않는다. 그러나 예수는 왜 그토록 많은 기적을 행했는가? 기적을 행하지 않으면 모든 것이 무너져 내리기 때문이었다. 그러면 기독교 신앙은 모두 사라질 것이다.

기독교는 예수가 아니라 예수의 기적에 의존한다. 어느 날 그가 죽은 사람을 살린 것이 아니고, 장님을 눈뜨게 한 것이 아니며, 문 둥병 환자를 고친 것이 아니라는 사실이 입증되기만 하면 기독교 신앙은 모두 무너질 것이다. 교회도 없어지고 교황도 사라지며 모 든 것이 붕괴될 것이다. 그들은 예수에게 직접 의존하고 있는 것이 아니라 기적에 의존하고 있기 때문이다. 기적은 그가 하느님의 아 들이라는 것을 증명해 주는 것이다.

기적은 아무것도 증명하지 못한다. 기적은 단지 그것에 깊은 인상을 받는 사람들의 무지를 증명할 뿐이다. 다른 것을 증명하는 것이 아니다. 내가 아는 한 예수는 그런 종류의 일을 한 적이 없다. 사람들을 확신시키기 위해 기적을 행할 정도로 그는 어리석지 않았다. 그의 주위에서 일어난 기적들은 그대가 생각하는 것보다 훨씬 더 큰 의미를 지니고 있다. 그렇다, 장님이 보기 시작했다. 하지만 그것은 육체적인 눈에 관한 것이 아니다. 그것보다 더 깊은 의미의, 영적인 장님을 의미하는 것이다. 그렇다, 죽은 사람이 살아났다. 그것은 시체에 관한 이야기가 아니다. 살아 있다고 생각하긴 하지만 그렇지 못한 사람에 관한 이야기이다. 그는 많은 죽은 사람들을 살렸는데, 그것은 송장과 같은 존재들에게 생명을 불어넣었다는 뜻이다. 이것은 더 큰 기적이다. 다른 기적은 이제 언젠가는 의료 기술로 일어나게 할 수 있을 것이다. 그런 시대가 멀지 않았다. 그러한 일이 이미 진행되고 있다.

구소련은 2차 세계대전 중에 죽은 사람 여섯 명을 살려 냈다. 그들은 성공했다. 그들 중 두세 사람은 지금까지 살아 있다. 이런 일은 오늘날 의학에 의해 아무 때나 이루어질 수 있다. 그것은 중요한 것이 아니다. 의학이 그런 일을 할 수 있다면 기적을 행하는 예수를 가지고 무엇을 할 것인가? 그는 아마도 훌륭한 의사나 과학자는 될 수 있을 것이다. 그러나 깨달음에 이른 사람은 아니다.

눈은 치료될 수 있고, 치료될 것이다. 육체가 초점이 아니다. 육체는 정말 문제가 될 수 없다. 예수는 기적을 행했다. 그러나 그 기적들은 영적인 것, 내적 존재와 관련된 것이다. 자신을 보지 못하는 사람은 장님인 것이다.

예수는 그대를 눈뜨게 했다. 그대는 내면세계를 보게 되었다. 그는 그대에게 눈을 준 것이다. 이것은 옳다. 그러나 그가 세상을 보는 눈을 준 것은 아니다. 이것을 이해해야 한다. 그는 돌로 빵을 만든 적이 없다. 그것은 어리석은 일이기 때문이다. 그러나 추종자들은 기적을 원했다. 왜냐하면 그들은 깨달음을 볼 수 없었기 때문이다. 그들은 그리스도를 볼 수 없었다. 그리스도는 그들 눈에 보이지 않는다. 그들은 단지 돌이 빵으로 변하는 것만을 볼 수 있다. 그들은 세상의 일만을 믿는다. 물질적으로 무슨 일이 일어났다면 그것은 증거가 될 수 있다. 그렇기 때문에 사람들은 깨달은 사람보다는 기적을 행하는 자를 더 따르는 것이다. 속임수를, 트릭을 쓸 수 있는 사람을 따른다. 그러나 모든 속임수는 쓸모없는 것이다. 그 속임수들이 증명하는 것은 단지 그대의 무지일 뿐이다. 그것들은 그대의 무지를 증명해 준다. 상대방이 영리해서 그대를 이용하고 있음을 증명해 준다.

예수는 영리하지 않다. 그토록 순진한 사람을 다시 찾아보기는 힘들다. 그는 교활하지 않다. 그는 기적을 행하는 사람이 아니다. 마술사가 아니다. 그는 그대의 무지를 이용하는 데는 관심이 없다. 생각해 보라. 만일 그가 정말로 돌을 빵으로 바꾸고 물을 포도주로 바꾸는 일들을 했다면…….

한 여인이 위스키를 가방에 넣어 가지고 다른 나라에 입국하려고 했다. 국경에서 검문을 받은 그녀는 가방 속에 무엇이 있느냐는 질문을 받았다. 그녀는 말했다.

"성수입니다."

그러나 검사관은 의심을 했다.

"한번 봐야겠는데요. 성수를 가지고 다니는 사람들은 언제나 의심스럽거든요. 물이라고 해도 충분한데 무슨 이유로 '성'자를 붙이는지 모르겠단 말예요."

그래서 그는 검사를 했다. 그것은 위스키였다. 그가 소리쳤다.

"이게 도대체 뭐죠?"

그러자 여인이 말했다.

"오, 주님! 기적이 다시 일어났군요!"

예수가 물을 술로 변화시켰는가? 죽은 사람을 살아나게 했는가? 나자로가 그의 무덤에서 수의를 제치고 걸어 나왔는가? 멀었던 눈이 떠졌는가? 걸을 수 없던 앉은뱅이가 걷게 되었는가? 볼 수 없던 사람이 다시 보게 되었는가? 듣지 못했던 사람이 다시 듣게 되었는가? 만일 이러한 기적들이 정말로 일어났다면 유대인들은 스스로 이 사람이야말로 하느님의 사람이라고 믿었을 것이다. 유대인들은 누구 못지않게 물질적이기 때문이다. 만일 이런 일들이 정말로 일어났다면 유대인들은 이 사람에게 열광했을 것이다. 다른 어떤 민족보다도 물질적인 민족이기 때문이다. 그러나 그들은 아무 관심을 보이지 않았다.

그런 기적을 일으키는 사람을 따르지 않는다는 것은 불가능하다. 왜냐하면 모든 사람이 조금씩은 신체에 이상이 있기 때문이다. 모든 사람이 죽음을 두려워하고, 모든 사람이 고통 가운데 있다. 그런데 이 사람이 나타난 것이다. 그대가 죽어도 그가 다시 살려낼 것이다. 그대가 아파도 그가 치료해 줄 것이다. 그대가 가난하면 그가 돌멩이로 지폐를 만들어 줄 것이다. 이 사람에게는 모든 것이 가능하다. 유대 민족 전체가 이 사람을 따랐을 것이다. 그러나 그들은 따르지 않았다. 오히려 그를 십자가에 못박았다.

　그 이유가 무엇인가? 이유는 기적들이 일어났지만 그것들은 눈에 보이는 것이 아니었기 때문이다. 오직 가까이 있는 사람들만 그 기적들을 느낄 수 있었다. 기적은 일어났다. 나자로는 죽었었다. 그대가 죽어 있는 것과 마찬가지로. 만일 내가 그대를 살아나게 한다면 그것은 그대와 나 사이의 어떤 것이다. 다른 사람들은 그것을 알지 못할 것이다. 그것은 라디오나 텔레비전으로 공개되지 않는다. 내가 그대를 내면세계에서 살려 낸다면 다른 사람은 아무도 알지 못할 것이다. 이것은 그대와 나 사이에 일어난 일이다. 이것은 다른 사람에게 증명해 보일 수 없다. 눈에 보이는 것이 아니기 때문이다. 따라서 기적들이 일어났지만 예수의 제자들은 증명해 보일 수 없었다. 보이지 않는 현상이었기 때문이다. 그들은 내면을 들여다보았다. 그러나 어떻게 그것을 증명할 수 있을 것인가? 어떤 사진도 찍을 수 없고, 다른 사람은 아무도 볼 수 없기 때문이다.

　그들은 주위를 돌아다니며 사람들에게 이야기하기 시작했다. "우리는 기적을 보았다. 볼 수 없던 사람이 보게 되었다. 죽었던 사람이 살아났다." 이것이 문제를 일으켰다. 유대인들이 묻기 시작한 것이다. "우리한테 보여 달라. 만일 그가 정말로 하느님의 아들이라면, 그런 기적을 정말로 일으킬 수 있는 사람이라면, 우리가 그를 십자가에 못박아 보자. 그리고 무슨 일이 일어나는지 지켜보자. 그가 만일 다른 사람을 살릴 수 있다면 스스로도 부활할 수 있을 것이다. 우리가 그를 십자가에 못박더라도 그는 죽지 않을 것이다. 그가 불생불멸의 비결을 알고 있다면, 그러한 치료를 할 수 있다면, 우리가 그의 몸에 상처를 내어 피가 흐르는지 안 흐르는지 한번 살펴보자."

예수가 온 나라의 초점의 대상이 된 것은 제자들의 어리석음 때문이었다. 그들이 기적에 대해 말하기 시작한 것이다. 그리고 그 기적들은 내면적인 것이었다. 예수는 가짜처럼 보였고, 진정한 메시아가 아닌 것처럼 보였다. 그래서 사람들은 어떤 기적이 일어나기를 기다렸다. 그러나 아무 일도 일어나지 않았다. 그는 다른 두 범죄자와 똑같이 죽었다. 다른 두 사람과 똑같이 그냥 평범한 인간으로서 죽었다. 신의 현상은 아무것도 일어나지 않았다. 빛이 하늘에서 내려오지도 않았다. 땅이 흔들리지도 않았다. 지진도 일어나지 않았다. 하늘에서 하느님이 화를 내며 으르렁거리지도 않았다. 전혀 아무 일도 일어나지 않았다. 아들이 십자가에 못박혔는데 하느님은 완전히 침묵을 지키고 있었다.

그렇기 때문에 유대인들은 예수에 대해 아무 기록도 하지 않았다. 그들에게 예수는 가짜였다. 그는 십자가에서 자신을 증명해 보이지 못했기 때문이다. 십자가는 실험대였다. 그곳에서 자신이 하느님인지 아닌지 증명해 보여야만 했다. 그러나 볼 수 있는 사람들은 그곳에서도 위대한 기적을 볼 수 있었다. 기독교인들은 그것을 보지 못했다. 유대인들도 그 첫 기적을 보지 못했다. 그들은 외적인 어떤 것이 일어나기만을 기대하고 있었기 때문이다. 그런 일은 결코 일어나지 않았다. 그리고 그들은 그 사람을 잊어버렸다. 그는 단순 사기범이었기 때문이다.

기독교인들은 십자가에서 일어난 내면적인 것을 놓쳤다. 오직 몇 사람만 볼 수 있다. 자기 자신을 본 사람들은 십자가에서 일어난 일을 볼 수 있다. 이 사람은 받아들였다. 그것이 기적이었다. 이 사람은 고통을 받으면서 받아들였다. 이 사람은 고통을 받으면서도 사랑으로 가득 차 있었다. 그것이 기적이었다. 자신을 죽이고 처형하는 사람들, 그들을 위해 그는 기도까지 했다. 그것이 기적이다. 지구상에서 일어난 가장 큰 기적이다.

예수의 마지막 말은 이것이었다.

"하느님, 저들을 용서하소서. 그들은 자기들이 무엇을 하고 있는지 모르나이다. 그들을 벌하지 마소서. 그들은 다만 모르고 있나이다."

이것은 가장 큰 기적이다. 더군다나 십자가에 못박히면서……. 육신은 고통을 당하고 있었다. 그는 죽어가고 있었다. 그러나 그는 여전히 사랑으로 가득 차 있었다. 그가 분노했어도 그것은 아주 당연한 일이었다. 소리 지르며 저주하면서, "하느님, 저들이 당신의 아들에게 하는 짓을 보십시오. 그들을 모두 죽여 주십시오!" 하고 말해도 당연한 것이었다. 그것이 평범한 인간에게 일어나는 일이다. 그러나 그는 신성이었다. 십자가에서 그는 자신이 하느님의 아들임을 증명했다. 왜냐하면 자비의 마음이 순수하게 남아 있었기 때문이다. 그 어떤 것도 그의 자비의 마음을 부술 수 없었다. 그의 기도를 파괴할 수 없었다. 그의 가슴을 파괴할 수 없었다. 무엇이든 그는 받아들였다. 그는 거부하지 않았다. 고통과 불행의 순간에도 그는 거부하지 않았다. 그는 말했다.

"저들을 용서해 주십시오. 그들은 자기들이 무엇을 하고 있는지 모릅니다."

기적은 일어났다. 그러나 육안으로 볼 수 있는 기적이 아니었다. 가슴으로만 느낄 수 있는 기적이었다. 그는 마술사가 아니었다. 만일 그가 마술사였다면, 정말로 죽은 사람을 살리려고 노력하고 문둥병 환자를 고치려고 노력했다면, 그는 큰 가치가 없는 사람이었을 것이다. 나는 그에게 전혀 관심 갖지 않았을 것이다. 그렇다면 모든 것이 무의미해졌을 것이다.

하지만 깊이 이해하라. 마음의 장님이 있듯이 마음의 문둥병 환자가 있다. 그대는 매우 추하며, 그 추함을 스스로에게 부여해 왔다. 자신에게 너무 많은 죄의식을 안기고, 두려움으로 가득 채우고, 질투와 불안을 심어 주었다. 이것이 문둥병이다. 그것은 벌레처럼 내면세계를 좀먹고 있다. 내면에서 그대는 하나의 상처이다. 예수는 그대를 치료한다. 그러나 그것은 개인적인 일이다. 그것은 스승과 제자 사이에서 일어나는 치유이다. 다른 사람은 그것을 자각하지 못한다. 그 제자 자신도 나중에 자각하게 된다. 스승은 상처가 치유되는 초기부터 그것을 알고 있다. 상처가 치유되었다는 것을 제자들이 깨닫기에는 시간이 필요하다. 대개는 아주 오랫동안 그들은 상처가 그곳에 남아 있다는 생각을 계속해서 갖고 있다. 다른 사람은 아무도 그것을 볼 수 없다.

예수는 말한다.

"나는 모든 것이다."

그대 역시 '모든 것'이다. 예수는 단순히 모든 사람들이 자각해야만 하는 일, 모든 사람들이 느껴야만 하는 것을 이야기하고 있을 뿐이다. 그대는 모든 것이다. 그대는 모든 것의 근원이며, 모든 것은 그대를 향해 움직이고 있다. 예수는 다만 그대를 대표해서 말하고 있을 뿐이다. 그는 자신의 일을 말하고 있는 것이 아니다. 그는 그대에 대한 것을 말하고 있는 것이다. 그대는 한 알의 겨자씨이다. 그는 울창한 나무가 되었다. 그는 그대에 대한 이야기를 하고 있는 것이다. 그는 말한다. "나는 모든 것이다." 무슨 뜻인가? 그대 역시 모든 것이라는 뜻이다. 그대는 이미 '모든 것'이다. 그것을 자각하고 있지 못할 뿐이다.

그대의 불행은 자신이 누구인지 자각하지 못하는 데 있다. 자각이 필요하다. 다른 것은 필요가 없다. 더 많이 자각하고, 더 많이 의식이 깨어 있어야 한다. 최고의 높이까지 의식을 올려놓고 그곳에서 바라볼 수 있어야 한다. 그 순간 그대는 빛으로 채워진다. 그 어느 구석도 어두운 채로 남아 있지 않는다. 그대의 존재 전체가 불타오를 것이다. 그때 예수를 이해할 수 있고, 붓다를 이해할 수 있으며, 크리슈나를 이해할 수 있다. 왜냐하면 모든 노력은 그대로 하여금 자신이 누구인가를 자각하게 하려는 것이기 때문이다.

이 말을 깊이 기억하라. 그대의 가슴 안에서 언제까지나 고동치게 하라. 이 말을 통해 그대의 씨앗은 흔들림과 동요를 견뎌 낼 수 있기 때문이다.

예수께서 말씀하셨다.
"나는 모든 것들 위에 비치는 빛이다.
나는 모든 것이다.
나로부터 모든 것이 나왔고
모든 것이 나에게로 돌아온다.
나무토막을 쪼개 보라.

내가 그곳에 있다.

돌을 들추어 보라.

그러면 그곳에서 너희는 나를 발견할 것이다."

16
오라, 나의 멍에는 가벼우니

ⲠⲈϪⲈ Ⲓ̅Ⲥ̅ ϪⲈ ⲠⲈⲦϨⲎⲚ ⲈⲢⲞⲈⲒ
ⲈϤϨⲎⲚ ⲈⲦⲤⲀⲦⲈ ⲀⲨⲰ ⲠⲈⲦⲞⲨⲎⲨ
Ⲙ̅ⲘⲞⲈⲒ ϤⲞⲨⲎⲨ Ⲛ̅ⲦⲘⲚ̅ⲦⲈⲢⲞ

종교는 자유이다. 모든 노예 상태로부터의 자유이다.
자기 동일시가 모든 노예 상태의 원인이다.
자유는 육체와 정신과 마음 등 그대가 이름 붙이는 어떤 것과도
자기 동일시를 하지 않을 때 얻어지는 상태이다.
그대가 완전히 사라질 때, 그 빈 공간에 신의 빛이 들어온다.
신은 미지의 것이며, 순종은 그 미지의 것에 문을 여는 것이다.

열여섯 번째 말씀

예수께서 말씀하셨다.
"나에게 가까이 있는 사람은 누구든지
불에 가까이 있는 사람이다.
나로부터 멀리 있는 사람은 누구든지
그 나라로부터 멀리 있는 사람이다."

예수께서 말씀하셨다.
"내게로 오라.
나의 멍에는 가볍고, 나의 다스림은 온화하니."

예수께서 말씀하셨다.
"누구든지 나의 입으로부터 마시는 사람은 나와 같이 될 것이고
나 자신이 그가 될 것이다.
그러면 감추어진 것들이 그에게 드러날 것이다."

인간은 노예로 태어나서 전 생애 동안 계속해서 노예 상태로 남아 있다. 욕망과 탐욕의 노예, 육신의 노예, 혹은 마음의 노예, 그러나 모두가 똑같은 상태이다. 이 노예 상태는 언제까지나 계속된다. 태어나는 순간부터 죽는 순간까지 그대의 삶은 노예 상태에서 벗어나기 위한 기나긴 투쟁의 연속이다. 그리고 종교는 자유로 이루어져 있다. 종교는 자유이다. 모든 노예 상태로부터 자유이다. 그러나 인간은 스스로 바보 같은 짓을 계속한다. 왜냐하면 그렇게 하는 것이 쉽기 때문이다.

완전히 자유로워지는 것은 어려운 일이다. 그렇게 되기 위해서는 그대 안의 결정체가 필요하다. 중심이 필요하다. 그러나 지금의 그대 안에는 중심이 없다. 그대는 결정화되지 않았다. 단지 하나의 혼돈일 뿐이다. 그대는 하나의 군중과도 같다. 그대는 결코 한 개인으로 존재하는 것이 아니다. 때로 하나의 욕망이 강렬해져서 그 군중의 우두머리가 된다. 그러나 얼마 지나지 않아서 그 의장은 사라지거나 추방을 당한다. 그리고 다른 의장이 선출된다. 그 각각의 욕망과 그대 자신을 동일시해 버린다. 그때 그대는 "이것이야말로 바로 나다."라고 말한다.

성욕이 의장으로 앉아 있을 때 그대는 성욕이 된다. 분노가 의장으로 앉아 있을 때 그대는 분노가 된다. 사랑이 의장으로 앉아 있을 때는 사랑이 된다. 그대는 자신이 이것 또는 저것으로, 성욕과 분노와 사랑으로 될 수 없다는 사실을 잊고 있다. 그대는 결코 그런 것들로 될 수 없다. 불가능한 일이다. 그러나 의장과 자기 동일시를 하고는 그것과 함께 움직이고 있다. 그 의장은 계속해서 바뀌고 있다. 왜냐하면 언제라도 욕망이 충족되기만 하면 그것은 의장에서 추방되기 때문이다. 그러고는 다음 욕망이 온다. 갈증과 배고픔과 욕구 등이 의장이 된다. 그리고 개개의 모든 욕망들과 자신을 동일시한다. 모든 노예 상태와 동일시되는 것이다.

이 자기 동일시가 모든 노예 상태의 원인이다. 이 자기 동일시가 사라지지 않는 한 자유로울 수 없다. 자유는 육체와 정신과 마음 등 그대가 이름 붙이는 그 어떤 것과도 자기 동일시를 하지 않을 때 얻어지는 상태이다. 이 기본적인 것을 이해해야 한다. 인간은 노예이며, 노예로 태어난다. 태어날 때부터 무엇인가 충족시켜야 할 욕망을 갖고 태어나면서 울음을 터뜨린다. 태어날 때 맨 먼저 하는 일이 우는 것이다. 그 울음은 일생 동안 남아 있다. 이것이나 저것을 찾아서 울음을 터뜨린다. 아이는 우유를 찾아 운다. 지금은 궁전 같은 집을 구하기 위해, 차를 구하기 위해, 다른 것을 구하기 위해 계속 울고 있다. 죽음으로써만 비로소 이 울음은 그친다.

그대의 전 생애는 하나의 긴 울음이다. 그러므로 그토록 숱한 고통이 있다. 종교는 자유의 열쇠를 선물한다. 그러나 그대는 노예로 남아 있기 위해, 노예의 생활은 편하고 안락하기 때문에 그대에게 자유의 열쇠를 주기는커녕 새로운 형태의 노예 상태를 부여하는 거짓 종교를 만든다. 기독교, 힌두교, 불교, 회교 등 현재의 조직화되고 기업화된 종교들은 새로운 종류의 감옥에 지나지 않는다.

예수는 자유이다. 마호메트는 자유이다. 크리슈나는 자유이다. 붓다는 자유이다. 그러나 불교, 회교, 기독교, 힌두교는 자유가 아니다. 그것들은 가짜이다. 그래서 새로운 노예 상태가 만들어진다. 그대는 그대의 욕망, 마음, 기분, 본능에만 노예인 것이 아니라 성직자들에게도 노예인 것이다. 거짓 종교로부터 새로운 노예 상태만 많아졌을 뿐 그대 안에 변화한 것이라곤 없다.

물라 나스루딘이 빚쟁이들에게 계속해서 시달림을 받고 있었다. 그는 사람들로부터 많은 돈을 빌려 썼으나 그것을 갚을 길이 막막했다. 그래서 변호사에게 의견을 구했는데, 모든 변호사들이 흔히 그렇듯이, 그 변호사도 그에게 다음과 같이 제안을 했다.

"나스루딘 씨, 이렇게 하십시오. 다른 방법은 없습니다. 관에 들어가서 가짜 장례를 치르십시오. 모든 거리에 당신이 죽었다는 것을 알리십시오. 그러고 나서 이 도시를 빠져나가십시오. 빚쟁이들은 당신이 죽은 것으로 알고 더 이상 신경을 쓰지 않을 것입니다."

나스루딘은 그 제안을 그럴 듯하게 여겼다. 그래서 물라 나스루딘은 가짜 장례를 치렀다. 그는 관 속에 들어갔으며 거리의 모든 사람들이 그에게 작별 인사를 하러 모였다. 첫 번째 빚쟁이가 매우 깊은 애도의 뜻을 표했다. 두 번째도, 세 번째도……. 그러나 아홉 번째 빚쟁이는 권총을 꺼내 들고는 외쳤다.

"나스루딘, 네가 이미 죽은 것은 알지만 그래도 난 너를 쏴야겠다. 그래야만 화가 조금이라도 풀릴 테니까."

나스루딘은 관에서 재빨리 뛰어나와 말했다.

"멈추시오! 갚아 주겠소!"

죽음을 가지고 게임을 할 수는 없다. 죽음을 거짓으로 행할 수는 없다. 죽음에 대해 속임수를 쓸 수는 없다. 가짜로 죽을 수도 없는데 어떻게 가짜로 살아갈 수 있겠는가? 주위에 점점 더 많은 불행을 만들어 놓을 뿐이다. 그렇게 해서는 아무것도 해결되지 않는다. 모든 것이 점점 더 수수께끼가 되어 간다.

해결하려고 노력하면 할수록 점점 더 많은 미친 짓이 일어난다. 마음속으로 그것이 허위라는 것을 알고 있기 때문이다. 그대는 사원을 찾아간다. 그러나 진정으로 사원을 찾아간 적이 있는가? 그것은 거짓 종교이다. 자신이 종교적이라는 것을 다른 사람들에게 보이기 위한 것에 지나지 않는다. 그것이 도움을 주는가? 사원도 노예를 만들기 위한 것이다. 모든 의식 행위는 노예로 만들기 위한 것이다. 성직자 역시 그대의 약점을 알고 그대를 착취할 것이다.

종교를 가지고 우리는 커다란 게임을 하고 있는 것이다. 그 게임은 자유를 주는 수갑을 만들어 내는 것이다. 예수나 크리슈나 같은 사람이 위험한 이유는 그 때문이다. 그들은 거짓 삶이 아닌 참된 삶을 주고 있는 것이다. 따라서 예수는 말하고 있다.

"나에게 가까이 있는 사람은 누구든지
불에 가까이 있는 사람이다."

어떤 불을 말하고 있는가? 그대를 남겨 두지 않을 불이다. 그대는 그 불 속에서 완전히 사라질 것이다. 그대 속의 군중은 남아 있을 수 없다. 왜냐하면 그것은 불행이 되어 왔고, 지금도 불행이며 고통이기 때문이다. 그 군중은 사라져야만 한다. 결정화된 중심 속에서 녹아 없어져야 한다.

불은 연금술적인 용어이다. 결정화되어야 하는 것은 무엇이든 불을 거쳐야만 한다. 금으로 무엇을 만들려고 한다면 금은 불을 지나야만 한다. 처음에 그것은 액체 상태가 될 것이다. 다음에 순수하게, 순금이 될 것이다. 그런 다음에 그것을 주조할 수 있다. 그러나 반드시 불을 거쳐야만 한다. 똑같은 일이 제자들에게도 일어날 것이다. 스승은 불이다. 그대는 액체가 될 것이고 순수하지 않은 모든 것은 태워질 것이다. 순수한 것은 모두 액체가 되어 남고, 그래서 결정화될 것이다.

처음에 스승은 불이다. 그러고 나서 끝없는 신선함이 그에게서 나온다. 그러나 처음에는 불타오르고 그것은 두려움을 일으킨다. 성직자에게 가까이 가기는 쉽다. 그는 그대처럼 거짓된 존재이기 때문이다. 아무 위험도 없으며, 그대는 그것을 잘 알고 있다. 종교 의식을 행하기는 어렵지 않다. 그대는 그것이 거짓이라는 것을 안다. 그러나 예수에게 다가가는 것은 어렵다. 그것은 불 가까이로 가는 것이다. 가까이 갈수록 자신이 불타는 것을 느낄 것이다. 한 제자가 진실로 가까이 가면—그것이 제자가 할 일이다. 용기를 모아 점점 더 가까이 다가가는 것—그는 용광로를 지나가는 것과 같다. 예수는 용광로이다. 그러나 그가 그곳에서 나왔을 때는 전혀 다른 사람이 된다. 군중은 사라지고, 그는 이제 하나의 다른, 완전히 다른 금속이 되었다. 더 질 낮았던 금속이 이제 더 순도 높은 금속으로 변하고, 쇠는 금이 되었다. 하나의 변형이 일어난 것이다. 내가 변형이라고 말할 때, 그것은 과거와의 단절을 의미한다. 과거와의 연속성이 조금이라도 있으면 그것은 변화가 아니라 수정일 뿐이다. 그것이 그대가 해온 것이다.

그대는 계속해서 여기저기에서 자신을 수정해 나간다. 그것은 부분적인 작업이며, 부분적인 작업은 변혁이 될 수 없다. 부분적인 작업은 궁극적으로 그대를 도와주지 못한다. 부분적인 작업은 단지 부분일 뿐, 결코 변형을 일으키지 못한다. 어느 부분은 조금 변했을 것이지만 전체는 그대로 남아 있다. 전체가 너무나 강력하기 때문에 그대가 작업한 새로운 부분은 계속 남아 있을 수 없다. 머지않아 전체는 그것을 흡수할 것이다. 그리고 그것은 낡은 것이 되어 갈 것이다. 계속해서 그대를 개선하고 있지만 그것은 종교로 이끌고 가지는 못한다. 종교는 개선이 아니다. 누구를 개선하고 있는가? 그대가 바로 병이며, 질병 자체이다. 그대는 그 질병을 개선하고 있을 뿐이다. 그것을 광내고 색칠하고 가면을 씌울 수도 있다. 추한 것이 지나치게 추해 보이지 않도록. 그러나 병은 남아 있다.

변형은 과거와의 단절이다. 그것은 부분적인 작업이 아니다. 그대는 완전하게 녹아 없어지고, 어떤 새로운 것이 일어난다. 예수가 말하는 새로운 탄생, 거듭남의 의미가 이것이다. 낡은 것은 가고 새것이 온다. 새것은 옛것으로부터 오는 것이 아니다. 그것은 완전하게 새로운 것이다. 때문에 탄생인 것이다. 단지 수정되고 지속되는 옛것이 아니다. 그곳에 더 이상 낡은 것은 남아 있지 않고 전에는 없던 것이 새로 생겨난다. 그곳에 하나의 간격이 있다. 낡은 것은 사라지고 새것이 생겨난다. 그곳에 인과관계의 고리는 없다. 이것은 이해하기 매우 힘든 것이다. 왜냐하면 과학적으로 훈련된 마음을 가진 우리는 인과관계에 사로잡혀 있기 때문이다.

우리는 모든 것에 원인이 있다고 생각한다. 붓다에게조차도 예수에게조차도 원인이 있다고, 그는 과거로부터 생겨난 것이라고 생각한다. 아니다, 붓다가 과거로부터 온 것이라고 생각한다면 전체를 놓치고 있는 것이다. 과거는 더 이상 존재하지 않는다. 붓다는 전적으로 새로운 차원이다. 이 사람은 과거에는 전혀 존재하지 않았다. 고타마 싯다르타가 그곳에 있었다. 그러나 이 사람 붓다는 결코 그곳에 존재하지 않았다. 낡은 것은 무로 돌아가고, 새것이 무로부터 생겨났다. 새것이 옛것으로부터 생겨난 것이 아니다. 새것이 옛것의 자리에 있을 뿐이다. 왜냐하면 옛것이 있던 자리가 텅 비었기 때문이다. 새것은 미지의 것으로부터 온다. 옛것은 아는 것으로부터 사라지고, 새것이 빈 곳을 찾아들어왔다.

그것은 마치 방이 어두울 때와 같다. 그 방은 밤처럼 어둡다. 그때 창문을 열어 보라. 갑자기 어둠은 사라진다. 이제는 밝다. 빛이 들어온다. 자, 뭐라고 말할 것인가? 그 빛은 그곳에 있던 어둠 때문에 생겨난 것이라고 말할 것인가? 어둠이 빛으로 변한 것인가? 아니다. 어둠은 사라지고 빛이 그 방으로 들어왔을 뿐이다. 빛은 어둠과는 전혀 관계가 없다. 어둠과 아무 인과관계도 갖고 있지 않다. 완전히 새로운 것이다. 그것은 문 밖에서 기다리고 있다가 문이 열리자 들어왔을 뿐이다. 단지 문을 여는 것만 필요할 뿐이다.

명상을 할 때 그대는 문을 열고 있는 것이다. 기도를 할 때 그대는 문을 열고 있는 것이다. 낡고 어두운 것은 사라지고 빛이 들어올 것이다. 이 빛은 더 이상 과거와 관련된 것이 아니다. 어둠과 빛이 아무 관련이 없듯이 그것들은 불연속적인 것이다. 그것들은 전혀 다른 차원, 전혀 다른 존재들이다. 이것을 이해하라. 이것이 종교가 계속해서 말해 온 기적이다. 과학은 이것을 이해할 수 없다. 왜냐하면 과학은 수정과 변화와 인과관계의 관점에서만 생각하기 때문이다. 종교는 불연속, 변혁, 변화의 관점에서 생각한다.

그대는 예수나 붓다가 될 수 없다. '그대'가 장애물이다. 그대는 완전히 불태워져야만 한다. 그대가 완전히 사라져야 한다. 예수가 그대 안에 들어오면 그대는 사라진다. 그러면 과거는 꿈과 같아질 것이다. 그것은 결코 '그대'가 아니었다. 자기 동일시는 무너진다.

그렇기 때문에 예수는 불과 같다. 만일 예수 가까이로 간다면 죽을 준비를 하라. 예수는 그대에게 죽음 외에는 아무것도 아니기 때문이다. 거듭남은 죽음을 통해서만 가능하다. 죽음이 두렵다면 예수 같은 사람에게서 달아나라. 그에게로 가까이 가지 말라. 그는 위험하다. 그는 하나의 심연과 같다. 그대는 현기증을 느끼며 그에게로 떨어질 것이다.

예수께서 말씀하셨다.
"나에게 가까이 있는 사람은 누구든지
불에 가까이 있는 사람이다."

죽음에 가까이 있는 것이다. 죽어 가고 있는 것이다. 옛것은 사라지고 질이 낮은 금속은 녹아 없어질 것이다. 그리고 동시에 그는 다른 것을 말한다. 불을 참아 낼 수 있다면, 예수나 붓다 혹은 크리슈나의 불을 참기만 한다면 두 번째 일은 즉시 가능해질 것이다.

"나에게 가까이 있는 사람은 누구든지
불에 가까이 있는 사람이다.
나로부터 멀리 있는 사람은 누구든지
그 나라로부터 멀리 있는 사람이다."

예수의 불을 통과할 수만 있다면, 제자들이 스승의 불을 통과할 수만 있다면, 즉시 새로운 세계가 그의 앞에 열릴 것이다. 하느님의 나라, 불멸의 나라, 죽음이 없는 나라, 진정한 생명의 나라가 열릴 것이다. 그러므로 예수는 말한다.

"나에게 가까이 있는 사람은 누구든지 불에 가까이 있는 사람이다. 그리고 나로부터 멀리 있는 사람은 누구든지 그 나라에서 멀리 있는 사람이다."

예수에게서 달아나는 것은 곧 그대의 것이 될 수 있는 나라에서 달아나는 것이다. 스승에게로 가까이 가는 것과 달아나는 것, 그것이 문제이다. 때로 그대는 가까이 가고 있는 것처럼 느낀다. 그 나라가 매력이 있을 때마다 그렇다. 그러나 가까이 가면 불을 느끼고 달아나려고 노력한다.

깨달음을 얻은 사람과 가까이 있을 때 그것이 언제나 문제가 될 것이다. 가까이 다가가다가 달아난다. 멀리 가 버릴 때마다 그대는 다시금 스승에게로 가까이 갈 생각이 날 것이다. 왜냐하면 그대가 멀리 있을 때는 불이 사라지기 때문이다. 그 나라를 성취해야만 한다는 생각이 든다. 그것은 충족되어야만 한다. 그것 없이는 그대는 채워지지 않은 채로 남아 있을 것이다. 그 나라 없이는 어떤 것도 탄생시키지 못하는 황폐한 자궁으로 남아 있을 것이다. 그 나라 없이는 무의미하고 쓸모없이 살아갈 것이다. 그것 없이는 전 생애가 악몽 같을 것이고 아무 곳에도 이르지 못할 것이다. 매우 빨리 달려가지만 어느 곳에도 이르지 못할 것이다. 그 즉시 그대는 어떻게 하면 꽃피어나는지 느끼기 시작할 것이다.

그것은 이미 꽃을 피운 스승 가까이 있을 때만 가능하다. 그곳에서, 그 죽은 방에서 그대의 씨앗은 불안과 불편함만을 느낄 것이다. 그리하여 그 씨앗은 껍질과 싸우기 시작하고, 그것을 깨고 흙에서 나와 태양으로 향할 것이다. 그러나 그것은 불을 통과할 때만 가능할 것이다. 이것이 제자들의 문제이다. 스승에게 가까이 가면 즉시 마음은 도망갈 것을 생각하는 것이다. 달아날 온갖 궁리를 하게 된다. 내면에서는 끊임없이 어떻게 하면 이 사람에게서 달아날 수 있을까 하는 갈등이 일어난다. 이 사람은 위험해 보이는 것이다. 그리하여 달아나면 다시 그 욕망이 일어난다.

결정을 내려야 한다. 결정은 최종적인 것이다. 되돌아갈 수 없기 때문이다. 일단 불 속에 들어가면 되돌아갈 수는 없다. 일단 예수와 가까워지면 되돌아갈 수 없다. 되돌아갈 수 없는 지점이 있다. 불 속을 지나가면서도 언뜻 왕국을 볼 수 있기 때문이다. 그때 불은 더 이상 불이 아니며, 그대는 행복하고 기쁠 것이다. 그러면 그 사람에게 감사하게 된다. 그는 그대에게 불이 되어 주었기 때문이다. 그리고 이제는 멀지 않다. 그 나라가 가까이 있는 것이다.

그 나라를 언뜻 보기 시작한 때부터 모든 불은 더 이상 불이 아니게 된다. 그것은 너무나 부드럽기 때문에 그대는 살아오면서 그토록 부드러운 빛을 느껴 본 적이 없다. 그러나 용광로에 뛰어들기 전에 변두리에서 다시 도망친다면, 끊임없이 고통 속에 있게 된다.

그대는 지금까지 그래 왔다.

그대는 지구에서 새로운 존재가 아니다. 아무도 새롭지 않다. 그대는 지구만큼이나 늙었다. 아니 더 늙었다. 그대는 다른 별에도 있었기 때문이다. 그대는 우주만큼 늙었다. 그대는 언제나 존재해 왔다. 왜냐하면 존재하는 것은 언제나 존재하기 때문이다. 탈출할 구멍이라고는 없다. 그대는 이 존재계의 필수적인 구성 요소이다. 그대는 계속해서 이곳에 있어 왔고, 수많은 붓다들 곁에 있어 왔다. 수많은 예수와 마호메트들 곁에 있어 왔다. 그리고 이 문제는 언제나 갈등을 일으켜 왔다.

이야기를 들었을 때 그대는 매력을 느꼈다. 그대가 아주 멀리 떨어져 있을 때 그들은 끌어당기는 힘을 갖고 있었다. 그래서 그대는 가까이 가고, 가까이 갈수록 더 두려워진다. 불이 그곳에 있기 때문이다. 그래서 그대는 달아나겠다는 결심을 한다. 때문에 아직도 방황하는 것이다. 그러나 어느 날엔가는 그 불을 통과할 결심을 해야 한다. 다른 방법이 없다. 그대는 불이 아닌 가짜 스승과 가까이 지내면서 자신을 위안하고 있다. 성직자에게로 가고, 사원이나 절 또는 교회를 찾아간다. 의식을 행하는 등 갖가지 거짓 행사를 한다. 예수나 크리슈나를 피하기 위해서다. 그들과 함께 있으면 진실이 떠오르기 때문이다. 그 진실은 불을 통과하는 것이다.

정화되어야만 한다. 진실로 완전하게 녹아 없어져야 한다. 그러면 공간이 생긴다. 그 공간에 창조의 빛, 신의 빛이 들어와서 그대는 충만한 존재가 된다. 그때 그곳에 불행도 두카도, 고통도 없게 된다. 영원한 기쁨 속에 있게 되고 환희가 그곳에 있다. 다른 무엇을 통해 환희가 일어난 것이 아니다. 그 환희는 그대의 본질, 존재 자체가 된다. 환희가 다른 무엇을 통해 일어난다면 영원한 것이 될 수 없다. 그런 환희는 사라질 수 있기 때문이다. 만일 그것이 외부의 어떤 것으로 인해 생겨난 것이라면 영원할 수 없다. 단지 일시적인 것에 지나지 않는다.

존재로서 깨달을 때만 기쁨과 환희는 영원히 남아 있을 수 있다. 그때 아무도 그것을 빼앗아 갈 수 없다. 그러나 그 존재는 결정화되어야 하고, 정화되어야 하며, 연금술적 변형을 거쳐야만 한다. 새것이 오게 하기 위해 옛것은 가고, 미래가 탄생하기 위해 과거는 물러나야 한다. 이것이 제자들이 선택해야만 하는 결정이다.

"나에게 가까이 있는 사람은 누구든지
불에 가까이 있는 사람이다.
나로부터 멀리 있는 사람은 누구든지
그 나라로부터 멀리 있는 사람이다."

어느 곳에서라도 불이 있다고 느끼면 결정을 내려야 한다는 것을 기억하라. 그곳이 뛰어들 곳이다. 위안만 주는 곳에서는 달아나라. 그곳에는 스승이 있는 것이 아니라 성직자들이 있는 것이다. 그들은 언제나 그대에게 위안을 준다. 그래서 그들은 호소력이 있는 것이다. 그대는 위안 받기를 원하기 때문에 성직자를 찾는다. 삶이 그토록 불행하기 때문이다. 성직자는 심리치료를 할 줄 아는, 위안을 주는 사람이다. 그는 그대의 이야기를 듣고서 말한다. "두려워하지 말라. 기도하라. 그러면 신께서 들어주실 것이다." 그는 말한다. "두려워하지 말라. 신은 자비로우시다. 너의 죄는 사해질 것이다." 죽음을 두려워하고 있으면, "두려워하지 말라. 영혼은 영원한 것이다. 그것은 죽지 않는다." 하고 말한다. 죄책감에 사로잡혀 있으면 그는 죄에서 해방되는 수단과 방법을 알려 준다. 그들은 말한다. "돈을 조금만 사원에 기부하라. 기부는 훌륭한 것이다. 그것으로 죄를 없앨 수 있다. 선행을 하라. 병원을 짓고, 학교를 세우고, 대중에게 봉사하라. 가난한 사람들, 불쌍한 사람들, 병든 사람들을 위해 봉사하라."

이것이 위안하는 방법이다. 그러나 그 안에 존재의 변화는 없다. 그대는 가게와 사무실을 떠나 사회사업가가 될 수도 있고, 오지에 가서 봉사할 수도 있다. 그러나 그대는 옛날 그대로 남아 있다. 그대는 더 이상 사기를 치지 않고 봉사를 시작할 수도 있다. 그러나 옛것은 그곳에 그대로 남아 있다. 그것은 연속선상에 있다.

당신은 욕심이 많았고 재산을 축적했다. 이제는 자선을 베푼다. 그러나 그대는 남아 있다. 그대는 욕심 부리는 것에 싫증이 나 지금은 기부를 한다. 처음에 그대는 다른 사람들로부터 빼앗았지만 지금은 주고 있다. 하지만 그대는 그대로 남아 있으며, 내면은 조금도 변하지 않고 있다. 사람들은 그대에게 감사해할 것이고, 사회는 말할 것이다. "당신은 변했다." 하지만 이것은 변화가 아니다. 이것은 다만 죄의식을 던져 버리려는 노력에 지나지 않는다. 왜냐하면 그동안 너무 많은 착취의 죄를 저질러 왔기 때문이다.

기부는 하나의 해방이 된다. 그것은 자신이 좋은 사람이라는 느낌을 불러일으킨다. 그러나 느낌일 뿐이다. 그대가 악하기 때문에 균형을 취하려는 것뿐이다. 그대는 그대로 남아 있다. 영리한 마음, 산술적인 생각, 수지타산, 계산은 그대로 남아 있다. 무엇이 변했는가? 전에도 돈이 중요했고 지금도 돈이 중요하다. 그것이 중요하기 때문에 모아 왔고 그것이 중요하기 때문에 기부하고 있다.

전에 그대는 사업에 성공하고 재산을 축적하면서 그것이 아주 좋은 일이라고 느꼈었다. 왜냐하면 그것이 가장 의미 있는 일이었기 때문이다. 돈에 사로잡혀 있었던 것이다. 여전히 그대는 돈에 사로잡혀 있다. 기부를 하면서 사람들에게 봉사하고 있다고 생각한다. 그러나 여전히 돈이 중요한 것으로 남아 있다. 탐욕이 긍정적인 것에서 부정적인 것으로 바뀌었을 뿐이다. 그러나 그대가 변화된 것은 아니다. 여전히 그대로 남아 있다. 처음에는 긍정적이었고 지금은 부정적일 뿐이다.

그대는 성욕을 가지고 있었다. 이제 그대는 브라마차리아, 곧 금욕생활자가 되었다. 그대는 한때 여자들 속에서 살아왔고, 이제는 그 모든 관계를 끝냈다. 그러나 정말로 끝난 것인가? 이제는 부정적인 것이 되었을 뿐이다. 긍정적인 것이 부정적인 것으로 바뀌었을 때 그것은 자신이 변했다는 느낌을 불러일으킨다는 것을 기억하라. 그것은 마치 머리로 서 있는 사람과 같다. 그 사람은 여전히 그 사람이다. 처음에 그는 발로 서 있었다. 그것이 더 자연스러운 것이다. 성욕은 자연스러운 현상이다. 이제 그는 머리로 서 있다. 그는 시르시아사나(요가에서 가장 중요한 체위로, 머리를 바닥에 대고 물구나무서기를 한 자세)를 하고 있는 것이다. 이제 그는 자신이 변했다고 생각한다. 그러나 머리로 서 있다고 해서 어떻게 변할 수 있는가? 금욕생활자가 될 수는 있다. 그러나 그대는 여전히 같은 존재로 남아 있고, 아무것도 변하지 않았다.

물라 나스루딘의 친구 중 하나인 압둘라가 하지(회교도가 성지 메카로 순례를 떠나는 것. 매년 행해지는 세계에서 가장 큰 순례이다), 곧 메카로 종교적인 순례를 하고 있었다. 그는 늙었는데도 불구하고 하지를 떠나기 얼마 전에 젊은 여자와 결혼을 했다. 그 젊은 여인은 몹시 아름다웠다. 그는 하지를 떠나지만 젊은 아내가 자기가 없는 동안 무슨 일이라도 저지를까 걱정이 되었다. 그래서 아내에게 정조대를 채웠다. 그러나 그 열쇠를 어디에 맡길 것인가? 그것을 갖고 하지를 떠나자니 너무 양심에 부담이 되었다. 그것은 그가 아내를 의심하고 믿지 못한다는 것이 되기 때문이었다. 그리고 그 열쇠는 끊임없이 그로 하여금 아내를 생각하게 하고 아내의 불충실성을 생각하게 할 것이기 때문이었다. 그래서 그는 생각 끝에 그의 친구 물라 나스루딘에게로 갔다.

나스루딘은 나이가 아흔아홉 살은 된 노인이었으며, 누구나 이제는 그가 여자관계를 가질 나이가 지났음을 알고 있었다. 사람들은 여자관계가 끝났을 때가 되면 브라마차리아에 대해 말하기 시작한다. 나스루딘은 언제나 브라마차리아에 대해 이야기를 했고, 젊은이들을 비난하면서, "너희는 인생을 낭비하고 있다. 이것은 부질없는 짓일 뿐이며 에너지의 낭비에 불과하다. 그것은 아무 곳으로도 인도해 주지 않는다." 하고 외쳐 대곤 했다.

압둘라가 그에게로 와서 말했다.

"나스루딘, 고민이 하나 있네. 내 아내는 매우 젊지 않나. 그래서 그녀를 믿을 수 없어 정조대를 사다가 채웠는데 열쇠를 맡길 사람이 없어서 말이야. 자네는 늘 브라마차리아가 되어야 한다고 말하지 않았는가. 또한 자네는 나의 가장 절친한 친구이기도 하지. 그러니 이 열쇠를 맡아 주게. 3개월 이내에 나는 돌아올 걸세."

나스루딘이 대답했다.

"자네가 고민의 순간에 나를 생각했다니 고맙네. 열쇠는 내가 안전하게 보관할 테니 염려 말게. 자네 아내는 안전할 거야."

압둘라는 편안한 마음으로 떠났다. 위험스러운 일이 사라졌기 때문이다. 무엇보다도 나스루딘은 아흔아홉 살이며, 언제나 브라마차리아의 상태를 역설했고, 20년 이상 금욕생활을 주장해 왔다. 일이 잘되어 그는 아주 행복하게 떠날 수 있었다. 그런데 떠난 지 한 시간도 채 안 되어 그는 뒤에서 급하게 뒤쫓아 오는 당나귀 소리를 들었다. 그 당나귀가 가까이 다가왔을 때 보니 그 위에 타고 있는 사람은 나스루딘이었다. 그는 땀을 뻘뻘 흘리면서 외쳤다.

"압둘라, 압둘라! 자네는 내게 다른 열쇠를 주었네!"

부정적인 마음에서는 이런 일은 언제나 일어난다. 긍정적인 마음에서 부정적인 것으로 바꿀 수 있었다면 언제라도 부정적인 것을 긍정적인 것으로 되돌릴 수 있다. 이것들은 같은 마음의 두 극단에 지나지 않는다. 브라마차리아, 금욕생활자, 수도승들이 언제나 섹스를 생각하고 있다는 것을, 그것을 비난하면서도 그것을 생각하고 있다는 것을 알면 놀랄 것이다. 둘 다 떨쳐 버릴 수는 있다. 그러나 하나를 선택하고 다른 하나는 부정하는 불가능한 일을 할 수는 없다. 부정하는 사람은 곧 긍정하는 사람이다. 억누르고 있는 사람은 곧 키우고 있는 사람이다.

모든 것을 버릴 수는 있다. 그것은 가능하다. 그러나 그렇게 되면 브라마차리아도 아니고 성에 탐닉하는 사람도 아니다. 다만 그 둘 다로부터 해방되는 것이다. 그 어느 쪽도 아니다. 남성도 아니고 여성도 아니다. 예수가 '하느님의 환관'이라고 말한 것이 이것이다. 그렇지 않으면 하나의 극단에 남아 있게 된다. 탐욕으로부터 자선과 동정으로 이동할 수는 있다. 그러나 욕심은 그대로 남아 있다. 나는 구두쇠를 많이 보아 왔다. 여러 종류의 구두쇠들이 있다. 기본적인 유형은 둘이다. 긍정적인 형과 부정적인 형이 그것이다. 긍정적인 구두쇠는 돈을 모은다. 사회는 그런 사람을 지탄한다. 부정적인 구두쇠는 기부를 한다. 사회는 그를 환영한다. 그러나 구두쇠라는 점에서는 다르지 않다.

물라 나스루딘이 죽은 지 정확하게 6개월 후에 그의 아내가 임종을 맞이했다. 그들은 마을에서 가장 심한 구두쇠였다. 그의 아내는 이웃집 여자를 불러 말했다.

"레하마, 내 말을 들어요. 나를 내 검은 옷을 입혀서 장례를 치러 줘요. 그 천은 비싼 것이고 옷은 거의 새것이나 다름이 없어요. 그러니 이렇게 하세요. 나는 관 속에 누워 있을 것이기 때문에 아무도 나를 보지 못할 거예요. 그러니 내 옷의 등 부분은 오려 내어 당신 옷을 해 입으세요."

그 여자는 그 말을 믿을 수 없었다. 무엇보다도 그녀는 나스루딘의 아내가 그토록 너그럽다는 것을 믿을 수 없었고, 또한 그녀의 터무니없는 말을 믿을 수 없었다.

나스루딘의 아내는 계속 말했다.

"떠나기 전에 조그마한 선물을 줄 수 있어서 정말 기뻐요. 이것이 나의 선물이에요. 이 옷을 찢기는 너무 싫어요. 아주 비싸고 아름답고 새것이랍니다. 그러니 옷의 등 부분만 오려 내세요. 아무도 모를 거예요."

그러나 이웃집 여자는 말했다.

오라, 나의 멍에는 가벼우니

"이 세상에서는 모를 테지요. 하지만 저세상에서 당신과 당신의 남편 물라 나스루딘이 황금 계단을 밟고 올라갈 때는 천사들이 뒤에서 웃겠지요."

나스루딘의 아내는 웃기 시작했다. 그녀는 말했다.

"걱정하지 말아요. 천사들은 나를 쳐다보지 않을 거예요. 왜냐하면 나스루딘은 바지를 벗긴 채로 묻었으니까요."

탐욕스러운 사람은 탐욕스럽게, 분노에 차 있는 사람은 분노로, 성욕에 지배당하는 사람은 여전히 성욕에 사로잡힌 채 남아 있다. 반대의 극단으로 이동한다고 해서 변하는 것이 아니다. 이것을 기억하라. 그래서 거짓된 종교에 쉽게 끌려 들어가는 것이다. 거짓 종교는 반대의 극단을 강조하기 때문이다. 그대가 화를 잘 내는 사람이라면 거짓 종교는 이렇게 말할 것이다. "자비심을 가지라. 이웃을 그대처럼 사랑하라. 친절하게 대하라. 화내지 말라. 그러면 보상을 받을 것이다." 탐욕스러운 사람이라면 거짓 종교는 말할 것이다. "탐욕을 억제하라. 그렇게 하면 내세에 보상을 받을 것이다." 이 역시 탐욕에 바탕을 둔 매력이다. 보상을 전제로 하기 때문이다. "그러므로 기부를 하고 자비를 베풀라. 이 세상에서 1루피를 기부하면 저세상에 가서 1백만 루피를 보상받을 것이다." 이것이 거짓 종교가 주장하는 것이다. 그것은 반대편 극단으로 옮겨 가는 것을 도와줄 뿐이다. 그것은 쉬운 일이다.

마음은 반대편 극단으로 가기를 좋아한다. 마음은 한 가지 일에 쉽게 권태를 느끼기 때문이다. 반대편 극단을 맛본 후에는 다시 움직인다. 너무 많이 먹는 사람은 먹는 것에 싫증을 느낀다. 맛은 사라지고 육체는 더 이상 배고파하지 않는다. 음식을 즐길 수 없게 된다. 그래서 금식을 하기로 결심한다. 그가 변한 것이 아니다. 금식은 다시 맛을 느끼게 하고, 육체는 다시 배고픔을 느낀다. 음식에 싫증이 난 사람에게는 금식이 최고이다. 이틀만 금식해 보라. 그러면 배고픔이 다시 느껴지고 다시 신나게 먹어 댈 것이다.

여자와 사랑할 때마다 육체는 만족을 느낀다. 물론 24시간 동안뿐이다. 육체가 만족을 느낀 다음에는 싫증이 나기 시작한다. 사랑을 하고 난 후에는 모든 남자나 여자는 터무니없는 짓을 떨쳐 버린다. 어리석은 일이라고 느끼기 때문이다. 절정은 사라지고 골짜기가 다시 온다. 그때 자신이 무엇인가를 결정하고 있다고 생각할 것이다. 그것은 틀린 생각이다. 결정을 내리고 있는 것이 아니다. 24시간 이내에 육체는 다시 에너지를 축적할 것이다. 그리고 24시간 이내에 맛이 다시 생겨나고 금식을 깨뜨려야만 할 것이다. 24시간의 주기는 섹스로 다시 돌아오는 데 필요한 것이다. 그리고 나이가 많이 들수록 섹스로 되돌아오는 데 더 많은 시간이 걸린다.

이 극단을 보라. 거짓 종교와 참된 종교는 이 차이점을 갖고 있다. 거짓 종교는 그대로 하여금 반대편 극단으로 이동하는 것을 도와준다. 그것은 진정한 변화가 아니다. 진정한 종교는 두 개의 극단을 모두 태워 버리도록 도와준다. 그렇기 때문에 진정한 종교는 불길인 것이다. 예수는 말한다.

"나에게 가까이 있는 사람은 누구든지
불에 가까이 있는 사람이다.
나로부터 멀리 있는 사람은 누구든지
그 나라로부터 멀리 있는 사람이다."

긍정적인 욕망과 부정적인 욕망 모두가 사라질 때 그 나라가 그곳에 있다. 그 나라는 멀리 있는 것이 아니다. 그것은 그대 안에 있다. 욕망 때문에 그것을 보지 못할 뿐이다. 욕망에 사로잡혀서는 그것을 볼 수 없다.

눈이 숱한 욕망들로 가득 차 있지 않을 때, 섹스를 원하지도 반대하지도 않을 때, 음식에 탐닉하지도 않고 금식을 행하지도 않을 때, 욕망이 없는 단순한 상태일 때, 그때 눈에서 안개가 사라지고 그대의 두 눈은 명확해진다. 두 눈은 볼 수 있게 되고 맑아진다. 그러한 밝은 가운데에서 보면 그 나라가 그곳에 있다. 그 나라는 언제나 그대 안에 있다. 그러나 그대의 두 눈은 언제나 욕망으로 가득 채워져 있다. 욕망은 고통과 눈물을 가져온다. 욕망은 희망과 꿈을 불러일으킨다. 그대의 두 눈은 가득 채워져 있기 때문에 맑지가 않다. 눈이 욕망과 꿈과 희망과 고통으로 채워지지 않고 단순하게 비어 있을 때, 처음으로 흘낏이나마 무엇인가 바라볼 수 있다.

예수 가까이에 있으면, 깨달음에 이른 사람 가까이에 있으면 불을 통과해야만 한다. 그 불은 긍정적인 것이든 부정적인 것이든 모든 욕망을 태워 버릴 것이다. 이 세상의 것이든 저세상의 것이든 모두. 그것은 모든 희망까지도 태워 버릴 것이다. 희망을 통해 욕망이 살아나기 때문이다. 모든 과거와 미래를 태워 버릴 것이다. 그곳에 더 이상 미래도 없고 되돌아볼 것도 없다. 갑자기 모든 에너지는 내면으로 향한다. 그때 변화가 일어난다. 모든 에너지가 내면으로 방향을 바꾼다. 하느님의 나라가 그곳에 있다.

예수께서 말씀하셨다.

"내게로 오라.

나의 멍에는 가볍고, 나의 다스림은 온화하니."

이것을 매우 깊이 이해해야 한다. 이것이 그대에게 도움을 줄 것이기 때문이다.

예수 같은 사람에게로 갈 때면 언제나 마음속에 의문이 생겨난다. '왜 이 사람에게 나를 내맡겨야만 하는가? 노예와도 같은 짓이다.' 그때 모든 것이 모순처럼 보인다. 왜냐하면 예수는, "나는 너희를 해방시키러 이곳에 왔다. 너희에게 완전한 자유를 주기 위해 나는 왔다."고 말하면서 순종을 요구하기 때문이다. 그것은 모순처럼 보인다. '왜 순종해야 하는가? 내가 왜 다른 사람에게 순종해야 하는가?' 그는 "나는 너희들에게 완전한 자유를 주기 위해 왔다."고 말한다. 그것은 모순이다. '그렇다면 그는 그것을 지금 바로 내게 주어야 한다. 내가 왜 누구에게 순종해야 하는가? 왜 그를 주인으로 섬겨야 하는가? 왜 그가 나의 스승이 되는가? 왜 그가 내 영혼과 존재의 스승이며 통치자인가? 왜 복종해야만 하는가?'

"내게로 오라,

나의 멍에는 가볍고, 나의 다스림은 온화하니."

그는 말한다.

"그렇다. 나는 그대가 어떻게 느낄 것인지 알고 있다. 이것 역시 노예가 되는 길이라고 느낄 것이라는 걸 알고 있다."

예수가 그대를 자유롭게 해 주기 전에 그대가 어떻게 그것이 진정한 자유인지 알 수 있는가? 그대는 단지 노예 상태만을 배워 왔다. 어느 곳을 가든 노예의 신세들을 보아 왔다. 사랑의 이름 아래 노예가 되는 것도 보았다. 사랑은 자유를 약속하지만 실제는 그렇지 않다. 아내와 남편들을 보라. 그들은 노예이고, 그 멍에는 매우 무겁다. 그대는 자유를 찾아 세상을 돌아다니지만 무엇을 하든 주위에 감옥을 만들어 놓을 뿐이다. 자유의 이름 아래 노예가 되는 것도 많다. 국가는 노예 상태를 만들고, 민족도 노예 상태를 만들며, 종교 역시 노예 상태를 만든다. 모든 사람은 노예 상태에 있다. 그래서 예수가 왔는데 그 역시 순종을 요구하고 있는 것이다.

물론 그대의 마음은 말한다. '이것은 다시 노예가 되는 것이다.' 예수는 그것을 부정하지 않는다. 왜냐하면 지금 순간에는, 이러한 마음의 상태에서는 자유가 무엇인지 이해할 수 없기 때문이다. 그래서 그는 말하고 있는 것이다.

"내게로 오라,
나의 멍에는 가볍고……."

그것이 그가 약속할 수 있는 전부이다. 그는 "나는 지금 당장 너희에게 자유를 주겠다."는 식으로 말하지는 않는다. 그것은 가능할 수도 있다. 그러나 지금 그는 약속만을 하고 있다.

"나의 멍에는 가볍고, 나의 다스림은 온화하니."

삶 속에서 그대의 멍에는 무겁다. 주위에는 그대를 지배하고 다스리는 통치자들이 많다. 그들은 위험하고 사납다. 그들은 덤벼들어 그대를 물어 죽이는 사자와 같다. 예수는 말한다.

"이 시점에서 그대가 알아들을 수 있도록 내가 할 수 있는 말은 나의 멍에는 힘들지도 않고 무겁지도 않다는 것뿐이다."

그대가 '왜 복종해야 하는가?' 하고 생각한다고 해서 그대는 자유를 택하고 있는 것이 아니다. 자유의 이름으로 옛 멍에를 찾고 있는 것이다. 왜냐하면 그대의 마음은 노예 상태이며 욕망도 노예 상태이기 때문이다. 외부의 도움 없이는 그것으로부터 빠져나올 수 없다. 감옥에 너무나 오랫동안 갇혀 있었기 때문에 그대는 그곳이 집인 것으로 착각하고 있다. 그 감옥에서 너무나 철저하게 감시당하고 있기 때문에, 감옥 밖에 있는 삶이 도움을 주지 않는 한, 감옥에서 나가 본 사람이 그 길을 일러 주지 않는 한, 그대는 감옥에서 빠져나올 수 없다.

스승은 이러한 도움을 줄 수 있는 사람을 의미한다. 그도 감옥에 있었다. 그대가 있는 감옥과 같은 곳에 있었다. 그런데 그는 탈출한 것이다. 그는 문을 찾았고 자물통과 열쇠를 찾았으며 어떤 방법을 알아내어 탈출했다. 그는 도움을 줄 수 있다. 잠들어 있다면 그대는 깨어날 수 없다. 누군가 외부 사람의 도움이 필요하다. 자명종이라도 도움이 될지 모른다. 하지만 그것 역시 밖에 있는 것이다. 자명종 소리는 그대를 속일 수 있다. 꿈에서 사원을 보았는데 그 사원의 종이 울리고 있었다고 생각하는 것이다. 그래서 꿈을 꾸면서 계속 잠을 자게 된다. 누군가, 기계가 아닌 살아 있는 사람이, 스승이 필요하다. 깨어 있는, 꿈을 만들어 주지 않는, 그대를 흔들어 깨울 사람이 필요하다.

예수는 말한다.

"궁극적으로 자유가 너희에게 일어날 것이다. 그러나 지금은 오직 이것만을 너희에게 약속할 수 있을 뿐이다. 나의 멍에는 무겁지 않고 가볍다. 그리고 나의 통치는 부드럽다."

그런데 그대는 주위 모든 곳에 있는 그토록 무거운 멍에를 선택해 왔다.

이런 일이 있었다. 아주 기운이 없어 보이는 남자가 어느 사무실을 찾았다. 여위고 병들어 보이는 사람이었다. 그는 말했다.

"야간 경비원 한 사람을 찾고 있다기에 왔습니다."

지배인은 의심스럽다는 듯 그를 쳐다보며 말했다.

"네, 그렇기는 한데요. 우리가 구하고 있는 사람은 야간 경비원입니다. 하지만 우리는 특히 밤에 아주 불안해하는 사람을 구합니다. 결코 다른 사람을 믿지 않으며, 천성적으로 의심이 아주 많은 사람을 찾고 있지요. 언제나 문젯거리를 찾고 있는 사람, 주위에서 무슨 일이 일어나고 있는지 언제나 듣고 있는 사람, 신경질이 많고 한번 화가 나면 악의 화신이 되는 사람을 찾고 있답니다."

그러자 그 약하고 불쌍하게 생긴 사람은 자리에서 일어나며 말했다.

"그러면 내 아내를 보내겠습니다."

이것이 남편이 아내를, 그리고 아내가 남편을 어떻게 느끼고 있는가를 말해 주는 것이다. 통치는 무겁다. 그대가 자각하기만 하면, 모든 욕망이 얼마나 무겁고 그대를 끊임없이 무의미한 목적지를 향해 채찍질하고 있는가를 알 수 있다. 그대가 그 목적지에 가지 않으면 갈등이 있고, 가면 절망이 있다. 각각의 욕망은 스승인데, 욕망이 수백만 가지는 된다. 그러므로 그대는 군중이며, 그대는 수백만이나 되는 스승들의 노예이다. 그것은 무겁다. 그리고 각각의 목표로 채찍질한다. 그대가 가지 않으면 갈등이 생긴다. 욕망은 그대를 편하게 내버려두지 않는다. 왜냐하면 그것은 통치의 문제이기 때문이다. 그리고 그대가 가면 그곳에는 절망이 있을 뿐이다. 왜냐하면 그 목표는 욕망의 목표일 뿐이지 그대의 목표는 아니기 때문이다. 그리고 그대는 그대의 목표가 무엇인지 모른다. 자신이 누구인지 모르기 때문이다.

순종은 이러한 수백만의 욕망과 본능의 주인들에 대항해 하나의 통치자를 선택하는 것을 의미한다. 그의 통치는 부드럽다. 그것이 부드러운 것은 여러 가지 이유 때문이다. 기본적으로는 주인이 하나이기 때문이다. 주인이 하나라는 것은 언제나 좋다. 주인이 둘이라고 하더라도 그곳에는 싸움이 있게 마련이며 주인이 수백만일 때는 늘 혼란이 있다. 수백만의 명령을 받게 되고 사방으로 끌려 다니게 된다. 무질서의 혼돈 상태가 될 것이다. 때문에 미치는 것이다. 무엇을 해야 할지 모르기 때문이다. 누구를 따르고 누구를 따르지 말아야 하는가? 탐욕은 말한다. "계속해서 돈을 모으라." 성욕은 말한다. "계속해서 섹스에 탐닉하라." 그러나 그렇게 되면 문제가 발생한다. 갈등이 일기 때문이다.

너무 성욕에 몰두하면 돈을 모을 수 없다. 구두쇠는 언제나 반섹스주의자이다. 왜냐하면 같은 에너지가 돈을 모으는 데로 흘러가기 때문이다. 구두쇠들은 연인이 될 수 없다. 그들은 반섹스주의자이다. 섹스에 탐닉하는 사람들은 돈을 모을 수 없다. 그것은 어려운 일이다. 그들의 조상이 돈을 모았다고 하더라도 그들은 그 돈을 모두 써 버린다.

하나의 욕망은 말한다. "돈을 모으라. 돈은 안전을 의미하기 때문이다. 당신이 늙으면 누가 도와줄 것인가? 둑을 균형 있게 막아놓으라. 그것이 보호이다." 그러면 성욕은 말한다. "그러나 삶은 흘러가고 있다. 늙었을 때를 생각할 필요가 무엇인가? 너의 청춘은 날아가 버린다. 그 순간이 가 버리고 에너지가 없어지기 전에 가서 탐닉하라. 그 에너지를 사용하라. 그것을 즐기라." 성욕은 말한다. "지금 이 순간에 탐닉하라!" 욕망은 말한다. "지금을 생각하지 말라. 먼 안목을 가지고 목표를 생각하라." 그래서 갈등이 일어난다. 이것은 두 개의 욕망 사이에만 일어나는 것이 아니다. 모든 욕망이 다른 욕망과 갈등을 일으킨다. 분노는 말한다. "즉시 죽이라. 이 사람을 없애라!" 그러나 두려움은 말한다. "그러지 말라. 다른 사람을 죽이면 다른 사람들도 너를 죽일 것이다. 예의 바르게 미소를 지으라. 너는 훌륭한 사람이다. 너는 살인자가 아니다. 너는 범죄자가 아니다." 그러니 어떻게 할 것인가? 주인은 그토록 많은데 노예는 한 사람뿐이다.

하나의 주인을 선택하는 것은 좋은 일이다. 최소한 수백만이나 되는 목소리는 사라지고 예수만을 따라야 한다. 그대는 모든 책임을 그에게 전가시킬 수 있다. 그는 말한다.

"나의 멍에는 가볍고······."

그것은 왜 가벼운가? 그대에게 순종을 요구하더라도 그것은 다른 주인으로부터 해방시켜 주기 위한 것이기 때문이다. 그대가 욕망을 벗어 버리는 한 그도 이 멍에를 벗겨 줄 것이다. 이것은 순간적으로 일어나는 것이다. 통과하기만 하면 되는 것이다. 욕망을 벗어 버리기만 하면 순종은 더 이상 필요 없다. 주인은 말할 것이다. "이제 이 순종도 버리라. 그대는 그대 자신의 빛과 권능으로 깨달음에 이르렀기 때문이다."

예수께서 말씀하셨다.
"내게로 오라,
나의 멍에는 가볍고, 나의 다스림은 온화하니."

예수께서 말씀하셨다.
"누구든지 나의 입으로부터 마시는 사람은 나와 같이 될 것이고
나 자신이 그가 될 것이다.
그러면 감추어진 것들이 그에게 드러날 것이다."

그 순종은 제자가 스승이 되기 위한 통과 절차이다. 완전하게 순종하면, 그 순간부터 스승과 하나가 될 것이다. 그곳에 더 이상 갈등이 일어나지 않기 때문이다. 그때 그곳에 더 이상 에고가 존재하지 않는다. 에고의 여행은 끝났고, 그것을 떨쳐 버렸다. 그대가 존재하지 않을 때 그것이 순종의 의미이다. "나는 없습니다. 당신이 있습니다. 그리고 저를 어디에라도 데리고 가십시오. 저는 결정을 내리지 않겠습니다. 당신이 결정을 내리십시오. 저는 그림자처럼 따르기만 하겠습니다. 저는 믿고 눈을 감겠습니다. 당신이 '뛰어내려 죽으라!' 하고 말하더라도 저는 뛰어내려 죽겠습니다. 저는

더 이상 거부하지 않겠습니다. 저의 긍정은 최종적이고 전체적이며 완전한 것입니다."

이러한 완전한 긍정이 순종이다.

그것은 무엇을 뜻하는가? 그것은 이제는 그대 안에서 에고가 더 이상 고집 부리지 않는다는 것을 뜻한다. 만일 이런 일이 단 한순간이라도 일어난다면 문이 열리고 예수가 그대 안에 들어올 것이며, 붓다의 빛이 그대를 비출 것이다.

왜 순종을 두려워하는가? 문이 열리고 그대가 취약해지기 때문이다. 그대는 외부세계를 두려워하고 있다. 그대는 그대의 어둡고 폐쇄된 방에 너무도 오랫동안 갇혀 있었기 때문에 어둠에 익숙해지고 어둠의 일부가 되어 버렸다. 빛을 두려워하고 있다. 문을 열면 빛을 전혀 보지 못할지도 모른다. 빛이 눈을 부시게 하기 때문에 눈을 감아야 할지도 모른다. 만일 순종하면 미지의 길로 들어가기 때문에 그곳에 두려움이 생겨난다. 마음은 언제나 미지의 것을 두려워한다. 그런데 그 미지의 것은 바로 신이다. 예수이다. 그는 미지의 것을 전하는 메신저이다. 태양의 한 빛이다. 태양은 멀리 떨어져 있지만 빛이 그대의 문을 두드린 것이다. 순종은 문을 여는 것을 의미한다.

"누구든지 나의 입으로부터 마시는 사람은……."

이것은 매우 상징적인 의미를 지닌 말이다. 연인들은 서로 상대방의 입으로부터 마신다. 그것이 입맞춤이다. 깊은 입맞춤은 상대방 육체의 포도주를 마시는 것과 같다. 그것은 가장 취하는 것이다. 어떤 술도 그것과 비교될 수 없다. 같은 현상이 영적인 수준에도 존재한다. 제자는 스승의 입을 통해 마신다. 그것은 육체적인 현상이 아니다. 존재의 가장 깊은 심장부에서 제자는 스승의 존재를 만나고 두 사람은 서로 포옹하며 입맞춤을 한다. 예수가 말하는 것이 이것이다.

"누구든지 나의 입으로부터 마시는 사람은 나와 같이 될 것이고
나 자신이 그가 될 것이다.
그러면 감추어진 것들이 그에게 드러날 것이다."

예수는 먹고 마시는 것에 대한 상징적인 어휘를 많이 사용했다. 그는 말한다. "나를 먹고, 나를 마시고, 나를 너희 안에 완전히 흡수하라." 먹고 마시는 것이 뜻하는 바가 이것이다. "나를 너희 안에 들어가게 하고, 나를 소화시켜 내가 너희 존재의 일부가 되게 하라." 그때 그곳에 더 이상 제자도 없고 스승도 없을 것이다. 구분은 더 이상 존재하지 않는다. 그때 그곳에 더 이상 주인도 없고 노예도 없다. 그때 제자는 스승이 된다. 그때 예수는 그대이다. 그때 그는 그대가 되고 그대는 그가 된다. 그곳에 구분은 더 이상 존재하지 않는다. 구분은 결코 예수 쪽에서 한 것이 아니라 그대 쪽에서 한 것이다.

순종은 구분을 지워 버리는 것을 의미한다. 만날 준비가 되어 있는 것이다. 그것은 연인들과 같다. 아무리 육체적인 기초적 사랑일지라도 자신의 에고를 내던져야 한다. 비록 잠시 동안일지라도, 그렇게 해야 한다. 비록 잠시 동안이지만 연인과 하나가 되어야 한

다. 잠시 동안 육체는 둘이 아니라 하나이다. 하나의 원이다. 잠시 동안 육체는 만나서 서로 엉키고 서로 녹아 들어간다. 두 개의 분리된 존재가 아니다. 잠시 후에는 그들은 떨어진 존재가 될 것이다. 왜냐하면 육체는 영원히 만날 수 없기 때문이다. 그러나 영혼은 영원히 만날 수 있다. 육체는 고체이다. 그들은 가까이 갈 수는 있다. 그러나 진정한 합일은 없다.

영혼은 물질이 아니며 고체가 아니다. 그것은 마치 방 안에 촛불을 켰을 때의 빛과 같다. 그때 방은 빛으로 가득 찰 것이다. 방 안에 또 다른 촛불을 켜면 방은 더 많은 빛으로 채워질 것이다. 첫 번째 초의 불빛이 어디에서 끝나고 두 번째 초의 불빛이 어디에서 시작되는지 구분할 수 있는가? 그런 구분은 불가능하다. 빛들은 만나서 서로 녹아 들고 하나가 된다. 정신은 빛과 같다.

제자가 스승이 스며들어오는 것을 허용하는 것은 높은 수준의 성적인 침투와 같다. 제자가 여성의 역할을 하는 것이다. 때문에 받아들이는 것이다. 왜냐하면 여성은 완전히 받아들일 때 절정에 다다르기 때문이다. 그녀가 완전히 받아들일 때 그녀는 사랑을 하고 있는 것이다. 그때 그녀는 공격적이지 않다. 그녀는 수동적인 극단이다. 남성은 공격적이다. 그는 도달하고 침투해야 한다. 그래야만 만남이 이루어진다. 제자는 여성과 같아져야 한다. 수동적이고, 허락하고, 장애를 일으키지 않고, 받아들여야 한다. 스승은 남성의 역할을 해야 한다. 여자 스승이 적은 것은 이런 이유 때문임을 이해해야만 한다. 여자 스승은 거의 불가능하다. 그런 일은 거의 일어나지 않는다. 그런 일이 일어났다 하더라도—인류 역사를 통틀어 하나나 둘 혹은 세 번쯤 일어났을 것이다—그런 여성들은 전혀 여성답지가 않다.

카슈미르에서 일어난 일이다. 한 여인이 있었는데 그녀의 이름은 랄라였다. 카슈미르 사람들은 오직 두 개의 이름, 곧 알라 신과 랄라만을 알고 있다는 격언이 있다. 그녀는 매우 드문 여인이었다. 그녀는 벌거벗고 살았다. 일생 동안 벌거벗고 돌아다녔다. 보통 여자는 숨기고, 부끄럼 타고, 수동적이다. 그러나 그녀는 대단히 도전적이었다. 여성의 육체에 남성의 마음을 갖고 있었던 것이다. 그녀에게는 제자들도 있었다. 그러나 그것은 매우 드문 현상이었다.

여성인 스승은 드물다. 그것은 불가능하기 때문이다. 그러나 여성인 제자는 남성인 제자의 4배나 된다. 마하비라는 5만 명의 수도승을 거느리고 있었는데, 그중에서 4만 명은 여성이고 1만 명이 남성이었다. 여성 제자를 따라가기는 불가능하다. 남성 제자는 그토록 받아들이는 자세를 취하기가 불가능하다. 왜냐하면 그의 온 마음과 형태가 공격적이기 때문이다. 여성의 마음은 쉽게 받아들인다. 순종이 쉽게 이루어진다. 그녀의 존재 자체가 바로 그렇기 때문이다. 그렇기 때문에 여성 제자보다 훌륭한 제자를 발견할 수 없고, 남성 스승보다 더 훌륭한 스승을 발견할 수 없다. 그럴 수밖에 없는 것이 각각의 차원에 그 극단이 존재하기 때문이다.

그대는 육체적인 차원에서 연인을 만난다. 여자는 받아들이고 복종을 한다. 그녀는 결코 도전적이지 않다. 여자가 도전적이면 여성답지 못하다. 어떤 남자도 그녀를 사랑하지 않을 것이다. 여자가 와서 청혼을 한다면 그대는 거절할 것이다. 여자는 기다린다. 여자는 생각하고 꿈을 꿀 수는 있다. 그러나 여자는 기다릴 것이다. 청혼은 남성에게서 오는 것이다. 그는 도전적이다. 그리고 여자는 자기가 완전히 순진한 것처럼 행동을 해야 한다. 그대가 이야기하는 것을 아무것도 모르는 것처럼 행동해야 한다. 그러나 그녀는 계속해서 계획해 왔던 것이다. 그리고 그대가 와서 청혼할 때까지 기다리고 있었던 것이다.

물라 나스루딘이 아내와 함께 종려나무 뒤에 가려진 벤치에 앉아 있었다. 그때 갑자기 맞은편에 젊은 쌍의 연인이 와서 앉았다. 남자는 즉시 아주 낭만적인 방법으로, 아주 시적인 방법으로 이야기하기 시작했다. 나스루딘의 아내는 안절부절못하며 불안해했다. 그녀는 나스루딘의 귀에 대고 속삭였다.

"저 청년은 우리가 여기에 있다는 것을 모르는 모양이에요. 그러니 휘파람을 불어서 우리가 여기에 있다는 것을 알려요. 청년은 사랑에 빠져 있기 때문에 금방 청혼할 것만 같아요."

나스루딘이 대답했다.

"내가 왜 휘파람을 불어야 하지? 아무도 내가 청혼할 때는 휘파람을 불어 놀래 주지 않았는데."

여성은 기다린다. 그녀는 하나의 자궁이다. 여성의 육체와 존재는 인내, 수동 상태로 이루어져 있다. 영적 차원에서도 같은 현상이 일어난다. 그곳에서도 여성은 기다리고 있다. 제자는 여성처럼 되어야 한다. 스승과 깊은 사랑에 빠져야 한다. 그때 그곳에 높은 영적 합일이 이루어지는 만남이 가능하다. 그 만남에서 제자는 새롭게 태어난다. 그 만남에서 잉태를 한다. 자기 자신을 잉태하는 것이다. 자신의 자궁에 새로운 자신을 지니게 되는 것이다. 모든 제자 기간, 곧 스승과 함께 있는 기간은 잉태를 하기 위한 시간이다. 그것은 깊은 믿음에서만 이루어질 수 있다. 의심을 하면 잉태가 불가능하다. 왜냐하면 그렇게 되면 방어하게 되고 주위에 벽을 쌓아 자신을 보호하기 때문이다.

예수께서 말씀하셨다.
"누구든지 나의 입으로부터 마시는 사람은 나와 같이 될 것이고
나 자신이 그가 될 것이다.
그러면 감추어진 것들이 그에게 드러날 것이다."

일단 완전한 받아들임이 있게 되면 스승은 문이 된다. 완전히 다른 세계, 생명과 축복의 문이 열린다. 힌두교에서는 그것을 사트 치트 아난드라고 불러 왔다. 참된 존재, 참된 의식, 참된 기쁨이다. 이 사트 치트 아난드가 그대에게 가능해진다. 스승은 문이 된다. 그리고 일단 그대가 이것을 얻으면 깨달음에 이른 것이다. 그대는 이제 다른 사람들이 불을 통과하도록 도울 수 있다. 이제는 다른 사람들이 절대의 세계를 한순간이라도 들여다볼 수 있도록, 혹은 궁극에 도달해 그 안으로 녹아 사라지도록 도와줄 수 있다.

그러나 스승이 되기 전에 완전한 제자가 되어야만 한다. 가르치기 전에 가르침을 받아야 하고, 도움을 주기 전에 도움을 받아야 한다. 다른 사람으로 하여금 그대를 충분히 도울 수 있도록 해야만 한다. 그 깊은 도움은 그대가 그곳에 존재하지 않을 때만 가능하다. 왜냐하면 '그대'는 혼란을 일으키고 걸림돌이 되기 때문이다. 그대는 미지의 것에 대한 불안 때문에 끊임없이 성장에 대한 장애물을 만들어 내고 있다. 이미 알고 있는 것에만 집착하고 있다. 그렇게 해서는 만남이 이루어질 수 없다. 왜냐하면 스승은 미지의 것

을 알고 있기 때문이다. 그대는 알고 있는 세계, 과거에 남아 있고, 스승은 미지의 것 속에 속한다. 두 점이 만날 수 있는 가능성은 있다. 미지의 것이 과거의 것을 만나면 과거의 것은 녹아 없어지고 불타서 더 이상 발견되지 않을 것이다. 그것은 마치 태양이 어둠 속에 들어올 때 어둠이 사라지는 것과 같다.

스승 앞에서는 어둠이 되라. 겸허하라. 무지를 깊이 자각하라. 받아들이고 기다릴 준비가 되어 있어야 한다. 그러면 예수가 그대를 변화시킬 수 있다. 그러면 붓다가 그대를 변화시킬 수 있다. 실제로 예수와 붓다는 촉매가 되는 매개체들이다. 그대의 순종이 그대를 변화시키는 것이다. 그들은 다만 통로일 뿐이다. 설령 예수나 붓다가 주위에 없다 해도 받아들이고 순종할 수 있다면, 우주에게 순종할 수 있다면 같은 일이 일어날 것이다. 그때는 순종하기가 어려울지도 모른다. 그곳에 순종할 대상이 없기 때문이다. 그것은 더 어려울지도 모른다. 때문에 예수나 붓다를 대상으로 삼는 것이다.

이것은 매우 이상한 현상이지만 그릇된 스승에게 순종한다 할지라도, 어떤 때는 깨달음을 얻는다. 스승 자신은 깨달음을 얻지 못했다. 그런 일이 일어난 적이 있다. 일어날 수 있다. 왜냐하면 기본적인 것은 순종에 있기 때문이다. 변화는 순종을 통해 일어난다. 스승은 대상일 뿐이다. 옳거나 그른 것은 큰 차이가 없다.

순종하면 문이 열린다. 그러니 어디에 순종할까 하고 고민하지 말라. 다만 더 많이 순종하는 것만을 생각하라. 석상 앞에서도 혹은 나무 앞에서도 그런 일이 일어날 수 있는 것은 이 때문이다. 그 보리수(싯다르타가 깨달음을 얻은 보리수) 앞에서 그런 일이 일어났다. 때문에 불교도들이 그 나무를 오랫동안 보존해 온 것이다. 그 나무

앞에서 그런 일이 일어났기 때문이다. 붓다가 그 나무 아래에서 깨달음을 얻었음을 상기하면서 그대 역시 그 나무에게 순종하고 귀의하라.

순종이 중요하다. 다른 모든 것은 보조적인 것이다. 옳은 스승을 구할 수 있다면 그것은 무척 다행한 일이다. 그런 스승을 구할 수 없더라도 고민하지 말라. 어느 곳에서라도 받아들이고 순종하라. 그러나 그 순종은 완전한 것이어야 한다. 그 순종이 부분적인 것이라면, 예수나 붓다라 할지라도 도와주지 못한다. 순종이 완전한 것이라면, 예수나 붓다가 그곳에 없더라도, 평범한 인물이라도 그대를 도울 수 있을 것이다.

이 강조는 꼭 기억해야 한다. 그렇지 않으면 마음은 계속 속임수만 쓰게 된다. 마음은 생각한다. "이 스승이 옳은지 내가 어떻게 확신할 수 있는가? 내가 확신하지 못한다면 어떻게 순종할 수 있는가?" 확신하기 전에 순종할 수 없다면, 확신할 수 있는 방법은 없다. 음식의 맛을 알고 싶으면 음식을 먹어 보아야 한다. 먹어 보지도 않고 어떻게 알 수 있는가? 방법은 따로 없다.

예수를 먹어야 한다. 예수를 마셔야 한다. 그것만이 유일한 방법이다. 믿고 확신하고 순종할 때만 변화할 수 있다. 그렇게 되면 수많은 숨은 차원들이 그대에게 열릴 것이다. 그대가 알고 있는 삶은 전부가 아니다. 그것은 작은 부분에 지나지 않는다. 전체에 대한 원자에 지나지 않는다. 지금까지 알고 있는 기쁨은 하찮은 것에 지나지 않는다.

그대가 축적한 모든 것은 쓰레기에 지나지 않는다. 만일 숨겨진 진짜 보물을 알 수만 있다면 그 모든 것은 쓰레기로 돌아간다. 그대의 삶은 걸인의 삶이다. 그러나 왕국이 그대 안에 감추어져 있다. 예수가 말하는 왕국이 그 왕국이다. 걸인이 되지 말라. 왕이 될 수 있다. 그러나 그렇게 되려면 용기를 가져야 한다. 걸인이 되려면 용기를 가질 필요가 없다. 그러나 왕이 되려면 용기를 지녀야 한다. 그리고 변화를 거쳐야 한다. 순종이 그 문이다.

예수의 말을 다시 읽어 보자.

예수께서 말씀하셨다.
"나에게 가까이 있는 사람은 누구든지
불에 가까이 있는 사람이다.
나로부터 멀리 있는 사람은 누구든지
그 나라로부터 멀리 있는 사람이다."

예수께서 말씀하셨다.
"내게로 오라,
나의 멍에는 가볍고, 나의 다스림은 온화하니."

예수께서 말씀하셨다.
"누구든지 나의 입으로부터 마시는 사람은 나와 같이 될 것이고
나 자신이 그가 될 것이다.
그러면 감추어진 것들이 그에게 드러날 것이다."

17
홀로인 사람은 복이 있다

ΠΕΧΕ ΙC ΧΕ ΕΥϢΑΝΧΟΟC ΝΗΤΝ
ΧΕ ΝΤΑΤΕΤΝϢϢΠΕ ΕΒΟΛ ΤϢΝ
ΧΟΟC ΝΑΥ ΧΕ ΝΤΑΝΕΙ ΕΒΟΛ

예수는 반사회적이다. 예수가 움직이면 사회 전체가 지진을 일으킨다.
그는 홀로 있고 자유인이기 때문이다.
자유를 추구하는 사람은 홀로 있음을 발견한다.
사회는 밖에 존재하는 것이 아니라 그대 안에 존재한다.
홀로인 사람은 자신과 함께 살고 자신과 함께 행복할 수 있다
구도자는 자기 자신만으로 충분한 사람이다.
구도자는 아무도 필요로 하지 않으며 어떤 식으로도 의존하지 않는다.

열일곱 번째 말씀

예수께서 말씀하셨다.
"홀로이며 선택받은 사람은 복이 있다.
너희가 그 나라를 발견할 것이다.
너희는 그곳으로부터 나왔기 때문에
다시 그곳으로 돌아갈 것이다."

예수께서 말씀하셨다.
"만일 그들이 너희에게, 너희는 어디에서 왔느냐고 물으면
그들에게 말하라.
우리는 빛으로부터 왔으며, 그 빛은 스스로에게서 나왔다고.
그것은 형상들 속에 스스로를 나타낸다고.
만일 그들이 너희에게,
너희 속에 있는 아버지의 표시가 무엇이냐고 물으면
그들에게 말하라.
그것은 운동이며 휴식이라고."

인간에게 가장 깊은 충동은 완전한 자유에 이르는 것이다. 자유가 목표이다. 예수는 그것을 상징적으로 하느님의 왕국이라고 불렀다. 그대가 왕인 것처럼 그대의 존재를 묶는 어떤 구속도 없으며, 속박이나 울타리도 없다. 그곳에서 그대는 무한의 존재처럼 존재한다. 어느 곳에서도 누구와도 부딪치지 않는다. 마치 홀로 존재하는 것처럼.

자유와 홀로 있음은 같은 것의 두 가지 측면이다. 이 때문에 마하비라는 깨달음의 개념을 카이발리아라고 불렀다. 카이발리아는 마치 그곳에 다른 사람은 존재하지 않는 것처럼 전적으로 홀로 있음을 의미한다. 전적으로 홀로 존재한다면 누가 구속할 것인가? 따라서 자유를 추구하는 사람은 자신의 홀로 있음을 발견해야 한다. 홀로 있음에 도달하는 길과 방법과 수단을 찾아야만 한다.

인간은 세계의 일부로, 사회의 구성원으로, 가족의 일원으로 타인의 일부분으로 탄생한다. 혼자의 존재로 키워지지 않고, 사회적 존재로 키워진다. 모든 훈련, 교육, 문화는 어떻게 하면 아이를 사회의 한 부분으로 맞도록 키우는가, 어떻게 하면 아이를 타인에 맞도록 키우는가로 이루어져 있다. 이것이 심리학에서 말하는 적응이다. 누군가 혼자 있으면 그는 잘못 적응된 것처럼 보인다.

사회는 하나의 구성망으로, 많은 사람들의 짜임으로, 군중으로 존재한다. 그곳에서는 조금의 자유를 구할 수는 있지만 큰 대가를 치러야 한다. 사회를 따르고 타인들에게 복종하면 그들은 조그마한 자유의 세계를 임대해 줄 것이다. 노예가 되면 자유가 주어질 것이다. 그러나 주어진 자유이고 어느 때라도 그들이 되가져 갈 수 있다. 그것은 많은 대가를 필요로 한다. 그리고 그것은 타인들에 대한 적응이다. 따라서 울타리는 그곳에 그대로 남아 있다.

사회에서는, 사회적 존재로서는 아무도 완전하게 자유로울 수 없다. 타인의 존재 자체가 갈등을 일으킨다. 사르트르는 "타인은 지옥이다."라고 말했다. 그의 말은 어느 정도까지는 타당하다. 타인은 그대 내부에 긴장을 조성하기 때문이다. 그대는 타인 때문에 고민하게 된다. 타인도 완전한 자유를 갈망하고 있고 그대도 완전한 자유를 추구하고 있기 때문에 충돌이 일어난다. 모든 사람들이 완전한 자유를 원한다. 그런데 완전한 자유는 오직 한 사람에게만 존재할 수 있는 것이다.

세상의 왕들도 완전히 자유롭지는 못하다. 그럴 수 없다. 겉으로 보기에는 자유를 누리고 있을지 모른다. 그러나 그것은 거짓이다. 그들은 보호받아야만 하고 타인에게 의존해야만 한다. 그들의 자유는 겉보기에 지나지 않는다. 그러나 여전히 자유에 대한 갈망 때문에 사람들은 황제가 되고 싶어 한다. 황제는 자기가 자유롭다는 허위의 느낌을 주고 있다. 인간은 부자가 되고 싶어 한다. 재산도 자유롭다는 거짓된 느낌을 주기 때문이다. 어떻게 가난한 사람이 자유로울 수 있는가? 궁핍은 속박일 것이다. 욕구를 충족시킬 수 없기 때문이다. 어느 곳으로 가더라도 넘을 수 없는 벽이 나타난다.

이 때문에 부에 대한 욕망이 생겨난다. 깊은 곳에는 완전하게 자유롭고 싶다는 욕망이 있다. 모든 다른 욕망은 그것으로부터 생겨난다. 그러나 방향을 잘못 잡으면 계속 나아가더라도 목적지에 이를 수 없다. 첫걸음부터 방향이 잘못되었기 때문이다.

히브리어로 '죄'라는 단어는 매우 아름답다. 그것은 과녁에 적중하지 못한 사람을 뜻한다. 그 안에는 실제로 죄의 느낌이라곤 없다. 죄는 과녁을 잘못 맞힌 사람, 길을 벗어난 사람을 뜻한다. 종교는 올바른 길로 다시 돌아와 목표에서 빗나가지 않는 것을 의미한다. 목표는 완전한 자유이고 종교는 그 수단이다. 이 때문에 종교는 반사회적이라는 것을 이해해야 한다. 사회에서는 자유가 불가능하기 때문이다.

심리학은 사회에 봉사한다. 심리학자는 그대를 다시 사회에 적응시키는 갖가지 방법을 연구하고 있다. 그는 사회에 봉사하고 있는 것이다. 물론 정치도 사회에 봉사한다. 정치는 그대에게 약간의 자유밖에 주지 않기 때문에 그대는 노예로 될 수 있다. 그 자유는 당근과 같은 것이어서 언제든 빼앗아 갈 수 있다. 그대가 진실로 자유롭다고 생각한다면 그대는 감옥으로 끌려갈지도 모른다. 정치, 심리학, 문화, 교육 등 모두가 사회에 봉사한다. 종교만 근본적으로 반항적이다. 사회는 그대를 속이고, 자체의 종교를 만들어 내고 있다. 기독교, 힌두교, 불교, 회교 등은 모두 사회적 속임수이다. 예수는 반사회적이다.

예수를 보라. 그는 그다지 존경받는 사람이 아니었다. 존경받을 수가 없었다. 그는 잘못된 요소, 반사회적인 요소를 지니고 있었다. 그는 방랑자였다. 그는 기인이었다. 그럴 수밖에 없었다. 그는 사회에 귀를 기울이려고 하지 않았기 때문이다. 사회에 적응하려 들지 않았기 때문이다. 그는 대안 사회, 추종자들의 조그만 집단을 만들었다. 아쉬람은 반사회적인 세력으로 존재한다. 모든 아쉬람이 그렇다는 것은 아니다. 사회는 언제나 그대에게 위조지폐를 주려고 노력하기 때문이다. 백 군데의 아쉬람이 있다면 그중에서 아마도 한 곳만 진정한 아쉬람일 것이다. 그것은 대안 사회로서 존재하기 때문이다. 이 사회, 이 군중, 예수가 말하는 그 이름 없는 무리들에 대항해서 존재하기 때문이다.

전혀 사회가 아닌 사회를 만들어 내려고 하는 학교, 예를 들면 붓다의 비하르(붓다 생존시의 절) 같은 것이 존재해 왔다. 그들은 그대가 완전하고 진정한 자유에 이를 수 있도록 많은 방법과 수단을 창조한다. 아무 구속도 주지 않고, 어떤 종류의 훈련도, 울타리도 없다. 그곳에서는 그대가 무한한 존재가 되고 전체가 되는 것이 허용된다. 예수는 반사회적이다. 붓다도 반사회적이다. 그러나 기독교는 반사회적이 아니다. 불교도 반사회적이 아니다. 사회는 매우 영리하다. 그것은 즉시 흡수한다. 그것은 반사회적인 것도 흡수해 사회적인 것으로 만들어 버린다. 그것은 가면을 만들며, 그대에게 위조지폐를 주어 그대를 기쁘게 한다. 마치 아이에게 가짜 플라스틱 젖꼭지를 주는 것과 같다. 아이는 계속해서 그것을 빨아 댄다. 그러면서 영양을 공급받고 있다고 느낀다. 물론 그것은 아이의 기분을 달래 잠들게 만든다.

아이가 칭얼거릴 때마다 이렇게 해야 한다. 가짜 젖꼭지를 주는 것이다. 아이는 그것을 빨아 댄다. 그러면서 영양을 흡수하고 있다고 믿는다. 그 빨아 대는 것은 단조로운 과정이고 아무것도 몸속으로 들어오지 않는다. 다만 빨아 댈 뿐이다. 마치 주문을 외는 것과 같다. 그리고 아이는 잠에 떨어진다. 지쳐서 졸리면 잠에 떨어지는 것이다. 불교, 기독교, 힌두교 등 모든 종교는 가짜 젖꼭지와 같다. 그것들은 위안을 준다. 그것들은 잠을 재워 준다. 그것들은 주위 모든 곳에 있는 이 고통스런 노예 상태에 위안을 주는 존재들이다. 그것들은 모든 것이 괜찮다는, 아무것도 잘못되지 않았다는 느낌을 준다. 그것들은 진정제와 같다. 환각제이다.

마약만 환각제가 아니라 기독교도 환각제이다. 일종의 눈먼 상태를 가져다주는 훨씬 더 복합적이고 미묘한 마약이다. 그것에 취하면 무슨 일이 일어나고 있는지 알아볼 수 없게 되고, 자신이 어떻게 생을 낭비하고 있는지 알 수 없다. 수많은 생을 통해 축적한 병을 알아볼 수 없게 된다. 그것은 그대를 화산 위에 앉혀 놓고는 모든 것이 잘되고 있다고 말한다. 하늘에는 하느님이 계시고 땅에는 정부가 있다. 모든 것이 잘되고 있다. 성직자들은 계속 말하고 있다. "혼란을 느낄 필요가 없다. 우리들이 이곳에 있다. 모든 것을 우리에게 맡기기만 하라. 이 세상에서 그리고 저세상에서도 우리가 너를 돌봐 주겠다." 그리고 그대는 그들에게 모든 것을 맡긴다. 그대가 불행해지는 것은 그것 때문이다.

사회는 그대에게 자유를 줄 수 없다. 그것은 불가능하다. 사회는 모든 사람이 완전히 자유로울 수 있도록 조절할 수 없다. 그렇다면 어떻게 할 것인가? 어떻게 사회를 넘어설 것인가? 종교적인 사람에게는 그것이 문제이다. 그러나 그것은 불가능하게 보인다. 가는 곳마다 어디든 사회가 존재한다. 한 사회에서 다른 사회로 이동할 수는 있다. 그러나 그곳에도 사회가 있다. 히말라야를 찾아갈 수도 있다. 그러면 그대는 그곳에 사회를 만들 것이다. 그곳에서 나무들과 이야기하기 시작할 것이다. 혼자 있는 것은 매우 어렵기 때문이다. 그리고 머지않아 가족을 만들 것이다. 아침마다 찾아와서 노래 부르는 새를 날마다 기다리게 될 것이다.

이제 그대는 자신이 의존적으로 되었다는 것, 다른 대상이 자기 안으로 들어왔다는 것을 깨닫지 못한다. 새가 찾아오지 않으면 불안을 느낄 것이다. 새에게 무슨 일이 일어난 걸까? 새는 왜 오지 않는 걸까? 그대는 긴장할 것이다. 이것은 어느 면으로 보더라도 아내를 생각하는 것, 혹은 아이를 걱정하는 것과 조금도 다르지 않다. 결코 다르지 않다. 같은 일이다. 다른 형태일 뿐이다. 히말라야에 들어가도 사회를 만들어 낸다.

그렇다면 이것을 이해해야 한다. 즉, 사회는 밖에 존재하는 것이 아니라 그대 안에 존재하는 것이다. 안에 있는 근본 원인이 제거되지 않으면 어디를 가나 사회가 존재할 것이다. 비록 히피들의 집단으로 들어간다 하더라도 사회가 생겨날 것이고, 그것은 사회적으로 힘이 될 것이다. 아쉬람으로 들어가도 사회가 따라 들어올 것이다. 사회가 그대를 따라오는 것이 아니라 그대가 사회를 데리고 오는 것이다. 그대는 언제나 주위에 사회를 만든다. 그대가 그것을 만들어 내는 자이다. 그대 안에는 사회를 만드는 씨앗과 같은 것이 있다. 이것은 곧 그대가 완전히 변화되지 않는 한, 결코 사회를 초월할 수 없다는 것을 의미한다. 언제나 자신의 사회를 만들 것이다. 모든 사회는 같다. 형태는 다를 수 있지만 근본은 같다.

왜 사회 없이는 살 수 없는가? 그것이 장애물이다. 히말라야에 있다고 해도 그대는 누군가를 기다릴 것이다. 나무 아래 앉아 길을 지나가는 누군가를, 여행자를, 사냥꾼을 기다릴 것이다. 그리고 누군가 나타나면 작은 행복이 다가오는 것을 느낄 것이다. 혼자서는 슬퍼진다. 그러나 사냥꾼이 오면 그와 얘기를 할 수 있고 이렇게 물어볼 수도 있을 것이다. "세상에서는 무슨 일이 일어나고 있습니까? 최근의 신문을 가지고 계십니까?" 아니면, "세상 소식을 전해 주십시오. 그것을 알고 싶어 미칠 지경입니다." 왜인가? 이것을 이해하기 위해서는 뿌리를 들어내어 불빛에 비춰 봐야 한다.

첫째는 이것이다. 그대는 자신이 누군가에게 필요한 존재가 되기를 바라는 깊은 욕구가 있다. 아무도 그대를 필요로 하지 않는다면, 자신을 쓸모없고 무의미한 존재라고 느낀다. 누가 그대를 필요로 하면 그는 그대에게 의미를 부여하는 것이 되고 그대는 중요한 존재가 된다. 그대는 계속 말한다. "나는 아내와 자식들을 돌봐야 한다." 마치 짐을 지고 있는 것처럼 말한다. 그것은 잘못된 것이다. 마치 그것이 의무인 양 생각하고, 그 의무를 실행하고 있다. 그대는 잘못되어 있다. 생각해 보라. 아내가 없고 아이들이 사라진다면, 그대는 무엇을 할 것인가? 갑자기 자신이 무의미한 존재라고 느낄 것이다. 그들은 그대를 필요로 하고 있다. 아이들이 기다린다면서 그대를 중요한 존재라고 생각하고 있다. 이제 아무도 그대를 필요로 하지 않는다면 그대는 움츠러들 것이다. 아무도 그대를 필요로 하지 않으면 누구 하나 관심을 보이지 않을 것이기 때문이다. 그대가 있든 없든 별로 차이가 없게 된다.

한 정신병 환자가 정신분석을 하고 있었다. 그런데 그 환자의 정신분석가는 대부분의 정신분석가가 그렇듯이 아주 괴짜였다. 2,3년 동안의 정신분석 후에 환자는 그의 친구에게 말했다.

"이 사람은 나보다 문제가 심각해. 왜냐하면 나는 계속 말하는데 그는 아무 대답도 하지 않거든. 2,3년 동안 이 의사는 그렇다, 혹은 아니다 하는 대답조차 하지 않았어. 그는 그냥 앉아 있기만 해. 이제는 어떻게 해야 할지 모르겠어. 나는 계속해서 말하고 그는 듣기만 하고, 이렇게 3년을 보냈는데, 이제 무엇을 해야 하지?"

친구가 대답했다.

"그럼 왜 그만두지 않지?"

그러나 그 환자는 그만둘 수도 없었다. 그리고 두 번째 문제가 발생했다. 정신분석가가 죽은 것이다. 환자는 친구에게 말했다.

"이제는 또 다른 문제가 발생했어. 첫 번째는 이것이었어. 이 사람은 그렇다이든 혹은 아니다이든 전혀 아무 말도 하지 않았어. 나는 그가 내 말을 거부하는지 혹은 받아들이는지, 아니면 내가 옳은지 혹은 그른지 모르겠어. 나는 계속해서 말만 하고 그는 듣기만 했거든. 그런데 이제 그가 죽었어. 그래서 두 번째 문제가 발생한 거야. 이제 무엇을 해야 하지?"

친구가 말했다.

"그가 너에게 아무 말도 안 했다면 달라진 게 무엇이 있지? 넌 계속 이야기만 하면 되지 않아?"

그러나 환자는 말했다.

"아니지. 그래도 그는 듣고는 있었어."

정신분석은 듣는 것에 의존한다. 정신분석에는 많은 것이 필요 없다. 게다가 그 대부분은 속임수에 지나지 않는다. 그런데 왜 정신분석가에게 가는가? 누군가 그대에게 깊은 관심을 기울이기 때문이다. 그것도 평범한 사람이 아니라 책도 쓰고 유명한 사람들도 치료한 이름난 정신분석가라면 그대는 더 기분 좋을 것이다. 다른 사람은, 심지어 아내까지도 그대의 말에 귀 기울이려고 하지 않기 때문이다. 아무도 관심을 보이지 않는다. 아무도 그대의 이야기를 들으려고 하지 않는다. 그대는 세상에 존재하지 않는 것처럼 움직인다. 그리고 그대는 정신분석가에게 많은 돈을 지불한다. 그것은 사치이다. 오직 소수의 부자들만 할 수 있는 일인 것이다!

왜 그들은 그것을 하는가? 그들은 다만 안락의자에 비스듬히 누워 이야기할 뿐이고, 정신분석가는 듣고 있다. 어쨌든 그는 듣고 있다. 그대에게 관심을 보이고 있는 것이다. 물론 그것에 대해 돈을 지불해야 한다. 그러나 그대는 기분이 좋다. 단순히 상대방이 관심을 보인다는 것만으로도 기분이 좋다. 그의 상담실에서 나오면 걸음걸이가 달라진다. 무엇인가 달라졌다. 발걸음은 가볍고, 흥얼거리며 노래를 부르기도 한다. 영원히 계속되지는 않을 것이다. 다음주에 다시 상담실을 찾아가야 할지도 모른다. 그러나 누군가 그대의 이야기를 듣고 있고, 관심을 보이고 있다는 것은 이것을 의미한다. "당신은 중요한 사람이다. 당신의 이야기는 들을 만한 가치가 있다." 그는 지루해하는 것 같지도 않다. 그는 아무 말도 하지 않을 수도 있다. 그러나 그렇더라도 나쁘지 않은 것이다.

그대는 필요한 존재가 되고 싶은 깊은 욕망을 갖고 있다. 누군가 그대를 필요로 해야 한다. 그렇지 않으면 그대는 설 자리가 없는 것이다. 그대는 사회를 필요로 한다. 설령 누구하고 싸우더라도 좋다. 혼자 있는 것보다는 낫다. 왜냐하면 적어도 적은 그대에게 관심을 보이고 있는 것이다. 그대는 그에 대해 생각할 수 있다.

사랑에 빠질 때 그 욕구를 관찰해 보라. 연인들을 살펴보라. 그대가 직접 사랑에 빠져 있을 때는 그것이 어렵기 때문이다. 그렇게 되면 관찰하는 것이 불가능하다. 그대는 사랑에 몰입해 제정신이 아니기 때문이다. 연인들을 관찰해 보라. 그들은 서로 말한다. "나는 너를 사랑해." 그러나 마음속 깊은 곳에서 그들은 사랑받기를 원한다. 사랑하는 것이 문제가 아니라 사랑받는 것이 문제이다. 사랑을 받기 위해 사랑을 주는 것이다. 근본적인 욕망은 사랑을 주는 것이 아니라 사랑을 받는 것이다.

그렇기 때문에 연인들은 서로에게 불만을 느끼는 것이다. "너는 나를 충분히 사랑하지 않아." 어느 것도 충분할 수는 없다. 욕망은 끝이 없기 때문이다. 충족될 수 없는 것이다. 사랑하는 사람이 무엇을 해 주든 더 이상의 것을 생각하게 된다. 더 이상의 것을 희망하고, 더 이상의 것을 꿈꾼다. 그러면 그것은 부족해지고 그대는 좌절을 느낀다. 모든 연인들은 생각한다. "나는 사랑을 한다. 그러나 상대편이 제대로 반응을 하지 않는다." 그리고 상대방도 같은 생각을 하고 있다. 문제가 무엇인가?

아무도 사랑하지 않는다. 예수나 붓다처럼 되지 않고서는 사랑할 수가 없다. 필요한 존재가 되고 싶은 욕망을 버린 사람만이 사랑할 수 있기 때문이다.

칼릴 지브란의 아름다운 책 〈사람의 아들 예수〉 속에는 지어낸 것이지만 아름다운 이야기가 있다. 어떤 픽션은 사실보다 더 사실적이다. 마리아 막달레나가 창문을 통해 예수가 정원의 나무 밑에 앉아 있는 것을 보았다. 그 남자는 아름다웠다. 막달레나는 많은 남자를 알고 있었다. 그녀는 유명한 매춘부였던 것이다. 왕조차도 그녀의 문을 자주 두드리곤 했다. 그녀는 가장 아름다운 꽃 중의 하나였다. 그러나 그런 그녀도 이전에 그 같은 남자를 만난 적이 없었다. 예수 같은 사람은 보이지 않는 후광을 지니고 있어 다른 세계의 아름다움을 풍기기 때문이다. 그는 이 세상에 속하는 사람처럼 보이지가 않았다. 그의 둘레에는 한 줄기 빛이, 은총의 빛이 있었다. 걸음걸이나 앉아 있는 모습으로 미루어 보아 그는 걸인의 옷을 입은 황제처럼 보였다.

그가 그토록 다른 세계의 사람 같아 보였기 때문에 막달레나는 하인을 보내 그를 초대했다. 그러나 예수는 거절했으며 말했다.

"나는 여기가 좋다. 나무는 아름답고 그늘이 시원하다."

그래서 막달레나가 직접 가서 청했다. 그녀는 누군가가 자기의 청을 거절했다는 사실을 믿을 수 없었다. 그녀는 말했다.

"내 집으로 들어와 나의 손님이 되십시오."

예수가 말했다.

"나는 이미 너의 집 안에 들어와 있다. 나는 이미 너의 집의 손님이다. 이제 다른 것은 필요 없다."

그녀는 이해할 수 없었다. 그녀는 말했다.

"아닙니다. 들어오십시오. 나를 거절하지 마십시오. 아무도 지금까지 나를 거절한 적이 없습니다. 이렇게 작은 일도 할 수 없으신가요? 나의 손님이 되십시오. 오늘 나와 함께 먹고, 오늘 밤에 나와 함께 머무르십시오."

예수가 말했다.

"나는 받아들였다. 이것을 기억하라. 너를 받아들인다고 말하는 사람들은 결코 너를 받아들이는 것이 아니다. 네게 사랑한다고 말하는 사람들은 너를 사랑하는 것이 아니다. 내가 말하노니, 나는 너를 사랑한다. 오직 나만 너를 사랑할 수 있다."

그러나 그는 집으로 들어가려고 하지 않았다. 그는 쉬다가 떠났다. 그는 무엇을 말한 것인가? 그는 말했다. "오직 나만 너를 사랑할 수 있다. 너를 사랑한다고 말하는 다른 사람들은 너를 사랑할 수 없다. 사랑은 할 수 있는 것이 아니기 때문이다. 그것은 존재의 특성이다."

지금 그대의 상태에서 그대는 사랑할 수 없다. 지금 그대의 상태에서 사랑은 거짓이다. 사랑하고 있다는 것을 보이면서 사랑을 받으려는 것에 지나지 않는다. 그리고 상대방도 같은 것을 하고 있는 것이다. 그래서 연인들은 언제나 다툰다. 둘 다 서로를 속이고 있다. 그리고 둘 다 속고 있다는 것을 느낀다. 그러나 자신을 들여다 보지 않으면 다른 사람을 속이고 있다는 것을 알지 못한다. 진정으로 한 여인, 한 남자를 사랑한 적이 있는가? 진실로 사랑했다고 말할 수 있는가? 아니다. 그대는 그것에 대해 신경 써본 적이 없다. 자신이 사랑하는 것은 당연한 것으로 여겨 왔다. 문제가 되는 것은 언제나 상대방이었고 결코 자신의 내면은 들여다보지 않았다.

물라 나스루딘이 99살이 되었다. 어느 날, 지방 신문 기자가 그와 인터뷰를 하러 찾아왔다. 그가 그 지역에서 가장 나이가 많았기 때문이다. 인터뷰를 끝내고 돌아가며 기자가 말했다.

"내년에 100살이 되셨을 때, 제가 다시 찾아뵐 수 있기를 기원합니다."

나스루딘은 눈을 동그랗게 뜨고 그 기자를 보며 말했다.
"젊은이, 안 될 게 뭐 있나? 자네는 나만큼 건강해 보이는데!"

아무도 자신을 들여다보지 않는다. 눈은 타인을 바라보고, 귀는 다른 사람의 이야기를 들으며, 손은 타인을 향해 내뻗는다. 아무도 자신을 향해 손을 뻗지 않고, 자신을 바라보지 않으며, 자신의 이야기를 듣지 않는다. 사랑은 결정화된 영혼, 본래의 자아를 얻을 때만 일어날 수 있다. 에고와 함께는 사랑은 결코 일어나지 않는다. 에고는 사랑받기를 원한다. 그것은 에고가 먹는 음식이기 때문이다. 자신이 필요한 사람이 되기 위해 사랑을 한다. 그대는 아이를 낳는다. 아이를 사랑하기 때문이 아니다. 누군가에게 필요한 존재이기 위해, 그래서 돌아다니면서 "내가 얼마나 많은 책임을 떠맡고 있는지, 내가 어떤 의무를 실천하고 있는지 보라! 나는 아버지다. 나는 어머니다……."라고 말하기 위해 그렇게 하는 것이다. 이것은 에고를 미화시키기 위한 것이다.

필요한 존재가 되려는 욕구를 떨쳐 버리지 않는 한 혼자가 될 수 없다. 히말라야에 가보라. 그대는 사회를 건설할 것이다. 필요한 존재가 되고 싶은 욕구가 없어지면, 어디에 있든지, 시장 한복판에 있더라도, 시내 한가운데 있더라도, 홀로일 수 있다.

이제 예수의 말을 이해해 보자.

예수께서 말씀하셨다.
"홀로이며 선택받은 사람은 복이 있다.
너희가 그 나라를 발견할 것이다.
너희는 그곳으로부터 나왔기 때문에

다시 그곳으로 돌아갈 것이다."

각각의 구절을 깊이 읽으라.

"홀로인 사람은 복이 있다……."

누가 혼자인 사람인가? 필요한 존재가 되고 싶은 욕구가 사라진 사람이다. 있는 그대로의 자신과 완전히 만족하는 사람이다. "당신은 의미 있는 존재이다."라고 말해 줄 사람이 필요하지 않은 사람이다. 그의 의미는 그의 안에 있다. 이제 그의 의미는 타인에게서 오지 않는다. 그는 그것을 다른 사람에게서 구걸하지 않으며, 그것을 요청하지 않는다. 그의 의미는 존재 자체로부터 오는 것이다. 그는 걸인이 아니다. 그는 자신과 함께 살 수 있다.

그대는 자신과 함께 살 수 없다. 혼자 있을 때면 언제나 불안하다. 그 즉시 불편함과 불안감, 깊은 동요를 느낀다. 무엇을 해야 하지? 어디를 가야 하지? 모임에 나가자. 교회에 가자. 아니면 영화관에 가거나, 그냥 쇼핑이나 하러 가자. 어쨌든 어디론가 가자. 다른 사람을 만나자. 부자들에게는 쇼핑이 유일한 놀이이고 유일한 스포츠이다. 그들은 쇼핑을 간다. 가난한 사람은 상점 안에 들어갈 필요가 없다. 그냥 거리에서 창문을 통해 구경하며 돌아다닌다. 그러나 어디론가 가야만 한다.

혼자 있는 것은 매우 어렵고, 매우 비정상적이고, 특이하다. 왜 어디론가 가는가? 혼자 있을 때는 언제나 그대의 의미가 전부 사라지기 때문이다. 가서 상점에서 무엇인가 사라. 그러면 적어도 점원은 물건이 아니라 의미를 줄 것이다. 그대는 쓸데없는 물건을 사고 있다. 쇼핑을 위한 쇼핑을 하고 있다. 그러나 판매원과 상점 주인은 그대가 왕인 것처럼 바라본다. 그들은 마치 그대에게 의지하고 있는 것처럼 행동한다. 그대는 이것이 단순한 속임수임을 잘 안다. 상점 주인들은 이것을 이용한다. 판매원은 그대의 존재에 대해서는 전혀 관심이 없다. 그는 가짜 미소를 짓고 있는 것이다. 그는 모든 사람들에게 미소를 짓는다. 그대에게만 그런 것이 아니다. 그러나 그대는 결코 그러한 것을 보지 않는다. 그는 그대가 반가운 손님인 듯 미소 짓고, 인사하고, 접대한다. 그때 그대는 편안함을 느낀다. 그대는 중요한 인물이 되는 것이다. 그대에게 의지하는 사람들이 있는 것이다. 상점 주인은 그대를 기다리고 있었던 것이다.

주위를 둘러보며 그대는 자신에게 존재의 의미를 줄 수 있는 눈들을 찾아다닌다. 여성이 그대를 바라볼 때 그녀는 의미를 주는 것이다. 심리학자들이 발견한 사실에 따르면, 어떤 실내에―공항이나 호텔 또는 정거장의 대합실에―들어갔을 때 한 여성이 두 번 이상 바라보면 그 여성은 유혹받을 준비가 되었음을 의미한다. 그러나 여성이 한 번만 바라보거든 그녀에 대해 신경 쓰지 말고 잊어버리라. 심리학자들이 촬영을 하면서 지켜본 결과이다. 그리고 그것은 사실이다. 여성은 자신이 평가받고 싶거나 눈길을 받고 싶을 때만 두 번 바라보기 때문이다.

그대가 한 음식점으로 들어간다. 그때 그 여성이 한 번은 그대를 쳐다볼 수 있다. 그러나 그대가 여인에게 아무 의미가 없다면 여인은 다시 쳐다보지 않을 것이다. 바람둥이들은 이것을 잘 알고 있다. 그들은 수세기 동안 이것을 알고 있었다. 심리학자들도 이제야 그것을 알게 되었다. 그래서 바람둥이들은 상대방의 눈을 바라본다. 만약 그 여인이 다시 바라본다면 그것은 여성도 관심을 갖고 있을 가능성이 높다. 그녀는 암시를 주고 있는 것이다. 그녀는 그대와 사랑의 게임을 나눌 준비가 되어 있다. 하지만 그녀가 다시는 그대를 쳐다보지 않는다면 그 가능성의 문은 닫힌 것이다. 다른 문을 두드리는 것이 더 낫다. 이 문은 그대에게 닫혀있다.

여성이 쳐다볼 때마다 그대는 중요한 인물이 된다. 매우 의미 있는 존재가 된다. 그 순간에 그대는 특별해진다. 사랑이 그토록 많은 빛을 주는 것은 그 이유 때문이다. 사랑은 그대에게 그토록 많은 생명과 활기를 불어넣는다.

하지만 이것이 문제이다. 왜냐하면 같은 여성이 그대를 날마다 쳐다보고 있는 것은 그렇게 큰 도움이 되지 않기 때문이다. 남편들이 아내에게 싫증을 내는 것은 그런 이유에서이다. 같은 눈에서 같은 의미를 되풀이해 얻을 수는 없기 때문이다. 그것에 익숙해진 것이다. 그녀는 아내이다. 더 이상 정복될 것이 없다. 그런 까닭에 바이런이 되고 싶고, 돈 후안이 되고 싶고, 한 여자에서 다른 여자로 이동하고 싶은 것이다. 기억하라. 이것은 성적인 욕구에 의한 것이 아니다. 섹스에 관계된 것이 전혀 아니다. 섹스는 한 여성과 할 때 더 깊이 진전될 수 있다. 그것은 섹스가 아니다. 사랑이 아니다. 전혀 아니다. 사랑은 한 사람과 더 많이, 더 깊은 방법으로 같이 있고 싶어 하는 것이다. 사랑은 깊이로 움직인다. 이것은 사랑도 아니고 섹스도 아니다. 이것은 다른 어떤 것, 에고의 욕구이다. 매일매일 새로운 여성을 정복하면 자신을 매우 의미 있는 존재처럼 느낄 것이다. 자신을 정복자라고 느낄 것이다. 그러나 한 여성으로 끝나고 정착한다면, 아무도 그대를 바라보지 않을 것이다. 다른 여성 혹은 남성이 그대에게 존재의 의미를 주지 않을 것이다. 그렇기 때문에 세상의 남편과 아내들은 힘이 없어 보인다. 욕망이 없어 보인다. 멀리서 봐도 다가오는 커플이 부부 사이인지 아닌지 알 수 있다. 부부가 아니라면 다르게 느껴진다. 그들은 행복해하고, 웃고, 이야기하고, 서로 즐긴다. 부부라면 그들은 서로 견디고 있을 뿐이다.

물라 나스루딘의 25번째 결혼기념일이 찾아왔다. 그날 그는 집을 나가고 있었다. 그러자 아내는 조금 짜증이 났다. 그녀는 무언가 기대하고 있었는데, 그는 보통 때와 다름없는 일과를 반복하려고 했기 때문이다. 그녀는 물었다.

"나스루딘, 오늘이 무슨 날인지 알아요?"

나스루딘이 대답했다.

"알고 있지."

그녀가 말했다.

"그럼 뭔가 색다른 일을 좀 해봐요."

나스루딘은 잠시 생각하더니 말했다.

"그럼 2분간 침묵을 지키고 있는 게 어때?"

그대는 그것이 사랑이었다고 생각할 수도 있다. 그것은 사랑이 아니었다. 에고의 욕구였다. 정복하고 싶은 욕구, 날마다 새로운 여성, 새로운 사람들에게 필요한 존재가 되고 싶은 욕구였다. 성공하면 잠시 동안은 행복을 느낄 것이다. 보통 사람으로서는 그렇게 할 수 없기 때문이다. 이것이 정치인의 야망이다. 전 국민이 필요로 하는 인물이 되고 싶은 것이다. 히틀러는 무엇을 하고 싶어했는가? 전 세계가 필요로 하는 존재가 되고 싶었다.

이런 욕구가 있으면 혼자가 될 수 없다. 정치인은 종교인이 될 수 없다. 그들은 반대 방향으로 움직인다. 그렇기 때문에 예수는 말한다. "부자가 왕국에 들어가기는 어렵다. 낙타가 바늘구멍에 들어갈 수는 있지만 부자가 천국에 들어갈 수는 없다." 왜인가? 돈을 축적한 사람은 재산을 통해 의미 있는 사람이 되고 싶어 하기 때문이다. 그는 중요한 존재가 되고 싶어 한다. 그리고 누구든 중요한 존재가 되고 싶어 하는 사람에게는 천국의 문이 닫혀 있다.

오직 그 누구도 아닌 존재만이 그곳에 들어갈 수 있다. 자기 존재의 무에 도달한 사람들만이, 빈 배가 된 사람들만이 들어갈 수 있다. 에고의 욕구가 무의미하고 강박적인 것이라고 이해한 사람만, 에고의 욕구를 꿰뚫어보고 소용없을 뿐 아니라 해롭다고 느낀 사람들만 그곳에 들어갈 수 있다. 에고의 욕구는 그대를 미치게 만들 뿐 결코 만족을 주지 못한다.

누가 혼자인 사람인가? 누군가에게 필요한 사람이 되고 싶은 욕구가 사라진 사람이다. 그대로부터, 그대의 눈으로부터, 그대의 반응으로부터 어떤 의미도 찾으려고 하지 않는 사람이다. 그대가 사랑을 보여 주면 그는 고마워할 것이다. 그러나 주지 않는다고 불평하지 않는다. 주지 않더라도 언제나처럼 좋다. 그대가 그를 방문하면 그는 행복할 것이다. 그러나 방문객이 오지 않는다 해도 그는 언제나처럼 행복하다. 군중 속에 있어도 그는 즐길 것이고, 은둔처에 있어도 또한 즐길 것이다.

홀로인 사람을 불행하게 만들 수는 없다. 그는 자신과 함께 살고 자신과 함께 행복할 수 있다는 것을 알기 때문이다. 혼자 있어도 그는 만족한다. 그렇기 때문에 서로 관계를 맺고 살아가는 사람들은 다른 사람이 종교적으로 되는 것을 좋아하지 않는다. 남편이 명상에 관심을 갖기 시작하면 아내는 혼란을 느낀다. 왜인가? 그녀는 무슨 일이 일어나고 있는지조차 모르고 있기 때문이다. 왜 혼란을 느끼는가? 아내가 기도하기 시작하고 신과 종교의 방향으로 움직이기 시작하면, 남편은 불안을 느낀다. 왜인가?

무의식적인 두려움이 의식 속으로 들어온다. 그 두려움은 남편 혹은 아내가 혼자만으로 충분하다고 느끼게 되지 않을까 하는 것이다. 그것이 두려운 것이다. 그래서 아내들에게 "남편이 명상가가 되는 것이 좋은가, 아니면 술꾼이 되는 것이 좋은가?" 하는 선택이 주어지면 아내들은 남편이 명상가보다는 술꾼이 되는 것을 선택한다. "당신은 아내가 구도자가 되기를 원하는가, 아니면 길을 잃고 나쁜 길로 접어드는 것이 좋은가?" 하는 선택이 주어지면 남편들은 후자를 선택할 것이다.

구도자는 자기 자신만으로 충분한 사람이다. 그는 아무도 필요로 하지 않으며 어떤 식으로도 의존하지 않는다. 그것은 두려움을 준다. 그때 그대는 필요 없는 존재가 된다. 그대의 모든 존재는 그가 그대를 필요로 한다는 사실 위에 서 있었다. 그대가 없으면 그는 아무것도 아니었고, 그대가 없으면 그의 생활은 무의미한 것, 사막이었다. 오직 그대와 더불어 있을 때만 그는 꽃피어났었다. 그런데 그가 혼자서도 꽃피울 수 있는 것을 알게 되면 그대는 혼란을 느낀다. 그대의 에고가 상처 입기 때문이다.

누가 혼자인 사람인가? 그리고 예수는 말한다.

"홀로인 사람은 복이 있다……."

온 세상이 자신과 함께 그곳에 있는 것처럼 그렇게 쉽게 자신과 함께 혼자 살 수 있는 사람들, 아이들처럼 스스로 즐길 수 있는 사람들, 그들은 복 받은 사람들이다.

아이들은 스스로를 즐긴다. 프로이트는 그것에 특별한 용어를 붙였다. '다형적 도착polymorphous perversity'(여러 가지 형태로 성적 쾌락을 얻을 수 있음)이 그것이다. 아이는 스스로를 즐긴다. 자신의 몸을 가지고 놀고 스스로 흥분한다. 자신의 손가락을 빤다. 만일 다른 누구를 필요로 한다면, 그것은 육체를 위한 것뿐이다. 우유를 주는 것, 몸을 뒤채 주는 것, 옷을 갈아입히는 것 등 신체적인 욕구만 타인을 필요로 한다. 실제로 아직은 심리적인 욕구를 느끼지 못한다. 다른 사람들이 자신에 대해 어떻게 생각하는가에 대해 관심이 없다. 예쁘게 생각하든 말든 상관없다. 그렇기 때문에 모든 아이는 아름답다. 사람들의 의견에 신경을 쓰지 않기 때문이다.

보기 흉한 아이가 처음부터 태어나는 예는 없다. 아이들은 차츰차츰 보기 싫게 되는 것이다. 늙은 사람이 아름다운 예는 드물다. 또한 추한 아이를 찾아보기도 힘들다. 모든 아이는 아름답다. 모든 노인은 추해진다. 무슨 까닭인가? 모든 아이가 아름답게 태어난다면 아름답게 죽어야 할 것이다. 하지만 삶이 무엇인가를 하는 것 같다. 모든 아이는 자족한다. 그것이 아름다움이다. 스스로 빛과 같이 존재한다. 모든 노인들은 쓸모없는 존재가 되고, 자신이 쓸모없다는 것을 깨닫는다. 나이를 먹으면 먹을수록 점점 더 쓸모가 없다는 것을 깨닫는다. 그들을 필요로 하던 사람들은 사라졌다. 자식들은 어른이 되어 가족을 만들어서 떠났고 아내는 죽었다. 이제 세상은 그들을 필요로 하지 않는다. 아무도 그들의 가정을 찾아오지 않는다. 아무도 그들을 존경하지 않는다. 산책을 나가도 아무도 그들이 누구인지 알아주지 않는다. 그들은 뛰어난 행정가, 기업체 사장, 은행장이었을지도 모른다. 그러나 지금은 아무도 알아주지 않는다. 필요 없는 존재가 된 것이다. 그들은 황폐함을 느낀다. 다만 죽음만 기다리고 있다. 아무도 신경을 써주지 않는다. 그들이 죽더라도 누구 하나 신경 쓰지 않을 것이다. 죽음조차 추한 것이 된다.

죽을 때 수백만의 사람들이 애도할 것만 생각해도 행복감을 느낄 수 있다. 수백만의 사람들이 그대의 죽음에 애도를 표시할 것이라는 기대는 그대를 행복하게 만든다.

이런 일이 일어난 적이 있다. 미국에서 한 사람이 이런 일을 계획했다. 그는 인류 역사상 그런 일을 해낸 유일한 인물이다. 그는 그가 죽으면 사람들이 어떻게 반응할까를 알고 싶어 했다. 그래서 그가 죽기 전에, 의사가 12시간 후에는 죽을 것이라고 말했을 때, 자신의 죽음을 사람들에게 알렸다. 그는 많은 곡마단과 전시장 및 광고회사를 운영하고 있었기 때문에 어떻게 그 사실을 광고해야 하는지 알고 있었다. 그날 아침에 그의 대리인은 신문과 라디오 그리고 텔레비전을 통해 그의 죽음을 알렸다. 그래서 기사가 실리고 논평이 실리고 전화가 오는 등 많은 소동이 일어났다. 그는 모든 것을 읽어 보았다. 실제로 그것을 즐긴 것이다.

그대가 죽으면 사람들은 그대에 대해 긍정적이 된다. 그대는 그 즉시 천사가 된다. 아무도 죽은 사람에 대해 나쁘게 말하지는 않는다. 그리고 살아 있을 때는 아무 이야기도 하지 않는다. 기억하라, 그대가 죽는 것이 그들에게는 좋은 일이다. 적어도 그대는 한 가지 좋은 일을 한 것이다. 그대는 죽은 것이다.

모든 사람이 그에 대해 이런저런 추모의 글을 보내 왔고 그의 사진이 신문에 실렸다. 그는 그것을 완벽하게 즐겼다. 그러고 나서 그는 죽었다. 모든 것이 훌륭하게 되어 간다는 아주 편안한 마음으로 죽었다.

살아생전에만 다른 사람들을 필요로 하는 것이 아니라 죽으면서까지도 타인을 필요로 한다. 그대의 죽음에 대해 생각해 보라. 다만 두세 사람만, 아내와 따라다니던 개만 마지막 인사를 하고 있다. 다른 사람은 없다. 신문기자도 사진 찍는 사람도 없다. 친구들도 그곳에 오지 않았다. 그리고 모든 사람들이 짐이 없어졌다고 즐거워한다. 그런 것을 생각해 보라. 그대는 슬플 것이다. 죽음에서조차도 필요한 존재가 되고 싶은 욕구는 마찬가지다. 이것은 대체 어떤 종류의 삶인가? 단지 다른 사람의 의견이 그대의 의견보다도 중요하다는 것인가? 그대의 존재는 아무것도 아닌가?

예수가 "홀로인 사람은 복이 있다……."라고 말할 때 홀로인 사람은 이것을 의미한다. 자신과 함께 행복하게 있을 수 있는 사람, 이 지구상에 혼자 있을 수 있는 사람, 기분의 변화나 감정의 변화가 없는 사람이다. 만일 세계가 3차 세계대전에 돌입해—그런 일은 어느 때라도 일어날 수 있다—그대 혼자 남게 된다면 무엇을 할 것인가? 즉시 자살하는 것 말고 그대는 무엇을 할 것인가? 하지만 홀로인 사람은 나무 밑에 앉아서 세상 사람이 없더라도 붓다가 될 수 있다. 홀로인 사람은 행복할 것이다. 그는 노래 부르고 춤추고 움직일 것이다. 기분은 변치 않을 것이다. 홀로 있는 사람의 기분을 변화시킬 수는 없다. 그의 내면의 기후를 바꿀 수는 없다.

예수는 말한다.

"홀로이며 선택받은 사람은 복이 있다."

그들이 선택된 사람들이다. 군중을 필요로 하는 사람들은 자꾸만 자꾸만 군중 속으로 던져질 것이다. 그것이 그들의 욕구이고, 그들의 필요이다. 신은 무엇이든 그대가 원하는 것을 해준다. 지금 그대의 형상은 그것이 무엇이라도 과거에 그대가 원한 것이다. 다른 사람을 원망하지 말라. 그것은 그대가 갈구하던 것이다. 기억하라, 이것은 세상에서 위험한 일이다. 무엇이든 그대가 원하는 것은 이루어질 것이다.

무엇을 원하기 전에 한번 생각해 보라. 그것이 이루어질 가능성은 많다. 그런 후에는 고통을 받을 것이다. 그것이 부자에게 일어나는 일이다. 그는 가난했다. 그래서 재산을 원하고 또 원했다. 그리고 지금 그것이 이루어졌다. 그런데 그는 지금 불행하다. 그는 울면서 말한다. "나는 나의 일생을 재산을 모으는 데 보냈다. 그런데 나는 지금 불행하다." 그러나 이것이 그가 원하던 것이다. 그대가 지식을 원하면 그것도 이루어진다. 그대의 머리는 거대한 도서관이 될 것이다. 그러나 그 끝에서는 울면서 부르짖게 될 것이다. "단지 단편적인 지식과 단어들만 나열되어 있을 뿐 실질적인 것은 아무것도 없다. 그렇게 나는 생을 소비했다."

완전한 자각을 원하라. 모든 욕망은 언젠가는 이루어지기 때문이다. 그것은 시간이 더 걸릴지도 모른다. 왜냐하면 줄을 서서 기다려야만 하기 때문이다. 이전에도 다른 수많은 사람들이 원했다. 그래서 시간이 좀 걸릴 것이다. 어떤 때는 이 세상의 희망이 다음 세상에서 충족되기도 한다. 어쨌든 모든 욕망은 반드시 이루어진다. 이것은 위험한 법칙이다. 그러니 욕망을 갖기 전에 생각해 보라. 그것은 언젠가는 이루어질 것이고, 그러고 나서 그대가 받을 고통을 기억하라.

홀로인 사람은 선택받은 사람이다. 신에 의해 선택된 사람이다. 왜인가? 홀로인 사람은 이 세상에서 어느 것도 원하지 않기 때문이다. 그럴 필요가 없다. 그는 이 세상에서 배울 것은 모두 배웠다. 이 세상의 수업은 끝났다. 그것을 통과했고, 초월했다. 그는 하늘에 솟아 있는 봉우리와 같다. 선택된 사람, 가우리상카르 히말라야, 에베레스트이다. 붓다나 예수는 높은 봉우리, 홀로 있는 봉우리이다. 이것이 그들의 아름다움이다. 그들은 홀로 서 있다.

홀로인 사람은 선택받은 사람이다. 홀로인 사람은 무엇을 선택하는가? 자신의 존재만을 선택한다. 자신의 존재를 선택하는 것은 우주 전체를 선택하는 것과 다름 아니다. 개인의 존재와 우주의 존재는 다른 종류의 것이 아니기 때문이다. 자신을 선택하는 것은 신을 선택하는 것이다. 신을 선택하면 신도 그대를 선택한다. 그대는 선택된 사람이 되는 것이다.

"홀로이며 선택받은 사람은 복이 있다.
너희가 그 나라를 발견할 것이다.
너희는 그곳으로부터 나왔기 때문에
다시 그곳으로 돌아갈 것이다."

홀로인 사람이 구도자이다. 구도자의 의미가 이것이다. 홀로인 사람, 방랑자, 홀로 있음 속에서 행복한 사람이다. 누가 그의 곁을 떠난다 해도 그에게는 모든 것이 좋다. 그는 누구를 기다리지 않으며, 과거를 돌아보지 않는다. 홀로 있으며, 그는 전체이다. 이 존재, 이 전체는 그대를 하나의 원으로 만든다. 처음과 끝이 만난다. 알파와 오메가가 만난다. 홀로 있는 사람은 직선이 아니다. 그대는 직선과 같다. 처음과 끝이 만나지 않는다. 홀로 있는 사람은 원과 같다. 처음과 끝이 만난다. 이것이 예수가 말하는 의미이다.

"너희는 그곳으로부터 나왔기 때문에
다시 그곳으로 돌아갈 것이다."

'근원'과 하나가 되는 것이다. 하나의 원이 되는 것이다.

예수의 또 다른 말이 있다. "처음과 끝이 하나가 되면 너희는 하느님이 된 것이다." 뱀이 자기의 꼬리를 물고 있는 그림을 보았을 것이다. 그것은 고대 이집트 왕국의 인장 중 하나이다. 그것은 처음과 끝이 만나는 것을 의미한다. 그것은 어린아이 같이 되는 것을 의미한다. 하나의 원 안에서 움직이라. 근원으로 돌아가라. 그대가 나온 곳으로 돌아가라.

예수께서 말씀하셨다.
"만일 그들이 너희에게 물으면……"

여기서 '그들'은 사회, 군중을 의미한다. 선택받지 못한 사람들, 아직도 끊임없이 누군가에게 필요한 존재가 되고 싶은 욕구를 지닌 사람들을 의미한다.

"만일 그들이 너희에게 물으면……."

그들은 그대에게 말을 걸 것이다. 아무도 홀로 있는 것을 그들은 허용하지 않기 때문이다. 그들은 그대를 따라다닐 것이고 그대를 압박해 사회로 되돌아오게 할 것이다. 그들은 그대가 감옥으로 되돌아오기를 원할 것이다. 그들은 그대가 어떻게 달아났는지 믿을 수가 없다. 그들은 그대가 홀로 걸어가는 것을 상상하지도 못하며, 그대가 홀로 있게 되면 그대를 안 좋게 생각할 것이다. 왜인가? 그대의 존재 양식이 그들의 존재를 의심하게 만들기 때문이다. 그들은 불편한 것이다.

예수가 그대에게로 걸어가면 그대는 불편하다. 예수가 옳으면 그대는 그른 것이 되기 때문이다. 이 사람은 자기가 옳다는 것을 나타내면서 걷고 있다. 이 사람이 옳다면 그대는 무엇이 되는가? 예수가 사회 속에서 움직이면 사회 전체가 지진을 일으킨다. 이 사람은 너무나 행복하고, 다른 사람을 원하지 않으며, 필요한 것도 없고, 완전히 홀로 있으면서 기쁨 속에서 살아가는데 그대는 압박감 속에서 살아가고 거의 미쳐 있기 때문이다.

이 사람이 아니라 그대에게 무언가 잘못된 것이 있다. 그대는 여러 가지 방법으로 이 사람이 잘못되었다는 것을 증명하려고 한다. 예수가 정신병 환자이고, 심리적인 병자라는 것을 증명하는 예수에 대한 책은 많다. 예수에게 신경증 질환이 있었다는 것을 증명하는 책들도 많다. 누가 이런 책들을 썼는가? '그들이' 이런 책을 썼다. 이 사람은 잘못되었고, 신경증 질환이 있고, 미친 사람이라는 것이 증명되어야 그들은 마음이 편하기 때문이다. 둘 다 옳을 수는 없는 것이다. 이 사람이 맞다면 그대가 틀린 것이다.

왜 그럴 필요가 있는 것일까? 그 사람이 신경증 환자라면, 그것을 증명할 필요가 무엇인가? 왜 신경을 쓰는가? 왜 그에 대한 관심이 그토록 많은가? 왜냐하면 그는 그대의 존재에 대한 많은 의문을 상기시키기 때문이다. 그래서 우리는 그러한 사람을 환영하지 않는 것이다. 결코 환영하지 않는다. 그들이 살아 있는 한 언제나 거부할 것이다. 그가 죽으면 그를 환영할 것이다. 그의 얼굴을 우리의 방식으로 색칠할 수 있기 때문이다.

기독교의 예수의 얼굴을 보라. 그것은 캐리커처도 아니고, 만화조차도 못 된다. 그 얼굴은 완전히 잘못된 것이다. 기독교인들은 예수가 웃지 않는다고 말한다. 나는 지금까지 예수가 웃는 초상화를 보지 못했다. 그는 잘 웃는 사람이었음에 틀림없다. 그대가 그것에 대해 들었든 듣지 못했든 그것은 중요하지 않다. 그는 웃는 샘물처럼 어느 곳으로나 흘러갔을 것이다. 그러나 기독교인들은 그를 가능한 한 슬프게 그리고 있다. 그들이 그려 놓은 대로 보면 그는 신경증 환자처럼 보인다. 그는 너무나 슬퍼 보이기 때문에 그와 동행하는 것은 무거운 짐을 지는 것과 같을 것이다. 아무 성당이나 가서 예수의 초상화를 보라. 그 사람과 한 방에서 하룻밤 내내 같이 보낼 수 있을 것 같은가? 그대는 말할 것이다. "일요일 아침만 같이 지내는 것은 좋다."라고. 그러면 이 사람과 온 밤을 지새는 것은? 아마 어떤 사람은 벌벌 떨면서 두려워할지도 모른다. 그는 그토록 슬퍼 보인다. 안 그래도 그대는 이미 너무나 비극적인데 무엇 때문에 덧보태는가?

기독교인은 십자가를 그들의 상징으로 선택했지만, 그것은 전체의 핵심을 놓쳐 버린 것이다. 예수도 십자가에 대해 이야기한 적이 있으며 또 십자가에 못박혔다. 그러나 그가 의미한 것은 완전히 다른 것이었다. 그들은 십자가가 고통스러워 보이기 때문에 그것을 선택했다. 그대는 너무나 많은 고통을 받고 있기 때문에 웃는 그리스도를 상상할 수 없다. 고통 받는 그리스도를 믿을 수는 있다. 그것은 그대와 아주 비슷하며, 어쩌면 더 고통스러울지도 모른다. 그대는 고통을 이해한다. 슬픔의 언어, 고통과 죽음을 이해한다. 그러나 삶을 이해하지는 못한다. 그래서 기독교는 존재하지만 크리슈나 주위에는 아무 종교도 있을 수 없었다.

힌두교도들은 크리슈나를 숭배한다. 그러나 그것은 어쩔 수 없이 하는 것이다. 그는 그대의 존재 양식과 매우 다르기 때문이다. 그는 피리를 불고, 여자들과 춤을 추고, 언제나 웃으며 행복하다. 그는 그대의 존재와는 너무 다르기 때문에 이해할 수 없다. 어떻게 춤추는 것을 이해할 수 있는가? 그대는 죽음을 이해할 수는 있다. 십자가는 이해할 수 있다. 그러나 피리 부는 것과 노래 부르는 것은 이해하지 못한다.

기독교는 세상으로 불같이 퍼져 나갔다. 그러나 크리슈나를 숭배하는 사람은 하나도 없다. 숭배자라고 생각하는 사람도 실제로는 숭배자가 아니다. 그들 역시 크리슈나에게는 어려움을 느낀다. 그들은 크리슈나를 여러 가지 방식으로 돌려서 설명해야 한다. 그들은 다른 사람들의 아내와 춤을 추고 1만 6천 명의 여자 친구를 가진 크리슈나를 믿을 수 없는 것이다. 그것은 불가능한 일이다. 그것에 다른 의미가 있음에 틀림없다. 그래서 그들은 크리슈나를 그들 나름대로의 방식으로 설명하고 있다. 이들 1만 6천 명의 여자들은 진짜 여자들이 아니며, 그것은 인간의 신경 조직이라고. 1만 6천 개의 신경 조직이라고. 그러나 내가 알기로는 이 남자는 1만 6천 명의 여인들을 거느렸었다. 이 남자는 웃고 노래하고 춤을 추었다. 그는 넘치는 환희 그 자체였다. 예수도 마찬가지였다. 그래서 나는 그의 이름 '그리스도'가 '크리슈나'에서 유래된 것일지도 모른다고 말하는 것이다.

예수도 마찬가지였다. 그는 슬픈 사람이 아니었다. 하지만 그대는 웃음의 언어를 이해하지 못한다. 아직은 아니다. 그대의 마음은 아직 춤추는 신을 맞을 준비가 되어 있지 않다. 세상은 아직 춤추는 신의 거처가 되지 못하고 있다. 크리슈나는 불가능해 보이지만, 예수는 거의 그대의 삶의 결론처럼 여겨진다. 십자가의 처형이 기독교의 상징이 되었다. 십자가가 상징이 되었다. 그러나 예수에게는 십자가가 그것과는 완전히 다른 의미를 갖고 있다. 그것이 그리스도에게 어떤 의미였는지 나는 말해 주고 싶다.

십자가는 단순한 두 개의 직선으로 이루어져 있다. 하나는 땅에 수평이고 다른 하나는 땅에 수직이다. 그것이 십자 형태이다. 십자로, 십자점 등이 그것이다. 수평선은 시간을 나타낸다. 과거, 현재, 미래가 그것이다. A, B, C의 점들이 하나의 선상에서 움직인다. 그대는 그 선 위에서 살고 있다. 수직선은 영원이다. 그것은 언제나 현재이다. 그곳에는 과거도 미래도 없다. 그것은 위로만 계속해서 올라간다. 위로만 향하고 앞으로는 향하지 않는다.

시간과 영원이 예수가 십자가에 못박힌 곳에서 만난다. 예수가 죽은 순간이 현재이다. 현재 속에서 죽으면 다시 태어나고 부활한다. 그때 그곳에 더 이상의 죽음이 존재하지 않는다. 시간은 사라지고 영원만 남아 있기 때문이다. 십자가는 시간과 영원의 만남의 상징이다. 그 점이 그대의 죽음이 되어야 한다. 그것은 다른 무엇일 수 없다. 시간의 세상에서 없어지면 그대는 영원의 부분이 되기 때문이다. 그리고 두 개가 교차한다. 어디에서 교차하는가? 지금 여기에서, 이 순간에서 교차한다.

지금이 십자가가 존재하는 순간이다. 그러나 수평선을 따라 미래로만 움직여 나가면 그대는 놓치고 만다. 이 순간에 수직선을 따라 움직이기 시작하면 그대는 십자가 위에 있는 것이고, 지금의 그대는 죽고 다시 태어날 것이다. 새로운 탄생, 완전히 새로운 탄생이다. 그리고 그 탄생을 통해 어떤 죽음도 존재하지 않게 된다. 생명은 영원한 것이다. 예수에게 십자가는 시간의 상징이었다. 시간과 영원이 교차하는 것의 상징이었다. 그러나 기독교인들에게는 그것이 슬픈 죽음의, 고통의 상징이 되고 있다.

만일 예수가 유대인들에게로 돌아가지 않고 인도에 남아 있었다면, 인도인들이 십자가를 그렸다면, 아마 십자가는 같겠지만 예수는 달랐을 것이다. 그는 크리슈나가 되었을 것이다. 환희로 충만하고 얼굴은 미소 짓고 있으며, 그의 존재 전체가 미소 짓고 있을 것이다. 지금은 환희의 순간이기 때문이다. 시간이 사라지면 그대는 시간의 세계에서는 죽고 영원의 세계에서 재생한다. 그 순간에는 환희의 상태일 수밖에 없다. 이것이 힌두교에서 말하는 사마디(무아일여의 경지, 삼매경)이다.

그러나 기독교인들은 그 의미를 놓쳤다. 언제나 그렇게 된다. 살아 있는 예수는 불편하기 때문이다. 그는 심장 속 벌레처럼 그대를 물 것이다. 그대는 자신을 편하게 해야 한다. 그가 죽으면 모든 것을 그대에게 편하도록 재정렬할 수 있다. 예수를 그대에게 맞도록 그릴 수 있다. 그때 그는 그대의 대변자 외에는 아무것도 아니다.

"만일 그들이 너희에게 물으면……."

그들은 물을 것이다.

"만일 그들이 너희에게, 너희는 어디에서 왔느냐고 물으면
그들에게 말하라.
우리는 빛으로부터 왔으며, 그 빛은 스스로에게서 나왔다고."

우리는 신으로부터 왔다. 우리는 신의 아들이다. 우리는 모든 존재의 근원에서 왔다. 그리고 모든 존재의 근원은 다른 근원을 가지고 있지 않다. 그것은 자기 근원이다. 자기 창조이다. 아버지는 다른 아버지를 갖고 있지 않으며, 창조주는 다른 창조주를 갖고 있지 않다. 창조주란 스스로를 창조하는 힘을 의미한다.

"우리는 빛으로부터 왔으며, 그 빛은 스스로에게서 나왔다고.
만일 그들이 너희에게,
너희 속에 있는 아버지의 표시가 무엇이냐고 물으면……."

그들은 물을 것이다. 반드시 물을 것이다.
"당신은 깨달음을 얻었는가? 그 표시가 무엇인가? 당신은 하느님 아버지를 알게 되었는가? 그렇다면 어떤 표시가 있는가? 우리

에게 그 표시를 보여 달라."

그들은 직접 보지 못하기 때문에 언제나 표시를 요구한다. 그들은 직접 존재 안으로 들어올 수 없다. 붓다가 앞에 있어도 표시를 요구한다. 예수가 앞에 있어도 표시를 요구한다. "이해할 수 있는 표시를 우리에게 보여 달라." 그런데 예수가 그곳에 있다. 그러면 충분히 표시가 될 수 있지 않은가? 아니다. 그를 이해할 수 없기 때문이다. 그는 그대를 초월해 존재하기 때문이다.

사람들은 예수에게 와서 묻곤 했다.

"당신이 정말 약속된 사람입니까? 선택받은 그 사람입니까?"

그들은 그에게 묻고 있었던 것이다. 그들은 틀림없이 제자들에게도 물었을 것이다. '그들은' 언제나 제자들에게 대립하기 때문이다. 그들은 스승에게도 대립하지만 제자들에게는 더 심하게 대립한다. 제자들이 그들 가운데를 더 많이 돌아다니기 때문이다. 제자들은 그들과 함께 살고, 그들과 함께 살 수밖에 없다. 그래서 사람들은 당혹스러운 질문을 던질 것이다. 그들은 물을 것이다.

"너희 안에 있는 아버지의 표시가 무엇이냐? 물을 포도주로 만들어 보라. 그러면 우리가 믿겠다. 아니면 죽은 사람을 살려 보라. 아니면 자연의 법칙과 어긋나는 다른 일들을 행해 보라."

그러면 그들은 이해할 것이다.

예수는 어떻게 말했는가? 예수는 "기적을 행해 그들에게 증거를 보여 주라."고 말하지 않았다. 그가 한 말은 지금까지 그 누가 한 말 중에서 가장 아름다운 말이다. 그는 말한다.

"그들에게 말하라.

그것은 운동이며 휴식이라고."

이것이 우리 안에 있는 하느님의 표시라는 것이다.

"그것은 운동이며 휴식이라고."

이해하기 어려운 말이다. 무슨 의미인가? 그는 말한다.
"우리는 움직이고 있지만 또한 휴식하고 있는 것이다. 그 대립되는 것이 우리 안에 녹아 들어가 있다. 우리는 모든 대립되는 것의 종합이다. 우리는 말하지만 침묵을 지키고 있다. 우리는 사랑하면서 사랑하지 않는다. 사랑받고자 하는 욕구가 사라졌기 때문이다. 우리는 홀로 있지만 서로의 안에 있다. 서로의 안에 있어도 홀로 있음이 흔들리지 않기 때문이다. 우리는 군중 속에 있지만 군중이 아니다. 그들은 우리 안으로 뚫고 들어오지 못하기 때문이다. 우리는 이 세상에서 살고 있지만, 이 세상에 속해 있지 않다. 우리는 이 세상 안에 있지만 이 세상은 우리 안에 있지 않다."
예수가 말한 것이 그것이다.

"그것은 운동이며 휴식이라고."

"우리를 보라. 우리는 움직이지만 그 움직임에는 긴장이 없다. 우리는 걸어가지만 우리 존재의 중심에는 움직임이 없다. 어딘가에 도달해야 할 동기가 없기 때문이다. 우리는 이미 도착했다. 이것이 우리 안에 있는 하느님 아버지의 표시이다. 우리를 보라! 욕망이 없으면서도 계속 일하고 있지 않는가. 서로 모순되는 것들이 녹아 들어와 있다. 우리는 걷지만 걷는 것이 아니다. 살고 있지만 사는 것이 아니다. 너희들은 우리를 시간 속에서 보고 있지만 우리에게는 시간은 사라졌다. 우리는 영원으로 들어갔다."

이것이 완전한 스승의 표시이다. 완전한 스승을 보기 원한다면 이것이 그 표시이다. 운동과 휴식.

만일 스승이 활동하고, 사람들에게 봉사하며, 사회를 변혁시키고, 이상향 건설을 위해 대대적인 운동을 일으킨다면 그대에게는 쉬울 것이다. 간디를 이해하기는 쉬울 것이다. 계속적인 운동, 정치적이고 사회적이며 종교적인 활동, 그리고 다른 사람들에 대한 헌신……. 간디가 마하트마, 즉 위대한 영혼이라는 것은 이해하기가 쉽다. 그곳에는 오직 활동만 있기 때문이다. 다른 사람들에게 헌신하는 활동이. 혹은 속세를 떠나 히말라야로 들어간 사람은 이해하기 쉽다. 말도 하지 않고, 침묵 속에 머물며, 움직이지 않고, 아무것도 하지 않는 그를 이해하기는 쉽다. 그는 봉사도, 사회적 활동도, 종교적 활동도, 의식 행위도 하지 않는다. 그는 다만 침묵 속에, 그곳에 앉아 있을 뿐이다. 그대는 그를 이해할 수 있다. 그는 휴식 속에 있는 것이다.

그러나 둘 다 하나의 극단을 선택하고 있는 것이다. 그들은 훌륭한 사람들일 수는 있다. 훌륭한 사람들은 많다. 그러나 완전하지는 않다. 그들은 아버지의 표시를 보여 주지 않는다. 완전함이 그 표시이기 때문이다. 예수 같아야 한다. 움직이고 동시에 침묵 속에 있어야 한다.

운동과 휴식, 세상 속에서 살아가고 그것을 포기하지 않는다. 그러나 완전한 포기 속에 존재한다. 서로 대립되는 것이 만나는 곳에 궁극의 것이 일어난다. 하나를 택하면 빗나간 것이다. 죄를 짓고 있는 것이다. 과녁에서 빗나간 것이다. 선택하지 말라. 그래서 노자나 예수는 선택하지 말라고 말하고 있는 것이다. 선택하면 빗나간다. 선택하지 말라. 움직임이 그곳에 있게 하고, 휴식이 그곳에 있게 하라. 운동과 휴식이 함께 있게 하라. 단일음이 되지 말고 교향곡이 되라. 단일음은 간단하다. 그곳에는 큰 문제가 없다.

물라 나스루딘이 바이올린을 갖고 있었는데 그는 그것으로 계속해서 한 음만을 켰다. 온 가족이 방해를 받았고, 이웃 사람들도 방해를 받았다. 그들은 말했다.

"이것이 무슨 음악인가? 배우고 있는 중이라면 잘 좀 배우라. 당신이 계속 한 음만을 내고 있으니까 지루해서 사람들이 한낮에도 졸지 않는가?"

나스루딘의 아내도 말했다.

"이제 좀 그만해요. 몇 달 몇 년을 들어도 무슨 음악이 그래요? 무엇을 하고 있는 거예요?"

나스루딘이 대답했다.

"사람들은 자기만의 곡조를 찾고 있지. 난 그것을 이미 찾았어. 그들은 아직도 찾고 있는 중이라서 계속 음을 바꾸지만 난 이미 찾았거든. 그러니 바꿀 필요가 없지. 난 이미 목표에 도달한 거야."

단일음은 간단하다. 많은 것을 배울 필요도 없다. 복잡하지가 않다. 그러나 단일음은 많은 아름다움을 놓치고 있다. 복합성이 높을수록 아름다움이 높게 나타나는 것이다. 신이야말로 가장 복합적이다. 모든 세계가 그의 안에 있고, 모든 우주가 그의 안에서 만난다. 그러므로 그대의 하느님 아버지의 표시는 무엇인가? 그것은 종합이고 화음일 수밖에 없다. 그곳에는 모든 선율이 하나로 녹아 들어가 있다. '운동과 휴식'은 상징적인 말이다.

"그들에게 말하라.
그것은 운동이며 휴식이라고."

그것을 해 보라. 그것을 그대 안에서 실현해 보라. 극단은 선택하기 쉽다. 활동을 선택할 수는 있지만 그 안에서 자기를 잃어버릴 수도 있다. 아니면 세상을 포기할 수는 있지만 그렇게 함으로써 자기를 잃어버릴 수도 있다. 양쪽 다 선택이다. 그대는 신으로부터 가장 멀어질 것이다. 신은 어떤 것도 거부하지 않으며, 어떤 것도 포기하지 않기 때문이다.

그는 모든 것 안에 있고 모든 것이다. 그대 역시 포기하지도 않고, 거부하지도 않고, 선택하지도 않으며, 선택 없이 깨어 있음으로써 모든 것이 된다면, 궁극의 표시, 신의 표시를 지닐 것이다.

극단을 조심하라. 그것은 굴러 떨어질 수 있는 가장 위험한 길이다. 양극을 만나게 하라. 그때 새로운 현상이 일어난다. 더 신비하고 미묘하고 복합적이고, 그리고 더 아름다운 것이 나타날 것이다.

18
살아 있는 영

ⲠⲈϪⲈ Ⲓ̅Ⲥ̅ ϪⲈ ⲈⲒⲤϨⲎⲎⲦⲈ ⲀⲚⲞⲔ
ϮⲚⲀⲤⲰⲔ Ⲙ̅ⲘⲞⲤ ϪⲈⲔⲀⲀⲤ ⲈⲈⲒⲚ
ⲀⲀⲤ Ⲛ̅ϨⲞⲞⲨⲦ ϢⲒⲚⲀ ⲈⲤⲚⲀϢⲰⲠⲈ

남자는 말한다. "당신이 말하는 것은 모두 설득력이 있습니다.
그래서 나는 당신을 사랑하게 되었습니다."
여자는 말한다. "나는 당신을 사랑하게 되었습니다.
그래서 당신이 말하는 것은 모두 설득력이 있습니다."
예수는 여자를 남자처럼 남자를 여자처럼 만들 것이라고 말한다.
무의식적인 것은 모두 사라지고 의식적인 전체가 되어야 한다.
모든 이분법이 사라질 때 존재는 완성된다.

열여덟 번째 말씀

시몬 베드로가 그들에게 말했다.
"마리아를 우리에게서 떠나가게 하자.
여자들은 생명을 받기에 합당하지 않기 때문이다."

예수께서 말씀하셨다.
"보라, 내가 그녀를 인도해 남자로 만들리라.
그리하여 그녀 역시 너희 남자들처럼
살아 있는 영이 될 수 있게 하리라.
자신을 남자로 만드는 여자는 모두
하늘나라에 들어갈 것이기 때문이다."

우리는 오늘 거친 바다를 항해할 것이다. 많은 것들을 이해해야만 한다. 그리고 이런저런 식으로 편견을 갖지 말라. 편견은 이해를 거의 불가능하게 만들기 때문이다.

첫째로 이해해야 할 것은 이것이다. 남자와 여자는 기본적으로 다르다. 다를 뿐만 아니라 서로 반대이다. 그래서 그토록 서로 매력을 느끼는 것이다. 매력은 서로 반대인 경우에만 가능하다. 비슷한 것은 많은 매력을 갖기가 어렵다. 그대가 무엇을 하는 사람이든, 그 점을 잘 알고 있을 것이다. 남자에게는 여자가 미지의 대상이다. 그것이 매력을 일으키고 서로를 자극한다. 의문이 생겨나고 호기심이 일어난다. 여자에게는 남자가 미지의 것이다. 남자에게는 신은 여성의 모습으로 이 세상에 나타난다. 신은 미지의 존재이기 때문이다. 여자에게는 남자가 신성을 대표한다. 그녀에게는 남자는 미지의 것이기 때문이다. 이 때문에 반대의 것은 그토록 의미 있는 대상이 되는 것이다.

따라서 첫 번째로 이것을 이해해야 한다. 남자와 여자는 다르다.

다를 뿐만 아니라 서로 반대이다. 그러나 동등하지 않은 것은 아니다. 둘은 동등하다. 차이가 있고, 서로 반대이며, 양극단을 이룬다. 하지만 동등하지 않은 것이 아니다. 동등하다. 반대를 이루는 것은 언제나 동등하다. 그렇지 않으면 반대일 수가 없다.

이해해야 할 두 번째의 것은 이것이다. 여자의 육체는 완전히 다른 목적을 위해 존재한다. 생물학적으로, 심리학적으로, 화학적으로, 여자는 남자와 다른 기능을 갖고 있다. 여자의 육체는 남자의 육체와 너무나 다르기 때문에 생물학적인 지식을 깊이 탐구하지 않으면 그 차이점을 이해할 수 없다. 그들은 떨어진 두 세계로서 존재한다.

여자는 자궁을 가지고 있다. '여자woman'라는 단어 자체가 '자궁을 가진 사람man with a womb'이라는 뜻이다. 자궁은 매우 중요하다. 자궁만큼 중요한 것은 드물다. 왜냐하면 모든 생명은 자궁을 통해 태어나기 때문이다. 생명의 모든 움직이는 현상은 자궁을 거친다. 자궁은 세상으로 나오는 관문이다. 자궁 때문에 여자는 수용적이어야 하고, 공격적일 수가 없다. 자궁은 공격적일 수 없다. 그것은 수용을 해야 한다. 열려 있어야 한다. 미지의 것을 받아들여야 한다. 자궁은 주인이어야 하고 남자는 손님이 될 것이다.

자궁은 여자의 육체에 있어서 핵심적인 현상이기 때문에 여자의 심리 전체가 남자와는 차이가 있다. 여자는 공격적이지 않고, 조사하지 않으며, 질문도 의심도 하지 않는다. 그러한 것들 모두 공격의 일부이기 때문이다. 남자는 의심하고, 질문하고, 찾는다. 여자는 기다리고, 남자가 그녀를 찾아올 것이다. 여자는 주도권을 갖지 않는다. 여자는 기다린다. 여자는 끝없이 기다릴 수 있다.

이러한 기다림을 기억해야 한다. 왜냐하면 그것이 차이를 만들기 때문이다. 여자가 종교의 세계에 들어가면 남자와는 전적으로 다른 길을 걸어가야 한다. 남자는 공격적이고, 의심하고, 질문하고, 추구하러 다니고, 모든 것을 정복하려고 노력한다. 그럴 수밖에 없다. 그는 공격적인 정자를 에워싸고 존재하기 때문이다. 남자의 육체 전체가 찾고 침투해야 하는 성의 기능을 에워싸고 존재하는 것이다.

남자들이 지금까지 만들어 낸 무기들은 폭탄에서 수소폭탄까지, 모두 남성 성기능의 투영일 뿐이다. 화살이나 총, 폭탄들은 침투하고, 도달하고, 먼 거리를 지난다. 달에 가는 것까지도. 여자들은 그것을 보고 웃으며 바보 같은 짓이라고 생각할 것이다. "도대체 왜 거길 가지?" 그러나 남자에게는 그것이 모험적인 삶이라는 가치를 지니고 있다. 왜냐하면 그것은 침투이기 때문이다. 삶의 신비 속으로의 침투인 것이다.

거리가 멀면 멀수록 더 매력을 끈다. 남자들은 에베레스트에 도달하고 달에 도착하며 더 먼 곳에 도달할 것이다. 그를 막을 수도 없고 방해할 수도 없다. 이미 알려진 것은 무엇이든 소용이 없게 되고 흥미가 사라진다. 더 깊은 신비일수록 그는 그 속으로 들어가야만 한다. 마치 자연 전체가 여자인 것처럼, 남자는 그 속으로 뚫고 들어가고 알아내야만 한다.

남자들은 과학을 만들었다. 여자는 과학적일 수 없다. 기본적인 공격성이 여자에게는 없기 때문이다. 여자는 꿈꾸는 사람이 될 수 있다. 꿈은 기다림이기 때문이다. 그것은 자궁의 일부이다. 여자는 과학자가 될 수 없고, 논리적일 수 없다. 논리도 하나의 공격이다.

여자는 의심하거나 의혹을 갖지 않는다. 여자는 믿을 수 있다. 여자는 신뢰할 수 있다. 그리고 그러한 것이 여자에게는 자연스런 일이다. 그것들은 자궁의 일부이기 때문이다. 육체 전체는 자궁을 보존하기 위한 자연의 도구이다. 자연은 자궁에 관심을 갖는다. 왜냐하면 자궁을 통해 생명이 존재를 나타내기 때문이다. 이러한 사실들이 여자에게 전적으로 다른 성향을 준다.

여자에게 있어서 종교는 사랑의 일종이다. 그것이 진리 추구일 수는 없다. '진리 추구'라는 문구는 남자를 위한 것이다. 여자에게 있어서 종교는 사랑하는 사람, 연인에 대한 기다림이다. 신은 그녀에게 하나의 아들, 하나의 남편이 될 수는 있어도 진리일 수는 없다. 진리는 그녀에게 공허하고, 평범하고, 무미건조하고, 죽은 것에 지나지 않는다. 그녀에게 있어서 '진리'라는 단어는 생명력을 가지고 있지 않다. 그러나 남자에게는 진리가 가장 의미 있는 단어이다. 남자는 말한다. "진리는 신이다. 진리를 발견하면 모든 것을 알게 된다." 그리고 남자가 추구하는 방법은 공격이다. 그에게 있어서 자연은 정복되어져야만 하는 무엇이다.

이러한 차이점 때문에 문제가 일어난다. 그 문제는 붓다에게서도 발생한다. 붓다의 방법은 남성적이기 때문이다. 그럴 수밖에 없는 것이 방법을 설정하는 것 역시 공격이다. 과학은 공격이고 요가도 공격이다. 왜냐하면 모든 노력이 신비를 어떻게 뚫고 들어가 해결하느냐에 대한 것이기 때문이다. 모든 노력이 어떻게 우주에서 신비를 제거하느냐에 대한 것이기 때문이다. 지식이 의미하는 것이 이것이다. 우리는 알게 되고, 그래서 신비는 사라지는 것이다.

신비가 해결되지 않으면 남자는 평화롭게 휴식할 수 없다. 우주에서 신비는 벗겨져야 한다. 모든 것을 알아야 한다. 어떤 비밀도 비밀인 채로 남아 있어서는 안 된다. 그래서 남자들은 모든 방법을 설정했다. 붓다도 남자였고, 예수도 남자였으며, 조로아스터도, 마하비라도, 크리슈나도, 장자도 남자였다. 그들에게 비견할 만한, 어떤 방법을 설정한 여성은 아직까지 존재한 적이 없다. 깨달음을 얻은 여성들이 있기는 있었다. 그러나 그녀들도 방법을 설정하지 않았다. 추종했을 뿐이다. 할 수 없다. 왜냐하면 방법, 방법론, 통로를 설정하기 위해서는 공격적인 마음이 필요하기 때문이다.

여자는 기다릴 수 있다. 끝없이 기다릴 수 있다. 그녀의 인내는 무한하다. 그럴 수밖에 없다. 여자는 아기를 아홉 달 동안이나 지니고 있다. 날마다 아기는 더 자라나고, 그래서 점점 더 힘들어진다. 인내를 갖고 기다려야만 한다. 아무 조치를 취할 수 없다. 사랑하기까지 해야 한다. 아기가 태어날 것을 기다리며 꿈꾸어야 한다. 어머니를 보라. 특히 이제 막 어머니가 될 여인을 보아라. 그녀는 더 아름다워진다. 여자는 기다릴 때 꽃피어나기 때문이다. 그녀는 우아함을 얻는다. 그녀의 둘레에는 성스러운 빛이 비친다. 여자는 어머니가 되려고 할 때 절정에 달한다. 지금 그녀는 피어오르고 있다. 곧 활짝 피어날 것이다.

그녀의 희망을 보라. 어떤 어머니든, 이제 어머니가 될 여인이라도, 보통의 여자아이 혹은 남자아이가 태어날 것이라고 생각하지 않는다. 특별한 아이가 언제나 그녀의 꿈속에 자리 잡고 있는 것이다. 지금까지 기록된 몇 가지 꿈이 있다. 붓다의 어머니의 꿈과 마하비라의 어머니의 꿈이 그것이다. 인도에서는 깨달은 사람들이 태어나면 그 태몽이 기록되는 전통이 있다. 그러나 내 생각으로는 모든 어머니들이 그런 꿈을 꾸고 있다. 그녀의 꿈이 기록되지 않을 수도 있다. 그것은 별개의 문제이다. 기록될 의무는 없는 것이기 때문이다. 그러나 모든 어머니는 자기가 신을 낳을 것이라는 꿈을 꾼다. 그렇지 않은 경우는 드물다. 단지 붓다의 어머니의 꿈이 기록되었을 뿐인 것이다. 그것이 유일한 차이점이다. 그대의 어머니의 꿈은 기록되지 않았다. 그러나 그것은 붓다나 예수 혹은 어떤 독특한 존재에 비견할 만한 꿈임에 틀림없다. 왜냐하면 그것은 아기를 출산하는 문제가 아니라, 그 출산을 통해 그녀 자신이 탄생하기 때문이다.

아기가 태어난다고 해서 아이만 태어나는 것이 아니다. 그것은 그 일부이다. 어머니 역시 태어나는 것이다. 그 이전에 그녀는 보통의 평범한 여인이었다. 출산을 통해 어머니가 되는 것이다. 한쪽에서는 아기가 태어나고 다른 한쪽에서는 어머니가 태어나는 것이다. 어머니는 보통의 여성과는 전적으로 다르다. 그곳에 틈이 존재한다. 그녀의 존재는 질적으로 다르다. 그전에 그녀는 사랑받는 아내였을 것이다. 그러나 갑자기 그것은 그렇게 중요하지 않게 된다. 한 아이가 태어나고, 새로운 생명이 탄생한다. 그녀는 어머니가 되는 것이다.

이 때문에 남편들은 아내를 두려워한다. 남편들은 기본적으로 아이들을 좋아하지 않는다. 왜냐하면 제3의 부분이 관계에 개입하기 때문이다. 단순히 개입하는 정도가 아니라 그 부분이 핵심으로 된다. 그리고 그 이후부터는 여자는 결코 이전의 아내가 아니다. 그녀는 완전히 다른 사람이 된다. 그 후부터는 남편이 진정으로 사랑을 구하고 싶다면 아들과 같이 되어야 한다. 왜냐하면 어머니가 된 여인은 이제 다시는 보통의 아내로 되지 않기 때문이다. 그녀는 어머니가 되었다. 그대는 그것에 대해 지금 아무것도 할 수 없는 것이다. 남아 있는 유일한 길은 이제 그대가 그녀의 아들이 되는 길뿐이다. 그것이 그녀의 사랑을 되찾을 수 있는 유일한 방법이다. 그렇지 않으면 그 사랑은 그녀의 아들에게로 온통 옮겨 갈 것이다.

어머니는 절정에 도달한 것이다. 남편이나 연인은 어머니가 되기 위한 수단이었던 것처럼 된다. 그 차이를 살펴보라. 어머니가 되려는 여자에게는, 어머니가 되기를 원하는 여자에게는, 남편은 수단에 지나지 않는다. 남편에게는 아이가 목표는 아니다. 남편은 여자의 사랑을 구하는 것이다. 아이가 생겨난다면 그것은 단순히 우연한 것에 지나지 않는다. 그는 아이를 참고 견뎌야만 한다. 아이는 길 도중에 있는 것이지, 길 끝에 있는 목표가 아니다.

이것은 신으로 향하는 길을 가는 데 큰 차이를 일으킨다. 이 문제는 계속해서 일어나 왔다. 수천 명의 여자들이 붓다에게 관심을 보이고 그 길을 가기를 원했다. 그녀들은 인도되기를 바랐다. 그러나 붓다는 그들을 막았다. 붓다는 그것을 회피하려고 노력했다. 그의 길은 기본적으로 남성 지향적이었기 때문이다. 그리고 여자에게 그것을 허락한다면 그의 계획 전체가 흔들릴 가능성도 있기 때문이었다. 그러나 그는 허락해야 했다. 그는 자비로웠기 때문이다. 수천 명의 여자들이 그에게 인도받기 위해 왔을 때 그는 허락했다. 그러나 아주 슬프게 말했다.

"내 종교는 5천 년 동안의 생명력을 지닐 것이었다. 그러나 이제는 5백 년 동안의 생명력밖에 지닐 수 없다."

왜냐하면 반대가 들어왔기 때문이다. 이제는 큰 혼란이 일어날 것이다. 이 때문에 불교는 5백 년 후에 인도에서 사라졌다. 그것에는 더 이상의 생명력이 남아 있을 수 없었다. 여자들이 들어오면 많은 문제가 발생하기 때문이다. 여자는 여전히 여자의 본성을 지니고 입문하기 때문이다. 그러나 그 방법은 기본적으로 남성 지향적인 것이다.

붓다의 견해를 이해한다면 예수는 더 자비로웠음을 알 수 있을 것이다. 그를 배타적인 남성 편애자로 보아서는 안 된다. 그는 그렇지 않았다. 그는 여자에게 반대해 남자 편을 드는 사람은 아니었다. 그의 방법은, 교회는 그것을 완전히 잃어버렸지만, 양성 모두에 의해 이용될 수 있는 것이었다. 교회가 그것을 잃어버린 것은 그것에 대해 의문을 제기한 사람이 교회를 창설했기 때문이다. 시몬 베드로는 모든 교회, 곧 기독교 신앙을 세운 사람이다. 그는 그런 질문을 최초로 제기한 사람이다.

시몬 베드로가 그들에게 말했다.
"마리아를 우리에게서 떠나가게 하자.
여자들은 생명을 받기에 합당하지 않기 때문이다."

교회는 반여성적이다. 수도원에는 여자들의 출입이 금지되고 있으며, 여자는 악의 근원으로 간주된다. 낯선 사람들은 언제나 악인으로 간주된다. 이해하지 못하기 때문이다. 이해한다면 무엇인가 가능할 수도 있다. 여자는 신비로 남아 있다. 그리고 일단 그대의 삶 속으로 들어오기만 하면 그녀는 그대를 지배할 것이다. 그녀의 지배는 매우 미묘하기 때문에 그대는 그것에 저항할 수도 없다.

남자는 그것을 두려워한다. 그래서 자연이나 신의 비밀을 추구하는 사람들은 여자를 피하려고 한다. 왜냐하면 여자는 한번 들어왔다 하면 모든 것을 지배하기 때문이다. 여자는 남자의 전적인 관심을 원한다. 여자는 신이 그녀의 경쟁자로 등장하는 것을 싫어한다. 진리가 경쟁자가 되는 것도 좋아하지 않는다. 여자는 어떤 경쟁자도 허용하지 않는 것이다. 여자는 질투심이 강하다. 그러므로 도를 추구하는 사람이라면 여자를 피하는 것이 좋다.

한 젊은 사람이 소크라테스에게 그가 결혼을 해야 되는지 말아야 되는지에 대해 물었다. 그는 적당한 사람에게 질문을 한 것이다. 그 역시 자신이 적당한 사람에게 질문을 했다고 생각하고 있었다. 소크라테스는 결혼을 함으로써 많은 고통을 받고 있었기 때문이다. 그에게는 크산티페라는 아내가 있었는데 그녀는 인류의 역사 가운데 가장 위험한 여성이었다. 소크라테스는 많은 고통을 당했다. 크산티페는 끊임없이 바가지를 긁으며 그를 지배하고 그에게 물건을 던지곤 했다. 심지어는 뜨거운 차를 그의 얼굴에 붓기도 했다. 그래서 소크라테스의 얼굴 한쪽에는 평생 화상 흉터가 남아 있었다. 그러므로 이 젊은이가 그에게 의견을 물어본 것은 적절한 일이었다. 그는 알고 있었던 것이다. 소크라테스는 대답했다.

"사람은 결혼을 해야 한다. 좋은 아내를 얻으면 행복할 것이고, 나처럼 나쁜 아내를 얻으면 철학자가 될 것이다. 그러니 어떤 경우든 이익을 얻을 수 있을 것이다."

시몬 베드로가 그들에게, 친구들과 다른 제자들에게 말했다.

"마리아를 우리에게서 떠나가게 하자.

여자들은 생명을 받기에 합당하지 않기 때문이다."

여자를 끌어들이는 것은 위험하다. 그렇게 되면 경계선이 모호해지고, 어디로 가고 있는지 모르게 되며, 무엇이 일어날 것인지 알 수 없게 된다. 여자는 남자에게 신비, 미지의 세계, 낯선 것을 상징한다. 여자는 남자에게 시적인 것, 꿈같은 것, 비논리적이고 비이성적이고 무의식적인 것을 상징한다. 여자는 불합리성을 상징한다. 여자의 행동에서 논리를 발견하기는 힘들다. 그녀는 한 지점에서 다른 곳으로 비약을 한다. 그곳에 틈이 있다. 그러므로 예측하기가 어렵다.

하루는 이런 일이 있었다. 나스루딘과 그의 아내가 심한 부부 싸움을 했다. 막판에는, 언제나 그랬던 것처럼, 나스루딘은 자기가 항복해야겠다고 생각했다. 여자와 싸우는 것은 힘든 일이다. 여자가 이기게 되어 있다. 그렇지 않으면 여자는 계속 문제를 삼기 때문에 승리도 소용이 없게 된다. 그래서 나스루딘은 생각했다.

'무엇 때문에 사나흘을 소비해야 하는가? 누구라도 항복해야만 한다. 그렇다면 지금 항복하지 않을 이유가 무엇인가?'

그래서 그는 말했다.

"그래, 당신 말이 맞아."

그의 아내가 말했다.

"뭐라고요? 난 이제 막 마음을 바꾸었는데 내 말이 맞다고요?"

신을 추구하는 사람들은 언제나 두려워한다. 여자에게서 확신을 얻을 수 없기 때문이다. 그녀를 여행의 동반자로 삼지 않는 편이 더 낫다. 그녀는 갈등을 일으키기 때문이다. 그 갈등은 다차원적이다. 그녀의 행동은 비논리적이고 그녀의 마음은 예측할 수 없다. 그것뿐만 아니다. 그곳에는 언제나 사랑에 빠질 가능성이 있다. 그것에 깊이 빨려들 가능성, 성에 휘말려 들어갈 가능성을 배제할 수 없다. 성적인 것이 개입되면 모든 진로가 성취 불가능하다. 다른 방향으로 이동하는 것이 되기 때문이다. 수도자들과 지도자들은 언제나 두려워한다. 그들의 두려움을 이해할 수 있다. 이 사람 시몬 베드로는 다가올 수세기를 위해 미래의 방향을 제시하고 있었다. 여자가 들어오면 종교의 순수성이 상실될 것이라고, 여자가 들어오면 합리성이 사라질 것이라고.

그래서 그는 말했다.

"마리아를 우리에게서 떠나가게 하자……."

그런데 마리아는 평범한 여인이 아니었다. 그녀는 그리스도의 어머니였다. 그녀조차도 허락될 수 없다는 것이다.

"여자들은 생명을 받기에 합당하지 않기 때문이다."

어떤 생명인가? 그들이 추구하고 있던 생명, 영원한 생명이다. 이제 여자들에게는 왜 그러한 생명의 능력이 없는지 이해해 보자.

여자의 온 초점은 자연적이다. 여자는 자연스럽게 생활한다. 여자는 남자보다 자연적이다. 인도에서는 여자를 프라크리티라고 부른다. 즉 자연 자체, 대지, 자연의 기초라는 뜻이다. 여자는 좀 더 자연적이다. 그녀의 성향, 그녀의 목표들은 더 자연적이다. 여자는 불가능한 것을 요구하지 않는다. 여자는 가능한 것만을 요구한다. 남자는 언제나 그 자신 속에 불가능한 것을 추구하는 본성을 지니고 있다. 가능한 것으로 만족하는 법이 없다. 단순히 만족하는 남편이 되는 것은 의미가 없다. 여자는 만족한 아내가 되는 것으로 행복하다. 어머니가 되면 여자의 삶은 충만해진다.

생물학자들은 그러한 데는 이유가 있다고 말한다. 남자에게는 심리적인 불균형이 존재한다. 호르몬적인 불균형이다. 여자는 더 완전하다. 여자는 균형 잡힌 원과 같다. 생물학자의 말에 따르면 정자와 난자가 결합되는 초기에 남성인지 여성인지가 결정된다는 것이다. 여성에 의해 23개의 염색체가 주어지고 남자에 의해 23개의 염색체가 주어지는데 여성의 23개와 남성의 23개가 23쌍의 대칭적인 쌍을 이루면 안정된 균형이 생긴다. 그러면 여자아이가 태어날 것이다. 동일하고 균형이 잡혀서 대칭을 이루는 것이다. 그러면 여자아이가 태어난다. 그러나 아버지는 짝이 맞지 않는 염색체 쌍을 가지고 있다. XY의 짝이다. 어머니에게는 그것이 균형을 이루고 있다. XX이다. 따라서 정자는 반은 X염색체를 갖고 있고, 반은 Y염색체를 갖고 있다. Y염색체를 담고 있는 정자가 난자와 만나면, 남자가 태어난다. 사내아이가 태어나는 것이다. 불균형이 생기고, 비대칭형 XY가 된다.

여자아이와 남자아이가 태어나는 첫날부터 이 불균형을 볼 수 있다. 사내아이는 첫날부터 쉴 새 없이 움직인다. 여자아이는 첫날부터 편안한 태도를 보인다. 출산하기 전, 자궁 안에 있을 때부터도 어머니는 알 수 있다. 남자아이는 쉴 새 없이 움직이기 때문이다. 자궁 안에서부터 발로 차면서 무엇인가를 한다. 여자아이는 조용히 쉬면서 잠자고 있다. 어머니는 사내아이가 태어날지, 여자아이가 태어날지 알 수 있다. 사내아이는 조용히 있지 못하기 때문이다. 깊은 불안감이 남자에게는 존재한다. 그리고 이런 깊은 불안감 때문에 그는 언제나 움직이고 어딘가로 간다. 언제나 멀리 있는 것이나 여행에 관심을 보이는 것이다.

여자는 가정과 환경에 더 깊은 관심을 갖는다. 이웃집의 이야깃거리에 더 큰 관심을 갖는다. 여자는 베트남에서 무슨 일이 일어나고 있는지에 대해서는 관심이 없다. 그것은 너무 멀리 떨어져 있기 때문이다. 사이프러스(터키 남쪽 지중해에 위치한 나라로 터키계와 그리스계 사이의 충돌로 분쟁이 일었다)에서 무슨 일이 일어나고 있든 그것은 의미 있는 일이 아니다. 그들은 남편이 왜 사이프러스에 대한 기사를 읽는지 알지 못한다. "그것이 당신의 삶과 무슨 관계죠?" 그러면 남편은 아내가 수준 높은 화제에 흥미를 느끼지 못한다고 생각한다. 문제는 그것이 아니다. 그녀는 스스로 편안하게 있을 수 있다. 때문에 주변의 일에만 관심을 보이는 것이다. 누구의 아내가 다른 남자와 같이 걸어가는 것, 그것이 뉴스거리이다. 누가 아프고, 누가 태어났고, 누가 죽었다는 것 등이 뉴스거리이다. 더 개인적이고 더 가정적인 것이다. 이웃만으로도 충분한 것이다.

더 만족적인 아내나 어머니는 이웃에 대해서도 흥미를 느끼지 못한다. 자신의 가정만으로도 충분하다. 그녀는 완전함을 느낀다. 그 이유는 생물학적인 것이다. 그녀의 호르몬과 세포가 균형을 이루는 것이다. 남자는 언제나 휴식할 날이 없다. 그는 질문하고 의심하고 돌아다닌다. 그는 궁극적인 것을 찾지 못하는 한 만족하지 못한다. 그리고 그때 가서도 만족을 할지 안 할지 알 수 없다. 그는 다른 어떤 것을 탐구하기 시작할지도 모른다. 이것이 차이점이다. 모든 종교는 먼 곳에 있는 것을 다룬다.

그러므로 여자가 예수를 찾아왔다면 그녀는 신을 찾아온 것이 아니다. 그렇게 멀리 있는 것이 여자에게 의미가 있을 리가 없다. 그녀는 아마도 예수에게 사랑을 느꼈을 것이다. 여자가 붓다를 찾아갔다면 그녀는 진리를 추구하러 간 것이 아니다. 그녀는 붓다에게 사랑을 느꼈을 것이다. 붓다가 그녀에게 매력적으로 보였을 것이다. 이것은 또한 내가 겪는 것이기도 하다. 남자가 나를 찾아오면 그는 이렇게 말한다. "당신이 말하는 것은 모두 설득력이 있습니다. 그래서 저는 당신을 사랑하게 되었습니다." 여자가 나를 찾아오면 그런 식으로는 말하지 않는다. "저는 당신을 사랑하게 되었습니다. 그래서 당신이 말하는 것은 모두 설득력이 있습니다."

베드로는 정직하게 예수의 어머니인 마리아일지라도 문제를 일으킬 것이라고 두려워했던 것이다. 여자가 있으면 그대는 미지의 세계 속에 있는 것과 같은 것이다. 경계선이 분명한 곳에 머물러 있는 것이 그대에게는 좋은 일이다. 여인들을 들어오게 하지 말자. 남자의 마음이라면 믿을 수 있고 그 마음이 어떻게 기능하는지 알 수 있다. 그것이 어떻게 진행해 나갈지 알 수 있다. 남자는 의식적으로 행동하지만 여자는 무의식적으로 행동한다. 그래서 남자는 세부 사항을 축적할 수는 있지만 깊이 들어가지는 못한다. 여자는 세부 사항을 축적하지는 못하지만 조그맣고 간단한 일에 대해서는 깊이 있게 파악한다. 남자는 많은 지식을 얻을 수는 있지만 강렬한 사랑을 지니지는 못한다. 여자는 강렬한 사랑을 얻을 수는 있지만, 지식을 얻지는 못한다. 왜냐하면 지식은 의식의 현상이고 사랑은 무의식의 현상이기 때문이다.

    시몬 베드로가 그들에게 말했다.
    "마리아를 우리에게서 떠나가게 하자.
    여자들은 생명을 받기에 합당하지 않기 때문이다."

  모든 종교는 기본적으로 여자와는 대치된다. 왜냐하면 남자에 의해 창설되었기 때문이다. 다른 이유 때문에 그런 것이 아니다. 가치 평가 때문에 그런 것이 아니다. 단순히 남자에 의해 만들어졌기 때문이다. 남자는 여자를 두려워한다. 그는 그의 영역을 깨끗하게 보존하고 싶은 것이다. 그는 여자들이 그 안으로 들어오는 것을 원하지 않는다.

  모든 종교는 기본적으로 동성애적이다. 양성애적이지 못하다. 모든 종교 공동체는 동성애적이다. 수도자들은 동성애적인 사회에서 살고 있는 것이다. 여자가 그곳에 들어오면 그녀는 이차적인 지위를 가질 수밖에 없다. 그녀는 아무것도 결정을 내리지 못한다. 다만 규칙을 따르기만 해야 한다. 무엇이든 남자가 결정한 것을 따라야 한다. 그러면 아무 불화도 일어나지 않는다. 여자에게는 같은 만큼의 의미가 주어지지 않는다. 그녀는 옆으로 밀려난다. 그녀는 부차적인 역할을 맡게 된다. 그녀는 여자 수도승이 될 수는 있다. 그녀는 자신의 사원을 가질 수는 있다. 그러나 그녀는 중요한 존재가 되지 못한다. 그녀는 결정적인 요소가 될 수 없다.

  여자가 교황이 될 수는 없다. 그것은 불가능한 일이다. 여자는 모든 구조와 조직을 파괴할 것이다. 남자는 제도, 교회, 추종자들의 거대한 조직의 창설이라는 관점에서 생각한다. 그래서 베드로는 말한다. "여자는 허용할 수 없다. 일단 그녀가 허용되면 우리는 예수의 어머니로부터 시작해야만 한다. 그리고 예수의 어머니라는 이유 때문에 그런 우선권을 부여한다면 다른 여자들도 들어올 것이다. 그렇게 되면 혼란을 막을 수 없게 된다."

예수께서 말씀하셨다.
"보라, 내가 그녀를 인도해 남자로 만들리라.
그리하여 그녀 역시 너희 남자들처럼
살아 있는 영혼이 될 수 있게 하리라.
자신을 남자로 만드는 여자는 모두
하늘나라에 들어갈 것이기 때문이다."

예수는 말했다. "두려워하지 말라. 내가 그녀를 인도해서 남자처럼 만들겠다." 무슨 의미인가? 여자를 남자처럼 만들겠다는 것이다. 그녀의 내면적인 어둠을 의식적인 것으로 만들어서 무의식적인 것은 모두 사라지고 의식적인 전체가 되도록 하겠다는 것이다. 그녀의 신비를 장애물이 아니라 디딤돌로 만들겠다는 것이다. 그러면 문제가 없다. 그것은 충분히 가능한 일이다. 그러나 위대한 스승이 필요하다. 남자면서 동시에 여자인 위대한 스승, 그 자신의 내면 속의 남자와 여자가 서로 녹아 없어진 완성에 도달한 스승, 더 이상 분리되지 않는, 성을 초월한, 남성도 여성도 아닌 스승이 필요한 것이다. 그만이 도울 수 있다. 그만이 둘 다 이해하기 때문이다. 그러므로 예수는 말하고 있다.

"내가 그녀를 인도해 남자로 만들리라."

그는 무엇을 말하고 있는 것인가? 그녀의 육체를 변화시키겠다는 것인가? 아니다, 그것은 그가 말하는 핵심이 아니다. 남자의 육체에도 여성적인 마음이 있고 여자의 육체에도 남성적인 마음이 존재한다. 퀴리 부인이 가능한 것이다. 그녀는 완벽한 과학자이고, 매우 이성적이다. 육체는 여성이지만 정신은 그렇지가 않다. 그리고 남자 중에도 여자처럼 비합리적인 사람이 있다. 차이타니아 마하프라부(힌두교의 한 분파인 차이타니아 파의 창시자. 크리슈나 신의 화신으로 일컬어질 정도로 많은 신도가 몰려들었지만 교단도 만들지 않았고 책도 쓰지 않았다)는 완벽한 남자였다. 그는 위대한 논리가이고 철학자였다. 그가 그것을 계속했다면 역사는 그를 위대한 논리가로 기록했을 것이다. 그러나 그는 모든 논리를 포기했다. 그리고 여자가 되었다. 길에서 춤추고 키르탄(헌신의 요가에서 노래를 하면서 춤추는 수행의 한 방법)을 하며 돌아다녔다. 그의 얼굴마저도 여자처럼 우아하게 되었다. 육체도 마찬가지였다. 우아한 곡선이 그의 육체에 생겼다. 그는 춤추고 노래하면서 신을 연인으로 사랑하기 시작했다.

예수는 무엇을 말하고 있는가? 여자의 무의식이 의식으로 변할 수 있고, 그래서 여자가 완전히 달라질 수 있음을 말하고 있다.

"내가 이렇게 하겠다. 내가 그녀를 인도해 남자로 만들겠다."

그녀를 남자로 만든다는 것은 무슨 의미인가?

이 말을 듣고 남자들은 자기가 더 높은 상태에 있다고 생각해서는 안 된다. 예수가 한 말의 의미는 여자들이 대개 머물고 있는 내면의 어둠을 말한다. 여자는 더 육체 지향적이기 때문에 그 어둠 속에 살 수밖에 없다. 자연은 남자보다 여자를 더 필요로 한다. 남자는 단지 주변에 머물 뿐이다. 남자는 사용 후 버릴 수 있지만 여자는 버릴 수가 없다.

 남자는 그렇게 많이 필요한 것이 아니다. 그래서 자연 속에서 아버지를 많이 발견할 수 없는 것이다. 어머니는 도처에 있다. 새, 동물, 물고기 등 어머니는 아무 곳에나 있다. 그러나 아버지는 없다. 오직 인간 사회에서만 아버지를 발견할 수 있다. 왜냐하면 아버지는 형식적이고 사회 관습적인 현상이지 자연적인 현상은 아니기 때문이다. 언어학자들은 '아저씨'라는 단어가 '아버지'라는 단어보다 더 오래 되었다고 한다. '아버지'는 아주 최근에 생겨난 것이다. 남자와 여자의 관계가 성립될 때 아버지가 나타난 것이다. 그러나 아저씨는 이미 존재하는 것이다. 왜냐하면 모든 남자는 아이의 아저씨이기 때문이다. 누가 아버지인지는 모른다.

 아버지가 사라지는 세상이 있을 수도 있다. 그럴 가능성이 있다. 사유 재산이 생겨났을 때 아버지가 존재하기 시작했기 때문이다. 그때부터 그는 자기의 사적 재산뿐만 아니라 자기의 여자까지도 지배하고 지도하게 된 것이다. 사유 재산은 언젠가는 없어질 것이다. 사유 재산이 없어지면 아버지도 존재하지 않게 된다.

 이미 서구에서는 이런 현상이 일어나고 있다. 아이들만을 데리고 사는 여자들이 많아졌다. 아버지는 없어도 되는 것이다. 이것은 점점 늘어나는 추세이다. 그러나 어머니는 없어서는 안 된다. 자연은 여자를 더 필요로 한다. 때문에 여자는 더 육체적인 현상이다. 여자는 남자보다 육체를 더 의식한다. 여자들이 옷을 입느라고 시간을 많이 보내는 것은 그 이유 때문이다. 자동차 경적을 아무리

울려도 그녀는 나타나지 않는다.

한번은 나도 함께 차 안에 앉아 있었는데 남편이 아무리 경적을 울려도 그의 아내는 내려오지 않았다. 단지 그녀는 창문을 열고 내다보며, "2분 내에 간다고 수천 번도 더 말했잖아요." 하고 소리치는 것이었다. 그녀는 정확하게 옳은 말을 한 것이었다. 1시간 동안이나 "2분 안에 갈게요."라고 말하고 있었던 것이다. 어째서 옷 입는 데 그토록 많은 시간이 걸릴까? 여자는 육체적이기 때문이다. 남자는 정신적이고 여자는 육체적이다.

한 유명한 여배우가 이런 말을 했다. 그리고 그녀가 이 말을 했을 때 사람들은 그녀가 다른 여배우들과는 달리 매우 겸손하다고 생각했다.

"나는 내가 아름답다고 생각하지 않습니다. 하지만 거울과 나의 의견이 다른 걸 어떻게 합니까? 나는 내가 아름다운 여인이 아니라는 것을 알고 있습니다. 그러나 거울은 '당신은 매우 아름답다'고 말하지 뭡니까……."

여자들은 거울에 자신을 비춰 보면서 몇 시간이나 계속 서 있다. 남자는 그런 일을 상상조차 할 수 없다.

어느 날 물라 나스루딘이 파리들을 잡고 나서 아내에게 말했다.

"나는 두 마리의 암놈 파리와 두 마리의 수놈 파리를 잡았지."

그의 아내가 의아해하며 물었다.

"어떤 것이 암놈이고 어떤 것이 수놈인지 당신이 어떻게 알죠?"

나스루딘이 대답했다.

"두 놈은 거울에 앉아 있었거든."

여자는 몸에 대해 더 관심이 많다. 더 육체적이고 더 기본적이다. 그렇기 때문에 여자들은 남자들보다 오래 산다. 남자들보다 4년은 더 오래 산다. 그래서 과부가 많은 것이다. 그들은 언제나 남편을 먼저 소진시킨다. 여자아이 100명에 남자아이 120명이 태어난다. 14살 무렵이 되면 20명의 남자아이들이 죽어 자연은 균형을 맞춘다. 여자아이들은 14세가 되어도 100명이 그대로 남아 있지만 20명의 남자는 사라지기 때문에 자연은 균형을 맞추기 위해 남자아이들을 20명 더 태어나게 하는 것이다.

그대가 쉬지 않고 움직인다면 그것은 그대의 에너지를 소진시켜 버릴 것이다. 모든 것을 정확하게 계산한다면 여자가 남자보다 섹스가 더 강하다. 여자가 더 오래 살고 덜 아프며―여자는 아프지 않은 척하는지도 모른다. 그러나 그것은 별개의 문제이다. 어쨌든 여자는 덜 앓는다―더 건강하고, 생활력이 강하며, 남자보다 질병에 더 강하게 저항한다. 보라, 겨울이 오면 남자는 스웨터와 코트를 입고 다니지만 여자는 여전히 소매 없는 옷을 입고 다닌다. 아무것도 변하지가 않는다. 그들은 인내심이 더 강하고, 저항력이 강하다. 육체에 뿌리를 두고 있기 때문에 더 보호를 받는 것이다.

남자는 머리로 산다. 남자는 더 정신적이다. 때문에 남자가 더 많이 미치며 남자가 여자보다 더 많이 자살을 한다. 여자는 약하지 않다. 남자가 더 약하다. 왜냐하면 정신은 육체보다 강하지 않기 때문이다. 정신은 최근에야 존재하기 시작한 것이다. 육체는 오랜 역사를 갖고 있다. 그러나 이 육체에 뿌리를 둔 생활은 신을 추구하는 길에 들어서면 문제를 일으킨다.

생활에서는, 자연적인 생활에서는 여자가 승리한다. 그러나 정신적인 삶은 자연과 대치되고 그것을 초월하는 것이다. 그때 그 육체에 뿌리를 둔 생활 태도는 문제를 일으킨다. 그녀의 마음 전체가 의식적으로 되지 않는 한 그녀의 육체에 뿌리를 둔 생활 태도는 그들을 떠날 수 없다. 그녀는 그만큼 그것에 깊은 뿌리를 내리고 있기 때문이다. 남자들은 새나 파리 같고 여자들은 나무 같다. 뿌리가 깊다. 물론 여자들이 더 많은 영양을 섭취한다. 그리고 새가, 남자가 쉬고 싶을 때는 언제라도 여자의 그늘, 나무의 밑으로 와서 영양을 섭취하고 깃든다. 이것은 일반적인 삶에 있어서는 좋고 도움이 된다. 그곳에서는 여자들이 승리한다. 그러나 자연적인 것을 초월하려고 할 때는 그 도움이 방해가 된다.

예수께서 말씀하셨다.
"보라, 내가 그녀를 인도해 남자로 만들리라.
그리하여 그녀 역시 너희 남자들처럼
살아 있는 영이 될 수 있게 하리라."

여자는 살아 있는 육체이다. 그래서 여자에게 길은 더 멀다. 세 가지를 생각해 보라. 살아 있는 육체와 살아 있는 정신과 살아 있는 영혼, 이것들이 세 가지 층이다. 여자는 살아 있는 육체이다. 남자는 살아 있는 정신이다. 이 두 가지를 초월하는 것이 아트만, 즉 살아 있는 영혼이다. 정신에서 영혼으로 가는 길은 가깝다. 그러나 육체로부터 도달하기에는 거리가 더 멀다. 그러나 그렇다고 해서 결코 용기를 잃을 필요는 없다. 왜냐하면 자연에서는 모든 것이 균형을 이루고 있기 때문이다. 거리가 멀기 때문에 더 어려운 것은 사실이다. 그러나 다르게 보면 더 쉬울 수도 있다. 왜냐하면 여자는 아주 단순한 존재이기 때문이다. 남자는 아주 복잡하다. 그리고 그 복잡성이 문제를 일으킨다.

정신으로부터 영혼까지는 더 가깝다. 그러나 정신으로부터 도약하기는 쉽지 않다. 왜냐하면 머리는 계속해서 의심을 하기 때문이다. 여자는 쉽게 도약할 수 있다. 여자는 육체에 뿌리를 내리고 있고, 믿음이 강하다. 여자는 의심하지 않는다. 일단 남자와 사랑에 빠지면 그녀는 그 남자와 지옥에까지라도 갈 수 있다. 그녀는 그런 것을 개의치 않는다. 한번 믿음이 생기면 그녀는 끝까지 따라간다. 때문에 여자는 남자가 어떻게 그렇게 쉽게 사기를 칠 수 있는지, 어째서 남자는 그렇게 쉽게 배반을 하는지 상상도 하지 못한다. 여자에게는 사기 치는 일이 불가능하다. 왜냐하면 여자는 존재 자체가 그렇지 못하기 때문이다. 여자는 언제나 믿는다. 여자는 믿음과 함께 살아간다. 그래서 남자가 어떻게 그렇게 쉽게 배반할 수 있는지 이해하지 못한다.

육체는 영혼과 거리가 멀기 때문에 어려움이 생긴다. 간격이 존재한다. 그러나 그것이 도움이 될 수도 있다. 그 때문에 여자는 쉽게 도약할 수 있다. 일단 사랑을, 믿음을 갖게 되면 여자는 쉽게 도약한다. 그렇기 때문에 여자 스승은 많지 않지만 탁월한 여자 제자는 많다. 제자 생활에 관한 한 어떤 남자도 여자를 따라갈 수는 없다. 왜냐하면 그들은 일단 믿으면 끝까지 믿기 때문이다.

인도를 보라. 자이나교의 남자 수도승과 여자 수도승을 보라. 자이나교의 남자 수도승들은 평범한 사람들과 다를 바가 없다. 물론 옷은 다르게 입고 있지만 그들은 평범한 사업가와 같다. 옷을 갈아입혀 시장에 세워 놓으면 아무 차이점도 발견하지 못할 것이다. 그러나 여자 수도승들은 다르다. 그들은 순수성을 지니고 있다. 일단 믿음을 가지면 그들은 순수해진다. 가톨릭의 수녀들을 보라. 그들은 가톨릭의 성직자나 남자 수도사들과는 다르다. 남자 수도사들은 영리하다. 그들이 과연 독신을 지키는지 않는지는 도무지 믿을 수 없는 일이다. 만일 그들이 아주 멍청이라면 그것을 지킨다. 그러나 약간의 머리를 갖고 있다면 어떤 방법을 찾아낼 것이다. 그러나 수녀들은? 그들은 독신을 지킨다. 그 점은 믿어도 된다. 일단 그 길을 택한 후에는 그녀들은 그곳에 온 마음을 다한다.

그러므로 거리가 멀기 때문에 어려운 점이 있기는 하지만 도약이 가능하기 때문에 도움이 되는 요소도 있다. 일단 결정되면 도약을 실행한다. 방황하는 법이 없다. 육체는 방황을 모른다. 정신만 방황을 한다.

예수께서 말씀하셨다.
"보라, 내가 그녀를 인도해 남자로 만들리라.
그리하여 그녀 역시 너희 남자들처럼
살아 있는 영이 될 수 있게 하리라.
자신을 남자로 만드는 여자는 모두
하늘나라에 들어갈 것이기 때문이다."

이것은 예수의 가르침의 일부이다. 다른 부분은 기록되지 않았다. 그것을 기록할 여자가 없었기 때문인지도 모른다. 이 말씀도 남자에 의해 기록된 것이다. 그러나 내가 아는 바로는 다른 부분이 있으며, 그것이 기록되도록 내가 그것을 말해야 할 것이다.

궁극적인 완성에서는, 영적 존재의 절정에 있어서는, 여자가 남자로 되는 것처럼 남자도 여자로 된다. 그것은 일방통행이 아니다. 그럴 수 없다. 왜냐하면 남자와 여자는 반대의 성, 극단이기 때문이다. 여자가 남자처럼 된다면 남자는 무엇처럼 되겠는가? 그는 여자처럼 될 것이다. 그때 반대는 녹아 없어진다.

여자는 무의식을 의식으로, 불합리성을 합리성으로, 신앙을 의문으로, 기다림을 움직임으로 바꾸어야만 할 것이다. 그리고 남자는 정확하게 그 반대의 것을 해야 한다. 그는 움직임을 정지로, 부단한 활동을 평온함으로, 고요함으로, 의심을 믿음으로 바꾸어야 할 것이다. 그리고 그의 이성을 비논리성으로 바꾸어야 할 것이다. 그러면 논리의 초월이 탄생하게 된다. 양쪽으로부터 그들은 서로 이동해야만 한다. 남자는 자신의 남성성으로부터 이동해야만 하고, 여성은 그녀의 여성성으로부터 이동해야만 한다. 남자인 마음은 반쪽이며 반쪽으로서는 전체를 알 수 없기 때문이다. 여자인 마음은 반쪽이며 반쪽으로서는 전체를 알 수 없기 때문이다. 둘 다 그들의 위치로부터 벗어나 액체가 되어 서로 녹아 들어서는 남성도 아니고 여성도 아니게 되어야 한다.

힌두교에서는 그것에 대해 아주 명확하다. 궁극의 존재를 가리키는 그들의 용어 '브라흐마'는 어느 쪽에도 속하지 않는다. 영어로는 그것을 나타내기가 곤란하다. 영어에는 두 개의 성밖에 없기 때문이다. 산스크리트어에는 세 개의 성이 있다. 하나는 남성이고 하나는 여성이며, 다른 하나는 두 성을 초월한 것이다. 브라흐마는 세 번째의 성, 중성이다. 브라흐마에 도달한 사람은 브라흐마 신처럼 된다. 남성은 남성이 아니며 여성은 여성이 아니다. 그들의 대립 현상은 사라진다. 그런 다음에만 존재는 완성된다. 그때 존재는 자유를 획득하고, 존재는 해방된다.

예수는 다른 부분도 말했음에 틀림이 없다. 그것은 기록되지 않았다. 왜냐하면 무엇을 기록할 때는 자신의 입장에 따라 기록하기 때문이다. 나는 그대에게 숱한 이야기를 해 왔지만 그대의 마음은 자신에 따라서 그것을 기록할 것이다. 많은 것을 생략할 것이다. 그러면서도 그대는 그 생략을 깨닫지 못할 것이다. 이것이 문제이다. 자각하지도 못하면서 생략하고 있는 것이다. 의식적으로 빠뜨리지는 못한다. 그냥 기록하지 않는 것이다. 그대의 기억은 그것을 기록하지 못할 것이다. 그것을 생략할 것이다. 그대는 자신에 따라서 기록한다.

그 시대에는 이 문제가 더 심각했다. 예수는 돌아다니면서 이야기를 했고 제자들은 따라다니면서 들었으며, 따라서 말씀은 즉시 기록되지 않았다. 어떤 때는 몇 년이 지난 후에야 기록되기도 했다. 심지어는 수백 년이 지난 후에야 기록된 것도 있다. 그때 가르침은 이 사람에게서 저 사람에게로 옮겨 간 후에야 기록되는 것이다. 그러면 내용은 완전히 바뀔 것이다.

한 가지 작은 실험을 해보면 알게 될 것이다. 20명의 친구들을 모아 원을 그리고 앉으라. 각 사람에게 종이 한 장씩 나눠 준 뒤 그곳에 문장을 하나 적는다. 원에 있는 첫 번째 사람이 자신의 종이에 한 문장을 적은 뒤, 그 문장을 옆에 앉은 사람에게 귓속말로 읽어 준다. 그 사람은 그 문장을 듣고 그것을 자신의 종이에 적는다. 그러고는 그 종이를 자신이 갖고 있으면서 다시 옆 사람에게 그 문장을 귓속말로 말해 준다. 그 문장을 계속 종이에 적게 하라. 그러면 놀랄 것이다. 그것이 첫 번째 사람에게로 다시 돌아왔을 때, 그것은 같은 문장이 아니라 많은 것이 달라지고 많은 것이 덧보태지고 많은 것이 떨어져 나가 있을 것이다. 불과 반시간 안에 그런 일이 일어날 수 있다면, 몇 세기 동안 전해진 말들이 많은 변화를 겪는 건 자연스런 일이다. 다른 부분은 빠뜨려졌음에 틀림없다.

예수 같은 사람에게는 남자인가 여자인가는 문제되지 않는다. 전체가 되는 것이 문제이다. 사람은 자기를 떠나서 전체가 되어야 한다. 자신이 남자이며, 따라서 약간의 우선권을 가지고 있다고 생각하지 말라. 자신이 남자라고 생각하지 않을 때 신에게 더 가까울 수 있기 때문이다. 자신이 남자라고 생각하지 말라. 아무것도 하지 않았는데도 단순히 남자라는 이유만으로 이미 많은 것을 이룬 것처럼 생각하지 말라. 그렇지 않다. 그대는 또한 여자가 되어야 할 것이다. 그것은 마치 여자가 남자로 되어야만 하는 것과 같다. 둘 다 자신의 정적인 상태에서 벗어나 동적이 되어야 하며, 서로 녹아 들어가야 한다. 그대들 둘은 부분을 초월해 전체가 되어야 한다.

그러므로 나는 말한다. 나는 남자를 여자가 되도록 인도하고, 여자를 남자가 되도록 인도하여, 둘이 서로 녹아 들고, 그 둘을 넘어서 가며, 그곳에 성이 사라지게 할 것이다. 왜냐하면 성은 분리 위에서 존재하기 때문이다. '성'이 무엇을 의미하는지 알고 있는가? 그 라틴어의 어원은 '분리하다'라는 뜻을 갖고 있다. 그러므로 신에게, 전체에 도달할 때는 남성과 여성의 구별이 없을 것이다. 만일 남성으로 분리되어 있다면 어떻게 전체에 도달할 수 있겠는가? 그러므로 예수의 이 가르침을 남성의 우월이라는 에고로 만들지 말라. 그것은 그렇지 않다. 그것은 교회에서 만든 것이다.

부분을 떠나 전체에 도달하는 것을 이해하라. 어떤 부분이 되어서는 안 된다. 그렇게 함으로써 분리가 불가능한 전체가 그대의 안으로 들어올 수 있다.

시몬 베드로가 그들에게 말했다.
"마리아를 우리에게서 떠나가게 하자.
여자들은 생명을 받기에 합당하지 않기 때문이다."

이것은 시몬 베드로의 마음이다. 예수의 마음이 아니다. 그것은 그럴 수밖에 없다. 제자의 마음이다. 그는 아직 깨달음을 얻지 못했다. 그는 전체를 볼 수 없다. 다만 자신의 마음에 따라 보기 때문이다. 제자는 아직 장님이다. 그는 이제 보기 시작했으나 아직 완전하지가 않다. 스승은 완전히 열려 있다. 그는 양면을 모두 볼 수 있다. 그는 모든 부분을 볼 수 있다. 제자는 아직 분리와 무지의 세계에 살고 있다. 이것이 시몬 베드로이다. 그의 마음이다. 예수가 떠나면 시몬 베드로는 예수보다 더 중요한 인물이 될 것이다. 왜냐하면 시몬 베드로는 사람들에게 더 쉽게 이해될 수 있기 때문이다. 그는 대중들과 같은 세계에 속한 사람인 것이다.

베드로는 교회를 창설했다. 그는 반석이 되었다. '베드로'라는 단어는 '바위'를 의미한다. 모든 교회가 세워졌고, 그는 정말로 강한 반석이 되었음이 입증되었다. 아무도 그렇게 강한 반석이 되지 못한다. 붓다의 제자나 마하비라의 제자도 베드로에게 비교될 수 없다. 왜냐하면 기독교 교회는 지구상에 세워진 사원 중에서 가장 강력한 사원이기 때문이다. 그러나 그것은 또한 동시에 위험한 요소가 되기도 한다. 그릇되게 강한 것이다. 그리고 스승이 더 이상 존재하지 않을 때면 언제나 제자들이 스승이 되고 그들이 결정을 내린다. 물론 그들의 태도는 한쪽으로 치우쳐 있고, 반만 이해된 진리이며, 반만 보증된 진리이다. 기억하라. 차라리 거짓이 절반의 진리보다 낫다. 거짓말은 언젠가는 탄로 나지만 절반의 진리는 탄로 날 수 없는 것이기 때문이다.

거짓은 언젠가는 쓰러지게 되어 있다. 왜냐하면 사람들을 영원히 속일 수는 없기 때문이다. 절반의 진리는 아주 위험하다. 그것은 들추어내기가 어렵다. 진리적인 요소를 포함하고 있기 때문이다. 그리고 예수의 이 말은 절반의 진리이다. 여자는 남자가 되어야 한다는 한 가지 요소만을 담고 있다. 그러나 이것은 절반의 진리이다. 그것을 전체 진리로 판단한다면 대단히 위험한 것이다. 다른 부분이 덧붙여져야 한다. 그래서 나는 처음에 험한 바다를 항해해 나가게 될 것이라고 말한 것이다.

나는 그 나머지 절반을 덧붙이고 싶다. 모든 남자는 여자가 되어야 한다. 그도 기다림을 배워야 하기 때문이다. 그도 수용을 배워야 한다. 그도 비공격성과 수동성을 배워야만 한다. 그도 자비와 사랑과 헌신 등 여성적인 마음의 모든 속성을 배워야만 한다. 전체가 될 때만, 여자와 남자의 구별이 없을 때만 그 나라에 갈 수 있기 때문이다. 그때 신이 되는 것이다. 신은 남성도 아니고 여성도 아니며 전체이다. 그는 전체이면서 동시에 그 어느 쪽도 아니다.

진리의 다른 부분도 기억하라. 그렇지 않으면 놓칠 것이다. 신의 나라에 들어가는 데 누구는 더 능력이 있고 누구는 능력이 부족한 것이 아니다. 물론 차이점은 존재한다. 그러나 전체를 보고 판단을 내린다면, 모든 사람이 신의 나라에 들어갈 수 있는 동등한 능력을 가지고 있다. 내가 말하는 것은 모든 사람이 동등한 능력을 갖고 있다는 것이다. 그러나 세상에는 자신의 부정적인 특성을 사용하는 어리석은 사람들이 있다. 그들은 들어갈 수 없다. 그리고 자신들의 긍정적인 특성을 사용하는 현명한 사람들도 있다. 그러면 그들은 들어갈 수 있다.

예를 들어, 여자는 두 가지 특성을 가지고 있다. 부정적인 것과 긍정적인 것이 있다. 긍정적인 것은 사랑이고 부정적인 것은 질투이다. 긍정적인 것은 나누는 것이고 부정적인 것은 소유이다. 긍정적인 것은 기다림이고 부정적인 것은 무기력함이다. 기다림은 마치 그것이 기다리는 것 같기도 하고 아닌 것 같기도 할 수 있다. 그렇다면 그것은 무기력함이다. 그리고 똑같은 것이 남자의 마음에도 일어난다. 남자의 마음은 긍정적인 특성으로서 늘 조사하고 찾으며, 부정적인 특징으로서 늘 의심한다. 의심 없이 조사할 수 있는가? 그렇다면 긍정적인 것을 선택한 것이다. 그러나 동시에 질문 없이 의심만 할 수도 있다. 가만히 앉아서 의심만 하는 것이다.

제2차 세계대전 중에 한 철학자가 전선으로 나갔다. 그리고 그의 여자 친구에게서 기다리던 편지와 사진이 왔다. 그녀는 벤치에 앉아 있었는데 그 배경에는 한 쌍의 남녀가 있었다. 사진의 배경으로 나오는 그 한 쌍은 매우 행복하고 서로 사랑하는 환희의 모습을 보여 주고 있었다. 그런데 그녀는 혼자서 실망하고 슬픈 자세를 보이고 있는 것이었다. 잠시 동안 그는 매우 행복했다. 자기의 여자 친구가 자기를 기다리느라고 슬프게 앉아 있었기 때문이다. 그러나 잠시 후에 의심이 들기 시작했다. '이 사진은 어떤 작자가 찍었을까?' 그는 두려움을 느끼기 시작했다. 사진을 찍은 어떤 사람이 더 있었기 때문이었다. '그 작자는 누구지?' 그는 그날 밤새도록 잠을 이룰 수 없었다.

의심은 이렇게 작용하는 것이다. 남자는 휴식을 찾아다니는 긍정적인 속성과 침착하게 가만히 있지 못한다는 부정적인 속성을 지니고 있다. 침착하지 못함을 휴식을 얻기 위한 발판으로 이용할 수 있다. 남자는 무엇인가 해야 하는 충동과 에너지를 갖고 있다. 이 충동을 '무행위자'가 되는 데, 명상가가 되는 데 이용할 수 있다. 부정적인 것은 긍정적인 것을 돕는 데 이용될 수 있다. 긍정적인 것이 있는 곳엔 반드시 부정적인 것도 옆에 존재한다. 부정적인 요소에 너무 관심을 보이면 실패한다. 긍정적인 요소에 관심을 쏟아야 한다. 그러면 도달할 수 있다.

남자와 여자 둘 다 그렇게 해야만 한다. 그러면 가장 아름다운 현상이 일어날 것이다. 그 현상은 분리되지 않는 사람, 하나, 합일, 내면의 질서 잡힌 우주이다. 교향악에서는 각각의 선율이 서로 도움을 준다. 소음이 아니라 전체에 리듬과 색채를 준다. 그것들은 전체를 만들어 낸다. 그것들은 전체를 창조한다. 그것들은 전체에 대립하지 않는다. 그것들은 더 이상 부분이 아니다. 그것들은 하나의 합일에 이른다. 이것이 구제프가 말하는 '내면의 결정화', 또는 힌두교에서 말하는 '자아의 획득'이다. 그리고 예수가 말하는 '하느님의 왕국으로 들어감'이다.

19
예수의 저녁 초대

ΠΕΧΕ ΙC ΧΕ ΟΥΡШΜΕ ΝΕΥΝΤΑϤ
ϨΝϢΜΜΟ ΑΥШ ΝΤΑΡΕϤCΟΒΤΕ
ΜΠΑΙΠΝΟΝ ΑϤΧΟΟΥ ΜΠΕϤ

삶은 늘 그대를 초대하고 있다. 그러나 그대는 초대를 거절한다.
그러면서도 "나는 삶으로부터 거부당했다."고 말한다.
그대는 모든 초대를 거절하면서 행복을 원한다.
나무가 그대를 초대한다. 달이 초대한다. 강물이 초대한다.
모든 존재가 사방에서 초대하고 있다. 하지만 그대는 말한다.
"'미안합니다. 바쁜 일이 있어서 초대에 응할 수 없습니다.'"
이 세상에서 중요한 인물이 된 사람은 언제나 초대를 거절한다.

열아홉 번째 말씀

예수께서 말씀하셨다.
"어떤 사람에게 초대할 손님들이 있었다.
그는 저녁 만찬을 준비한 다음 하인을 보내
그 손님들을 초대하게 했다.

하인은 첫 번째 손님에게로 가서 말했다.
'나의 주인이 당신을 초대했습니다.'
그가 말했다.
'나는 몇 명의 상인들에게서 돈 받을 일이 있다.
그들이 오늘 저녁 나를 만나러 올 것이다.
나는 가서 그들에게 청구서를 주어야 한다.
나를 그 만찬에서 제외시켜 달라고 전하라.'

하인은 다음 손님에게로 가서 말했다.
'나의 주인이 당신을 초대했습니다.'
그가 하인에게 말했다.
'나는 집 한 채를 샀는데 그것 때문에 하루 종일 바쁘다.
나는 시간을 낼 수 없다.'

하인은 다음 손님에게로 가서 말했다.
'나의 주인이 당신을 초대했습니다.'

'나의 주인이 당신을 초대했습니다.'
그가 하인에게 말했다.
'내 친구가 결혼을 하기 때문에 나는 잔치 준비를 해야만 한다.
나는 갈 수 없을 것이다.
나를 그 만찬에서 제외시켜 달라고 전하라.'

하인은 다음 손님에게로 가서 말했다.
'나의 주인이 당신을 초대했습니다.'
그가 하인에게 말했다.
'나는 밭을 하나 샀는데 소작료를 받으러 가야 한다.
나는 갈 수 없을 것이다.
부디 나를 제외시켜 달라고 전하라.'

하인이 돌아와 주인에게 그대로 전했다.
'당신이 만찬에 초대한 이들이 모두 핑계를 대며
초대를 거절했습니다.'

주인이 그의 하인에게 말했다.
'거리에 나가서 만나는 사람마다 불러오라.
그들이 저녁 식사를 할 수 있도록.
장사꾼과 상인들은 나의 아버지의 집에 들어가지 못할 것이다.'"

예수는 비유를 들어 말하고 있다. 그 비유는 단순하지만 매우 심오하다. 그것은 문자 그대로 해석되는 것이 아니기 때문에 그것의 상징적인 의미를 이해해야만 한다. 오늘의 가르침은 어떤 특별한 유형에 대한 것이다. 정확하게 장사꾼들과 상인을 가리키는 것이 아니라 그런 유형을 가리키는 것이다. 그대는 장사꾼이 아니지만 그런 유형에 속할 수 있다. 또한 상인이지만 그런 유형에 속하지 않을 수도 있다.

그러므로 기억하라. 세상에는 어떤 특별한 유형이 있는데 99퍼센트의 사람들이 그 안에 속해 있다. 상인과 장사꾼들이 도처에 널려 있다. 그들은 다른 일을 하고 있을지도 모른다. 그러나 그들의 마음은 상인의 마음이다. 그러므로 첫째로 이해해야 하는 것은 누가 상인이고 누가 장사꾼인가 하는 것이다.

상인은 무의미한 일에 바쁜 사람, 사소한 일에 바쁜 사람, 바깥일에 바쁜 사람, 물건이나 상품에 바쁜 사람, 그러나 자기 자신에 대해서는 바쁘지 않은 사람을 말한다. 그는 자신을 완전히 잊고 있다. 그는 세상에 자신을 잃어버리고 있다. 그는 돈과 소유에 대해 생각한다. 그러나 의식에 대해서는 생각해 본 적이 없다. 의식은 상품이 아니기 때문이다. 그것은 결코 팔리지 않으며, 누가 사려고도 하지 않고, 따라서 쓸모없는 것이다. 상인은 실용주의자이다. 시는 쓸모없는 것이고, 종교도 쓸모없는 것이고, 신 역시 쓸모없는 것이다. 그것들은 거래될 수 있는 물건들이 아니기 때문이다. 그것들로 돈을 벌 수는 없는 것이다. 이런 유형에게는 돈이 제일 귀중한 것이다. 그는 돈을 모으기 위해 자신을 팔 수도 있고, 자신을 버릴 수도 있고, 자신의 인생 전체를 파괴할 수도 있다. 이것이 그런 유형의 첫 번째 특성이다.

시장에서 두 사람이 만났다. 때는 1년 중 가장 바쁜 대목이었다. 한 사람이 말했다.

"오늘 아침에 옷 장사 세이크 파크루딘이 죽었다는 소식을 들었는가?"

그러자 다른 사람이 말했다.

"뭐라고? 하필이면 대목 철에?"

삶도 의미가 없고, 죽음도 의미가 없다. 오직 대목뿐이다. 그의 평가 단위는 돈이며, 그는 사람을 돈으로 평가한다. 그대가 누구인가가 아닌, 그대가 얼마나 갖고 있는가로 평가한다. 그대가 누구인가는 중요하지 않다. 만일 돈을 갖고 있다면 중요한 인물이고, 돈이 없다면 하찮은 존재다. 그가 그대에게 경의를 표한다 하더라도 그것은 그대가 아닌 그대의 재산에 경의를 표하는 것이다. 그대가 재산을 잃으면 그는 돌아다보지도 않을 것이다.

한번은 이런 일이 있었다. 한 부자가 가난하게 되었다. 그는 비참해져서 아내에게 말했다.

"나는 친구가 아주 많았다고 믿었소. 그런데 절반의 친구가 이미 나에게서 떠나갔소. 나머지 절반의 친구들은 내가 가난하게 된 것을 모르고 있을 뿐이오."

그들은 모두 떠난 것이다. 결코 돌아오지 않을 것이다. 상인과 친구가 될 수는 없다. 그는 다만 그대가 갖고 있는 돈과 친할 뿐이다. 돈이 없어지는 순간 우정도 사라진다. 우정은 결코 그대와 함께 있었던 적이 없었다.

상인과는 관계를 맺을 수 없다. 그것은 불가능하다. 상인과는 아내가 될 수도 없고 남편이 될 수도 없다. 아버지가 될 수도 없고, 아들이 될 수도 없다. 그는 돈하고만 관계를 맺기 때문이다. 모든 것이 관심 밖이다. 그의 목표는 돈이다. 아들이 돈을 벌기 시작하면 그 아들은 가치가 있는 것이다. 만일 그대의 아버지가 부자라면 그때에야 그는 그대의 아버지가 될 수 있다. 가난하다면 그가 자신의 아버지라는 사실을 사람들에게 알리고 싶지 않다.

이것은 실제로 매일매일의 삶 속에서 일어나고 있는 것이다. 아버지가 부자라면 그를 인정해 주고, 그가 가난하거나 걸인이라면 그를 알아주지 않는다. 오직 돈만을 알아준다. 상인의 유형은 사랑을 할 수 없다. 사랑은 세상에서 가장 돈과 반대되는 현상이기 때문이다.

사랑은 존재와 관계된 것이다. 사랑은 나누는 것이다. 그것은 주는 것이다. 그대가 가진 것뿐만 아니라, 자신까지도 주는 것이다. 상인은 결코 연인이 될 수 없다. 상인들은 언제나 연인들이야말로 조금씩 미친 자들이라고 생각한다. 어리석은 자들이라고, 제 정신이 아니라고, 쓸모없는 일을 하고 있는 자들이라고 생각한다. "무엇 때문에 시간을 낭비하는가? 시간은 돈이다!" 이것이 상인이 하는 소리다.

백 개의 시계를 구입해 그것들을 집 안에 잔뜩 놓아 둔 한 상인이 있었다. 누군가가 물었다.

"무엇을 하고 있는가?"

그는 대답했다.

"나는 시간이 돈이라는 소리를 들었네. 그래서 시간이 많을수록 좋다고!"

그의 모든 관심은 돈뿐이다. 사람은 관심 밖이다. 사랑은 사람과 관계된 것이고, 돈을 지향하는 마음은 상품과 관계된 것이다. 이런 유형의 인간은 끝없이 바쁘다. 그는 결코 쉰 적이 없다. 그는 쉴 수가 없다. 늘 축적해야 할 것이 더 많이 있기 때문이다. 그것은 끝이 없는 것이다.

사랑하는 사람은 쉴 수 있다. 휴식할 수 있을 때 그곳에 만족이 있다. 돈을 추구하는 인간은 휴식할 수 없다. 그 추구에는 끝이 없기 때문이다. 만족도 얻을 수 없다. 돈은 영혼을 채워 주는 것이 아니기 때문이다. 영혼은 텅 빈 채로 남아 있다. 내면은 공허한 채로 남아 있다. 그대는 계속 집어넣지만 내면의 공허함에 가 닿을 수가 없다. 돈을 축적할수록 공허하다는 것을, 그대의 손은 비어 있다는 것을 더 깊이 느끼게 될 것이다. 돈은 생겼지만 자신을 잃어버렸다. 그래서 가능한 한 이런 현상을 보지 않으려고 한다. 그것은 고통을 안겨다 주기 때문이다.

상인은 더욱 돈을 따라다닌다. 그는 완전히 돈 속에 몰입하기를 바란다. 돈은 마약이 된다. 그는 언제나 바쁘다. 상인은 아무것도 아닌 일에 언제나 바쁘다. 나는 아무것도 아닌 일이라고 말한다. 왜냐하면 그것은 결국에는 아무것도 아니라는 것이 증명되기 때문이다. 그대가 가지고 있는 모든 것은 마치 물 위에 그림을 그리는 것과 같을 뿐이다. 그것은 사라진다. 죽음이 다가오고 모든 노력은 물거품으로 돌아갈 것이다. 죽음은 상인을 인정하지 않는다.

장사꾼만 죽을 뿐이라고 나는 말하고 싶다. 그러나 그런 사람이 99퍼센트이다. 다른 사람은 죽지 않는다. 오직 장사꾼만 죽는다. 왜냐하면 그만이 물건을 축적하기 때문이다. 죽음은 그런 것을 빼앗아 버릴 수 있다. 죽음이 사랑을 빼앗을 수는 없다. 죽음이 기도를 빼앗을 수는 없다. 죽음이 명상을 빼앗을 수는 없다. 죽음이 신을 빼앗아 갈 수는 없다. 상인들은 거래될 것이 있을 때만 신에게 관심을 보일 것이다.

한번은 이런 일이 있었다. 날씨가 나쁘고 폭풍이 부는 날이었는데 비행기 한 대가 길을 잃었다. 안개가 아주 짙었기 때문에 모든 사람들이 두려움과 공포에 떨었다. 그 안에 목사 한 사람이 타고 있었다. 그를 제외한 다른 사람들은 울며 진땀을 흘렸다. 위험한 순간이었다. 죽음의 순간이었다. 조종사까지도 땀을 흘리며 긴장을 했다. 목사가 사람들에게 무릎을 꿇고 기도를 하자고 했다. 그러자 한 상인을 제외한 모든 사람들이 무릎을 꿇고 기도를 하기 시작했다.

목사가 그 상인에게 물었다.
"왜 기도를 하지 않으십니까?"
그가 대답했다.

"용서하십시오, 목사님. 저는 어떻게 기도하는지 모릅니다. 기도를 해 본 적이 없거든요."

그에게 가르칠 시간이 없었다. 비행기가 금방이라도 추락할 것 같은 상황이었다. 그래서 목사는 말했다.

"좋습니다. 지금은 시간이 없으니까, 당신이 교회에 있는 것처럼 행동하기만 하시오."

그러자 그 상인은 통로를 걸어가더니 사람들로부터 돈을 거두기 시작했다.

그런 유형이다. 죽음의 순간에도 교회에서 행동할 수 있는 것은 돈을 모으는 일 한 가지밖에 모른다. 마지막 죽음의 순간에도 돈이 관심의 초점으로 남아 있는 것이다. 그대가 이해해야 할 첫 번째 사실이 그것이다. 그러면 예수의 이 말을 이해할 수 있을 것이다.

두 번째는 이것이다. 이 비유에서 예수는, 하느님은 언제나 초대하고 있다는 것을 말하고 있다. 그는 여러 번 찾아와서 문을 두드린다. 혹은 그의 심부름꾼이 찾아와서 문을 두드리기도 한다. 그가 와서 저녁 식사에 초대하고 있는 것이다. 그러나 그대는 계속 바쁘기 때문에 갈 수 없다. 그대는 초대에서 제외되기를 원한다.

자신에 대해 생각해 보라. 누군가 와서 초대한다면 갈 준비가 되어 있는가? 아마도 할 일이 많아서 먼저 일을 끝내야 할 것이다. 그러나 그것은 결코 끝낼 수 없는 것이다. 왜냐하면 그것은 끝이 없는 것이기 때문이다. 초대는 거절된다. 그대는 말한다. "나도 가고 싶다. 나도 갔으면 한다." 그러나 이것은 모두 거짓이다. 왜 이 초대를 받아들이지 못하는가? 그곳에 더 중요한 일이 남아 있기 때문이다. 어떤 결혼식이 있는데, 사업상 관계이기 때문에 그곳엘

가야만 한다. 아니면 땅을 샀는데 그 임대료를 거두기 위해 가야 한다. 아니면 다른 어떤 일들을 해야만 한다. 신은 상인에게 최후의 목록인 것이다. 그러나 그는 결코 그 최후의 목록에 이르지 못한다. 그 전에 죽음이 닥칠 것이다.

신은 가장 쓸모없는 현상이다. 사람들이 내게 와서 묻는다. "무엇 때문에 명상을 하는가? 그것을 해서 얻는 것이 무엇인가?" 그들은 "무슨 이득이 있는가? 그것을 해서 얻는 게 무엇인가?" 하고 묻고 있는 것이다. 내가 "아무것도 얻는 것이 없다."고 대답하면 그들은 이해하지 못한다. 왜 사람들이 내게로 오는 것일까? 아무것도 배우지 않으려고? 아무것도 얻지 않으려고? 상인은 눈에 보이고 만질 수 있는 것이 필요하다. 그가 명상을 해서 돈이 쏟아지면 그것은 해볼 만한 가치가 있는 것이다. 명상을 해서 세상에서 성공을 거둘 수 있다면 그것은 해볼 만한 것이다. 명상을 해서 육체의 병이 낫는다면 그것은 해볼 만한 것이다.

그러나 "아무것도 얻지 못한다." 아니면 "신을 얻는다."고 대답하면 그는 관심을 갖지 않는다. 그것은 글자는 다르지만 같은 뜻이다. 신은 아무것도 아니기 때문이다. 만일 그대가 세상에서 사용하는 척도를 그대로 사용한다면 신은 무엇인가? 신을 분류할 수 없을 것이다. 그를 어디에 포함시킬 것인가? 어떤 범주에? 어떻게 분류할 것인가? 그 가격을 어떻게 정할 것인가? 신은 아무것도 아니다. 신은 이 세상에 속하지 않는다. 어떤 방법으로 그를 이용할 수 있는가? 그를 이용할 수는 없다. 그는 다용도실이 아니기 때문이다. 그는 환희이다.

환희는 이용될 수 없다. 그것을 즐길 수는 있어도 그것을 이용할 수는 없다. 즐기는 것과 이용하는 것은 어떻게 다른가? 나무나, 초목이나, 떠오르는 해를 바라보라. 그것을 즐길 수는 있지만 판매할 수는 없다. 꽃을 보면 그대는 즐거워할 것이다. 그러나 상인은 그것을 꺾어 가지고 시장에 가서 팔 것이다. 신을 꺾어 시장에 가지고 가서 팔 수는 없다. 그대도 그렇게 하려 했다. 그래서 사원과 모스크, 구루드와라, 교회 등이 존재하는 것이다. 이것이 상인들이 신을 대하는 행동이다. 신을 팔아서 이익을 남겨 보려고 하고 있다. 대단한 상술이다.

성직자는 종교인으로 변장한 상인이다. 그는 전혀 종교적이지 않다. 그래서 언제나 예수와 붓다, 나나크, 까비르 등에 반대하는 것이다. 그는 언제나 이런 사람들에 반대한다. 왜냐하면 그들은 위험하기 때문이다. 그들은 그의 모든 사업을 부수기 때문이다. 상인은 신에게 관심을 갖고 있지 않다. 시, 기도, 사랑, 아름다움, 선 등에도 흥미가 없다. 환희에는 관심이 없는 것이다. 즐긴다는 것은 아무 쓸모가 없는 것이다. 그는 말한다. "그게 무슨 소용인가?"

한 백만장자 사업가가 하루는 원시 부족을 방문했다. 그는 기차에서 내리면서 플랫폼의 한 나무 밑에 원시인이 누워 있는 것을 보았다. 그날 아침은 아름다웠다. 매우 화창했고, 공기는 깨끗하고 신선하고 시원했으며, 새는 노래 부르고 있었다. 그 사람은 쉬고 있었다. 사업가는 그것을 보고 참을 수 없었다. 그가 말했다.

"이봐, 이곳에서 무엇을 하고 있는가? 얼른 가서 돈을 벌 시간이 아닌가!"

쉬고 있던 사나이는 눈을 뜨고 부드럽게 물어보았다.

"어째서요?"

이 '어째서요?'를 상인은 이해할 수 없었다. 그는 말했다.

"어째서냐고? 돈을 벌기 위해서지!"

원시인이 웃기 시작하더니 다시 물었다.

"어째서요?"

이것은 불가능한 일이었다. 사업가는 화가 나서 말했다.

"어째서냐고? 은행에 돈을 많이 예치해 놓아야 은퇴할 때 쉴 수 있지."

원시인은 눈을 감고 말했다.

"난 지금 쉬고 있거든요."

이것은 불가능하다. 지금 쉬는 것은 불가능하다. 사업가는 휴식을 미래로 계속해서 연기한다. "지금 이곳에서 일을 하라. 은행 잔고를 불리라. 그런 다음 은퇴해서 쉬고 즐기라." 그러나 그것은 오지 않는다. 그것은 올 수 없다. 사업가는 결코 은퇴할 수 없다. 그는 그런 유형의 사람이 아니다. 그런 유형이 될 수도 없다. 한 사업으로부터 은퇴할 수는 있다. 그러나 즉시, 혹은 그 이전에 그는 다른 것을 시작한다. 휴식을 취할 수 없기 때문이다. 그는 언제나 미래를 생각하고 언제나 즐김을 연기하고 있다. 기억하라, 종교적인 사람은 지금 여기를 즐기고 있다. 종교적인 사람의 천국은 미래나 하늘에 있는 것이 아니다. 아니다! 그것은 상인이 하늘을 보는 방법이다.

종교적인 사람의 천국은 지금 여기에 있는 것이다. 바로 이 순간 그는 즐긴다. 연기하지 않는다. 아무도 미래를 모르기 때문이다. 미래는 존재하지 않는다. 엄밀히 말하면 현재만 존재할 뿐이다. 미래는 오류이다. 어느 날엔가는 즐길 때가 온다는 것은 위로에 지나지 않는다. 전 생애를 통해 그대는 즐기지 않고 뒤로 미루는 훈련을 해오고 있다. 하늘나라에 들어가서도 마찬가지이다.

이런 일이 있었다. 네 명의 상인이 하늘나라에 들어갔다. 어떻게 해서 들어갔는지는 모른다. 그들은 몰래, 아니면 어찌어찌 해서 들어갔을 것이 틀림없다. 그런데 이 네 상인을 아는 성자 한 사람도 죽었다. 그는 하늘나라에 가서 그들을 보았다. 그는 어찌된 일인지 의아해했다. 왜냐하면 그들 손에 수갑이 채워져 있었기 때문이다. 그들은 자유롭지 못했다. 그는 그것을 믿을 수 없어서 문지기에게 물어보았다.

"무슨 일인가? 하늘나라에는 완전한 자유가 있다고 들었는데 이들은 왜 죄수가 되어 있는가? 왜 그들을 묶었는가?"

문지기는 웃으며 말했다.

"이들 네 사람은 상인입니다. 그들은 세상으로 돌아가기를 원하고 있습니다. 그런데 그렇게 되면 좋지 않습니다. 어쨌든 천국에 들어왔는데 이제 그들을 세상으로 돌아가도록 내버려 둔다면 하늘나라의 위신이 떨어지기 때문입니다. 그들은 이곳에는 아무 사업거리가 없다고 하면서 돌아가려고 합니다. 어떻게 해야 합니까? 그래서 그들을 쇠사슬로 묶어 놓은 것입니다."

상인은 언제까지나 상인으로 남아 있다. 그 유형은 쉽게 바뀌지 않기 때문이다. 기쁨을 미루는 것, 미래, 돈, 재산 등에 대한 모든 그릇된 생각을 자각하지 못하는 한, 그 자각 속에서 그대가 더없이 강렬해서 그 강렬함이 그 유형을 태워 버리지 않는 한 쉽게 바뀌지 않는다. 그리고 상인이 아닐 때에야 비로소 그대는 종교적인 인간이 된다.

그 초대는 매일 온다. 그대의 문을 매일 두드린다. 정확하게 말하면 매순간 두드리고 있다. 그러나 그대는 말한다. "미안합니다. 할 일이 많아서요. 일이 끝난 후에 가겠습니다." 즐기는 것과 행복과 기쁨, 휴식은 상인들과 같은 유형의 사람들을 위한 것이 아니다. 그들은 쉬기 전에 많은 것을 해야 한다. 그래서 초대가 거절된 것이다. 이제 예수의 이 비유를 보자. 예수의 이 비유는 매우 아름답다.

예수께서 말씀하셨다.
"어떤 사람에게 초대할 손님들이 있었다.
그는 저녁 만찬을 준비한 다음 하인을 보내
그 손님들을 초대하게 했다.

하인은 첫 번째 손님에게로 가서 말했다.
'나의 주인이 당신을 초대했습니다.'
그가 말했다.
'나는 몇 명의 상인들에게서 돈 받을 일이 있다.
그들이 오늘 저녁 나를 만나러 올 것이다.
나는 가서 그들에게 청구서를 주어야 한다.
나를 그 만찬에서 제외시켜 달라고 전하라.'

저녁 식사는 삶을 즐기는 것의 상징이다. 예수에게는 저녁 식사가 명상적인 것이었다. 그는 언제나 제자들과 친구들을 초대해 저녁 식사하는 것을 좋아했다. 마지막 날 저녁에, 그 다음날이면 죽을 그 마지막 저녁에도, 최후의 만찬을 가졌다. 그는 함께 먹는 것을 즐겼다. 그리고 기독교인들은 이 모든 상황들을 종교적인 수준으로 승화시켰다. 힌두교는 이러한 것에 대해서는 전혀 모른다. 그것에 대해 이해해 보자.

동물들은 혼자 먹는 것을 좋아한다. 결코 어울려 먹지 않는다. 그것은 동물성의 일부이다. 빵 한 조각을 얻으면 개는 즉시 그것을 물고 구석으로 달려간다. 그 개는 다른 개가 그곳으로 오지 않기를 바란다. 다른 개가 빼앗아 먹을 위험이 있기 때문이다. 그 개는 두려운 것이다. 개는 먹되 혼자서 먹는다. 나누어 먹는 동물은 없다. 나누어 먹는 것은 인간만의 특성이다. 그대의 무의식 속으로 들어가 보면 그곳에는 동물성이 숨어 있다는 것을 알게 될 것이다.

그대 역시 사람들과 함께 먹는 것을 좋아하지 않는다. 그대는 혼자 있기를 원한다. 기차로 여행을 하는 힌두교의 바라문을 보라. 그가 음식을 먹을 때면 다른 사람들에게서 등을 돌리고 먹는다. 이것은 동물 같은 짓이다. 그는 다른 사람들을 초대하려고 들지 않는다. 회교도들은 다른 사람을 초대한다. 기독교인들도 다른 사람들과 함께 나누어 먹고 싶어 한다. 그러나 힌두교인들은 그렇게 하지 않는다. 힌두교인들은 한 가지 아주 중요한 것을 놓치고 있다. 그들은 함께 나누는 기분을 모르는 것이다. 음식을 나누어 먹으면 형제가 된다. 왜 다른 사람과 형제가 되는가? 같은 젖을 나누어 먹었기 때문이다. 그렇지 않으면 다른 사람과 형제가 될 수 있을 만한 일이 없다. 그대는 같은 어머니로부터 같은 젖을, 같은 음식을 형제들과 나누어 먹었다. 어머니는 최초의 음식이다.

음식을 나누어 먹으면 형제가 된다. 음식을 나누어 먹으면 다른 사람들을 두려워하지 않는다. 하나의 공동체가 생겨난다. 힌두교인들은 사회를 구성하고는 있지만 공동체 의식은 갖고 있지 않다. 회교도와 기독교인들은 더 공동체 지향적이다. 왜냐하면 음식을 나누어 먹기 때문이다. 음식은 삶에서 매우 근본적인 것이다. 그대는 음식에 의존하고 있기 때문이다. 그것이 없으면 죽을 것이다. 다른 이들과 음식을 나누어 먹는다는 것은 생명을 나누는 것과 같다. 예수는 그것을 기도의 경지로 승화시켰다. 너희들은 혼자 음식을 먹어서는 안 된다고. 너희들은 먹을 때는 함께 있어야 한다고. 이것이 내면의 동물성을 초월하는 것이다.

떠나야만 하는 마지막 저녁에 그는 친구들과 제자들을 모아서 최후의 만찬을 가졌다. 죽음이 앞에 있을지라도 그대는 계속 나누어 먹어야 한다.

음식은 또한 사랑의 상징이다. 왜 어머니를 사랑하는지 생각해 본 적이 있는가? 어머니와 아이 사이에는 왜 그토록 많은 사랑이 존재하는가? 어머니는 첫 번째 음식이기 때문이다. 아이는 어머니를 먹었고, 어머니는 그에게로 들어간 것이다. 그리고 아이는 처음으로 사랑의 근원으로서가 아니라 음식의 근원으로서 어머니를 깨닫게 된다. 나중에 아이가 의식이 생기면서 점차로 어머니에 대한 사랑을 느끼는 것이다.

음식이 첫 번째이고 사랑은 그 다음에 뒤따라온다. 음식과 사랑은 깊이 관련되어 있다. 같은 원천에서 오기 때문이다. 어느 집에 갔을 때 그 집에서 음식이 나오지 않으면 기분이 나쁜 것은 그런 이유 때문이다. 그 집은 그대를 거부하고, 사랑을 보여 주지 않는 것이다. 그들은 그대에게 집주인 노릇을 하지 않았다. 그들은 가난할 수도 있다. 대접할 것을 갖고 있지 않을 수도 있다. 그러나 그들이 음식을 대접하면, 무엇이든 갖고 있는 것을 내놓으면, 그대는 좋은 기분을 느끼게 된다. 대접을 받고 있는 것이다. 그들은 그대와 함께 음식을 나누어 먹었다. 왜냐하면 음식은 사랑과 연결되어 있기 때문이다.

여자가 남자를 사랑할 때 그녀는 음식을 준비하고 싶어 한다. 그녀는 그가 먹는 것을 보고 싶어 한다. 이런 것이 허용되지 않으면 그녀는 불쾌해진다. 사랑은 음식을 통해 흐르기 때문이다. 사랑은 보이지 않는 것이며, 눈에 보이는 매개물을 필요로 한다. 사랑이 없으면 즉시 음식의 질이 변한다. 그대를 사랑하는 여자가 그대를 위해 음식을 준비했다면 질적으로 다른 것이다. 그것은 화학적 성분으로 분석될 수 있는 것이 아니다. 음식의 질이 다르다.

화가 난 남자가, 혹은 그대를 반대하고 싫어하는 여자가 음식을 준비했다면 그것은 이미 독이 든 것이다. 분노, 미움, 질투는 피 속에서 독소로 작용하기 때문이다. 사람들은 자신만의 에너지를 갖고 있는데, 그 에너지는 손을 통해 음식으로 들어간다. 만일 한 여자가 그대를 정말로 미워하고 있는데, 음식을 마련해 그대에게 주면 그녀는 심지어 자신도 모르는 사이에 그대를 죽일 수도 있다. 어떤 법정도 그녀를 체포할 수는 없다. 음식을 준비하고 있는 여자가 그대를 미워할 때 그 여자와 함께 사는 것은 대단히 위험하다. 차츰 독이 들어가고 있는 것이다. 그러나 그대를 사랑하는 여자는 음식을 통해 전 생명을, 사랑을 준다. 그녀는 그 음식을 통해 그대에게로 이동하는 것이다.

음식은 매우 기본적인 것이다. 나누어 먹을 수 있는 것이고, 그리고 그렇게 함으로써 동물성을 버리고 인간이 될 수 있는 것이다. 힌두교인들은 가장 오래된 사회를 갖고 있지만 가장 비인간적이다. 왜냐하면 음식을 나누어 먹을 줄 모르기 때문이다. 오히려 음식을 나누어 먹지 않기 위해 갖가지의 장벽을 쌓아 가고 있다. 바라문은 수드라와 함께 음식을 먹을 수 없다. 바라문은 바이샤(인도의 세 번째 계급으로, 생산 계급에 종사하는 서민층)와 음식을 나누어 먹을 수 없다. 바라문은 다른 낮은 계급과 음식을 함께 먹을 수 없는 것이다. 음식을 함께 먹을 수 없다는 것은 그를 인간으로 생각하지 않는다는 것을 의미한다. 다른 사람과 음식을 나누어 먹지 않는다는 것은 자신은 매우 우월하게 생각하고 다른 사람은 열등하게 생각하고 있다는 것을 보여 준다. 즉, 간격이 존재하는 것이다. 그 간격은 세상에서 가장 비인간적이다.

예수는 그의 종교의 많은 것을 음식 나누어 먹기에 기초했다. 그는 여러 번 저녁 식사에 그대를 초대하는 하느님에 대한 이야기를 했다. 그는 자기 친구들을 저녁 식사에 초대했다. 저녁 식사는 즐거움이다. 존재의 순수한 즐거움, 육체의 즐거움이다. 음식을 먹으면서 모든 것을 잊는 것은 신에게 감사해야 할 즐거움이다.

그의 하인이 첫 번째 손님에게로 가서 말했으나, 그는 "어렵겠는데, 나는 갈 수 없어. 나를 제외시켜 달라고 전하게." 하고 대답했다.

하인은 다음 손님에게로 가서 말했다.
'나의 주인이 당신을 초대했습니다.'
그가 하인에게 말했다.

'나는 집 한 채를 샀는데 그것 때문에 하루 종일 바쁘다.
나는 시간을 낼 수 없다.'

사업가는 자기 자신을 위한 시간을 가질 수 없다. 즐길 시간, 명상할 시간, 사랑할 시간이 없다. 그는 언제나 바쁘다. 야망이 그를 정열적으로 만들기 때문에 시간을 낼 수가 없다. 그대가 야망으로 차 있다면 그대에게는 시간이 없을 것이다. 그러나 야망이 없다면 그대는 발밑에 영원을 갖고 있는 것이다. 야망이 없는 사람은 상상할 수 없을 정도로 즐기고 노래하고 춤출 시간이 많다. 야망에 찬 사람에게는 시간이 없다. 사랑할 시간조차 없다. 왜냐하면 그 시간을 이용하면 얻을 수 있는 미래, 은행 잔고, 돈 등이 있기 때문이다. 사업가는 사업만을 꿈꾸며 일만을 생각한다.

하인은 다음 손님에게로 가서 말했다.
'나의 주인이 당신을 초대했습니다.'
그가 하인에게 말했다.
'내 친구가 결혼을 하기 때문에 나는 잔치 준비를 해야만 한다.
나는 갈 수 없을 것이다.
나를 그 만찬에서 제외시켜 달라고 전하라.'

하인은 다음 손님에게로 가서 말했다.
'나의 주인이 당신을 초대했습니다.'
그가 하인에게 말했다.
'나는 밭을 하나 샀는데 소작료를 받으러 가야 한다.

나는 갈 수 없을 것이다.

부디 나를 제외시켜 달라고 전하라.'

모두 바쁘다. 시간이 없다. 그대 역시 바쁜가? 그렇다면 그대 역시 장사꾼이다. 아니면 낭비할, 명상을 하면서 보낼 시간이 있는가? 그저 지금 여기에 존재하며, 춤추고 노래 부를 시간이 있는가? 혹은 아무것도 하지 않으면서, 그냥 나무 밑에 누워서 존재를 즐길 시간이 있는가? 이 모든 것이 어리석게 보이는가? 그렇다면 그대는 상인이다. 종교적인 사람이 아니다. 그러한 일을 의미 있고 중요한 일이라고 느낀다면, 그냥 존재할 수 있다면, 주위에 아무 바쁜 일도 없다면, 한가한 사람이라면, 종교적인 사람이다.

기억하라. 마음은 일을 필요로 한다. 끊임없는 일을 필요로 한다. 왜냐하면 마음은 일 없이는 존재할 수 없기 때문이다.

이런 이야기를 들은 적이 있을 것이다. 어느 날이었다. 한 사람이 죽었는데 그는 유령, 요정으로 부활했다. 요정은 다음과 같이 말했다.

"오직 한 가지 조건만 요구한다. 나는 끝없는 일이 필요하다. 당신이 내게 끊임없이 일을 시켜 준다면 나는 당신의 하인이 되겠다. 그러나 내게 일을 시키는 것을 멈추면 당신은 위험해질 것이다. 나는 즉시 당신을 죽일 것이다."

그 사람은 상인이었음에 틀림없다. 그는 말했다.

"그것이 내가 원하는 것이다. 나는 수백 명의 하인을 거느리고 있지만 모두가 게으르고, 아무도 일하기를 좋아하지 않는다. 이 조건이 마음에 든다. 내가 원하던 것이다. 나는 너에게 얼마든지 일을 제공하겠다. 네가 할 수 있는 것보다 더 주겠다."

그는 자기가 무엇을 말하고 있는지 그리고 무슨 일이 일어날 것인지 모르고 있었다. 그는 행복해하며 집으로 돌아왔다. 수년 동안 쌓아온 많고 많은 야망들을 그는 요정에게 이야기해 주었다. 그러나 1분도 안 되어 요정은 일을 다 해치우고 다시 돌아왔다. 요정이 말했다.

"자, 이제는 일을 달라."

그때 그 남자는 두려워졌다. 어디에서 그렇게 많은 일을 찾아낼 것인가? 그는 비록 상인이긴 했지만 일을 찾아낼 수 없었다. 그는 다른 일을 몇 가지 주었으나 요정은 금방 해치우고 돌아왔다.

아침나절이 되었을 때 상인은 불안해졌다. 그는 수피 성자에게 찾아가서 의견을 구했다.

"어떻게 하면 좋을까요? 요정이 저를 죽일 것입니다. 그는 제가 생각해 낸 일을 모두 끝냈습니다."

수피 성자는 수학자였다. 그가 대답했다.

"그에게 가서 원인 사각형을 만들라고 하라. 이루어질 수 없는 불가능한 일을 주라. 그렇지 않으면 그는 너를 죽일 것이다."

그러고 나서 세월이 흘러 그 상인은 죽었다. 그러나 요정은 아직도 원인 사각형을 만들려고 애를 쓰고 있다. 지금도 일을 하고 있는 것이다.

상인은 내면에 그 요정을 지니고 있다. 모든 욕망은 불가능하다. 원이 사각형으로 되지 않듯이 어떤 욕망이 채워지는 것은 불가능하다. 그러나 마음은 똑같은 조건을 내세우고 있다. "나에게 일을 달라. 나를 공허하게 내버려 두지 말라!" 마음은 그대를 죽이지는 않지만 일을 시키지 않으면 마음은 그대의 에고를 죽일 수도 있다. 일을 하고 있으면, 무엇인가 하고 있으면, 기분이 좋고 특별한 존재가 된 듯 느낀다. 일을 하지 않으면, 아무것도 하지 않고 있으면, 그대의 정체성은 사라지고 그대는 아무것도 아니게 된다.

어느 날 책을 한 권 읽었는데, 그 책은 하레 크리슈나 운동('하레 크리슈나'라는 만트라를 중심으로 크리슈나 의식을 전파하는 운동)에 대한 책이었다. 책의 제목은 〈하레 크리슈나의 세계〉였다. 그 책을 쓴 여성은 그 책 속에 인도의 '전' 대통령 라다크리슈난을 '고' 라다크리슈난으로 표기했다. 정치인이 자리를 떠나면 '전' 자를 붙이는데 그녀가 착각한 것이다. 그녀는 그가 살아 있다는 것을 몰랐던 듯하다. 왜냐하면 직책이 없는 사람을 신문은 더 이상 거론하지 않기 때문이다. 지금 닉슨은 어디에 있는가? 그도 잊혀졌다. 기리(인도의 전 대통령)는 어디에 있는가? 그도 잊혀 졌고, 쓰레기통에 던져졌다. 아무도 신경 쓰지 않는다. 오직 죽었을 때만 신문의 작은 기사거리가 될 뿐이다. 이 때문에 모든 이들이 지위와 일에 집착하는 것이다. 누구도 은퇴하고 싶어 하지 않는다. 일단 은퇴하면 어느 곳에 가서 자기를 확인할 수 있는가? 그래도 어떤 인물이었는데, 지금은 아무것도 아닌 것이다.

마음의 요정은 한 가지 조건을 내세운다. "내게 일을 제공한다면 나는 네게 에고를 주겠다. 그러면 너는 어떤 인물이 되는 것이다. 내게 일을 제공하는 것을 그친다면 너는 아무것도 아닐 것이다. 기억하라. 만일 내가 텅 비면 너도 텅 빌 것이다. 너는 나와 함께 존재하는 것이다." 상인은 마음의 추종자이다. 그는 계속 일을 제공하고 에고는 튼튼해진다. 그러나 영혼은 상실된다. 그것은 자살이다. 다만 매우 미묘한 자살일 뿐이다.

 일을 하지 않고 있으면서 몇 분간 존재할 수 있다면, 신에게 감사할 수 있다면, 아무것도 아닌 것으로 존재하면서도 존재에 고마워하고 감사하게 느낀다면, 그대는 종교적인 사람이다. 그때 그대의 가치는 하는 일로부터 오는 것이 아니다. 그것에서 오는 게 아니다. 그때 그대의 가치는 행위에서 오지 않는다. 그때 그대의 가치는 존재로부터 온다. 그때 그대의 가치는 은행에 있는 것이 아니라 그대 안에 있다. 그때 그대는 가치 있는 존재이다. 세상은 그대를 인정하지 않을 수도 있다. 세상은 상인과 같은 유형을 인정하기 때문이다. 세상은 그대를 완전히 잊어버릴 수도 있다. 그대가 거리를 지나가더라도 아무도 인사하지 않을지도 모른다. 아무도 그대를 바라보지 않을 수도 있다. 그것은 가능한 일이다. 그런 일은 충분히 일어날 수 있다. 왜냐하면 아무도 '그대' 존재를 바라보지 않기 때문이다. 중요한 것은 그대가 하고 있는, 그 일이었다. 그러나 이제 그 일이 사라졌고 그대는 더 이상 그곳에 있지 않다. 그대는 비존재가 된 것이다.

 비존재가 되는 것을 행복하게 여길 수 있다면, 그대는 구도자가 된 것이고 신의 다른 세계로 들어간 것이다. 이제 그대는 아름다움과 보름달을 즐길 수 있다. 이제 나무의 푸르름과 호수의 잔물결을 즐길 수 있다. 이제 모든 것을 즐길 수 있다. 모든 것이 열려 있고 그대를 초대한다. 초대는 항상 그곳에 있었지만 그대는 그것을 바라볼 시간이 없는 것이다. 그대는 언제나 바쁘기 때문에 변명을 하려고 한다.

 수많은 생애 동안 이야기해 오고 있다. "미안합니다. 갈 수 없군요. 누가 결혼을 하기 때문에 그곳에 가 봐야 하거든요. 집을 하나 샀기 때문에 갈 수 없어요." 무슨 말을 하고 있는 것인가? 삶이 그대를 환희로 초대하고 있는데 그대는 초대를 거절하고 있는 것이다. 그러면서도 "나는 고통스럽다."고 말한다. 그러면서 "나는 거절을 당했다."고 말한다. 그러면서 "삶에는 왜 이토록 많은 고통이 있는 것인가?" 하고 말한다. 그대는 모든 초대를 거절하면서 행복을 바라고 있다.

나무가 그대를 초대한다. 달이 초대한다. 구름이 초대한다. 강물이 초대한다. 모든 존재가 사방에서 초대하고 있다. 그러나 그대는 말한다. "미안하게 됐습니다." 장미가 그대를 초대한다. 그대는 그 옆을 지나치면서 말한다. "미안하네. 친구의 결혼식에 가기 때문에 초대에 응할 수 없군."

하인이 돌아와 주인에게 그대로 전했다.
'당신이 만찬에 초대한 이들이 모두 핑계를 대며
초대를 거절했습니다.'

그들은 오지 않을 것이다.

주인이 그의 하인에게 말했다.
'거리에 나가서 만나는 사람마다 불러오라.
그들이 저녁 식사를 할 수 있도록……'

이것을 이해해야 한다. 전에는 존경할 만한 사람, '어떤' 인물,

에고와 동일시할 무엇을 얻는 사람, 대통령, 수상 등에게 초대장이 보내졌다. 중요한 사람, 즉 귀빈들에게 초대장이 보내졌다. 그들은 거절했다. 왜냐하면 그들은 너무 바빠서 오지 못하기 때문이다. 이제 초대장은 걸인과 히피 등 길거리에 있는 사람들에게 보내진다. 이것은 꼭 이해해야 할 중요한 사실이다. 자기가 중요하다고 생각하는 사람들은 신을 놓친다.

걸인도 초대를 받아들일 수 있는데 황제가 놓친다. 왜냐하면 걸인은 언제나 거리에 있기 때문이다. 초대하면 그들은 준비가 되어 있는 것이다. 그들은 결코 "미안하게 됐군요."라고 말하지 않을 것이다, 그들에게는 변명할 구실이 없다. 그들은 언제나 기다리고 있었던 것이다. 부르면 그들은 곧바로 온다. 그들은 거리에 있었던 것이다.

그래서 주인이 말했다.

'거리에 나가서 만나는 사람마다 불러오라.'

거리에서는 존경할 만한 사람을 볼 수 없다. 시장, 대통령, 백만장자, 이들은 거리에 없다. 그들은 거리에서 찾아볼 수 없다. 그들은 거리에 나오지 않는다. 거리에서는 길을 잘못 든, 할 일이 없는 방황하는 걸인들과 방랑자들을 발견할 뿐이다.

이것은 매우 깊은 의미를 지니고 있다. 붓다는 궁전을 떠나 걸인이 되었다. 마하비라는 자기의 왕국을 떠나 거리에서 벌거벗은 파키르가 되었다. 거리에서 사는 파리브라자카(안주하지 않는 종교인)가 되었다. 그것은 무슨 의미인가? 이제 이 사람들은 초대를 받아들일 것이다. 그들은 언제나 준비가 되어 있는 것이다. "나는 갈 수 없다."라고 말할 이유가 하나도 없다. 참석해야 할 결혼식도 없다. 사고팔 집도 없다. 그들은 할 일이 없다. 언제나 편하게 쉬고 있기 때문이다.

주인이 그의 하인에게 말했다.
'거리에 나가서 만나는 사람마다 불러오라.
그들이 저녁 식사를 할 수 있도록.'

에고의 세계에서 중요한 인물이 된 사람들은 언제나 초대를 거절할 것이다. 왜냐하면 에고는 끊임없이 일을 필요로 하며, 즐길 줄 모르기 때문이다. 그것은 상처 같아서 고통을 느낄 줄은 알지만 즐길 줄은 모른다. 그것은 꽃과 같지 않다. 상처와 같다. 꽃과 같은 사람들은 이미 즐기고 있다. 아직 초대를 받지 못했다 하더라도 그들은 저녁 식탁에 앉아 있는 것이다. 이미 존재의 세계로 들어가서 즐기고 있는 것이다. 짊어지고 가야 할 걱정도, 짐도 없다. 그들은 거리에 있는 사람들인 것이다.

달빛이 가득한 밤이었는지도 모른다. "이제는 가서 아무나 데려오라." 신은 나누어 주어야 하기 때문이다. 귀빈들이 오지 않는다면 아무것도 아닌 사람들이 올 것이다. 그러나 신은 나누어 주어야만 한다. 황제보다는 걸인들이 신을 더 즐길 수 있다. 왜냐하면 그들은 아무 할 일이 없기 때문이다. 그들은 상인이 아니며, 실용주의자들이 아니다. 그들은 현재에 살고 있다. 그들은 미래로 미루지 않는다.

어느 걸인에 대한 이야기를 들었다. 한 상인이 지나가고 있었는데 걸인이 차 한 잔 마실 몇 푼 안 되는 돈을 구걸했다. 보통 상인들처럼 그 상인도 바쁜 모습이었다.

"다음에 지나갈 때 주지. 지금은 바빠."

걸인이 말했다.

"제발, 나는 상인이 아닙니다. 나는 약속을 할 수 없습니다. 당신이 주든 주지 않든, 예스이든 노우든, 미래는 없습니다. 나는 걸인입니다. 나는 약속을 하지 않습니다. 나에게는 미래가 없습니다."

상인은 약속을 하면서 산다. 그의 전 생애는 약속 어음에 투자되어 있다. 그는 미래의 꿈을 위해 현재를 팔아 버린다.

그리고 예수는 말한다.

'장사꾼과 상인들은 나의 아버지의 집에 들어가지 못할 것이다.'

하느님 아버지에 관한 한, 그의 집, 즉, 그의 나라에 관한 한 상황은 똑같다. 만일 "다음에 들르겠습니다." 하고 말한다면 그대는 놓칠 것이다. "지금 준비가 되어 있습니다. 나를 붙잡는 것은 아무 것도 없습니다. 당신의 초대만을 기다리고 있었습니다. 지금 당신을 따르기 시작하겠습니다." 하고 말할 때만 신의 나라에 들어갈 수 있다.

어떻게 삶의 초대를 거절할 수 있는가? 그러나 그대는 이미 그것을 거절하고 있다. 이러한 거절의 상황은 어떻게 일어나는가? 사람들은 구도자들이 삶을 포기했다고 생각한다. 구도자들은 삶을 즐긴다. 삶을 포기하지 않는다. 상인들과 장사꾼들의 눈에는 삶을 포기한 것처럼 보인다. 그러나 그렇지 않다. 구도자들은 삶을 단지 즐기고 있을 뿐이다. 그들은 아무것도 포기하지 않고 있다. 더 강렬하게 즐기고 있을 뿐이다. 아주 완전하게 즐기고 있기 때문에 지금 죽는다고 하더라도 아무 불평을 하지 않는다. 그들은 말할 것이다. "우리는 살고 있다. 우리는 즐기고 있는 것이다. 충분히 즐기고 있다!" 구도자는 삶의 한순간조차도 만족해한다. 그가 죽는다면 그는 행복할 것이다. 그러나 상인은 수백만 번의 생이 주어진다고 해도 자기의 일을 끝내지 못한다. 그 일은 끝낼 수 없는 것이다.

우파니샤드에 오래된 이야기가 있다. 한 왕이 있었는데 이름은 야야티였다. 그는 백 살이 다 된 노인이었다. 그가 죽음을 맞이할 때가 되어 죽음의 사신이 그를 데리러 왔다. 그러나 늙은 왕은 말했다.

"내 아들 중 하나를 데려갈 수는 없소? 난 아직 제대로 살아 보질 못했단 말이오. 나라의 일을 보살피느라 너무 바빠서, 난 이 육체를 떠나야만 한다는 사실을 잊고 있었소. 난 아직 살아보지 못했소. 날 데려가는 건 너무 잔인한 일이오. 다른 사람들과 왕국에 봉사하느라 난 살아볼 수가 없었소. 그러니 자비를 베풀어 줄 순 없겠소?"

죽음의 사신이 말했다.

"좋다. 그대의 아들들에게 물어보라."

그에게는 백 명의 아들이 있었다. 그는 물었다. 그러나 나이가 많은 아들들은 이미 영리해져 있었다. 경험은 사람을 영리하고 계산적이게 만든다. 그들은 이야기를 듣고는 따르지 않았다. 그런데 열여섯 살 먹은 막내아들이 가까이 오더니 말했다.

"좋아요, 제가 갈게요."

죽음의 사신조차 안쓰러운 마음이 들었다. 백 살이 된 사람도 인생을 다 못 살았다고 하는데 하물며 열여섯 살짜리야. 그는 아직 시작조차 하지 않은 것이다. 죽음의 사신은 말했다.

"넌 너무 어려서 모른다. 저기 99명의 형제들은 모두 침묵을 지키고 있잖니? 저 사람들 중에는 70살이나 75살이 된 사람도 있어. 그들은 늙었고 머지않아 죽을 거란다. 불과 몇 년이 문제될 뿐이지. 그런데 네가 왜?"

아이는 대답했다.

"아버지가 100년이 되도록 다 살지 못했다면 어떻게 내가 희망을 가질 수 있겠어요? 모든 것이 소용없을 뿐이에요! 아버지가 100년이 되도록 삶을 다 살지 못했다면, 저 역시 마찬가지일 거예요. 100년의 시간이 흘러도, 저 역시 충분히 살 수 없다는 걸 깨닫는 것만으로 충분해요. 무언가 다른 방법이 있을 거예요. 생명을 통해서는 진정한 삶을 얻을 수 없는 것 같아요. 그러니 저는 죽음을 통해 시도해 보겠어요. 허락해 주세요. 방해하지 말아 주세요."

이것이 구도자가 "에고의 삶을 통해서는 살 수 없다면, 나는 에고의 죽음을 통해 살아 보도록 하겠다. 그러니 나를 데려가라!"고 말할 때의 의미이다.

아들이 잡혀간 뒤 아버지는 100년을 더 살았다. 그러고 나서 죽음의 사신이 다시 왔다. 그는 깜짝 놀라며 말했다.

"이렇게 빨리! 100년은 긴 시간이라 걱정할 필요가 없을 줄 알았는데……. 나는 아직도 다 살지 못했소. 이것저것 시도해 보고 계획을 짠 후 이제 막 모든 것이 준비되어, 살기 시작하려고 했는데, 그런데 당신이 온 거요. 이건 너무하지 않소?"

이런 일이 열 번이나 반복되었다. 매번 아들 하나가 나와 목숨을 바쳤고 아버지는 살아남았다.

그가 천 살이 되었을 때, 죽음의 사신이 와서 물었다.

"어때? 다시 다른 아들을 데려갈까?"

왕은 말했다.

"아니오. 이젠 천 년이라도 소용없다는 것을 알았소. 시간이 아니라 마음이 문제요. 나는 자꾸만 반복해서 쓸모없는 일에 매달리곤 했소. 나는 존재와 삶을 낭비하는 데 익숙해져 있소. 그래서 이젠 시간은 아무 도움이 안 되오."

야야티는 다음 세대에게 기억할 만한 글을 남겼다. 그는 다음과 같이 썼다.

"나는 천 년 동안을 살았지만 나의 마음 때문에 삶을 살지 못했다. 언제나 미래를 바라보며 현재를 놓쳐 버리곤 했다. 그러나 삶은 현재이다."

지금 여기에 존재하지 못하면 삶을 놓치는 것이다. 초대장은 계속해서 오고 있다. 그러나 그대는 그곳에 없었다. 그대는 집에 없었다. 다른 어느 곳에 가 있었다. 그리고서 자신이 고통 받고 있다고 말한다. 그러면서 "왜 이렇게 불행한가?"라고 말한다. 그리고 모든 사람이 불행하게 보인다. 오래 사는 사람도 불행해 보이고, 오래 살지 못하는 사람도 불행해 보이고, 젊은이나 늙은이나 할 것 없이 모두 불행하게 보인다. 왜냐하면 마음이 같기 때문이다.

나는 언젠가 레스토랑 창문에 이런 글이 적혀 있는 것을 본 적이 있다. '밖에 불행하게 서 있지 말아요. 들어와서 마음껏 먹어요!' 밖에 서 있으면 불행한 것이고 안에 들어가면 마음껏 먹는다. 그런데 그대는 지금 불행하다.

마음이 불행한 것이다. 안에 있든 밖에 있든 그것이 중요한 것이 아니다. 백 년이든 천 년이든 그것은 중요하지 않다. 하나의 생이든 여러 생이든 그것에는 차이가 없다. 문제는 그대가 가지고 다니는 바로 그 마음, 상인의 마음이 장벽이라는 사실을 깨달아야 한다. 그 마음을 버리라. 그러면 산야신이 나타난다.

예수는 말한다.

'장사꾼과 상인들은 나의 아버지의 집에 들어가지 못할 것이다.'

그들은 스스로 놓칠 것이다. 문이 열려 있지 않기 때문에 놓치는 것이 아니다. 스스로 놓칠 것이다. 초대가 오지 않아서 놓치는 것이 아니다. 초대는 언제나 대기하고 있다. 언제나 기다리는 초대, 영원한 초대이다. 그리고 그 하인은 매일 온다. 예수는 그 하인이었다. 그러나 유대인들은 그를 거절했다. 붓다는 그 하인이었다. 그러나 힌두인들이 그를 거절했다. 하인은 날마다 와서 문을 두드리고 있다. 그러나 그대는 말한다. "나는 바쁘다."

붓다가 살아 있을 때 이런 일이 있었다. 붓다는 어느 마을을 여러 번 지나가게 되었다. 거의 서른 번 정도는 되었다. 그리고 한 사나이가 언제나 붓다의 이야기를 들으러 가야겠다고 생각하고 있었다. 그러나 그때마다 어떤 일이 일어나곤 했다. 아내가 아프거나, 혹은 아내가 임신을 하거나, 손님이 많이 오거나, 일 문제가 생기거나, 아니면 다른 어떤 일이 일어나곤 했다. 붓다는 왔다가 갔다. 그 사람은 한 번도 붓다를 보러 가지 못했다.

30년 동안 붓다는 서른 번이나 그 마을을 지나갔다. 그런데 어느 날 아침 갑자기 그 사람이 상점 문을 열려고 하는데 붓다가 그 날 죽을 것이라는 소식이 들려왔다. 그때 그는 자신이 무엇을 놓쳤는가를 깨닫게 되었다. 그러나 때는 이미 늦었다. 그는 달려갔다. 붓다는 아주 먼 곳에 있었다. 그는 저녁때에야 가까스로 도착했다.

붓다는 일어나 앉으면서 제자들에게 물었다.

"나에게 물어볼 것이 있는가?"

그러나 그들은 울면서, 눈물을 닦으면서 말했다.

"당신은 많은 것을 말씀하셨지만 우리는 그것을 이해하지 못했습니다. 우리들은 물어볼 것이 없습니다."

붓다는 언제나 세 번씩 물어보았다. 세 번 물어보는 것은 그의 습관이었다. 그는 말하곤 했다. "너희들은 아주 심하게 귀가 먹었다. 그래서 두 번까지 못 들을 수 있다." 그는 어떤 문장이든 세 번씩 말해서 사람들이 알아듣게 했다. 그리고 나서 그는 나무 뒤로 갔다. 그는 휴식을 취하며 눈을 감았다. 그리고 우주 속으로 녹아 들어가기 시작했다.

그때 그 사람이 땀을 흘리며 달려왔다. 그리고 그는 말했다.

"붓다는 어디에 있는가? 물어볼 것이 있다. 나는 오랫동안 기다렸다."

제자가 대답했다.

"당신은 너무 늦었다. 붓다께서는 당신의 마을을 지나다녔다. 그분은 언제나 당신에 대해 물어보곤 했다. 그러나 당신은 결코 오지 않았다. 그분은 서른 번이나 당신 마을을 지나갔다. 그분은 언제나 당신의 집 근처로 다녔다. 그 마을은 작다. 1분만 걸으면 당신은 그분에게 갈 수 있었다. 그분은 늘 당신이 왔는지 안 왔는지 물어보셨다. 그래서 우리는 안 왔다고 대답할 수밖에 없었다. 어떤 때는 승려들이 당신에게 가서 청한 적도 있었다. 그때 당신은 말했다. '지금은 불가능하다. 왜냐하면 지금은 대목 철이기 때문이다. 이번에는 아내가 임신하고 있기 때문에 불가능하다. 이번에는 손님이 집에 와 있기 때문에 불가능하다.' 그리고 이제야 왔지만 이미 너무 늦었다."

그때 가장 자비로운 일이 일어났다. 붓다가 죽음으로부터 나왔다. 그리고 말했다.

"그는 잘못을 저질렀을 수도 있다. 그러나 나의 초대는 아직도 기다리고 있다. 그는 늦었을 수도 있다. 그러나 나는 아직 살아 있다. 그러니 그에게 물어보게 하라. 나는 그를 기다리고 있었다. 나는 죽음을 늦추고 있었다. 왜냐하면 내가 죽는다는 소식을 듣고 지금이라도 그가 올 것을 기다렸기 때문이다."

장사꾼의 마음을 버리라. 그렇지 않으면 전에도 많은 붓다를 놓쳤지만 앞으로도 계속해서 그를 놓치게 될 것이다. 그리고 놓치는 것이 습관이 될 것이다. 계속 그렇게 될 것이다.

예수는 옳다.

'장사꾼과 상인들은 나의 아버지의 집에 들어가지 못할 것이다.'

그 왕국은 그들의 것이 아니다. 왜냐하면 그들은 그 왕국에 관심이 없기 때문이다. 그들은 지상의 왕국에만 관심을 가지고 있다. 그들의 눈은 땅을 보고 있다. 그들은 밑을 바라본다. 그들은 듣긴 하지만 변명을 대고 거절한다.

그대는 하찮은 것을 선택하면서 중요한 것을 거절한다. 가치 없는 것을 선택하고, 본질적으로 없어지는 것을 선택한다. 그리고 불멸의 것을 거절한다. 육체를 선택하면서 내면의, 내부의 의식을 거절한다. 무엇이든 선택하는 곳으로 방향을 잡게 될 것이다.

그것을 마음속에 간직하라. 상황을 살펴보라. 이것이 다른 사람들에 대한 일이라고는 생각하지 말라. '그 사람은 상인이다.'라고 생각하지 말라. 자신을 살펴보라. 왜냐하면 백 사람 중에서 99명이 상인이기 때문이다. 그대가 상인일 가능성은 아주 많다. 그대는 예외라는 생각을 하지 말라. 왜냐하면 그 예외는 전적으로 다른 존재이기 때문이다. 그 예외는 이미 왕국에 들어간 존재이다. 그는 이미 신과 함께 만찬을 들고 있는 것이다.

20
눈앞에 살아 있는 이를 보라

ΠΕΧΑΥ ΝΑΥ ÑσΙ ΝΕЧΜΑΘΗΤΗC
ΧΕ ΑШ Ñ2ΟΟΥ ΕΤΑΝΑΠΑCΙC
ÑΝΕΤΜΟΟΥΤ ΝΑШШΠΕ ΑΥШ

오랫동안 세상은 예수를 기다려 왔다. 그러나 예수가 와도 세상은
그를 알아보지 못한다. 예수가 그대의 문 앞에 와서 두드린다.
그러나 그대는 문을 열지 않는다. 오히려 빗장을 지른다.
예수를 만나는 것은 불편하다. 그는 그대의 전 생애가 무의미한 낭비였음을
느끼게 한다. 그때 유일한 방법은 그에게서 달아나는 것이다.
예수에게는 미래가 없다. 그에게는 모든 시간이 오직 현재이다.
지금 이 순간에 깨어 있을 때만이 비로소 예수를 만날 수 있다.

스무 번째 말씀

제자들이 예수께 물었다.
"어느 날에 죽은 자들의 휴식이 일어나고,
어느 날에 새로운 세상이 옵니까?"

예수께서 그들에게 말씀하셨다.
"너희가 기다리는 것은 이미 왔다.
다만 너희가 그것을 알아보지 못하고 있을 뿐이다."

제자들이 예수께 말했다.
"스물 네 명의 예언자들이 이스라엘에서 말했는데
그들 모두가 당신에 대해 말했습니다."

예수께서 그들에게 말씀하셨다.
"너희는 너희 눈앞에 있는 살아 있는 사람은 빠뜨린다.
그러면서 죽은 사람에 대해서만 말한다."

예수께서 말씀하셨다.
"나는 이 세상에 불을 던졌다.
그리고 보라, 나는 그것이 불타오를 때까지 지키고 있다."

　이러한 일은 언제나 되풀이되어 왔다. 예수가 온다. 그러나 그를 알아보지 못한다. 붓다가 온다. 그러나 그를 알아보지 못한다. 왜 이런 일이 일어나는가? 그러면서도 수세기에 걸쳐 그대는 예수와 붓다에 대해 생각해 왔다. 그래서 종교가 세워지고 이곳에 있을 때는 알아주지도 않던 그를 위해 거대한 조직이 세워진다. 그대는 왜 살아 있는 그리스도를 알아보지 못하는가? 이것에 대해 이해해야만 한다. 그것은 마음에, 마음의 그 본성에 깊은 뿌리를 내리고 있는 것이기 때문이다. 개인적인 실수가 아니다. 이 사람이나 저 사람에 의해 저질러지는 잘못이 아니다. 수천 년 동안 인간의 마음에 의해 저질러져 온 것이다.

　그 마음을 꿰뚫어보고 이해해야 한다. 첫째는 이것이다. 마음에게는 현재가 없다. 마음은 과거나 미래를 갖고 있을 뿐이다. 현재는 너무 좁기 때문에 마음은 그것을 붙잡을 수 없다. 마음이 그것을 붙잡는 순간 그것은 이미 과거가 되는 것이다. 그래서 마음은 과거를 기억할 수 있고 미래를 욕망할 수는 있지만 현재를 바라볼 수는 없다. 과거는 거대하다. 미래 역시 광활하다. 그러나 현재는 너무나 작고 미묘하기 때문에 그것을 느끼는 순간에 그것은 이미 가버린다. 그리고 그대는 그만큼 깨어 있지 않다. 매우 강렬하게 깨어 있는 의식이 필요하며, 오직 그때만 현재를 볼 수 있다. 충분히 깨어 있어야 한다. 충분히 깨어 있지 않으면 현재는 보이지 않을 것이다. 그대는 이미 과거와 미래에 취해 있다.

며칠 전 물라 나스루딘이 나를 찾아오기 위해 택시를 잡아타고는 말했다.

"운전사 양반, 오쇼 아쉬람으로 갑시다."

그 말을 들은 택시 운전사는 매우 화를 내면서 택시에서 내렸다. 왜냐하면 그 택시는 코레가온 파크 17번지(뭄바이 근처 뿌나 시에 있는 오쇼 아쉬람의 주소)에 서 있었기 때문이다. 운전사는 차 문을 벌컥 열고는 나스루딘에게 말했다.

"이봐요, 아쉬람에 도착했으니까 나오시오."

나스루딘이 말했다.

"좋아요. 그러나 다음번에는 이렇게 빨리 운전하지 마시오."

마음은 취해 있다. 마음은 현재를 볼 수 없다. 그대 앞에 있는 현재를. 마음은 욕망과 꿈으로 가득 차 있다. 그대는 현존을 갖고 있지 않다. 그렇기 때문에 예수를 놓치고, 붓다를 놓치며, 크리슈나를 놓치는 것이다. 그러고는 수세기 동안 눈물을 흘리며 울고 죄의식을 느낀다. 수세기 동안 그대는 생각하고, 기도하고, 상상한다. 그러나 막상 예수가 왔을 때는 그를 알아보지 못한다. 과거도 없고 미래도 없는 그러한 마음의 현존을 얻었을 때 비로소 예수를 만날 수 있다. 그러한 현존만이 현재를 들여다볼 수 있다. 그때 현재는 영원이 된다. 영원은 깊이이다. 그것은 직선상의 움직임이 아니다. 수평적인 길이가 아니라 수직적인 깊이이다.

기억해야 할 두 번째는 이것이다. 그대는 과거를 이해할 수 있다. 무엇을 이해하기 위해서는 생각하고, 이론으로 만들고, 철학으로 꾸미고, 체계를 세우고, 논쟁할 시간이 필요하기 때문이다. 그러면 지적으로 사물을 분류할 수 있다. 그러나 예수가 현존한다면 그대는 생각을 할 수 없다. 생각할 시간이 없는 것이다. 마음은 생각할 시간을 필요로 한다. 그것은 어둠 속에서 더듬거린다. 어쨌든 그것은 전혀 이해가 아니다. 일종의 이해 비슷한 것을 만들어 내는 것일 뿐. 만일 이해했다면 사실을 직시할 수 있다. 그러면 사실의 진리가 드러난다. 이해하지 못했다면 생각을 해야 한다.

기억하라. 이해하는 사람은 결코 생각하지 않는다. 그는 단순히 사실을 바라본다. 그 단순한 바라봄으로써 있는 그대로가 드러난다. 이해를 못하는 사람은 생각한다. 마치 집 안에서 나가려는 장님과 같다. 집 안을 나가기 전에 그는 생각을 해야만 할 것이다.

'어디에 방문이 있지? 계단은 어디에 있고? 현관문은 어디에 있더라?'

그러나 볼 수 있는 사람이라면 나가고 싶을 때 단순히 나가기만 하면 된다. 결코 '어디에 방문이 있지? 계단은 어디에 있고? 현관문은 어디에 있지?' 하고 생각하지 않는다. 볼 수 있기에 생각할 필요가 없다.

그대가 장님이라면 수없이 생각해야 할 필요가 있다. 생각은 하나의 대체물이다. 그것이 눈먼 것을 감추어 준다. 직접 볼 수 있는 사람은 생각하지 않는다. 예수는 생각하는 사람이 아니었지만 아리스토텔레스는 생각하는 사람이었다. 붓다는 생각하는 사람이 아니었지만 헤겔은 생각하는 사람이었다. 깨달은 사람은 결코 생각하지 않는다. 그는 그냥 바라본다. 그는 볼 수 있는 눈을 가졌다. 단순히 바라봄으로써 그는 길이 어디에 있고, 문이 어디에 있으며, 현관이 어디에 있는지 안다. 그리고 그냥 나가는 것이다.

예수가 그곳에 있을 때 문은 열려 있다. 그러나 그대는 장님이다. 그러므로 예수에게 "문은 어디에 있나요? 나는 어디로 가야하죠?" 하고 물어볼 가능성은 많다.

윌리엄 헌트(영국의 화가. 사실성과 중세적인 상징주의가 혼합된 종교화를 주로 그렸다)가 그린 유명한 그림이 있다. 그것이 런던에 처음으로 전시되었을 때 비평가들은 의문을 제기했다. 그 그림은 예수에 대한 것인데 매우 아름다운 것이었다. 예수가 문 앞에 서 있는 그림이었다. 그 문은 닫혀 있었는데, 아마도 아주 오랫동안 그렇게 닫혀 있었던 것처럼 보였다. 그 주변에 잡초가 많이 자라 있었기 때문이다. 수세기 동안 아무도 그 문을 열지 않았던 것 같았다. 오래되고 낡은 문이었다. 예수는 문 앞에 서 있었다. 그리고 그 그림에는 '보라, 나는 문 앞에 서 있다'라는 제목이 붙어 있었다. 문에는 문을 두드리는 장치가 달려 있었는데 예수는 그것을 손에 쥐고 있었다.

매우 아름다운 그림이었다. 그러나 비평가들은 언제나 결함을 잡아내기 마련이다. 그들의 모든 정신은 단점을 찾아내는 데 치중해 있다.

그들은 그 그림에서 한 가지 흠을 잡아내었다. 문을 두드리는 장치가 문에 달려 있는데 그 문에는 손잡이가 없었던 것이다. 그래서 그들은 헌트에게 말했다. "문도 좋고 예수도 썩 잘 표현했소. 그러나 한 가지 잘못된 것이 있소. 문에 손잡이가 없다는 것이오."

헌트는 웃으며 이야기했다.

"그 문은 안에서만 열 수 있습니다."

예수는 마음의 문 앞에 서 있는 것이다. 예수는 그대 마음 앞에 와서 서 있다. 그것은 밖에서는 열지 못한다. 그래서 손잡이가 필요 없는 것이다. 두드리는 장치만 있으면 되는 것이다. 그 마음의 문은 안에서만 열도록 되어 있다.

예수가 그대의 문 앞에 와서 두드린다. 그러나 그때 그대는 생각하기 시작한다. 문을 열지 않는다. 오히려 그대는 겁을 먹고 빗장을 질러 놓는다. '밖에 누가 있는지 어떻게 알아? 부랑자일지도 몰라. 문을 열어 주면 그가 어떤 일을 할지 누가 알지?' 일단 마음을 열면 상처받기 쉽다. 그다지 안전하지 못하고 위험할 수 있다. 이 사람은 아주 낯선 사람이고, 믿을 수 없다. 이 때문에 예수가 문 앞에 왔을 때 그를 놓치는 것이다.

첫째로 그대는 눈이 멀었기 때문에 볼 수 없다. 단지 생각할 수만 있다. 둘째로 미지의 사람을 두려워하고 겁먹는다. 과거에 대해서는 마음이 편하다. 왜냐하면 충분한 시간이 흘렀고, 많은 사람들이 생각했고, 이론을 정립해 놓았고, 필요한 것은 모두 제공해 놓았기 때문이다. 책을 볼 수도 있다. 책은 죽은 것이지만 예수에 대해 생각해 볼 수 있고 확신을 얻을 수도 있다. 그리고 그때는 아무 위험도 없다. 왜냐하면 비록 책에 마음을 연다고 하더라도 아무 일이 발생하지 않기 때문이다. 그래서 수백만의 기독교인들이 매일 매일 성경을 읽는다. 힌두교인들은 매일 바가바드기타를 읽는다.

불교도들은 매일 법구경을 읽는다. 그들은 기계적으로 반복한다. 매일매일 똑같은 것을 되풀이한다. 책은 불이 아니기 때문에 위험하지 않은 것이다.

그러나 예수는 불이다. 일단 마음의 문을 열면 그대의 모든 것이 타버릴 것이다. 한번 낯선 사람이 마음속으로 들어오면 미지의 것이 이미 알고 있는 것 속으로 침투해 버린다. 이제 마음은 더 이상 전과 같이 존재하지 못한다. 그대는 여전히 같은 사람일 수 없다. 단절이 일어난다. 과거는 죽었다. 그것은 꿈에서조차 다시 나타나지 않는다. 그대가 축적해 놓은 것은 모두 사라져 버린다. 이 사람은 그대를 완전히 태우려고 하고 있다. 이 사람은 죽음이 될 것이다. 그대는 모든 죽음 뒤에는 탄생이 있다는 것을 모르기 때문에 두려워한다. 죽음이 위대할수록 탄생도 위대하다. 전체적으로 죽을수록 전체적으로 탄생한다. 그리고 이 사람이 주려고 하는 것이 전체적인 죽음이다.

그대는 두려워한다. 두려워하는 그 사람은 누구인가? 그것은 분명 그대가 아니라 그대 안에서 두려워하고 있는 어떤 사람이다. 그것이 에고이다. 에고는 과거의 축적, 그대의 정체성이다. 그대는 지위를 가진 사람이고, 위신과 권력과 지식과 존경도 갖고 있다. 그 에고가 이 사람에 의해 모두 깨지려고 하는 것이다. 그 에고가 말한다.

"주의하라. 그렇게 쉽게 마음을 열지 말라. 이 사람이 누구인지는 아무도 모른다. 먼저 확인을 해 보라."

그런데 확인하는 사이에 예수는 가 버린다. 문 앞에서 영원히 기다릴 수는 없기 때문이다. 미지의 것이 이미 알고 있는 것 속으로 스며들어 오는 것, 영원이 순간 속으로 스며들어 오는 것, 그것은 매우 드문 현상이다. 예수와 그대와의 만남은 그토록 귀한 현상이기 때문에 한순간에만 존재했다가 사라진다. 그대는 놓쳐 버린다. 그대의 마음은 지금 이 순간에 깨어 있지 못하는 것이다.

한번은 이런 일이 있었다. 한 구두쇠가 정부로부터 5만 루피를 얻어 냈다. 그가 여행하면서 탔던 기차가 충돌사고를 일으켜 손해배상을 받았기 때문이다. 그는 여러 군데 뼈가 부서졌지만 5만 루피를 받아 내고는 매우 행복해했다. 그리고 그 기쁜 소식을 떠들면서 온 시내를 돌아다녔다.

"나는 5만 루피를, 내 아내는 2만 5천 루피를 받았네!"

그래서 한 친구가 물었다.

"그런데 자네 아내도 그 사고에서 부상을 입고 다쳤나?"

구두쇠가 대답했다.

"아니. 그러나 기차가 충돌사고를 일으킨 대혼란 속에서도 나는 아내의 이빨을 걷어찰 정도로 그 순간에 깨어 있을 수 있었지. 아내는 전혀 부상을 입지 않았지만 나는 정신을 차려서 아내의 이빨을 한 대 걷어찼지. 그래서 아내도 2만 5천 루피를 얻을 수 있었던 거야."

이 세상 속에서 그대는 때때로 그 순간의 깨어 있음을 이용하기도 한다. 물론 나쁜 이유로지만……. 그러나 예수가 올 때, 붓다가 올 때는, 결코 그 현존을 사용하지 않는다. 왜냐하면 그것은 위험하기 때문이다. 그것은 아무것도 줄 것 같지 않아 보인다. 오히려 그 반대로 그대가 갖고 있는 것을 모두 빼앗아 갈 것처럼 보인다. 보험이나 정부로부터 2만 5천 루피를 얻어 낼 것 같지도 않다. 반대로 지금까지 축적한 모든 보물이 쉽게 없어질 것이다. 그래서 예수가 오면 그대는 그의 눈을 똑바로 바라보지 않는다. 곁눈질을 하거나 딴청을 피운다. 그와 직접 만나지 않는다. 눈은 좌우로 돌아가고, 마음은 과거와 미래로 왔다 갔다 한다. 그리고 즉각적으로 그대는 영리해진다. 그대는 그를 놓치고 만다. 왜냐하면 마음 깊은 곳에서 피하려고 하기 때문이다.

예수는 불편하다. 그를 만나는 것은 편안하지 않다. 왜냐하면 그는 그대가 지금까지 적응해 온 것을 산산조각 내기 때문이다. 그는 그대가 완전히 잘못되었다는 것을 자각하게 만든다. 그는 그대가 죄를 졌다고, 과녁에서 빗나갔다고 느끼게 한다. 그는 그대의 전 생애가 쓸모없는 낭비였음을 느끼게 한다. 그대는 아무 곳에도 도달하지 못했다고, 수백만의 생을 살았으면서도 계속 같은 곳에 머물고 있다고 느끼게 한다. 물론 그의 앞에서 마음은 편하지 않다. 깊은 내면에서부터 흔들리고 동요하기 시작한다. 유일한 방법은 달아나는 것이다. 그대는 달아나는 데는 교활하다. 심지어 자신이 달아나고 있다는 사실조차 알아차리지 못할 방법으로 달아난다.

이제 예수의 말을 이해해 보자.

제자들이 예수께 물었다.
"어느 날에 죽은 자들의 휴식이 일어나고,
어느 날에 새로운 세상이 옵니까?"

유대인들은 수십 세기 동안 죽은 자들이 부활하고, 새로운 평화의 세계와 은총, 신의 질서가 탄생하는 그날을 기다려 오고 있다.

이 세상은 추하다. 지금의 이 세상은 마치 악몽과도 같다. 그것을 참아 내는 유일한 방법은 언젠가는 이것이 없어지리라고, 언젠가는 악몽이 끝나리라고 희망하는 것이다. 언젠가는 이 추한 세계가 사라질 것이고 아름답고 참되고 선한 새로운 세계가 탄생하리라고 희망하는 것이다. 이것은 마음의 속임수이다. 이것은 마약과 같고, 희망을 안겨 준다. 희망은 가장 취하기 쉬운 술이다. 그 어떤 술도 그것과 비교될 수 없다. 희망을 갖고 있는 한 언제까지나 술 취해 있을 수 있다. 이것은 기다림의 가능성을 준다. '이 세계는 최종적인 것이 아니다. 이 추함은 최종적인 것이 아니다. 이 삶은 진정한 삶이 아니다. 진정한 삶이 곧 올 것이다.' 이것이 비종교인들이 생각하는 방식이다

종교적인 사람은 무엇이든 받아들인다. 결코 다른 일이 일어나기를 기다리지 않는다. 이 세상을 있는 그대로, 삶을 있는 그대로 받아들인다. 그는 깊은 수용력을 갖고 있다. 그는 어떤 것이라도 감사하며, 불평하지 않는다. 이렇게 말하지 않는다. "이것은 추하다. 이것은 나쁘다. 이것은 악몽이다."

그는 이렇게 말한다. "그것이 무엇이든 그것은 아름답다. 나는 그것을 받아들인다."

이 받아들임을 통해 그는 태어나고 새로운 인간이 되며 그에게 새로운 세계가 열린다. 이것이 새로운 세계로 들어가는 길이다. 만일 언젠가 이 세상이 변할 것이라는 희망을 가지고 단지 기다리기만 한다면 세상은 결코 변하지 않을 것이다. 언제나 그래 왔다. 아담과 이브가 에덴동산을 떠난 이래로 계속해서 그래 왔다.

중국에 이런 격언이 있다. "진보는 가장 오래된 단어이다." 인간

은 언제나 진보하고 있다고 생각해 왔다. 우리는 어느 곳으로도 가지 않는다. 세상은 여전히 그대로 남아 있다. 세부적인 것은 변할지 모른다. 그러나 실체는 그대로 남아 있다. 그것은 같은 길을 되풀이해서 돌고 있는 바퀴이다.

종교적인 사람은 어떤 상황이더라도 지금 이 순간을 받아들이는 사람이다. 그 받아들임을 통해 그는 새로 태어나고 죽은 사람이 부활한다. 이것이 거듭남이다. 그대의 눈이 달라질 때 세상도 달라진다. 왜냐하면 세상이 문제가 되는 것이 아니라 세상을 바라보는 방법이 문제이기 때문이다. 세상을 바라보는 방법이 문제이다. 세상에 접근하는 방법이 문제이다. 그대의 태도가 곧 그대의 세상이다. 이 세상은 중립적이다. 붓다에게는 그것이 모크샤, 즉 궁극적인 아름다움과 환희로 보인다. 그대에게는 그것이 지옥이며, 최악이고, 종말로 보인다. 그 무엇도 이 세상보다 더 나쁠 수는 없다. 그것은 어떻게 세상을 보는가에 달려 있다.

그대가 새로 태어날 때 모든 것이 다시 태어난다. 나무는 똑같이 존재하겠지만 더 이상 이전의 나무가 아니다. 산도 똑같이 존재하겠지만 더 이상 이전의 산이 아니다. 그대가 달라졌기 때문이다. 그대는 세상의 중심이다. 그리고 중심이 바뀌면 주위도 그에 따른다. 왜냐하면 세상은 그대 주위의 그림자이기 때문이다. 그대가 변하면 그림자도 변한다. 언젠가는 그 그림자가 변할 것이라고 생각하고 기다리는 자는 어리석다.

유대인들은 다른 모든 사람들과 마찬가지로 세상이 다시 시작되고 죽은 사람들이 부활할 날을 기다리고 있었다. 영원한 평화와 생명이 있는 그런 날을. 그래서 그들은 예수에게 물었다.

"어느 날에 죽은 자들의 휴식이 일어나고,
어느 날에 새로운 세상이 옵니까?"

그들은 미래에 대해 묻고 있는 것이다. 그리고 이런 식으로 예수를 놓치는 것이다. 예수에게 미래에 대해 묻지 말라. 예수에게는 미래가 없다. 모든 시간이 그에게는 현재이다. 예수에게는 희망이 존재하지 않는다. 희망은 꿈이기 때문이다. 예수에게는 실체가 존재할 뿐이다. 희망은 존재하지 않는다. 희망은 속임수이고 희망은 마약이다. 그것은 그대의 눈을 취하게 한다. 그리고 취한 눈으로 세상을 바라보면 모든 것이 다르게 보인다. 예수에게는 오직 진리만이, 세상에 대한 사실성만이 있는 그대로 꾸밈없이 존재한다. 그에게는 희망이 없다. 절망 속에 있다는 이야기가 아니다. 이것을 기억하라. 절망은 희망의 일종이다.

만일 미래에 희망을 갖고 있다면 과거에는 절망이 따라올 것이다. 절망은 희망의 그림자이다. 희망을 갖는다면 좌절할 것이다. 희망이 클수록 더 많이 좌절할 것이다. 희망은 꿈을 만들어 내고 꿈은 충족되지 않기 때문이다. 예수는 절망이나 좌절을 하지 않았다. 그는 결코 희망을 갖지 않았다. 그래서 모든 것이 충족되었다. 그는 결코 기대하지 않았다. 그래서 모든 것이 있는 그대로 존재했다. 꿈을 꾸지 않았다. 그러므로 아무 실패도 없었다. 성공을 추구하지 않는다면 실패도 없을 것이다. 미래를 바라보지 않으면 좌절도 없을 것이다. 꿈이 없으면 불행도 없다.

꿈은 불행을 가져온다. 존재는 순수한 환희이다. 예수는 지금 여기에 살고 있다. 지금 여기만이 그에게 존재하는 유일한 것이다.

이 때문에 예수가 그대를 만나기 어렵다고 나는 말하는 것이다. 그대는 언제나 미래에 있는데 예수는 지금 여기에 있는 것이다. 어떻게 만날 수 있겠는가? 그 간격은 너무나 크다.

두 가지의 길이 있다. 하나는 예수가 그대처럼 꿈을 꾸는 것이다. 그것은 불가능하다. 의식적으로 꿈을 꿀 수는 없기 때문이다. 의식적으로 꿈꾸는 것은 불가능하다. 의식이 있으면 꿈이 나타날 수 없다. 의식이 깊게 잠든 후에야 꿈은 나타나는 것이다. 그러므로 예수는 그대의 수준으로 내려올 수 없다. 그것은 불가능하다. 그가 아무리 노력한다고 하더라도 이루어질 수 없다. 예수나 붓다는 그대를 만날 수 있는 곳으로 바로 오고 싶어 한다. 그러나 본질적으로 불가능하다. 그는 깊이 잠들 수 없기 때문이다. 그는 의식을 잃어버릴 수 없기 때문이다. 그는 꿈을 꿀 수 없기 때문이다. 그는 희망을 가질 수 없기 때문이다. 그러면 어디에서 만나는가? 만일 그가 꿈으로, 미래로 이동한다면 만날 수 있다. 그러나 그것은 가능한 일이 아니다. 불가능하다. 유일한 가능성은 그가 그대를 흔들어 깨우는 것이다.

그래서 예수는 제자들에게 되풀이해서 말하고 있다.

"깨어나라. 정신을 차리고 일어나라. 깨어 있으라. 보라. 자세히 보라."

그는 계속 말한다.

"깨어 있는 마음을 가지라. 지금 여기에 현존하라."

그러나 제자들조차도 미래에 대해 묻고 있다. 그들은 예수를 보고 있는 것이 아니라 미래를 생각하고 있는 것이다. 왜냐하면 그들은 과거에 고통을 받았기 때문이다. 이것은 하나의 균형이다. 과거에 고통을 받았으므로 미래에 큰 기쁨을 누릴 것이다. 이것이 삶의 균형이다. 그렇지 않으면 그들은 미쳐 버리고 말 것이다.

옛날에 황제들은 궁전에 현명한 사람과 함께 바보를 데리고 있었다. 이상하게 생각될 것이다. 현명한 사람은 필요하다. 그러나 바보는 어디에 필요한가? 균형을 잡기 위해서다. 그렇지 않으면 왕궁은 불균형해진다. 이것은 옳은 일이다.

한번은 이런 일이 있었다. 한 위대한 왕이 바보는 없이 현명한 사람들만 데리고 있었다. 그런데 국정이 잘 안 풀렸기 때문에 연구를 한 끝에 완벽한 바보를 찾기로 했다.

완벽은 드문 것이다. 완벽하게 현명한 사람을 찾아내기도 힘든 일이지만 완벽한 바보를 찾아내기는 훨씬 더 힘들다. 그런데 완벽함은 그것이 어디에 속하더라도 아름답다. 완벽한 바보라도 그 안에는 도전할 수 없는 특성이 있다. 그는 완벽한 것이다. 완벽함은 그 자체의 아름다움을 지니고 있다. 그것은 우아하다. 완벽한 바보가 무엇인지 알고 싶으면 도스토예프스키의 소설 〈백치〉를 읽어 보라.

완벽한 바보가 발견되었다. 왕은 그가 정말 가치가 있는지 시험하기로 마음을 먹었다. 왕은 바보에게 말했다. "나의 궁전에서 열 사람의 바보의 이름을 적어 보라. 열 사람의 명단을 작성해 보라. 순서대로 적어 보라. 가장 어리석은 사람을 첫 번째에, 그 다음으로 어리석은 사람을 두 번째에, 그 다음은 세 번째에."

그 궁전에는 약 백 명이 있었다. 왕은 바보에게 7일 동안의 기간을 주었다. 7일째 되는 날 왕이 물었다.

"명단을 작성했는가?"

"예."

왕은 호기심을 느꼈다. 그래서 얼른 물었다.

"누가 첫째인가?"

바보가 대답했다.

"바로 당신입니다."

왕은 화가 나서 말했다.

"어째서 그런지 설명을 해 보라."

바보가 대답했다.

"바로 어제까지만 해도 나는 첫 번째 자리를 메우지 못했습니다. 그런데 당신은 어제 한 신하에게 수백만 루피를 주면서 먼 나라에 가서 다이아몬드와 진주 그리고 다른 보석들을 사 오라고 보냈습니다. 제 생각에 그는 다시는 돌아오지 않을 것입니다. 그러나 당신은 그를 믿었습니다. 당신은 바보입니다. 바보나 믿을 테니까요."

왕이 말했다.

"좋다. 그러면 그가 오면 어떻게 하겠느냐?"

바보가 대답했다.

"그러면 당신의 이름을 지우고 대신 그 신하의 이름을 써 넣겠습니다."

옛 궁전에서는 바보가 필수적이었다. 그래야 균형이 이루어지기 때문이다. 삶은 균형을 이루려는 끊임없는 노력의 연속이다. 한쪽으로만 너무 많이 옮겨 가면 균형을 잃게 되고 병에 걸려 아프게 된다. 병은 균형을 잃는 것을 의미한다. 병disease이라는 단어는 불균형을 의미한다. 그대의 과거가 보기 싫고 오랫동안 고통스러운 것이었고 지루하고 권태로운 것이었다면 그것을 어떻게 균형 있게 만들 것인가? 균형 있게 만들어야 한다. 그렇지 않으면 그대는 미칠 것이다. 그대는 그것을 아름다운 미래를 통해 균형 있게 만든다. 낭만적인 미래를 그려 본다. 그것이 균형을 준다.

예수는 균형을 필요로 하지 않는다. 그 자신이 하나의 균형이기 때문이다. 예수에게는 현명한 사람도 바보도 필요치 않다. 과거는 현명한 사람과 같다. 경험을 얻었기 때문이다. 경험을 통해 지식을 획득했기 때문이다. 미래는 바보와 같다. 그것은 꿈을 꾸고 있다. 만일 그대가 미래를 갖고 있지 않다면 어떤 일이 일어날까? 그대는 갑자기 사나워진다. 만일 미래를 갖고 있지 않다면 그대는 미칠 것이다.

이것이 서양에서 특히 미국에서 일어나고 있는 일이다. 수소폭탄, 원자 에너지 때문에 더 이상 미래가 존재하지 않게 되었다. 미국이 히피와 비트족의 나라가 된 것은 미국이 더 깨어 있게 되었기 때문이다. 그들은 2차 대전 중에 원자폭탄을 사용하였고 미국은 깨어났다. 미래는 더 이상 그곳에 존재하지 않게 되었고, 과거는 오랫동안의 추악한 악몽이었다. 그러니 무엇을 할 것인가? 바보가 되고 꿈을 꾸고 균형을 맞추어 줄 미래가 사라진 것이다. 그래서 히피가 태어났다. 그들은 거칠다. 그들에게는 균형이 없다.

붓다 같은 사람도 그와 비슷한 방식으로 탄생한다. 그러나 그 방법이 다르다. 예수 같은 사람도 비슷한 방식으로 탄생한다. 그러나 그 방법이 다르다. 간단히 과거를 던져 버린다. 미래를 생각하기를 멈추고, 과거에 대해 기억하기를 멈춘다. 그때 갑자기 균형이 잡힌다. 예수와 같은 사람을 불균형하게 만들 수는 없다. 단순히 적응하고 있는 사람이라면 균형을 깰 수도 있다. 그러나 예수 같은 사람은 단순히 적응하고 있는 것이 아니다. 적응하고 있는 사람은 상황이 달라지면 균형이 깨질 수도 있다. 예수 같은 사람은 균형이 깨어지지 않는다. 그는 미칠 수 없다. 근본이 바뀌었기 때문이다. 그는 과거 속에 살지 않으며, 더 이상 미래에 살지 않는다. 제자들은 예수에게 미래에 대해 물었다. 그러니 어떻게 만남이 가능할 수 있겠는가? 어떻게 그들이 그를 만날 수 있겠는가? 그들은 예수의 제자였다. 하물며 다른 군중은 어떠하겠는가?

예수께서 그들에게 말씀하셨다.
"너희가 기다리는 것은 이미 왔다.
다만 너희가 그것을 알아보지 못하고 있을 뿐이다."

너희들이 기다리는 것은 이미 왔다. 죽은 자들은 이미 부활했다. 그들은 이미 휴식을 얻었다. 새로운 세상이 이미 왔다. 이미 여기 펼쳐져 있다. 그런데 너희들이 모르고 있는 것이다. 예수는 자신에 대한 이야기를 하고 있는 것이다.
"나는 새로운 세상이다. 나는 부활한 자요, 생명이다. 나는 생명의 핵심이다. 나는 여기에 있다. 너희 앞에 서 있다. 그러나 너희는 그것을 모른다. 너희들은 미래에 대해 묻고 있지만 미래는 여기에 있다."

그는 그들에게 말한다.
"너희들이 기다리는 것이 이미 왔는데 너희들은 그것을 알아보지 못하고 있다."

영원 속에 미래는 없다. 미래는 현재의 부분이다. 그러나 마음이 좁기 때문에 우리는 전체를 보지 못한다. 우리는 방안에 갇혀 있는 사람과 같다. 열쇠구멍을 통해 내다보고 있는 것이다. 전체를 볼 수 없다. 마리화나를 피우지 않고서야 열쇠구멍을 통해서는 전체를 볼 수 없다.

한 가지 이야기를 들려주고 싶다. 해가 질 무렵 세 사람이 시내로 들어왔다. 그들은 해가 지기 전에 마을에 도착하려고 온갖 노력을 다해 달려갔다. 성문이 닫히기 때문이었다. 해가 지는 순간 성문은 닫힌다. 그러면 밤새도록 성 밖에 있어야만 한다. 그것은 위험한 일이었다. 맹수들과 강도, 그 밖에 다른 위험을 만날 수가 있었다. 그들은 달렸다. 그러나 시간에 맞추어 도착하지 못했다. 그들이 도착했을 때 성문이 닫힌 것이다. 해가 떨어졌기 때문이다.

그중 한 사람은 벽 뒤에 있는 문지기가 들을 수 있도록 가슴을 치며 큰 소리로 울었다. 그는 문을 두드리며 통곡을 하다가 손에서 피를 흘리고 기절했다. 다른 한 사람은 벽을 살피기 시작했다. 다른 조그만 문이나 뒷구멍 또는 들어갈 수 있는 다른 공간, 배수구든 뭐든 들어갈 수 있는 방법이 있을지도 모른다. 세 번째 사람은 마리화나 흡연자였다. 그는 그냥 마리화나만 피워 댔다. 그러다가 열쇠구멍으로 들여다보더니 외쳤다.

"봐! 다른 곳으로 갈 필요가 없어. 이 열쇠구멍으로 들어갈 수 있어."

마약에 중독되면 이런 현상이 일어난다. 열쇠구멍이 매우 크게 보여서 그 열쇠구멍을 통해 신의 나라에 들어갈 수 있다고 느끼게 된다. 그 누구도 열쇠구멍을 통해서는 신의 나라로 들어갈 수 없다. 계속 밖에 남아 있을 것이다. 그리고 제정신으로 돌아오면 이 모든 일들에 대해 웃음을 터뜨릴 것이다.

단지 열쇠구멍만을 통해 밖을 내다볼 수밖에 없는 방 안에 갇힌 사람을 생각해 보라. 그는 바깥세상의 전체를 볼 수 없고, 일부만을 볼 수 있을 뿐이다. 그 열쇠구멍을 한 눈씩 번갈아 가며 바라본다고 상상해 보라. 한쪽 눈으로 보면 나무 한 그루가 보인다. 눈을 바꾼다. 그러면 다른 나무가 보인다. 처음에 본 나무는 사라진다. 처음에 본 것은 과거가 되고 그것이 없어졌다고 생각한다. 두 번째 나무가 현재이고, 아직 보이지 않는 세 번째 나무가 미래인 것이다. 그는 계속 눈을 움직인다. 그러면 두 번째 나무는 과거로 움직여 가고, 세 번째 나무가 나타난다. 그는 생각한다. 논리적으로 생각한다.

"내가 더 이상 볼 수 없는 것은 존재하지 않는다. 그리고 내가 아직 볼 수 없는 것은 아직 존재하지 않는 것이다. 내가 볼 수 있는 것만 존재한다."

우리들이 해 오고 있는 일이 이렇다. 그 사람은 자기의 눈이 열쇠구멍을 통해 움직이고 있다는 것을 생각하지 못할 것이다. 그는 나무가 존재했다가 없어지는 것으로 생각할 것이다. 우리들도 언제나 그렇게 말한다. 시간이 흐르고 있다고 말하는 것이다. 기억하라, 시간은 흐르지 않는다. 흐르는 것은 우리의 마음뿐이다. 시간이 어디로 흐르는가? 생각해 본 적이 있는가? 시간이 어디로 흐를 수 있는가? 흘러가는 데는 시간이 필요하다. 만일 시간이 흐른다면 그 시간은 또 다른 시간을 필요로 하는 것이 된다. 왜냐하면 움직이는 것은 시간을 요하기 때문이다. 그대는 그대의 집에서 이 집으로 오는 데 30분이 걸린다. 한 장소에서 다른 곳으로 움직이는 데는 시간이 필요하다. 우리가 시간이 흐른다고 생각하는 것처럼, 마치 강물처럼 미래로부터 와서 과거로 흐르는, 시간이 정말로 흐르는 것이라면 그 시간이 흐를 다른 시간을 필요로 할 것이다. 그렇게 되면 끝없는 순환에 빠져 들고 말 것이다. 그러면 다른 시간이 또 다른 시간 속에서 흐르고 있는 것이다. 아니다, 그런 일은 있을 수 없다.

시간은 흐르고 있지 않다. 오히려 반대로 마음이 움직이고 있지만 그대는 그것을 볼 수 없다. 그것은 마치 기차를 타고 여행하는 것과 같다. 기차는 빨리 달리고 있다. 그런데 나무가 빨리 달려가고 있는 것을 보게 된다. 그대는 그 반대로 움직이고 있는 것이다. 그대가 잘 살펴보고 주의를 기울이지 못한다면 그런 느낌을 갖게 될 것이다. 실제로 때로 그런 느낌을 갖게 된다. 플랫폼에서 그대가 타고 있는 기차가 움직이기 시작하고 다른 기차가 서 있을 때 문득 그대는 다른 기차가 움직이고 있다고 생각하게 된다.

수백만 년 동안 인간은 지구상에 존재해 왔다. 지구는 움직이고 있었지만 누구도 그것을 깨닫지 못하고 있었다. 모든 사람들은 태양이 움직이고 있다는 생각을 했다. 지금까지도, 과학은 지구가 움직이고 있다고 말하고 있지만, 언어는 변하지 않았다. "해가 뜬다.", "해가 진다."라고 말하는 것이다. 해는 결코 뜨는 법이 없고, 결코 지는 법이 없다. 그러나 우리는 아직 그렇게 생각하고 있다. 과학자들까지도 그렇게 생각하고 있다. 그는 사실을 알고 있다. 그러나 생각이 너무 뿌리 깊게 박혀서 지구가 움직인다고는 생각하지 않는다. "지구가 뜬다." "지구가 진다." 아니다, 그런 말은 없다. 아직도 태양이 지구 주위를 돌고 있는 것이다.

같은 오류가 시간에 대해서도 존재한다. 시간은 움직이는 것이 아니다. 영원한 것이다. 움직이는 것은 오직 마음뿐이다. 마음이 움직일 때 그대는 조그만 열쇠구멍을 통해 바라보고 있는 것이다. 즉, 그 앞에 다가온 것은 현재이고, 지나간 것은 과거이다. 아직 오지 않은 것은 미래이다. 그러나 현재는 어디로 움직이는가?

그것에 대해 생각하면 전체가 터무니없어질 것이다. 어떻게 현재가 갑자기 존재하지 않게 되는가? 어떻게 존재가 비존재로 되는가? 과거는 어디에서도 찾을 수 없다. 그것은 부재가 되었다. 그리고 어떻게 존재하지 않는 미래가 존재하게 될 수 있는가? 그것은 아주 불합리하게 보일 것이다. 존재는 존재이고 부재는 부재이다. 단지 마음이 움직이고 있는 것이다. 그대는 전체를 볼 수 없다. 그래서 전체를 조각조각으로 나눈다.

예수는 전체 속에서 산다. 그래서 말한다.

"너희가 기다리는 것은 이미 왔다.
다만 너희가 그것을 알아보지 못하고 있을 뿐이다."

그리고 그것은 지금 온 것이 아니다. 그대가 기다리고 있는 것은 언제나 여기에 있었다. 예수는 이런 말도 했다. "아브라함 이전에 내가 있었다. 나는 항상 여기에 있어 왔다." 그대의 마음은 예수가 미래에 올 것이라고 말한다. 같은 마음이 예수를 부정한다. 왜냐하면 그 마음은 현재와 마주할 수 없기 때문이다. 그래서 유대인들은 말했다.

"이 사람은 우리가 기다리던 그 사람이 아니다."

그리고 영원히 아무도 그 사람이 될 수 없는 것이다. 누가 오더라도 그가 아니다. 그가 그 사람인가 아닌가는 문제가 아니다. 미래에 살고 미래로 향해 가는 마음이 문제이다. 정작 예수가 오면 그곳에 더 이상 아무 미래도 없게 된다. 그러면 꿈은 모두 사라진다. 예수는 꿈의 파괴자가 된다. 그런데 그대는 미래에 너무나 많은 투자를 했기 때문에 그것은 곤란하다. 매우 곤란한 일이 된다.

한 의사가 술주정꾼에게 말했다.

"이제 술을 끊으시오, 그렇지 않으면 귀가 멀어 안 들리게 될 것이오."

술주정꾼이 말했다.

"술을 끊지는 않겠소. 들리는 말들이 마시는 것보다 좋지 않기 때문이오. 귀가 멀더라도 손해 보는 것은 없소. 내게 들리는 것들은 아무 쓸모가 없으니 말이오."

그대는 미래에 너무나 많은 투자를 하기 때문에 꿈꾸는 일은 너무나 소중해진다. 그것은 과거에 대한 균형을 맞추어 준다. 움직이고 행동하는 동기를 준다. 달리는 것을 도와준다. 실제로 그것은 그대와 에고를 그곳에 있도록 도와준다. 그것을 버리는 것은 어려운 일이다. 그러므로 언제라도 예수 같은 이가 와서 "나는 여기에 있다!" 하고 말하면 그대는 "아니다, 저 사람이 아니다!"라고 말할 것이다. 맞는 사람은 결코 나타나지 않는다. 그가 오지 않기 때문이 아니라 그대의 마음이 그를 옳다고 생각하지 않기 때문이다. 옛날의 방식 그대로 지속할 수는 없다. 옛날의 생활 방식을 버려야만 한다. 그대는 죽어 새로 태어나야 한다.

예수께서 그들에게 말씀하셨다.

"너희가 기다리는 것은 이미 왔다.

다만 너희가 그것을 알아보지 못하고 있을 뿐이다."

다시 같은 강박관념에 사로잡힌 제자들이 예수에게 말했다.

"스물 네 명의 예언자들이 이스라엘에서 말했는데

그들 모두가 당신에 대해 말했습니다."

이 24라는 숫자는 매우 의미가 깊다. 힌두교에서는 24명의 신의 화신이 있다고 생각하고, 자이나교도들은 24명의 티르탕카르들이 있다고 생각하며, 불교도들은 24명의 붓다가 있다고 생각한다. 유대인들은 24명의 예언자들이 있다고 생각하고 있다.

왜 24인가? 왜 그 이상이거나 이하는 아닌가? 왜 그들은 모두 그 숫자에서 일치하는가? 이 세상에는 모든 것이 특정한 양만큼 존재한다. 심지어 지식도 특정한 양만큼 존재한다. 그 양으로 인해, 한 사람이 깨달으면 즉시 다른 사람이 깨닫게 되기는 어렵다. 모든 빛이 그에게로 흡수되기 때문이다. 그대는 그의 그늘 밑에서 살 수 있다. 그는 모든 방법으로 그대를 도우려고 노력한다. 그러나 그것은 어렵다.

그래서 이런 현상이 일어난다. 붓다가 죽자 많은 제자들이 연이어 깨달음에 이르렀다. 마하비라가 죽고 그가 더 이상 존재하지 않자 많은 제자들이 깨달음에 이르렀다. 커다란 나무 밑에서는 다른 나무들이 자랄 수 없는 것과 같은 현상이다. 존재계에는 특정한 양이 존재한다. 예수 같은 사람이 나타나면 그는 모든 양을 흡수한다. 그는 너무 광대해서 도처에 있는 소량들은 사라진다. 그는 전체의 빛이 된다. 그런 까닭에 많은 수학을 동원해 이 현상을 계산한 결과 24라는 숫자가 나온 것이다. 하나의 마하칼파(세계 창조와 멸망의 주기, 우주는 브라흐마 신의 하루 동안인 1칼파, 즉 43억 2천만 년 지속되었다가 다시 신에게로 돌아간다)에는 하나의 창조로부터 하나의 멸망에까지 24개의 가능성이 있다. 24명의 사람이 정상에 도달할 수 있다.

제자들이 예수께 말했다.
"스물 네 명의 예언자들이 이스라엘에서 말했는데
그들 모두가 당신에 대해 말했습니다."

그리고 그 예언자들은 말했다.
"우리는 다만 소식을 전해 주는 사람이다. 진짜 예언자가 오시게 되어 있다. 최종적이고 궁극적인 분이 오실 것이다. 우리는 너희들에게 다만 그 소식만을 전해 줄 뿐이다."
그것이 예수와 예언자의 차이점이다. 그리스도는 모든 열망과 모든 바람과 모든 꿈과 다른 세상에 대해 생각되어 온 모든 것의 정점이다. 그리스도는 최고의 봉우리이다. 에베레스트이다. 예언자는 가르쳐 준다. 길을 가리켜 보이고 그가 온다는 소식을 알려 준다. 예언자는 메신저이다. 24명의 예언자가 그리스도가 온다는 것을 선언했다. 오메가가 온다는 것을 선언했다. 그에게서 모든 인간과 모든 인간의 의식이 절정에 이를 것이라고…….

제자들이 예수께 말했다.
"스물 네 명의 예언자들이 이스라엘에서 말했는데
그들 모두가 당신에 대해 말했습니다."

예수께서 그들에게 말씀하셨다.
"너희는 너희 눈앞에 있는 살아 있는 사람은 빠뜨린다.
그러면서 죽은 사람에 대해서만 말한다."

"왜 너희들은 24명의 예언자를 끌어들이는가? 너희들은 나를 보고 있지 않다. 너희들은 아직도 죽은 24명의 예언자들을 이야기하고 있다. 그들은 내 이야기를 했는데 너희들은 그들 이야기를 하고 있다. 나는 여기에 있다. 그들은 미래를 바라보느라고 나를 알아보지 못했다. 그런데 너희들은 과거를 바라보느라고 나를 알아보지 못하고 있다. 나는 여기에 있다!"

예수께서 말씀하셨다.
"나는 이 세상에 불을 던졌다.
그리고 보라, 나는 그것이 불타오를 때까지 지키고 있다."

이것을 매우 깊이 이해해야만 한다. 깨어 있는 의식을 가지고 이해해야 한다. 죽은 사람에 대해서는 말하기가 쉽다. 그대도 죽었기 때문이다. 그대는 같은 속성을 가지고 있는 것이다. 그대 역시 죽은 사람과 다를 바가 없다. 예수를 바라보기는 어렵다. 그렇게 하려면 살아 있어야 하기 때문이다. 같은 것만이 같은 것을 알 수 있다. 알기 위해서는 같게 되는 일이 필요하다. 어둠이라면 어떻게 빛을 알 수 있는가? 사랑이 아니면 어떻게 사랑을, 삶이 아니면 어떻게 삶을 알 수 있는가? 그대가 살아 있지 않기 때문에 예수를 알아보지 못한다. 그대는 무미건조하고 죽은 삶을 살고 있다. 그대의 삶은 저 밑바닥에 있다. 그런데 예수는 가장 높은 봉우리에 있다. 그대는 알파로 존재하고 그는 오메가로 존재한다.

그대는 A이고 그는 Z이다. 그는 최후의 정점이다. 그대는 그의 앞에서도 터무니없는 것을 말하고 있다. 제자들이 침묵을 지키고 있었다면 더 나았을 것이다. 제자들이 그냥 그와 함께 머물러 있기만 했어도 더 나았을 것이다. 그런데 그들은 바보 같은 질문을 하고 있다. 이런 질문은 학자들도 대답할 수 있는 것이다. 예수에게까지 갈 필요가 없는 것이다. 학자들은 어디서나 찾을 수 있다. 학자들은 쉽게 다가갈 수 있고 흔하다. 그러나 예수는 아주 드물게 존재하는 사람이다. 인간 성장의 정점에 그는 나타난다. 원이 정점에 다다를 때 나타난다. 그는 귀하다. 그런데 그대는 바보 같은 질문을, 어린아이 같은 호기심으로 말하고 있는 것이다.

"스물 네 명의 예언자들이 이스라엘에서 말했는데
그들 모두가 당신에 대해 말했습니다."

예수는 그 모든 것을 간단히 거부한다. 그는 말한다. "참으로 어리석구나! 어리석은 질문을 하지 말라."

"너희는 너희 눈앞에 있는 살아 있는 사람은 빠뜨린다."

어리석은 질문으로 살아 있는 사람을 내쫓는 것이다. 어떻게 예수 앞에서 그런 질문을 할 수 있는가? 그대는 그를 보아야 한다. 그를 마셔야 한다. 그를 먹어야 한다. 그가 존재의 가장 깊은 곳, 내면의 중심에 들어오도록 받아들여야 한다. 그에게 녹아 들어가야 한다. 그리고 그를 그대 안으로 녹아 들어오게 해야 한다.

그런데 그대는 질문을 하고 있다. 예언자에 대해 묻고 있다. 그들이 말했다. 그러니 이제 예수에게서 확인받고 싶은 것이다. 증명을 받고 싶은 것이다. "그래, 그들이 말한 것은 나에 대한 것이다!"라고 그가 말해 주기를 그들은 바랐다. 예수를 직접 알아볼 수는 없는가? 증명이 필요한가? 예수 자체로서 충분하지 않다면 무슨 증명이 더 필요한가? 예수가 "나는 너희들이 기다리던 사람이다."라고 말한다 하더라도—실제로 예수는 계속해서 그렇게 말하고 있었다—그대는 그 어리석은 질문을 계속 되풀이한다. 깊은 어디엔가 의심이 있고, 그 질문은 의심에서부터 나온 것이다. 질문을 하던 제자들은 그때 예수가 어떻게 대답하는지 보려고 그를 바라보고 있었음에 틀림없다.

이것은 마음의 속임수이다. 만일 예수가 "그렇다. 내가 모든 예언자들이 오리라고 선언한 그 사람이다."라고 말했다면, 그대는 또한 예언자들이 그 진짜 살아 계신 분은 "내가 그분이다."라는 말을 하지 않을 것이라고 예언했음을 기억해 낼 것이다. 예수가, "아니다, 나는 그가 아니다."라고 말했다면 그대는 그를 떠나면서 "그 자신이 자기는 그분이 아니라고 말했다."라고 말할 것이다.

그 마음의 속임수를 살펴보라. 그대가 얼마나 그에게서 달아나고자 하는지를. 사람들은 묻는다. "당신은 깨달음에 이르렀는가?"

만일 "그렇다."라고 대답하면, 그들은 "우파니샤드에는 '나는 깨달았다.'라고 말하는 사람은 깨달은 것이 아니라고 적혀 있다."라고 말할 것이다. 만일 "아니다."라고 대답하면, 그들은 "그러면 그것으로 그만이다. 우리는 가서 깨달은 사람을 찾아야겠다. 왜 당신과 시간을 허비하겠는가?" 하고 말할 것이다.

마음은 어떻게 하면 달아날 수 있을까를 궁리하고 있다. 그 질문은 어리석다. 때문에 예수는 대답을 하지 않는 것이다. 그 질문은 하나의 속임수이다. 미묘한 방법으로 예수는 다른 것을 말하고 있고 제자들은 다른 것을 질문하고 있다. 그는 직접적으로 대답하지 않고 있다. 직접적으로 대답하면 무슨 대답을 하든 제자들은 그를 떠날 것이기 때문이다.

그대는 그 어느 때라도 그를 떠날 준비가 되어 있다. 왜 진작 그를 떠나지 않았는지, 왜 계속해서 망설이고 있는지 놀랍다. 아마도 그의 대답의 모호성 때문인 것 같다. 아마도 그가 그렇다, 아니다 하는 식으로 대답하지 않았기 때문인 것 같다. 아마도 그가 이해할 수 없는 방식으로 말하고 있기 때문일 것이다. 그대는 아직 어떻게 해야 할지 결정하지 못했다. 만일 그가, "그렇다. 내가 그 사람이다."라고 하면 그대는 의심을 품을 것이다. "아니, 어떻게 깨달은 사람이 '내가 그 사람이다'라고 말할 수 있는가?"

예수는 그들에게 말하고 있다.

"너희는 너희 눈앞에 있는 살아 있는 사람은 빠뜨린다."

"내가 지금 여기 너희들의 눈앞에 있는데 너희들은 죽은 예언자들의 이야기를 하고 있다."

"너희는 너희 눈앞에 있는 살아 있는 사람은 빠뜨린다. 그러면서 죽은 사람에 대해서만 말한다."

이런 일은 끊임없이 일어나고 있다. 내가 무엇을 말했는데 그대가 힌두교인이고 내가 한 말이 바가바드기타에 적혀 있다면 고개를 끄덕이며 "네, 맞습니다."라고 한다. 그대는 나에게 끄덕이고 있는 것이 아니다. 그대는 살아 있는 이를 쫓아내고 있다. 그대는 내게 끄덕이고 있는 것이 아니다. 힌두교와 바가바드기타에게 끄덕이고 있는 것이다. 그대는 말한다. "네, 당신 말은 틀림없이 맞습니다. 바가바드기타에 그렇게 적혀 있기 때문입니다."

내가 바가바드기타에 반대되는 말을 했다면 그대는 고개를 끄덕이지 않았을 것이다. 대신 "이 자는 엉터리임이 틀림없다. 그런 말은 바가바드기타에 적혀 있지 않으니까." 하고 말했을 것이다. 그대가 살아 있는 이를 보고 있다면 내가 바가바드기타에 반대되는 말을 하고 있다 해도 그것은 내가 틀린 것이 아니다. 바가바드기타가 틀린 것이다. 내가 바가바드기타에 적혀 있는 것을 말한다면, 내가 그렇게 말하기 때문에 바가바드기타는 옳은 것이다.

만일 그대가 유대인이라면, 그리고 내가 무엇인가를 말한다면, 즉시 그대의 유대인적인 마음은 혼란스러워진다. 유대인들은 이러한 이야기를 들으면 모두 혼란스러워한다. 그들은 여기에 있다. 상당수가 이곳에 있다. 그런데 그들은 혼란스러워 하고 있다. 그들은 긴 편지를 내게 보냈다. 서른 장이나 되는 편지다. 그곳에서 그들은 그렇지 않다고 말한다. 당신은 유대 사상을 알지 못한다고. 내가 유대인의 마음에 반대되는 이야기를 하면, 나는 즉시 거부당한다. 내가 그것에 맞는 말을 하면 나를 받아들인다. 그러나 이것은 받아들이는 것이 아니다. 자신들을 속이고 있을 뿐이다. 내가 그들의 마음을 확신시켜 주면 나를 받아들이는 것이다. 중심이 되는 것은 그들의 마음이다.

예수가 말하는 것이 이런 의미이다.

"너희는 살아 있는 이를 알아보지 못하고 있다. 나를 보라. 나는 여기에 있다! 해는 떴는데 너희는 밤의 이야기를 하고 있다. 그러면서 언젠가는 곧 해가 뜰 것이라고 말하고 있다. 너희는 해를 보지 못하고 있는 것이다. '곧 아침이 다가오고 새벽이 올 것이다. 어둠은 곧 사라진다.' 너희는 아직 어둠 속에 살고 있는 사람들의 이야기를 하고 있다. 너희는 나에 대해 이야기한다. 나는 여기에 있는데 너희는 나를 보지 못하고 있다!"

깨어 있기는 어렵다. 힌두교인이 상처받았을 때, 유대교인이 상처받았을 때, 기독교인이 상처받았을 때, 기억하라, 그것은 그대가 아니다. 그것은 단지 조건화된 것이다. 그 조건화된 마음을 제쳐두라.

제자들과 적들이 얼마나 비슷한가를 보라. 그들은 다르지 않다. 기본적인 차이는 있다. 유대인들은 예수에게 말했다. "당신은 영원히 약속된 분이 아니다. 그들 24명의 예언자들은 몇 가지 판단 기준을 정해 놓았다. 당신은 그런 분이 아니다. 왜냐하면 우리는 죽은 자와 산 자를 구분할 기준을 갖고 있기 때문이다." 그들은 말했다. "우리는 당신을 믿을 수 없다. 증명하라. 표식이 있어야 한다. 죽은 사람을 살려 보라. 죽은 사람을 부활시켜 보라."

그런데 예수는 십자가에 매달린 자신조차 구하지 못했다. 그러니 그가 무엇을 할 수 있을 것인가? 그가 어떻게 다른 사람을 죽음으로부터 다시 살릴 수 있을 것인가? 자기 자신의 죽음조차도 피할 수 없었다. 십자가에서 그는 약속된 분이 아니라는 것이 증명되었다.

그의 제자들은 무엇을 해 오고 있었는가? 그들은 그가 환자를 고치고 있다고 믿는다. 그가 죽은 자를 부활시켰다고 믿는다. 그가 십자가에서 죽지 않는다고 믿는다. 그리고 죽은 지 사흘 만에 몇 사람에게 나타났다는 것을 믿는다.

그러나 둘 다 죽음에 의존하고 있는 것이다. 판단 기준은 죽은 자들에 의해 제공된 것이다. 마치 예수는 그것을 따라야 하는 것처럼. 예수는 기준을 제공한 24명의 죽은 예언자들을 따라야 한다. 예수에게는 자유가 주어지지 않았다. 예수가 아무 기적을 행하지 않았다고 한다면 유대인들은 기뻐할 것이다. 그들은 말할 것이다. "그렇다. 그것이 우리가 지적하고 있는 것이다."

그러나 기독교인들은 슬퍼할 것이다. 왜냐하면 그가 기적을 일으키지 않았다는 것이 일단 증명되기만 하면 그는 더 이상 그리스도가 아니기 때문이다.

그리스도는 그 자신만으로는 부족한가? 그는 있는 그대로 빛이 될 수 없는가? 있는 그대로는 진리가 될 수 없는가? 있는 그대로는 은총을, 미지의 은총을 이 세상에 가져올 수 없는가? 아니다. 그대는 기준을 갖고 있다. 그는 그 기준에 맞아야 한다. 그 기준에 맞으면, 아니면 그대의 생각에 그가 맞는다고 보이면, 그러면 그는 옳다. 그가 맞지 않으면, 아니면 그대의 생각에 그가 맞지 않는다고 보이면, 그는 더 이상 옳은 사람이 아니다. 모든 것은 같은 이치이다. 둘 다 죽은 자들과 같이 살고 있는 것이다. 제자들이나 적이나 모두. 아무도 예수라는 현상을 똑바로 그리고 즉시 바라보지 못하고 있다.

예수께서 그들에게 말씀하셨다.
"너희는 너희 눈앞에 있는 살아 있는 사람은 빠뜨린다.
그러면서 죽은 사람에 대해서만 말한다."

예수께서 말씀하셨다.
"나는 이 세상에 불을 던졌다."

그는 왜 이런 말을 하고 있는 것인가? 옛날의 예언자들은 그가 평화를, 영원한 평화를 가져오리라고 이야기했기 때문이다. 그는 말한다. "아니다!"

"나는 이 세상에 불을 던졌다.
그리고 보라, 나는 그것이 불타오를 때까지 지키고 있다."

"완전히 불탈 때까지 지켜볼 것이다. 나는 아무 평화도 가져오지 않았다."
그는 반대를 하고 있다. 단지 제자들이 고개를 끄덕이는가 않는가를 보기 위해서이다. 그는 제자들이 무슨 말을 할 것인가, 그들이 어떻게 반응할 것인가 보기 위해 반대를 하고 있다. 실제로 그는 반대하고 있는 것이 아니다. 평화는 불이 탄 후에야 올 수 있기 때문이다.

세상이 불에 타면 낡은 것은 타 버리고 없어진다. 그런 후에야 새로운 것이 올 수 있다. 새것은 옛것이 죽은 후에 온다. 새것이 존재하기 위해서는 옛것이 사라져야 한다. 생명이 태어나기 위해서는 죽은 자가 없어져야 한다. 과거의 것은 미지의 것이 들어올 수 있도록 자리를 비워 주어야 한다.

그는 반대하고 있는 것이 아니다. 반대할 수 없다. 그럴 가능성도 없다. 왜냐하면 예언자들은 정말로 그에 대해 이야기하고 있었기 때문이다. 그는 제자들에게 반대한 것이다. 그러므로 많은 사람들이 그를 떠났음에 틀림없다. "옛날 사람들은 말하기를 그가 평화를 가져온다고 했는데 이 사람은 '나는 불을 가져왔다.'고 말하고 있으니 그는 아주 다른 사람이다. 우리는 이미 불길 속에 있는데 무슨 불이 더 필요하겠는가? 우리는 이미 불에 타고 있다. 세상은 이미 불길 속에, 화염 속에, 불행 속에, 고통 속에, 불안 속에 있다. 왜 또 불을 지르겠다는 것인가? 우리에게는 평화가 필요하다."

그러나 기억하라. 평화는 지금 상태의 그대에게는 올 수 없다. 그대에게 평화는 존재할 수 없다. 평화가 문제가 아니라 그대가 문제이다. 지금 이대로는 모든 것이 그대를 혼란스럽게 할 것이다. 지금 이대로는 그대 주변에 숱한 고통을 만들 것이다. 고통은 우연히 발생되는 것이 아니다. 그것은 자라나는 것이다. 잎사귀가 나무에서 돋아나는 것처럼 고통은 그대에게서 나오는 것이다. 그것들은 그대의 일부이다. 잎사귀를 잘라 버릴 수는 있다. 그러나 도움이 안 될 것이다. 그것은 가지치기에 지나지 않을 것이다. 하나의 잎사귀 대신 네 장의 잎사귀가 나올 것이다. 점점 더 많은 고통이 생길 것이다. 그대가 완전히 불태워지지 않는다면, 그대가 더 이상 존재하지 않게 되기 전에는, 고통은 계속 생겨날 것이다.

힌두교에서는, 특히 파탄잘리(기원전 2백 년경. 마음과 의식의 중요한 가르침을 모아 〈요가수트라〉를 완성한 현인)는 이 변화를 두 개의 단어로 나타내고 있다. 하나는 사비즈 사마디, 즉 씨앗과 함께 변화한다는 뜻이다. 다른 하나는 니르비즈 사마디, 즉 씨앗이 없이 변화한다는 뜻이다. 첫 번째의 것은 아무것도 아니다. 사비즈 사마디는 아무것도 아니다. 왜냐하면 씨앗이 남아 있기 때문이다. 그것은 자꾸만 반복해 싹이 튼다. 씨앗은 소화되지 않았다. 그대는 씨앗을 지니고 있다. 나무는 없지만 곧 생겨날 것이다. 그대는 씨앗을 지니고 있기 때문이다. 그대는 자신을 완전히 억압할 수 있다. 그러면 나무는 없어진다. 그대는 씨앗이 되는 것이다.

씨앗은 무엇인가? 압축된 나무이다. 아주 압축되었기 때문에 보이지도 않는다. 그러나 이 씨앗에게 기회를 주어 보라. 적절한 환경과 토양을 마련해 주어 보라. 그러면 싹이 터서 온전한 나무가 생겨날 것이다. 씨앗은 청사진을 갖고 있다. 작은 씨앗 안에 큰 나무의 청사진이 담겨 있다. 아주 세부적인 사항에 대해서도 씨앗은 청사진을 지니고 있다. 무슨 유형의 나뭇잎인가, 혹은 무슨 유형의 꽃인가, 무슨 색인가, 얼마나 큰가, 나이는 얼마인가……. 모든 것이 씨앗 속에 내포되어 있다. 씨앗을 볼 줄 안다면 나무가 어떨지에 대해서도 알 수 있다.

나무는 씨앗의 펼쳐짐이다. 그대가 무엇이냐가 문제가 아니다.

문제는 그대 안에 어떤 유형의 씨앗을 지니고 있는가이다. 그대가 무엇인가는 단지 씨앗의 펼쳐짐에 지나지 않는다. 가지를 변형시키고 여기저기를 잘라 낼 수도 있다. 그러나 그런 것들은 모두 일시적인 변화에 불과하다. 자신을 꾸밀 수는 있다. 그러나 변하지는 않을 것이다. 지옥을 장식할 수는 있지만 그것이 천당으로 바뀌지는 않는다.

파탄잘리는 다른 용어, 즉 니르비즈 사마디를 사용하고 있다. 그는 씨 없는 사마디를 얻을 수 없는 한 아무것도 얻어질 수 없다고 말한다. 씨앗이 완전히 불태워져야만 모든 불행과 고뇌와 불안이 사라진다. 청사진이 완전히 불태워져 버렸기 때문이다. 이것이 예수가 말하는 것이다.

그는 말한다.

"나는 세상에 불을 질렀다. 나는 그대들을 태우려고 불을 질렀다. 나는 그대들을 위안하려고 이곳에 온 것이 아니다. 나는 그대들을 위로하려고 이곳에 온 것이 아니다. 나는 그대들을 부수려고 온 것이다. 그대의 씨앗이 나쁘기 때문이다. 그 씨앗은 불태워져야 한다. 씨앗이 태워질 때, 그대가 텅 비게 될 때, 그때 비로소 신의 씨앗이 그대의 자궁 안으로 들어갈 수 있다. 그때 비로소 새로운 꽃이 피어날 수 있다."

"나는 이 세상에 불을 던졌다.
그리고 보라, 나는 그것이 불타오를 때까지 지키고 있다."

이것은 약속이다. 그는 말한다. "나는 그것을 지켜보겠다. 나는 온 세상이 불에 탈 때까지 여기에 남아 있겠다."

한 사람이 그리스도나 붓다가 되면 그는 결코 사라지지 않는다. 그대만 사라진다. 그대는 그곳에 없기 때문이다. 그대는 단지 껍질일 뿐이다. 그대는 왔다가 간다. 그대는 하나의 형상이다. 그대는 단지 바다에 일렁이는 물결과 같다. 그대 안에는 실체가 없다. 그대는 결정화되지 않았다. 꿈이 왔다 가듯이 그대는 왔다 간다. 매일 밤 왔다가 매일 아침 사라지는 것이다. 수백만 번이나 왔다가 수백만 번이나 사라지는 것이다. 그러나 그리스도가 나타날 때는……. 그리스도가 된다는 것은 무슨 뜻인가? 그것은 실체를 얻은 사람을 의미한다. 더 이상 껍질이 아닌 사람, 없어지지 않는 무형을 얻은 사람을 의미한다. 더 이상 물결이 아닌 사람, 바다가 된 사람, 사라지지 않는 사람을 의미한다.

붓다 같은 이는 남아 있다. 그리스도 같은 이는 남아 있다. 그는 존재하고 있다. 이 때문에 예수는 "나는 세상이 불에 탈 때까지 지켜보고 있겠다. 나는 여기에 있겠다."라고 말하는 것이다. 그대는 육신의 모습을 한 그를 알아보지 못했다. 그런데 육신 없는 그를 어떻게 알아볼 수 있겠는가? 그리고 이상한 현상들을 보라. 많은 기독교인들은 눈을 감고 기도하면서 그를 본다. 그들은 영상을 보는 것이다. 그런데 그가 살아 있을 때 가장 가까운 제자들이 그를 알아보지 못했다. 무슨 일이 일어난 것인가?

기도 속에 보는 그리스도는 단지 상상, 허깨비의 투영일 뿐이다. 그대는 그를 창조한다. 그것은 그대의 마음이다. 때문에 기독교인들이 그리스도를 볼 수 있는 것이다. 유대인들은 그리스도를 보지 못한다. 힌두교인들은 상상조차 할 수 없는 일이다. 힌두교인들은 크리슈나를 볼 수 있다. 자신이 상상하는 점을, 상상의 대상을 보는 것이다. 자이나교도는 크리슈나를 보지 못한다. 마하비라가 보일 것이다. 무슨 일이 일어난 것인가? 마음은 상상하고 있다. 그대는 상상으로 살아간다. 이것은 최면이고, 그대를 매우 즐겁게 하는 일이다. 그대가 그대 안에 그리스도를 창조하는 일은 매우 즐겁다. 그대는 행복을 느낀다. 그러나 그 행복은 좋은 꿈이 주는 즐거움과 같다. 아침에 일어나면 행복을 느낀다. 좋은 꿈을 꾸었기 때문이다. 그러나 그것이 아무리 즐겁더라도 그것은 꿈이요, 소용없는 것이다.

왜 예수를 놓치는가? 살아 있을 때 그는 말했다. "너희들은 살아 있는 이를 바라보지 않는다." 그가 죽으니까 수백만의 사람들이 눈을 감고 그를 보며 즐긴다. 그가 여기 육체의 형상으로 있을 때 그를 십자가에 못박은 바로 그 사람들이다. 같은 사람들이 그에 대해 생각하고 상상하는 것이다. 이 상상은 불이 아니다. 그것은 위안이다. 그것은 "나는 그리스도를 보았다."는 위안을 준다. 사람들이 내게 와서 말한다. "나는 그리스도를 보았습니다." 그렇게 말하면서 나를 빤히 바라보기 때문에 나는 대답해야만 한다. "그렇다, 그대는 그분을 보았다."라고. 그러면 그들은 매우 즐거워하며 돌아간다. 마치 어린아이가 장난감을 갖고 놀고 있는 것처럼. 만일 내가, "어리석은 소리다. 그런 상상은 집어던져라." 하고 말한다면, 그들은 매우 기분 나쁘게 생각하고 두 번 다시 내게로 오지 않는다. 그토록 즐거운 꿈을 깨뜨리는 사람에게 무엇 때문에 다시 가겠는가?

그리스도가 살아 있을 때 그를 놓쳤다. 그런데 그가 죽은 후에 어떻게 그를 알아볼 것인가? 그러나 다시 똑같은 현상이 일어나고 있다. 지금 기독교인들은 예수에 대해 말하고 있지만 그것은 마치 예수 앞에서 24명의 예언자에 대해 이야기하는 것과 똑같다. 예수는 지금 죽고 없다. 지금 그대는 죽은 자에 대해 이야기하면서 살아 있는 이를 놓치고 있다.

한 기독교인이 불교의 스승을 찾아온 일이 있었다. 그는 성경을 들고 와서 말했다.

"저는 예수님의 말씀을 조금 읽어 드리고 싶어요."

그런데 그가 찾아간 스승은 살아 있는 스승이었다.

그 스승은 웃으면서 말했다.

"좋다."

그래서 그는 산상 교훈의 몇 구절을 읽었다. 그가 두세 문장을 읽자 그 스승은 말했다.

"좋다. 이 말을 한 사람은 깨달은 사람이다."

그 사람은 매우 기뻤다. 예수가 인정되었기 때문이다. 그래서 그는 더 읽고 싶어졌다. 그는 다시 읽기 시작했다. 스승이 말했다.

"좋아, 아주 좋군. 이것을 말한 사람은 깨달은 사람이군."

그 기독교인은 감사를 드리고 아주 기쁜 마음으로 돌아갔다. 예수가 불교도에게 인정되었기 때문이다. 그는 터무니없는 실수를 저지른 것이다. 왜냐하면 이 스승은 그리스도 자신이었기 때문이다. 스승은 두 번인가 세 번인가 계속해서 말했다. "좋아! 이제 책을 덮어라. 충분하다! 무슨 말인지 이해했고 나는 좋다고 이야기했다. 이 사람은 깨달은 사람이다."

만일 이 사람이 정말로 진리에 흥미를 갖고 있었다면, 이런 말을 들으면서 그 스승을 바라보아야만 했을 것이다. 그가 누구인지 알아보아야 했을 것이다. "이 말을 한 사람은 깨달은 사람이다."라고 말하는 이 사람은 누구인가? 스승은 책을 던져 버리고 싶었을 것이다. "왜 너는 죽은 사람에 대해 신경을 쓰는가? 나를 보라!"

그러나 그는 책을 들고서 나가 버렸다. 그는 아마 동료 기독교인들에게로 가서 이렇게 말할 것이다.

"예수는 정말로 깨달음을 얻은 사람이다. 나는 불교도에게 갔었다. 불교를 믿는 사람이 예수를 인정하기란 어려운 일이다. 그 사람은 대단한 사람이었다. 그는 그리스도를 알아보았다."

살아 있는 이에게서 죽은 사람에 대해 인정받기를 추구하고 있는 것이다. 이것을 기억하라. 그대 역시 같은 오류를 범하고 있을 수 있다.

21
말씀을 이해한 자는 죽지 않으리라

ⲡⲉϫⲉ ⲓ̅ⲥ̅ ϩⲟⲧⲁⲛ ⲉⲧⲉⲧⲛ̅ϣⲁϫⲡⲉ
ⲡⲏ ϩⲛ̅ ⲧⲏⲩⲧⲛ̅ ⲡⲁⲓ ⲉⲧⲉⲩⲛ̅ⲧⲏⲧ
ⲛ̅ⲩ ⲩⲛⲁⲧⲟⲩϫⲉ ⲧⲏⲩⲧⲛ̅

그대는 언제나 틀린 문을 두드려 왔다. 세상의 것이 아닌
마음의 문을 두드리기 전에는 이 세상의 문들은 모두 틀린 문들이다.
하느님 앞에서 그대는 완전히 부서지며, 더 이상 존재하지 않게 되며
끝없는 심연으로 떨어지게 될 것이다. 그때 그대는 죽지 않는다.
그대가 거짓이기 때문에 죽음이 존재하는 것이다.
낡은 것은 죽어야 한다. 그래야 영원한 생명의 문이 열린다.

스물한 번째 말씀

예수께서 말씀하셨다.
"너희가 너희 안에 있는 그것을 열매 맺으면
너희가 가지고 있는 그것이 너희를 구원할 것이다.
만일 너희가 너희 안에 그것을 갖지 못하면
너희가 가지고 있지 않은 그것이 너희를 죽일 것이다."

예수께서 말씀하셨다.
"찾는 사람은 발견할 때까지 찾는 것을 멈추지 말라.
발견하면 혼란스러워지고
그 혼란스러움은 경이로움으로 바뀔 것이다.
그때 그는 모든 것 위에 올라서게 될 것이다."

그리고 그가 말했다.
"누구든지 이 말씀들의 속뜻을 발견하는 사람은
죽음을 경험하지 않으리라."

모든 추구는 자기 자신에 대한 것이다. 무엇을 추구하든 깊은 내면에서는 자기 자신을 추구하고 있는 것이다. 모든 외적인 추구가 결국은 실패로 끝나는 것은 이 때문이다. 그대는 부를 추구하고 있을지 모른다. 그러나 실제로는 자신을 추구하고 있는 것이다. 부를 얻게 되었을 때 그대는 그것의 무의미함을 깨닫게 된다. 부는 얻었지만 그대는 여전히 채워지지 않는다. 그대가 찾고 있던 것은 결코 부가 아니었다. 방향이 잘못되어 있었을 뿐이다. 그대는 자신으로부터 더 멀리 떠나려고 했지만, 결국 추구하려고 했던 것은 자기 자신이었다.

인간은 정확하게 부를 통해 무엇을 추구하고 있는가? 부를 통해 생명을, 더 많은 삶을, 더 풍요로운 삶을 추구하고 있는 것이다. 마음은 말한다. "재산이 없으면 어떻게 살아갈 수 있겠는가?"라고. 또 마음은 말한다. "재산이 없으면 어떻게 안전할 수 있겠는가? 재산이 없으면 어떻게 자신을 죽음으로부터 보호할 수 있겠는가?"라고. 부는 죽음에 대한 방어이며 생명의 추구이다. 그러나 부를 얻게 되면 문득 그것이 자신을 보호해 줄 수 없다는 것을 알게 된다. 부가 그대를 죽음으로부터 구해 줄 수 없다면 어떻게 더 많고 풍요로운 삶을 줄 수 있겠는가? 그럴 수 없다. 그대는 잘못된 방향으로 가고 있는 것이다.

또 다른 사람은 권력과 명예를 추구한다. 그는 무엇을 찾고 있는 것인가? 전지전능한 힘을 구하고 있는 것이다. 죽음이 자신을 파괴하지 못할 만큼 매우 강력한 힘을 추구하고 있는 것이다. 그러나 그것은 마음 깊은 곳에 있어서 그 자신도 그것을 알아차리지 못한다. 그가 권력을 얻으면 그 빈곤이 드러날 것이다.

이 때문에 이 세상에서 성공할 때마다 궁극적으로는 실패감을 느끼게 된다는 모순이 생겨난다. 거듭 말하지만 성공만큼 실패적인 것은 없다. 성공하지 못하면 그 환상이 유지될 것이다. 그러면 그대는 생각한다. "언젠가는 반드시 성공할 것이다." 그러나 만일 성공하게 되면 어떻게 그 환상을 계속 유지할 수 있겠는가? 그대는 성공을 한다. 그러나 내면의 공허함은 그대로 남아 있다. 오히려 성공과 현저하게 대조를 이루며 더 큰 공허감을 느끼게 된다. 주위에 부는 있으나 내면은 여전히 빈곤한 것이다. 주위에 빛이 있으나 그대의 내면은 여전히 어둠 속에 있다. 주위에 생명이 있으나 그대의 내면은 여전히 죽음 속에 있다. 때문에 한 사회가 부유해지고 풍요로워질 때면 갑자기 종교가 중요해진다.

가난한 사회에서 종교는 의미가 없다. 사람들이 아직 실패하지 않았기 때문이다. 그들의 추구는 아직은 의미가 있다. 그들은 외부의 것을 추구하고 있다. 좋은 집을 구할 수 있으면 모든 것이 좋아질 것이라고 생각한다. 돈을 조금 벌면 모든 것이 잘 되어 나가리라고 그들은 생각한다. 가난한 사람은 환상 속에서 살아갈 수 있다. 그러나 부자는 그럴 수 없다. 만일 부자가 환상 속에 살고 있는 것을 본다면, 잘 기억하라. 그는 여전히 가난하고, 아직 성공하지 못한 것이다.

붓다 같은 이는 궁전을 떠난다. 마하비라 같은 이는 왕국을 떠난다. 그들은 성공했고, 그 성공이 그들을 실패하게 만들었다. 모든 방향이 잘못 되었다는 것을 그들은 깨달았다. 그래서 그들은 방향 전환을 한 것이다. 전적으로 반대되는 방향으로 향했다. 그들은 왕이었는데 걸인이 되었다. 그들은 가장 비싼 옷을 입고 있었는데 벌거벗은 사람이 되었다. 하나의 전환이 일어났다. 성공은 실패하고, 실패는 방향 전환을 가져온다.

그런데 왜 성공은 실패하게 되는가? 그대가 추구하고 있었던 것은 부가 아니었고, 권력이 아니었으며, 안정이나 안전을 추구한 것도 아니기 때문이다. 대저택을 추구하고 있었던 것이 아니고, 다른 무엇을 추구하고 있었던 것이다. 그대는 사라지지 않을 영원한 집을 추구하고 있었다. 영원한 휴식을, 영원히 지속되는 평화를 추구하고 있었다. 그대가 추구한 것은 밖에 있는 집이 아니라, 집에 있는 것과 같은 평화로운 존재의 상태이다. 그대는 부를 추구하고 있지도 않았고 죽음으로부터 보호받기를 추구하고 있지도 않았다. 그대는 어떤 죽음도 파괴시킬 수 없는 생명을 추구하고 있었다.

이 삶은 파괴될 것이다. 매순간 두려움이 존재한다. 화산 위에 서 있는 것과 같은 이 삶을 어떻게 살아갈 것인가? 어느 날엔가는 폭발할 것이고, 어느 날엔가는 죽음으로 던져질 것이다. 그대는 100년 동안 살지도 모른다. 그러나 그 100년 동안 그대는 떨면서 지낼 것이다.

불과 몇 년 전부터 과학자들은 이 문제를 생각하기 시작했다. 왜냐하면 이제는 인간의 생명이 우리가 원하는 만큼 연장될 가능성이 생겼기 때문이다. 금세기 안에 기초 세포 안에 있는 염색체의 청사진을 바꾸는 것도 가능해질 것이다. 그렇게 되면 이 육체가 3백 년은 살 수 있는 기본세포를 심어 놓을 수 있고, 그때 육체는 실제로 3백 년을 살 것이다. 지금은 70년을 살고 있다. 아버지와 어머니가 70년을 살고 있기에 무의식적으로 그들은 그런 세포를 만들어 내는 것이다. 세포에 의해 청사진이 옮겨졌기 때문에 70년 안에 그대는 죽을 것이다. 세포 안에 있는 청사진을 바꿀 수 있다면 자기가 원하는 만큼 오랫동안 살 수 있다. 죽음을 물리치는 것, 바라는 만큼의 생명을 연장하는 것은 하나의 커다란 꿈이었다.

불과 몇 년 전만 하더라도 과학자들은 그런 사실에 대해 자신이 없었다. 이제는 그것이 가능하게 되었고, 금세기 안에 실현되겠지만 새로운 문제가 생겨날 것이다. 그런 일이 일어나면 모든 사람들이 행복하게 되고 죽음에 대한 두려움과 불안이 사라질 것이라고 생각한다. 그러나 그렇지가 않다. 이 문제를 깊이 생각해 보면 인간이 70년을 산다면 그는 70년 동안 죽음의 두려움을 갖게 된다는 것을 깨닫게 될 것이다. 그가 3백 년을 살게 된다면 그는 3백 년 동안 두려움을 갖게 될 것이다. 두려움이 줄어드는 것이 아니라 늘어난다. 두려움이 어디로 갈 수 있는가? 3백 년 동안을 산다고 해도 차이는 없다. 단지 3백 년 동안 어느 순간이든 폭발할 수 있는 화산 위에 앉아 있는 것이 될 뿐이다. 그리고 두려움은 계속된다.

그대가 추구하는 것은 죽음 없는 존재이다. 그 존재는 그대 안에 있다. 그대는 그대 안에 존재한다. 이 때문에 그대는 자신을 만질 수 없는 것이다. 그대의 두 손은 내면으로 들어갈 수 없고, 밖으로만 뻗쳐 나간다. 손은 외부 세상을 만지게끔 창조되었다. 발은 내면으로 걸어 들어올 수 없다. 그럴 필요도 없고, 걸어 들어갈 공간도 없다. 눈은 내면을 들여다볼 수 없다. 그럴 필요가 없다. 그대의 존재가 외부 세상의 물건들이나 사람들과 함께 존재하기 위해 그러한 신체 역학을 창조해 왔기 때문이다.

내면으로는 아무것도 필요가 없다. 내면에서 그대는 완전하다. 내면으로는 아무것도 이루어져야 할 것이 없다. 모든 것이 제자리에 다 있다. 이미 그렇게 되어 있다.

그대가 추구하는 것은 이 내적 존재에 대한 것이다. 그 내적 존재는 전지전능한 것이다. 어떤 권력도 그에 비교될 수 없다. 나폴레옹이나 히틀러 혹은 그대가 상상하는 다른 누군가가 될 수는 있다. 그러나 여전히 무력한 상태로 남아 있다. 붓다 같은 존재나 예수 같은 존재가 되지 않는 이상 그대는 전지전능할 수 없고 모든 힘을 소유할 수 없다. 아인슈타인이나 버트런드 러셀이 될 수는 있다. 그러나 모든 것을 알 수는 없다. 그대는 수많은 정보를 수집할지도 모른다. 그러나 예수나 조로아스터가 되지 않는 한 내적인 무지는 그대로 남아 있다. 예수 같은 존재, 붓다 같은 존재가 되어야만 모든 앎에 이른다.

그대가 추구하는 것은 전능한 힘omnipotence, 전지한 지식omniscience, 어디에나 존재함omnipresence에 대한 것이다. 이 세 가지 단어를 기억하라. 그것들은 산스크리트 어원인 '옴AUM'에서 유래한 것이다. 산스크리트어로 '옴'은 모든 우주의 상징이다. 그것은 세 개의 기본적인 발음을 갖고 있다. A-U-M이다. 이 세 개의 기본적인 발음에서 모든 발음이 나온 것이다. 따라서 AUM은 기본적인 발음으로서 모든 기본 어원의 종합이다. 때문에 힌두교인들은 '옴'을 비밀의 만트라, 위대한 만트라라고 부르는 것이다. 왜냐하면 그것은 존재계 전체를 포함하기 때문이다.

전능한 힘, 전지한 지식, 어디에나 존재함의 영어 단어들은 '옴'에서 파생된 것이다. 그것들은 '옴' 같이 강한 사람, '옴' 같이 지식 있는 사람, '옴' 같이 존재하는 사람을 의미한다. 그는 우주가 된 사람, 모든 것이 된 사람이다. 우주가, 전체가 얻어지지 않으면 아무 만족도, 어떤 깊은 궁극적인 만족도 있을 수 없다. 그대는 걸인으로 남아 한 생에서 다른 생으로 걸인의 생을 계속 살아갈 것이다. 그대는 걸인처럼 방랑할 것이고, 황제가 될 수 없다.

이제 우리는 예수의 이 아름다운 말들 속으로 깊이 들어갈 것이다. 그는 참으로 이상한 말을 하고 있다.

> 예수께서 말씀하셨다.
> "너희가 너희 안에 있는 그것을 열매 맺으면
> 너희가 가지고 있는 그것이 너희를 구원할 것이다.
> 만일 너희가 너희 안에 그것을 갖지 못하면
> 너희가 가지고 있지 않은 그것이 너희를 죽일 것이다."

매우 이상한 이야기이다. 그는 말한다.

> "너희가 너희 안에 있는 그것을 열매 맺으면······."

그대가 그것을 성장할 수 있게 허용한다면, 그것들이 나타나고 펼쳐질 수 있도록 돕는다면……. 겨자씨, 신의 씨앗, 신의 나라의 씨앗, 그것은 이미 그곳에 있다. 그것이 자라도록 돕는다면…….

"너희가 가지고 있는 그것이 너희를 구원할 것이다."

그대는 이미 그것을 가지고 있다. 그것이 그대를 구할 것이다. 그러나 그대가 그것을 놓치면…….

"만일 너희가 너희 안에 그것을 갖지 못하면
너희가 가지고 있지 않은 그것이 너희를 죽일 것이다."

그대가 그것을 놓치면……. 내가 이미 말한 것처럼 히브리어로 '죄'는 과녁을 맞히지 못한다는 뜻이다. 그대가 자신에게서 빗나가면 그대는 죄인이다. 그것은 이미 그곳에 있다. 그대는 겨자씨를 갖고 있다. 그러나 그대는 그것을 흙으로, 좋은 흙으로 덮고 물을 주지 않았으며, 정원사가 되지 않았다. 그대는 세포 안에 씨앗을 가둬 갖고 다닌다. 그것을 세상에 내놓지 않는다. 그 씨앗이 죽을까 두려워한다. 어떤 의미에서 그 두려움은 옳다. 그 씨앗은 죽을 것이며, 오직 나무만 태어날 것이다. 모든 성장은 죽음이며 탄생이다. 과거는 죽어야 하며, 낡은 것은 죽어야 한다. 그래야만 새것이 태어난다. 씨앗은 죽어야만 한다. 그것이 그대가 두려워하면서 씨앗을 보호하는 이유이다.

이런 이야기를 들은 적이 있다. 한 왕이 아주 난처하게 되었다.

그에게는 아들이 셋이 있었는데 모두가 똑똑하고, 튼튼하고, 재능이 있기 때문에 어느 아들에게 왕국을 물려주어야 할지, 누가 자기를 이어 통치자가 되어야 할지 결정하기가 어려웠기 때문이다. 그리고 왕은 나날이 늙어 갔다. 아들들은 모든 방면에서 비슷했고 동일한 재능을 발휘했기 때문에 왕은 결정을 내리기가 매우 어려웠다. 그래서 왕은 현자를 불러 방법을 물었다.

현자는 한 가지 계획을 세우고 왕에게 말했다.

"당신이 성지 순례를 떠나십시오."

그리고 현자의 계획에 따라 왕은 세 아들을 불러 같은 양의 아름다운 씨앗을 나눠주었다.

왕은 아들들에게 말했다.

"가능한 한 조심해서 이 씨앗들을 잘 보관하라. 너희들의 생애가 그것에 달려 있기 때문이다. 내가 돌아오면 그동안 씨앗에 무슨 일이 일어났는지 보고해야 한다."

그리고 왕은 떠났다.

첫째 아들은 나이가 가장 많아 세상살이에 대한 경험도 많았고 영리하며 계산적이었다. 그는 생각했다.

'가장 좋은 방법은 씨앗을 금고 안에 고이 넣어 열쇠를 채워 놓는 거야. 아버지가 돌아오면 씨앗을 보자고 할 테니, 정확하게 아버지가 주셨던 그대로 돌려드려야지. 아마 이 씨앗에 중요한 뭔가가 걸려 있음이 분명해.'

그는 가장 좋은 금고를 찾아 씨앗을 넣어 두었다. 그리고 금고를 잠그고 하루 24시간 동안 열쇠를 가지고 다녔다. 왜냐하면 그의 일생이 그 씨앗에 달려 있기 때문이었다.

둘째 아들은 생각했다.

'이 씨앗들을 잘 보존해야 할 텐데, 어떻게 하지? 그러나 형처럼 금고 안에 넣어 두면 썩을지도 몰라. 그러면 아버지가, 내가 준 씨앗은 아니다, 이것은 썩었으니 소용없어, 하고 말씀하실 거야. 어떻게 하면 좋을까?'

그는 시장에 가서 그 귀한 꽃씨들을 팔았다. 그는 생각했다.

'이것이 최선의 방법이야. 꽃씨를 팔아 돈을 보관한 다음 아버지가 돌아오시면 다시 씨앗을 사가지고 보여 드리면 되지. 아버지는 차이를 모르실 거야. 씨앗은 씨앗일 뿐이니까. 그러면 아버지께 드릴 새로 산 씨앗은 싱싱하게 살아 있겠지. 이 묵은 씨앗 때문에 걱정해야 할 필요가 뭐야? 게다가 아버지는 아무 말도 안 하고 떠나셨으니 1년이 걸릴지 2년이 걸릴지 혹은 더 오래 걸릴지도 몰라. 그러면 여러 해가 걸릴 것이고 그동안에 나는 씨앗에 대한 걱정을 할 필요가 없지.'

그는 씨앗을 팔아서 돈을 보관했다.

셋째 아들은 생각했다.

'아버지가 씨앗을 주신 데는 분명 어떤 의미가 있을 거야.'

그는 가장 나이가 어렸기 때문에 세상살이에 덜 길들여졌을 뿐만 아니라 약간은 바보스럽고 순진했다. 그는 생각했다.

'씨앗은 자라는 거야. 씨앗의 의미는 성장일 테니 씨앗이 목표는 아닐 거야. 그건 다리와 같아. 씨앗의 의미는 어떤 것에 도달하는 것이니 씨앗은 그것이 자라서 무엇이 되지 않으면 아무 의미도 없어. 씨앗은 단지 지나가는 과정일 뿐이야. 그건 분명히 목적이 될 수 없어. 그건 최종적인 상태가 아니니까. 그것은 단지 통과해

야만 하는 다리 같은 거야.'

그래서 그는 정원에 나가 씨앗을 심었다.

그러고 나서 왕이 1년 후에 돌아왔다. 그는 아들들을 불렀다. 첫째 아들은 매우 기뻐했다. 그는 생각했다.

'막내는 씨앗을 파괴했어. 어떻게 그가 똑같은 씨앗을 내놓을 수 있겠어? 지금쯤 그것들은 나무가 되고 꽃으로 피어났을 테니……. 그리고 둘째도 틀렸어. 그는 그 씨앗을 돈으로 바꾸어 새 씨앗을 구입했어. 그는 시장에 가서 새 씨앗을 샀어.'

둘째 아들은 생각했다.

'형은 틀렸어. 씨앗은 이미 썩어 못 쓰게 죽어 버렸을 테니까. 그리고 동생도 이미 틀렸어. 씨앗을 말 그대로 보존하라고 했는데 그는 그걸 잘 보관하지 않았어. 내가 승리할 거야.'

그러나 셋째 아들은 승리 같은 것은 생각해 보지 않았다. 승리에는 별로 관심이 없었다. 그는 한 가지 일에만 관심이 있었다.

'아버지께서는 씨앗을 보존해야만 한다고 말씀하셨어. 그런데 씨앗은 목적이 아니라 과정일 뿐이니, 그것을 보존하는 유일한 방법은 그것을 기르는 거야. 그리고 이제 꽃이 피었으니 머지않아 씨앗은 수백만 개로 불어날 거야.'

그는 아버지가 기뻐할 것이라는 생각 때문에 자신 역시 기뻤다.

그때 아버지가 와서 첫째 아들에게 말했다.

"너는 어리석구나. 씨앗은 안전한 금고 안에서는 보존될 수 없다. 씨앗은 은행에서도 보존될 수 없다. 씨앗은 그렇게 보존하면 금방 죽어 버리기 때문이다. 씨앗은 땅에 심어져서 죽고 새로 태어나야만 보존될 수 있는 것이다."

왕은 둘째 아들에게 말했다.

"너는 첫째보다는 조금 낫다. 너는 오래된 씨앗은 죽는다는 것을 알기 때문이다. 그러나 씨앗의 양은 그대로 남아 있다. 하나의 씨앗으로. 씨앗은 잘 보존되면 수백만 배로 불어나게 되어 있다. 첫째보다 낫긴 하지만 너도 실패했다."

왕이 셋째 아들에게 묻자 셋째는 왕을 데리고 정원으로 나갔다.

"저는 씨앗을 금고에 보관하지도 않았고 시장에 팔지도 않았습니다. 저는 그것을 땅에 심었습니다. 이것이 바로 그 씨앗들입니다. 지금 그 씨앗들은 나무가 되었고 나무는 꽃을 피울 것입니다. 그리고 곧 많은 씨앗들을 낼 것입니다. 아버지께서 원하신다면 수백만 배로 늘려서 드리겠습니다."

아버지가 말했다.

"네가 이겼다. 네가 장차 이 나라의 왕이 될 것이다. 씨앗을 보존하는 유일한 방법은 그것이 죽어 새로 태어나게 하는 것뿐이기 때문이다."

예수가 하고 있는 말이 이것이다.

> "너희가 너희 안에 있는 그것을 열매 맺으면
> 너희가 가지고 있는 그것이 너희를 구원할 것이다.
> 만일 너희가 너희 안에 그것을 갖지 못하면
> 너희가 가지고 있지 않은 그것이 너희를 죽일 것이다."

그러나 그대는 전혀 내면을 들여다본 적이 없다. 흘낏 단 한 번의 눈길조차 돌린 적이 없다. 그러므로 그대가 하는 모든 것은 그대를 파괴할 것이다. 그것은 그대를 구할 수 없다. 그대는 재산을 가질 수도 있고 권력을 지닐 수도 있다. 이 세상의 많은 것을 얻을 수도 있다. 그러나 어느 것도 그대를 구원하지 못할 것이다. 반대로 세상의 무거운 짐이 그대를 짓누를 것이다. 그대는 엄청난 짐을 긁어모으고 있다. 그것이 그대를 익사시키려고 한다. 그대의 배는 이미 반쯤 가라앉았다. 그대는 그 배를 버리고 갈 수도 없다. 모든 소유물이 그 안에 있기 때문이다. 그것을 다른 해변으로 옮겨야만 한다. 그러나 그 소유물은 이 해안에 속해 있는 것이기 때문에 다른 해안으로 옮길 수도 없다. 누구도 지금까지 이 세상에서 다른 세상으로 무엇을 옮길 수 있는 사람은 없었다.

그대가 죽으면 어떻게 이 세상의 것을 저세상으로 옮길 수 있겠는가? 그대가 죽으면 육체는 떨어져 나간다. 그대가 가져가려는 것은 모두 육체를 통해야만 가져갈 수 있다. 그대가 소유하던 것은 모두 육체가 있어야 소유할 수 있는 것이다. 육체가 떨어져 나가면 바로 그 매개체, 그 운반 수단이 떨어져 나가는 것이다. 그러면 아무것도 이 세상에서 가져갈 수 없는 것이다. 그것은 불가능하다. 그렇기 때문에 많은 현명한 사람들은 생각한다. '이 세상의 물건들을 긁어모으지 말라. 단지 지식을 모으라. 지식은 가져갈 수 있기 때문이다.'

잘 기억하라. 지식도 가져갈 수 없다. 육체가 떨어져 나가면 머리도 떨어져 나가기 때문이다. 머리는 지식의 보관소이다.

두뇌는 지식과 정보를 수집하는 컴퓨터이다. 그것도 외부에 존재하는 것이다. 만일 아인슈타인의 뇌를 떼어 낸다면 그는 변변찮은 백치가 될 것이다. 뇌와 함께 지식도 사라지기 때문이다. 그러나 예수의 뇌는 떼어 낸다고 하더라도 큰 차이가 없을 것이다. 그는 그 전과 같은 상태로 남아 있을 것이다. 예수는 지식이 아니라 의식의 자각을 축적하였기 때문이다.

그러므로 세 가지 유형으로 인간을 분류할 수 있다. 가장 외부 지향적인 유형, 그들은 물건을 모은다. 그러나 그 물건은 다른 해안으로 옮겨질 수 없다. 그 다음 두 번째 유형은 그렇게까지 외부 지향적이지는 않지만 역시 외부 지향적이다. 그들은 지식과 경전과 이론과 철학을 모은다. 그들은 좀 현명한 편이지만, 여전히 어리석다. 왜냐하면 지식은 두뇌에 축적되는 것이며 두뇌는 육체의 일부이기 때문이다. 그것은 가장 깊은 부분이지만 여전히 육체의 일부분이다. 육체가 떨어져 나가면 두뇌도 떨어져 나간다. 그리고 세 번째 유형의 사람이 있다. 그들은 의식의 자각을 쌓는다. 그들은 자각을 키워 나간다. 그들의 전 생애의 목표는 더욱 깨어 있는 의식으로 되는 것이다.

이 의식이 내면 가장 깊은 곳의 자아이다. 오직 이 의식만이 건너편 해안에 도착할 수 있다. 이 의식만이 건너편 해안에 속하는 것이다. 이 육체에는 두 개의 세계가 존재한다. 이것과 저것, 물질의 세계와 의식의 세계가 그것이다. 이 두 세계 사이에 연결 고리가 존재한다. 그 연결 고리가 지식이다. 물질을 버리고 지식도 버리라. 단지 자각과 의식을 향해 성장하면 할수록 더 많이 깨어 있게 된다. 많이 깨어 있을수록 많은 것을 이 세상에서 저세상으로 가져갈 수 있다. 그때 빈자처럼 가게 되지는 않을 것이다. 부자로 갈 것이다. 이 세상에서 그대는 붓다처럼, 걸인이나 탁발승처럼 가난하게 보일 것이다. 그러나 저세상에서는 왕처럼 될 것이다. 그대는 오직 그대만을 가져갈 수 있기 때문이다.

폼페이 시가 화산 폭발로 파괴되었다. 한밤중에 온 시가지가 불에 타고 건물이 무너지며 사람들은 피해 달아나고 있었다. 모든 사람들이 무엇인가를 들고 나왔다. 그 도시는 부유했기 때문이다. 사람들은 가장 비싼 것을 들고 나왔다. 어떤 사람은 금을 들고 나오고, 어떤 사람은 다이아몬드를 들고 나오고, 어떤 사람은 돈을 들고 나왔다. 학자들은 그들의 경전과 책들을 들고 나왔다. 그런데 아무것도 들고 나오지 않는 사람이 하나 있었다. 그는 단 하나 그의 지팡이만 들고 나왔다. 물건을 들고 나오던 사람들은 정신없이 헤매며 모든 삶이 파괴된 것을 걱정하고 있었다. 오직 이 사람만 아침 산책이라도 가는 것처럼 군중 속을 걸어가고 있었다. 그것이 그의 평상시의 일과였다. 새벽 세 시에 그는 아침 산보를 나가곤 했는데 지금이 그 시간이었다.

그를 본 사람은 누구나 이렇게 물었다.

"어찌된 일이요? 아무것도 건져 내지 못했소? 모든 것을 다 잃은 거요?"

그는 대답했다.

"나에게는 아무것도 없소. 그나마 있는 것은 다 가지고 나왔소."

"그럼 왜 아침 산책을 하는 것처럼 걸어가고 있습니까? 지금 참변이 일어나고 있소. 모든 삶이 파괴되고 있고, 사람들은 몰락해 가고 있소."

그 사람은 웃으며 대답했다.

"그대가 쌓아 놓은 것이 무엇이든 그것은 이 세상에 속한 것이오. 죽음이 그것을 파괴하고, 화재가 그것을 태워 버릴 것이오. 나는 오직 자각만을 축적하였소. 당신들에게는 재앙이지만, 나에게는 아침 산책 시간일 뿐이오."

이 사람은 신비가였다. 이 사람은 요기였다. 이 사람이 예수가 말하는 사람이다.

"너희가 너희 안에 있는 그것을 열매 맺으면
너희가 가지고 있는 그것이 너희를 구원할 것이다.
만일 너희가 너희 안에 그것을 갖지 못하면
너희가 가지고 있지 않은 그것이 너희를 죽일 것이다."

만일 그대의 내면이 가난하다면 외부는 부자일 것이다. 그러나 자신의 소유물에 의해 그대는 파괴될 것이다. 내면이 부자라면 걱정할 필요가 없다. 그러면 무엇을 가졌든 안 가졌든 죽음은 그대에게서 어떤 것도 빼앗아 갈 수 없다. 오직 깨어 있는 의식만이 죽음을 초월한다. 그것이 인간의 삶에서 죽음을 초월하는 유일한 한 줄기 빛이다. 깨어 있는 의식으로 죽을 수 있는가? 그것이 유일한 방법이다. 그런데 깨어 있는 의식으로 살지 못했다면, 어떻게 깨어 있는 의식으로 죽을 수 있겠는가? 삶에서조차 그대는 그다지 깨어 있지 못했다. 어떻게 죽음의 순간에 깨어 있을 수 있겠는가?

기억하라. 너무 많은 고통이 다가올 때마다 육체는 자동적으로 그대를 무의식 속으로 밀어 넣는 구조를 갖고 있다. 그렇지 않으면 참을 수 없을 것이기 때문이다. 의사들은 아주 최근에야 마취제를 발명해 냈지만 자연은 이미 마취제를 알고 있었다. 너무 심한 고통이 다가올 때면 그대는 갑자기 의식을 잃고 기절한다. 그 고통이 참을 수 없을 정도이기 때문이다. 육체는 내면의 온도계를 지니고 있는 것이다. 그대는 사람들에게, "그것은 참을 수 없다. 그 고통은 참을 수 없다."라고 말할지도 모른다. 그러나 그것은 거짓이다. 정말 참을 수가 없다면 그대는 의식을 잃어버릴 것이기 때문이다.

참을 수 없는 고통은 존재하지 않는다. 모든 고통은 참을 만한 것이다. 모든 아픔은 참을 만하다. 아직 정상적인 의식 상태를 가지고 있기 때문이다. 그렇지 않으면 기절을 하게 된다. 그리고 죽음이 가장 고통스러운 것이다. 죽음이 다가오면 그것은 가장 거대한 수술이다. 그대가 그토록 동일시해 오고 하나가 되었던 육체로부터 분리되어 그대의 전 존재가 떨어져 나가는 것이기 때문이다. 그것은 손가락 하나를 절단하는 것이 아니다. 팔 하나를 절단하는 것이 아니다. 그대의 부속물을 제거하는 것이 아니다. 그 수술은 그대로부터 그대의 육체를 모두 절단하는 것이다. 어떤 의사도 아직 그런 수술을 해내지 못했다. 모든 육체가 제거되는 것이다. 분리되는 것이다. 그대는 이 육체와 칠팔십 년을 살아왔다. 단순하게 육체와 함께 살아온 것이 아니라 육체와 자신을 동일시해 왔다. 그대가 그 육체라고 생각했다. 그 고통은 너무 크기 때문에 그대는 완전한 무의식이 될 것이다.

삶 전체는 죽음 속에서 깨어 있기 위한 하나의 준비과정이다. 산야신이 하려고 하는 것이 그것이다. 구도자가 하려고 하는 것이 그것이다. 준비하라! 한순간이라도 놓치지 말라. 일단 놓치면 그것은 다시 얻어질 수 없기 때문이다. 그대가 얻을 수 있는 유일한 풍요는 의식이 더 깨어 있음으로써 가능하다. 무엇을 하든 예민하게 깨어 있는 마음으로 행하라. 그때 그대의 삶은 다를 수 있지만 내적인 추구는 다를 수 없다. 내면의 추구는 같은 것이다.

그대는 사업가일 수도 있다. 교수, 의사, 기술자, 노동자일 수도 있다. 그러나 그것에는 관계없다. 내면의 추구는 동일하다. 그것이 점점 더 의식적으로 되는 길이다. 그렇게 의식적이 될 때 죽음조차도 그대를 무의식으로 밀어 넣지 못한다. 예수의 말이 의미하는 것이 이것이다. 그대 안에 있는 것을 꽃피우라. 그것을 가진 자는 구원을 얻는다. 그러나 그것을 갖지 못하면 물에 빠질 것이다.

다른 곳에서 예수는 매우 이상한 이야기를 하고 있다. 그는 말한다. "가진 자들은 더 많이 받게 될 것이다. 그리고 갖지 못한 자들은 가지고 있던 것마저 빼앗길 것이다." 얼마나 불합리한가! 그는 말하고 있다. "가진 자들은 더 많이 받을 것이다. 그리고 갖지 못한 자들은 그들이 갖고 있는 것마저 빼앗길 것이다."

그는 깨어 있음에 대해 말하고 있다. 깨어 있음은 더 많은 깨어 있음을 끌어당기기 때문이다. 깨어 있게 되면 그대는 더 많이 깨어 있을 수 있게 된다. 모든 걸음걸음이 더 앞서가는 걸음으로 이끌어 간다. 깨어 있지 못하면 그대는 점점 다른 방향으로 멀어져간다.

물라 나스루딘이 새벽 세 시에 문을 두드렸다. 그는 술에 취해 비틀거리고 있었다.

주인이 창문을 열고 내려다보며 말했다.

"나스루딘, 내가 벌써 여러 번째 말하고 있는데 이 문은 다른 집 문이지 당신 집 문이 아니야. 당신 집으로 가서 두드려. 당신은 다른 집 문을 두드리고 있는 거야."

나스루딘이 올려다보며 말했다.

"어떻게 당신이 그것을 확신하지? 당신이 다른 집 창문으로 내다 볼 수도 있잖아? 당신은 어떻게 그렇게 확신하는 거야?"

취한 사람은 자신이 틀렸다고 생각하는 것이 불가능하다. 다른 사람이 틀린 것이다. 삶에서 고통을 받고 있다면, 그것은 어디에선가 그대의 의식을 잃어버렸기 때문이다. 그대가 틀린 것이다. 그러나 그대는 생각한다. 다른 사람이 틀린 창문에서 내려다보고 있다고. 그대는 언제나 올바른 문에서 두드리고 있다고 생각한다.

그대는 언제나 틀린 문을 두드리고 있는 것이다. 그대는 언제나 틀린 문을 두드려 왔다. 이 세상의 것이 아닌 내면의 문을 두드리기 전에는 이 세상의 문들은 모두 틀리기에. 그 내면의 문은 그대와 함께 움직여 가지만 이 세상의 것은 아니다. 그대는 내면에 이 세상에 속하지 않는 것을 지니고 있다. 그것이 그대의 보물이고, 문이며, 그것을 통해 신에게로 다가갈 수 있다. 예수는 말한다. "너희가 이미 지니고 있는 것 안에서 성장하라."

하나의 빛이 이미 생겨났다. 그러나 그대는 깨어 있지 못한다. 아니면 아주 조금 깨어 있을 뿐이다. 어렴풋한 깨어 있음, 매우 희미한 빛, 매우 희미하다. 그대는 볼 수 없다. 그러나 그것은 일어났다. 그대가 동물보다 차원 높은 것은 그 이유 때문이다. 그것조차도 동물에게는 없다. 의식의 첫 번째 빛이 그대를 관통했다. 그러나 의식의 첫 번째 빛은 단순한 겨자씨일 뿐이다. 겨자씨에 흙을 덮어 주어야 한다. 겨자씨에게 흙은 무엇인가? 힌두교에서는 그 흙을 사트상, 곧 진리에 가까이 있음이라고 부른다. 그대보다 의식이 높은 사람에게로 가라. 단지 그와 가까이 있으라. 그들의 현존에 가까이 있기만 하라. 그러면 의식의 빛은 점점 높아질 것이다. 그것은 도전을 요한다. 그러나 마음은 일반적으로 늘 열등한 것과 움직이는 경향이 있다. 늘 덜 깨어 있는 사람과 함께 움직이는 경향이 있다. 왜인가? 그곳에서는 우월감을 느끼기 때문이다. 그대가 대단한 사람이 된 것처럼 느끼기 때문이다.

모든 사람이 열등한 것을 찾는다. 그리고 이러한 추구를 통해 더 열등해진다. 예수 같은 사람에게 가면 혼란을 느낀다. 왜냐하면 그곳에서는 그대가 우월하다고 주장할 수 없기 때문이다. 그대는 열등하다. 그것은 열등감이 아니다. 그대는 단순히 예수보다 열등하다. 그대의 의식이 덜 깨어 있기 때문이다. 예수는 매우 거대한 빛이기에 그의 앞에서 그대는 어둠같이 느껴진다. 비록 깜박거리기는 하지만 그대 의식의 빛은 아무것도 아니다. 그럴 수밖에 없다. 대낮의 태양 아래 등불을 가져다놓는다면 그대는 무엇을 느끼겠는가? 그대는 그 등불과 비슷하다. 등불은 태양 아래에서는 어두워진다. 그 등불을 어두운 방으로 들고 가보라. 그러면 그것은 태양이 된다.

그러므로 마음은 열등한 것을 찾는 경향이 있는 것이다. 그것은 물과 같다. 물이 계속 낮은 곳으로 흘러가듯 마음은 열등한 것을 찾는다. 남자는 자신보다 더 현명한 여자와는 결혼하고 싶어 하지 않는다. 그는 자기보다 키가 큰 여자와도 결혼하지 않을 것이다. 그는 자기보다 더 나이 많은 여자와 결혼하지 않을 것이다. 왜 그런가? 생물학적으로 보면, 남자가 자신보다 최소한 5살 더 나이가 많은 여자와 결혼하는 것이 더 좋다. 둘이 같이 죽을 수 있기 때문이다. 여자가 남자보다 수명이 길어 5년은 더 살기 때문이다. 그렇게 되면 세상에 과부는 사라질 것이다. 생물학적으로 20살의 남자가 25살의 여자와 결혼하는 것이 옳은 일이다. 그러나 에고는 자존심이 상한다. 또 그대는 키 큰 여자와 결혼하고 싶지 않다. 자존심이 상하기에. 또한 그대는 현명한 여자와도 결혼하지 않을 것이다. 결코 하지 않을 것이다! 마음은 늘 열등한 것을 추구한다.

친구들을 보라. 그대는 왜 그들을 선택했는가? 깊이 들어가 보면 그대는 그 이유를 발견할 것이다. 그들은 그대에 비해 열등하다. 그들과 함께 있으면 그대는 거대한 빛이 된다. 그렇지 않으면 그대는 등잔 속에 있는 평범한 불꽃일 뿐이다. 마음은 자신이 우월하다는 것을 증명하기 위해 열등한 것을 찾는다. 사람들은 동물을 좋아한다. 하지만 인간을 사랑할 수 없는 사람이 어떻게 동물을 사랑할 수는 있는가? 개는 언제나 그대 편이다. 그러나 사람은 그렇지 않다. 그대가 개를 때리든 환영하든 그것은 아무 차이가 없다. 개는 계속 움직이며 꼬리를 흔든다. 개는 언제나 그대를 반긴다. 어디를 가든 개는 따라온다. 개보다 더 좋은 동반자를 찾아내기는 어렵다. 왜 인간은 개와 지내는 것을 좋아하는가? 열등감이 그렇게 한다. 그대가 우월하다고 느끼는 것이다.

물라 나스루딘이 개와 함께 카드놀이를 하고 있었다. 한 사람이 그것을 보고 깜짝 놀랐다. 개는 정말로 카드놀이를 하고 있었던 것이다. 그래서 그는 나스루딘에게 물었다.

"나스루딘, 정말 특별하고 똑똑한 개를 가졌군요."

나스루딘이 대답했다.

"전혀 그렇지 않아요. 보기보다는 그리 똑똑하지 않아요. 좋은 패가 들어올 때마다 꼬리를 흔들거든요. 보기보다는 어리석어요."

마음은 늘 열등한 것을 찾고 있다. 그러나 가끔은 개들도 그대보다 우월할 때가 있다. 많은 점에서 그렇다! 개는 더 강하다. 개가 싸우려 들면 그대는 순식간에 사라져야 할 것이다. 사람들의 의식은 점점 더 낮아지고 있다. 그들은 물건을 추구한다. 그때 자동차가 사랑의 대상이 된다. 그대가 하고 싶은 일은 무엇이든 하라. 그래도 자동차는 아무것도 할 수 없다. 집과 물건들과 소유물도 마찬가지다. 그것들과 함께 있으면 매우 우월한 사람처럼 느껴진다.

사트상, 즉 진리 가까이 있음은 언제나 우월한 동료를 선택하는 것을 의미한다. 마음은 열등한 동료를 선택하게 할 것이다. 깨어 있으라. 그리고 그것을 피하라. 열등한 것과 같이 있으면 그대 역시 열등하게 되기 때문이다. 의식의 빛을 어둠 속에서 점점 더 잃어버리게 되기 때문이다.

언제나 그대보다 우월한 것을 선택하라. 우월한 쪽으로 움직여 가라. 에고의 자존심이 상할 것이다. 에고는 사라져야 한다. 사트상은 에고에 대항하고 에고를 초월하며 늘 우월한 것을 추구하며 사는 것을 의미한다. 신을 만나고 싶어 하면서 예수나 붓다를 만나는 것은 행복하지 않은가? 그렇다면 어떻게 신을 만날 수 있겠는가? 신은 가장 우월한 빛, 모든 존재의 절정, 모든 삶의 꽃피어남이기 때문이다. 열등한 것을 선택하면서 어떻게 신의 나라에 들어가길 원할 수 있는가? 그대는 잘못된 길을 따르고 있는 것이다.

이것을 기억하라. 오직 한 가지 핵심만을 늘 마음속에 품고 있어야 한다. 즉, 우월한 것이 있기 때문에 에고를 떨쳐 버릴 수 있다는 것을 언제나 생각하면서 사람들과 함께, 친구들과 함께, 책과 함께 원 안으로 들어가라. 그대는 열등감을 느끼면서 에고를 떨쳐 버릴 수 있다. 언제나 우월한 것을 추구하라. 조금씩, 한 발자국씩……. 예수를 만날 수 있을 것이다. 예수를 만날 수 있어야만 하느님을 만나는 것이 가능하다.

그런 이유 때문에 예수는 "나를 통하지 않고는 하느님에게 도달할 수 없다."고 말하는 것이다. 이것은 다음과 같은 뜻이다. 나를 만날 수 없다면 어떻게 최고이신 분을 만나는 것을 생각할 수 있는가? 아들을 만나면 아버지를 만날 수 있는 가능성이 생겨난다. 왜냐하면 아들은 대변인이기 때문이다. 화신들, 붓다들, 티르탕카라들, 그들은 단지 대변인일 뿐이다. 그들은 최고의 존재로부터 나온 빛이다. 그들을 만날 수 없다면, 그들과 함께 살 수 없다면, 그대의 에고가 자신으로 하여금 그들과 함께 존재하는 것을 허락하지 않는다면, 최종적이고 궁극적인 진리를 만날 가능성은 없다.

예수께서 말씀하셨다.
"찾는 사람은 발견할 때까지 찾는 것을 멈추지 말라."

마음은 무기력하다. 위로 향할 때는 더 무기력하다. 밑으로 향할 때는 힘이 솟아난다. 많은 노력이 필요하지 않기 때문이다. 그것은 폭포로부터 물이 떨어지는 것과 같다. 밑으로 떨어지는 것은 어떤 노력도 필요하지 않다. 지옥에 도달하는 데는 어떤 노력도 필요하지 않다. 자동적으로 도달하게 된다. 아무것도 하지 말라. 그러면 도착하게 된다. 그대는 언제나 점점 더 낮은 차원으로 향해 흐르고 있다. 마음의 가장 낮은 상태가 지옥이다. 지옥은 외부에 있는 어떤 것이 아니다. 그것은 그대 사다리의 가장 낮은 곳이다. 그곳에서는 모든 의식이 사라지고 그대는 단순한 식물 현상이 된다. 더 높이 위로 향하려면 노력이 필요하다. 많은 노력이 필요하게 된다.

그렇기 때문에 예수는 말한다.

"찾는 사람은 발견할 때까지 찾는 것을 멈추지 말라."

수없이 마음은 말할 것이다. "무엇을 하고 있는가? 어째서 그렇게 많은 노력을 하고 있는가? 긴장을 풀라. 즐기라. 쉬라!" 그 말을 들으면 뒤로 후퇴하는 것이다. 그 마음의 말을 듣지 말라. 구도자는 자기가 찾는 것을 찾을 때까지 계속해서 노력해야 한다.

예수의 이 말은 선의 세계와 반대되는 것처럼 보인다. 그런데 그렇지 않다는 것을 이해해야만 한다. 선의 스승들은 말한다.

"노력을 하지 말라. 아무 노력도 하지 말라. 그렇지 않으면 실패할 것이다. 조금만 움직여도 이미 실패한 것이다. 휴식을 취하라. 완전히 긴장을 풀고 있으라. 자신이 존재하지 않는 것처럼 휴식 속에 있으라. 그러면 성취하리라."

그들은 말하는 것이다.

"찾으면 놓칠 것이다. 찾지 않으면 발견할 것이다."

예수의 말은 선의 말과 다른 것처럼 보인다. 그렇지 않다. 왜냐하면 사람은 완전히 휴식할 수는 없기 때문이다. 그대가 해보려고 해도, 긴장을 풀고 있다고 하더라도 활동은 계속되고 있다.

선은 현재의 그대를 위한 것이 아니다. 예수의 말은 현재의 그대를 위한 것이다. 예수를 따르다 보면 선이 그대에게 적합한 순간이 올 것이다. 언제 그런 순간이 오는가? 그대가 노력을 모두 소진했을 때, 할 수 있는 모든 것을 했을 때 노력의 마지막 절정에 도달했을 때 그것이 온다. 이제는 아무것도 노력할 일이 없다. 더 이상 할 일이 없다. 할 수 있는 것을 모두 했다. 아무것도 뒤에 남겨진 것이 없다. 모든 에너지가 노력에 투입되었다. 이제는 그대가 정지하는 것이 아니다. 모든 에너지가 소진되었기 때문에 정지가 오게 되고 휴식이 오게 된다. 그것은 저절로 일어나는 것이다. 휴식과 평정이 생긴다. 그것은 저절로 발생하는 것이다. 그것을 마음대로 할 수는 없다. 계속해서 달리던 사람이 더 이상 달릴 수 없는 순간에 도달하는 것과 같다. 등 뒤에 칼을 대고 "움직여라!" 하고 명령을 내려도 "움직일 수 없다!"고 말하는 것과 같은 상태이다.

어느 개구리에 대한 이야기를 들은 적이 있다. 개구리 한 마리가 있었다. 그 개구리는 진창에서 바큇자국에 빠졌다. 그런데 아무리 애를 써도 나올 수 없었다. 아주 어려운 일이었다. 계속해서 빠져나오려고 노력했지만 어쩔 수 없었다. 친구들이 와서 할 수 있는 일은 다했지만 마찬가지였다. 그러다 어둠이 깔리기 시작하자 친구들은 좌절하고 그를 포기한 채 운명에 맡기기로 했다.

다음날 그의 친구들은 지금쯤은 그가 죽었으리라고 생각했다. 그는 길 위의 바큇자국 속에 남겨져 있었기 때문이다. 친구들이 그 장소에 도착했을 때, 그 개구리는 여기저기를 뛰어다니고 있었다. 그들은 물었다.

"어떻게 된 거야? 어떻게 바큇자국에서 빠져나왔지? 불가능한 일이었을 텐데. 이건 분명 기적이야, 기적! 어떻게 된 일이지?"

그러자 그 개구리가 대답했다.

"아무것도 아냐. 트럭이 다가오길래 난 뛰쳐나올 수밖에 없었어. 트럭이 오고 있어서 뛰쳐나와야 했다니까."

위험이 없을 때는 모든 노력이 허사였다. 죽음이 다가오면, 트럭이 다가오면 모든 노력을 쏟아 붓게 되고 바큇자국에서 빠져나오게 된다. 주저하는 마음이 있었기 때문에 실패한 것이다. 그대는 일을 하고 명상을 하는 데 반만 열린 마음으로 한다. 그것은 미지근한 노력이다. 그렇게 해서는 증발될 수 없다. 그곳에 특별한 법칙이 있기 때문이다. 어떤 수준에 도달해야만 한다. 그래야만 증발될 수 있다. 이것도 하고 저것도 한다. 그리고 반씩만 하고 있다는 것을 그대는 잘 알고 있다. 반씩 해서는 어떤 일도 일어날 수 없다. 트럭이 아직 오지 않기 때문에 그대는 여전히 바퀴자국 속에 있다. 그대 존재의 반은 탈출하고 싶지만 반은 탈출하고 싶지 않다. 그대는 자유를 원하지만 바큇자국은 그대에게 어느 정도의 보호를 제공한다. 바퀴자국 또한 그대에게 안전을 제공한다. 그것은 집과 같이 편안하다. 나가기에는 너무 많은 노력이 든다.

예수는 말한다.

"발견할 때까지 찾고 또 찾으라."

계속 노력을 하라. 노력을 끝까지, 더 많이 하라. 그러면 선의 가르침이 적용될 수 있다. 처음부터 선 수행을 하면 잘못된 방향으로 접어들게 된다. 이것이 서양에서 일어나고 있는 현상이다. 서양에서 선을 베껴 쓴 사람들은 선 수행자들이 노력 없음으로 되기 위해 얼마나 노력을 했는지 알지 못하기 때문이다. 게으른 마음에게는 선이 매우 호소력이 있다. 서양에서 선이 매력을 끌고 있는 것도 그런 이유 때문이다. "아무것도 하지 말라." 그것은 호소력이 있다. 왜냐하면 아무것도 필요하지 않기 때문이다. 그대도 이미 그러한 경우이다. 그것은 호소력을 가진다. 그러나 그것은 아무 도움도 되지 않는다.

마음의 휴식이 가능한 지점까지 오기 전에는 많은 것을 행해야 한다. 그 마음의 쉼은 당신이 하는 것이 아니다. 저절로 일어나는 것이다. 모든 에너지가 소모되었기 때문에, 움직일 힘이 없기 때문에, 휴식이 찾아드는 것이다. 선이 옳다. 왜냐하면 그 휴식 중에야 궁극적인 것이 드러나기 때문이다. 예수도 옳다. 왜냐하면 그 휴식은 모든 에너지를 노력으로 다 쓴 후에야 오기 때문이다. 같은 과정에서 예수는 전반부이고 선은 후반부이다. 선은 결론이고 예수는 시작이다.

내가 제안하건대 예수가 그대에게는 더 적당하다. 왜냐하면 그대는 초보자이기 때문이다. 선은 그대를 잘못 인도할 수 있다. 그릇된 이유로 호소력을 줄 수 있기 때문이다. 그대는 이렇게 생각할 수도 있다. '아무것도 이루어질 필요가 없다. 나는 있는 그대로가 옳다.'

그대의 지금 그대로는 옳은 것이 아니다. 그대가 옳다면 문제가 없다. 왜 그대는 내게 오는가? 왜 선을 구하는가? 왜 그대는 예수를 찾는가? 그대가 정말 옳다면 문제가 일어나지 말아야 한다. 그러면 무엇 때문에 그대는 추구하는가? 왜 추구하는 데 시간을 낭비하는가? 그대가 옳다면 모든 것이 소용없다. 그대가 정말 옳다면 요가도 탄트라도 소용없다. 어떤 방법도 있을 수 없다. 그러나 이것은 그대의 경우가 아니다. 현재의 그대는 무엇인가 잘못되었다. 그대는 행복하지 않다. 환희 속에 있지 않다. 넘치는 기쁨 속에 있지 않다. 지금 비참한 운명 속에 있다. 고통과 깊은 번뇌 속에 있다. 존재는 병들어 있다.

그대는 옳지 않다. 모든 것이 잘못되었다.

예수의 말을 들으라.

"찾는 사람은 발견할 때까지 찾는 것을 멈추지 말라."

그런 후에야 선의 사람들이 옳다는 것을 깨닫게 된다. 왜냐하면 할 수 있는 모든 것을 한 후에야 노력이 사라지고 휴식 상태가 다가오기 때문이다. 그 휴식에서, 그 고요함에서, 아무 운동도 활동도 무엇을 할 에너지도 없는 상태에서 사마디가 일어나고 궁극의 문이 나타난다. 그것은 언제나 노력의 끝에서 나타난다. 그러나 노력의 끝은 많은 노력을 통해서만 일어난다.

찾으라. 그리고 발견할 때까지 찾는 것을 중단하지 말라.

"발견하면 혼란스러워지고······."

대단히 어려운 말이다.

"발견하면 혼란스러워지고
그 혼란스러움은 경이로움으로 바뀔 것이다.
그때 그는 모든 것 위에 올라서게 될 것이다."

발견하게 되면 왜 혼란스럽게 되는가? 발견한 것이 너무 위대하기 때문에 혼란스러운 것이다. 너무 거대하고 무한하기 때문에 처음 발견할 때는 완전히 혼이 나갈 것이다. 처음 발견할 때는 마치 어두운 방이나 감옥 속에 갇혀 살던 사람이 처음으로 열린 하늘로,

태양의 빛 속으로 나온 것과 같을 것이다. 그는 혼란스러울 것이다. 눈을 못 뜰 것이다. 눈을 뜬다고 하더라도 너무 눈이 부셔서 빛이 어둠처럼 보일 것이다.

신과의 첫 번째 만남은 위기이다. 왜냐하면 그대는 지금까지 많고 많은 삶들을 잘못된 방식으로 지내 왔기 때문이다. 많은 삶들을 너무나 불행하게 살아왔기 때문에 환희가 내려와도 그것을 믿지 못한다. 그래서 혼란스러워진다. 그것을 기대하지 못했다. 무엇이 일어날지 모르고 있었다. 그대는 신에 대해 이야기해 왔다. 그대는 신을 아는가? 그 단어가 무슨 의미인지 아는가? '신'이라는 단어는 신이 아니다. 신에 대한 이론은 신이 아니다. 사전이나 경전에서 신에 대한 정의를 알아낼 수는 있다. 그러나 "나는 신을 추구한다."고 할 때 어떤 의미로 그런 말을 하는가?

아이가 그림을 그리고 있는데 어머니가 물어보았다.

"무엇을 하고 있니?"

아이는 너무 그림에 열중해 있었기 때문에 말했다.

"기다려요, 나를 방해하지 마세요. 나는 신의 초상화를 그리고 있어요."

"그러나 아무도 신이 어떻게 생겼는지, 신이 어디에 있는지 모른단다. 그런데 어떻게 네가 신을 그릴 수 있단 말이냐?"

어머니의 물음에 아이는 대답했다.

"걱정하지 마세요. 그림을 다 그리고 나면 신이 어떻게 생겼는지 알 수 있을 거예요."

모든 구도자가 그 상황 속에 있다. 그대는 추구하고 있는 것을 모른다. 목적이 무엇인지 모른다. 어디로 가고 있는지, 왜 그곳으로 가고 있는지도 모른다. 깊은 충동이 있다. 그것뿐이다. 깊은 갈증이 있다. 그것뿐이다. 그러나 그대는 갈증을 풀어 주는 맛을 아직 모른다. 그대는 움직이고 더듬어 찾고 있다. 그런데 갑자기 그것이 나타날 것이다. 그러면 혼란스러워진다.

이 문장은 예수가 이미 앎에 이르렀음을 보여 준다. 하느님을 알지 못하는 사람은 이런 문장을 말하지 못한다. 신을 알지 못하는 사람은, "그를 발견하면 너는 혼란스러울 것이다."라는 말을 하지 못한다. 알지 못했다면 말할 것이다. "그러면 너희는 큰 기쁨으로, 절대적인 환희로 채워질 것이다."

큰 기쁨이 오긴 온다. 그러나 위기가 가라앉은 다음에 온다. 신은 건너야 할 최대의 재난이다. 신 앞에서 그대는 완전히 부서질 것이며, 더 이상 그곳에 존재하지 않게 될 것이며, 끝없는 심연으로 떨어지게 될 것이다. 무가 될 것이며, 전 존재가 수증기처럼 사라질 것이다. 갑자기 그대는 구름처럼 흩어지고 태양이 떠오를 것이다. 빛은 너무 강렬하고 진리는 너무 진하다. 그대는 언제나 거짓 속에서만 살아왔다. 모든 삶이 거짓과 더 많은 거짓과 또 더 많은 거짓으로 엮어진 천과 같았다. 그대는 부서질 것이다. 산산이 부서질 것이다. 신이 일어날 때 그대는 죽을 것이다. 진리가 드러나면 그대는 간단히 사라질 것이다. 예수의 말이 맞다. 그대는 문제를 겪게 될 것이다.

많은 사람이 이 상황에서 뒷걸음쳤다. 많은 사람이 떠났고 많은 사람이 이 상황에서 달아났다. 그러고는 결코 돌아오지 않았다. 그들은 두려워하게 되었다. 무신론자라고 불리는 많은 사람들이 과거의 어느 때 이런 상황에 도달했다가 눈을 감고 도망친 사람들이라는 생각이 든다. 이제 그들은 다시는 그런 상황으로 가고 싶어 하지 않는다. 그들에게 있어서 최선의 방법은 신이 존재한다는 것을 부정하는 것이다.

그들은 어린아이들과 같다. 어린아이에게 "단것을 먹지 마라, 이것도 저것도 먹지 마라." 하며 너무 많은 압박을 가하면서 겁을 주면, 아이는 단것을 먹을 때마다 아프게 되고 설사를 한다. 문제를 많이 겪는다. 그 아이를 살펴보라. 시장에 가면 아이는 눈을 감을 것이다. 단것을 파는 가게가 있을 가능성이 있으면 눈을 감는다. 두려워서 부정하는 것이다. 아이는 말하고 있다. "단것을 파는 가게는 없어요." 가게가 있다면, 그곳에 단것이 있다면, 그것에 다시 유혹받지 않기란 어렵기 때문이다.

무신론자들은 과거의 어느 때 이러한 상황을 맞이했던 사람들이다. 그들은 너무 심한 상처를 받았기 때문에 이제는 부정하는 것이다. 신은 없다고 말하는 것이다. 이 부정은 깊은 두려움에 근거한 것이다. 그것은 심리적인 것이다. 신학적인 것이 아니다.

나는 무신론자들을 많이 만나 보았다. 그럴 때마다 나는 그들의 깊은 곳을 꿰뚫어보고서 어느 때인가 아주 깊은 상처를 받았기 때문에 이제 또다시 그럴 가능성에 대한 두려움이 그들을 사로잡고 있다는 것을 알게 된다. 만일 신이 정말 존재한다면 그는 그들을 다시 유혹할 것이다. 신이 정말 존재한다면 신은 다시 그들을 끌어당기기 시작할 것이다. "아니다! 신은 없다. 진리도 없다. 모든 것은 거짓말이다. 우리의 삶은 단지 우연에 지나지 않는다." 그래야만 그들은 편해진다. 그러면 최후의 재난을 피할 수 있게 된다.

예수의 말이 옳다.

"발견하면 혼란스러워지고……."

그리고 그대도 그런 상황에 도달하게 될 것이다. 어떤 사람은, 정확하게 예수가 말한 지점은 아니지만, 그 근처에 도달해 본 적이 있다. 그는 내게 와서 말을 한다. "지금 대단히 곤란합니다. 나는 명상을 할 수 없습니다. 명상하고 싶지가 않습니다. 두려움이 나를 뒤흔듭니다. 이제 그것은 죽음처럼 보입니다. 나는 당신에게 죽음이 아니라 생명을 추구하러 왔습니다. 나는 상처를 받았습니다. 그리고 불안을 느낍니다. 눈을 감고 더 깊이 들어갈 때마다 마치 죽으러 가는 것처럼 느낍니다."

많은 사람들이 내게 와서 그런 말을 한다. 그것은 좋은 징조이다. 그것은 정말 깊이 들어가고 있다는 표시이다. 진정한 명상이 일어나고 있다는 것을 나타낸다. 달아나지 말라. 그곳에 전체의 보물이 있기 때문이다.

조금 더 알아보자. 그대는 고통을 받는 지점에 도달할 것이다. 너무 심한 고통을 받기 때문에 존재 자체가 문제가 될 것이다. 달아나고 싶어질 것이다. 그러나 달아나면 수많은 생 동안 그곳에 갈 용기를 얻지 못하게 된다. 그 차원을 회피하게 될 것이다. 내면에서 고통이 일어날 때면 깨어 있으라. 달아나려고 하지 말라. 움직이라. 앞으로 나아가라. 모든 사람이 그것을 통과해야 한다.

예수가 속해 있던 에세네 학파는 문제의 상태를 나타내는 용어를 가지고 있다. 그들은 그것을 '영혼의 어두운 밤'이라고 부른다. 모든 사람이 그것을 통과해야 한다. 그런 후에야 새벽이 다가온다. 영혼의 어두운 밤을 지난 후에야 새벽이 다가온다. 밤이 어두울수록 행복은 크다. 더 일찍 새벽이 다가오기 때문이다. 곧 이 밤의 자궁에서 태양이 떠오르려고 한다. 그것은 멀리 떨어진 것이 아니다. 밤이 어두울수록 새벽은 가까이 온 것이다. 달아나려고 하지 말라. 모든 아침은 자궁으로서의 어두운 밤을 필요로 하기 때문이다. 어두운 밤은 아침이 올 토대를 준비하는 것이다. 그 고통은 궁극의 환희가 태어날 자궁에 지나지 않는다.

이것과 비슷한 불안이 깨달은 사람 가까이 있을 때도 일어난다. 그에게 가까이 갈 때마다 어떤 두려움이 그대를 사로잡는다. 그대는 내면에서 떨기 시작한다. 도망갈 이유를 찾는다. 그에게로 가지 않을 이유를 찾는다. 그대는 매력을 느낀다. 그러나 깊은 두려움이 고개를 든다. 어떻게 떠날까. 어떻게 하면 그에게로 가지 않을 수 있을까? 그대는 마음이 편하지 않은 것이다. 그대는 예수나 붓다와 같이 있을 수 없다. 그런데 그것을 지나가야 한다. 그것이 성장의 일부이다.

"발견하면 혼란스러워지고……"

도망가지 않는다면, 그가 몸을 돌려 이 세상 속으로 달려오지 않는다면…….

"그 혼란스러움은 경이로움으로 바뀔 것이다……"

그때 신비를 느낄 것이다. 그때 웃고 미소 지을 것이다. 이런 밤으로부터 그토록 황홀한 아침이 나오다니, 이런 혼란스런 상태로부터, 이런 지옥의 두려움과 불안으로부터 그런 축복이 나오다니, 이런 가시에서 그런 아름다운 꽃이 피어나다니.

"그 혼란스러움은 경이로움으로 바뀔 것이다.
그때 그는 모든 것 위에 올라서게 될 것이다."

그때 그는 더 이상 걸인이 아니다. 그리고 본래의 자아에 도달하면 욕망은 사라진다. 내면의 의식에, 존재의 심층부에 도달하기만 하면, 욕망은 사라진다. 그대는 더 이상 걸인이 아니다. 황제가 된다. 왕이 된다.

"그때 그는 모든 것 위에 올라서게 될 것이다."

이제 모든 존재가 그의 왕국이다.

그리고 그가 말했다.
"누구든지 이 말씀들의 속뜻을 발견하는 사람은
죽음을 경험하지 않으리라."

"누구든지 이 말씀들의 속뜻을 발견하는 사람은……" 말 속에는 설명이 없다. 그것은 어쩔 수 없는 일이다. 나는 지금까지 그대에게 말로써 설명했다. 그러나 이것이 그대를 죽음으로부터 구해 주지는 못한다. 말로는 설명을 못한다. 삶의 설명, 경험의 설명이 있어야 한다. 말로는 설명을 못한다. 오히려 반대로 말은 이해를 가로막는다. 다만 경험만이 설명할 수 있고, 경험만이 설명이 될 수 있다. 그래서 "누구든지 이 말씀들의 속뜻을 발견하는 사람은……."이라고 말한 것이다. 즉, 누구든지 경험을 한 사람은, 누구든지 이 혼란 상태, 불안과 고뇌와 영혼의 어두운 밤을 통과한 사람은, 경이로워하고 신비를 본 사람은 누구든지…….

두 개의 단어가 있다. 매우 날카로운 통찰력을 지닌, 루돌프 오토(독일의 개신교 신학자로 동양의 종교학계에도 깊은 영향을 미쳤다)는 아주 깊이 있고 무게 있는 책을 한 권 썼다. 그 책은 〈성스러운 것 Das Heilige〉이다. 그는 이 책에서 두 가지 용어를 썼다. 하나는 '전율'이고 다른 하나는 '신비'이다. 이 문제의 지점에 도달하면 모든 것이 그토록 엄청난 현상이 된다. 그것이 두려움이다. 그대는 그 안에 정신을 잃고 무엇이 일어나고 있는지 구분을 못하게 된다. 마치 마음이 기능을 발휘하지 못하는 것처럼 그냥 미쳐 버린다. 그곳까지만 마음이 가능한 것이다. 이제 마음은 더 이상 필요 없다. 전율이 일어난다. 그것은 지진이다. 내면의 지진이다. 화산 폭발이다. 모든 과거는 흔들리고 부서지고 무너진다.

이 전율을 통과하고 나면 신비가 일어난다. 신비는 무엇인가? 그 신비는 어떤 식으로도 설명할 수 없는 것이다. 그 신비는 기쁨으로 가득하고, 아름답고, 황홀한 것이다. 그러나 풀 수 있는 것이 아니다. 그것은 존재의 근원이다. 그것을 초월할 수는 없다. 그 너머는 없다. 그것을 경험할 수는 있지만 분석할 수는 없다. 그것을 알 수는 있다. 그러나 그것에 대한 지식을 만들어 낼 수는 없다. 그것을 느낄 수는 있다. 그러나 그것으로부터 이론을 이끌어 낼 수는 없다. 그렇기 때문에 그것은 신비이다. 궁극의 신비이다.

그리고 그가 말했다.

"누구든지 이 말씀들의 속뜻을 발견하는 사람은
죽음을 경험하지 않으리라."

존재의 최종적인 신비를 맛본 사람은 죽음을 맛보지 않을 것이다. 그에게는 더 이상 죽음이 존재하지 않는다. 죽음은 오직 마음 때문에 존재하며, 에고 때문에 존재한다. 죽음은 오직 자기를 육체와 동일시하기 때문에 존재한다. 육체와 동일시하지 않는다면, 자기 안에 미친 자아를 갖지 않는다면, 자신의 자아의 중심이 된다면, 그때 죽음은 사라진다. 그대가 거짓이기 때문에 죽음이 생기는 것이다.

진실해지면 죽음은 사라진다. 진실에게는 죽음이 없다. 그것은 영원하다. 영원한 생명이다. 그러므로 이것이 악순환이다. 거짓을 행하기 때문에 죽음이 생기고, 죽음이 있기 때문에 더욱 거짓말을 해서 자신을 보호하게 된다. 그러면 악순환에 붙들리게 된다. 그것을 자각하고 그곳에서 뛰쳐나와야 한다.

에고가 존재하기 때문에 죽음이 문제가 된다. 그리고 에고는 가장 허구의 것, 가장 환영의 것이다. 그것은 실제로는 그곳에 없다. 그대는 어떻게든 그것을 유지해야 하고, 그것은 계속해서 유지되어야만 한다. 그것은 실제로 존재하는 현상이 아니다. 만일 그대가 그것을 24시간만 떠나 있어도 그것은 죽을 것이다. 24시간도 너무 길다. 24분만으로도 충분할 것이다. 아니, 24초만으로도. 그대는 끊임없이 그것을 먹여 살려야 한다. 그것을 챙겨 주고, 재조정하고, 보살펴야 한다. 전 생애 동안 그대는 그것을 위해 일한다. 자신이 어떤 사람이라는 그 꿈을 유지하기 위해. 그러다가 그것은 죽음과 함께 사라져야만 한다. 그때 그대는 두려움을 느낀다. 그대는 무의식 상태가 되고, 그 무의식 상태에서 다른 몸으로 다시 태어나며, 다시 악순환이 시작된다.

거짓이 되지 말라! 거짓을 떨쳐 버리고, 가면을 벗어 버리고, 진실한 인간이 되라. 그리고 그대가 어떠한 사람이든, 있는 그대로의 사람이 되라. 자신이 아닌 모습을 가장하려고 노력하지 말라. 가장은 그대를 구원하지 못하기 때문이다. 그것들은 짐이 되어 그대를 물에 빠뜨릴 것이다. 진리가 그대를 구원한다.

예수는 말했다.

"진리가 너희를 자유케 하리라. 진리가 너희를 구원하리라. 진리가 영원한 생명을 주리라."

그리고 그가 말했다.
"누구든지 이 말씀들의 속뜻을 발견하는 사람은
죽음을 경험하지 않으리라."

그리고 똑같은 것을 나는 말한다. 자아를 맛볼 수 있다면 그대는 죽음을 맛보지 않을 것이다. 자아를 알 수 있다면 어떤 죽음도 모를 것이다.

그대를 구원할 수 있는 것은 이미 그곳에 있다. 그것은 겨자씨이다. 그것이 자라도록 도와야 한다. 먼저 처음으로 그대가 도와줄 수 있는 것은 그것이 죽는 것을 도와주는 것이다. 씨앗에 집착하지 말라. 왜냐하면 씨앗은 다리이기 때문이다. 그것은 목표가 아니다.

그것이 죽고 분해되는 것을 도와야 한다. 그러면 그 속에 감추어진 내면의 생명이 자유를 얻고 그 씨앗은 커다란 나무가 될 것이다. 씨앗은 조그맣지만 나무는 매우 클 것이다. 씨앗은 거의 보이지 않을 것이다. 그러나 나무는? 그 나무는 거대한 휴식처가 될 것이다. 수백만의 새들이 그 나무에 둥지를 틀 것이다.

진리는 그대를 구원할 뿐만 아니라 그대를 통해 다른 사람들 역시 구원할 것이다. 진리는 그대에게 자유가 될 뿐만 아니라, 다른 사람들에게도 자유의 문이 될 것이다. 그대가 빛이 된다면, 그것은 그대만을 비추는 빛이 되는 것이 아니다. 만일 그대가 빛이 된다면 또한 수백만의 사람들을 위한 빛이 될 것이다. 많은 사람들이 그대를 통해 여행하고 그들의 목표에 도달할 수 있을 것이다. 그대가 빛이 된다면, 대변자가 되는 것이다. 그리스도가 되는 것이다.

나는 그대가 기독교인이 되는 것을 원치 않는다. 그것은 소용없는 일이다. 그것은 허위이다. 나는 그대가 그리스도가 되기를 바란다. 그대는 그리스도가 될 수 있다. 그대도 같은 씨앗을 지녔기 때문이다.

도마 복음에 대하여

1945년 12월, 이집트 북부 나일 강 기슭에 위치한 나그함마디 마을 근처에서 무하마드 알리 형제는 밭에 뿌릴 퇴비를 모으고 있었다. 땅을 파던 형제는 봉인된 질그릇 항아리 하나를 발견했다. 처음에 그들은 귀신이 들어 있을까봐 뚜껑을 열어보는 것이 두려웠지만 황금이 들어 있을지도 모른다는 생각에 항아리를 깨뜨렸다. 그러나 그곳에는 단지 가죽으로 묶인 고대 파피루스 문서만 들어 있었다. 문서의 중요성을 알지 못한 형제는 그것을 가져다 집의 헛간에 던져 놓았고, 불쏘시개가 필요했던 형제의 어머니가 그 일부를 찢어 땔감으로 사용했다.

우연히 발견되기 전까지 그 문서는 1600년 동안 그곳에 묻혀 있었다. 4세기 초, 콘스탄티누스 대제가 로마 제국을 통일하고 그리스도교를 승인할 당시, 북부 이집트의 한 지역에 세워진 그리스도교 최초의 수도 공동체 파코미우스 수도원에는 종교 철학 서적들이 많이 소장되어 있었다. 신약 성서에 포함시킬 내용들을 확정한 뒤, 이집트 알렉산드리아의 추기경이며 권력자였던 아타나시우스는 '이단적'이라고 여겨지는 책들을 모두 소각하거나 파기하라는 명령을 내렸다. 소중한 경전들을 차마 불태울 수 없었던 파코미우스의 수도승들은 그것들을 비밀리에 항아리에 담아 근처 바위 옆에 묻었다.

농부 형제는 그 문서들이 황금은 아니지만 골동품의 가치를 지니고 있다고 여겨 암시장에 매물로 내놓았다. 문서들은 가치를 알지 못하는 자들에 의해 수 년 동안 골동품 시장을 떠돌다가 마침내 이집트 콥트어 박물관에 소장되었다. 박물관 측은 극소수의 사람들에게만 나그함마디 문서의 열람을 허용했고, 어떤 식의 재출판도 허락하지 않았다. 그리하여 문서가 세상에 완전히 공개되기까지 다시 35년의 세월이 흘렀다.

이 나그함마디 문서 뭉치 속에는 고대 이집트어의 한 형태인 콥트어로 적힌 13개의 두루마리로 된, 총 52편의 문서가 담겨 있었다. 또한 그곳에는 예수의 비밀스런 가르침이라 일컬어지는, 지금의 성경에는 포함되어 있지 않은 여러 가지 이름의 복음서들이 들어 있었다. 〈진리 복음〉〈도마 복음〉〈야고보 외경〉〈요한 외경〉〈빌립 복음〉 등이 그것이다. 현재의 신약 성서와는 달리 로마 교회의 검열과 첨삭, 의도적인 수정을 거치지 않은 나그함마디 문서들은 놀랍고 새로운 내용들을 담고 있어 예수의 진정한 가르침에 접근하는 길을 열어주고 성서 역사 연구의 전환점이 되었다. 그중 가장 관심을 끈 것이 〈도마 복음〉이다.

도마 복음은 신약 성서의 다른 복음서들과 달리 예수를 신의 대변자, 신의 아들이라기보다는 깨달음에 이르는 영적 스승의 모습으로 묘사한다. 예수는 자신을 통해서가 아니라 제자들 각자의 내면의 자각을 통해 하늘나라에 이를 수 있음을 말한다.

제자들의 질문에 예수가 대답하는 형식으로 되어 있는 도마 복음 원본에는 원래 숫자 구분이 없지만 오늘날 학자들은 편의상 도마 복음을 114절로 구분한다. 도마 복음은 마태, 마가, 누가, 요한 복음의 4복음서와는 달리 예수의 출생이나 활동 등의 행적에 관한 이야기, 십자가와 부활 사건에 대한 언급 등 상황이나 배경 같은 역사적 정황이 전혀 없다. 오로지 예수의 가르침, 예언, 격언 우화 등 예수의 어록만이 서로 연결되지 않고 독립적인 문장으로 구성되어 있다. 도마 복음은 4복음서와 공통되는 내용도 많이 있으나, 4복음서와 달리 믿음이 아니라 깨달음을 강조함으로써 공인된 성경에는 포함되지 못했다. 도마 복음은 예수만이 유일한 하느님의 아들이라고 말하는 대신 예수의 가르침을 자신 안에서 깨달으면 누구나 예수처럼 될 수 있다고 가르친다.

도마 복음의 저작 시기는 논란의 여지가 많다. 콥트어 사본은 글씨의 필체로 보아 기원후 350년경에 필사된 것으로 짐작하고 있다 그러나 도마 복음 그 자체는 여러 가지 정황으로 미루어 볼 때, 4복음서보다 먼저 쓰여졌을 가능성이 더 크다. 도마 복음의 저자에 대해서는 확실하게 밝혀지지 않았다. 도마 복음의 서두에 디두모 유다 도마가 받아적었다는 내용이 있는데, '디두모'는 그리스어로 쌍둥이라는 뜻이며, '도마'라는 말도 아람어로 쌍둥이라는 뜻이다. 성경에는 요한이 디두모 도마라 불렸던 도마라는 이름의 한 남자가 언급되어 있다. 또한 배반자로 잘 알려진 유다 외에도, 유다라고 불렸던 여러 사람이 언급되어 있다. 따라서 도마 복음서의 저자가 예수의 열두 제자 중의 한 사람인 도마인지 아니면 쌍둥이라 불리는 이름의 도마인지, 또는 다른 사람인지는 확실하지 않다. 실제로 도마 복음을 기록한 자는 특정한 개인일 수도 있고 어떤 집단일 수도 있음을 생각할 수 있다.

〈도마 복음〉은 기독교에 대한 생각을 혁명적으로 바꾸어 놓은 문헌이다. 기존의 기독교에서는 예수에 대한 믿음과 이 믿음을 통한 구원을 강조하였지만, 도마 복음에서 예수는 깨침을 강조하고 있다.

도마 복음
THE GOSPEL OF THOMAS

서_ 예수께서 말씀하시고 도마가 받아 적다

이것은 살아 계신 예수께서 말씀하시고
디두모 유다 도마가 받아 적은 비밀의 말씀이다.

1_ 비밀의 말씀의 중요성

그리고 그가 말했다.
"누구든지 이 말씀들의 속뜻을 발견하는 사람은
죽음을 경험하지 않으리라."

2_ 발견할 때까지 찾으라

예수께서 말씀하셨다.
"찾는 사람은 발견할 때까지 찾는 것을 멈추지 말라.
발견하면 혼란스러워지고
그 혼란스러움은 경이로움으로 바뀔 것이다.
그때 그는 모든 것 위에 올라서게 될 것이다."

3 _ 그 나라는 우리 안에 있다

예수께서 말씀하셨다.
"만일 너희를 인도하는 자들이 너희에게,
'보라, 그 나라는 하늘에 있다.'고 말한다면
그렇다면 공중의 새들이 너희보다 앞설 것이다.
만일 그들이 너희에게,
'그 나라는 바다 속에 있다.'고 말한다면
그렇다면 물고기들이 너희보다 앞설 것이다.
그러나 그 나라는 너희 안에 있고 또 너희 바깥에 있다.
만일 너희가 너희 자신을 알면
너희는 알려질 것이고
너희는 너희가 살아 계신 아버지의 아들임을 알게 될 것이다.
그러나 만일 너희가 너희 자신을 알지 못하면
너희는 가난 속에 머물게 되고
너희 자신이 가난 그 자체가 될 것이다."

4 _ 먼저인 자가 나중인 자가 되리라

예수께서 말씀하셨다.
"오랜 삶을 산 노인도 태어난 지 일곱 날 된 아이에게
생명의 장소에 대해 묻기를 주저해서는 안 된다.
그러면 그는 살게 될 것이다.
왜냐하면 먼저인 많은 자가 나중인 자가 될 것이고,
마침내 모두 하나이면서 같게 될 것이기 때문이다."

5 _ 비밀이 열리리라

예수께서 말씀하셨다.
"너희 앞에 있는 것을 알라.

그러면 너희로부터 감추어져 있던 것이
너희에게 드러날 것이다.
그때 숨겨진 것들 중에서 드러나지 않을 것은
하나도 없기 때문이다.

6_ 거짓되게 행하지 말라

제자들이 예수께 물었다.
"우리가 금식하기를 원하십니까?
우리는 어떻게 기도해야 할까요?
자선을 베풀어야 할까요?
어떻게 음식을 가려먹어야 할까요?"

예수께서 말씀하셨다.
"거짓되게 행하지 말라. 싫어하는 일을 하지 말라.
하늘 앞에서는 모든 것이 드러나기 때문이다.
밝혀지지 않고 감추어져 있을 것은 아무것도 없으며
드러나지 않고 가려져 있을 것은 아무것도 없기 때문이다."

7_ 사자와 인간

예수께서 말씀하셨다.
"사람에게 먹힘을 당하는 사자는 행복하다.
그 사자는 사람이 될 것이다.
사자에게 먹힘을 당하는 사람은 불행하다.
그 사자가 사람이 될 것이다."

8_ 지혜로운 어부의 비유

예수께서 말씀하셨다.

"인간은 자신의 그물을 바다에 던져
작은 물고기들을 가득 잡아 올리는 지혜로운 어부와 같다.
그 지혜로운 어부는 그 가운데서 크고 좋은 물고기 하나를 골라내어
나머지 작은 물고기들을 바다에 되던져 놓고
주저 없이 그 큰 물고기를 선택한다.
누구든지 들을 수 있는 귀를 가진 자는 들으라."

9 _ 씨 뿌리는 자의 비유

예수께서 말씀하셨다.
"보라, 씨 뿌리는 자가 한 주먹의 씨를 가지고 나가 뿌리니
어떤 것은 길 위에 떨어져 새들이 와서 먹어 버리고
어떤 것은 돌 위에 떨어져 흙 속에 뿌리를 내리지 못하고
낟알도 맺지 못한다.
또 어떤 것은 가시덤불에 떨어져 가시들이 씨앗의 기운을 막고
벌레들이 그것을 먹어치운다.
또 어떤 것은 좋은 땅에 떨어져 좋은 곡식을 내어
육십 배 또는 백이십 배의 결실을 맺는다."

10 _ 불을 던지는 예수

예수께서 말씀하셨다.
"나는 이 세상에 불을 던졌다.
그리고 보라, 나는 그것이 불타오를 때까지 지키고 있다."

11 _ 살아 있는 자는 죽지 않으리라

예수께서 말씀하셨다.
"이 하늘은 사라질 것이고, 그 위의 하늘도 사라질 것이다.
죽어 있는 자는 살지 못할 것이고,

살아 있는 자는 죽지 않을 것이다.
너희가 죽은 것을 먹던 날들에
너희는 그것들을 살게 하였다.
너희가 빛 가운데 있을 때 너희는 무엇을 할 것인가?
너희가 하나였을 때 너희는 둘이 되었다.
둘이 될 때 너희는 무엇을 할 것인가?"

12 제자들이 야고보에게로 가리라

제자들이 예수께 물었다.
"우리는 당신이 우리를 떠날 것을 압니다.
그러면 누가 우리를 인도하게 됩니까?"

예수가 그들에게 말씀하셨다.
"너희가 어디에 있든지 너희는 의인 야고보에게 갈 것이다.
그를 위해 하늘과 땅이 생겨났다."

13 제자들이 예수에게 그가 무엇과 같은지 말하다

예수께서 제자들에게 말씀하셨다.
"너희는 나를 다른 것에 견주어 보고
내가 누구와 같은지 말해 보라."

시몬 베드로가 그에게 말했다.
"당신은 정의로운 천사와 같습니다."

마태가 그에게 말했다.
"당신은 지혜로운 철학자와 같습니다."

도마가 그에게 말했다.

"스승이여, 당신이 누구와 같은지 제 입은 말할 수 없습니다."

예수께서 말씀하셨다.
"나는 너의 스승이 아니다.
왜냐하면 너는 취해 있기 때문이다.
너는 내가 나누어 준 솟아나는 샘물에 취했기 때문이다."

그리고 예수는 도마를 데리고 한쪽으로 가서
그에게 세 가지 말씀을 하셨다.

도마가 그의 동료들에게 돌아왔을 때 그들이 그에게 물었다.
"예수께서 너에게 무엇을 말씀하셨는가?"

도마가 그들에게 말했다.
"만일 그분께서 내게 하신 말씀 중
한 가지라도 너희에게 말하면
너희는 돌들을 집어 나를 칠 것이다.
그러면 그 돌들에서 불길이 솟아나와
너희를 삼켜 버릴 것이다."

14_ 진정한 금식과 기도와 자선

예수께서 제자들에게 말씀하셨다.
"너희가 금식을 행하면
너희는 너희 자신에게 죄를 짓는 것이다.
너희가 기도를 하면
너희는 죄를 선고받을 것이다.
그리고 너희가 자선을 베풀면
너희는 너희의 영에 해를 끼치는 것이다.
너희가 어느 마을이든지 그곳을 지나갈 때

그곳 사람들이 너희를 받아들이면
그들이 너희 앞에 차려주는 것을 먹고
그들 중 병든 자가 있으면 그들을 치료하라.
너희의 입으로 들어가는 것은
너희를 더럽히지 않지만
너희의 입으로부터 나오는 것이
너희를 더럽히기 때문이다."

15_ 여자에게서 태어나지 않은 이

예수께서 말씀하셨다.
"너희가 여자에게서 태어나지 않은 이를 보거든
얼굴을 땅에 대고 엎드려 경배하라.
그분이 바로 너희의 아버지이시다."

16_ 분열을 일으키러 온 예수

예수께서 말씀하셨다.
"사람들은 내가 세상에
평화를 주러 왔다고 생각할지 모른다.
그들은 내가 이 세상에 분열을,
불과 칼과 전쟁을 주러 왔음을 알지 못한다.
만일 한 집안에 다섯 식구가 있으면
이제부터는 셋이 둘과
둘이 셋과 맞서고,
자식이 그 아비와
그 아비는 자식과 맞설 것이니
그들 모두 홀로 서 있을 것이다."

17 _ 예수는 알지 못하던 것을 주리라

예수께서 말씀하셨다.
"나는 너희에게 주리라.
눈으로 결코 보지 못한 것
귀로 결코 들어보지 못한 것
손으로 결코 만져보지 못한 것
사람의 마음에 결코 떠오르지 않았던 것을."

18 _ 시작이 있는 곳에 끝이 있다

제자들이 예수께 말했다.
"우리에게 말씀해 주십시오.
우리의 끝이 어떠할지."

예수께서 말씀하셨다.
"너희는 끝을 알려고 하는데
그렇다면 시작은 발견했는가?
시작이 있는 곳에 끝이 있기 때문이다.
시작에 서 있는 차지한 사람은 복이 있다.
그는 끝을 알게 될 것이며 죽음을 경험하지 않을 것이다."

19 _ 낙원에 있는 다섯 그루의 나무

예수께서 말씀하셨다.
"태어나기 전부터 존재한 자는 복이 있다.
만일 너희가 나의 제자가 되어 내 말에 귀 기울인다면
이 돌들이 너희에게 봉사할 것이다.
낙원에는 너희를 위한 다섯 그루의 나무가 있을 것이다.
그 나무들은 여름이든 겨울이든 변하지 않으며

잎도 떨어지지 않는다.
누구든지 그 나무들을 아는 사람은
죽음을 맛보지 않으리라."

20 _ 겨자씨의 비유

제자들이 예수께 말했다.
"하늘나라가 무엇과 같은지 우리에게 말씀해 주십시오."

예수께서 그들에게 말씀하셨다.
"하늘나라는 한 알의 겨자씨와 같다.
모든 씨앗 중에서 가장 작은 것이지만
그것이 밭에 떨어지면
한 그루의 큰 나무가 되어
하늘을 나는 새들의 보금자리가 된다."

21 _ 한 뙈기의 땅에 머무는 어린아이의 비유

마리아가 예수께 물었다.
"당신의 제자들은 누구와 같습니까?"

예수께서 말씀하셨다.
"그들은 자기 소유가 아닌 땅에 살고 있는 어린아이들과 같다.
땅주인들이 오면 그들에게 말할 것이다.
'우리의 땅에서 떠나라.'
그 어린아이들은 땅주인 앞에서 옷을 벗고
그들의 땅을 되돌려 줄 것이다.
그러므로 나는 말한다.
만일 집주인이 도둑이 올 것을 안다면
그는 도둑이 오기 전에 깨어 있을 것이고

도둑이 땅을 파고 집 안에 침입해
자신의 소유물을 훔쳐가지 못하게 할 것이다.
이와 같이 너희는 세상에 대해 깨어 있으라.
강도들이 너에게로 오는 길을 찾지 못하도록
큰 힘으로 자신을 준비시키라.
너희가 예상하는 고난이 올 것이기 때문이다.
너희 가운데 지혜로운 자가 있게 하라.
곡식이 익으면 그는 손에 낫을 들고 서둘러 와서
그것을 거둘 것이다.
누구든지 들을 귀가 있는 자는 들으라."

22 _ 그 나라에 들어가는 사람은 어린아이와 같다

예수께서 젖을 먹는 어린아이를 보고
제자들에게 말씀하셨다.
"보라, 젖을 먹는 이 어린아이야말로
그 나라에 들어가는 이들과 같다."

제자들이 예수께 물었다.
"그러면 우리는 어린아이와 같아야
그 나라에 들어갈 수 있습니까?"

예수께서 그들에게 말씀하셨다.
"너희가 둘을 하나로 만들 때,
안의 것을 밖의 것으로 만들고
밖의 것을 안의 것으로 만들며
위의 것을 아래 것으로 만들 때,
그리고 너희가 남자와 여자를 하나로 만들어
남자는 남자가 아니고 여자는 여자가 아닐 때
너희가 눈의 자리에 눈을

손의 자리에 손을
발의 자리에 발을
형상의 자리에 형상을 갖다놓을 때
그때 너희는 그 나라에 들어갈 것이다."

23 _ 선택받은 자는 드물다

예수께서 말씀하셨다.
"내가 너희를 선택할 때
나는 천 명 중에 한 명을
만 명 중에 두 명을 선택할 것이며,
그들은 하나로 서 있을 것이다."

24 _ 빛으로 온 세상을 비추는 사람

제자들이 예수께 말했다.
"당신이 계신 곳을 우리에게 가르쳐 주십시오.
우리가 그곳을 찾아야만 하기 때문입니다."

예수께서 그들에게 말씀하셨다.
"귀가 있는 자는 들으라.
빛의 사람 안에는 빛이 있어서 그것으로 온 세상을 비춘다.
만일 그 빛이 비추지 않는다면 그는 어둠이다."

25 _ 형제를 사랑하라

예수께서 말씀하셨다.
"너의 형제를 너의 영혼처럼 사랑하고
너의 눈동자처럼 그를 보호하라."

26 _ 티와 들보

예수께서 말씀하셨다.
"너희는 형제의 눈 속에 있는 티는 보면서
너희 자신의 눈 속에 있는 들보는 보지 못한다.
너희가 먼저 너희 자신의 눈 속에서 들보를 빼낼 때
너희는 비로소 밝게 보고
형제의 눈 속에 있는 티를 빼줄 수 있을 것이다."

27 _ 세상에 대한 절제

"너희가 이 세상에 대해 금식하지 않으면
너희는 그 나라를 발견하지 못할 것이다.
만일 너희가 안식일을 안식일로 지키지 않으면
너희는 아버지를 보지 못할 것이다."

28 _ 세상은 취해 있다

예수께서 말씀하셨다.
"나는 이 세상 한가운데 나의 거처를 정했으며
그들에게 육신으로 나 자신을 나타내었다.
나는 그들이 모두 취해 있음을 보았고
그들 가운데 누구 하나 목말라 하는 자가 없음을 보았다.
나의 영혼은 사람의 아들들로 인해 아파하였다.
그들은 마음의 눈이 멀어
자신들이 이 세상에 빈손으로 왔다가
다시 빈손으로 세상을 떠남을 알지 못하기 때문이다.
그러나 지금은 취해 있지만
저들이 술에서 깨어나면 회개하리라."

29_ 영과 육의 독립

예수께서 말씀하셨다.
"만일 육체가 영혼을 위해 존재한다면
그것은 하나의 경이로움이다.
그러나 만일 영혼이 육체를 위해 존재한다면
그것은 경이로움 중의 경이로움이다.
진실로 나는 이 크나큰 부가 어떻게
이 가난 속에 거주하게 되었는지 놀라지 않을 수 없다."

30_ 둘 혹은 하나인 곳에 머무는 예수

예수께서 말씀하셨다.
"세 사람이 있는 곳에는 신이 없다.
둘 혹은 하나가 있는 곳에 나는 그와 함께 머문다."

31_ 예언자와 의사는 집에서는 환영받지 못한다

예수께서 말씀하셨다.
"예언자는 자신의 고향에서 환영받지 못하고
의사는 자신을 아는 사람은 치료하지 못한다."

32_ 산 위의 도시는 숨길 수 없다

예수께서 말씀하셨다.
"높은 산 위에 세워진 잘 요새화된 도시는
무너질 수도 없고 숨길 수도 없다."

33 _ 아무도 등불을 감추지 않는다

예수께서 말씀하셨다.
"너희는 너희의 두 귀로 들은 것들을
지붕 꼭대기에서 다른 사람의 귀에 전파하라.
왜냐하면 아무도 등잔을 켜서 바구니 아래 두지 않으며
감추어진 곳에 그것을 두지도 않기 때문이다.
오히려 들어가고 나오는 모든 이가 그 빛을 보도록
그것을 등잔 받침대 위에 둘 것이다."

34 _ 눈먼 사람이 눈먼 사람을 인도할 수 없다

예수께서 말씀하셨다.
"만일 눈먼 사람이 눈먼 사람을 인도한다면
두 사람 모두 구덩이에 빠질 것이다."

35 _ 묶지 않고는 힘센 자를 강탈할 수 없다

예수께서 말씀하셨다.
"힘센 자의 집에 들어가려면 먼저
그의 손을 묶어 놓아야 한다.
그런 다음에야 비로소 그의 소유물을 빼앗을 수 있다."

36 _ 무엇을 입는가는 중요하지 않다

예수께서 말씀하셨다.
"너희는 무엇을 입을까에 대해
아침부터 저녁까지 그리고 저녁부터 아침까지
걱정하지 말라.

37_ 제자는 옷을 벗어야 한다

제자들이 예수께 물었다.
"주님께서는 언제 우리에게 나타나십니까?
언제 우리가 주님을 보게 됩니까?"

예수께서 말씀하셨다.
"너희가 부끄러워하지 않고 너희의 옷을 벗고
어린아이들이 하듯이 너희의 옷을 들어
너희의 발밑에 놓고 그것을 밟는다면
그때 너희는 살아 있는 이의 아들을 보리라.
그때 너희는 두려워하지 않게 되리라."

38_ 예수의 말씀을 기다려 왔다

예수께서 말씀하셨다.
"너희는 내가 지금 너희에게 하는 이 말들을
여러 번 듣고 싶어 했다.
그러나 누구에게서도 그것들을 들을 수 없었다.
너희가 나를 찾아도 발견하지 못하게 될 날이 올 것이다."

39_ 바리새인들과 학자들은 방해한다

예수께서 말씀하셨다.
"바리새인들과 학자들이 지식의 열쇠를 취해 감추었다.
그들은 그곳에 들어가지 못했으며, 들어가기를 원하는
다른 이들도 들어가도록 허용하지 않는다.
그러나 너희는 뱀처럼 지혜롭고 비둘기처럼 순수하라."

40_ 포도 넝쿨의 비유

예수께서 말씀하셨다.
"아버지로부터 떨어져 나와 포도 넝쿨 하나가 심어졌으나
튼튼하게 자라지 못해 뿌리째 뽑혀 말라죽을 것이다."

41_ 가진 자는 더 받을 것이다

예수께서 말씀하셨다.
"손에 가진 자는 더 주어질 것이요,
갖지 못한 자는 그나마 가진 적은 것마저도 빼앗길 것이다."

42_ 지나가는 사람이어야 한다

예수께서 말씀하셨다.
"너희는 지나가는 사람이 되어야만 한다."

43_ 제자는 말씀 속에서 예수를 알아보아야 한다

제자들이 예수께 물었다.
"우리에게 이러한 것들을 말씀하시는 당신은 누구입니까?"

"너희는 내가 너희에게 하는 말을 듣고도
내가 누구인지 알지 못한다.
너희는 오히려 유대인들 같이 되었다.
그들은 나무는 사랑하지만 그 열매는 싫어하거나
열매는 사랑하지만 그 나무는 미워한다."

44 _ 신성모독에 대하여

예수께서 말씀하셨다.
"아버지를 모독하는 자는 용서받을 것이며
그 아들을 모독하는 자도 용서받을 것이다.
하지만 성령을 모독하는 자는
땅에서도 하늘에서도 용서받지 못할 것이다."

45 _ 가시나무에서는 포도가 열리지 않는다

예수께서 말씀하셨다.
"가시나무에서 포도를 수확할 수 없고
엉겅퀴에서 무화과를 거둘 수 없다.
그것들은 열매를 맺지 못하기 때문이다.
선한 사람들은 그들 마음속의 선한 곳간에서 좋은 것들을 꺼내고
악한 사람들은 그들 마음속의 악한 곳간에서 나쁜 것들을 꺼낸다.
그 마음에 넘쳐나는 것에서 나쁜 것을 가져오기 때문이다."

46 _ 어린아이들은 세례 요한보다 더 크다

예수께서 말씀하셨다.
"아담에서부터 세례 요한에 이르기까지
여자에게서 태어난 사람 가운데 세례 요한보다 큰 자는 없다.
그는 누구 앞에서도 눈을 내리뜰 필요가 없다.
그러나 나는 너희에게 말했다.
너희 중에 누구라도 어린아이처럼 된 자는
그 나라를 알게 될 것이며
요한보다 더 크게 될 것이다."

47_ 반대되는 것들은 함께 있을 수 없다

예수께서 말씀하셨다.
"한 사람이 동시에 두 마리 말을 탈 수 없고
두 개의 활을 동시에 당길 수 없다.
한 하인이 두 주인을 섬길 수 없으며
만일 두 주인을 섬기면
한 주인은 공경하고
다른 주인에게는 등을 돌리게 될 것이다.
누구도 오래된 포도주를 마시고 나서
곧바로 새 포도주를 마시기를 원하지 않는다.
새 포도주는 헌 부대에 넣지 않으니
부대가 터질 수 있기 때문이다.
또 숙성된 포도주를 새 부대에 넣지 않으니
술이 상할 수 있기 때문이다.
새 옷을 낡은 헝겊으로 깁지 않으니
옷이 찢어질 수 있기 때문이다."

48_ 하나됨의 힘

예수께서 말씀하셨다.
"만일 두 사람이 한 집에서 평화롭게 지낸다면,
그들이 산에게 '다른 곳으로 옮겨가라.'고 말하면
산이 옮겨갈 것이다."

49_ 홀로인 사람은 그 나라에서 왔다

예수께서 말씀하셨다.
"홀로이며 선택받은 사람은 복이 있다.
너희가 그 나라를 발견할 것이다.

너희는 그곳으로부터 나왔기 때문에
다시 그곳으로 돌아갈 것이다."

50 _ 우리는 빛에서 나왔다

예수께서 말씀하셨다.
"만일 그들이 너희에게, 너희는 어디에서 왔느냐고 물으면
그들에게 말하라.
우리는 빛으로부터 왔으며, 그 빛은 스스로에게서 나왔다고.
그것은 형상들 속에 스스로를 나타낸다고.
만일 그들이 너희에게, 너희는 누구냐고 물으면
그들에게 말하라.
우리는 그 빛의 아들들이며
살아 계신 아버지의 선택받은 자들이라고.
만일 그들이 너희에게,
너희 속에 있는 아버지의 표시가 무엇이냐고 물으면
그들에게 말하라.
그것은 운동이며 휴식이라고."

51 _ 휴식의 도래와 새로운 세상

제자들이 예수께 물었다.
"어느 날에 죽은 자들의 휴식이 일어나고,
어느 날에 새로운 세상이 옵니까?"

예수께서 그들에게 말씀하셨다.
"너희가 기다리는 것은 이미 왔다.
다만 너희가 그것을 알아보지 못하고 있을 뿐이다."

52 _ 이스라엘의 스물네 명의 예언자

제자들이 예수께 말했다.
"스물 네 명의 예언자들이 이스라엘에서 말했는데
그들 모두가 당신에 대해 말했습니다."

예수께서 그들에게 말씀하셨다.
"너희는 너희 눈앞에 있는 살아 있는 사람은 빠뜨린다.
그러면서 죽은 사람에 대해서만 말한다."

53 _ 진정한 할례

제자들이 예수께 물었다.
"할례가 유익합니까, 그렇지 않습니까?"

예수께서 그들에게 말씀하셨다.
"만일 그것이 유익하다면 그들의 어머니에서부터 이미 할례가 되어
잉태되도록 그들의 아버지가 만들었을 것이다.
그것보다는 영의 진정한 할례가 모든 점에서 유익하다."

54 _ 가난한 자

예수께서 말씀하셨다.
"가난한 자는 복이 있다.
하늘나라가 너희 것이다."

55 _ 자신의 가족을 미워해야 한다

예수께서 말씀하셨다.
"아버지와 어머니를 미워하지 않는 사람은

나의 제자가 될 수 없다.
형제와 자매를 미워하지 않고
나처럼 십자가를 지지 않는 사람은
나에게 어울리지 않는다."

56 _ 세상은 죽은 시체이다

예수께서 말씀하셨다.
"세상을 알게 된 사람은 시체 하나를 발견한 것이고,
시체 하나를 발견한 사람에게는
이 세상이 아무 가치가 없다."

57 _ 밀과 잡초의 비유

예수께서 말씀하셨다.
"아버지의 나라는 좋은 씨앗을 가진 사람과 같다.
한밤중에 그 사람의 적이 와서 좋은 씨앗 사이에 잡초 씨앗을 뿌렸다.
그 사람은 일꾼들에게 잡초를 뽑지 말라고 하면서 말했다.
'너희가 잡초를 뽑으러 들어갔다가 밀까지 함께 뽑을까 걱정된다.'
하지만 추수 때가 되면 잡초는 쉽게 눈에 띌 것이며
잡초는 뽑혀 불태워질 것이다."

58 _ 고난

예수께서 말씀하셨다.
"고난을 겪는 자는 복이 있다.
그는 생명을 발견하였다."

59 _ 살아 있는 이에 대해 명상해야 한다

예수께서 말씀하셨다.
"너희가 살아 있는 동안 살아 계신 분을 바라보라.
너희가 죽어서 그분을 보려고 해도
볼 수 없게 되는 일이 일어나지 않도록."

60 _ 사마리아인과 양의 비유

그들은 한 사마리아인이 어린 양 한 마리를 데리고
유대 땅으로 가고 있는 것을 보았다.

예수께서 제자들에게 물었다.
"이 사람은 왜 어린 양을 데리고 가는가?"

제자들이 그분께 대답했다.
"그가 양을 죽여서 먹기 위함입니다."

예수께서 그들에게 말씀하셨다.
"그것이 살아 있는 동안에는 그는 그것을 먹지 않을 것이다.
오직 그가 그것을 죽여서 그것이 시체가 된 후에만 먹을 것이다."

제자들이 말했다.
"그렇지 않으면 다른 방법이 없을 것입니다."

예수께서 그들에게 말씀하셨다.
"너희들 자신도 마찬가지다.
시체가 되어 먹히지 않도록 너희 스스로 쉴 곳을 찾으라."

61 _ 살로메의 침상 위의 예수

예수께서 말씀하셨다.
"두 사람이 한 침대에서 쉬고 있는데
한 사람은 죽고 한 사람은 살 것이다."

살로메가 물었다.
"사람이시여, 당신은 누구입니까? 누구로부터 왔기에
내 침상에 올라오고 내 식탁에서 먹습니까?"

예수께서 그녀에게 말씀하셨다.
"나는 전체로부터 온 자이다.
나는 내 아버지에게 속한 것들을 모두 허락받았다."

"저는 당신의 제자입니다."

"그러므로 나는 말한다. 만일 사람이 전체이면
그 사람은 빛으로 가득 찰 것이다.
하지만 사람이 나누어지면
그 사람은 어둠으로 가득 찰 것이다."

62 _ 비밀의 가치

예수께서 말씀하셨다.
"나는 나의 비밀을 알 자격이 있는 사람에게만
나의 비밀을 말한다.
너희 오른손이 하는 일을 왼손이 알지 못하게 하라."

63 _ 죽은 부자의 비유

예수께서 말씀하셨다.
"많은 돈을 가진 부자가 있었다. 그는 말했다.
'나의 돈을 들여 씨앗을 사서 뿌리고 거두리라.
그렇게 거둔 것들로 나의 곳간을 가득 채워
아무 부족함이 없게 하리라.' 그것이 그의 마음속 생각이었으나
그날 밤 그 부자는 죽었다.
귀 있는 자는 들으라."

64 _ 만찬에 초대된 사람들의 비유

예수께서 말씀하셨다.
"어떤 사람에게 초대할 손님들이 있었다.
그는 저녁 만찬을 준비한 다음 하인을 보내
그 손님들을 초대하게 했다.

하인은 첫 번째 손님에게로 가서 말했다.
'나의 주인이 당신을 초대했습니다.'
그가 말했다.
'나는 몇 명의 상인들에게서 돈 받을 일이 있다.
그들이 오늘 저녁 나를 만나러 올 것이다.
나는 가서 그들에게 청구서를 주어야 한다.
나를 그 만찬에서 제외시켜 달라고 전하라.'

하인은 다음 손님에게로 가서 말했다.
'나의 주인이 당신을 초대했습니다.'
그가 하인에게 말했다.
'나는 집 한 채를 샀는데 그것 때문에 하루 종일 바쁘다.
나는 시간을 낼 수 없다.'

하인은 다음 손님에게로 가서 말했다.
'나의 주인이 당신을 초대했습니다.'
그가 하인에게 말했다.
'내 친구가 결혼을 하기 때문에 나는 잔치 준비를 해야만 한다.
나는 갈 수 없을 것이다.
나를 그 만찬에서 제외시켜 달라고 전하라.'

하인은 다음 손님에게로 가서 말했다.
'나의 주인이 당신을 초대했습니다.'
그가 하인에게 말했다.
'나는 밭을 하나 샀는데 소작료를 받으러 가야 한다.
나는 갈 수 없을 것이다.
부디 나를 제외시켜 달라고 전하라.'

하인이 돌아와 주인에게 그대로 전했다.
'당신이 만찬에 초대한 이들이 모두 핑계를 대며
초대를 거절했습니다.'

주인이 그의 하인에게 말했다.
'거리에 나가서 만나는 사람마다 불러오라.
그들이 저녁 식사를 할 수 있도록.
장사꾼과 상인들은 나의 아버지의 집에 들어가지 못할 것이다.'"

65 _ 포도밭 주인의 아들을 죽인 자의 비유

예수께서 말씀하셨다.
"포도밭을 소유한 한 선한 사람이 몇몇 농부들에게 소작을 주었다.
농부들은 그곳에서 일하고
주인은 그들로부터 소작료로 수확물을 받기 위해서였다.
그는 하인을 보내 농부들로부터 포도밭의 수확물을 받아오게 했다.

그러자 농부들은 하인을 붙잡아 거의 죽을 만큼 때렸다.
그 하인이 도망쳐 주인에게 보고하자 주인이 말했다.
'아마 그들이 내 하인을 몰라보았을 것이다.'
그는 다른 하인을 보냈으나 농부들이 마찬가지로 그를 때렸다.
그리하여 그 주인은 그의 아들을 보내며 말했다.
'아마 그들이 나의 아들에게는 존경심을 나타내겠지.'
하지만 농부들은 그 아들이 포도밭의 상속자임을 알아보고
그를 붙잡아 죽였다.
귀 있는 자는 들으라."

66_ 버려진 돌

예수께서 말씀하셨다.
"집 짓는 자들이 버린 돌을 내게 보여 달라.
그것은 모퉁잇돌이다."

67_ 완전한 결핍

예수께서 말씀하셨다.
"모든 것을 알되 자기 자신을 아는 데 실패한 사람은
완전히 결핍된 사람이다."

68_ 박해받는 사람은 행복하다

예수께서 말씀하셨다.
"미움 받고 박해받는 사람은 행복하다.
너희들이 박해받은 곳에서
그들은 어떤 장소도 발견하지 못할 것이다."

69_ 마음속에서 박해받고 자비로운 자는 행복하다

예수께서 말씀하셨다.
"마음 안에서 박해받는 자들은 행복하다.
그들은 진실로 아버지를 알게 될 것이다.
배고픈 자는 행복하다.
그의 굶주린 배는 채워질 것이다."

70_ 구원은 우리 안에 있다

예수께서 말씀하셨다.
"너희가 너희 안에 있는 그것을 열매 맺으면
너희가 가지고 있는 그것이 너희를 구원할 것이다.
만일 너희가 너희 안에 그것을 갖지 못하면
너희가 가지고 있지 않은 그것이 너희를 죽일 것이다."

71_ 이 집의 파괴

예수께서 말씀하셨다.
"나는 이 집을 부술 것이다.
아무도 이 집을 짓지 못할 것이다."

72_ 예수는 중재자가 아니다

한 사람이 예수께 말했다.
"내 형제들에게 내 아버지의 재산을 나와 나누라고 말씀해 주십시오."

예수께서 그에게 말했다.
"사람아, 누가 나를 나누는 자로 만들었는가?"

예수께서 제자들에게 돌아서며 말씀하셨다.
"나는 나누는 자가 아니다. 그렇지 않은가?"

73_ 추수 때의 일꾼들

예수께서 말씀하셨다.
"추수할 것은 많으나 일꾼들은 적다.
수확할 일꾼들을 보내 달라고 주님께 청하라."

74_ 우물이 비었다

예수께서 말씀하셨다.
"주여, 우물가에 많은 이들이 모여 있으나
우물 안에는 아무것도 없습니다."

75_ 홀로인 사람은 신부의 방에 들어가리라

예수께서 말씀하셨다.
"많은 이들이 문 앞에 서 있으나
홀로인 사람이 신부의 방에 들어가리라."

76_ 상인과 진주의 비유

예수께서 말씀하셨다.
"아버지의 나라는 많은 물건을 가지고 있던 중에
한 알의 진주를 발견한 상인에 비교할 수 있다.
그 상인은 생각이 깊은 사람이어서
자신이 가지고 있던 물건을 모두 팔아
그 한 알의 진주를 샀다.
그러므로 너희도 역시

좀이 슬지도 않고 벌레의 해도 받지 않는 곳에서
영원토록 가는 그런 보물을 찾으라."

77_ 모든 것이며 모든 곳에 있다

예수께서 말씀하셨다.
"나는 모든 것들 위에 비치는 빛이다.
나는 모든 것이다.
나로부터 모든 것이 나왔고
모든 것이 나에게로 돌아온다.
나무토막을 쪼개 보라.
내가 그곳에 있다.
돌을 들추어 보라.
그러면 그곳에서 너희는 나를 발견할 것이다."

78_ 광야로 나오는 목표

예수께서 말씀하셨다.
"너희는 왜 광야로 나왔는가?
바람에 흔들리는 갈대를 보기 위함인가?
너희의 다스리는 자와 세력가들처럼
좋은 옷을 입은 자를 보기 위함인가?
그들은 부드러운 옷을 입고 있으나
진리를 알지는 못한다."

79_ 아버지의 말씀을 지키는 자는 행복하다

무리 속에서 한 여인이 예수께 말했다.
"당신을 배었던 자궁과 당신에게 젖을 먹인 젖가슴은 행복하다."

예수께서 그녀에게 말씀하셨다.
"아버지의 말씀을 듣고 진실로 그것을 지키는 자는 행복하다.
왜냐하면 너희들이 '잉태한 적이 없는 자궁과
젖을 먹인 적이 없는 젖가슴은 행복하다.'라고
말할 날들이 있을 것이기 때문이다."

80_ 세상은 육체와 같다

예수께서 말씀하셨다.
"세상을 알게 된 자는 육체를 발견한 것이고
육체를 발견한 자에게는 세상은 아무 가치가 없다."

81_ 부자는 남 위에 올라선 뒤 포기해야 한다

예수께서 말씀하셨다.
"부자가 된 사람은 왕이 되게 하고,
권력을 소유한 사람은 그것을 포기하게 하라."

82_ 불이 예수와 함께 있다

예수께서 말씀하셨다.
"나에게 가까이 있는 사람은 누구든지
불에 가까이 있는 사람이다.
나로부터 멀리 있는 사람은 누구든지
그 나라로부터 멀리 있는 사람이다."

83_ 빛이 형상에 가려져 있다

예수께서 말씀하셨다.
"형상들은 사람에게 보이지만

그것들 속의 빛은 아버지의 빛의 형상 속에 감추어져 있다.
그는 나타날 것이지만
그의 형상은 그의 빛에 감추어져 있을 것이다."

84 _ 육체 이전의 우리의 형상과의 만남

예수께서 말씀하셨다.
"너희는 자신과 닮은 것을 볼 때 기뻐한다.
그런데 너희보다 먼저 존재한, 죽지도 않고
드러나지도 않는 너희의 형상을 볼 때
너희가 얼마만큼 그것을 감당할 수 있을 것인가."

85 _ 아담은 우리만큼 가치 있지 않다

예수께서 말씀하셨다.
"아담이 큰 권능과 큰 부유함에서 왔으나
너희만큼 가치 있지 않다.
만일 그가 가치 있었더라면 죽음을 맛보지 않았을 것이다."

86 _ 사람의 아들은 머리 둘 곳이 없다

예수께서 말씀하셨다.
"여우들도 제 굴이 있고 새들도 제 둥지가 있으나
사람의 아들은 머리를 두고 쉴 곳이 없다."

87 _ 영은 육으로부터 독립해야 한다

예수께서 말씀하셨다.
"한 육체에 의지하는 육체는 얼마나 불행한가.
또 이 둘에 의지하는 영혼은 얼마나 불행한가."

88 _ 예언자들에게 주어야 한다

예수께서 말씀하셨다.
"천사들과 예언자들이 너희에게 와서
너희가 가진 것을 너희에게 줄 것이다.
너희 역시 그들에게 너희가 가진 것을 주라.
그리고 스스로에게 말하라.
'어느 날에 그들이 와서 그들의 것을 가져갈 것인가?' 하고."

89 _ 겉만 닦아서는 안 된다

예수께서 말씀하셨다.
"너희는 왜 잔의 겉만 닦는가?
안을 만드신 이가 또한 겉을 만드신 이라는 것을 너희는 모르는가?"

90 _ 나의 멍에는 가볍다

예수께서 말씀하셨다.
"내게로 오라.
나의 멍에는 가볍고, 나의 다스림은 온화하니
너희는 자신을 위한 휴식을 얻게 되리라."

91 _ 예수의 현존을 알아봄

제자들이 예수께 말했다.
"우리가 당신을 믿을 수 있도록
당신이 누구인지 우리에게 말씀해 주십시오."

예수께서 그들에게 말씀하셨다.
"너희는 하늘과 땅의 얼굴은 분간하면서

너희 바로 앞에 있는 사람이 누구인지는 알지 못한다.
너희는 지금 이 순간에 대해서도 알지 못한다."

92 _ 우리는 예수의 말을 듣지 않는다

예수께서 말씀하셨다.
"찾으라, 그러면 발견할 것이다.
전에는 너희가 나에게 묻는 것들에 대해 내가 말해 주지 않았다.
지금은 그것들을 말해 주려고 하지만
너희가 찾지 않는다."

93 _ 신성한 것을 개에게 주지 말라

신성한 것을 개에게 주지 말라.
개들이 그것을 거름더미 위로 던져 버릴 것이다.
진주를 돼지에게 던져 주지 말라. 돼지들이 그것을……."

94 _ 찾는 자는 들어오리라

예수께서 말씀하셨다.
"찾는 자는 발견할 것이다.
두드리는 자에게 문은 열릴 것이다."

95 _ 이자를 받고 돈을 빌려주어선 안 된다

"만일 너희가 돈이 있다면,
이자를 받고 빌려주지 말라.
오히려 그 돈을 돌려받지 못할 사람에게 주라."

96 _ 빵 굽는 여인의 비유

예수께서 말씀하셨다.
"아버지의 나라는 적은 양의 누룩을 밀가루 반죽에 숨겨
커다란 빵을 만들어 내는 여인과 같다.
귀 있는 자는 들으라."

97 _ 음식 가득한 항아리를 가진 여인의 비유

예수께서 말씀하셨다.
"아버지의 나라는 음식이 가득 담긴 항아리를 옮기는 여인과 같다.
먼 길을 가는 동안 항아리의 손잡이가 깨져
음식이 그녀 등 뒤에서 길로 쏟아졌지만 그녀는 알지 못했다.
집에 도착해 항아리를 내려놓은 다음에야
여인은 비로소 항아리가 텅 비어 있음을 알았다."

98 _ 암살의 비유

예수께서 말씀하셨다.
"아버지의 나라는 힘 있는 자를 암살하려는 어떤 사람과 같다.
그는 자기 집에서 칼을 빼어 들고
자신의 손이 그 일을 해낼 수 있는지 보기 위해
그 칼로 벽을 쳤다.
그러고 나서 그는 그 힘 있는 자를 베었다."

99 _ 예수의 진정한 가족

제자들이 예수께 말했다.
"당신의 형제들과 어머니가 밖에 서 있습니다."

예수께서 그들에게 말씀하셨다.
"여기 내 아버지의 뜻대로 행하는 이들이 나의 형제요, 나의 어머니이다.
그들이 내 아버지의 나라에 들어갈 사람들이다."

100 _ 황제의 것은 황제에게

제자들이 예수께 금화 한 닢을 보여 주며 말했다.
"로마 황제의 사람들이 우리에게 세금을 요구합니다."

예수께서 그들에게 말씀하셨다.
"황제에게 속한 것은 황제에게 주고
하느님에게 속한 것은 하느님에게 주고
나의 것은 나에게 주라."

101 _ 가족을 미워하고 진정한 가족을 사랑해야 한다

"나처럼 자신의 아버지와 어머니를 미워하지 않는 사람은
나의 제자가 될 수 없다.
나처럼 자신의 아버지와 어머니를 사랑하지 않는 자도
나의 제자가 될 수 없다.
왜냐하면 나의 어머니는 내게 거짓된 것을 주었으나
나의 진정한 어머니는 내게 생명을 주었기 때문이다."

102 _ 바리새인들의 방해

예수께서 말씀하셨다.
"바리새인들에게 화 있으리라.
그들은 소 여물통 안에서 잠자는 개와 같으니
자신이 먹지도 않으면서 다른 소도 먹지 못하게 한다."

103 _ 주인과 도둑

예수께서 말씀하셨다.
"한밤중에 도둑들이 오리라는 걸 아는 사람은 행복하다.
그는 일어나 사람들을 모아
그들이 침입하기 전에 스스로 준비할 수 있다."

104 _ 신랑이 있는 동안은 기도하거나 금식하지 말라

제자들이 예수께 말했다.
"오셔서 오늘 우리와 함께 기도하고 금식하소서."

예수께서 말씀하셨다.
"내가 지은 죄가 무엇인가? 아니면 어디서 내가 패배했는가?
그러나 신랑이 신부의 방을 떠나면
저들로 하여금 금식하고 기도하게 하라."

105 _ 아버지와 어머니와의 친교

예수께서 말씀하셨다.
"누구든지 아버지와 어머니를 아는 자는
매춘부의 자식이라 불릴 것이다."

106 _ 온전함의 힘

예수께서 말씀하셨다.
"너희가 둘을 하나로 만들 때
너희는 사람의 아들이 될 것이다.
그때 너희가 '산이여, 다른 곳으로 옮겨 가라.' 하고 말하면
산이 옮겨 갈 것이다."

107 _ 잃어버린 양의 비유

예수께서 말씀하셨다.
"그 나라는 백 마리의 양을 가진 양치기와 같다.
그중 가장 큰 양 한 마리가 길을 잃었다.
양치기는 아흔아홉 마리를 그대로 둔 채
그 길 잃은 양 한 마리를 찾아 나섰다.
지칠 대로 지친 후에 양을 찾은 그는 그 양에게 말했다.
'나는 다른 아흔아홉 마리의 양보다 너를 더 사랑한다.'"

108 _ 예수를 닮음

예수께서 말씀하셨다.
"누구든지 나의 입으로부터 마시는 사람은 나와 같이 될 것이고
나 자신이 그가 될 것이다.
그러면 감추어진 것들이 그에게 드러날 것이다."

109 _ 숨겨진 보물의 비유

예수께서 말씀하셨다.
"그 나라는 자신의 밭에 보물이 숨겨져 있으나 알지 못하는 사람과 같다.
그가 죽으면서 그 밭을 아들에게 물려주었고
그 아들 역시 밭에 보물이 숨겨져 있음을 알지 못한 채
물려받은 그 밭을 팔았다.
그 밭을 산 사람은 밭을 갈다가 그 보물을 발견했고
원하는 모든 사람에게 이자를 받고 돈을 빌려주기 시작했다."

110 _ 부를 얻은 자는 포기해야 한다

예수께서 말씀하셨다.

"세상을 발견하여 부를 얻은 자는
세상을 포기해야 한다."

111_ 살아 있는 자는 죽지 않으리라

예수께서 말씀하셨다.
"너희 눈앞에서 하늘과 땅이 말려 올라갈 것이니
살아 있는 이 안에서 살아가는 사람은
결코 죽음을 보지 않으리라."

예수께서 이렇게 말씀하시지 않았는가.
"자기 자신을 발견한 사람은
이 세상이 가치가 없다."*

* 학자들은 이 부분을 〈도마 복음서〉의 편집자가 덧보탰거나 잘못 기록한 것으로 추정하고 있다.

112_ 영혼은 육체로부터 독립해야 한다

예수께서 말씀하셨다.
"영혼에 의지하는 육체에게 화 있으리라.
그리고 육체에 의지하는 영혼에게 화 있으리라."

113_ 그 나라는 이미 지상에 펼쳐져 있다

제자들이 예수께 물었다.
"어느 날에 그 나라가 옵니까?"

"그 나라는 기다린다고 오지 않는다.
그것은 '보라, 그것이 이곳에 있다.' 또는
'보라, 그것이 저곳에 있다.' 하고 말할 수 있는 것이 아니다.

아버지의 나라는 땅에 펼쳐져 있으나
사람들이 그것을 보지 못한다."

114 _ 여자를 남자로 만들어야 한다

시몬 베드로가 그들에게 말했다.
"마리아를 우리에게서 떠나가게 하자.
여자들은 생명을 받기에 합당하지 않기 때문이다."

예수께서 말씀하셨다.
"보라, 내가 그녀를 인도해 남자로 만들리라.
그리하여 그녀 역시 너희 남자들처럼
살아 있는 영이 될 수 있게 하리라.
자신을 남자로 만드는 여자는 모두
하늘나라에 들어갈 것이기 때문이다."

〈도마 복음〉은 콥트어(1세기경부터 사용되어 7세기 이슬람이 정복할 때까지 이집트에서 거의 유일하게 사용된 공식 언어)로 쓰여졌다. 이보다 이른 시기인 19세기 말, 나일강 하류의 옥시린쿠스에서 발견된 파피루스 뭉치에도 〈도마 복음〉의 일부가 담겨 있었으며, 이것은 그리스어로 쓰여진 것이다. 학자들은 콥트어 본이 그리스어 본의 번역본이라고 추정하고 있다.

이 한글 번역은 Thomas O. Lambdin(1988), Marvin Meyer(1992), Bently Layton(1987), Beate Blatz(1991), Stephen Patterson & James Robinson(1998), Jean Doresse(1960)의 영어 번역본을 참고해 우리말로 옮긴 것이다.

평화와 깨달음이 함께 하기를!
2008년 류시화

오쇼

인도 출신의 영적 스승. 1970년대 중반부터 뭄바이 근처 뿌나 시에 명상센터를 세우고 붓다, 예수, 노자, 장자, 까비르, 피타고라스, 니체, 칼릴 지브란, 하시디즘, 수피즘 등 동서양을 넘나드는 주제로 명강의를 펼쳐 전세계 구도자들에게 새로운 의식 혁명과 깨달음의 세계를 열어 보였다. 그의 가르침은 존재의 의미를 향한 개인적인 물음에서부터 오늘날의 사회가 직면하고 있는 시급한 사회 문제나 정치적인 이슈까지를 포함한다. 오쇼의 책들은 직접 쓴 것이 아니라 20년 동안 여러 나라의 청중들 앞에서 법문 형식으로 한 강의들을 오디오나 비디오로 기록한 것을 풀어쓴 것이다. 런던의 〈선데이 타임스〉는 20세기를 만든 1천 명의 위인 중 한 사람으로 오쇼를 지목했고, 미국 작가 톰 로빈스는 오쇼를 '예수 이후 가장 위험한 인물'이라고 표현했다. 그는 이러한 여러 엇갈린 평가 속에서 큰 구도의 물결을 일으켰다. 오쇼는 전 세계를 다니며 가르침을 펼쳤고, 1990년 인도로 돌아와 세상을 떠났다. 그리고 4백여 권에 이르는 명강의집을 세상에 남겼다.

류시화

시인. 시집으로 〈그대가 곁에 있어도 나는 그대가 그립다〉〈외눈박이 물고기의 사랑〉 잠언시집 〈지금 알고 있는 걸 그때도 알았더라면〉 치유의 시집 〈사랑하라 한번도 상처받지 않은 것처럼〉 하이쿠 모음집 〈한 줄도 너무 길다〉가 있고, 산문집 〈삶이 나에게 가르쳐준 것들〉이 있다. 인도 여행기 〈하늘 호수로 떠난 여행〉〈지구별 여행자〉와 인디언 추장 연설문 모음집 〈나는 왜 너가 아니고 나인가〉를 썼으며, 〈마음을 열어주는 101가지 이야기〉〈티벳 사자의 서〉〈조화로운 삶〉〈달라이 라마의 행복론〉〈인생수업〉 〈술취한 코끼리 길들이기〉〈NOW-행성의 미래를 상상하는 사람들에게〉 등의 명상서적을 우리말로 옮겼다. www.shivaryu.co.kr

도마 복음 강의

지은이 오쇼 **옮긴이** 류시화 **발행인** 이상용 **발행처** 청아출판사 **출판등록** 1979. 11. 13. 제9-84호 **주소** 경기도 파주시 회동길 363-15 **대표전화** 031-955-6031 **팩스** 031-955-6036 **전자우편** chungabook@naver.com **발행일** 1판 1쇄 발행 · 2008. 8. 31 1판 2쇄 발행 · 2022. 3. 15.

ISBN 978-89-368-0386-5 03840

값은 뒤표지에 있습니다. 잘못된 책은 구입한 서점에서 바꾸어 드립니다. 본 도서에 대한 문의사항은 이메일을 통해 주십시오.

www.OSHO.com

다양한 언어로 볼 수 있는 오쇼의 웹사이트는 잡지, 책, 오디오, 비디오 및 영어와 힌디어로 쓰인 오쇼 도서관 원문 보관소를 지원한다. 또한 오쇼의 명상법과 멀티버시티 프로그램 스케줄 및 오쇼 명상 휴양지에 대한 정보를 제공한다. www.osho.com/oshointernational

오쇼

오쇼의 가르침은 분야를 막론하고 의미를 향한 개인적인 물음에서부터 오늘날의 사회가 직면하고 있는 시급한 사회 문제나 정치적인 이슈를 망라한다. 오쇼의 책들은 그가 35년 동안 여러 나라의 청중들 앞에서 즉석으로 한 이야기들을 오디오나 비디오로 기록한 것을 풀어 쓴 것이다. 런던의 〈선데이 타임스〉는 '20세기를 만든 1,000명의 위인 중 한 사람'으로 묘사했고, 미국의 작가 톰 로빈스는 '예수 이후 가장 위험한 인물'이라고 말했다.

오쇼는 자신의 역할이 새로운 인류의 탄생을 위한 조건을 창조하는 데 도움을 주었다고 말한다. 그는 종종 새로운 인류를 '조르바 더 붓다(Zorba the Buddha)'라고 규정하곤 했다. 조르바의 세속적 쾌락과 붓다의 조용한 평온을 둘 다 즐길 수 있는 능력을 가지고 있다는 의미이다. 오쇼 작품의 면면에 실처럼 엮여 있는 것은 동양의 무한한 지혜와 서구의 과학기술을 모두 포괄하는 잠재적인 조화를 나타낸다.

또한 오쇼는 가속화되는 현대 생활의 속도를 받아들이는 명상적 접근법으로 내면을 변화시키는 데 혁명적인 공헌을 했다. '긍정적인 명상'은 몸과 마음에 축적된 스트레스를 방출시키며, 생각에서 자유로운 이완된 상태가 되는 명상을 경험하기 위해 쉽게 만들어준다.

오쇼의 자서전에는 《Autobiography of a Spiritually Incorrect Mystic》, 《Glimpses of a Golden Childhood》 등 두 권이 있다.

오쇼 명상 휴양지

오쇼 명상 휴양지는 휴일을 보내기 위한 최상의 장소이자, 각성과 이완과 즐거움으로 가득한 새로운 삶의 방식을 직접 경험하도록 만들어진 곳이다. 인도의 뭄바이에서 남쪽으로 100마일 떨어진 뿌나에 위치한 이 휴양지는 매년 1백여 개의 나라에서 방문하는 수천 명의 사람들에게 다양한 프로그램을 제공하고 있다. 나무들이 늘어선 코레곤 파크에 자리 잡은 이 휴양지는 약 40에이커에 달한다. 방문객을 위한 주거 시설은 제한되어 있으나, 가까운 거리에 호텔과 임대할 수 있는 개인 아파트들이 있어 며칠에서 몇 달에 이르기까지 거주가 가능하다.

명상 프로그램은 매일의 생활에서 창조적으로 참여하고, 침묵과 명상으로 쉴 수 있는 새로운 인류의 스타일을 만드는 오쇼의 비전을 바탕으로 하고 있다. 다양한 개인 모임과 강의, 건강 치료, 심리 치료, 과학, 스포츠와 여가 이용에 선적인 접근을 하는 워크숍에서부터 인간관계에 대한 문제, 중요한 인생 변화 등에 대한 다양한 프로그램이 이루어지고 있다. 개인 수업과 그룹 워크숍은 1년 동안 계속 제공되며, 매일매일의 명상 스케줄이 제공된다. 휴양지 안에 있는 노천 카페와 레스토랑에서는 전통적인 인도 음식과 농장에서 키운 유기농 야채들로 만들어진 여러 나라의 음식이 제공된다. 이곳은 개인이 안전한 음식과 물을 먹을 수 있는 곳이다. www.osho.com/resort